KB030263

언어재활 현장실무

한국언어재활사협회 편
김성태 · 권유진 · 김명수 · 김미배 · 김선우 · 김수련 · 김영무 · 변해원 · 안종복 · 윤지혜
이선아 · 이수정 · 이조영 · 이지윤 · 이현정 · 정경희 · 정 훈 · 허명진 · 황하정 공저
김향희 · 배소영 자문

Clinical Practices in Speech-Language Pathology

학지사

머리말

현장의 소리, 현장의 상황을 담은 책을 써야 한다는 생각은 언어재활 관련 책을 집필하는 저자라면 누구나 가지고 있는 고민이다. 왜냐하면 우리가 맡아서 언어재활을 시행해야 하는 대상들이 대부분 의사소통장애를 겪고 있는 수많은 어린아이이기에, 또한 우리가 단 한번도 겪어 보지 못한 소통할 수 없는 어두운 터널을 헤매고 다니며 힘든 삶의 여정을 이어 가는 천사들이기에……. 이들을 구해 내기 위한 더욱 실제적인 도움이 너무나 절실히 필요하다. 그러나 우리가 읽고 배우는 책을 통해 언어재활 현장을 재현하거나 상상하는 것은 어려운 일이다. '최대한 실제적인 임상을 담아 보자!' 저자들의 고민은 여기서부터 출발하였다.

이 책의 총론에 실려 있듯이 2013년 『언어치료 현장실무』 책을 급하게 출간하게 되었는데, 이 책은 이듬해인 2014년 언어재활사 1급 시험의 유일한 참고도서가 되었다. 이후 책의 내용을 수정해야 한다는 목소리가 계속 있었지만, 미루어지다가 2017년 봄에 집필진을 꾸리고 개정 작업을 시작하였으며, 마침내 2년 만에 책의 출간이 이루어졌다.

우선 제1부 '총론' 부분에서는 최신 언어재활사 관련 내용과 연구를 통해 확인된 언어재활 관련 현황자료, 그리고 최신 언어재활사 관련 법령과 윤리강령 등을 수록하였고, 바우처 관련 내용을 포함하여 새롭게 집필하였다. 제2부 '실무'에서는 다양한 언어재활 환경에서 활동하는 언어재활사의 실무 내용을 대상자 특성 및 역할을 중심으로 담았다. 제3부 '각론'은 이번 집필에서 가장 심혈을 기울인 부분으로, 각 장애영역별 임상 실제를 담았다. 모든 영역별로 6가지 이하의 실제 임상사례를 중심으로 핵심 이론과 평가, 중재 계획 및 상담, 질의응답과 향후 계획 등을 체계적으로 나열하였으며, 유사한 경험을 현장에서 맞이할 예비 임상가들에게 임상적 경험을 나누어 주기 위한 내용을 충실히 담았다. 분량이 제한되어 있어 많은 임상 케이스를 다룰 수는 없었지만, 대표적인 사례를 중심으로 정리가 되어 있어 임상 현장에서 참고할 수 있도록 하였다.

제4부는 '연구 실제'라는 주제로 기존에 없었던 기초통계 부분을 포함시켰다. 연구 문제에 대한 필수적인 통계 관련 기초 지식이 담겨 있어 언어재활사의 역량 강화에 도움이 될 것이다. 향후 관련 연구논문을 읽고 임상 현장에서 연구를 진행하였을 때 도움이 되도록 수록하였으며, 자격증 시험에 출제되는 수준의 기초적인 통계학적 개념들을 중심으로 수록하였다.

마지막으로 '부록'은 언어재활사를 규정하는 법의 근간이 되는 「장애인복지법」의 전문과 「장애인복지법 시행령」「장애인복지법 시행규칙」 전문을 수록함으로써, 모든 언어재활사가 법령의 내용을 찾고자 할 때 바로바로 참조할 수 있게 하였다.

이 책의 집필진은 풍부한 임상 경험을 가진 분들과 교수진이 고르게 분포되어 있어 이 책에는 현장의 소리와 학문의 깊이가 모두 담겨 있다. 부족한 부분은 많이 있겠으나 향후 지적되는 부분은 계속 보완해 나갈 것이고 이를 시작으로 많은 전공 관련 출판물들이 언어재활사의 현장 실습에 도움이 될 수 있는 방향으로 집필되기를 희망해 본다.

총 19명의 집필진이 임상가로서 혹은 교수로서 학교와 일터에서 많은 격무로 바쁜 와중에도 먼 길을 마다하지 않고 집필 회의와 교정 회의에 참여하였다. 좋은 임상 교재를 만들겠다는 일념 하나로 똘똘 뭉쳐 의기투합함으로써 더욱 값진 결과물로 완성될 수 있었다. 이 글을 빌려 집필진 한 분 한 분께 이 책의 독자가 될 예비 임상가들과 후배 언어재활사분들을 대신하여 진심으로 감사의 인사를 전하고 싶다. 아울러 바쁘신 와중에도 집필의 올바른 방향과 아이디어를 제공하셨으며, 집필 과정의 세밀하고 작은 부분까지도 빠짐없이 자문과 감수를 도와주신 김향희 교수님과 배소영 교수님께 진심으로 감사의 인사를 드린다. 마지막으로 집필진들의 원고를 위해 수개월간 고생하신 편집자 박나리 선생님과 이 책이 멋진 교재로 탄생할 수 있게 물심양면으로 지원을 아끼지 않으시고 도움을 주신 학지사 김진환 대표님께 감사의 인사를 전한다.

과학이란 여러 세대를 아우르는 협력을 요하는 일이며, 우리가 평생을 바쳐 일궈 낼 학문인 언어병리학도 마찬가지이다. 이를 위해 많은 스승이 걸어온 발걸음과 그들이 전해 준 언어병리학이란 횃불이 이 책을 통해 후배 임상가들에게 조금이나마 전달되었으면 하는 바람을 가져 본다. 그래서 가까운 미래에는 선배들이 해 보지 못한 멋진 임상가적 상상들을 현실로 만들 수 있는 언어재활사가 되어 주기를 희망한다.

2019년 8월

저자 대표 김성태

차례

제2부

실무

제3부

각론

제9장 언어발달장애 • 143

제10장 조음음운장애 • 203

제11장 유창성장애 • 237

제12장 음성장애 • 257

제4부
연구 실제

언어재활
현장실무

제1부

총론

- 제1장 -
언어재활사의 정의, 역할, 자격 및 향후 전망

- 제2장 -
언어재활 관련 법령

- 제3장 -
바우처

제1장

언어재활사의 정의, 역할, 자격 및 향후 전망

1. 언어치료학과 언어재활사

1) 언어치료학 vs. 의사소통장애

언어치료학 또는 언어병리학(speech pathology)은 1924년 미국 아이오와(Iowa) 대학교 대학원에서 처음으로 시작된 학문으로서, 교육학, 언어학, 특수교육학, 의학, 물리학, 음향학, 음성학, 언어과학 등의 지식을 융합한 응용과학의 학문이다. 언어치료학이란 언어 이전기 아동에서부터 노년기에 이르러 나타날 수 있는 말-언어장애의 특성과 원인, 진단평가, 치료 및 교육, 그리고 임상방법 등을 연구하는 학문이다. 언어치료학은 보통 화자의 표현(expression)과 청자의 수용(reception)상의 문제와 결부된 음성장애(voice disorders), 조음음운장애(articulation & phonological disorders), 신경언어장애(neurogenic disorders), 언어발달장애(developmental language disorders), 유창성장애(fluency disorders)로 큰 틀에서 대별되지만 서로 겹치는 경우가 많이 있다. 특히 삼킴장애(swallowing disorders)와 구순구개열(cleft lip and palate), 학습장애(learning disabilities), 중복장애(multiple disorders) 등은 여러 장애 유형이 혼재되어 나타날 수도 있다. 요즘 언어치료학이라는 개념보다 좀 더 넓은 의미로 의사소통장애(communication disorders)라는 용어가 널리 쓰이고 있다. 이는 다양한 의사소통장애인을 대상으로 그들의 원활한 의사소통을 돕기 위한 상담, 평가, 치료, 교육 그리고 임상연구 등의 제반 업무를 담당하는 전문영역을 가리킨다.

2) 언어재활사의 정의

언어재활사는 '생애 전반에 걸쳐 나타날 수 있는 말, 언어, 의사소통 문제를 진단 평가, 중재, 예방하는 전문가로, 부모나 보호자 및 관련 전문가와의 협력을 통해 개별화된 언어재활 서비스를 제공하는 전문인'으로 정의된다(김영태 외, 2014).

American Speech-Language-Hearing Association(이하 ASHA, 출처: http://www.asha.org)의 정의에 따르면, "언어재활사는 말-언어장애, 삼킴장애(연하장애)를 평가하고 재활을 돕는 업무를 담당한다. 특히 말-언어장애의 특성을 질적 및 양적으로 평가하기 위해서는 표준화된 검사뿐만 아니라 검사도구를 활용한다. 언어재활사는 신생아에서 노인에 이르기까지 말-언어장애 및 삼킴장애를 치료할 때 개별화된 장·단기 목표를 수립하며, 치료 현장이나 개인의 진단 및 필요에 따라 임상서비스는 개별 혹은 그룹의 형태로 제공될 수 있다."고 명시하고 있다.

「장애인복지법」 개정법률안 제80조의2에서는 언어재활사의 자질향상과 교육훈련 및 복지증진을 도모하기 위하여 한국언어재활사협회를 설립할 수 있도록 하였다. 2011년 8월 이 법에 의거하여 사단법인 한국언어재활사협회를 설립하였다. 한국언어재활사협회의 정통성은 1986년 한국언어병리학회와 1990년 한국언어치료학회로 거슬러 올라간다.

지금의 언어재활사 국가자격은 1급과 2급의 두 가지 급수로 나뉘어 있다. 한국언어치료학회와 한국언어청각임상학회는 각기 다른 급수체계를 가지고 언어치료사 자격증을 발급해 오다가 2003년부터 협회를 결성하여 자격증을 단일화시키고, 2004년 언어치료사 배출을 위해 최초로 단일화된 시험을 실시하게 되었다. 이후 협회는 2005년에 한국언어치료전문가협회로, 2007년에는 한국언어장애전문가협회로 변경되면서 언어치료사 자격증의 명칭 또한 언어장애전문가로 변경되었다가, 2012년 국가자격화를 기점으로 언어재활사로 명칭이 바뀌게 되었다.

현재의 '언어재활사'라는 새로운 용어는 '언어치료사'를 의미한다. 언어재활사 국가자격 법제화가 이루어지는 과정에서 이미 사회적으로 널리 통용되고 있는 '언어치료사'라는 용어 대신 '언어재활사'라는 신조어로 불리게 된 것은 참으로 아쉬운 일이다.

[자격증 명칭의 변천]

언어재활은 우리나라의 경우 1980년대 중반에 도입되어 후반부터 일부 복지관과 병원, 그리고 소수의 개원 언어재활센터를 중심으로 실시되었다. 1990년대 중반에 언어치료사 민간자격증제도가 시행되었고, 당시 민간자격증의 명칭은 '언어치료사' 혹은 '언어임상가'로 통칭되었다. 그 후 2000년대 초, 민간자격증을 국가공인자격증으로 신청하는 단계에서 '임상'과 '치료'라는 용어를 쓰지 못하게 되어, '언어치료사'라는 명칭 대신 불가피하게 '언어장애전문가'라는 이름을 갖게 되었다. 또한 2011년 5월에 국회에서 국가자격증제도가 「장애인복지법」 안에 신설되면서, '언어재활사'라는 새로운 용어가 탄생하게 되었다. 그러나 국문 명칭의 변천이 어찌되었건 '언어재활사'의 영문 명칭은 처음부터 동일하게 'speech-language pathologist(약어로 SLP)'라고 할 수 있다(윤혜련, 2012 일부 내용 수정 인용).

① 1992년 한국언어치료학회에서 '언어치료사' 자격증 수여
② 1997년 한국언어병리학회에서 '언어임상가' 자격증 수여
③ 1999년 한국언어청각임상협회에서 '언어치료사' 자격증 수여
④ 2005년 한국언어치료전문가협회에서 '언어치료전문가' 자격증 수여
⑤ 2007년 한국언어장애전문가협회에서 '언어장애전문가' 자격증 수여
⑥ 2013년 보건복지부에서 '언어재활사' 자격증 수여

3) 언어재활사의 역할

언어재활사의 주 업무는 언어발달장애, 조음음운장애, 유창성장애, 음성장애, 신경언어장애, 삼킴장애, 청각장애 등 다양한 유형의 의사소통장애를 평가하고 중재를 제공하는 것이다. 이 업무를 위해서는 다양한 의사소통장애의 각 유형별 특성과

원인, 평가방법, 효과적인 중재법에 대한 집중적인 교육과 임상실습 및 경험이 요구된다.

언어재활의 근간이 되는 언어병리학은 그 학문적 특성 자체가 초학문적이며 다학문적(multi-disciplinary)이다. 따라서 언어재활사는 최대의 효과를 낼 수 있는 언어훈련 또는 재활을 위하여 교육학, 청각학, 음성학, 심리학, 언어학, 특수교육학, 의학 등 다양한 학문적 기초를 기반으로 하여 인간과 의사소통 문제에 대한 통찰력을 갖추어야 한다. 이러한 학문적 기초는 교육과정을 통해 어느 정도 갖출 수 있으나 인간과 의사소통 문제에 대한 통찰력은 현장에서의 충분한 수련기간을 필요로 한다. 따라서 학교를 통한 공식적 교육기간과 자격검정 시스템을 통해 최소한의 자격을 갖추고 수련 기간을 거쳐 독립적인 언어재활사의 역할을 수행할 수 있도록 지원하는 체계를 유지해야 한다. 언어재활사의 역할은 전 생애에 걸쳐 나타날 수 있는 의사소통의 각 영역별 문제를 평가하고 중재하는 역할을 수행할 뿐 아니라 문제가 발생할 수 있는 경우 최대한 예방하기 위한 노력을 경주해야 한다. 이러한 평가와 중재 및 예방의 의무를 수행하는 모든 환경은 학교, 복지관, 병원 등 다양한 상황에서 대상자 및 가족 그리고 다양한 전문가와의 협력과정에서 이루어져야 한다. 언어재활사는 대상자의 언어적 능력에 대한 판단 및 언어재활에 대한 결정을 내리는 '전문가'이자 '주체'이다. 언어재활사의 일반적인 역할을 정의하면 다음과 같다.

① 의사소통장애의 선별검사: 언어재활사는 대상자가 의사소통 문제를 가지고 있는지를 판별한다. 장애영역별로 개발되어 있는 다양한 선별검사를 통하여 실시한다.
② 의사소통장애의 진단 및 평가: 선별검사 결과 문제가 발견되었을 경우에 좀 더 정확한 문제 파악을 위해 전문적인 의사소통장애 진단 및 평가를 실시한다. 의사소통유형, 중증도, 문제의 원인, 예후, 치료 방향 등을 파악한다. 자격을 갖춘 언어재활사가 영역별로 공식 검사도구와 전문적 지식과 경험을 통하여 관련 영역의 전문가와 협진을 통해 진행한다.
③ 언어재활 및 중재: 의사소통장애를 가진 대상자들이 보다 원활하게 의사소통을 할 수 있도록 원인 및 증상에 따른 치료를 실시한다. 진단 및 평가 결과를 토대로 각 대상자에게 맞춤형 장·단기 계획서를 작성하며 이를 토대로 개별

적 특성이 반영된 개별화된 치료접근을 한다.

④ 가정지도: 대상자가 너무 어리거나 직접 치료에 어려움이 있는 경우 좀 더 효율적인 치료효과를 위해 대상자 가족을 중심으로 가정지도를 실시한다. 또한 다양한 의사소통장애를 가질 수 있는 고위험군의 가족을 대상으로 예방교육이 이루어지기도 하며, 선별검사 결과 이상은 없지만 지속적인 상담이 필요한 경우 가정지도가 이루어진다. 가정지도는 언어재활사가 직접 방문하거나, 대상자의 보호자가 언어재활사를 찾아올 수도 있고, 매체를 통한 상담으로 이루어지기도 한다.

⑤ 연구개발: 언어치료학은 다학문적 성격을 가진 학문이며, 대상자에게 직접적인 중재 및 교육을 실시하는 응용학문이므로 다양한 영역의 학문을 기초로 현장에 적용할 수 있는 임상연구들이 필요하다. 따라서 언어재활사들은 관련 학문의 전문가들과 긴밀한 협조 아래 실증적인 연구들이 이루어져야 한다.

⑥ 예방을 위한 공공서비스 제공: 언어재활사는 다양한 의사소통장애의 예방과 평가 그리고 치료에 대한 기본적인 지식을 일반인들에게 알리고 고무시키는 역할을 한다. 언어장애 고위험군에 대한 홍보와 아울러 예방을 위한 사전교육을 통하여 언어장애에 관한 사회적 인식을 촉진해야 한다.

이처럼 다각적이고도 전문적인 언어재활사의 역할은 그 고유함과 전문성으로 인정되어야 한다. 이미 의료적 진단 및 치료 단계가 끝난 언어재활대상자는 의료적 행위가 아닌 '언어재활'이라는 전문 분야의 수혜자가 된다. 그러므로 언어재활 시행 여부의 판단과 수행은 의사의 지시(order)에 따를 사항이 아니라 협력할 사항이라고 보인다. 병원 세팅에 근무하는 언어재활사는 대상자의 언어적 부분에 대해 판단이 완료되면, 그 결과를 의사 및 의료진에게 전달하며, 의사는 다른 영역의 평가 결과들을 종합하여 환자의 상태에 대한 종합적인 판단을 내린다.

언어재활사

환자보호자 또는 환자와 상담하여 가족력, 임신력, 태생력, 언어발달력 등을 조사·기록한다. 환자의 발음, 지능 및 어휘력 수준을 판단하기 위하여 각종 지각 및 영상의학적 검사를 실시하여 환자의 반응을 관찰하고, 그림어휘력검사, 아동언어발달검사 등 표준화된 검사를 실시한다. 조음장애, 언어지체, 실어증, 음성장애, 유창성장애, 청각장애, 구개파열, 뇌성마비 등 언어의 장애원인과 유형 그리고 정도를 판별하고 진단한다. 장애의 정도, 유형, 그리고 부모의 요구를 파악하여 교정치료 계획을 수립·실행하고 지시·감독한다. 장난감, 그림자료, 스크립트, 녹음기, 퍼즐, 이야기발표 등을 활용하여 장애를 치료한다. 사회관계 형성·유지에 필요한 언어사용 능력을 증진시키기 위해서 집단적 치료활동을 수행한다. 치료 경과를 기록한다. 표준화된 검사도구와 자발화를 관찰하여 치료의 효과를 평가한다. 언어장애 환자, 가족, 담당교사를 상대로 상담 또는 지도활동을 한다. 교육기관, 구강외과 및 기타 의료기관 등의 자문역할을 수행한다. 언어장애의 치료기술 개발을 위해 전문적인 연구를 수행하기도 한다.

출처: 워크넷(www.work.go.kr).

언어재활사

수행직무

언어재활사는 언어습득 과정이나 언어처리 과정에 결함을 보임으로써 다른 사람과 원활한 의사소통을 하기 어려운 사람들에게 전문적인 진단과 훈련을 실시하는 전문가를 말한다.

언어재활의 주 대상이 되는 의사소통장애는 다른 사람과 의사소통을 하는 데 어려움을 갖는 장애로 언어발달장애, 조음·음운장애, 유창성장애, 음성장애, 신경언어장애로 나눈다.

출처: 한국보건의료인국가시험원(www.kuksiwon.or.kr).

(1) 외국 자격제도와의 비교

미국, 캐나다 등을 포함한 영어권 국가의 언어재활사 자격제도는 서로 간에 매우 흡사하다.

또한 이들 중 미국, 캐나다, 호주, 영국의 4개국에서는 2005년 1월부터 상호인정조약(Mutual Recognition Agreement: MRA)을 체결하여 시행하고 있는데, 이 제도는 각 나라의 자격증 수여기관에서 요구하는 자격요건을 갖추었을 때 국적에 관계없이 희망하는 국가의 자격증을 신청할 수 있도록 하는 것이다(김향희, 2007). 이들 나라의 자격증 취득을 위한 학위 기준은 모두 언어병리학 또는 언어치료학 이수를 기본으로, 미국과 캐나다는 언어병리학 석사학위를, 호주와 영국은 학사학위를 요구한다. 자격증 인증처와 검정기관 및 수여기관이 모두 보건복지부인 국내와는 달리 앞에서 언급한 나라들은 보건복지부에 해당하는 정부기관으로부터 인증을 받은 각 나라별 협회 또는 학회에서 검정과 자격증을 수여하는 국가공인제도로 실시되고 있다. 프랑스의 경우에는 영국과는 달리 4년제 학사학위 취득 후 지역 보건복지국(Dēpartementale des Affaires Sanitaires et Sociales: DDASS)에 등록하는 국가자격증 제도로 운영되고 있다.

아시아권에서는 홍콩과 싱가포르가 학사학위 이상을 기본 요건으로 협회나 학회의 회원으로 가입하여 민간자격증을 취득하고, 일본은 국내와 유사하게 3년제 전문학사 이상의 학위 취득과 국가시험에 합격하여 국가자격증을 취득하게 된다. 앞에서 설명한 대부분의 나라의 경우 언어재활사 자격을 취득하기 위해 요구되는 학위 수준은 다양하지만 검정수준이 비교적 높아서 일정수준의 교과과정과 현장실습 이수를 필수조건으로 하며, 일부 국가에서는 모든 교과과정과 실습시간을 이수하고 졸업한 후에도 일정 기간의 임상경력을 필수 조건으로 하고 있다(김향희, 2007; 홍현숙 외, 2012).

(2) 언어재활사의 직업적 윤리

ASHA에서는 언어재활사들로 하여금 자신의 직분을 성실하게 수행하여 언어장애인들에게 최적의 서비스를 제공할 수 있도록 언어재활사 윤리 규정을 두고 있다 법정단체인 사단법인 한국언어재활사협회에서는 언어재활사들뿐만 아니라 언어치료학을 공부하고 있는 학부 및 대학원생들의 직업적 윤리의 실천을 위해 다음과 같이 윤리강령을 제정하여 규범으로 삼도록 하고 있다.

〈표 1-1〉 **윤리강령**

언어재활사 윤리강령

언어재활사는 의사소통장애인의 기본권과 존엄성을 옹호하고 능력을 증진시키기 위한 노력에 최선을 다하여야 한다. 이에 언어재활사 협회는 국민의 건강과 안녕에 이바지하는 장애인 복지전문인력으로서 언어재활사의 위상과 긍지를 높이고, 윤리의식의 제고와 사회적 책무를 다하기 위하여 이 윤리강령을 제정한다.

(평등권)

1. 언어재활사는 대상사의 국적, 인종, 사상, 종교, 연령, 성별, 정치적, 경제적, 사회적 지위 및 장애의 종류와 정도에 차별 없이 언어재활서비스를 제공한다.

(품위 유지)

2. 언어재활사는 장애인복지전문인력으로서의 권위와 품위를 유지 · 향상시키는 일에 최선을 다하여야 한다.

(대상자를 위한 전문적 활동 및 자기계발)

3. 언어재활사는 대상자의 의사소통능력 개선을 위하여 최신 학문적 지식과 임상 기술을 증진시키기 위해 최선을 다한다.

(대상자의 사생활 보호 및 비밀 유지)

4. 언어재활사는 직무상 알게 된 대상자의 비밀과 사생활을 보호하며 임의로 타인에게 공개하여서는 안 된다.

(대상자의 권익)

5. 언어재활사는 대상자 및 보호자의 권익과 자기결정권을 존중하며 판정결과에 준거하여 언어재활서비스를 제공한다.

(대상자를 위한 협력)

6. 언어재활사는 대상자의 의사소통능력 향상을 위하여 관련 전문인력과 상호협력을 적극적으로 하여야 한다.

(대상자에 대한 서비스 비용의 청구)

7. 언어재활사는 정당한 언어재활서비스 이외의 부당한 비용 또는 대가를 청구하거나 취득하여서는 아니 된다.

(공동체 의식 고취)

8. 언어재활사는 회원 상호간에 친목을 도모하며 본 회의 무궁한 번영과 발전을 위하여 이바지하여야 한다.

(법의 준수)

9. 언어재활사는 장애인복지법 및 관계법을 준수하여야 한다.

(3) 언어재활사의 권리

언어재활사는 의사소통장애인에 대한 책무와 함께 권리를 가지고 있다. 한국언어재활사협회에서는 언어재활사의 권리에 대해 치료권, 차별금지권, 환경권을 정하고 있으며, 이에 대한 내용은 〈표 1-2〉 '언어재활사의 권리 장전'에 담겨 있다.

〈표 1-2〉 **언어재활사의 권리 장전**

언어재활사 권리 장전

언어재활사는 「장애인복지법」 제72조의2에 의한 장애인복지전문인력으로 의사소통장애인의 기본권과 존엄성을 옹호하고 의사소통능력증진을 위한 책무와 함께 「헌법」 제10조에서 명시한 인간으로서의 존엄과 가치, 행복을 추구하기 위해 다음과 같은 권리 장전을 선언한다.

(언어재활사의 치료권)

1. 언어재활사는 대상자나 보호자 또는 제3자(관리자나 동료치료사 등에 의하여 방해받지 않고 언어재활사의 학술적 · 임상적 근거에 따라 독립적인 치료를 할 권리를 갖고 있다.
2. 언어재활사는 언어치료전문가로서 의사소통장애에 대한 예방, 진단평가, 치료계획수립, 치료활동, 상담, 사후관리 등 독립적 언어재활서비스 제공에 대한 권리를 갖고 있다.
3. 언어재활사는 치료에 관한 연구 및 직무와 연관성이 없고, 사회통념에 위배되는 부당한 요구에 대해 거부할 권리를 갖고 있다.

(언어재활사의 차별금지권)

4. 언어재활사는 자신의 성별, 연령, 인종, 장애여부 등으로 인하여 대상자 및 언어재활기관에서 차별받지 않을 권리를 갖고 있다.

(언어재활사의 환경권)

5. 언어재활사는 언어치료서비스 활동과 자신의 개인정보에 대해 보호 받을 권리를 갖고 있다.
6. 언어재활사는 언어치료대상자에게 최선의 언어치료서비스를 제공할 수 있는 환경을 보장받을 권리를 갖고 있다.

7. 언어재활사는 신체적, 언어적, 성적 폭력으로부터 안전한 근무환경에서 일할 권리를 갖고 있다.
8. 언어재활사는 전문성 강화를 위한 보수교육, 학술 및 임상연구활동 등을 수행할 권리를 갖고 있다.
9. 언어재활사는 대상자와 보호자로부터 업무상 적합하고 정중한 대우를 받을 권리를 갖고 있다.
10. 언어재활사는 자신의 치료활동에 대한 정당한 대가를 요구할 권리를 갖고 있다.

2. 언어재활사 자격제도

1) 언어재활사 국가자격증 제도

국내 언어재활사의 국가자격증 제도는 2011년 8월 국회에서 통과된 「장애인복지법」 일부 개정안의 제72조의2와 제73조에 근간을 두고, 2012년 8월 5일부터 시행된 이후 현재에 이르고 있다. 언어재활사 자격증 취득을 위해서는 국가시험을 치러야 하며, 1급과 2급의 구분에 따른 각급수별 응시 자격과 제한, 자격의 취소 및 정지에 대해 「장애인복지법」에서 규정하고 있다.

언어재활사의 급수에 따른 자격은 학력과 임상경력에 따라 구분되며, 2급 언어재활사는 3년제 전문학사학위, 4년제 학사학위 및 대학원 석사학위 졸업자가 2급 언어재활사 자격시험에 합격함으로써 취득할 수 있으며, 1급 언어재활사는 2급 언어재활사 자격을 취득한 후 「장애인복지법」 시행규칙 제57조의3에서 명시하고 있는 '언어재활기관'에서 3년(석사학위 취득자는 1년)의 임상과정을 거치고 1급 언어재활사 자격시험에 합격하여야 취득이 가능하다. 이와 같은 급수제의 도입은 언어재활사 국가자격 입법 당시 이미 전문대학, 대학, 대학원에 개설되어 운영되고 있는 학제 간 차이에 따른 국내 교육상황과 선진국 학제기준 등을 함께 고려한 결과이다.

또한 전국언어치료학과협의회 자료에 의하면, 현재 언어재활사를 배출하는 정규교육기관은 53개 대학에서 90개 교육과정(대학원 14개교, 4년대 학부+대학원 17개교, 4년제 학부 10개교, 3년제 전문대학 12개교)으로 운영되고 있고, 한 해에 수백천 여 명의 신규 졸업한 언어재활사가 양성되고 있다(2018년 5월 기준).

2) 언어재활사(국가자격증 소지자) 및 회원가입 현황

국가시험 시행 이후 2019년 8월까지 7회의 정기시험과 2회의 특례시험을 거쳐 합격한 1급 언어재활사가 2,598명, 2급 언어재활사가 10,904명으로 모두 13,502명의 언어재활사가 합격하였다.

〈표 1-3〉 **2019년 8월 1일 기준 언어재활사 국가시험(정시, 특례) 현황**

구분	직종	시행일	응시자(명)	합격자(명)	합격률(%)
제1회(정시)	2급 언어재활사	2013. 5. 25.	111	86	77.5
제2회(정시)	2급 언어재활사	2014. 3. 29.	3,745	3,163	84.5
제1회(특례)	1급 언어재활사	2014. 8. 30.	1,378	1,371	99.5
	2급 언어재활사		1,847	1,832	99.2
제3회(정시)	2급 언어재활사	2014. 12. 20.	1,466	1,054	71.9
제2회(특례)	1급 언어재활사	2015. 6. 13.	105	99	94.3
	2급 언어재활사		237	212	89.5
제4회(정시)	1급 언어재활사	2015. 12. 6.	84	78	90.5
	2급 언어재활사		1,487	1,213	81.60
제5회(정시)	1급 언어재활사	2016. 12. 10.	308	243	78.9
	2급 언어재활사		1,517	1,272	83.8
제6회(정시)	1급 언어재활사	2017. 12. 9.	694	441	63.5
	2급 언어재활사		1,342	1092	81.2
제7회(정시)	1급 언어재활사	2018. 12. 8.	857	366	42.7
	2급 언어재활사		1,322	982	74.3
합계			16,500	13,502	80.86

〈표 1-4〉 **2019년 8월 1일 기준 회원가입 현황**

급수	(사)한국언어재활사협회
1급	1,902명
2급	7,335명
합계	9,237명

3. 언어재활사의 근무 현장 및 취업 현황

1) 언어재활사의 근무 현장

언어재활사들은 '일반학교, 특수학교, 어린이집, 통합어린이집, 복지관(장애인복지관, 종합복지관, 노인복지관 등), 병원(종합병원, 개인병원 등), 사설치료실' 등 다양한 현장에서 근무한다.

1997년 당시 전국에 약 406명의 언어치료사(당시 명칭)가 근무하고 있었으며, 2012년 국가자격 법제화 당시에도 천여 명에 불과하였으나, 2018년 한국언어재활사협회에 등록된 언어재활사는 8,600여 명으로 교육과정의 증가와 맞물려서 최근 5년간 기하급수적으로 증가하였다. 이는 언어재활사가 전문직업으로서 확고하게 자리매김할 수 있는 기틀이 마련된 것을 반영한다고 볼 수 있다.

현재 임상현장에 근무하고 있는 언어재활사의 79%가 20~30대이며 나머지 20여%도 대부분 40~50대로 구성되어 있고, 60~70대는 극소수에 불과하다. 이는 학력과 경력이 더 필요한 1급 언어재활사 의 비율과 연결된 현상으로 볼 수 있고, 현재 2급 언어재활사가 80%, 1급 언어재활사가 20%를 차지하는 실정이다.

2) 관련 영역과의 관계

언어병리학은 독립적이며 확실한 전문성(specialty)을 유지하고 있으며 언어재활사는 말-언어장애인들을 대상으로 이들의 의사소통 행동을 증진/촉진시키는 것을 주요 역할로 하기 때문에 언어나 의사소통 분야의 지식이 절대적으로 필요하다. 그러나 임상현장에 따라 언어나 의사소통에 대해 전문적인 지식을 갖고 있지 않는 특수교사, 청각학전문가, 인지 · 심리전문가, 의사들과 상호 협력해야 하는 경우가 생길 수 있다. 언어재활은 학문의 특성상 일부 다학문적인 특성을 공유하고 있다. 특수학교, 일반학교의 특수학급에서 (특수)교사들과의 관계에서 언어재활사의 역할이 아직 완전히 정립되지 못하고 있다. 그러나 의사소통장애인에게 효율적인 서비스를 제공하기 위해 대상자의 필요에 따라 교사, 특수교사, 의사, 임상심리학자, 물리치료사, 작업치료사, 사회복지사 등과 팀워크가 요구되는 분야이다(권도하 외, 2013).

3) 언어재활사의 취업 현황

2015년 한국언어재활사협회의 언어재활사 대상 전수조사 결과는 다음과 같다.

① 언어재활사들 가운데 남녀의 비율은 남 7%와 여 93%로 구성되었으며, 연령대별로는 20대 47%, 30대 32%, 40대 18%, 50대 이상 3%이었다(한국언어재활사협회, 2015).

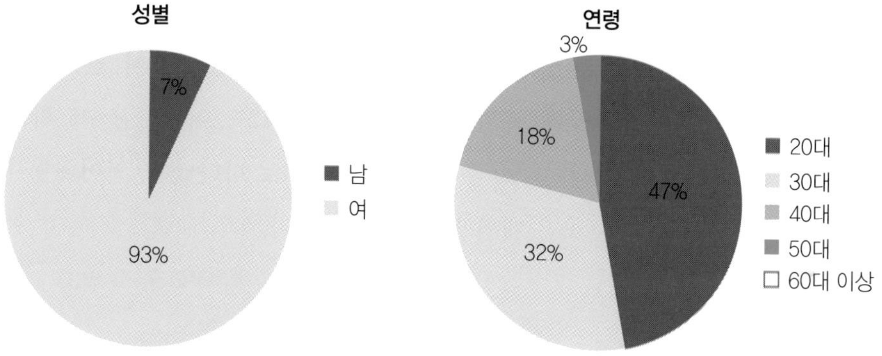

[그림 1-1] **언어재활사 성별 및 연령 현황**

② 언어재활사의 대부분이 언어재활을 전공(전공자 95%, 비전공 5%)하였으며 최종 학력은 전문학사 9%, 학사 51%, 석사 30%, 박사 2%로 학사의 비율이 높았다. 급수별로는 2급 81%, 1급 19%로 나타났다. 이는 최근 5년간 언어재활학과의 개설이 많아지면서 2급 언어재활사의 수가 증가한 것으로 보인다(한국언어재활사협회, 2015).

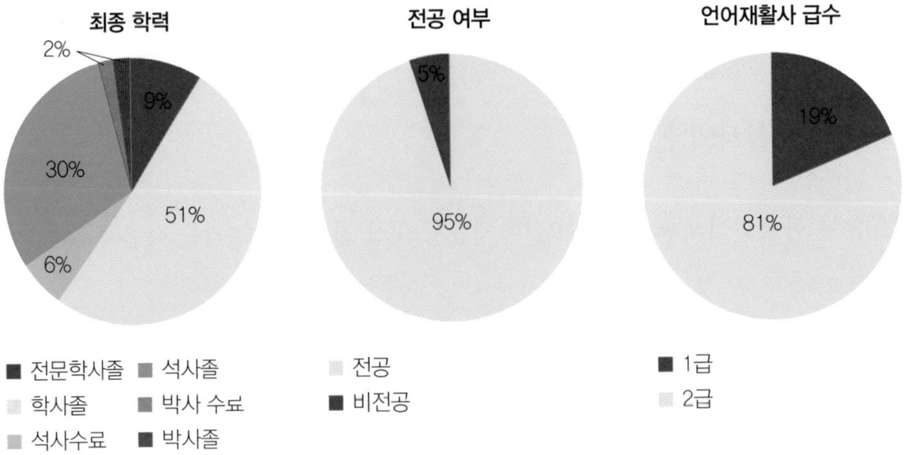

[그림 1-2] **언어재활사 학력 및 급수 현황**

③ 언어재활사의 90% 이상은 현재 언어재활사로 근무를 하고 있으며, 근무처별로는 개원 언어재활센터 54%, 복지관 15%, 병 · 의원 12%, 어린이집 5%, 학교(교육청 포함) 6%, 다문화센터 2%, 홈티칭 등 기타 6%로 나타났다. 언어재활사들이 가장 많이 근무하는 곳은 개원 언어재활센터이다.

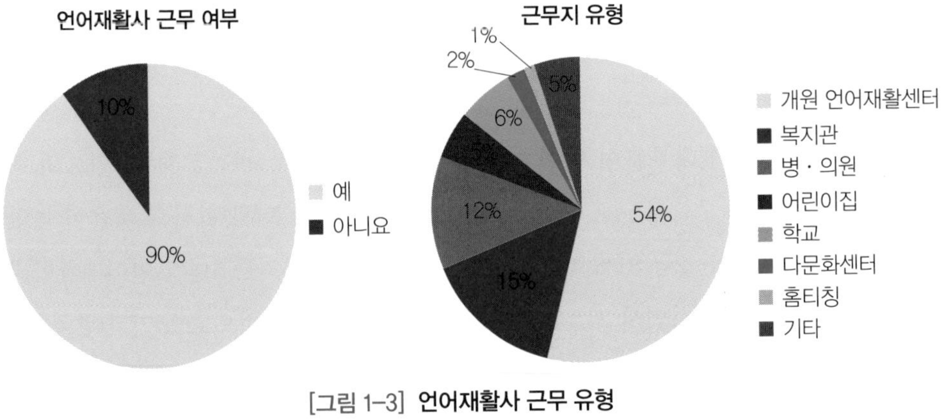

[그림 1-3] **언어재활사 근무 유형**

④ 언어재활사의 근무지역으로는 서울 18%, 경기 20%, 충청 10%, 전라 13%, 경상 29%, 제주 1%, 강원 3% 등으로 나타났다. 대체적으로 언어재활사가 전국적으로 고르게 분포되어 있는 것으로 보인다. 고용 형태로는 정규직 언어재활

사 42%, 계약직 언어재활사 21%, 시간제 언어재활사 21%로 정규직의 형태가 가장 많지만, 계약직이나 시간제와 같은 비정규직의 형태도 많이 있다. 이는 남녀 언어재활사의 비중과 상관관계가 있는 것으로 보인다.

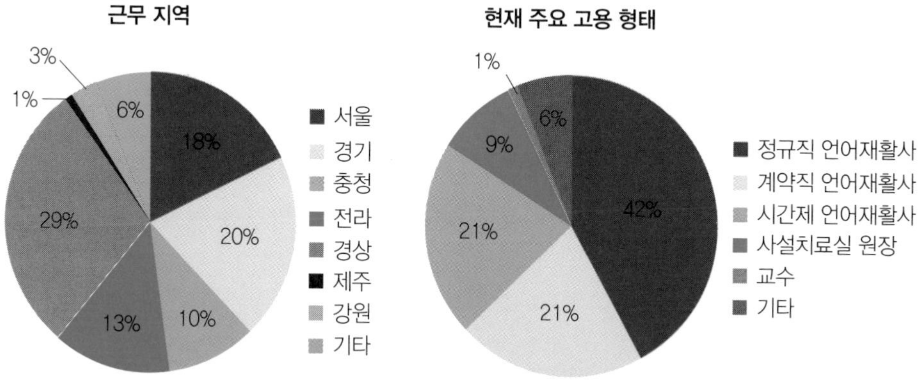

[그림 1-4] **언어재활사의 근무 지역과 고용 형태**

4. 언어재활사의 향후 전망

앞에서 살펴보았듯이 다양한 현장에서 언어재활사의 전문성을 필요로 한다. 1990년대 초반 300여 명 정도에 불과하던 언어재활사의 수가 현재(2018년)는 해마다 1,000명씩 증가하고 있다. 이는 언어재활사의 사회적 저변화의 기여만을 놓고 보면 반가운 수치이지만 급속한 언어재활사의 수적 증가에 따른 여러 부작용을 생각하면 심히 우려스러운 수치이기는 하다. 이에 언어재활사의 향후 전망과 개선 방향에 대해 논의하고자 한다.

1) 의사소통장애인의 증가율과 언어재활사

의사소통장애는 특히 아동과 노인인구에 더 많이 출현한다. 현재 통계청 자료에 의하면 만 14세 이하 인구비율이 2007년 18.0%에서 2020년에는 16.2%로 점차 감소하고 있는 추세로 아동언어재활 대상자의 감소는 심히 우려스럽다. 하지만 이에 반해 노인인구는 증가추세는 역대 최고를 갱신하고 있다.

2) 언어재활사의 수급현황 및 향후 전망

앞에서 언급한 바와 같이 인구감소와 언어재활사의 수적 증가가 언어재활 영역의 포화상태를 불러올 것이라고 걱정하는 이들이 많다. 하지만 현재 언어재활이 의사소통장애 영역의 일부에서만 이루어지고 있으며, 정부의 복지지원 영역의 확대와 복지정책에 대한 예산의 증가를 미루어 볼 때 추후 발전 가능성은 무궁무진하다. 이에 협회에서는 언어재활사의 미래를 위해 다음과 같은 방안을 제시하고 있다.

(1) 노인바우처 실시

언어재활사의 54%가 개원 언어재활센터에서 근무하는 현실을 놓고 볼 때 바우처의 영향력은 무시할 수 없다. 대부분의 개원 언어재활센터가 바우처를 실시하는 현실에서 바우처 제도의 개선을 통해 언어재활영역의 확대를 시도하는 것은 어쩌면 가장 현실적인 대안이 될 것이다. 현재 언어치료바우처제도는 비장애아동중심바우처(아동청소년심리지원)와 장애아동중심바우처(발달재활서비스)에 한정되어 있다. 이에 증가하는 노인의사소통장애 인구에 맞춘 노인바우처 신설이 시급하다. 만약 정부에서 노인바우처가 실시된다면 또 다른 언어재활바우처 시장이 형성될 것이다.

(2) 언어재활 단독 바우처 실시

바우처 제도에서 언어재활 영역이 차지하는 비중은 크나 그에 합당한 단독 바우처가 존재하지 않는다. 지역사회 서비스 바우처의 경우 심리치료 영역의 여러 종류의 바우처가 존재하는 반면, 언어치료 바우처는 전무한 상태이다. 장애아동가족지원사업에서 언어발달지원서비스라는 바우처가 존재하기는 하나 이는 부모가 장애를 가진 아동의 언어발달이 지체되었을 경우에만 지원하는 한정적 바우처이다. 이에 상당수의 언어장애아동 및 언어발달지체아동이 쉽게 접근할 수 있는 언어치료 영역의 단독 바우처가 무엇보다 필요하다.

(3) 일반학교와 특수학교에 언어재활사 배치

미국의 경우 대부분의 언어재활사가 학교(55%)에 배치되어 있는 반면 한국의 언어재활사의 학교배치 비율은 초라한 수준이다. 이에 학교 언어재활사 배치가 이루어진다면 많은 의사소통장애인에게 큰 도움이 될 수 있으며, 언어재활사의 일자리 창출에도 도움을 줄 수 있을 것이다.

3) 언어재활사 직무법제화

현재 법적으로 언어재활 영역에 대한 자격기준은 마련되어 있으나 정확한 언어재활사의 역할에 대한 법적 지위를 확보하지는 못하고 있는 상황이다. 특수교육과 일반 교육환경 또는 의료 환경에서도 언어재활사의 역할은 다른 전문가들과 구별된다. 특히 의료 환경에서의 언어재활사의 역할은 의료진에 의한 1차적 의료처치 이후 언어재활사가 개입하게 되므로 그 역할에서 의료행위와는 명확히 구별된다고 할 수 있다. 이처럼 언어재활사들은 다양한 근무현장에 따라 역할과 실무내용에 있어 차이점이 있을 수 있다. 언어재활사의 역할에 대한 근거를 법에 담아 놓지 못하다 보니 여러 직역과의 충돌을 피할 수 없는 현실이다. 이에 언어재활사의 직무를 법에 명시화하는 '직무법제화'가 반드시 필요하다. 특히 법제화 내용에는 언어재활사의 고유 권한인 진단과 치료의 내용을 포함하는 포괄적인 내용이 포함되어야 할 것이다. 이를 위해서는 언어재활사의 단합된 의지와 노력이 필요할 것으로 보인다.

4) 인증제 도입

언어재활사의 질적 관리 측면도 매우 중요하다. 급속한 언어재활기관의 증가와 언어재활학과의 개설은 언어재활 영역의 질적인 저하를 초래할 위험을 가지고 있나. 이 문제는 교육 현장이나 임상 현장을 실사하고 평가하는 제도적 장치가 마련되지 않는다면 해결할 방법이 없을 것으로 보인다. 이를 해결하려면 언어재활기관 인증제와 언어재활 관련학과 인증제를 실시하는 것이 필요하다. 언어재활기관 인증제를 통해 언어재활 서비스를 제공하고 있는 기관들의 실제 운영 상태를 평가하고 감독함으로써 제대로 운영되는 기관을 언어재활기관으로 인증할 필요가 있다. 언어치료 관련학과 인증제는 개설되어 있는 언어치료학과의 실제 교육과정과 실습과정을 현장실사를 통해 검증하는 것이다. 간호학과나 의학과의 경우 인증평가를 받은 학교만이 국가시험을 치를 수 있는데 언어치료학과 또한 인증평가를 받고 이를 통과한 학교에게 국가시험의 기회를 부여하는 것이 보다 질 높은 언어재활사를 양성하고, 언어치료학과의 무분별한 신설 및 증가를 예방하는 방법이 될 것이다.

우리나라의 언어재활사 자격증제도의 현황과 향후 개선해야 할 제도적 문제점들에 대하여 살펴보았다. 앞에서 논의된 바와 같이 향후 관심을 가져야 할 사안으로, 첫째, 의사소통장애인의 수적 변화에 따른 언어재활사의 미래 전망, 둘째, 언어재활사의 수급현황과 향후 전망, 셋째, 언어재활사 직무법제화, 넷째, 인증제 도입 등이다. 그동안 언어재활사의 정체성을 지켜 내기 위하여 각고의 노력을 경주하였다. 그러나 외부의 환경은 그리 녹록하지 않음을 잘 알고 있다. 현재의 난제를 해결하고 도약하기 위해서는 우리들의 단결된 의지가 무엇보다 필요한 시기이다.

참고문헌

권도하(1986). 언어치료사 양성에 대한 고찰. **난청과 언어장애, 9**(1), 9-22. 한국재활과학회.

권도하, 신후남, 이무경, 전희숙, 김시영, 유재연, 신명선, 황보명, 박선희, 신혜정, 안종복, 남현욱, 이명순, 박상희, 김효정(2013). **언어치료학개론**. 대구: 물과길.

김영태(2007). 한국 언어치료사 국가자격증제도 마련을 위한 제언. **언어치료사 국가자격증제도 도입을 위한 토론회 자료집**. pp. 1-16.

김영태(2013). **언어재활사 직무분석 연구**. 한국보건의료인국가시험원.

김영태, 김재옥, 전희숙, 최현주, 김민정, 김태우, 김민정 (2014). 델파이 조사를 통한 언어재활사 직무분석 연구. **언어치료연구, 23**(3), 147-162.

김재옥(2015). **선진국형 재활치료 제도 정착을 위한 토론회 자료집**. pp. 33-46.

김향희(2007). 국외 언어치료사 및 국내 유관 분야의 자격제도에 대한 고찰. **언어청각장애연구, 12**(3), 394-411.

김효정, 장선아, 김향희, 황보명, 최성희, 박현린, 김재옥, 박희준(2018). 2013~2017 언어재활사 구인 공고 분석 연구. **언어치료연구, 27**(4), 167-180.

윤혜련(2012). 한국언어재활사협회 자료.

전국언어치료학과협의회(2018). 2017년도 인증사업단 학과 현황 조사. (사)한국언어재활사협회 연구용역사업.

한국언어재활사협회(2015). 국가자격 언어재활사 대상 전수조사. www.kslp.org.

홍현숙, 김동아, 김현경, 전상남, 이희연, 박정연, 강민성, 임유림(2012). **장애를 가진 아동·청소년의 성장주기에 따른 재활치료 및 서비스 이용조사: 지체·뇌병변 장애를 중심으로.** 서울: 국립재활원 재활연구소.

ASHA(1995). Proposed requirements for the certificates of clinical competence. *ASHA, 27*, 57-61.

워크넷(www.work.go.kr)

한국보건의료인국가시험원(http://www.kuksiwon.or.kr)

제2장

언어재활 관련 법령

현대 사회를 살아가면서 법(法)에서 자유로운 사람은 아무도 없을 것이다. 언어재활사 역시 다양한 임상현장에서 항상 법률적인 문제와 마주치게 된다. 언어재활사 관련 법을 잘 알지 못해 본의 아니게 법을 위반하는 사례를 임상현장에서 종종 마주친다. 이에 이 장에서는 언어재활사가 기본적으로 알아야 할 법률 상식과 언어재활사 관련 법에 대해 소개하고자 한다.

1. 법률 상식

법과 관련된 조항을 찾다보면 헌법, 법률, 시행령, 시행규칙, 조례, 고시, 예규와 같은 여러 용어가 등장한다. 다음에서는 법과 관련된 용어와 적용원칙에 대해 설명하고자 한다.

1) 법률 용어

(1) 헌법

모든 국가의 법의 체계적 기초로서 국가의 조직, 구성 및 작용에 관한 기본법이며 다른 법률 · 명령으로서 변경할 수 없는 국가 최상위의 법규이다. 따라서 모든 법령은 이 헌법에 의해서 제정되며 효력이 주어진다. 또한 국민만이 개정 가능한 단 하나의 근본법이다.

(2) 법률(예: 「장애인복지법」 등)

헌법이 정하는 절차에 따라 국회의 의결을 거쳐 제정하고 대통령이 이를 공포한다. 일반적으로 국민의 권리와 의무 규정하며 활동을 제한한다.

(3) 행정기관이 제정하는 명령

① 대통령령(예: 「장애인복지법 시행령」): 법률을 시행하기 위하여 필요한 사항에 관하여 제정하는 명령으로 국무회의에서 의결하고 대통령이 공포하며 구체적으로 시행령이라 한다.

② 총리령 및 부령(예: 「장애인복지법 시행규칙」): 국무총리 또는 행정 각 부의 장관이 그의 소관 사무에 관하여 법률이나 대통령의 위임 또는 직권으로 제정하는 명령으로 구체적으로 시행규칙이라 한다.

(4) 지방자치법규

① 조례(예: 서울특별시 조례): 지방자치단체가 지방의회의 의결에 의하여 법령의 범위 내에서 자기 사무에 관하여 제정하는 법이다.

② 규칙: 지방자치 단체장이 법령 또는 조례의 위임한 범위 내에서, 또 그 권한에 속하는 사무에 관하여 제정하는 명령이며 시행세칙이라 한다.

(5) 훈령 · 고시 · 지시 · 예규

대통령령인 사무관리규정 제7조 및 사무관리규정 시행규칙 제3조의 규정에 의거하여 다음의 사항을 정할 수 있다.

① 훈령: 상급기관이 하급기관에 대하여 장기간에 걸쳐 그 권한의 행사를 일반적으로 지시하기 위하여 발하는 명령으로서 조문 형식 또는 시행문 형식에 의하여 작성한다.

② 지시: 상급 기관이 직권 또는 하급 기관의 문의에 의하여 하급 기관에 개별적 · 구체적으로 발하는 명령으로서 시행문 형식에 의하여 작성한다.

③ 예규: 행정사무의 통일을 기하기 위하여 반복적 행정사무의 처리기준을 제시하는 법규문서외의 문서로서 조문형식 또는 시행문 형식에 의하여 작성한다.

④ 일일명령: 당직 · 출장 · 시간외 근무 · 휴가 등 일일업무에 관한 명령으로서 시행문 형식 또는 회보 형식 등에 의하여 작성한다.

⑤ 고시: 법령이 정하는 바에 따라 일정한 사항을 일반에게 알리기 위한 문서이다.

⑥ 공고: 일정한 사항을 일반에게 알리는 문서이다.

2) 법적용의 3대 원칙

(1) 상위법 우선의 원칙

법의 적용에 있어서 우선순위가 정해지며 최상위 법으로는 헌법이 있으며 법(법률), 시행령, 시행규칙, 조례, 규칙, 고시, 예규의 순으로 우선된다. 하위법으로 갈수록 그 내용이 세분화되어 있다. 법으로 정하고 그 법에 대해서 적용을 어떻게 할 것인지에 대해 하위로 갈수록 자세히 볼 수 있다. 상위법에 그 내용이 없다면 하위법에서 그 내용을 찾을 수 있다. 다만, 하위법과 상위법이 충돌할 시 상위법을 따라야 한다(예: 시행령과 시행규칙의 내용이 상이할 때는 상위법인 시행령을 따른다).

(2) 신법 우선의 원칙

법이 개정되었을 시 개정된 법(최근에 만들어진 법)을 우선적으로 따른다.

(3) 특별법 우선의 원칙

법의 내용이 유사하거나 같은 분류에 속하면 일반법보다 특별법이 우선시된다(예: 「성매매알선 등 행위의 처벌에 관한 법률」).

2. 언어재활사 관련 법

법제처의 자료에서 '언어치료', '언어재활'이라는 검색용어로 관련 법령을 검색해 보면 다음과 같이 34개 법률 조항을 찾을 수 있다. 다음은 언어재활사와 관련된 법률에 대한 내용으로 간략히 요약된 내용이다. 법에 대한 사항을 꼼꼼히 살펴볼 때는 관련 법령의 전문을 살펴보기를 권고한다.

〈표 2-1〉 **언어재활사 관련 법령 및 조항**

법령명	조문명	항호목
장애인복지법	제71조 장애인복지 전문인력 양성 등	제71조 제1항
	제72조의2 언어재활사 자격증 교부 등	제72조의2
		제72조의2 제1항
		제72조의2 제2항 제1호
		제72조의2 제2항 제2호
		제72조의2 제3항
		제72조의2 제4항
		제72조의2 제5항
	제73조 국가시험의 실시 등	제73조 제1항
	제76조 자격취소	제76조 제1호의2
	제80조의2 한국언어재활사협회	제80조의2
		제80조의2 제1항
장애인복지법 시행령	제37조 국가시험의 시행 및 공고 등	제37조 제1항
	제38조 시험과목 및 합격자 결정방법	제38조 제1항 제2호
	제45조의2 민감정보 및 고유식별정보의 처리	제45조의2 제2항 제1호
장애인복지법 시행규칙	제55조 장애인복지전문인력의 범위	제55조 제2호
	제57조의2 언어재활사 자격증 발급신청 등	제57조의2
		제57조의2 제1항
		제57조의2 제1항 제1호 가목
		제57조의2 제1항 제1호 나목
		제57조의2 제2항

	제57조의3 언어재활기관	제57조의3
	제58조 자격등록대장	제58조
	제59조 자격증 재발급신청 등	제59조 제1항
		제59조 제2항
	제61조 보수교육의 대상 및 실시방법 등	제61조 제1항 제1호의2
		제61조 제2항 제2호
	제62조 보수교육계획 및 실적 보고 등	제62조 제1항
		제62조 제3항
	제67조 규제의 재검토	제67조 제11호
발달장애인 권리보장 및 지원에 관한 법률 시행규칙	제16조 발달장애인 거점병원의 지정	제16조 제3항 제4호
장애인 · 노인 등을 위한 보조기기 지원 및 활용촉진에 관한 법률 시행규칙	제8조 중앙보조기기센터의 설치 · 운영 등	제8조 제2항 제1호
	제9조 지역센터의 설치 · 운영 등	제9조 제2항 제1호
진술조력인의 선정 등에 관한 규칙	제4조 진술조력인 교육 대상자의 선발	제4조 제2호

1) 장애인복지법

「장애인복지법」은 1981년 「심신장애자복지법」으로 처음 제정된 이후 1989년에 「장애인복지법」으로 개정되었으며 2007년 전면개정 이후 여러 차례 부분 개정을 거치며 현행 법률의 형태를 갖추게 되었다. 「장애인복지법」의 1조(목적)에 의거하여 '장애인의 인간다운 삶과 권리보장을 위한 국가와 지방자치단체 등의 책임을 명백히 하고, 장애발생 예방과 장애인의 의료 · 교육 · 직업재활 · 생활환경개선 등에 관한 사업을 정하여 장애인복지대책을 종합적으로 추진하며, 장애인의 자립생활 · 보호 및 수당지급 등에 관하여 필요한 사항을 정하여 장애인의 생활안정에 기여하는 등 장애인의 복지와 사회활동 참여증진을 통하여 사회통합에 이바지함을 목적으로 한다.'를 목적으로 정하고 있다.

현행 「장애인복지법」 개정안(2011년 8월 4일 공포, 2012년 8월 시행)은 언어재활사들에게 매우 의미 깊은 내용을 포함하고 있다. 법 개정 이유(〈표 2-2〉 참조)에서 밝힌 바와 같이 언어재활은 민간자격제도로 운영되던 기존의 재활치료분야에서 가장 수요가 많고 이용자의 만족도가 높은 분야로 이미 인정받고 있었기에 타 재활치료 서비스보다 우선적으로 법제화가 가능하였다.

〈표 2-2〉 **「장애인복지법」 개정 이유**

재활치료 서비스를 제공하는 전문 인력에 대한 자격제도가 민간자격제도로 운영되고 있어, 전문 인력의 자격 수준이 서로 다르고 이에 따라 서비스 간에 질의 차이가 나타나 이용자의 불편과 사회적 비용을 발생시키고 있고, 전문 인력의 자격에 대한 법률적 근거가 없기 때문에 서비스 제공자 및 서비스 제공기관에 대한 체계적 관리마저 이루어지지 않고 있어 관련 제도의 보완이 시급함 이에 따라, 현재 가장 수요가 많고 만족도가 있는 언어재활 분야의 민간자격에 대하여 먼저 국가자격제도를 도입하여 수행 인력의 전문성을 높이고, 서비스 품질을 향상시킴으로써 장애인의 복지를 증진하려는 것임 〈법제처 제공〉

이 개정안은 '언어재활사'를 공식적으로 장애인복지 전문인력에 포함시켰으며(제71조), 언어재활사 자격증 취득을 위한 국가시험을 실시할 것을 명시하였다(제73조). 언어재활사 자격의 종류로 1급과 2급을 구분하였으며 각 등급의 응시자격(제72조 제2항)과 응시자격 제한 요건(제74조), 자격의 취소 및 정지 요건(제76조와 제77조)을 명시하였다. 또한 사단법인 '한국언어재활사협회'가 언어재활사의 교육훈련 및 복지증진활동을 할 수 있음을 명시하고 있다(제80조의2). 「장애인복지법」의 언어재활사 관련 내용은 다음과 같다.

장애인복지법

[시행 2019. 7. 1.] [법률 제15270호, 2017. 12. 19., 일부개정]

제7장 장애인복지 전문인력

제71조(장애인복지 전문인력 양성 등) ① 국가와 지방자치단체 그 밖의 공공단체는 의지·보조기 기사, 언어재활사, 장애인재활상담사, 한국수어 통역사, 점역(點譯)·교정사 등 장애인복지 전문인력, 그 밖에 장애인복지에 관한 업무에 종사하는 자를 양성·훈련하는 데에 노력해야 한다. 〈개정 2011. 8. 4., 2015. 12. 29., 2016. 2. 3.〉

② 제1항에 따른 장애인복지전문인력의 범위 등에 관한 사항은 보건복지부령으로 정한다. 〈개정 2008. 2. 29., 2010. 1. 18.〉
③ 국가와 지방자치단체는 제1항에 따른 장애인복지전문인력의 양성업무를 관계 전문기관 등에 위탁할 수 있다.
④ 국가와 지방자치단체는 제1항에 따른 장애인복지전문인력의 양성에 소요되는 비용을 예산의 범위 안에서 보조할 수 있다.

(요약) 언어재활사의 법적 근거는 장애인복지 전문인력으로 분명히 명시되어 있다.

제72조의2(언어재활사 자격증 교부 등) ① 보건복지부장관은 제2항에 따른 자격요건을 갖춘 사람으로서 제73조에 따른 국가시험에 합격한 사람(이하 "언어재활사"라 한다)에게 언어재활사 자격증을 내주어야 한다.
② 언어재활사의 종류 및 국가시험 응시자격 요건은 다음 각 호의 구분과 같다. 이 경우 외국의 대학원 · 대학 · 전문대학에서 언어재활 분야의 학위를 취득한 사람으로서 등급별 자격기준과 동등한 학력이 있다고 보건복지부장관이 인정하는 경우에는 해당 등급의 응시자격을 갖춘 것으로 본다.
1. 1급 언어재활사: 2급 언어재활사 자격증을 가진 사람으로서 다음 각 목의 어느 하나에 해당하는 사람
   가. 「고등교육법」에 따른 대학원에서 **언어재활 분야의 박사학위 또는 석사학위를 취득**한 사람으로서 **언어재활기관에 1년 이상 재직한 사람**
   나. 「고등교육법」에 따른 대학에서 **언어재활 관련 학과의 학사학위를 취득한 사람**으로서 **언어재활기관에 3년 이상 재직한 사람**
2. 2급 언어재활사: **『고등교육법』에 따른 대학원 · 대학 · 전문대학의 언어재활 관련 교과목을 이수하고 관련 학과의 석사학위 · 학사학위 · 전문학사학위를 취득한 사람**
③ 언어재활사 자격증을 분실하거나 훼손한 사람에게는 신청에 따라 자격증을 재교부한다.
④ 언어재활사 자격증은 다른 사람에게 대여하지 못한다.
⑤ 제1항과 제3항에 따른 자격증의 교부 · 재교부 절차와 관리 및 제2항에 따른 **언어재활기관의 범위, 대학원 · 대학 · 전문대학의 언어재활 관련 학과와 언어재활사로서 이수하여야 하는 관련 교과목의 범위 등에 필요한 사항은 보건복지부령**으로 정한다.
[본조신설 2011. 8. 4.]

(요약) 언어재활사 자격증은 1급 언어재활사와 2급 언어재활사로 나누어져 있으며 2급 언어재활사가 되기 위해서는 언어재활 분야의 대학에서 학위를 취득하여야 응시할 수 있고, 2급 언어재활사 자격을 취득한 후 일정 조건을 갖추어야 1급 언어재활사 자격에 응시할 수 있다.

제73조(국가시험의 실시 등) ① 의지 · 보조기 기사, 언어재활사 및 장애인재활상담사(이하 "의지 · 보조기 기사등"이라 한다)의 국가시험은 보건복지부장관이 실시하되, 실시시기 · 실시방법 · 시험과목, 그 밖에 시험 실시에 관하여 필요한 사항은 대통령령으로 정한다. 〈개정 2008. 2. 29., 2010. 1. 18., 2011. 8. 4., 2015. 12. 29.〉

② 보건복지부장관은 제1항에 따른 국가시험의 실시에 관한 업무를 대통령령으로 정하는 바에 따라 **「한국보건의료인국가시험원법」에 따른 한국보건의료인국가시험원에 위탁**할 수 있다. 〈개정 2008. 2. 29., 2010. 1. 18., 2015. 6. 22.〉

[제목개정 2011. 8. 4.]

(요약) 국가시험의 실시는 국시원(한국보건의료인국가시험원)에서 실시하는 시험에 응시하여야 하며 시험은 필기시험으로 실시된다.

제74조(응시자격 제한 등) ① 다음 각 호의 어느 하나에 해당하는 자는 제73조에 따른 국가시험에 응시할 수 없다. 〈개정 2007. 10. 17., 2011. 8. 4.〉

1. 「정신보건법」 제3조 제1호에 따른 정신질환자. 다만, 전문의가 의지 · 보조기 기사등으로서 적합하다고 인정하는 사람은 그러하지 아니하다.
2. 마약 · 대마 또는 향정신성의약품 중독자
3. 금치산자 · 한정치산자
4. 이 법이나 「형법」 제234조 · 제317조 제1항, 「의료법」, 「국민건강보험법」, 종전의 「국민의료보험법」, 「의료보험법」, 「의료보호법」, 「보건범죄단속에 관한 특별조치법」, 「마약법」, 「대마관리법」, 「향정신성의약품 관리법」 또는 「후천성면역결핍증 예방법」을 위반하여 금고 이상의 형을 선고받고 그 형의 집행이 끝나지 아니하였거나 집행을 받지 아니하기로 확정되지 아니한 자

② 부정한 방법으로 제73조에 따른 국가시험에 응시한 자나 국가시험에 관하여 부정행위를 한 자는 그 수험을 정지시키거나 합격을 무효로 한다.

③ 제2항에 따라 수험이 정지되거나 합격이 무효가 된 자는 그 후 2회에 한하여 제73조에 따른 국가시험에 응시할 수 없다.

(요약) 정신질환, 마약 중독자, 시험에서의 부정행위 등의 문제를 보였을 시 응시자격이 제한된다.

제75조(보수교육) ① 보건복지부장관은 의지 · 보조기 기사등에 대하여 자질 향상을 위하여 필요한 보수(補修) 교육을 받도록 명할 수 있다. 〈개정 2008. 2. 29., 2010. 1. 18., 2011. 8. 4.〉

② 제1항에 따른 보수교육의 실시 시기와 방법 등 필요한 사항은 보건복지부령으로 정한다. 〈개정 2008. 2. 29., 2010. 1. 18.〉

(요약) 「장애인복지법 시행규칙」 제61조에 따라 한국언어재활사협회에서 실시하는 연간 8시간 이상의 보수교육을 받아야 한다.

제76조(자격취소) 보건복지부장관은 의지 · 보조기 기사등이 다음 각 호의 어느 하나에 해당한 때에는 그 자격을 취소해야 한다. 〈개정 2008. 2. 29., 2010. 1. 18., 2011. 8. 4., 2015. 12. 29.〉

1. 제72조 제3항을 위반해서 타인에게 의지 · 보조기 기사자격증을 대여한 때

1의2. 제72조의2 제4항을 위반하여 **타인에게** 언어재활사 **자격증을 대여하였을 때**

1의3. 제72조의3 제4항을 위반하여 타인에게 장애인재활상담사 자격증을 대여하였을 때

2. 제74조 제1항 각 호의 어느 하나에 해당하게 된 때

3. 제77조에 따른 **자격정지처분 기간에 그 업무를 하거나 자격정지 처분을 3회 받은 때**

(요약) 언어재활사 자격증의 대여 또는 자격정지 처분을 3회 받았을 때도 자격은 취소된다.

제77조(자격정지) 보건복지부장관은 의지 · 보조기 기사등이 다음 각 호의 어느 하나에 해당하면 6개월 이내의 범위 안에서 보건복지부령으로 정하는 바에 따라 자격을 정지시킬 수 있다. 〈개정 2008. 2. 29., 2010. 1. 18., 2011. 8. 4., 2015. 12. 29.〉

1. 의지 · 보조기 기사의 업무를 하면서 고의 또는 중대한 과실로 의지 · 보조기 착용자의 신체에 손상을 입힌 사실이 있는 때

1의2. 언어재활사의 업무를 하면서 **고의 또는 중대한 과실로 언어재활 대상자의 기능에 손상을 입힌 사실이 있을 때**

1의3. 장애인재활상담사의 업무를 하면서 고의 또는 중대한 과실로 재활 대상자에게 손해를 입힌 사실이 있을 때

2. 제75조에 따른 **보수교육을 연속하여 2회 이상 받지 아니한 때**

(요약) 언어재활사가 언어재활 대상자에게 기능의 손상을 입혔을 시 또는 보수교육을 미이수 시 언어재활사 자격증은 정지될 수 있다.

제80조의2(한국언어재활사협회) ① **언어재활사는 언어재활에 관한 전문지식과 기술을 개발 · 보급하고 언어재활사의 자질향상을 위한 교육훈련 및 언어재활사의 복지증진을 도모**하기 위하여 한국언어재활사협회(이하 "협회"라 한다)를 설립할 수 있다.
② 제1항에 따른 협회는 법인으로 한다.
③ 협회에 관하여 이 법에서 규정한 것을 제외하고는 「민법」 중 사단법인에 관한 규정을 준용한다.
[본조신설 2011. 8. 4.]

(요약) 한국언어재활사협회는 언어재활사를 위한 유일한 법정단체이며 언어재활사의 복지증진을 위해 존재하는 단체이다.

2) 장애인복지법 시행령

「장애인복지법 시행령」은 「장애인복지법」 본법에 담지 못한 세부내용을 명시하고 있다. 언어재활사 관련내용으로는 국가자격 시행 및 공고(37조), 시험과목 및 합격자 결정방법(38조), 시험위원(39조), 국가시험의 응시 및 합격자 발표(40조)에 관한 사항을 담고 있다.

장애인복지법 시행령

[시행 2019. 7. 1.] [대통령령 제29450호, 2018. 12. 31., 일부개정]

제1조(목적) 이 영은 「장애인복지법」에서 위임된 사항과 그 시행에 필요한 사항을 규정함을 목적으로 한다.

(요약) 「장애인복지법」의 하위법령이며 본법에서 담지 못한 세부내용을 명시하고 있다.

제37조(국가시험의 시행 및 공고 등) ① 보건복지부장관은 법 제73조 제1항에 따른 의지 · 보조기 기사, 언어재활사 및 장애인재활상담사의 국가시험(이하 "국가시험"이라 한다)을 매년 1회 이상 시행하여야 한다. 〈개정 2008. 2. 29., 2010. 3. 15., 2012. 7. 24., 2017.

10. 31.〉

② 보건복지부장관은 법 제73조 제2항에 따라 국가시험의 실시에 관한 업무를「한국보건의료인국가시험원법」에 따른 **한국보건의료인국가시험원(이하 "국가시험관리기관"이라 한다)에 위탁**한다. 〈개정 2015. 12. 22.〉

③ 국가시험관리기관의 장은 국가시험을 실시하려면 미리 보건복지부장관의 승인을 받아 **시험일시, 시험장소, 시험과목, 응시수수료 및 응시원서의 제출기간, 그 밖에 시험의 실시에 필요한 사항을 시험 실시 90일 전까지 공고**하여야 한다. 다만, **시험장소는 지역별 응시인원이 확정된 후 시험 실시 30일 전까지 공고**할 수 있다. 〈개정 2008. 2. 29., 2010. 3. 15., 2012. 5. 1.〉

④ 국가시험관리기관의 장은 장애인이 시험에 응시하는 경우 장애의 종류 및 정도에 따라 필요한 편의를 제공하여야 한다. 〈신설 2012. 7. 24.〉

(요약) 언어재활사 국가시험은 국시원을 통해 연 1회 실시되며 응시기준 및 시험장소는 국시원 홈페이지를 통해 확인할 수 있다.

제38조(시험과목 및 합격자 결정방법) ① 국가시험의 방법은 다음 각 호의 구분에 따른다. 〈개정 2012. 7. 24., 2017. 10. 31.〉

1. 의지 · 보조기 기사 국가시험: 필기시험 및 실기시험
2. **언어재활사 국가시험: 필기시험**
3. 장애인재활상담사 국가시험: 필기시험

② 제1항에 따른 **필기시험 과목은 별표** 4와 같다. 〈개정 2012. 7. 24.〉

③ 제1항 제1호에 따른 실기시험에는 필기시험에 합격한 사람만이 응시할 수 있으며, 실기시험은 의지 · 보조기의 제작능력을 측정하는 것을 내용으로 한다. 〈신설 2012. 7. 24.〉

④ 국가시험의 **합격자 결정은 필기시험의 경우에는 전 과목 총점의 6할 이상, 각 과목 4할 이상을 득점한 자를 합격자로 하며, 실기시험의 경우에는 총점의 6할 이상을 득점한 자**를 합격자로 한다. 〈개정 2012. 7. 24.〉

(요약) 언어재활사 국가시험은 필기시험으로 실시되며 2급의 경우 5과목, 1급의 경우 6과목으로 이루어져 있다. 합격을 위해서는 각 과목별 40% 이상을 득점하여야 하며 총점은 60%를 넘어야 한다.

〈별표 4〉

필기시험 과목(제38조 제2항 관련)

구분	언어재활사	
	1급	2급
필기시험 과목	1. 신경언어장애 2. 언어발달장애 3. 유창성장애 4. 음성장애 5. 조음음운장애 6. 언어재활현장실무	1. 신경언어장애 2. 언어발달장애 3. 유창성장애 4. 음성장애 5. 조음음운장애

제39조(시험위원) ① 국가시험관리기관의 장은 국가시험을 시행하려면 시험과목별로 전문지식을 갖춘 자 중에서 시험위원을 위촉한다.
② 제1항에 따른 시험위원에게는 예산의 범위에서 수당과 여비를 지급할 수 있다.

제40조(국가시험의 응시 및 합격자 발표) ① 국가시험에 응시하려는 자는 국가시험관리기관의 장이 정하는 응시원서를 국가시험관리기관의 장에게 제출하여야 한다.
② 국가시험관리기관의 장은 국가시험의 합격자를 결정・발표하고, 그 합격자에 대한 다음 각 호의 사항을 보건복지부장관에게 보고하여야 한다. 〈개정 2008. 2. 29., 2010. 3. 15.〉
1. 성명 및 주민등록번호
2. 국가시험 합격번호 및 합격 연월일

3) 장애인복지법 시행규칙

「장애인복지법 시행규칙」은 「장애인복지법」 본법과 시행령에서 담지 못한 세부내용을 명시하고 있다. 언어재활사 관련내용으로는 장애인복지전문인력의 범위(제55조), 언어재활사 자격증 발급신청 방법(제57조의2), 언어재활기관과 언어재활 관련학과(제57조의3, 4), 자격증 발급 및 재발급, 회수(제58, 59, 60조), 보수교육 관련(제61, 62, 63조) 및 행정처분(제64조) 등에 관한 사항을 담고 있다.

장애인복지법 시행규칙

[시행 2019. 1. 1.] [보건복지부령 제606호, 2018. 12. 28., 타법개정]

제1조(목적) 이 규칙은 「장애인복지법」 및 같은 법 시행령에서 위임된 사항과 그 시행에 필요한 사항을 규정함을 목적으로 한다.

(요약) 「장애인복지법 시행규칙」은 「장애인복지법 시행령」의 하위법령이며 시행령에서 담지 못한 세부 내용을 명시하고 있다.

제55조(장애인복지전문인력의 범위) 법 제71조 제2항에 따른 전문인력의 범위는 다음 각 호로 한다. 〈개정 2012. 7. 27., 2017. 11. 23.〉

1. 의지·보조기 기사
2. **언어재활사**
3. 장애인재활상담사
4. 수화통역사
5. 점역사(點譯士)·교정사(矯正士)

제57조의2(언어재활사 자격증 발급신청 등) ① 법 제72조의2 제1항에 따른 언어재활사 자격증을 발급받으려는 사람은 별지 제34호의2 서식의 신청서에 다음 각 호의 서류를 첨부하여 보건복지부장관에게 제출하여야 한다. 다만, 법률 제11010호 장애인복지법 일부개정법률 부칙 제2조에 따른 특례시험을 거쳐 언어재활사 자격증을 취득하려는 사람은 제1호 및 제2호의 서류를 제출하지 아니한다.

1. 다음 각 목의 구분에 따른 서류
   가. 1급 언어재활사 자격증을 발급받으려는 경우: 2급 언어재활사 자격증 사본 및 언어재활사 경력증명서 각 1부
   나. 2급 언어재활사 자격증을 발급받으려는 경우: 「고등교육법」에 따른 대학원·대학 또는 전문대학의 성적증명서 및 언어재활관찰·언어진단실습·언어재활실습 이수확인서(법 제72조의2 제2항 후단에 해당하는 사람은 제출하지 아니한다) 각 1부
2. 「고등교육법」에 따른 대학원·대학 또는 전문대학의 졸업증명서 1부
3. 법 제74조 제1항 제1호 및 제2호에 해당되지 아니함을 증명하는 의사의 진단서 1부
4. 사진(제출일 기준 6개월 이내에 모자를 벗은 상태에서 배경 없이 촬영된 상반신 컬러사진으로 규격은 가로 3센티미터, 세로 4센티미터로 한다) 2장

② 제1항에 따른 발급 신청을 받은 보건복지부장관은 그 신청일부터 14일 이내에 신청인에게 별지 제34호의3 서식의 1급 언어재활사 자격증 또는 별지 제34호의4 서식의 2급 언어재활사 자격증을 발급하여야 한다.

[본조신설 2012. 7. 27.]

제57조의3(언어재활기관) 법 제72조의2 제2항 제1호에 따른 **언어재활기관은 언어재활기관의 장 1명과 상근(常勤) 언어재활사 1명 이상을 보유**하여야 한다. 〈개정 2015. 12. 31.〉
[본조신설 2012. 7. 27.]

(요약) 2급 언어재활사가 1급 언어재활사 시험에 응시하기 위해서는 재직기간(임상경력) 1년 또는 3년을 요구한다. 이에 충족하는 조건을 갖춘 기관을 언어재활기관이라 한다.

제57조의4(언어재활 관련 학과 등) ① 법 제72조의2 제2항 제1호 나목 및 제2호에 따른 언어재활 **관련 학과는 학과명, 과정명 또는 전공명에 언어치료, 언어병리 또는 언어재활이 포함된 학과**와 영 **제37조 제2항에 따른 국가시험관리기관이 언어재활 분야에 해당한다고 인정하는 학과**를 말한다.
② 법 제72조의2 제2항 제2호에 따른 언어재활 관련 **교과목은 별표 6의2**와 같다.
[본조신설 2012. 7. 27.]

〈별표 6의2〉

언어재활 관련 교과목(제57조의4 제2항 관련)

구분	교과목	
필수과목	신경언어장애 언어발달장애 유창성장애 음성장애 조음음운장애 의사소통장애진단평가 언어재활현장실무	언어재활관찰 언어진단실습 언어재활실습
선택과목	노화와 의사소통장애 다문화와 의사소통 말과학 보완대체의사소통 삼킴장애 심리학개론 언어기관해부생리 언어발달 언어학 의사소통장애개론 의사소통장애상담 의사소통장애연구방법론	재활학 청각학 특수교육학 구개열언어재활 뇌성마비언어재활 말운동장애 문제행동언어재활 자폐범주장애언어재활 지적장애언어재활 청각장애언어재활 학습장애언어재활

※ 비고

1. 필수과목은 모두 이수하되, 언어재활관찰은 30시간 이상 이수하여야 하고, 언어진단실습 및 언어재활실습은 총 90시간 이상(교내에서 실시하는 수업 시간이 45시간 이상이어야 한다) 이수하여야 한다.
2. 선택과목 중 9개의 과목을 선택하여 이수하여야 한다.
3. 교과목의 명칭이 위 표의 교과목 명칭과 동일하지 아니한 교과목이더라도 영 제37조 제2항에 따른 국가시험관리기관이 교과목 내용이 동일한지 여부를 심사하여 위 표에 따른 교과목과 동일하다고 인정하는 경우에는 그 교과목을 위 표에 따른 교과목으로 본다.

(요약) 국가시험 응시를 위해서는 위의 교과목을 이수하여야 하며, 임상실습 90시간 이상을 이수하여야 한다.

제58조(자격등록대장) 보건복지부장관은 제57조 제2항 및 제57조의2제2항에 따라 의지 · 보조기 기사 자격증 또는 언어재활사 자격증(이하 "자격증"이라 한다)을 발급한 경우에는 별지 제35호 서식의 의지 · 보조기 기사 자격등록대장 또는 별지 제35호의2 서식의 언어재활사 자격등록대장에 그 자격에 관한 사항을 등록하여야 한다.
[전문개정 2012. 7. 27.]

제59조(자격증 재발급신청 등) ① 의지 · 보조기 기사나 **언어재활사(이하 "의지 · 보조기 기사등"이라 한다)는 자격증을 잃어버리거나 그 자격증이 헐어 못 쓰게 된 경우 또는 자격증의 기재사항이 변경되어 재발급을 받으려는 경우에는 별지 제33호 서식 또는 별지 제34호의2 서식 또는 별지 제34호의5 서식의 신청서에 다음 각 호의 서류를 첨부하여 보건복지부장관에게 제출**하여야 한다. 〈개정 2008. 3. 3., 2010. 3. 19., 2012. 7. 27., 2016. 12. 30., 2017. 11. 23.〉

1. 자격증(자격증을 잃어버린 경우에는 그 사유 설명서) 1부
2. 사진(신청 전 6개월 이내에 모자 등을 쓰지 않고 촬영한 천연색 상반신 정면사진으로 가로 3.5센티미터, 세로 4.5센티미터의 사진을 말한다) 2장
3. 변경 사실을 증명할 수 있는 서류(자격증의 기재사항이 변경되어 재발급을 신청하는 경우에만 해당한다) 1부

② 보건복지부장관은 제1항에 따른 재발급 신청을 받으면 별지 제35호서식의 의지 · 보조기 기사 자격등록대장, 별지 제35호의2서식의 언어재활사 자격등록대장 또는 별지 제35호의3서식의 장애인재활상담사 자격등록대장에 그 사유를 적고 자격증을 재발급하여야 한다. 〈개정 2017. 11. 23.〉

제60조(자격증의 회수·반환 등) ① 보건복지부장관은 의지·보조기 기사등에 대한 자격취소 또는 자격정지처분을 한 때에는 지체 없이 그 사실을 해당 의지·보조기 기사등의 주소지를 관할하는 시·도지사에게 알려 시·도지사로 하여금 해당 자격증을 회수하여 보건복지부장관에게 제출하게 하여야 한다. 〈개정 2008. 3. 3., 2010. 3. 19., 2012. 7. 27.〉
② 보건복지부장관은 의지·보조기 기사등의 자격정지기간이 끝나면 제1항에 따라 회수된 자격증을 관할 시·도지사를 거쳐 그 의지·보조기 기사등에게 돌려주어야 한다. 〈개정 2008. 3. 3., 2010. 3. 19., 2012. 7. 27.〉

제61조(보수교육의 대상 및 실시방법 등) ① 법 제75조에 따른 보수교육은 다음 각 호의 어느 하나에 해당하는 자에 대하여 명할 수 있다. 〈개정 2012. 7. 27., 2015. 5. 4., 2017. 11. 23.〉
1. 의지·보조기 기사 자격을 취득한 후 의지·보조기제조업에 종사하는 자(5년 이상 의지·보조기제조업에 종사하지 아니한 사람으로서 다시 의지·보조기제조업에 종사하려는 사람을 포함한다)
1의2. **언어재활사 자격을 취득한 후 언어재활 분야에 종사하는 사람**(5년 이상 언어재활 분야에 종사하지 아니한 사람으로서 다시 언어재활 분야에 종사하려는 사람을 포함한다)
1의3. 장애인재활상담사 자격을 취득한 후 장애인재활 분야에 종사하는 사람(5년 이상 장애인재활 분야에 종사하지 아니한 사람으로서 다시 장애인재활 분야에 종사하려는 사람을 포함한다)
2. 법 제77조에 따른 자격정지처분을 받은 자
② 제1항에 따른 보수교육은 다음 각 호의 구분에 따라 실시한다. 〈개정 2012. 7. 27., 2014. 12. 16., 2015. 5. 4., 2017. 11. 23.〉
1. 의지·보조기 기사: 의지·보조기 기사를 회원으로 하여 의지·보조기 관련 학문·기술의 장려, 연구개발 및 교육을 목적으로 「민법」에 따라 설립된 비영리법인이 실시하고, 교육시간은 2년간 8시간 이상으로 한다.
2. **언어재활사: 법 제80조의2에 따른 한국언어재활사협회(이하 "한국언어재활사협회"라 한다)가 실시하고, 교육시간은 연간 8시간 이상으로 한다.**
3. 장애인재활상담사: 장애인재활상담사를 회원으로 하여 장애인재활 관련 교육을 목적으로 「민법」에 따라 설립된 비영리법인이 실시하고, 교육시간은 연간 8시간 이상으로 한다.
③ 보수교육의 실시시기, 교과과정, 실시방법, 그 밖에 보수교육의 실시에 필요한 사항은 제2항 각 호에 따른 보수교육 실시기관의 장(이하 "보수교육실시기관장"이라 한다)이 정한다. 〈개정 2012. 7. 27., 2015. 5. 4.〉

(요약) 언어재활 분야에 종사하는 사람은 자격유지를 위해 한국언어재활사협회에서 실시하는 연간 8시간 이상의 보수교육을 이수하여야 한다.

제64조(행정처분기준) 법 제70조 제2항 및 법 제77조에 따른 행정처분의 기준은 별표 7과 같다.

〈별표 7〉

행정처분기준(제64조 관련)

1. 일반기준
   가. 위반행위의 횟수에 따른 행정처분의 기준은 최근 1년간 같은 위반행위로 행정처분을 받은 경우에 적용한다. 이 경우 기간의 계산은 위반행위에 대하여 행정처분을 받은 날과 그 처분 후 다시 같은 위반행위를 하여 적발된 날을 기준으로 한다.
   나. 가목에 따라 가중된 행정처분을 하는 경우 가중처분의 적용 차수는 그 위반행위 전 행정처분 차수(가목에 따른 기간 내에 행정처분이 둘 이상 있었던 경우에는 높은 차수를 말한다)의 다음 차수로 한다.
   다. 둘 이상의 위반행위를 한 경우 그에 해당하는 각각의 처분기준이 다른 때에는 그 중 무거운 처분기준에 따른다.
   라. 위반사항의 내용으로 보아 그 위반의 정도가 경미하거나 그 밖에 특별한 사유가 있다고 인정되는 경우에는 제2호에 따른 행정처분기준의 2분의 1의 범위에서 경감할 수 있다.

2. 개별기준

위반행위	근거법조문	행정처분기준	
		1차 위반	2차 위반
다. 언어재활사의 업무를 하면서 고의 또는 중대한 과실로 언어재활 대상자의 기능에 손상을 입힌 사실이 있는 경우	법 제77조 제1호의2	자격정지 3개월	자격정지 6개월
마. 법 제75조에 따른 **보수교육을 연속하여 2회 이상 받지 않은 경우**	법 제77조 제2호		
2) 언어재활사			**자격정지 3개월**

(요약) 언어재활 분야에 종사하는 사람이 언어재활 대상자의 기능을 손상시켰을 시 자격정지 3개월(1차 위반)의 행정처분을 받을 수 있으며, 보수교육을 2회 이상 받지 않을 경우 자격정지 3개월을 받을 수 있다.

4) 기타 법령

「장애인복지법」 외에 언어재활사와 관련된 기타법령으로는「발달장애인 권리보장 및 지원에 관한 법률 시행규칙」에서 발달장애인 거점병원의 지정(제16조)과 장애인 · 노인 등을 위한 보조기기 지원 및 활용촉진에 관한 법률 시행규칙의 중앙보조기기센터의 설치 · 운영 등(제8조), 지역센터의 설치 · 운영 등(제9조)이 있다. 또한 진술조력인의 선정 등에 관한 규칙의 진술조력인 교육 대상자의 선발(제4조)이 있다.

발달장애인 권리보장 및 지원에 관한 법률 시행규칙 (약칭: 발달장애인법 시행규칙) [시행 2017. 5. 30.] [보건복지부령 제497호, 2017. 5. 30., 타법개정]
제16조(발달장애인 거점병원의 지정) ① 보건복지부장관 또는 지방자치단체의 장은 법 제24조 제3항에 따라 발달장애인 거점병원을 지정하려는 경우에 지정 예정일 3개월 전에 발달장애인 거점병원 지정 계획을 공고하여야 한다. 다만, 지방자치단체의 장이 발달장애인 거점병원을 지정하기 위하여 발달장애인 거점병원 지정 계획을 공고하려는 경우에는 그 지정 계획을 보건복지부장관과 미리 협의하여야 한다. ② 발달장애인 거점병원으로 지정받으려는 의료기관의 장은 별지 제8호서식의 발달장애인 거점병원 지정 신청서(전자문서를 포함한다)에 다음 각 호의 서류(전자문서를 포함한다)를 첨부하여 보건복지부장관 또는 지방자치단체의 장에게 제출하여야 한다. 1. 정관 1부 2. 의료기관의 시설 및 운영 현황, 거점병원 운영계획서 각 1부 3. 제1항 본문에 따라 공고된 발달장애인 거점병원 지정계획에 포함된 발달장애인 거점병원의 지정기준을 충족하였음을 확인할 수 있는 서류 1부 ③ 보건복지부장관 또는 지방자치단체의 장은 발달장애인 거점병원으로 지정받으려는 의료기관에 대하여 다음 각 호의 사항에 대한 평가를 실시한다. 1. 발달장애인을 진료하는 전문의 3명 이상(소아 정신건강의학과 전문의 1명 이상) 보유 여부 2. 발달장애로 의료기관에 진료 및 치료를 위하여 방문하는 환자 수가 연평균 100명 이상인지 여부 3. 내과 · 외과적인 문제 또는 치과적인 문제에 대해서 직접 진료하는 전문의가 있거나

주변의 의료기관을 협력 의료기관으로 지정하였는지 여부

4. 「국가기술자격법」에 따른 임상심리사, 「초·중등교육법」에 따른 특수학교 교사, 「장애인복지법」에 따른 언어재활사 등 발달장애 치료 인력을 5명 이상 보유하였는지 여부

5. 그 밖에 발달장애인 거점병원 지정에 필요하다고 보건복지부장관이 정하는 사항

④ 보건복지부장관 또는 지방자치단체의 장은 제3항에 따라 발달장애인 거점병원으로 지정받으려는 의료기관을 평가하는 경우에 현지조사를 하여야 한다.

⑤ 보건복지부장관 또는 지방자치단체의 장은 제3항 및 제4항에 따른 평가 결과를 바탕으로 발달장애인 거점병원 지정위원회의 심의를 거쳐 거점병원을 지정할 수 있다. 이 경우 발달장애인 거점병원 지정위원회 구성 및 운영 등에 필요한 사항은 보건복지부장관이 정한다.

⑥ 보건복지부장관 또는 지방자치단체의 장은 제5항에 따라 발달장애인 거점병원을 지정한 경우에는 별지 제9호서식의 발달장애인 거점병원 지정서(전자문서를 포함한다)를 발급하여야 한다.

⑦ 발달장애인 거점병원 지정의 유효기간은 그 지정을 받은 날부터 3년으로 한다.

(요약) 발달장애인 거점병원으로 지정받으려면 의무적으로 임상심리사, 특수교사, 언어재활사 등 발달장애 치료 인력 5명 이상을 보유하여야 한다.

장애인·노인 등을 위한 보조기기 지원 및 활용촉진에 관한 법률 시행규칙

[시행 2019. 1. 9.] [보건복지부령 제612호, 2019. 1. 9., 제정]

제8조(중앙보조기기센터의 설치 · 운영 등) ① 법 제13조에 따른 중앙보조기기센터(이하 "중앙센터"라 한다)에는 중앙센터의 장을 둔다.

② 법 제13조 제4항에 따라 중앙센터에 두는 전문인력은 다음 각 호의 어느 하나에 해당하는 사람으로 한다.

1. 「장애인복지법」 제72조 제1항에 따른 의지 · 보조기 기사, 같은 법 제72조의2에 따른 언어재활사 또는 같은 법 제72조의3에 따른 장애인재활상담사

2. 「의료기사 등에 관한 법률」 제2조 제1항에 따른 물리치료사 또는 작업치료사

3. 「사회복지사업법」 제11조 제1항에 따른 사회복지사

4. 민간단체가 발급한 보조공학사 관련 자격증 소지자

③ 중앙센터는 업무에 필요한 사무실, 회의실, 교육실 및 보조기기 전시장 등을 갖추어야 한다.

④ 중앙센터의 장은 사업계획서와 전년도의 사업결과보고서를 매년 2월 말일까지 보건복지부장관에게 제출하여야 한다.

제9조(지역센터의 설치·운영 등) ① 지역센터에는 지역센터의 장을 둔다.

② 법 제14조 제5항에 따라 지역센터에 두는 전문인력은 다음 각 호의 어느 하나에 해당하는 사람으로 한다.

1. **「장애인복지법」 제72조 제1항에 따른 의지 · 보조기 기사, 같은 법 제72조의2에 따른 언어재활사 또는 같은 법 제72조의3에 따른 장애인재활상담사**
2. 「의료기사 등에 관한 법률」 제2조 제1항에 따른 물리치료사 또는 작업치료사
3. 「사회복지사업법」 제11조 제1항에 따른 사회복지사
4. 민간단체가 발급한 보조공학사 관련 자격증 소지자

③ 지역센터는 업무에 필요한 사무실, 회의실, 교육실 및 보조기기 전시장 등을 갖추어야 한다.

(요약) 중앙보조기기센터와 지역센터의 설치와 운영을 위해서는 전문인력으로 언어재활사를 둘 수 있다.

진술조력인의 선정 등에 관한 규칙

[시행 2014. 10. 13.] [법무부령 제827호, 2014. 10. 13., 제정]

제4조(진술조력인 교육 대상자의 선발) 법무부장관은 다음 각 호의 어느 하나에 해당하는 사람 중에서 제3조 제1항에 따른 교육 대상자를 선발한다.

1. **아동 · 장애인의 심리나 의사소통 관련 분야의 실무 경험이 있는 사람**
2. 임상심리학, **언어병리학**, 정신병리학, 발달정신병리학, 발달심리학, 심리치료, **언어치료**, 그 밖에 이와 유사한 전문 지식을 갖춘 사람
3. 아동 · 장애인의 심리나 의사소통 관련 분야 전문가로서 전문수사자문위원 또는 전문심리자문위원으로 활동한 경험이 있는 사람
4. 그 밖에 법무부장관이 정하는 사람

(요약) 아동 및 장애인의 진술에 도움을 줄 수 있는 진술조력인을 둘 수 있으며 일정의 자격취득과정을 거치면 언어재활사는 진술조력인이 될 수 있다.

3. 결론

앞에서 언어재활사와 법에 대해 살펴보았다. 현재 언어재활사의 권리를 보장할 수 있는 단독법은 없으며 「장애인복지법」에서 겨우 자격기준을 가지고 있을 뿐이다. 특히 언어재활사가 무슨 일을 하고 어떤 곳에 배치되어야 한다는 기준도 없다. 이에 언어재활사의 직무(업무)에 대한 법적 명시가 필요하다. 만약 이러한 언어재활사의 직무를 법에서 잘 명시할 수 있다면 이를 근거로 언어재활사의 독립적 업무수행을 보장받을 수 있으며, 특수학교의 언어재활사 배치, 보건소 언어재활사 배치 등을 추가적으로 법제화시킬 수 있는 근거가 될 것이다.

법에서는 문구 하나로 한 직군의 미래가 바뀌기도 한다. 언어재활사의 직무 중 진단권한이 다른 직군의 영역이 되는 순간 우리는 의사소통장애인을 진단할 수 없다. 다른 직군에서 언어재활 영역의 업무를 자신의 업무영역으로 법제화하는 순간 우리는 그 업무를 할 수 없게 된다. 이러하기에 모든 언어재활사가 관련 법령에 관심을 가지고 있어야 한다. 부디 언어재활사 관련 단독법이 만들어지고, 언어재활사가 법의 보장 아래 의사소통장애인에게 전문가로 인정받을 수 있는 전문영역이 되기를 희망해 본다.

제3장

바우처

바우처 제도란 정부가 수요자에게 쿠폰을 지급하여 원하는 공급자를 선택하도록 하고, 공급자가 수요자로부터 받은 쿠폰을 제시하면 정부가 재정을 지원하는 방식을 말하는데, 이때 지급되는 쿠폰을 바우처라고 한다. 일종의 상품이나 서비스를 구매할 수 있는 증서와 같다. 노인, 장애인, 산모, 아동 등 사회서비스가 필요한 사람들에게 일종의 이용권을 발급하여 서비스를 받을 수 있도록 하는 사회서비스 바우처가 대표적이다. 2007년부터 시행된 지역사회서비스 바우처와 2009년부터 전국적으로 시행된 발달재활서비스가 대표적인 언어재활 관련 바우처 제도이다.

이후 지역사회서비스는 각 지역사회 실정에 맞게 다양한 명칭으로 발전되어 오고 있으며, 발달재활서비스뿐만 아니라 최근 시행되고 있는 언어발달지원사업이 전국 공통 사업으로 시행되고 있다.

1. 발달재활서비스 사업

(1) 목적

- 성장기의 정신적, 감각적 장애아동의 인지, 의사소통, 적응행동, 감각운동 등의 기능 향상과 행동발달을 위한 적절한 발달재활서비스 지원을 위함
- 높은 발달재활서비스 비용으로 인한 장애아동 양육가족의 경제적 부담 경감

(2) 사업기간

- 매년 1월 1일~12월 31일까지

(3) 서비스 대상자

- 연령: 만 18세 미만의 장애아동
- 장애유형: 시각, 청각, 언어, 지적, 자폐성, 뇌병변 장애(중복장애 인정)
- 소득기준: 기준중위소득 180% 이하(소득별 차등지원)
- 기타요건(「장애인복지법」상 등록장애아동)

(4) 대상자의 선정

- 장애아동, 부모, 대리인 등이 주민등록상 주소지 읍, 면, 동에 신청
- 지자체에서는 소득조사를 거쳐 서비스 대상자 여부 및 등급 결정
- 건강보험료 본인부담금액을 토대로 판정

(5) 서비스 내용

- 언어, 청능, 미술, 음악, 행동, 놀이, 심리운동, 재활심리, 감각운동 등 발달재활서비스 제공
- 장애 조기 발견 및 발달진단서비스, 중재를 위한 부모상담 서비스

(6) 바우처지원액 및 본인부담금

소득기준	총 구매력		바우처지원액		본인부담금
기초생활수급자(다형)	월 22만 원	=	월 22만 원	+	면제
차상위 계층(가형)			월 20만 원		2만 원
차상위 초과 기준중위소득 65% 이하(나형)			월 18만 원		4만 원
기준중위소득 65% 초과 120% 이하(라형)			월 16만 원		6만 원
기준중위소득 120% 초과 180% 이하(마형)			월 14만 원		8만 원

* 2019년 기준 예시 금액들이며 변동될 수 있음

[그림 3-1] **바우처지원액과 본인부담금**

(7) 바우처 지급 및 이용

- 국민행복카드를 활용하여 바우처 결제
- 본인부담금 납부와 상관없이 대상자로 결정되면 바우처가 생성되나, 본인부담금은 제공기관에 반드시 사전에 납부하여야 하며 해당 월에 생성된 바우처 금액은 사용하지 않을 시 이월되지 않고 소멸됨

(8) 제공기관

- 시, 군, 구는 지역별 사업 대상 인원 등을 고려하여 적정 제공기관 지정

(9) 서비스 제공인력[「장애아동 복지지원법 시행규칙」 개정(2017년 9월 12일)]

- 발달재활서비스 제공인력은 다음의 어느 하나에 해당하는 사람일 것

1. 발달재활서비스 관련 분야 국가자격증 소지자(언어재활사)
2. 발달재활서비스 관련 분야 국가공인 민간자격증 소지자
3. 자격기본법에 따른 민간자격관리자가 발급한 발달재활서비스 관련 분야 자격증 소지자
4. 발달재활서비스 관련 학과를 전공하여 「고등교육법」에 따른 전문학사 이상의 학위를 취득한 사람으로서 발달재활서비스 관련 분야 경력이 1,220시간 이상

인 사람. 다만 고등교육 법에 따른 학사학위 이상의 학위를 취득한 사람은 초과 이수한 수업연한을 경력으로 인정한다. 이 경우 1년을 300시간으로 하여 계산한다.

* 2018년 시행 중인 제공인력 기준은 2018년 기준이며 변동될 수 있음

향후 발전 방향

① 발달재활치료 서비스 대상자의 연령 제한에 따른 문제에 대한 고민

② 수요의 증가에 비하여 부족한 예산에 대한 고민

③ 현실적이지 않은 지침에 따른 대상자와 제공인력의 고충에 대한 고민

2. 언어발달지원 사업

(1) 목적

• 감각적 장애 부모의 자녀에게 필요한 언어발달지원서비스를 제공하여 아동의 건강한 성장지원 및 장애가족의 자체 역량 강화

(2) 사업기간

• 매년 1월 1일~12월 31일까지

(3) 서비스 대상자

• 자격기준: 만 12세 미만 비장애아동(한쪽 부모 및 조손가정의 한쪽 부모가 시각, 청각, 언어, 지적, 자폐성, 뇌병변 등록장애인)

• 소득기준: 전국가구 평균소득 100% 이하(소득별 차등지원)

(4) 대상자의 선정

• 아동, 부모, 대리인 등이 주민등록상 주소지 읍, 면, 동에 신청(연중)

• 지자체에서는 소득조사를 거쳐 서비스 대상자 여부 및 등급 결정

• 소득 기준에 따라 4등급으로 구분

(5) 서비스 내용

• 언어발달 진단 서비스
• 언어재활, 청능재활 등 언어재활서비스 및 독서지도, 수화지도

(6) 바우처지원액 및 본인부담금

소득기준	총 구매력		바우처지원액		본인부담금
기초생활수급자(다형)	월 22만 원	=	월 22만 원	+	면제
차상위 계층(가형)			월 20만 원		2만 원
차상위 초과 전국가구평균소득 50% 이하(나형)			월 18만 원		4만 원
전국가구평균소득 50% 초과 100% 이하(라형)			월 16만 원		6만 원

* 2018년 기준 예시 금액들이며 변동될 수 있음

[그림 3-2] **바우처지원액과 본인부담금**

(7) 바우처 지급 및 이용

• 사회보장정보원에서 카드 발급 및 발송
• 본인부담금 납부와 상관없이 대상자로 결정되면 바우처가 생성되나, 본인부담금은 제공기관 반드시 사전에 납부하여야 하며 서비스 대상자는 월별 사용 계획에 따라 서비스를 이용하고, 서비스 후 회당 결제

(8) 제공기관

• 언어재활서비스 경험과 능력이 있는 기관을 재지정 혹은 신규로 지정하며 시, 군, 구 지역별 사업 대상인원을 고려하여 적정 제공기관 수를 판단하여 지정
• 발달재활서비스 제공기관 중 언어재활서비스가 가능한 기관은 별도 심사 없이 제공기관으로 지정 가능

(9) 서비스 제공인력

- 발달재활서비스 제공인력은 다음의 어느 하나에 해당하는 사람일 것
  1. 언어재활사 국가자격증 소지자
  2. 독서지도사, 교사 자격증(「초 · 중등교육법」에 의한 정교사 및 초등학교, 특수학교 준교사 및 전문상담교사, 「유아교육법」에 의한 정교사 및 준교사, 「영유아보육법」에 의한 보육교사) 소지자
  3. 수화통역사 국가공인민간자격증 소지자

* 2019년 기준이며 변동될 수 있음

향후 발전 방향

① 대상자 선정에서 장애부모의 이동권에 대한 고민

② 수요가 부족에 따른 예산의 적절한 운용에 대한 고민

③ 현실적이지 않은 지침에 따른 대상자와 제공인력의 고충에 대한 고민

3. 지역사회서비스 투자 사업

1) 사회서비스의 개념(「사회보장기본법」 제3조 제4항)

(1) 개념

- 국가 · 지방자치단체 및 민간부분의 도움이 필요한 모든 국민에게 복지 · 보건의료 · 교육 · 고용 · 주거 · 문화 · 환경 등 분야에서 인간다운 생활을 보장하고 상담, 재활, 돌봄, 정보의 제공, 관련 시설의 이용, 역량 개발, 사회참여 지원 등을 통하여 국민의 삶이 향상되도록 지원하는 제도

(2) 사회서비스의 특징

- 국민의 일상생활 지원, 가족과 공동체를 위한 생활서비스
- 상대적인 불평등과 관련된 요구가 강한 서비스

- 사회적으로 필요하나 시장에서 최적의 양이 공급되지 못해 주로 초기에 공공부문에서 제공기반이 마련될 필요가 있는 서비스
- 이윤추구 등 경제적 동기 외에 아티주의 등 사회적 동기가 결합
- 사회적 소비의 총량은 개인적 선택 외에 집단적인 의사결정이 중요한 요소로 작용

(3) 사회서비스 투자의 필요성: 복지–고용–성장 선순환

- 복지: 사회서비스 확충을 통한 사회안전망 강화 및 사회통합
- 고용: 사회서비스 보장 강화를 위한 서비스 인력 확충
- 성장: 인적자본 축적, 고용확대를 통한 성장 기여

2) 지역사회서비스 투자사업 개요

(1) 사업목적

- 지역 맞춤형 사회서비스 개발을 통한 복지사각지대 해소
- 사회서비스 시장 활성화 및 일자리 창출

(2) 사업 개요

- 의의: 중앙정부가 전국을 대상으로 일괄 실시하는 국가 주도형 서비스 제공방식에서 탈피하여, 지자체가 지역 특성 및 주민 수요에 맞는 사회서비스를 발굴・기획하는 사업
- 수행 방식: 사회서비스 이용권(전자바우처)을 활용한 수요자 중심
- 사업기간: 매년 1월 1일에서 12월 31일까지
- 사업방식: 지방자치단체 경상보조(서울 50%, 서울 이외 시・도 70%, 성장촉진지역 80%)

(3) 지역사회서비스 투자사업 기본 구조

- 제공방식: 사회서비스 전자바우처 활용
- 서비스 개발: 지역에서 자율적으로 기획 및 발굴

- 이용자 선정: 지역의 예산 현황 및 수요에 적합하게 우선순위를 정하여 선정
- 서비스 제공자: 제공기관 등록제로 제공인력은 각 사업별 관련 자격 해당자
- 서비스 가격 체제: 이용자 본인부담금
- 지원조직: 지역사회서비스 지원단

(4) 지역사회서비스의 언어재활사의 대표적 서비스(아동청소년 심리지원서비스)

- 목적: 심리 · 행동 문제의 조기 발견 및 개입을 통한 아동 · 청소년의 건강한 성장을 지원
- 서비스 대상(영유아발달지원서비스, 발달재활서비스와 중복지원 불가)
- 서비스 가격: 각 지자체별로 상이함

향후 발전 방향

① 대상자 선정에서 연령 제한에 대한 고민

② 중복 수혜가 불가한 시점에서 욕구에 맞는 서비스의 중복 혜택의 필요성

③ 각 지자체별 상이한 제도의 문제점에 대한 고민

4. 기타 사업

(각 지자체별 교육청 치료지원 사업은 지정기준 및 서비스 금액 결제 방법 등이 모두 다름)

언어재활
현장실무

제2부

실무

제4장

현장별 언어재활 실무: 학교 환경

1. 언어재활 환경 및 대상자 특성

1) 학교 환경의 정의

아동이 학교에 취학하면서 언어재활은 학교 현장, 또는 특수교육 서비스와 연결하여 이루어진다. 학교 담화가 다양해지면서 치료실 내에서 습득한 것을 교육과정에서 활용하도록 하는 것에 제한이 있어, 언어재활은 학교 환경과 밀접하게 이루어져야 한다. 학교 환경은 학령기 아동이 언어재활서비스를 받게 되는 환경으로 좁은 의미로는 언어재활서비스가 제공되는 학교 내의 환경이며 넓은 의미로는 학교기반 언어재활서비스 환경 전체를 의미한다. 학교에서 제공되는 언어재활서비스는 특수교육 대상자에게 제공되는 교육과 관련된 치료지원이다. 특수교육은 「장애인 등에 대한 특수교육법」에서 특수교육 대상자의 교육적 욕구를 충족시키기 위하여 특성에 적합한 교육과정 및 특수교육관련 서비스 제공을 통하여 이루어지는 교육으로 정의하고 있다(교육부, 2018). 교육청의 특수교육지원센터에서 특수교육 대상자에게 진단평가, 교육, 관련서비스를 지원하며 이 중 관련서비스 지원에 언어재활이 포함되어 있다. 언어재활사는 특수교육 대상자로 선정된 아동에게 언어재활서비스를 제공하게 된다. 그러나 특수교육 대상자 선정 기준에 언어재활이 필요한 아동이 모두 포함되지는 않는다. 이 장의 뒷부분에서 대상아동을 구체적으로 살펴보겠지만 장애의 유형과 정도에 따라 다양한 대상자가 있으며 이를 파악하기 위한 진단평가 과정과 방법이 다양하여 단순히 특수교육 대상자로 선정된 아동의 언어재활 환경만 학교 환경에 포함하기는 어렵다. 또한 현재 학교 내에서 언어재활을 하는 형태가 확대되고 있으나 교실 밖에서 언어재활사가 학교 담화를 포함한 진단평가 및 중재를 하는 경우가 대부분이다. 따라서 학교기반, 즉 학교와 관련한 의사소통의 어려움을 다루는 의미로 이해하고 이에 대한 언어재활서비스가 제공되는 환경으로 넓게 정의하여야 한다.

언어재활이 학교 내에서 이루어지는 경우는 일반학교, 특수학교로 나누어진다. 일반학교는 아동이 일반학급에 배치되어 있는지, 특수학습에 배치되어 있는지에 따라 교육과정에 차이가 있을 수 있어 언어재활사는 이를 고려하여 접근해야 한다. 일반학교에 아동이 배치된 경우 통합교육이 이루어지는 경우가 있으며 특수교사뿐만 아니라 일반교사와 협력하거나 비장애아동을 포함한 교육지원이 이루어질 수 있다. 현재 일반학교의 언어재활은 교육청의 순회교사로 언어재활사가 파견되거나 방과 후 교실에서 이루어지는 형태가 대부분이다. 특수학교는 언어재활사가 고용되는 경우가 상당수 있으며 장애인으로 등록된 아동이 교육을 받게 되므로 특수교육과정을 이해하고 접근해야 한다. 「장애인 등에 대한 특수교육법」에서 특수교육대상자의 학교 배치, 재배치와 이에 따른 개별화교육지원팀의 지원을 명시하고 있다. 이 외에도 대안학교가 있으며 학력을 인정해 주는 인가형 학교와 비인가형 학교가 있다. 대안학교의 경우 교육과정과 운영 형태가 다양하여 아동이 어떤 교육을 받고 있는지 확인하는 것이 필요하다. 현재는 학교 내에서 언어재활이 이루어지기보다 학교와 연결한 의사소통 능력을 지원하는 형태의 학교 환경이 가장 일반적이다. 이는 개원 언어재활센터, 복지관 등에서 이루어지며 교육청 바우처와 같은 지원을 받아 이용하는 형태를 포함한다. 학교 현장에서 직접 이루어지지 않기 때문에 직접 또는 아동/보호자를 통하여 학교 현장의 전문가와 협력하는 형태로 제공되어야 한다.

2) 대상자 특성

학교 환경에서 언어재활서비스를 제공할 때 가장 중요한 것은 대상자를 발굴하여 서비스 체계에 포함시키는 것이다. 따라서 언어재활사는 대상자로 선정되는 아동의 기준을 알고 있어야 한다. 학교 환경의 언어재활서비스를 받는 대상자는 「장애인 등에 대한 특수교육법」에서 명시한 특수교육 대상자가 1차적으로 포함된다. 특수교육 대상자에 대한 학교 환경의 지원이 다양한 절차와 방법으로 이루어지기 때문에 언어재활사는 대상자 선정을 위한 선별, 의뢰, 진단 · 평가 과정에 참여하여 대상자를 발굴하고 서비스를 제공해야 한다. 특수교육 대상자는 「장애인 등에 대한 특수교육법」에 따라 특수교육을 필요로 하는 사람으로 진단 · 평가된 사람을 선정한다. 여기에는 시각장애, 청각장애, 지적장애, 지체장애, 정서 · 활동장애, 자폐성장애(이와 관련된 장애), 의사소통장애, 학습장애, 건강장애, 발달지체, 그 밖에 대통령령으로 정하는 장애가 해당되는데 진단 · 평가 후 심사를 거쳐 결정하도록 되어 있다. 이 중 특히 학교 환경에서 주목해야 할 장애군은 학교 담화와 관련한 의사소통 또는 학습과 관련한 언어에 어려움을 보이는 아동으로 의사소통장애, 학습장애 아동이다.

『정신질환의 진단 및 통계 편람 제5판(Diagnostic and Statistical Manual of Mental Disorders: DSM-5)』(American Psychiatric Association, 2013)에서 의사소통장애(Communication Disorders)는 언어장애(Language Disorder), 말소리장애(Speech Sound Disorder), 아동기 발병 유창성장애[말더듬; Childhood-Onset Fluency Disorder(Stuttering)], 사회적(실용적) 의사소통장애[Social(Pragmatic) Communication Disorder], 명시되지 않는 의사소통장애(Unspecified Communication Disorder)로 분류되어 있다. 학령기 아동의 언어는 학교적응을 위한 언어능력을 포함하고 있기 때문에 의사소통장애 유형을 파악하는 데 학교 환경의 언어특성을 살펴보는 것이 매우 중요하다. 학교와 관련하여 주목해야 하는 또 하나의 장애는 특정학습장애(Specific Learning Disorder)이다. 특정학습장애는 학습 기술을 배우고 사용하는 데 어려움이 있으며 이러한 어려움에 대한 적절한 개입을 제공함에도 불구하고 읽기, 쓰기, 수학에서의 문제 중 적어도 하나 이상이 6개월 이상 지속되는 장애로 명시되어 있다. 특정학습장애의 가장 많은 비율을 차지하는 장애는 읽기장애이며 최근 사회 및 교육 현장에서 주목을 받는 아동이 '난독증(dyslexia)'이다. 국제난독증협회(The International Dyslexia Association, 2002)는 난독증을 신경학적 원인에 의한 특정학습장애의 하나이며 유창한 단어재인의 문제, 철자와 해독 능력의 문제 등의 증상을 갖는 것으로 정의하였다. 난독증의 원인은 다양하게 보고되고 있으나 특히 음운인식(phonological awareness)을 포함한 음운처리 결함을 핵심 결함으로 보고하고 있다(Scarborough, 2005). 즉, 언어에 결함 없이 읽기에만 문제를 보이는 아동으로 보일 수 있으나 해독과 관련한 언어능력의 결함을 동반한 읽기장애의 유형으로 분류할 수 있는 것이다. 『정신질환의 진단 및 통계 편람 제5판(Diagnostic and Statistical Manual of Mental Disorders: DSM-5)』에서는 의사소통장애와 특정학습장애를 분리하여 기준을 마련하였으며 두 장애는 학령기 관련 언어, 언어와 관련한 학습의 어려움으로 취학 후에 문제를 발견하여 언어재활사에게 의뢰될 수 있는 아동이다. 그러나 언어장애 아동의 학습, 특히 읽기문제가 보고되고 있으며 학습장애 또는 읽기장애 아동이 언어문제를 동반한다는 연구가 보고되면서 이들을 언어적 진단명인 언어학습장애(Language Learning Disability: LLD)라는 용어로 아동의 어려움을 확인하였다(Butler & Silliman, 2002; Wallach & Butler, 1984). 학령기 아동의 언어와 학습의 문제가 분리되어 나타나는 것이 아니라 학교적응을 위한 다양한 의사소통 능력의 어려움이 있으며 이러한 언어문제가 또래적응, 학습을 위한 읽기기술의 습득, 학업 등 학교에서 성취해야 하는 영역의 어려움과 동반되어 나타난다는 것이다. 언어학습장애라는 언어적 진단명에 따라 언어재활사는 학교에서 필요한 다양한 의사소통 능력을 지원할 수 있고 읽기 및 쓰기의 문어(written language)를 통합하여 해석할 수 있다.

한편으로 학습장애 예방을 위한 기초학력이 강조되면서 교육부에서는 장애뿐만 아니라 기초학력부진의 개념으로 아동을 지원하고 있다. 장애로 확인되기 이전에 정도에 따라 위험군 또는 부진 아동을 확인하고 기초학력을 지원하여 학습장애 및 학업중단을 예방하는 데 목적이 있다. ''기초학력'이란 '학교 교육과정을 통하여 갖춰야 하는 읽기 · 쓰기 · 셈하기'와 이와 관련된 교과(국어 · 수학)의 최소 성취기준을 충족하는 학력'으로 정의된다(교육부, 2019). 장애를 동반한 특수교육 대상자뿐만 아니라 기초학력미달의 학습부진 아동을 지원하여 학습에 대한 중도탈락을 예방하는 것이다. 최근 이들에 대한 지원이 확대되고 있어 언어재활사는 장애에 대한 개념을 바탕으로 장애 위험군 및 부진 아동을 찾아내고 지원해야 한다.

학교 환경의 대상자를 다양한 관점에서 정의하고 있지만 이들이 갖고 있는 특성은 학교에 필요한 의사소통능력과 이를 기반으로 한 학습에서 어려움을 보인다는 것이다. 학교 환경의 대상자는 의사소통을 위한 언어, 학습을 위한 언어 두 측면에서 언어적 특성을 보이며 이 두 측면의 언어는 학교 적응 및 학업성취의 바탕이 된다. 학교 환경의 대상자는 학교 담화 및 교과와 관련된 어휘, 길고 복잡한 문장, 주제운용 등의 의사소통을 위한 언어능력에서 어려움을 보인다. 또한 교과과정에서 성공적인 학습을 위한 이야기 · 설명 등의 다양한 담화, 읽기 · 쓰기에 어려움을 보인다. 의사소통을 위한 언어능력은 일찍이 언어재활사의 전문영역으로 알려져 왔으나 학교에서 필요한 언어능력을 다루는 것은 최근에 중요성이 더해지고 있다. 학업성취를 위한 기초학력인 읽기 · 쓰기는 언어재활사보다 교사의 영역이라고 생각되어 왔으나 읽기 · 쓰기는 문어(written language)라는 언어의 한 유형이기 때문에 학교 환경 대부분의 대상자가 언어문제를 동반한 기초학력의 문제를 보인다고 알려지면서 언어재활사가 다루는 부분으로 크게 강조되었다. 언어재활사는 구어(spoken language)와 문어(written language) 모두를 다루는 전문가로 언어학습장애라는 큰 범주에서 학습과 언어의 강약점을 살피고 지원하는 데 큰 공헌을 할 수 있다. 예를 들어, 해독과 관련한 음운처리, 읽기이해를 위한 언어적 이해를 비롯하여 교과와 관련한 어휘지식, 문법지식, 이야기 · 설명 등의 담화와 관련된 언어능력을 지원할 수 있다. 이러한 지원은 교실 내에서, 교실 밖에서 다양한 접근방법을 통해 이루어진다.

2. 서비스 제공 모델과 언어재활사의 역할

1) 학교 언어재활서비스 체계

학교 환경의 언어재활서비스는 여러 장애 특성에 따른 언어뿐만 아니라 학습과 관련한 언어를 다양한 측면에서 다루어야 한다. 학교와 관련한 언어를 지원하는 궁극적인 목적은 아동의 행복한 학교 적응과 다른 아동과 동등한 학습 기회를 갖도록 하는 것이다. 그러나 언어기술의 부족으로 일반 교육과정을 이수하는 데 어려움이 생기고 교육의 기회마저 박탈될 수 있다. 아동이 언어와 언어에 기반한 학습의 어려움으로 학교, 더 나아가 사회에서 소외되지 않도록 해야 한다는 목소리가 높아지면서 '사회 · 경제적 차별 없는 학습권 보장'을 목표로 학습에 어려움을 갖는 아동을 조기에 발견하고 지원하고자 하는 움직임이 있었다. 서울특별시교육청의 예를 보면 「학습부진아 지원 조례 6793호」에 따라 교육감은 교육지원계획을 수립해야 하고 학교장은 학교 지원을 하며 교원은 학습부진 아동의 학습능력을 향상시켜야 한다. 조례는 학습부진 아동이 정상적인 학교생활을 통해 건강한 사회구성원으로 성장하는 것을 목적으로 하고 있으며 '학습부진아', '학교'를 정의하여 지원 대상 및 체계를 명확히 하고자 한다. 특히 교육지원계획을 교육감이 수립하도록 하고 ① 교육지원계획의 기본방향과 추진 목표, ② 학습부진아 실태조사 및 판별기준, ③ 교재개발 및 학습 프로그램 운영지원 방안, ④ 교원 연수방안, ⑤ 심리상담, 학습 · 진로상담, 가족상담 등의 상담지원 방안, ⑥ 학부모 교육과 정보제공 방안, ⑦ 서울특별시 및 유관기관과의 연계지원 방안, ⑧ 학습부진아 교육지원 우수사례 발굴 및 보급, ⑨ 그 밖에 교육감이 필요하다고 인정하는 사항을 포함하여 매년 수립하도록 한다. 또한 학교장은 교육감이 정하는 기준에 따라 학습부진 아동을 판별하여야 하며 학교 내 또는 교육감이 적합하다고 인정하는 교육기관 등에 위탁하여 교육을 실시하고 교원이 학습부진 아동의 학습능력 향상을 위한 관련 연수를 이수하도록 지원해야 한다. 이러한 지침에 따라 대상 아동을 확인, 지원하게 되므로 언어재활사 역시 학교 환경의 대상자에 대한 서비스 체계를 살피고 그 안에서 협력하거나 전문적인 서비스를 제공할 수 있어야 한다.

학교 환경에서 언어재활서비스가 필요한 다양한 대상자가 있으나 이들의 공통적인 특성은 의사소통을 위한 언어, 학습을 위한 언어 모두를 충족해야 한다는 것이다. 언어재활사가 전문기관에서 아동에게 적절한 중재를 실시하는 방법이 가장 일반적이나 학교 담화를 포함하여 대상자 특성에 따른 모든 지원이 이루어지지 않을 가능성이 크다. 가장 큰 원인은 언어재활사가 학교 환경에 필수인력으로 포함되지 않아 아동을 위한 개별화교육팀의 구성원으로 포함되기 어렵다는 것이다. 언어재활사는 아동을 위한 학교 환경과 밀접한 언어를 다루고 있으나 학교 밖에서는 아동이 경험하는 다양한 학교 담화를 모두 다루는 것, 학교로 일반화하는 것의 어려움을 갖고 있다. 따라서 학교 환경의 대상자를 다루기 위해 지원 체계를 확립하고 아동에게 필요한 서비스의 전문인력이 팀으로 구성될 필요가 있으며 반드시 언어재활사가 팀 구성원으로 역할을 할 수 있어야 한다. 이때 학교 밖에서 언어재활사가 팀을 구성하고 협력을 할 수 있으나 아동의 교육과정과 관련한 지원체계가 확립되어 함께 평가 및 중재를 실시한다면 더 적절한 지원체계가 마련될 것이다.

「초·중등교육법」에서 학습부진아 등에 대한 교육을 위한 시책을 국가와 지방자치단체가 마련해야 한다고 하여 아동에 대한 지원을 명확히 하였다(교육부, 2019). 교육청 특수교육지원센터에서 진단평가, 교육지원, 관련서비스를 지원하고 있으며 관련서비스에 언어재활을 포함하여 교육 안에서 전문적인 서비스를 받도록 한다. 이러한 교육청 바우처의 경우 대상자로 선정되면 아동에게 직접 일정 금액을 지원하여 필요한 치료가 실행되도록 한다. 한편, 특수교육대상자뿐만 아니라 기초학력부진 아동 지원을 위해 학력을 평가하고 학교에서 지원하는 체계가 마련되었다. 예를 들어, '서울두드림학교'의 경우 단위학교를 중심으로 아동을 집중 지원하여 학력격차를 해소하도록 한다. 이 경우 학교시스템에서 학교장, 담임교사, 특수교사, 협력강사 등의 전문가가 다중지원을 하여 배움이 느린 학습부진 아동을 체계적이고 통합적으로 지원한다. 다중지원팀은 아동의 학습, 정서 행동 등 종합적 지원이 가능한 인력이 대상 아동의 필요에 맞게 탄력적으로 구성되도록 하며 학내, 외유관사업 간 연계 체계를 구축하도록 되어 있기 때문에 언어재활사가 학교 밖에서 교사를 비롯한 학내 전문인력과 팀으로 지원할 수 있을 것이다.

최근에는 교육청 아래 학습부진 아동을 위한 전문기관을 편성하여 학습부진 유형별 지원을 위한 노력이 계속되고 있다. 서울특별시교육청의 '서울학습도움센터', 부산광역시교육청의 '학습종합클리닉센터' 등의 형태에서 학습부진 아동의 지원체계를 살펴볼 수 있다. 기관은 학습부진 학생의 지원체계를 확립하고 교사, 전문가의 협력을 통해 학습부진 아동 예방, 학습능력 향상, 심리적 안정을 지원하며 학습능력뿐만 아니라 동기를 향상시킨다. 특히 학교, 학부모, 지역사회가 함께 하는 유기적 지원을 위해 노력하고 있으며 언어재활사의 언어기반 읽기평가 및 중재가 함께 시행되는 경우가 있다.

교육청 산하 기관 및 사업에 언어재활사가 포함되거나 연결되어 아동을 지원하는 큰 체계 아래 각 학교 특성에 따른 지원도 마련되었다. 특수교육복지지원에 방과후 학교를 포함하여 특수교육대상 아동의 요구와 선택을 반영한 방과후학교 프로그램이 지속적으로 운영되도록 하고 있으며 학교 내뿐만 아니라 학교 밖 기관에서 수강할 수 있도록 하여 언어재활 프로그램을 운영할 수 있도록 한다. 또한 특수학급 미설치 학교(유치원 포함)에 재학 중인 아동을 위해 통합교육 및 순회교육 지원을 한다. 특수교육지원센터의 특수교사가 파견되어 대상 아동에게 적절한 교육지원을 실시하거나 개별화교육지원팀을 구성하여 순회교사가 학교의 통합학급 및 개별학급을 지원한다. 통합 및 순회교육 서비스 역시 대상 아동의 요구에 맞는 프로그램을 구성하고 있어 특수교사가 아닌 교육청의 언어재활사가 서비스를 제공하기도 한다.

지금까지 특수교육대상자, 학습장애 및 부진으로 대상자를 정의하고 지원하는 체계를 살펴보았다. 이러한 체계에서 계속 다루고 있는 것이 개별 대상 아동을 위한 개별화교육팀이 구성되어야 한다는 것이다. 학교 안에 있는 대상자를 지원하기 위해 제공인력을 어떻게 구성할 것인가를 끊임없이 살피고 수정해 나가고 있다. 현재 대부분의 지원은 교사 및 특수교사가 팀을 구성하고 교육관련 서비스 치료사를 포함하도록 한다. 언어재활사는 개별화교육계획 팀의 구성원으로 포함되어야 하며 전체 서비스 체계에서 자신의 역할을 해야 한다. 언어재활사는 의사소통능력 및 언어기반 읽기 · 쓰기능력에 대한 적절한 진단 · 평가, 중재, 상담 등의 서비스를 제공해야 한다. 한편으로 대상자의 언어 및 학습 능력을 위한 직접 지원뿐만 아니라 학습보조기기로 의사소통학습기, 쓰기보조기기 등을 포함한 보조공학기기 지원과 장애부모 및 형제지원 프로그램 등의 상담 및 가족지원이 제공되고 있어 이에 대한 안내를 대상자 및 보호자에게 제공할 수 있어야 한다.

학교 환경 대상자 지원체계가 확립되고 제공인력이 구성되었을 때 어떻게 아동을 선정하고 어떤 지원을 할 것인지 생각해야 한다. 언어 및 학습능력과 관련하여 지금까지 대상자 선정과정은 능력-성취 차이 모델(discrepancy between ability and achievement; Mercer et al., 1996)에 근거하여 이루어졌다. 아동이 학습을 할 수 있는 인지능력과 비교하여 학업성취 정도가 현저하게 낮을 때 학습에 어려움이 있다고 판단하고 아동을 지원하는 것이다. 공식검사에서 규준점수로 또래와 비교하여 어려움이 있는 아동을 선정할 수 있다는 장점이 있으나 몇 가지 문제점을 갖고 있다. 먼저, 인지검사와 학습검사가 같은 측정 방법 및 규준을 갖고 있지 않다면 비교가 어렵다는 것이다. 그리고 인지검사가 실제 학습에 필요한 지능을 측정하고 있는지 확실하지 않아 아동이 학습을 위한 인지능력을 갖고 있는지 확인이 어렵다는 것이다. 가장 큰 문제는 아동의 학습능력이 또래 아동과 비교하여, 자신의 인지능력과 비교하여 현저하게 수행력이 낮아질 때까지 지원을 하지 못한다는 것이다. 지금의 학교 환경 아동 지원은 예방 및 조기지원을 포함하고 있어 이 문제가 더욱 부각된다. 아동이 공식검사상 장애로 분류될 때까지 지원체계에 포함되지 못한다는 것은 아동에게 발달의 기회를 제공하지 못하는 것을 의미하며 더 나아가 사회경제적 측면에서 낮은 효율성을 보여 준다. 따라서 아동을 선정하는 체계가 학교 담화와 관련되어야 하고 개별화교육팀이 협력하여 조기에 아동을 선정하고 지원하는 체계일 필요가 있다.

최근 학교 환경에서 아동을 선정하고 지원하는 모델로 강조된 것이 중재반응(Response to Intervention: RTI)이다(National Joint Committee on Learning Disabilities, 2009). 중재반응 모델은 아동이 장애로 섣불리 낙인찍히는 것을 방지하되 문제가 커지기 전에 조기에 어려움을 찾아내고 적절한 지원 절차를 거쳐 이후 특수교육대상자로 분류하도록 한다. 가장 중요한 것은 섣불리 장애로 판정하고 정규교육과정에서 분리하여 지원하는 것이 아니라 정규교육이 이루어지는 환경에서 문제를 예방 및 해결하는 것이다. 중재반응 모델은 3단계로 이루어진다. 각 단계마다 아동을 선별 및 평가하며 어려움이 확인된 경우 단계에 맞는 프로그램을 시행하여 아동의 진전을 확인한다. 어려움이 지속되는 경우 다음 단계를 시행하여 다시 어려움을 확인하게 된다. 1단계는 정규교육과정 안에서 평가하고 지원하는 단계이다. 언어재활사, 교사, 특수교사 등은 정규교육과정에서 아동의 언어 및 읽기 어려움을 확인하고 교실 내 학습에서 지원한다. 이때 언어재활사는 교실 내 지원에 함께 참여할 수 있고 교사를 통해 아동이 교실 활동에서 언어에 대한 이득을 얻을 수 있도록 협력할 수 있다. 언어재활사는 1단계에 포함되어야 하는 아동 평가에서 도구 및 절차에 대한 개발에 참여하고, 교사 및 특수교사의 교육안 개발에 참여하거나 아동을 교육과정 안에서 직접 지원을 한다. 2단계는 아동이 어려워하는 영역을 소그룹에서 지원하는 단계이다. 1단계에서 도움을 받았지만 여전히 문제가 지속된다고 확인된 아동은 2단계에서 보다 집중적인 목표에서 전문적 지원을 받는다. 언어재활사는 2단계에 포함되어야 하는 아동을 찾아내고 소그룹에서 대상 아동에 적절한 언어 및 학습을 직접 지원한다. 3단계는 개별화된 프로그램으로 지원하는 단계이다. 2단계 적용

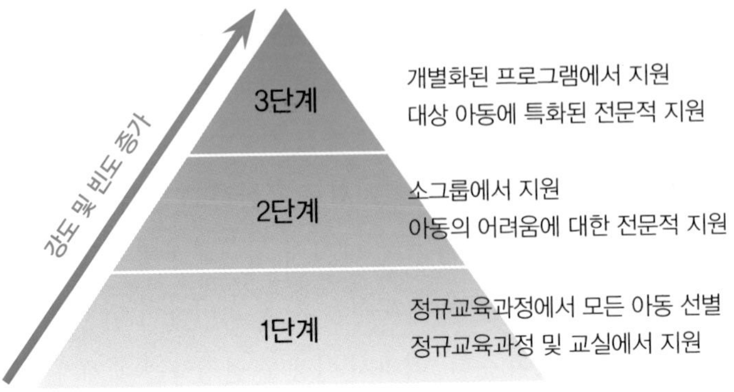

[그림 4-1] **중재반응 모델**

후 진전을 확인하였을 때 여전히 어려움이 있다고 나타난 경우 3단계에서 대상자에 특화된 전문적 프로그램으로 지원한다. 언어재활사는 3단계에 포함되어야 하는 아동을 확인하고 대상자에게 적절한 언어 및 학습 목표를 설정하여 전문적 언어재활 서비스를 제공한다. 중재반응 모델은 교육과정 및 교실 내 담화와 밀접하게 아동의 어려움을 찾아내고 체계적인 프로그램을 통해 적절한 시기에 적절한 도움을 준다는 분명한 장점이 있다. 언어재활사는 모든 단계에 역할을 할 수 있는 인력으로 중재반응 모델에 반드시 포함되어 아동이 실패할 때까지 기다린 후 학교 밖에서 지원하는 기존 서비스의 약점을 보완할 수 있다.

2) 언어재활사의 역할

학교 환경의 언어재활사는 교육과정, 학교 담화 등의 학교와 관련한 역할을 해야 한다. 의사소통능력의 향상을 위한 기본적인 역할을 확대하여 학교지원의 전체 체계와 의사소통 세부영역을 모두 아우르는 역할을 해야 한다. ASHA(American Speech Language Hearing Association, 2012)에서는 학교기반의 언어재활사의 역할과 의무를 정리하였다. 언어재활사는 자신의 역할 및 의무를 학교 환경에 맞게 재편성하고 타당성 있게 작업하며 전문성을 갖추고 평생 학습을 계속해야 한다고 하였다. 그리고 이러한 과정에서 해야 할 중요 역할, 책임의 범위, 협력, 리더십의 4개 측면의 언어재활사 역할에 대한 지침을 제공하였다.

〈표 4-1〉 **학교 환경 언어재활사의 역할과 의무**

역할과 의무	내용
교육에서 중요 역할: 학교 환경의 언어재활사는 학교의 필수 구성원으로 교육에서 역할을 해야 한다.	
모든 수준에서 작업하기	유치원, 초등학교, 중학교, 고등학교 모든 과정에서 말-언어 서비스를 제공한다.
장애 범위에 따라 서비스 제공하기	언어, 조음, 유창성, 음성/공명, 삼킴 등을 포함한 모든 의사소통 장애를 다루어야 한다.
교육적 타당성 확보하기	개인, 사회, 학업, 직업적 요구에 기여하는 교육적 목표를 설정하여 서비스를 제공해야 한다.
교과과정에 독특하게 기여하기	장애가 있는 아동뿐만 아니라 위험군 아동을 포함하여 교과과정의 언어학적, 상위언어학적(metalinguistic) 기초에 대처할 자원을 제공한다.
언어/문해 강조하기	듣기, 말하기, 읽기, 쓰기의 연결을 이해하고 의사소통 장애뿐만 아니라 학습에 어려움을 겪는 아동이 문해능력을 성취할 수 있도록 기여해야 한다.
문화적으로 적절한 서비스 제공하기	모든 학생이 질적으로, 문화적으로 정당한 서비스를 받을 수 있도록 해야 한다.
책임의 범위: 언어재활사는 특정 학구나 지역구의 아동이 수행수준을 충족할 수 있도록 도와야 한다.	
예방	학문적 실패를 예방하는 학교의 노력에 관여한다.
평가	다른 전문가와 협력하여 의사소통 장애를 판별해야 하고 교수, 중재 등의 방법에 대해 평가해야 한다.
중재	근거기반 결정 과정(evidence-based decision making process)을 통해 각 개별 아동의 연령 및 학습 요구에 적절한 중재를 제공해야 한다.
프로그램 고안	언어재활사는 장애가 있는 아동, 통합된 아동에게 최소제한환경(least restrictive environment)에서 지속적인 서비스 전달 모형을 채택하고 적절한 서비스를 제공해야 한다.
자료 수집과 분석	언어재활사는 아동의 수행력을 측정하여 개별 아동의 수행뿐만 아니라 프로그램 전반에서 자료에 기반한 결정을 해야 한다.
준수	언어재활사는 자신의 지역의 법에 따르며 개별화교육프로그램 개발, 저소득층 의료보험 청구, 보고서 쓰기, 치료 계획 및 경과 기록 등을 포함하여 준수한다.

협력: 언어재활사는 학생의 요구에 따라 다른 전문가와 협력하여 작업한다.	
다른 학교 전문가와 함께	언어재활사는 학교에서 교육 프로그램을 지원하며 다른 전문가가 만든 프로그램을 보완 및 확대해야 한다.
대학과 함께	언어재활사는 대학과 유기적인 관계를 맺고 지식과 관점을 공유하며 대학 인원 및 학생을 가르치는 데 자원을 제공해야 한다.
공동체와 함께	언어재활사는 아동 또는 젊은 사람을 가르치거나 서비스를 제공하는 사회복지기관, 개원 언어재활센터 등의 개인 및 기관과 함께 작업해야 한다.
가족과 함께	모든 연령의 아동이 목표 수립, 프로그램 수행 등을 결정하는 데 가족이 포함되도록 한다.
아동과 함께	언어재활사는 목표 계획, 중재 수행, 과정 모니터링, 자기 주장 등을 연령 및 능력 수준에 맞게 할 수 있도록 아동을 능동적으로 참여시켜야 한다.
리더십: 언어재활사는 자신의 역할과 의무, 아동에게 적절한 서비스 제공을 위한 지침을 세운다.	
주장	언어재활사는 합당한 작업량, 전문성 개발 기회, 다른 프로그램 지원 등의 아동에게 적절한 프로그램 및 서비스를 제공하기 위한 주장을 할 수 있다.
슈퍼비전과 멘토십	언어재활사는 학생, 임상 동료 등을 감독하며 신임 전문가에게 멘토가 되어야 한다.
전문성 개발	언어재활사는 학교 환경의 아동의 수행력 향상을 위한 전문적 언어, 의사소통 서비스를 제공하기 위해 다른 교육자, 전문가 등과 협력하며 전문성을 개발하고자 노력해야 한다.
부모 훈련	언어재활사는 의사소통 발달, 장애와 관련한 모든 연령의 부모에게 훈련을 제공한다. 특히 가족이 언어와 문해 환경을 조성하는 데 도움을 줄 수 있다.
연구	언어재활사는 연구 증거에 기반한 평가 및 중재를 수행하고 연구에 참여한다.

언어재활사는 역할과 의무에 대한 지침에 따라 모든 과정에 참여하여 아동을 지원한다. 언어재활사는 학교와 관련한 언어 및 의사소통을 다루게 되는데 아동의 의사소통 특성에 따라, 학교에서 요구되는 능력에 따라 전문적인 서비스를 제공하게 된다. 학교 환경의 언어재활사가 다루는 언어 및 의사소통 능력은 학교의 다양한 상황 및 과제만큼 매우 광범위하다. 이때 맥락 유무와 인지적 부담 정도에 따라 상황을 나누어 아동의 어려움을 확인하고 중재할 수 있다(Westby, 2000). [그림 4-2]는

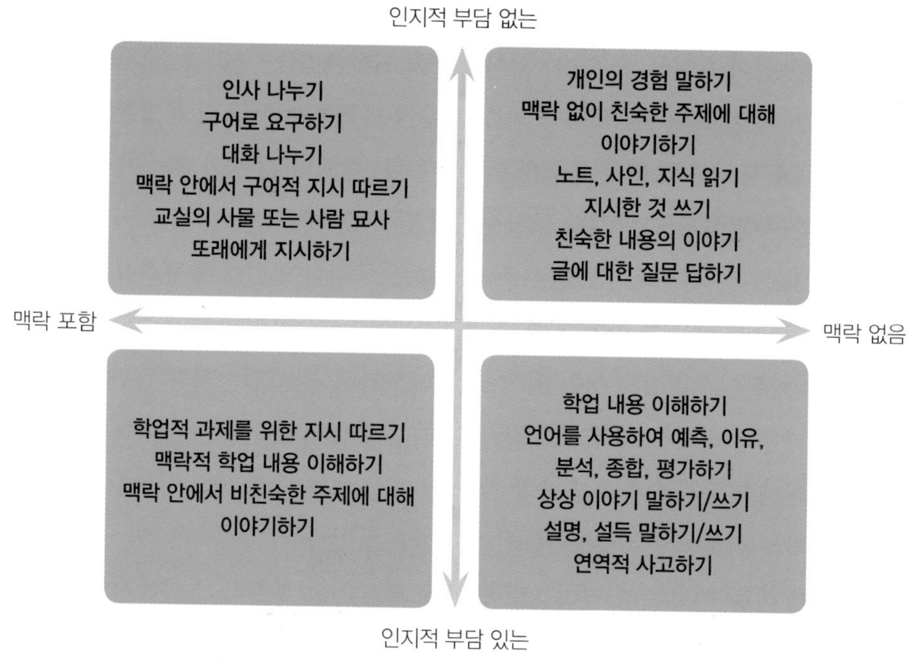

[그림 4-2] **맥락 유무와 인지적 부담 정도에 따른 학교 담화**

언어 및 의사소통 능력과 관련한 학교 담화를 크게 네 가지 상황에 따라 나누어 아동이 어디에서 어려움을 보이는지 확인하고 무엇을 목표로 설정해야 하는지에 대한 방향을 제시한다. 학령기 아동이 성취해야 하는 언어 및 의사소통은 맥락이 있는 상황뿐만 아니라 맥락이 없는 탈맥락 상황을 포함한다. 대부분의 교과는 현재 이곳에서 일어나거나 나의 경험과 관련 없는 개념을 다루고 있으며 아동은 이러한 과제에서 언어를 활용하거나 언어를 습득해야 한다. 이때 일상의 사건과 연결되거나 간단한 과제이기 때문에 인지적 부담 없이 언어를 활용할 수 있는 상황도 있지만 인지적 부담이 주어지면서 인지적 사고과정을 바탕으로 언어를 사용해야 하는 경우도 있다. 인지적 부담이 없으면서 맥락이 포함된 것이 아동에게 가장 쉽고 친숙한 담화 상황이 될 것이나 인지적 부담이 있으면서 맥락이 없는 것이 가장 어려운 담화 상황이 될 것이기 때문에 평가 및 중재에서 상황에 따른 강약점을 확인하는 것이 매우 도움이 된다.

언어재활사는 아동이 학교에서 일어나는 상황에서 원활하게 의사소통하고 이를 활용하여 학업을 성취하기 위한 서비스를 제공한다. 따라서 언어재활사는 학교 담화에 무엇이 포함되는지 알아야 한다. 학교 환경의 담화는 의사소통을 위한 언어, 학습을 위한 언어로 나눌 수 있다. 의사소통을 위한 언어는 또래 및 교사와의 대화가 포함되며 특히 또래사회 적응을 위해 대화에 사용하는 어휘 및 문법뿐만 아니라 주제운용력을 포함한 화용 능력을 다루어야 한다. 학교의 많은 과제는 어휘 및 문장 수준을 넘어 특정한 구조를 갖춘 문단수준의 담화로 이루어져 있다. 교과의 대부분은 이야기 또는 설명/설득의 문단수준의 담화로 구성되어 있으며 담화유형에 따라 다른 텍스트 구조를 갖고 있기 때문에 기초 언어능력을 넘어 문단수준의 언어능력이 필요하다. 문단수준의 언어는 읽기이해, 작문과 같은 학업성취와 관련한 언어로 이어지기 때문에 더욱 중요하게 다뤄진다. 따라서 언어재활사는 일상 대화를 위한 언어뿐만 아니라 문단수준의 담화가 갖고 있는 특성을 이해하고 적절한 도구와 절차를 선택하여 아동의 능력을 확인, 지원할 필요가 있다.

한편으로 아동은 자신의 언어능력을 계속 활용하고 확장하기 위해서 상위인지(metacognition)능력을 바탕으로 한 상위언어능력을 갖추어야 한다. 상위인지능력은 과업을 달성하기 위해 계획을 창출하고 수행하며 그에 따른 결과를 모니터링하는 과정과 관련되며 이를 바탕으로 아동은 언어과제에서 긴 글을 읽고 이해하는 전략, 긴 글에서 자신의 생각을 표현하는 전략 등을 갖추게 된다. 아동의 언어능력을 다룰 때 이러한 상위인지기능이 함께 준비되었는지 직접, 또는 의뢰를 통해 확인하여 중재에 고려하는 것 또한 언어재활사가 반드시 해야 할 역할이다.

언어재활사는 학교 환경에 있는 장애 및 위험군 아동을 찾아내고 문제를 예방하거나 지원하는 의무를 갖고 있다. 즉, 대상 아동을 발굴하고 이에 적절한 서비스를 제공하는 역할을 하게 되는 것이다. 그러나 언어재활사가 학교에 포함된 필수인력이 아니기 때문에 선별을 통해 어려움이 있는 아동을 의뢰받는 것이 필요하다. 언어재활사는 짧은 시간에 실시할 수 있는 신뢰도와 타당도가 높은 검사를 사용하여 아동을 직접 선별할 수 있다. 그러나 많은 아동을 모두 직접 검사할 여건이 되지 않을 때 교사를 통해 의뢰받는 것이 매우 효율적이다. 이때 언어재활사는 목적에 맞는 체크리스트를 개발하여 교사에게 아동이 보이는 특성을 보고받고 진단평가를 실시할 수 있다. 체크리스트는 학교 담화와 관련한 언어능력을 확인하는 문항으로 구성하며 특히 교사가 관찰할 수 있는 주요 특성을 포함하여야 한다. 예를 들어, 단순히 '어휘를 다양하게 사용하나요?'보다 '교과에 포함된 한자어, 전문적 어휘를 사용하나요?'의 질문이 더 적절하다. 〈표 4-2〉는 교사를 통해 언어 및 의사소통에 어려움이 있는 아동을 선별할 때 도움이 되는 간단한 체크리스트의 예이다. 이를 바탕으로 아동의 강약점을 구체적으로 파악하기 위한 진단평가를 계획할 수 있다.

〈표 4-2〉 **교사 대상 의사소통 선별 체크리스트**

다음을 읽고 해당 학생에게 해당될 때 '예'에 체크해 주세요.	
아동은 교사의 복잡한 지시를 듣고 이해하지 못하거나 반복이 필요한가요?	예
아동은 교과에 포함된 한자어, 전문적 어휘를 사용하지 못하나요?(예: 직접적으로, 다양하게)	예
아동은 구체적이고 정확한 어휘보다 '이거, 저거' 등을 사용하여 표현하나요?	예
아동은 길고 복잡한 문장을 사용하기보다 짧거나 단순한 문장을 사용하나요?	예
아동은 대화할 때 충분한 정보를 주지 못하나요?	예
아동은 대화에서 주제를 유지하지 못하고 자주, 부적절하게 바꾸나요?	예
아동은 긴 이야기 또는 설명을 하지 못하나요?	예
아동이 이야기 또는 설명을 듣고 다음을 예측하지 못하나요?	예
아동의 발음이 부정확한가요?	예
아동이 말을 할 때 부적절하게 쉬거나 반복하나요?	예
아동이 글자를 정확하게 읽을 수 없나요?	예
아동이 읽은 내용을 이해하지 못하나요?	예
아동이 쓸 때 맞춤법을 틀리나요?	예
아동이 긴 글을 쓰지 못하나요?	예

언어재활사는 선별 후 아동에게 실제 어려움이 있는지, 어려움이 있다면 중재에서 무엇을 다루어야 하는지 정보를 얻기 위해 아동의 강약점을 파악해야 한다. 다양한 학교 담화에서 아동의 강약점을 파악하기 위해 언어재활사는 의사소통과 학습 관련 능력을 평가하는 도구 및 방법을 알아야 하며 장애유무와 정도를 확인할 때 사용하는 규준참조검사를 알고 있어야 한다. 특히 학업수행과 관련한 평가를 위해 언어병리학 검사도구뿐만 아니라 특수교육학, 심리학 등의 관련 분야 검사도구를 알고 목적에 맞게 사용하거나 의뢰를 통해 결과를 받아 해석할 수 있어야 한다. 예를 들어, 상위언어를 포함한 언어 전반적인 수준을 확인할 때 '학령기 아동 언어검사'(이윤경, 허현숙, 장승민, 2015)를 실시하거나 문단수준의 언어능력과 관련하여 이야

기 구성력을 확인할 때 '한국어 이야기 검사'(권유진, 진연선, 배소영, 2018)를 사용할 수 있어야 한다. 또한 읽기성취도를 확인할 때 언어기반 읽기능력의 성취도와 강약점을 확인하기 위해 '한국어 읽기검사'(배소영 외, 2015)를 사용할 수 있어야 하나, 교육과정과 관련한 읽기능력을 확인하기 위한 '기초학력검사(박경숙 외, 2008)', 인지적 처리과정을 포함한 읽기 성취도를 확인하기 위한 'RA-RCP 읽기성취 및 읽기인지처리 능력검사'(김애화 외, 2015) 등도 이해하고 있어야 할 것이다.

학교 환경과 관련하여 아동의 의사소통능력을 확인할 때 어려운 것은 공식검사를 통한 정적평가가 아동의 강약점을 모두 보여 주지 않는다는 것이다. 이때 고려되어야 하는 것이 역동적 평가이다. 역동적 평가는 아동이 성인 및 또래의 도움으로 잠재능력을 보여 주는지 확인하여 이후 중재에 도움이 되는 정보를 얻을 수 있다. 특히 학령기 아동이 성취해야 하는 언어 및 읽기능력이 개인의 경험이나 교육정도에 따라 다른 수행력으로 나타날 수 있어 아동이 지체 현상을 보이는 것인지 특정한 영역에서 집중적인 도움이 필요한 장애특성을 보이는 것인지 알기 어렵다. 예를 들어, 아동이 글을 읽고 이해하지 못하는 것이 이전에 읽기교육을 받지 못하였거나 평가와 관련한 과제를 수행한 경험이 없기 때문인지, 실제 읽고 이해하는 전략이나 글자 읽기에서 어려움을 보이는 것인지 알기 어렵다. 이때 역동적 평가가 도움이 될 것이며 Pêna(1996)는 학교와 관련한 아동의 능력을 살펴볼 때 사용할 수 있는 역동적 평가 방법을 세 가지로 제시하였다. 먼저 진단적 교수법(Diagnostic teaching)은 아동에게 과제를 수행하도록 하고 어려워하는 것에 단서를 제공하는 방법이다. 언어재활사는 아동이 단서에 반응하는지 살펴 아동의 잠재력과 도움이 어떻게 필요한지에 대한 정보를 얻을 수 있다. 둘째, 연속적인 단서(Successive cuing) 제공 방법이다. 아동에게 제공할 단서를 여러 단계로 준비하여 아동이 어려워하는 것에 단계적으로 단서를 제공한다. 아동이 반응한 단서에 따라 가장 효과적인 것이 무엇인지 확인하고 중재에 적용할 수 있다. 셋째, 중재학습기회(Mediated learning experience)를 제공하는 것이다. 상위언어 전략 사용을 포함하여 아동에게 몇 회기의 단기학습기회를 제공한 뒤 스스로 전략을 사용할 수 있는지 살펴보는 방법이다. 역동적 평가는 언어재활사가 아동과 과제에 함께 참여하여 교과과정과 관련한 언어능력을 습득할 수 있는지 확인하고 어떤 전략이 적절한지 많은 정보를 얻을 수 있기 때문에 적용하는 것을 적극 권고한다.

지금까지 학교 환경의 언어재활사의 역할과 역할에 따라 다루어야 하는 언어 및 의사소통 능력, 대상아동 발굴과 선정에서 수행해야 하는 것에 대해 살펴보았다. 언어재활사는 학교와 관련한 의사소통과 이를 활용한 학습을 다룰 수 있는 전문가로 많은 역할을 수행하나 교육과정에 포함된 다른 전문가와 협력을 통해 더 적절한 서비스를 제공할 수 있다. 앞서 ASHA의 지침에도 협력이 포함된 것을 확인하였지만 협력은 다양한 방법이 있기 때문에 여건에 따라 최선의 방법을 선택해야 한다. 협력은 교실 기반의 언어 서비스를 실현하도록 하여 학교에서 언어에 어려움을 보이는 아동에게 최소제한환경을 지원하도록 한다. 협력은 네트워킹(networking), 조정(coordinating), 협조(cooperating), 협력(collaboration)의 형태로 이루어진다. 네트워킹은 언어재활사 또는 다른 전문가가 자신의 기술과 책임에 대해 정보를 공유하고 추천하거나 관계를 맺는 것을 말한다. 이와 같은 형태는 위험성이 낮고 이후 협력을 위한 첫 번째 단계로 적용된다. 조정은 서로의 주요 목표를 방해하지 않고 시간을 나누어 아동의 요구에 가장 부합하는 서비스를 제공한다. 협조는 공통의 목표를 달성하기 위해 자원을 공유하는 형태이다. 구성원은 함께 아동의 상황을 살펴보고 시간과 노력을 쏟아 자원을 공유하여 지원한다. 협력은 공통의 목표로 모든 의사결정과 실행을 함께하는 형태이다. 가장 이상적인 형태로 아동에게 높은 이득을 주나 실행하는 데 여러 전문가가 함께 움직이기 때문에 각자의 관점에 따라 문제상황이 일어날 가능성이 가장 크다.

협력의 형태를 결정하였다면 어떻게 아동에게 접근할 것인가를 결정하여 협력 모델을 실행해야 한다. 협력 접근법은 교수-지원 교수(one tech, one assist), 스테이션 교수(station teaching), 평행 교수(parallel teaching), 대안 교수(alternative teaching), 팀 교수(team teaching)으로 나누어진다. 교수-지원 교수는 한 명의 전문가가 가르치고 다른 한 명이 교실을 돌며 아동을 돕는 방법이다. 전체 수업에 대한 지원과 아동 개인의 대한 지원이 함께 이루어지기 좋은 방법이다. 스테이션 교수는 전문가가 목표 및 방법에 대해 이야기를 나누고 명확하게 역할을 분담한다. 학생들은 일정에 따라 이동하여 배우며 각 스테이션의 담당 전문가에게 배우게 되기 때문에 다양한 활동을 경험할 수 있다. 이러한 방법은 서로 잘 모르는 다른 교수 방법을 사용하는 전문가들에게 적절하다. 평행 교수는 두 전문가가 아동들을 능력에 따라 섞어 그룹을 만들며 각 전문가가 각 그룹에게 동일한 자료로 가르치는 방법이다. 대안 교수는 아동들을 대집단과 소집단으로 나누어 각 전문가가 각 그룹을 담당하여 가르치는 방법이다. 소집단 아동은 주로 개별적 도움이 필요한 아동으로 구성되어 아동의 요구에 맞게 접근할 수 있다. 팀교수는 두 전문가가 동등한 역할과 책임을 갖고 계획, 실행하는 방법이다. 같은 목표로 서로 번갈아 수업을 운영하게 되며 가장 높은 협력을 요구하는 방법이다. 협력은 하나의 모델만 사용하는 것이 아니라 아동의 요구, 전문가의 역량, 목표 등에 따라 결정하는 것이 좋으며 특히 학교 및 교실 상황에 따라 조절하는 것이 필요하다.

참고문헌

교육부(2018). 장애인 등에 대한 특수교육법.

교육부(2019). 초·중등교육법.

김애화, 김의정, 황민아, 유현실(2015). 읽기성취 및 읽기인지처리능력검사(RA-RCP). 서울: 인싸이트.

박경숙, 김계옥, 송영준, 정동영, 정인숙(2008). 기초학력검사(KISE-BAAT). 경기: 국립특수교육원.

배소영, 김미배, 윤효진, 장승민(2015). 한국어 읽기검사(KOLRA). 서울: 인싸이트.

서울특별시교육청(2018). 서울특별시교육청 학습부진아 지원 조례.

이윤경, 허현숙, 장승민(2015). 학령기 아동 언어검사(LSSC). 서울: 인싸이트.

American Psychiatric Association (2013). DSM-5 정신질환의 진단 및 통계 편람 제5판 [*Diagnostic and statistical manual of mental disorders: DSM-5* (5th ed.)]. 서울: 학지사.

ASHA, R., & Workgroup, R. (2012). ASHA Roles and Responsibilities of Speech-Language Pathologists (SLPs) in Schools DOs and DON'Ts Roles and Responsibilities of SLPs in Schools Working Group. https://www.asha.org/uploadedfiles/roles-responsibilities-slpschools-dos-and-donts.pdf.

Bauer, K. L., Iyer, S. N., Boon, R. T., & Fore, C. (2010). 20 ways for classroom teachers to collaborate with speech-language pathologists. *Intervention in School and Clinic, 45*, 333-337.

Butler, K. G., & Silliman, E. R. (2002). *Speaking, reading, and writing in children with language learning disabilities: New paradigms in research and practice*. Mahwah, HJ: Lawrence Erlbaum Associates.

Friend, M., & Cook, L. (2009). *Interactions: Collaboration skills for school professional* (4th ed.). New York: Longman.

Mercer, C. D., Jordan, L., Allsopp, D. H., & Mercer, A. R. (1996). Learning disabilities definitions and criteria used by state education departments. *Journal of Learning Disabilities, 19*, 217-232.

National Joint Committee on Learning Disabilities (2005). *Responsiveness to intervention and learning disabilities*. Retrieved September 2009 from LD Online Web site: www.ldonline.org/about/patners/njcld.

Pêna, E. (1996). Dynamic assessment: The model and its language applications. In K. Cole, P. Dale, & D. Thal (Eds.), *Assessment of communication and language*. Baltimore, MD: Paul H. Brookes.

Scarborough, H. S. (2005). Developmental relationships between language and reading: Reconciling a beautiful hypothesis with some ugly facts. *The connections between language and reading disabilities*. New Jersey: Lawrence Erlbaum Associates.

The International Dyslexia Association (2002). Dyslexia Basic. http://www.ldonline.org/indepth/reading.

Wallach, G. P., & Butler, K. G. (Eds.) (1984). *Language learning disabilities in school-age children and adolescent*. New York: Macmillian College.

Wetsby, C. E. (2000). Multicultural issues in speech and language assessment. In J. B. Tomblin, H. L. Morris, & D. C. Spriestersbach (Eds.), *Diagnosis in speech-language pathology* (2nd ed.). San Diego, CA: Singular Publishing Group.

제5장

현장별 언어재활 실무: 다문화 지원 환경

1. 언어재활 환경 및 대상자 특성

1) 다문화 지원 환경의 정의

최근 몇 년 동안 한국 사회는 빠른 속도로 다문화 인구가 증가함에 따라 점점 다문화 사회로서의 특성이 일반화되어 가고 있다. 2016년 우리나라에 거주하는 외국인 수는 1,764,664명으로 집계되어 총 인구의 약 3.4%를 차지하고, 결혼이민자는 159,501명, 다문화 가족의 자녀수는 201,333명에 달하였다(행정안전부, 2017). 2008년에 제정된 「다문화가족지원법」에 따르면 다문화가족을 결혼이민자, 귀화자로 대한민국 국적을 취득한 자로 이루어진 가족으로 정의하고 있다(「다문화가족지원법」 제2조 제1호). 이러한 다문화 인구가 증가함에 따라 2011년 이후 자녀 성장 및 발달 지원에 대한 기본 정책 방향이 국가 차원에서 수립되었고, 2016년에는 다문화가족 자녀 성장주기별 맞춤형 지원을 추진하고 있다(한국건강가정진흥원, 2018). 다문화가족 자녀의 언어발달지원사업은 2009년부터 시작된 자녀 성장 및 발달을 지원하는 다문화가족지원센터의 대표적인 특성화 사업으로 현재까지 지속적으로 시행되고 있다.

다문화가족 자녀 언어발달지원사업은 체계적이고 전문적인 언어발달지원 서비스 제공을 통해 다문화가족 자녀들이 건강한 사회구성원, 나아가 글로벌 인재로 성장할 수 있는 초석을 마련하고, 자녀의 언어발달 상태를 평가하고, 의사소통에 어려움이 있는 아동에게 적절한 언어교육을 실시함으로써 원만한 발달이 이루어지도록 하며, 부모에게 상담 및 교육 방법을 제공함으로써 일상생활에서도 아동의 언어발달 촉진을 도모하고자 하는 데 목적을 두고 있다. 이러한 목적을 실현하기 위해 다문화가족 자녀의 언어평가, 언어교육, 부모상담 및 부모교육을 주 사업내용으로 시행하고 있나. 언어발달지원사업은 여성가족부의 정책을 한국건강가정진흥원에서 위탁받아 시행하는 사업으로 전국 200여 개의 다문화가족지원센터에서 300명의 언어발달지도사에 의해 수행되고 있다.

추진체계	기능
여성가족부	• 추진방향 설정 등 사업 총괄 • 사업 안내(지침) 마련 및 보급 • 예산 지원 및 사업 평가 • 한국건강가정진흥원 관리 • 신규사업 개발 및 시범 운영 등
한국건강가정진흥원	• 프로그램 및 매뉴얼 개발 보급 • 온라인 콘텐츠 개발 및 운영 • 지원 및 평가, 이용자 만족도 조사 • 실적관리 및 보고, 결과보고서 제작 • 사업홍보 및 사업현황관리 • 다문화 언어발달지도사 양성교육 • 다문화 언어발달지도사 역량강화교육 • 언어발달지원사업 슈퍼비전
다문화가족지원센터	• 추진방향 설정 등 사업 총괄 • 사업 안내(지침) 마련 및 보급 • 예산 지원 및 사업 평가 • 한국건강가정진흥원 관리 • 신규사업 개발 및 시범 운영 등

[그림 5-1] **다문화언어발달지원사업 추진체계도**

출처: 여성가족부(2019).

2) 다문화 지원 환경의 서비스 제공자 요건 및 지역별 현황

각 다문화가족지원센터의 다문화가족 지원을 위한 사업으로는 다문화가족 자녀 언어발달지원사업, 다문화가족 방문교육 사업, 다문화가족 사례관리 사업, 결혼이민자 통번역서비스 사업, 이중언어 가족환경조성 사업 등이 특성화 사업으로 시행되고 있다. 각 센터에는 최소 1인에서 최대 5인의 다문화 언어발달지도사가 배치되어 있으며 2018년도까지는 언어치료학과, 언어병리학, 언어청각학과 등 언어발달·촉진 관련학과 학사 이상 졸업자를 우선 채용하였으며, 그 외 유아교육학과, 아동관련학과(아동학과, 아동복지학과 등), 한국어교육학과, 국어교육학과 학사 이상 소지자에 한해 언어발달지도사 선발자격이 주어졌다.

하지만 2019년 이후로는 자격 기준을 언어재활 관련학과로만 제한하고 있다. 또한 2018년까지 4일제 근무자와 5일제 근무자가 있었으나 2019년 이후부터는 모두 5일제 근무자만 채용되고 있다. 2019년 전국 다문화가족지원센터 중에서 다문화가족 자녀 언어발달지원사업을 시행하고 있는 기관 및 다문화 언어발달지도사의 배치 인원수는 다음 〈표 5-1〉과 같다.

〈표 5-1〉 시도별 센터 및 다문화 언어발달지도사 배치 현황

구분	계	서울	부산	대구	인천	광주	대전	울산	세종	경기	강원	충북	충남	전북	전남	경북	경남	제주
센터(개소)	205	24	9	7	9	4	5	5	1	30	13	10	13	14	20	20	19	2
인원(명)	300	38	15	11	14	10	10	10	1	43	17	14	18	23	23	22	26	5

3) 대상자 특성

다문화가족 지원사업에 포함되는 다문화가족은 결혼이민자, 외국인 근로자, 외국인 유학생, 재외동포(외국국적동포+재외국민), 난민, 북한일탈주민 등을 포함한 외국인 가정을 지칭한다. 이들 가정에서 태어난 0~12세까지의 아동이 언어평가 및 언어교육이 필요한 언어발달지원 서비스 대상자이다. 이들 중 우리나라 다문화가

족 자녀는 한국 남성과 외국 여성이 국제결혼을 통해 이루어진 가정에서 태어난 아동이 가장 높은 비율을 차지하고 있다(조혜영, 이창호, 권순희, 서덕희, 이은하, 2007).

2017년 행정안전부 자료에 따르면 다문화가족 자녀 수는 201,333명(남자 102,961, 여자 96,372)이었다. 이들 중 학령 전 아동이 113,506명(56.4%), 초등학생5 6,768명(28.2%), 중고생 31,059명(15.4%)으로 전체적으로 출생인구가 줄어들면서 초·중등학교의 학생수가 점점 줄어들고 있는 반면에 학급 내 다문화 학생비율은 점점 증가하고 있는 추세이다. 또한 다문화가족 자녀의 부모의 국적은 베트남 28%, 중국 18.9%, 한국계 중국인 18.2% 순으로 많다(한국건강가정진흥원, 2018).

우리나라의 다문화가족 자녀는 약 95% 이상이 국내 출생으로, 태어나면서부터 한국어를 사용하는 환경에서 언어발달과정을 겪는 경우가 대부분이다. 한국어 능력이 낮은 엄마가 본인의 유창한 모국어가 아닌 아직 서툰 한국어를 사용하면서 아동을 양육하는 경우가 많다. 이로 인해 양질의 한국어 자극을 받지 못할 뿐 아니라 한국어에 대한 자신감이 부족한 어머니들이 적극적으로 아동과 상호작용하는 데 어려움이 있어 언어발달 지연을 겪는 경우가 많다. 많은 연구에서 다문화가정 아동들이 언어발달이 지연되거나 고위험군에 속한다는 결과를 보고하고 있다. 또한 우리나라 다문화가정의 경우 낮은 사회경제적 지위에 속하는 가정이 다수이며, 이로 인해 언어자극 결핍은 이중으로 아동의 언어발달에 영향을 미치고 있다(김영란, 김영태, 2011; 오소정, 김영태, 김영란, 2009).

다문화 사회 초기에는 이중언어 노출로 인해 다문화가정 아동의 한국어 발달에 부정적인 영향을 미칠 수 있다는 염려가 많았으나 최근 이중언어사용에 대한 긍정적인 측면에 대한 인식이 확대되면서 자녀를 이중언어사용자로 양육하려는 경향이 늘어나고 있다. 또한 엄마의 경제활동에 대한 내적, 외적 요구가 높아지면서 엄마의 모국으로 아동을 보내 양육하다가 중도입국하거나 외조모가 양육을 지원하는 사례가 늘어나고 있으며, 외국인 근로자나 외국인 유학생 가정 등이 늘어나면서 초기부터 이중언어에 노출된 아동의 수도 점차 늘어나고 있다(황상심, 강복정, 2016).

다문화가족 자녀 언어발달지원사업은 언어발달지체 여부를 평가하고 교육을 지원받기 위해 다문화가족지원센터를 찾은 아동을 대상으로 평가, 교육, 부모상담 등의 서비스를 제공한다. 2009년 1,890명이 서비스를 제공받은 이래 꾸준히 이용자 수가 증가해 왔으며, 최근 약 5년간 매년 약 9,000명 정도의 아동이 다문화가족지원센터를 통해 언어발달지원 서비스를 받아 왔다. 지난 2017년도 여성가족부에서 발표한 다문화가족 자녀 언어발달지원사업에 대한 결과보고에 따르면 2017년도 언어발달지원 서비스를 받은 아동은 3~6세의 학령전기가 6,579명(71.5%)로 가장 많았고, 학령기 1,967명(21.4%)으로 점점 늘어나는 추세를 보이고 있으며, 1~2세 영유아의 경우 652명(7.1%)이었다. 이러한 경향은 2013년에서 2014년까지는 영유아기 아동이 학령기 아동보다 비율이 높았다가 2015년 이래로는 학령기 아동의 비율이 더 높아지는 변화의 추세를 보이고 있다. 각 연령대 모두 여아보다 남아의 비율이 높았다.

어머니 출신국별로 보면 베트남, 중국, 필리핀, 캄보디아, 일본 순으로 비율이 높아 아시아계 출신 어머니가 대부분으로 나타났다. 또한 2013년에는 약 32.5%가 이중언어사용 환경에 있었으나 2015년 이래 점차 비율이 증가하다 2017년에는 서비스 대상 아동 중 약 42.8%의 아동이 이중언어사용 환경에 노출되어 있다고 보고되어 이중언어사용 환경에 대한 관심이 점점 늘고 있는 상황이다(한국건강가정진흥원, 2018).

2017년 다문화가족 지원센터를 방문한 아동 4972명의 초기평가 결과 절반 이상에 해당하는 약 55.6%의 아동이 언어발달 촉진을 위한 예방교육이 필요한 것으로 나타났고 영유아의 경우 약 65%가 언어발달 고위험군으로 나타났다. 한편, 이 아동들에게 서비스를 제공한 지 6개월 후 진전 여부를 살펴보는 평가결과 보고에 의하면 전체 대상의 80% 이상이 서비스 이후 진전을 보이는 것으로 나타났으며, 진전평가 시 또래 수준의 정상발달로 진전된 아동은 교육을 받은 아동의 42.1%였으며 발달단계별로 살펴보면 영유아기 35.7%, 학령전기 43.4%, 학령기 36.7%의 아동이 정상발달로 서비스가 종결되었다. 이러한 경향은 최근 5년간 언어발달지원 서비스 결과보고에서도 종결된 아동 중 48%가 또래 발달수준의 진전을 보여 서비스 목표 달성이 높은 비율을 차지하고 있는 것으로 나타나 언어발달지원사업의 효과성이 지속적으로 입증되고 있다(한국건강가정진흥원, 2018).

2. 서비스 제공 모델과 언어재활사의 역할

1) 시간적 흐름에 따른 전반적 서비스 제공

다문화가족 언어발달지원사업의 사업종사자인 언어발달지도사의 역할을 수행하기 위해서 각 다문화가족 지원센터의 언어발달지도사 모집공고를 확인하고 지원한 후 서류지원, 면접 과정을 거처 채용되는 절차를 밟아야 한다. 언어발달지도사로 채용되면 다문화의 이해 및 언어평가 및 교육을 위해 필요한 온라인과 오프라인 양성교육을 받고 각 센터에서 근무하게 된다. 다문화가족 언어발달지원사업은 전국의 다문화가족지원센터 내에 있는 언어발달교실이나 어린이집, 유치원, 초등학교 등 외부 교육기관의 협조를 얻어 해당 기관에서 제공하는 공간에서 실시된다. 언어발달지원 서비스 절차는 서비스 신청, 초기면담, 초기 언어평가 장 · 단기 계획 수립, 언어교육, 진전 및 종료평가, 사후관리의 순서로 진행된다. 이러한 전반적인 절차를 수행하는 과정 동안 언어발달지도사는 지도하고 있는 아동 사례에 대해 각 담당 슈퍼바이저와 상의할 수 있는 슈퍼비전 시스템을 통해 다양한 지원을 받을 수 있다.

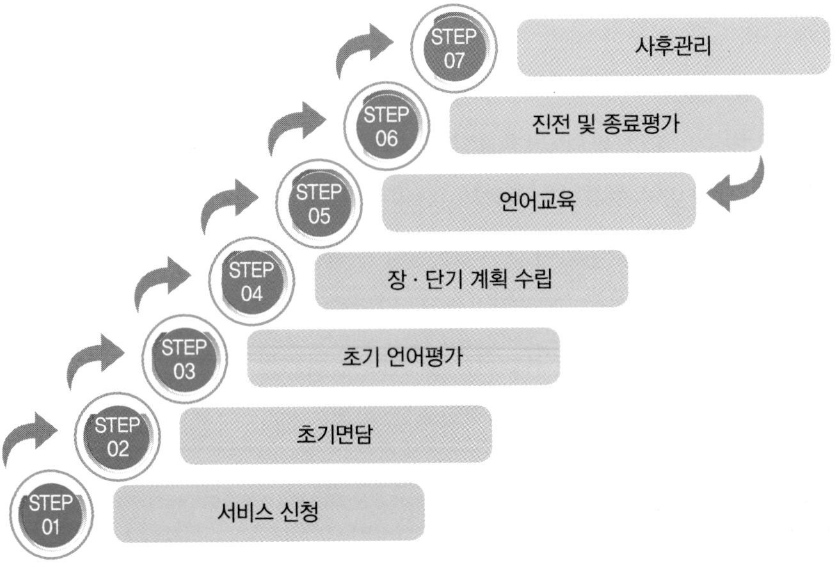

[그림 5-2] **언어발달지원 서비스 과정**

출처: 한국건강가정진흥원(2016).

(1) 서비스 신청 및 초기면담

언어발달지원서비스를 신청하기 위해서는 양육자가 전국 다문화가족지원센터를 방문하여 몇 가지 지원서류양식을 작성하여 언어발달지원서비스 이용회원 등록을 해야 한다. 서비스를 신청한 아동은 언어발달지원사업 신청자 명부에 등록되어 관리되며, 순차적으로 서비스를 받도록 되어 있다.

초기면담은 서비스가 개시되었을 때 아동의 부모, 조모 등 양육자와 초기면담지 내용을 중심으로 상담을 실시하게 된다. 초기면담은 아동에 대한 기본정보, 어머니와 가족에 대한 기본 정보, 언어발달을 포함한 아동의 발달사항 등을 중심으로 직접 대면 면담으로 이루어진다. 초기면담은 아동의 양육자와 신뢰 관계를 형성하고 아동에 관한 정보를 수집하고자 하는 목적으로 진행된다. 언어발달지도사는 가능하면 초기면담 전에 어머니의 한국어 수준을 파악하여 면담에 필요한 지원 사항을 결정하는 것이 필요하다. 일상적인 의사소통의 가능한 경우 어머니와 직접 면담을 실시할 수 있는데, 이때 어머니의 한국어 수준을 고려하여 쉽고 구체적인 사례를 들어서 얻고자 하는 정보가 무엇인지를 정확히 전달하는 것이 중요하다. 하지만 결혼이민자인 어머니의 상당수가 한국어로 일상적인 의사소통이 원활하지 않은 경우가 많으므로 아버지나 시어머니 등 주변 가족의 지원 여부를 체크해 두어야 한다. 가족지원이 어려운 경우 센터 내 통·번역사의 지원을 요청하여야 한다. 통·번역사의 지원 요청 시 면담뿐 아니라 부모보고가 필요한 영유아 평가 과정까지 지원이 필요하므로 미리 통·번역사에게 이러한 사항에 대해 상의해야 한다. 또한 통·번역사 역시 결혼이민자인 경우가 대부분이므로 질문 내용에 대해 통·번역사가 정확히 이해하고 전달할 수 있도록 구체적인 설명이 필요할 경우가 많다. 초기면담 내용은 한국건강가정진흥원 통합실적 시스템의 데이터베이스를 활용하여 입력해 두어야 한다. 다음에 이어지는 모든 절차에 적용되는 평가 및 교육계획, 회기 교육 내용, 진전평가, 사후관리, 부모상담의 제반 내용 역시 모두 위의 데이터베이스에 입력해서 관리해야 한다.

(2) 초기 언어평가 및 장·단기 계획 수립

초기면담을 통해 아동의 기본 정보 및 발달 특성을 확인한 후 초기 언어평가를 적용하여야 한다. 이때 영유아기, 학령전기, 학령기의 각 언어발달단계에 따라 필요한 필수 평가는 다문화 언어발달지원사업의 사업지침에 따라 정해진 필수 평가와 선택 평가를 적용하도록 되어 있다. 공식검사 결과 또래 규준을 참고로 10%ile 이하이거나 표준편차 −1 이하로 평가된 아동에 대해서 서비스 대상으로 선정할 수 있다. 또한 아동과 상호작용을 통해 발화를 수집하고 각 언어 하위영역별 아동의 발달체크리스트를 활용한 비공식적 절차를 적용하여 아동의 현재 언어 및 의사소통 수준을 이해하는 절차도 시행되어야 한다. 이때 초기 언어평가에 적용되는 검사는 전반적인 아동의 언어능력을 진단하기보다는 어휘 능력 및 몇 가지 비공식 절차를 통해 이루어지는 선별평가로 이루어진다는 점에 유의해야 한다. 즉, 아동이 언어 및 의사소통 발달 위험군인지 여부를 파악하여 예방적 차원에서 조기에 신속히 중재를 제공하는 예방적 교육임을 이해하여야 한다. 평가 결과 좀 더 전문적 서비스가 필요한 아동의 경우 전문가와의 연계를 고려해야 한다.

초기평가 후 서비스 대상으로 선정된 아동은 평가 결과에 근거하여 장 · 단기 계획을 작성하여야 한다. 장 · 단기 계획은 아동의 현재 수행수준을 근거로 6개월 이후 도달해야 할 목표를 중심으로 선정하여야 하며, 이를 토대로 6개월 교육이 진행된 이후 각 목표에 대한 달성 여부를 추후 보고해야 한다. 장 · 단기 목표는 각 아동별로 작성해서 실적통합시스템의 양식을 활용해 작성해야 하는데, 모둠 수업을 하는 아동의 경우도 아동마다 각각의 장 · 단기 계획을 작성해야 한다.

(3) 언어 교육

장 · 단기 계획을 작성한 후, 장 · 단기 계획에 따라 매 회기 교육 내용을 구성하여 언어 및 의사소통을 증진시키고, 학령기 직전 또는 학령기 아동의 경우 읽기 및 쓰기능력 향상을 지원하는 교육을 실시할 수 있다. 교육은 일반적으로 주 2회 40분씩 실시하고, 교육 후 부모상담이 이루어진다. 한 아동은 6개월 단위로 교육을 받을 수 있는데, 최대 4차(2년)까지 지원받을 수 있다. 교육은 개별수업이나 모둠수업의 형태 모두 가능하며, 아동의 특성에 따라 양육자와의 상담을 통해서 적절한 형식으로 진행할 수 있다. 또한 교육이 실시되는 공간은 각 센터마다 의무적으로 설치하게 되어 있는 언어발달교실(16m^2)에서 이루어지거나 외부기관 방문의 경우 각 기관의 협조를 요청하여 공간을 제공받은 곳에서 시행된다. 각 언어발달지도사당 6사례에서 10사례의 아동을 관리해야 한다. 운영 반 수나 운영회기 수는 도서 · 벽지 지역 여부, 멘토 여부, 외부기관 수업 여부 등을 고려하여 차별적으로 진행되고 있다.

평가 결과해석, 장·단기 계획 작성, 교육회기 구성 등과 관련된 모든 사례 운영 과정과 관련된 내용은 슈퍼비전 시스템을 통해 지침에 정해진 기간 내에 직접지도 감독 및 지원을 받을 수 있고, 상시적인 지원 요청은 재직 기간 동안 언제든지 가능하다. 또한 교육내용을 계획하고 실행하는 과정에서 참고할 만한 교재(『1~4세 다문화가족 자녀를 위한 발달 연령별 언어촉진 활동사례』, 『5~8세 아동을 위한 언어촉진 활동집』, 『큰 소리로 말해요, 함께 웃어요』, 『함께 읽고 말해요』 등)가 교육과정에 개발되어 있어 이를 교육과정에 활용할 수 있다.

(4) 진전(종료)평가, 사후평가

언어발달지원사업의 효과성을 높이기 위해 언어교육을 실시한 후 6개월이 지나면 진전평가를 실시하여야 한다. 진전평가 시 적용되는 검사절차는 초기평가 시와 동일하며, 다만 수립된 장·단기 계획별로 목표 달성 여부를 기록하여야 한다. 진전평가를 실시한 후에는 초기평가 시와 같은 기준에 따라 지속적인 지원이 필요한 아동인지 또래 수준의 발달로 나타나 종결되어야 하는 아동인지, 타 전문영역의 연계가 필요한 아동인지를 판단하여야 한다. 지속적인 지원이 필요한 아동으로 평가된 경우 진전보고서를 작성하고, 다음 차수의 6개월 후 달성 가능한 목표를 중심으로 장·단기 계획을 진전평가 결과에 근거하여 작성하여야 한다. 또한 서비스 지속 여부에 관한 서비스 연장소견서를 작성하여 슈퍼바이저의 승인절차를 거쳐야 한다. 진전평가 결과 종결이 필요한 경우 종료 보고서를 작성하고 서비스를 종결한다. 다만, 종결된 아동의 경우 사후평가 대상 아동 목록에 등재해 두고 서비스 종료 후 6개월 이상된 경우 재평가를 실시할 수 있다. 또한 사후평가 전 사후상담을 2회 이상 진행해서 지속적인 사후관리가 이루어지도록 한다.

(5) 부모상담 및 부모교육

다문화가정 부모 및 양육자에 대한 부모상담 및 교육은 아동의 언어 및 의사소통 발달을 지원하는 주요한 자원이라는 점과 다문화가정의 부모의 문화적, 언어적 특성을 고려할 때 주요하게 다뤄져야 하는 다문화언어발달 지원사업 내용임이 점차 강조되어 오고 있다. 언어발달지도사는 초기면담부터 매회기 교육 상담, 다양한 평가 결과에 대한 상담 등을 진행하며, 언어발달지원사업 지침에서는 2인 이상의 부모를 대상으로 한 부모교육을 실시할 것을 권장하고 있다(여성가족부, 2019).

2) 언어발달지도사를 위한 교육 시스템

다문화가족 언어발달지원사업의 사업종사자인 언어발달지도사는 각 지역의 다문화가족지원센터에 채용되기 위한 양성교육, 지속적인 교육 역량을 강화하기 위한 연간 보수교육, 언어발달지원사업에 대한 전문가 지원체계인 슈퍼비전을 통해 보다 전문적인 언어발달지원 서비스 제공자의 역할을 수행하게 된다.

언어발달지도사로 채용되면 전반적인 아동 언어발달의 이해, 다문화 환경에 대한 이해, 언어 및 의사소통 검사 절차 및 해석에 대한 이해, 교육 계획 작성 등과 관련된 양성교육을 반드시 받아야 한다. 양성교육은 온라인 교육과 집합교육의 형태로 이루어진다. 또한 매년 언어발달지원사업 지침에 따라 교육역량을 강화를 위한 보수교육을 받아야 한다.

언어발달지원사업은 전국 20여 명 이상의 치료실 원장, 교수 등으로 구성된 언어발달 전문 슈퍼바이저가 담당 언어발달지도사를 체계적으로 지원하는 슈퍼비전 시스템을 갖추고 있다. 슈퍼비전은 직접 대면 소그룹 형식이나 전화나 이메일 등을 온라인 형식으로 진행될 수 있으며, 지침에 정해진 연차에 소그룹 모임에 참여하거나 재직 기간 동안 필요시 상시적으로 지원을 요청할 수 있는 시스템으로 구성되어 있다. 슈퍼비전 내용은 평가, 평가 결과해석, 장·단기 계획 작성, 진전평가 및 사후평가, 서비스 연장, 부모교육 등 아동 사례 운영 전반에 걸쳐 이루어질 수 있다.

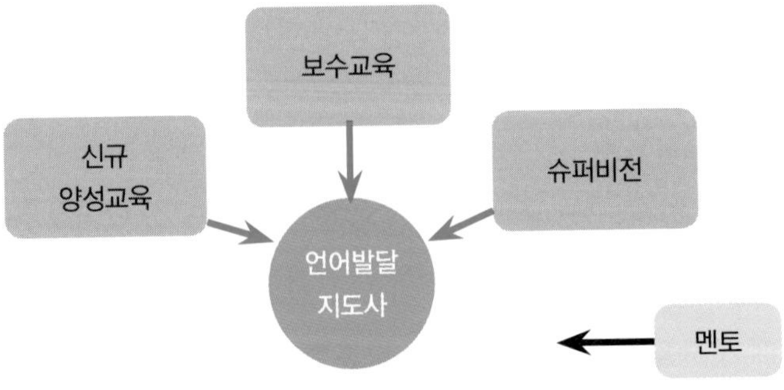

[그림 5-3] **언어발달지도사 교육 시스템**

또한 언어발달지도사로서 경력을 쌓으면서 사례 운영의 우수성을 인정받은 경우 멘토 언어발달지도사가 되어 신입 언어발달지도사에 대한 멘토 역할을 할 수 있다. 멘토는 신입 언어발달지도사들이 언어발달지원사업 및 센터 업무 등에서 겪는 여러 가지 현실적인 어려움에 대한 조언을 해 주는 역할을 담당한다.

3) 분야별 전문가와의 협력 및 언어재활사의 역할

다문화가족 자녀 언어발달지도사로 채용된 언어재활사는 다양한 분야의 전문가와 협력관계를 구축함으로써 아동의 언어 및 의사소통 전반에 영향을 미칠 수 있는 요인을 분석하고 다문화 가족과 그 자녀의 다양한 요구를 파악하여 이에 대한 최선의 지원방안을 마련해야 한다. 다문화가정 아동에 대한 지원은 아동 개인뿐 아니라 아동을 둘러싼, 가정, 학교, 지역사회, 국가 등 생태학적 환경에 대한 포괄적 이해를 바탕으로 이루어져야 한다. 또한 심리학적, 사회적, 교육적, 의학적, 사회복지학 등 다각적 측면이 함께 고려되어야 한다.

언어발달지도사는 언어 및 의사소통전문가, 다문화지원센터 내 관련사업 종사자, 교육기관, 관련 발달영역 전문가뿐 아니라 다양한 지역사회 네트워크를 통한 협력체계를 마련하고 지속적인 소통과 협력관계를 유지하여야 한다.

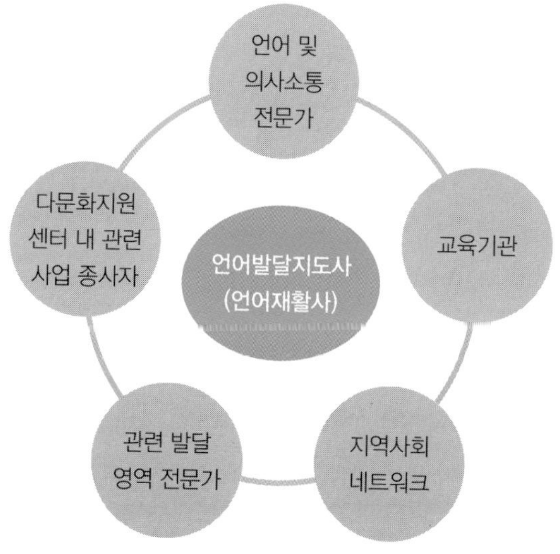

[그림 5-4] **언어발달지도사와 타 전문가와의 협력 모델**

(1) 다문화가족지원센터 내 관련사업 종사자와 언어발달지도사(언어재활사)

300명의 언어발달지도사는 전국적으로 배치되어 있는 다문화가족지원센터 종사자의 일원으로 근무하고 있다. 각 다문화가족지원센터는 다문화가족의 안정적인 정착과 가족생활을 지원하기 위해 가족 및 자녀교육 · 상담, 통 · 번역 및 정보 제공, 역량강화 지원 등 종합적인 서비스를 제공하여 다문화가족의 한국사회 조기 적응 및 사회 · 경제적 자립지원을 도모하고자 하는 목적으로 설립 · 운영되고 있다(여성가족부, 2017). 센터사업은 가족, 성평등, 인권, 사회통합 상담 등의 기본사업영역에서 다양한 세부 프로그램을 운영하고 있으며, 자녀 언어발달지원사업, 방문교육사업, 사례관리사업, 통번역 서비스사업, 가족환경 조성사업, 한국어교육 등의 특성화 사업을 센터 내부의 실정에 맞게 운영하고 있다.

언어발달지도사는 다문화가족 자녀 및 그 가정과 관련된 업무에서 각 분야의 종사자와 긴밀한 협조관계를 유지해야 한다. 다문화가족지원센터의 지원프로그램을 이용하는 다문화가족 구성원들은 언어발달지원사업 이외에도 다양한 프로그램에 참여하고 있기 때문에 종사자 간 협력은 반드시 필요하며, 언어발달지도사에게는 아동 및 가족 구성원, 가족 환경 등에 관한 중요한 정보를 공유하고 전면적인 지원 시스템을 제공해 줄 수 있는 네트워크가 될 수 있다. 예를 들어, 방문사업 업무 종사자는 다문화가정을 방문해서 언어발달의 어려움이 겪고 있는 자녀들을 언어발달지원사업과 연계해 줄 수 있다. 통번역서비스 사업 종사자의 경우 한국어를 통한 의사소통에 어려움이 있는 양육자나 아동과의 상담 및 평가 시 언어발달지도사와 협력할 수 있다. 결혼이민자 어머니의 한국어 의사소통능력을 향상을 위한 한국어교육 프로그램 역시 자녀의 언어발달 촉진을 위한 긍정적인 기여를 할 수 있는데, 양육자의 한국어 실력이 아동의 언어발달과 긍정적인 상관관계가 있다는 많은 선행연구에서 이를 입증하고 있다.

(2) 언어 및 의사소통 전문가와 언어발달지도사(언어재활사)

다문화가족 자녀 언어발달지원사업 초기에는 언어재활 관련학과뿐 아니라 아동 또는 유아 관련학과, 한국어 및 국어교육 등 관련학과 출신이 언어발달지도사로 채용될 수 있었으나, 2019년 이후부터 언어발달지도사 채용 자격요건이 언어재활사로 한정되었다. 따라서 2019년 현재 300명의 언어발달지도사는 언어재활, 언어병리학 이외의 학문적 기반을 가진 경우도 다수 존재한다. 앞에서도 언급했듯이 다문화가족 자녀 언어발달지원사업은 언어 및 의사소통 발달 지연 및 장애를 진단받은 아동들을 대상으로 치료적 차원에서 개입한다기보다 언어 및 의사소통이 느린 발달을 보일 위험이 있는지 여부를 선별하고 조기에 예방적 차원에서 언어촉진을 제공하고 그 진전 여부를 지속적으로 추적 관찰하는 예방적 중재모델이다. 또한 2년 이상 서비스를 연장해서 받기 어려운 특성으로 인해 언어발달장애 진단이 필요하거나 지속적인 언어촉진이 필요한 아동의 경우 서비스 지원이 제한적일 수밖에 없다. 이러한 이유로 언어발달지도사는 언어발달 촉진 교육을 받은 후에도 진전이 잘 나타나지 않거나 타 장애를 동반하여 전문적 언어지원이 필요한 경우, 2년의 서비스 기간이 경과하여 지속적 서비스가 어려운 경우 등 다양한 이유로 언어 및 의사소통전문가와 연계하여 아동의 언어촉진이 지속적으로 유지될 수 있도록 최선의 방법을 모색하여야 한다.

(3) 관련 발달영역 전문가와 언어발달지도사(언어재활사)

언어발달지원사업을 통해 언어 및 의사소통 지원 서비스를 받게 되는 다문화가정 아동 중 다수는 언어적 자극환경의 결핍으로 인한 환경적 제한으로 초기 발달문제를 보이는 경우가 많으며, 이들 중 다수는 6개월 또는 1년 이후 또래 수준으로 진전을 보여 서비스를 종결하는 경우가 많다고 지금까지의 아동평가분석 결과를 통해 보고되어 왔다. 하지만 이들 중 청각, 인지, 사회성 등 타 장애를 동반한 언어발달지체로 의심되어 이러한 문제로 진단이 필요하거나 진단을 받은 아동들도 다수가 서비스 대상에 포함되어 있는 것도 사실이다. 또한 영유아기 양육자와의 상호작용의 어려움으로 인한 언어 및 의사소통발달 지체의 위험뿐 아니라 정서 및 사회성 등의 발달의 부정적인 영향을 미치는 경우도 있다. 더욱이 언어 및 문화적 차이에서 오는 가정내 문제뿐 아니라 낮은 사회경제적 여건으로 인한 가정내 어려움이 다양한 측면에서 성장발달에 영향을 미칠 가능성이 크다. 따라서 이러한 타 영역의 발달지체가 의심되는 아동들을 평가 및 진단하고 필요한 전문서비스를 제공해 줄 전문가를 연계해 주는 것도 언어발달지도사의 주요한 업무 중 하나이다. 특히 유치원이나 학교에 들어가게 되면서 가정을 벗어나 사회에 적응해야 하는 아동들이 겪게 되는 다양한 적응문제에 적극적으로 개입하고 지원해 줌으로써 건강한 한국인으로서 성장할 수 있는 초석을 마련해 주게 되는 것이다. 요즘은 센터 내 언어프로그램뿐 아니라 미술치료 및 놀이치료, 상담 등의 프로그램을 함께 운영하는 경우도 많고, 다양한 집단활동을 통해 사회적응을 위한 경험을 지원해 주는 경우도 많으므로 언어발달지도사는 필요한 아동의 경우 이러한 서비스를 받을 수 있도록 연결해 주는 역할을 담당할 수 있다. 또한 지역사회 내 관련 영역 전문가를 연계해서 아동의 다양한 요구를 지원해 줌으로써 언어 및 의사소통에 영향을 미칠 수 있는 전반적인 환경이 개선될 수 있도록 도와줄 수 있어야 한다.

(4) 교육기관과 언어발달지도사(언어재활사)

다문화가족 자녀 언어발달지도사들은 다문화가족지원센터 내 언어교실에 찾아오는 아동에게 언어촉진서비스를 제공해 줄 뿐 아니라 지역 내 어린이집, 유치원, 초등학교 등 외부기관에 파견근무를 하는 경우도 있다. 특히 대중교통이 원활하지 않은 중소도시나 도서 산간지역 등은 양육자가 센터에 아동을 주 2회 데려올 수 있는 여건이 안 되는 아동이 많다. 또한 최근에는 다문화아동의 부모님들이 모두 일을 해야 하는 경우가 많아 아동의 일상을 관리하기 어려운 경우도 많아 외부기관에서의 서비스 요청이 점점 늘어나고 있는 추세이다. 이러한 이유로 이루어지는 파견근무는 개별 가정방문 형태로는 진행하지 않는다. 일반적으로 언어발달지도사들이 방문하는 외부기관은 주로 교육기관인데 이때 아동의 담당 교사나 해당기관장과의 협력이 무엇보다 중요하다. 일례로 해당기관에서 언어평가가 의뢰되었을 때 평가일정을 정하고 평가장소 및 언어촉진 교육 장소를 협의해야 한다. 또한 매번 교육마다 아동의 부모님과 대면 상담을 하기 어려운 경우가 많기 때문에 담당교사와 상담을 많이 하게 되며, 학령기 아동의 경우 방과후 돌봄교실에 있는 아동들이 많으므로 돌봄교실 담당교사와의 유기적 관계도 매우 중요하다. 아동의 담당교사와의 유기적인 협력관계는 교실내에서 아동에게 필요한 언어 및 의사소통기술을 구체적으로 파악할 수 있고, 실제 의사소통상황에서 아동이 어떻게 배운 기술을 일반화해서 사용하고 있는지를 확인함으로써 보다 효율적인 지원을 가능하게 해 준다. 물론 이러한 협력관계는 외부기관에서뿐 아니라 다문화가족지원센터에서 언어촉진수업을 받고 있는 아동들에게도 매우 중요하다. 다문화가정 아동은 가정내 언어촉진환경의 결핍으로 인해 양육자가 영유아기부터 어린이집을 보내는 경우가 많다. 또한 학령기에 들어서면 학교 적응을 위한 부모 지원의 어려움이 있는 경우가 많은데, 일례로 결혼이민자 어머니의 경우 초등 입학 후 알림장을 이해해서 학교준비를 해 주는 것이 가장 큰 어려움이라고 호소하는 경우가 많다. 이렇듯 다문화가정 아동들이 교육기관에 잘 적응할 수 있기 위해서는 담당교사와의 원활한 협조가 무엇보다 중요하다.

(5) 지역사회 네트워크와 언어발달지도사(언어재활사)

전국 다문화가족지원센터는 자녀 언어발달지원사업을 비롯한 다문화가정을 지원하기 위한 다양한 프로그램을 운영하고 있을 뿐 아니라 지역사회에서 다문화가정 구성원들이 적응하고 살아갈 수 있는 다양한 지원 방안을 모색하고 있다. 지역사회 내에 다문화에 대한 인식 개선을 위한 여러 가지 홍보 활동, 사회통합을 위한 가족지원 활동 등이 그 예이다. 언어발달지도사들 역시 언어평가 및 교육이 필요한 대상 아동을 발굴하고 언어발달 지원 프로그램을 홍보하기 위해 이러한 지역사회의 네트워크와 연계할 수 있다. 또한 아동의 언어환경을 개선하고 아동이 지역사회에 잘 적응해서 활동하도록 지원할 때 지역사회에서 지원하는 다양한 프로그램을 소개하고 연계해 줄 수도 있다. 의료적 지원, 교육적 지원 등 다양한 지원시스템을 연계해서 아동의 발달과정에 필요한 서비스를 받을 수 있도록 지원하는 역할 역시 언어발달지도사의 직무라고 할 수 있다.

참고문헌

김영란, 김영태(2011). 취학전 저소득층 다문화가정 아동의 언어능력. **언어치료연구**, 20(3), 73-88.

여성가족부(2017). **2017년 다문화가족지원 사업안내**. 서울: 중앙기획 · 인쇄.

여성가족부(2019). **2019년 가족사업안내**. 서울: 중앙기획 · 인쇄.

오소정, 김영태, 김영란(2009). 서울 및 경기지역 다문화가정 아동의 언어특성과 관련변인에 대한 기초연구. **특수교육**, 8(1), 137-161.

조혜영, 이창호, 권순희, 서덕희, 이은하(2007). 다문화 가족 자녀의 학교생활 실태와 교사, 학생 수용성 연구. **경제인문사회연구회 협동연구총서**.

한국건강가정진흥원(2016). **2016 다문화가족 자녀 언어발달지원사업 결과보고서**. 서울: 경성문화사.

한국건강가정진흥원(2018). **2018 다문화가족 자녀 언어발달 아동평가분석**. 서울: 케이에스센세이션.

행정안전부(2017). 2017년 지방자치단체 외국인주민 현황 조사결과.

황상심, 강복정(2016). 다문화아동의 이중언어사용 추이 연구. **언어치료연구, 25**(1), 123-134.

제6장

현장별 언어재활 실무: 복지관 환경

1. 언어재활 환경 및 대상자 특성

1) 복지관 환경

언어재활사들이 종사하는 복지관 환경은 크게 장애인복지관과 사회복지관으로 나누어 볼 수 있다. 장애인복지관은 보건복지부 소관 사회복지시설의 세부 분류상 장애인을 대상으로 하는 지역사회재활시설에 해당된다. 「장애인복지법」 제58조에 의하면, 장애인 지역사회재활시설이란 장애인을 전문적으로 상담 · 치료 · 훈련하거나 장애인의 일상생활, 여가활동 및 사회참여활동 등을 지원하는 시설로 규정하고 있으며(국가법령정보센터), 보건복지부 장애인권익지원과에서 관리하고 있다. 장애인 지역사회재활시설에는 장애인복지관 외에도 장애인주간보호시설, 장애인체육시설, 수화통역센터, 점자도서관 등이 있는데 그중 장애인복지관은 지역장애인의 재활자립과 복지증진 도모라는 운영 목적으로 설립되어 있다(보건복지부, 2019).

한편, 「사회복지사업법」 제2조에 따르면, 사회복지관은 지역사회를 기반으로 일정한 시설과 전문 인력을 갖추고 지역주민의 참여와 협력을 통하여 지역사회복지문제를 예방하고 해결하기 위한 복지서비스를 제공하는 시설로 정의하고 있다. 주민의 복지증진과 삶의 질 향상을 목적으로 하므로(한국사회복지관협회, 2019), 장애인복지관에 비해 대상자의 폭이 넓고 보다 포괄적인 사업을 수행하고 있다고 볼 수 있다.

그러나 사회복지관의 경우, 복지관의 지역적 특성 및 운영 방향에 따라 언어재활실 운영 유무가 상이하므로 이 장에서는 장애인복지관을 중심으로 복지관 현황, 구성원, 기능, 언어재활사의 역할 등을 기술하고자 한다.

(1) 복지관 현황

보건복지부에서는 장애인의 인간적 존엄성과 기본적 권리가 유지되도록 장애인복지를 필요로 하는 사람을 위하여 차별 없이 복지 업무를 최대로 수행할 것을 장애인복지관 기본방침으로 제시하고 있다. 특히 2019년 개정된 기본방침에서는 '지역사회를 기반으로 한' 지역 장애인의 의사와 선택권을 존중하고 이를 사업에 적극 반영하도록 함으로써 '지역사회' 내에서의 재활자립과 복지증진을 강조하고 있다.

또한 장애인복지관 운영 시, 관할 지역 내 장애인의 복지증진을 위해 종합적인 재활과 자립지원서비스를 제공하는 장애인복지센터로서의 기능과 역할을 충실히 수행할 것을 제시하고 있으며 2019년 개정된 운영규정 중 제공 서비스 측면에서 다음 두 가지 사항을 추가하였다. 첫째, 장애인복지관은 중증장애인에 대한 서비스를 우선적으로 제공하여야 하며, 둘째, 이용자 욕구 중심의 사업계획을 수립하고 추진해야 한다. 이는 장애인복지관 운영에 있어 중증장애인에 대한 복지관 서비스 우선권을 확보하고, 이용자 욕구 반영을 강조하고 있다는 것을 알 수 있다.

장애인복지관은 크게 장애유형에 관계없이 전 지역장애인을 대상으로 하는 종합복지관과 특정 장애유형을 대상으로 전문복지서비스를 제공하는 종별(단종) 복지관으로 나누어진다. 2019년 기준으로 한국장애인복지관협회에서 제공한 통계에 의하면, 현재까지 개관된 우리나라 장애인복지관의 수는 총 236개소이며 이 중 협회에 가입된 장애인복지관 수는 2개소를 제외한 총 234개소이다. 한국장애인복지관협회 회원 기관 234개소 중 종합복지관이 총 192개소로 전체의 약 82%에 달한다. 전국 장애인종합복지관과 종별 복지관 현황은 〈표 6-1〉과 같다(한국장애인복지관협회 홈페이지). 언어재활사는 복지관의 규모에 따라 종사 인원이 상이하나, 장애인종합복지관과 종별 복지관 모두에 걸쳐 분포되어 있다.

〈표 6-1〉 **장애인복지관 현황**

종별	종합	뇌성 마비	지적/ 지체	발달	청각	시각	지체	여성	지적	청각/ 언어	기타	총계
기관 수	192	4	2	6	5	15	4	2	2	1	1	234

우리나라 최초의 장애인종합복지관은 1982년에 개관한 시립서울장애인종합복지관이며, 정부에서는 1986년부터 전국 각 시 · 도에 1개 이상의 장애인복지관을 설립할 계획을 수립하여 이후 각 지자체별로 꾸준히 확산되어 왔다. 장애인종별복지관은 1975년 한국소아마비협회가 건립한 정립회관(종별: 지체)이 최초였다. 한편, 사회복지관은 2019년 3월 기준 전국 465개소가 운영되고 있다(한국사회복지관협회, 2019).

(2) 복지관 구성원

보건복지부에서는 장애인복지관을 운영함에 있어 지역의 여건 및 이용대상자의 특성을 감안하여 최적의 서비스를 제공할 수 있도록 장애인복지관의 조직 및 직제 기준을 제시하고 있다. 장애인복지관의 업무는 크게 기획 · 운영지원 등의 지원부서와 사업부서로 구분된다. 사업부서에는 상담 · 사례지원팀, 기능향상지원팀, 가족지원팀, 권익옹호지원팀, 직업지원팀, 지역연계팀, 평생교육지원팀, 사회서비스팀 등이 포함되며 시설 규모에 따라 자치단체장과 시설장의 협의하에 팀 명칭을 달리하거나 직제의 증감이 이루어지기도 한다. 이러한 장애인복지관의 인력 구성은 지원부서에는 최소의 인력을 배치하는 것을 원칙으로 하고, 직접 서비스를 제공하는 사업부서에 최대한 배치하도록 규정하고 있다.

장애인복지관의 종사자 수는 2017년 기준 전국 7,674명으로 이 중 7,569명이 해당 직무와 관련된 자격증을 소지하고 있다. 자격증 소지자를 유형별로 살펴보면, 사회복지사가 4,708명(62.2%)으로 가장 많으며, 두 번째로는 직업재활사가 431명(5.7%), 그 뒤를 이어 언어재활사가 302명(4.0%)으로 세 번째로 많다(한국장애인복지관협회, 2018). 사회복지사는 사업부서와 지원부서 전반의 업무에 관여하는 반면, 언어재활사를 비롯한 물리치료사, 작업치료사, 직업재활사, 특수교사, 보육교사 등은 각 자격증에 적합한 전문영역의 업무에 종사한다. 그 외 지원부서 직무에는 시설관리, 영양 · 조리 등이 있다. 보건복지부에서도 각 직무별 전문성을 강조하고 있는데, 장애인복지관 운영 시 장애인복지 관련 분야의 전문 지식과 기술을 지닌 전문인력이 수행할 것을 방침으로 제시하고 있다.

(3) 복지관 기능 및 역할

장애인복지관은 지역 내 장애인의 복지증진을 위해 종합적인 재활과 자립지원서비스를 제공하는 장애인복지센터로서의 기능과 역할을 담당하고 있다. 이와 더불어 장애발생 예방과 지역 장애인 문제의 조사, 연구 등 장애인복지가 종합적으로 향상되도록 하는 역할도 하고 있다. 이 외에도 보건복지부에서는 장애인복지관 운영에 있어 각 장애인복지관은 관할 지역의 특성을 고려하여 이용자 욕구를 파악하고 이를 반영한 사업계획을 수립 추진하고, 장애인복지와 관련된 행정기관 및 시설·단체 등과 긴밀한 협력체계를 구축하여 사업수행의 효과성을 극대화할 것을 제시하고 있다. 장애인복지관의 주요 기능은 〈표 6-2〉와 같으며, 각 지역사회 특성 및 복지관 규모에 따라 수행되는 사업 내용이 상이할 수 있다.

〈표 6-2〉 장애인복지관 주요 기능

대분류	중분류	주요사업 예시
상담·사례관리 (상담·사례 지원팀)	사례 발굴	사례대상자 발굴 및 상담, 사례대상자 연계, 동행상담
	접수 및 사정	접수상담, 각종 진단 및 사정
	개입계획	개별지원계획 수립 및 의뢰/연계, 사례관리 계획수립(단순, 일반, 집중)
	개입	긴급대상자 위기사례관리, 집중관리대상자 사례관리, 직접서비스 제공, 자원연계 및 서비스 중개, 모니터링 및 재사정, 종결 및 사후관리
	지역회의	지역사회 통합사례회의, 지역사회 솔루션위원회
	기타	기타
기능강화지원 (기능향상 지원팀)	운동·지각 향상	운동발달(물리치료), 작업활동(작업치료), 다감각촉진활동(심리안정치료, 심리이완치료, 심리안정 반응촉진치료 등), 수중운동, 감각통합활동
	의사소통 향상	언어활동(언어재활)
	학습능력 향상	특수교육
	사회적응력 향상	심리운동, 특수체육, 음악활동(음악치료), 미술활동(미술치료), 놀이활동(놀이치료)
	기타	기타

장애인 가족지원 (가족지원팀)	상담 및 교육	가족지원 전문상담, 정보제공, 가족교육
	가족기능강화	가족 휴식지원, 가족조력교실, 중도장애인 가족지원, 가족 역량강화지원(부모역할, 부부관계지원, 비장애형제 지원, 부모모임 지원 등)
	양육지원	가족 돌봄 지원, 케어서비스(주간 및 단기보호), 방과 후 교실, 방학 프로그램, 야간 및 주말 프로그램, 가족단위 문화프로그램
	여성장애인 복지증진	여성장애인 상담실 및 쉼터운영, 여성장애인 임신·출산·양육·가사보조활동 지원, 여성장애인 결혼 주선 등
	장애인 무료급식	결식우려 장애인 무료급식소(식당) 운영, 거동불편 저소득 재가장애인 식사배달 등
	기타	기타
역량강화 및 권익옹호 지원 (권익옹호 지원팀)	역량강화 및 지역사회 참여 활동지원	동료상담, 자조모임 육성, 동아리활동 지원, 주거서비스, 이동지원서비스, 보조기구 관리·수리·임대
	권익옹호	장애인차별금지법 준수 운동, 권리침해 해소, 인권옹호, 법률적인 지원
	정보제공	장애인정보화교육 등 정보화지원, 시청각장애인 도서(시청각장애인 자료 등) 제작·출판·보급·대여, ARS 운영, BBS 운영
	수어 관련	수어교실, 수어통역 봉사원 양성 및 파견, 수어자막 및 비디오 등 영상물 제작·보급·대여 등
	기타	기타
직업지원 (직업지원팀)	직업상담 및 평가	직업상담, 직업평가, 구인 및 구직상담
	전환교육	전환교육, 중등/고등 직업준비프로그램
	직업적응 및 역량개발훈련	직업적응훈련, 직업훈련, 취업알선(지원고용 등), 현장훈련, 취업 후 지도
	사업체 개발 및 관리	사업체 개발, 사업체 관리
	기타	기타

지역사회 네트워크 (지역연계팀)	지역사회장애인 복지서비스 개발 및 지원	지역유관기관 장애인복지서비스 자문, 장애인서비스 개발 컨설팅
	지역의 사회통합환경 조성	장애인 및 장애인가족에 대한 인식개선, 장애발생예방 캠페인, 지역사회통합 환경 진단 및 계획수립
	주민조직 지원	주민조직체 형성 및 교육, 지역행사 및 정보제공
	민관협력 네트워크 구축	지역사회복지협의체 활동, 각종 지역위원회 활동, 지역사회 장애인 중심기관 역할
	지역자원 개발 및 관리	자원봉사자 발굴 · 교육 · 활동 · 관리, 후원자 개발 및 관리
	기타	기타
평생교육 지원 (평생교육 지원팀)	상담 및 프로그램 개발	평생교육 전문상담, 평생교육 프로그램 개발
	기초문해 및 학력보완교육	한글(생활)문해 프로그램, 초 · 중 · 고등 학력보완 프로그램
	문화예술 및 인문교육	여가스포츠 프로그램, 문화예술향유 · 숙련 프로그램, 생활소양 및 인문학적 교양 프로그램
	시민참여교육	시민의식 프로그램, 시민역량 프로그램, 시민활동 프로그램
	기타	기타
사회서비스 지원 (사회서비스팀)	장애인 활동지원	활동보조, 방문간호, 방문목욕
	장애아동 재활치료	언어 · 청능치료, 미술 · 음악치료, 행동 · 놀이 · 심리운동치료, 기타 재활서비스, 장애조기발견 및 발달진단서비스, 중재를 위한 부모상담 서비스
	기타	기타
운영지원 및 기획 · 홍보 (기획 · 운영 지원팀)	총무	인사 및 조직관리, 각종위원회 운영, 회계 및 문서관리, 시설 및 차량관리, 식당운영
	기획	사업계획 수립 및 평가, 조사연구사업, 직원개발사업, 실습지도
	홍보	홍보물제작, 지역홍보, 온라인 홍보 및 홈페이지 운영, 견학안내
	고객만족 윤리경영	이용자 참여, 고객만족사업, 윤리경영
	기타	기타

출처: 보건복지부(2019b).

지난 2016년 국회를 통과한 「평생교육법」 개정안에 장애인 평생교육 관련 내용이 대폭 삽입되어 2017년 5월부터 시행에 들어가게 되면서(김두영, 조창빈, 정해동, 2018), 보건복지부에서는 2017년 장애인복지관의 주요 기능에 평생교육지원을 추가하였다. 이처럼 시대의 흐름과 장애인의 요구에 따라 장애인복지관의 기능과 역할은 점차 증대되어 오고 있다.

상기 제시된 장애인복지관의 9개 대분류 및 중분류 기능 중 장애인복지관에서 종사하는 언어재활사는 기능강화지원 사업의 의사소통 향상 직무를 중점적으로 수행한다. 그 외 상담・사례관리 사업의 접수 및 사정 직무, 장애인 가족지원 사업의 상담 및 교육, 가족기능 강화 직무, 그리고 사회서비스 지원 사업의 장애아동 재활치료 직무와 관련될 수 있다.

한편, 사회복지관의 경우, 위치, 지역적 특성, 이용자 특성, 복지관의 규모, 담당 인력 등에 따라 각 사회복지관의 전문성, 효율성, 책임성을 최대한 반영할 수 있는 범위 내에서 선택적인 사업을 수행하고 있다. 사회복지관의 기능을 포괄적으로 제시하면, 사례관리 기능, 서비스제공 기능, 지역 조직화 기능 등을 들 수 있다(한국사회복지관협회, 2019).

2) 대상자 특성

「장애인복지법 시행령」 제2조에 따르면 우리나라 장애인은 2개의 대분류(신체적 장애, 정신적 장애), 4개의 중분류, 15개의 소분류로 나누어지며 간략히 제시하면 〈표 6-3〉과 같다(국가법령정보센터). 2017년 기준으로 볼 때, 지역별 차이는 있으나 전국적으로 장애인복지관 월별 이용인원이 가장 많은 장애유형은 발달장애(지적장애, 자폐성장애)였으며, 지체장애와 뇌병변장애가 그 뒤를 이었다. 내부기관의 장애인은 외부 신체기능의 장애인에 비해 상대적으로 이용이 적었다. 연령대별로는 21~30세 이용자가 가장 많았으며, 뒤이어 11~20세, 51~60세 순이었다(한국장애인복지관협회, 2018).

장애인복지관 이용자들은 장애 원인과 유형이 다양하고 연령대도 넓게 펼쳐져 있어 장애인복지관에서 수행하는 각 사업에 유기적으로 연관되어 있다. 이 장에서 초점을 두는 언어재활의 주 대상자는 지적장애, 자폐성장애, 뇌병변장애, 청각장애,

언어장애 및 중복장애가 있는 아동 및 성인이다. 장애인종합복지관의 경우 여러 장애유형에 걸쳐 언어재활실을 이용하는 반면, 종별 장애인복지관은 해당 장애유형으로 이용자가 제한되기도 한다. 예를 들면, 한 뇌성마비복지관의 경우, 언어재활 대상자를 뇌성마비 아동, 뇌성마비 청소년, 성인 뇌성마비인으로 구분하여 뇌성마비 장애인만을 대상으로 언어재활서비스를 제공하고 있으며, 뇌성마비인 가족들을 대상으로 상담 및 가정지도 방법을 제공하고 있다.

〈표 6-3〉 **장애인의 분류**

대분류	중분류	소분류
신체적 장애	외부 신체기능의 장애	1) 지체장애, 2) 뇌병변장애, 3) 시각장애, 4) 청각장애, 5) 언어장애, 6) 안면장애
	내부기관의 장애	7) 신장장애, 8) 심장장애, 9) 간장애, 10) 호흡기장애, 11) 장루 · 요루장애, 12) 뇌전증장애
정신적 장애	발달장애	13) 지적장애, 14) 자폐성장애
	정신장애	15) 정신장애

출처: 장애정도판정기준, 보건복지부고시 제2019-117호, 2019. 7. 1. 시행.

2. 서비스 제공 모델과 언어재활사의 역할

1) 시간적 흐름에 따른 전반적 서비스 제공

장애인복지관의 개괄적인 서비스 제공 흐름은 [그림 6-1]과 같다. 재활서비스를 제공하기 위해 접수상담에서 진단 · 판정의 절차가 이루어지며 기타 관련 사업으로 홍보 및 계몽, 조사연구, 재활 관련자료 보급, 지역사회자원 조직 및 활용 등이 이루어진다.

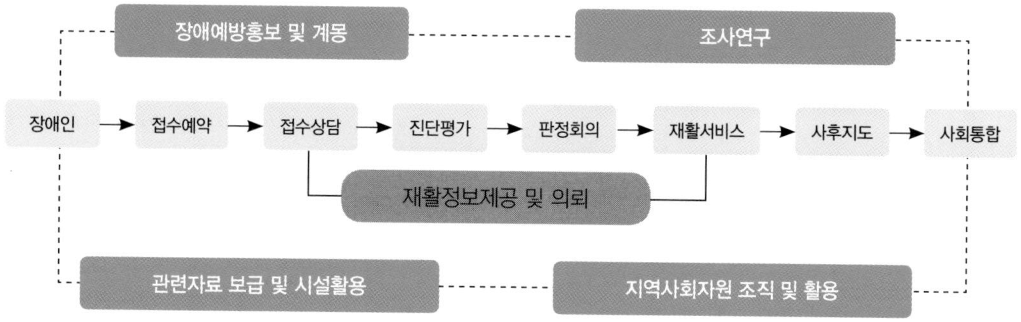

[그림 6-1] **복지관 서비스 제공 흐름도**

장애인복지관 재활서비스 제공의 구체적인 절차는 [그림 6-2]와 같다. 복지관 재활서비스를 제공받기 위해서는 첫 번째로 장애인 본인이나 가족 또는 기타 조력자가 '접수예약'을 해야 한다. 접수예약은 전화 및 방문을 통해 이루어지며 대개 상담・사례지원팀에서 담당하고 있다. 다음 절차로 '접수상담'이 이루어지는데 서비스 욕구와 객관적인 상황을 파악하고 복지관 이용을 위해 각 대상자에게 적합한 진단・평가 유형을 개괄적으로 안내한다. 접수상담 후에는 언어, 물리, 작업, 심리, 교육, 직업 등 각 영역별 '진단'을 통하여 대상자의 발달 수준 및 장애 정도를 객관적으로 평가한다. 각 영역별 진단 결과가 도출되면 관련 전문가들이 모여 대상자의 발달 및 기능수준에 대해 종합적으로 논의하고 재활계획 수립 및 복지관 서비스 이용 적합성을 판정하는 '판정회의(또는 재활계획회의)'가 이루어진다. 판정회의를 통해 결정된 사항에 대해서 빠른 시일 내 전화 또는 통보서 발송을 통해 대상자에게 '결과통보'를 한다. 판정회의 결과에 따라 즉시 '재활서비스를 제공'하거나, 복지관의 여건에 따라 서비스 대기 또는 타 기관에 의뢰하기도 한다. 재활서비스가 제공되는 과정에도 중간평가, 종결평가와 같이 계속적인 평가가 이루어지며, 재활서비스 종료 후에도 꾸준한 '사후지도'가 이루어지는 것이 바람직하며 재활을 통한 최종 목표는 '사회통합'이라고 할 수 있다.

언어재활사는 재활서비스 제공 절차에서 진단, 판정회의, 언어재활 제공에 관여하게 된다. 판정회의 결과, 복지관 언어재활실 이용자로 판정될 경우 곧바로 언어재활 서비스를 제공받을 수도 있지만, 대개는 일정 기간 대기해야 하는 경우가 많다.

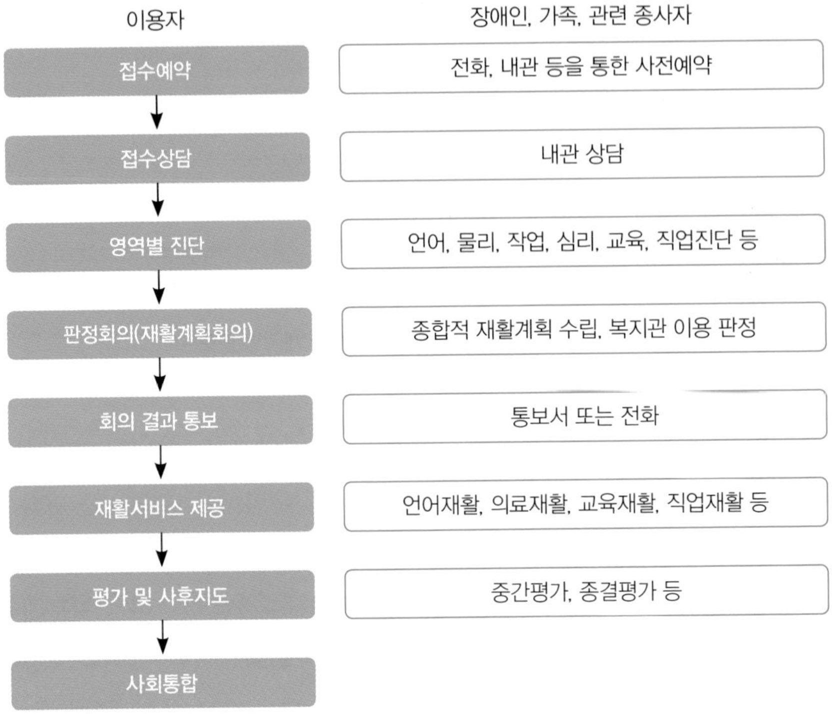

[그림 6-2] **재활서비스 제공 절차**

2) 분야별 전문가와의 협력 및 언어재활사의 역할

이 절에서는 장애인복지관에서 근무하는 언어재활사의 업무에 대해 기술하고자 한다. 장애인복지관은 장애인의 전인재활을 위해 생애주기별 서비스를 제공하는 기관인 만큼 여러 관련전문가가 협업의 체계하에 직무를 수행한다. 타 언어재활 현장보다 장애인복지관에서 근무하는 언어재활사의 경우, 의사소통 문제의 진단 및 중재라는 언어재활사의 핵심 직무뿐만 아니라 장애인의 생애주기별 개입에 대해 포괄적인 안목을 키우는 기회를 더 자주 접하게 된다.

복지관 내에서 전문가 간 협력은 진단 · 판정 과정에서 돋보인다. 장애인복지관은 대개 각 전문 영역별 진단 담당자가 있으며, 종합적인 진단과 재활계획을 수립하기 위해 특정 진단일과 판정회의일을 지정하여 운영하고 있다. 판정회의에서는 진단에 참여한 각 영역의 전문가들이 함께 참석하여 진단내용을 종합적으로 분석하고 논의한 후 합의를 도출하여 복지관 서비스 대상자 선정 유무, 전반적인 재활방향

모색, 이용 대기 및 추후 진단 유무 등을 판정한다(시립서울장애인종합복지관, 2017). 진단 · 판정에 참여하는 언어재활사를 포함한 각 전문가는 일반적으로 해당 전문 영역에서 일정 경력이 있는 이들로 구성되는데, 이러한 진단 · 판정 과정에 참여하는 것은 장애인의 생애주기별 진단 · 판정의 초점을 이해하고 장애인의 전인재활에 대한 안목을 더 넓히는 계기가 될 것이다.

다양한 전문가가 함께 근무하는 복지관 환경에서는 치료과정에서도 협력적 팀 접근이 가능하다. 예를 들면, 뇌병변장애인을 대상으로 언어재활이 실시될 때 올바른 자세를 지원하기 위해 물리치료사가 함께 입실하는 경우이다. 이 밖에도 복지관에서 언어재활사가 타 전문가와의 협력적으로 수행하는 업무에는 여러 재활서비스를 받는 특정 대상자를 중심으로 각 전문가들이 함께 논의하는 사례회의, 복지관 차원에서 이루어지는 홍보 및 계몽활동 등의 각종 행사 참여 및 지원, 타 전문 영역 및 외부 기관으로의 정보제공, 언어재활실 내 연간 사업계획 수립 및 결과 보고 등이 있다. 이러한 과정에서 언어재활사는 각 재활 전문가 및 행정부서 직원들과 긴밀하게 협업을 하게 된다.

복지관 환경에서도 언어재활사가 수행하는 핵심 직무는 타 기관에서와 마찬가지로 언어진단 · 평가, 언어재활, 부모상담 및 교육이다. 각 복지관의 지역적 특성이나 특수성에 따라 언어재활사의 업무가 가감될 수 있으나, 복지관에서 근무하는 언어재활사가 맡게 되는 일반적인 업무 내용을 요약하면 〈표 6-4〉와 같다.

〈표 6-4〉 **복지관 환경의 언어재활사 업무**

영역	업무 내용
언어진단 · 판정	• 언어 진단 · 평가 실시 • 판정회의(재활계획회의) • 진단보고서 작성
언어재활	• 장 · 단기 치료계획 수립 • 회기별 치료 수행 및 결과 관리* * 개별치료(아동, 성인), 또래 및 형제 그룹치료 등의 유형으로 이루어짐
부모상담 및 부모교육	• 매 회기 개별 부모상담 • 계획 수립에 의거 집단 부모교육 수행* * 복지관, 언어재활실의 상황에 따라 연간 횟수, 운영 방식 상이

자료제작	• 대상자 맞춤형 자료제작 * 복지관 특성에 따라 교재 · 교구를 개발하고 보급하는 업무를 수행하기도 함
사례회의	• 전문가 간 협력 치료, 치료 지속 및 종결 여부 결정을 위한 회의
행정	• 언어재활실 연간 운영 계획 및 결과 관리 • 언어재활실 각종 이용 현황(이용자, 대기자, 종결자) 관리
협력 및 지원	• 각종 홍보 및 계몽 행사 참여 및 지원
발달재활 서비스 제공	• 복지관이 발달재활 서비스 제공 기관으로 선정될 경우, 언어재활사는 해당 사업수행 인력으로서 복지관 내 또는 순회방문의 형식으로 언어진단 · 평가 및 중재를 제공함

이상과 같이 복지관 환경에서 근무하는 언어재활사에게는 언어진단 · 평가 및 중재와 같은 핵심 직무 역량 외에도 전문직 간(interprofessional) 협업 및 의사소통 역량, 공동체 역량 등이 요구된다.

참고문헌

국가법령정보센터. 장애인복지법. http://www.law.go.kr/

김두영, 조창빈, 정해동(2018). 장애인복지관 평생교육 담당자의 평생교육 인식 및 요구. **특수교육연구, 25**(2), 129-151.

보건복지부(2019). 2019 장애인복지시설 사업안내.

시립서울장애인종합복지관(2017). **시립서울장애인종합복지관 35년사.**

한국사회복지관협회 홈페이지. http://kaswc.or.kr/

한국장애인복지관협회(2018). **2017년도 전국 장애인복지관 편람.**

한국장애인복지관협회 홈페이지. http://www.hinet.or.kr/

제7장

현장별 언어재활 실무: 개원 언어재활센터 환경

1. 언어재활 환경 및 대상자 특성

1) 개원 언어재활센터의 치료 환경

언어재활사가 병원, 복지관 이외에도 가장 많이 근무하는 형태인 '개원 언어재활센터'는 개인이 설립하고 개인사업자가 직접 운영하는 재활기관을 말한다. 보통 교육서비스로 등록이 되며 일반 아동을 대상으로 교육프로그램을 운영하는 학원과 달리 업종에 언어재활, 언어상담 그 외 재활 프로그램으로 구분하게 된다. 의료인(의사, 간호사)이 아닌 재활 관련 전문가가 운영하는 개원 언어재활센터 내 언어재활 환경은 모두 여기에 포함된다고 할 수 있다. 현재 개원 언어재활센터는 크게 세 가지로 나누어 볼 수 있다. 보건복지부의 발달재활서비스 바우처 및 지역투자사업을 실시하는 바우처 제공기관, 학교 바우처 제공기관, 그 외 바우처를 제공하지 않는 개원 언어재활센터로 나누어진다.

(1) 발달재활서비스 제공기관

발달재활서비스는 만 18세 미만 정신적 · 감각적 장애아동 중 장애유형 및 소득

기준 등을 고려하여 장애아동에게 다양한 재활프로그램인 언어 · 청능 · 미술 · 음악 · 행동 · 심리운동 · 재활심리 · 감각운동 등 발달을 도모하기 위해 아동에게 지원하는 정부 보조 바우처 사업이다. 이 서비스는 장애를 조기에 발견하고, 발달진단 서비스 및 중재를 위한 부모상담 서비스를 포함한다.

제공방식은 기관방문형과 재가방문형이 있으며 이용자의 소득수준에 따라 바우처 지원액 및 본인부담금의 차등화가 이루어진다. 발달제공기관은 2006년 장애아동 재활치료지원 서비스를 시작으로 2012년 근거법령이 제정되었고, '발달재활서비스 지원사업'으로 명칭이 변경되면서 발달재활서비스를 신청하는 개원 언어재활센터의 규모가 점차 증가하였다. 2009년 636개소, 2013년 1,476개소, 2014년 1,547개소, 2015년 1,593개소, 2016년 1~4월에 1,745개소, 2017년 1,815개소로 매년 증가하였다(김현아, 이희종, 2017). 2014년을 기준으로 제공기관의 설립 연도를 살펴보면 1999년 이전까지 19.4%이었고, 나머지 기관의 80%가 2000년 이후에 설립되었으며, 2006~2010년에 39.7%인 440개소가 개원하였다(김정희, 조윤경, 박주영, 이의정, 2014). 제공인력의 수도 2007년에 6,000여 명에서 시작하여 2015년 기준 10,000여 명이 투입되고 있다(강정배, 조정민, 2014). 특히 (사) 한국언어재활사협회의 국가자격 언어재활사를 대상으로 실시한 연구에 따르면, 언어재활사가 근무하는 기관의 71%가 바우처 제공기관으로 등록되어 있고, 발달재활서비스 사업에서 이용자들이 가장 많이 선호하고 있으며, 언어재활사의 약 40%가 바우처 제공기관에서 근무하고 있다(강민희, 김지혜, 박지혜, 2011; 한국언어재활사협회, 2015). 바우처 제공기관에서 근무하는 언어재활사는 매년 1,000여 명씩 증가하고 있어 발달재활서비스 제공인력인 언어재활사는 매년 급속히 증가하고 있다고 볼 수 있다. 또한 지역투자사업인 아동청소년심리지원서비스에 언어재활 프로그램이 포함되어 있으며, 지역 내 시군구에서 운영하는 지역투자사업에 언어재활이 중요한 프로그램으로 자리를 잡았다. 특히 18세 미만 장애아동이 아닌 일반 아동까지 확대되어 초기 또는 학령기에 발생하는 다양한 언어문제에 대해 적극적인 예방차원으로 언어프로그램을 시행하고 있다.

발달재활서비스 제공기관은 「장애아동복지지원법 시행규칙」 제8조와 제9조의 요건을 갖춘 기관으로 2013년 1월 4일 이후 「장애인복지법 시행규칙」과 동법 제59조 제2항에 따라 장애인 복지시설로 신고하여야 하며 시 · 군 · 구에서 허가를 받아야 한다. 발달바우처 제공 기관은 전문성, 서비스 내용의 적정성 및 서비스 질 관리, 지원이나 관리체계, 근로조건 등의 요건을 필요로 한다. 제공기관은 「장애아동 복지지원법 시행규칙」 제8조 제1항에 의거 시설기준, 제공인력기준, 발달재활서비스 기준을 따른다. 그리고 제공인력인 언어재활사의 자격은 보수교육 이수, 재공인력 교육을 매년 시 · 군 · 구 감사를 통하여 언어재활서비스의 질적 향상을 유지해야 한다. 발달재활서비스 내 언어재활프로그램의 제공인력이 갖추어야 하는 요건은 2015년 8월 5일부터 언어재활사 국가자격증 소지자여야 하며 언어재활사 2급 또는 1급 자격증을 소지하고 보건복지부가 승인한 언어재활사협회에서 매년 8시간 이상 보수교육을 받아야만 발달재활서비스 내 언어재활 프로그램 제공인력으로 근무가 가능하다. 또한 발달재활서비스 제공기관에 근무하게 되면 시 · 군 · 구에서 요구하는 발달재활서비스 관련 서류인 발달재활서비스 이용계약서, 개인정보 활용 동의서, 초기 상담지, 서비스 중재 계획서, 제공기록지, 일정표, 이용내역승인서 등 추가적인 서류업무가 반드시 필요하다. 또한 발달바우처 제공시간은 1회당 50분으로 10분 부모상담을 원칙으로 한다.

(2) 학교 바우처 제공기관

학교에서 지원하는 방과후 프로그램 및 치료지원 교육 바우처 사업은 발달재활서비스를 제공하는 기관에서 같이 하는 경우가 있다. 학교 내 장애아동을 대상으로 방과후 학습권과 치료지원을 목적으로 학교시설 이외 치료기관에서 장애아동에게 필요한 서비스를 받을 수 있도록 하는 사업이다. 제공인력기준과 시설기준은 발달재활서비스의 기준을 따른다.

(3) 일반 개원 언어재활센터

바우처를 제공하지 않는 개원 언어재활센터의 시설 기준은 별도로 규정된 내용은 없으며, 개인 운영자의 전문성이나 철학적 신념에 따라 운영된다. 2000년대 초반까지는 대부분의 개원 언어재활센터가 소규모로 이루어졌으나, 발달재활서비스가 전국을 확대되면서 많은 개원 언어재활센터에서 다양한 재활치료프로그램을 함께 운영하고 있다. 언어재활사의 근무형태는 보통 정규직으로 상근하거나, 계약직 또는 파트타임으로 근무할 수 있다. 또한 운영자의 전문성에 따라 다양한 아동 언어장애 영역을 모두 다루거나, 성인 영역을 다루거나, 특정 장애 영역만 특성화하여

ABA 행동치료 전문기관, 말더듬 전문치료기관, 무발화아동 치료전문기관, 조음장애 전문기관, 청각장애 전문치료기관, 학습장애 전문기관, 심리치료 전문기관 등으로 프로그램의 차별화를 두고 있는 추세이다. 개원 언어재활센터 운영자는 언어재활사에서 심리상담사 또는 비전문인까지 다양하게 있으며, 그 기관의 특성에 맞게 언어재활사를 고용하는 형태로 각 기관이 추구하는 운영방침에 따라 언어재활사의 근무환경이 다를 수 있다. 기관장 1인 또는 그 이상이 근무하기도 하며 1인 또는 2인 이상의 언어재활사가 같이 근무하는 형태로 그 규모나 유형에 대한 집계자료가 현재 상황에서는 파악되지 않고 있다.

2) 대상자의 특성

발달재활서비스 기관에서 다루어지는 대상자는 주로 만 18세 미만 정신적·감각적 장애아동으로 장애진단유형이 매우 다양하다. 장애유형으로는 지적장애, 자폐스펙트럼장애, 단순언어장애, 사회적의사소통장애(SCD), 언어학습장애, 읽기(쓰기)장애, 조음장애, 말더듬, 청각장애, 신경언어장애, 음성장애, 주의력결핍과잉행동장애, 심리문제로 인한 언어발달지체 등 다양한 장애유형을 개원 언어재활센터에서 만날 수 있다. 그러나 개원 언어재활센터에서의 언어재활 대상자는 주로 발달시기에 있는 아동, 청소년이 대부분이며, 드물게 20세 이상의 성인이 포함되기도 한다. 요즘은 소아과에서 실시하는 영유아 건강검진을 통해 생후 4~71개월(6세 미만) 영유아의 문제가 조기에 발견되면, 국가에서 시행하고 있는 영유아 발달지원 서비스를 통해 적극적 중재가 이루어지므로 영유아에 속하는 대상자가 점차 늘고 있다. 또한 학령 전 아동인 4~7세 사이의 아동은 전문가 또는 임상심리사의 소견, 의사소견서만으로도 특별한 장애 진단 없이 발달재활서비스나 아동·청소년 심리지원 서비스를 조기에 받을 수 있다(만 6세 이전까지). 그러한 아동들은 병원에서 명확한 장애진단을 받지 않았어도 간단한 소견서만으로 바우처 서비스를 받을 수 있으며 바우처 사업을 시행하는 사설을 선호하여 오는 경우가 많다. 또한 학령 초기 아동 중에서 단순 언어장애, 경계선급 지적장애, 언어학습장애, 읽기장애, 쓰기장애 등 학업에 어려움을 겪는 아동들이 병원보다는 개원 언어재활센터를 선호하여 다양한 인지, 학습 프로그램과 더불어 또래와의 사회성 촉진을 위한 소그룹 프로그램 참여를 하기도 한다. 중 · 고등 청소년기에는 사회성 언어재활과 더불어 학령기 언어발달에 맞는 읽기장애 학습 프로그램을 요구하는 수요가 늘고 있으며, 일반 학교에 재학 중인 청소년의 사회성 언어재활이 점차 확대되고 있다.

2. 서비스 제공 모델과 언어재활사의 역할

1) 서비스 제공 모델

(1) 발달재활서비스 제공 모델

처음 서비스에 대한 상담 의뢰가 들어오면 전화상담 또는 방문상담을 통해 발달재활서비스 신청방법을 안내해 준다. [그림 7-1]처럼 이용자가 직접 가까운 주민센터로 방문하여 발달재활서비스를 신청하게 되며, 전문가 소견서나 의사소견서를 가지고 신청할 수 있다. 평균소득 150 이내 신청 가능으로 소득수준에 따라 바우처 금액의 지원 여부가 결정되며, 바우처 카드발급은 이용자가 직접 주민센터에 따로 신청을 하여야 한다. 카드가 발급되면 발달재활서비스 제공기관을 다시 방문하여 구체적인 중재 지원 시기와 스케줄을 조정하게 된다([그림 7-1] 참조).

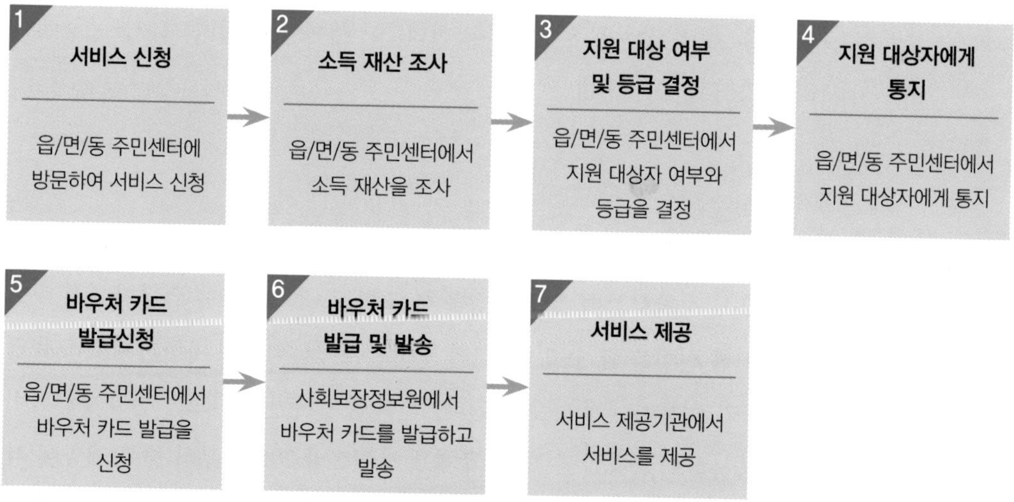

[그림 7-1] **발달재활서비스 대상자 서비스 신청 예시**

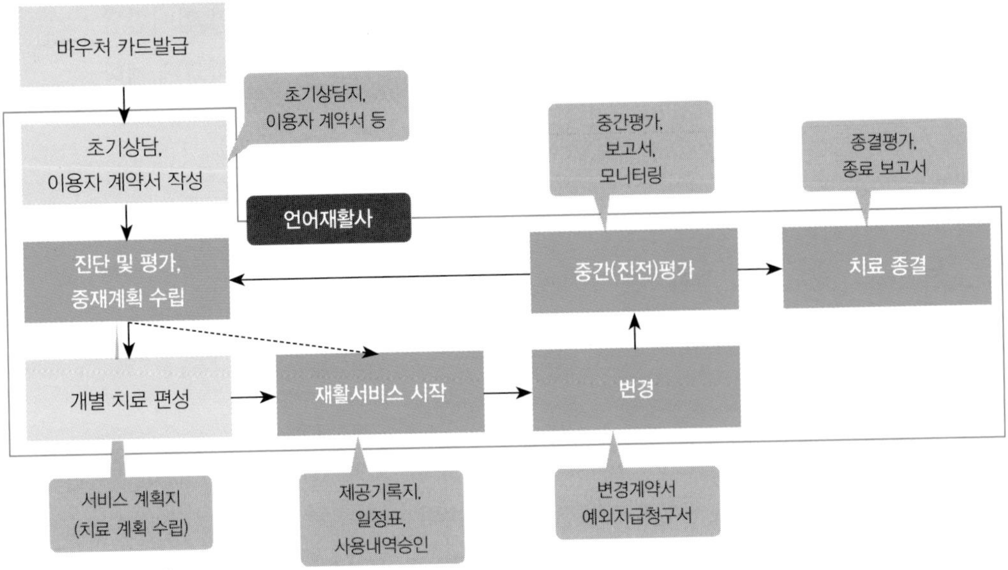

[그림 7-2] **발달재활서비스 제공 모델에 필요한 언어재활사의 서류 업무 예시**

또한 [그림 7-2]의 예시처럼 언어재활사는 발달바우처와 관련된 서류를 작성하여야 한다. 초기상담지, 이용자 계약서, 치료계획수립(서비스 계획서)을 작성하고, 매달 제공기록지, 일정표, 사용내역 승인번호 등을 잘 기록하여야 한다. 그 외 중간평가서나 모니터링을 위한 서류, 서비스 제공 변경에 관한 변경계약서 및 결제 오류로 인한 예외지급청구서까지 작성을 하여야 하며, 종결 시에는 종결평가서, 종결보고서를 작성한 후 서류 보관을 유지하여야 한다. 이 서류들로 매년 시 · 군 · 구에서 바우처 서비스 감사를 받게 된다.

(2) 학교 바우처 서비스 제공 모델

학교 바우처는 중재지원 서비스와 방과후로 나누어 지원을 하게 된다. 학교 지원 바우처로 학교 바우처 신청서식에 따라 작성을 하고 학교 내 특수교육 담당자에게 대상자의 보호자가 직접 신청을 할 수 있다. 그다음 발달재활서비스와 마찬가지로 교육청 바우처 지원카드가 이용자에게 나오게 된다. 특히 중재지원 서비스는 발달재활서비스 프로그램과 중복하여 제공할 수 없게 규제를 하였으나 2019년부터 중복 제공이 가능하도록 변경되었다. 중재지원 서비스는 최대 1년 동안 지원을 받을 수 있다. 그러나 방과후 학교바우처는 학령기 동안 지속적으로 이용자에게 직접 지원을 하고 있다.

(3) 일반 아동 서비스 제공 모델

이용자가 기관으로 전화상담을 하게 되면 기관장 또는 상담실장이 초기상담을 하는 경우도 있으며, 담당 언어재활사가 바로 초기상담부터 스케줄까지 직접 보호자와 협의 후 정할 수도 있다. 기관에 따라 운영방식이 모두 다르나 보통 초기접수상담, 안내절차, 평가 및 진단, 중재목표설정, 중재, 중간진전평가, 종결, 사후관리 등의 순서로 진행된다.

2) 언어재활사의 역할

언어재활사가 되기 위해서는 의사소통과 의사소통에 대한 전문적인 지식을 기초로 의사소통 장애를 평가하고 진단하며, 중재하는 임상방법을 독립적으로 결정할 수 있어야 한다. 그러기 위해서는 지속적인 보수교육참여나 케이스 콘퍼런스에 대한 참여, 또는 같은 센터 내에 있는 상급자의 조언 등을 구할 수 있어야 된다. 그리고 끊임없이 임상에 대한 질문과 피드백을 다양한 형태로 요하게 된다. 특히 개원 언어재활센터는 기관의 특성에 따라 전문적인 지식을 바탕으로 초기상담, 평가 및 진단, 중재, 부모상담, 종결, 사후관리, 그 외 치료 외적인 다양한 업무보고서 작성을 하면서 언어재활사의 역할을 할 수 있어야 한다. 임상가는 특히 기관 입장을 대상자의 가족에게 잘 전달할 수 있도록 하여야 하고, 기관과 대상자 가족의 입장을 잘 조율하여야 하며, 임상의 목표 또한 보호자와 긴밀하게 협의를 하여야 한다. 일반적으로 개원 언어재활센터에서 갖추어야 할 언어재활사의 역할은 다음과 같다.

(1) 한국 언어재활사의 윤리강령과 기관 내의 규정을 따라야 한다

발달바우처 제공기관은 내부규정들이 있으며, 아동의 보강규정, 치료비에 대한 규정, 수업에 대한 규정, 개인정보 보호법 준수, 이용자 계약서 체결규정, 아동이 문서보관규정, 치료실 내 자료와 장비 보존규정, 각종 보고서 작성지침, 임상 관련 전화업무, 복장에 대한 규정 등등 기관에 따라 내부 업무지침들에 대한 규정들이 있다. 언어재활사는 내부규정을 잘 살펴보고 기관 내 내규를 따르도록 한다. 만일 언어재활사가 특정한 절차나 규정에 대하여 의문이 있다면 기관장에게 문의를 하여 정보를 구해야 한다.

(2) 학문적인 기초지식과 전문지식을 갖추어야 한다

구어산출에 대한 해부생리학적 지식을 갖추고, 언어 관련 뇌에 대한 기능 이해와 정상적인 언어발달, 청각, 언어를 구성하는 음운, 구문, 의미, 화용에 대한 기초지식을 갖추고 음성장애, 조음음운장애, 언어발달장애, 유창성장애와 장애유형에 대한 뇌병변장애, 청각장애, 지적장애, 자폐스펙트럼장애, 읽기쓰기장애 등 다양한 원인과 증상, 특성에 대한 전문지식을 갖추어야 한다. 또한 매년 자격증 유지를 위해 1년 동안 8시간 이상 보수교육을 받아야 하며, 언어재활사로서의 최적의 서비스를 제공하기 위하여 부가적인 워크숍 참여, 여러 슈퍼비전에 참여하여 최근 연구 동향과 중재 프로그램을 지속적으로 반영할 수 있어야 한다.

(3) 초기상담이나 검사결과 상담을 할 때 보호자나 대상자에게 중재결과를 보장해서는 안 된다

예를 들어, "/ㅅ/ 음은 6개월간 치료하면 발음이 좋아질 것입니다."라고 중재결과를 보장하지 말고, "대체적으로 아동에게 기질적인 문제가 없고 조음 방법에 의한 오조음일 경우 예후가 좋습니다."라고 말할 수는 있다. 진술은 최대한 객관적이어야 하며 연구자료에 근거한 신뢰성 있는 정보와 정확하고 과학적인 근거가 있는 예를 들어 대상자나 보호자에게 설명하도록 한다.

(4) 대상자의 개인정보를 보호하여야 한다

요즘 「개인정보 보호법」의 강화로 인해 대상자나 아동의 개인정보를 함부로 누설하여서는 안 된다. 특히 중재 후 상담을 할 경우 간혹 시간에 쫓기어 대기실에서 상담을 할 경우에도 주의를 요하며, 특히 아동의 개인정보가 담겨 있는 서류를 절대 이면지로 활용하여서는 안 된다. 서류는 꼭 문서세단기를 통하여 파기하도록 하고 대상자나 아동의 개인정보가 담긴 파일 또한 함부로 열람하지 않게 열쇠가 있는 서류함에 보관하도록 한다.

(5) 바우처에 따른 각종 서류나 보고서를 작성할 수 있어야 한다

발달바우처의 경우, 자필로 매달 제공기록지나 일정표를 작성해야 하며, 장 · 단기 계획서, 승인철이나 영수증 보관 등 업무에 필요한 서류작성과 실무를 제때 할

수 있어야 한다. 개원 언어재활센터에서, 특히 발달바우처 제공기관인 경우에는 시 · 군 · 구에서 매년 기관 감사를 정기적으로 실시하며, 언어재활사가 해당 서류 작성을 하지 않으면 기관으로 경고조치가 내려지게 된다. 또한 사안에 따라 바우처 지급액에 대한 회수조치 또는 심각할 경우 바우처 지정기관 취소의 중대한 결과를 가져올 수 있다. 따라서 담당 언어재활사는 기관의 서류업무로 인해 본의 아니게 해당기관에 큰 피해를 줄 수 있다. 또한 외부기관의 요청에 의한 중재상황에 대한 문의를 보고서로 요청받을 수도 있으며, 평가나 진단보고서를 요청받을 수 있다. 진단의 적절성과 결과 해석 시 주의를 요하며 각종 서류는 그 기관의 얼굴임을 인지하고 시간을 준수하여 기간 내 매달 작성하도록 한다.

(6) 개원 언어재활센터에서 임상가는 아동학대에서 아동을 보호할 신고자임과 동시에 가해자가 될 수 있다

특히 각방의 CCTV가 없는 경우, 임상가는 중재를 하다가 오해를 받을 상황이 발생할 수 있다. 「아동학대범죄의 처벌 등에 관한 특례법」을 살펴보면, 방임, 정서적 학대, 신체 물리적 학대 성적학대 등에 대해 최하 500만 원 이하의 벌금형에 처해질 수 있다. 특히 임상을 하는 동안 목표에 의해 아동의 수행능력을 끌어올려야 하는 경우, 언어재활사가 흔히 많이 하는 실수가 바로 언어로 인한 정서학대이다. "이거 따라 하지 않으면 오늘 집에 못 가.", "선생님 말을 듣지 않으면 오늘 수업 계속할 거야."라고 표현을 하게 될 수도 있다. 그러나 그렇게 말하여서는 안 된다. 아동학대에서 처벌 판례를 살펴보면 이 모든 것이 언어로 인한 아동 정서학대에 해당된다. 따라서 "이거 잘하면 선생님이 과자 줄게." 또는 "열 번 따라 말하면 집에 갈 수 있어." 등 긍정적인 표현을 사용하여 대상자에게 표현하는 연습을 충분히 하도록 한다. 또한 중재를 마치고 활동 보조도우미나 보호자가 없는 경우, 아동을 혼자 대기실에서 기다리게 해서도 안 된다. 이것은 방임으로 간주하여 처벌의 대상이 될 수 있다. 반대로 언어재활사는 아동이 다른 곳에서 학대를 당하는지에 대한 세심한 관찰과 신고자로서의 의무도 있다. 아동학대가 의심된다면 바로 신고하여야 하며 신고의 의무를 게을리 해서는 안 된다.

(7) 개원 언어재활센터에 맞는 전문가적인 복장과 개인적인 위생관리를 하도록 한다

개원 언어재활센터의 각 특성에 맞게 복장규정을 준수한다. 일반적으로 복장규정이 없다 하더라도 임상실에서 전문가적인 품위를 갖추도록 힘쓴다. 간혹 어떤 보호자는 재활사의 복장에 대해 불편함을 호소할 수 있다. 대상자와 움직임에 대한 활동을 도울 수 있으며, 보호자와 상담할 때 서로 민망하지 않게 단정한 복장을 하는 것이 바람직하다.

(8) 언어재활 이외에 부모상담에 대한 기술에 대해 끊임없이 연습한다

상담은 초기상담부터 중재 진행, 결과상담, 사후관리까지 진단부터 종결까지 부모의 도움과 참여를 이끌며 가족중심의 중재 모델로서 중요한 역할을 하게 된다. 초기상담일 경우 대상자의 장애에 대한 정보를 제공받을 수 있으며, 중재 진행 중에는 보호자에게 전문적인 조언을 할 수 있어야 한다. 만약 보호자의 여러 정보에 대해 답변이 어려운 경우에는 "다음 시간에 조금 더 알아보고 다시 말씀드리겠습니다." 정도로 표현하고 최신 정보를 구해 보호자에게 다음 시간에 정보를 제공할 수 있어야 한다. 또한 보호자와 중재 방향에 대해 충분히 상의하고 협력함으로써 대상자의 문제를 보호자와 같이 공동목표로 만들어 낼 수 있어야 한다. 간혹 어떤 보호자는 우울감이나 무력감 때문에 임상가에게 긍정적 지지나 정서적 지지를 호소할 수도 있다. 언어재활사는 일방적인 조언이나 강의식 상담에서 벗어나 보호자에게 진심어린 공감과 정서적 지지를 해 줌으로써 좋은 상담이 될 수 있음을 알아야 한다. 가장 좋은 부모상담은 진솔하게 마음에서 우러나오는 애정을 가지고 보호자 상담에 임하는 것임을 잊지 말아야 할 것이다.

참고문헌

강민희, 김지혜, 박지혜(2011). 장애아동 재활치료 이용의 접근성 향상에 관한 연구. **한국장애인개발원 보고서.**

강정배, 조정민(2014). 발달재활서비스 제도개선 방안에 관한 연구. **특수교육재활과학연구, 53**(2), 91-116.

권도하, 신명선, 김효정, 박은실, 장현진, 신혜정, 황화정, 김수형, 이무경, 황보명, 박상희, 강

은희, 손은남, 김영은, 이명순, 이옥분, 김선희, 황영진, 황상심(2014). 언어치료 임상방법. 대구: 물과길.

김재옥, 김태우, 이조영, 정경희(2018). 언어치료를 위한 발달재활서비스 이용 현황 및 지원금의 적정성 연구: 부모를 대상으로. *Comunication Sciences & Disorders, 23*(4), 1127-1145.

김정희, 조윤경, 박주영, 이의정(2014). 발달재활서비스 제공기관의 서비스 및 인력 현황과 개선방안. 발달장애연구, 18(1), 1-23.

김현아, 이희종(2017). 사회서비스 전자바우처시스템의 성과와 발전방안. 사회보장정보원 연구보고서 16-02.

사회보장정보원(2013). 발달재활서비스 현황. www.isis.or.kr.

사회보장정보원(2015). 발달재활서비스 현황. www.isis.or.kr.

정민정, 서주은(2010). 장애아동 특성에 따른 재활치료 서비스 현황 및 욕구조사에 관한 연구－바우처 사업 수혜자를 중심으로. 한국가족복지학, 15(4), 157-173. UCI: G704-001932.2010.15.4.004.

한춘근, 황상심(2012). 바우처 기관 언어치료사의 직업 전문성 인식에 관한 연구. 언어치료연구, 21(4), 287-305. DOI: 10.15724/jslhd.2012.21.4.016016.

제8장

현장별 언어재활 실무: 병원 환경

1. 언어재활 환경 및 대상자 특성

1) 병원 환경에서의 언어재활

한국의 언어재활사가 대학에서 언어병리학 정규 학사교육 과정을 이수하고 자격시험을 통해 배출되기 시작한 것은 1992년부터이며, 민간자격이긴 하나 자격증을 소지한 언어재활사가 병원 환경에서 활동하기 시작한 것도 이 시기이므로 그 역사가 매우 짧은 편이다. 병원 환경에서 언어재활사가 근무하는 진료과는 주로 이비인후과, 재활의학과, 신경과 등으로, 의사소통 능력에 문제를 보이는 다양한 환자를 다루는 전문 진료분야에서 활동한다. 주로 환자들의 음성평가와 언어평가 및 재활치료를 담당하는 전문가로 활동하게 되며, 진료팀의 일원으로 임상연구 부분에 참여하여 전문 의료진과 함께 연구활동을 진행하게 된다.

병원 환경에서 활동하는 언어재활사는 다른 근무 환경에서 활동하는 언어재활사와는 그 업무에서 많은 차이점이 있다. 우선 병원에 종사하는 모든 임상가가 갖추어야할 부분으로, 특수한 근무환경에 적합한 광범위한 의료 체계에 적용되는 임상적 기본 의학지식들을 언어재활사 역시 함께 학습해야 한다. 사실상 병원에 종사하는 의사, 간호사 그리고 기타 임상전문가들과 팀을 이루어 일하는 언어재활사는 병원을 찾는 다양한 환자에게 성공적인 진단과 치료를 위해 긴밀하게 협력하는 것이 가장 중요하기 때문이다.

병원에서 일상처럼 시행하는 팀 콘퍼런스 또는 케이스 콘퍼런스에 참여하거나 수술을 참관하기도 하며, 의료진과 함께 진료나 회진 등을 시행할 때 언어재활사가 함께하는 경우가 종종 발생하는 이유도 전문적인 협력을 요하는 병원 업무의 특성 때문이다. 또한 환자들의 건강상태, 치료과정, 기타 병력과 환자 평가나 치료 시 주의사항 등을 다른 임상가들과의 논의를 통해 언어재활사가 정보를 제공받게 된다. 이러한 정보를 통해 언어재활사는 다양한 환자의 언어 평가를 시행하고 언어재활을 시행하는 과정에서 발생할 수 있는 작은 임상가의 부주의를 미연에 예방할 수 있는 소중한 환자 정보들을 공유하고, 평가나 치료 시 얻은 특별한 환자 정보들을 팀 구성원들에게 제공하여 공유한다.

또한 근무환경에 필요한 의료적 지식과 진료기록 및 치료내용을 숙지하는 것도 언어재활사가 시행하는 언어재활이나 음성치료에 매우 중요한 요소가 된다. 이를테면 이비인후과의 특성상 후두내시경 영상기록 지식, 후두미세수술 전후 치료과정, 약물치료 유무, 후두암 환자들의 음성재활에 필요한 전문 기구들, 청각장애 환자들의 보청기 및 인공와우 관련 지식 등을 다양한 전문지식을 숙지해야만 한다. 신경과나 재활의학과 역시 특정 뇌신경 장애환자들의 신경 관련 영상에 대한 의료적 지식 및 다양한 약물 부작용과 같은 특수한 임상적 지식들이 필요한 경우들이 대부분이다.

또한 대부분의 병원 언어재활사는 의료진과 팀접근을 통해 꾸준히 관련 학술활동을 함께 진행하며, 학계 연구동향 파악과 최신 지견 등을 임상적으로 활용하기 위해 연구 문헌들을 꾸준히 학습해야 하고 의료진과 협력하여 임상연구 과제나 임상실험에 함께 참여해야만 한다. 따라서 다른 근무환경에 비해 병원 언어재활사는 보다 체계적인 병원 시스템에 적응할 수 있도록 관련 규정을 준수해야 하며, 병원을 찾는 환자들에게 적합한 언어재활서비스를 제공하기 위해 다양한 임상가적 지식을 함께 배양해야 하는 어려움이 있는 것이 사실이다. 물론 특정 환자들을 주로 평가하고 치료하기 때문에 그 분야의 전문인력으로 꾸준히 성장하는 경우가 많은 것은 큰 장점으로 볼 수 있다.

음성장애를 호소하여 내원한 환자들의 음성검사 및 음성치료를 담당하는 이비인후과 언어재활사는 발성기관인 후두와 공명 및 조음을 담당하는 기관인 구강구조에 움직임과 발성 및 조음 생리를 정확히 평가하여 문제점들을 찾아내고 음성치료를 위해 다양한 치료접근법을 사용하여 음성재활을 시행하게 된다. 주로 성대결절, 초기 성대폴립 등 양성성대질환의 음성평가와 비수술적 음성치료를 담당하며, 근긴장성 발성장애, 변성발성장애 등 다양한 기능적 음성장애 환자들의 평가 및 음성치료도 함께 담당한다. 다양한 음성분석 장비들을 사용하여 정밀한 음성검사를 시행함으로써 음질을 평가하며, 이를 토대로 음질 향상과 목소리 회복을 위한 증상에 맞는 음성치료 기법을 사용한 음성재활 치료를 시행하게 된다. 청각장애 환자들의 언어평가 및 언어재활 치료도 이비인후과에 소속된 언어재활사가 담당하며, 음성치료와 함께 청각장애 언어재활을 함께 담당하는 경우도 있지만 각각의 업무를 별도로 시행하는 경우가 많다.

재활의학과 언어재활사는 의사소통장애를 겪는 환자의 언어평가와 언어재활 치료를 담당한다. 특히 심혈관질환으로 야기된 뇌졸중, 사고로 인한 외상성 뇌손상, 치매 등 퇴행성질환 등으로 인한 마비말장애 혹은 언어장애를 겪는 환자들의 의사소통 문제를 평가하고 이에 대한 언어재활 치료를 시행한다. 표준화된 검사도구를 사용하여 다양한 신경언어장애를 가진 환자들의 의사소통 능력을 판별하고 잔존능력을 확인하여 재활에 필요한 평가 정보를 제공한다. 또한 특정 의사소통장애를 해결하기 위해 증상에 따른 치료기법을 활용한 언어재활을 시행하여 의사소통에 어려움을 가진 환자들의 언어재활을 도모한다.

신경과 언어재활사는 진료과의 특성상 다양한 언어장애 환자들의 언어재활보다는 신경언어장애의 유무 판별과 예후 등을 알아보기 위해 운영되는 진단 위주의 평가업무를 진행하는 경우가 많으며, 장기간 언어재활이 필요한 환자들의 경우 재활의학과 소속 언어재활사에게 의뢰되어 언어재활을 진행하는 경우가 많다. 몇몇 대학병원의 신경과 언어재활사는 연하장애 검사 및 연하재활 치료를 함께 담당하며, 실어증과 같은 신경언어장애를 연구하고 논문에 참여하는 전문가로도 활동한다. 또한 최근 중요성이 대두되는 치매환자들의 인지의사소통 능력의 진단과 치료 등을 함께 시행하기도 한다.

그 외에도 구강악안면외과 혹은 성형외과에서 안면기형이나 구순구개열 환자들의 언어평가와 언어재활 치료 및 공명 치료를 담당하는 언어재활사가 병원에서 활동하는 경우가 있지만 국내에서는 그 수가 매우 적은 실정이다. 대부분 같은 병원 내에 소속된 재활의학과 언어재활사나 이비인후과 언어재활사가 협진을 통한 언어평가 혹은 음성평가를 시행하게 되고 언어재활도 함께 시행하는 경우가 많다.

초기 병원 환경에서 근무하던 언어재활사는 주로 대학병원급 3차 진료병원에서 언어재활실을 담당하는 언어재활사로 활동하였으나 최근에는 활동영역이 넓어져 준종합병원급의 2차 진료기관과 1차 진료기관인 개인병원에서도 언어재활사가 근무하는 등 근무환경이 점차 확대되고 있는 실정이다. 향후 헬스케어 시스템이 정착될 미래에 병원 환경에서는 현재보다 더 언어재활사의 역할이 지속적으로 확대될 것으로 기대된다.

2) 대상자 특성

(1) 이비인후과

두경부질환은 귀질환 혹은 코질환과 다르게 악성 종양으로 인한 메이저급 수술을 시행받는 경우가 종종 발생하기 때문에 두경부에 발생하는 악성 질환에 대한 조기 진단의 중요성이 타 영역에 비해 강조되는 영역이다. 따라서 음성장애는 두경부 질환의 초기 증상으로서 음성변화를 일으키는 특성상 음성 평가가 조기진단에 중요한 재료가 된다.

아울러 이비인후과에서만 다루는 음성장애는 최근 사회적으로 많은 관심을 갖는 분야로 자리잡고 있다. 특히 그 유래를 찾기 힘든 K-pop을 중심으로 한 한류 붐이 전 세계적으로 확산되고 있으며, 젊은 청소년과 대학생, 심지어 초등학생에 이르기까지 가수의 꿈을 키우는 등 큰 관심을 보이는 관심분야가 되어 음성장애의 관리 또한 중요성이 높아지고 있는 실정이다.

또한 직업적 특성상 음성사용 빈도가 높은 서비스 분야의 직업이 증가함으로써 음성장애 환자들이 많이 발생하고 있는 것도 음성장애 분야의 관심이 높아지는 원인으로 보고 있다. 한편, 고령사회로 접어드는 한국의 현실은 노인들의 음성문제가 직업적 음성사용의 어려움을 가져오는 원인이 되고 있으며, 이러한 다양한 원인으로 음성장애 환자들이 늘어나고 이비인후과에 음성장애를 주 호소로 내원하는 환자의 수가 계속 증가하고 있는 실정이다.

이비인후과를 찾는 음성장애 환자들은 후두전문의가 진행하는 1차 의학적인 진료과정을 거치게 되며, 후두내시경을 포함한 이비인후과 관련 질환 유무를 판별한 후, 추가적인 음성 관련 검사를 위해 음성검사실로 의뢰된다. 음성검사실에서는 음성검사 경력이 풍부한 음성전문 언어재활사로부터 다양한 음성평가 장비를 활용한 음성검사를 받게 된다.

대상은 주로 직업적 음성사용자들을 포함한 다양한 직업환경에서 일하는 사람들이 가장 많이 음성문제로 음성검사를 받게 된다. 음성장애 환자들의 경우, 음성오남용으로 인해 발생하는 성대결절이 가장 많은 수를 차지하고 있으며, 성대용종(vocal polyp), 성대내 낭종, 라인케부종, 접촉육아종 등 다양한 양성성대질환을 가진 환자들이 음질문제를 평가받게 된다.

또한 근긴장성 발성장애, 변성발성장애 등 구조적인 변형이 없음에도 불구하고 음성장애를 호소하는 기능적 음성장애 환자들의 음성평가를 시행하며, 성대마비, 연축성 발성장애 등 다양한 신경학적 문제를 가진 환자들과 변환 실성증 등 심인성 음성장애에 이르기까지 다양한 음성문제를 자세하게 평가하게 되고 정확한 진단을 위해 평가된 정보들을 최종적으로 이비인후과 전문의에게 제공한다.

숙련된 언어재활사가 음질을 듣고 주관적으로 평가하는 청지각적 평가, 음성분석 장비를 통해 다양한 음질변수들을 정상 규준치와 비교하여 객관적으로 판별하는 음향학적 평가, 그리고 공기역학적 변수들을 평가하는 공기역학적 평가 등 다양한 검사 과정을 시행한다. 아울러 환자 본인이 주관적으로 느끼는 자가평가를 문진이나 설문지를 통해 함께 평가하여 종합적인 음성검사 정보를 제공한다. 다양한 음질평가 결과와 후두내시경 소견 등을 바탕으로 전문의가 치료과정을 결정하며, 보존적 치료로 음성치료 시행이 결정되면 음성치료실로 의뢰가 되어 다양한 치료기법들을 활용한 음성재활 과정을 치료 경험이 풍부한 언어재활사가 시행하게 된다.

음성치료 과정은 이비인후과 내 음성치료실에서 시행되며, 실험연구를 통해 검증된 치료방법을 통해 치료를 진행한다. 음성치료 방법으로는 증상에 따른 증후적 음성치료기법과 호흡, 발성, 공명 등 발성에 필요한 다양한 요소를 교정하는 총체적 음성치료기법들을 사용하여 발성교정을 위한 치료를 시행하며, 음성회복을 위해 주기적인 방문치료가 진행된다. 아울러 음성치료와 함께 위산역류에 대한 약물치료를 병행하게 되고, 음성치료에 반응이 없거나 빠른 치료가 필요한 경우는 수술을 먼저 시행한 후 보존적 치료로 음성치료를 시행하기도 한다.

음성평가는 치료 효과를 검증하기 위해 치료가 끝나면 초기검사와 동일하게 재검사를 시행하게 되고 회복 정도를 확인한다. 이때 추가적인 음성치료를 시행할지 아니면 음성 수술을 시행할지 결정하게 된다. 대부분 양성성대질환 환자들의 음성 회복이 가능하며, 일부 환자들은 차도가 없을 경우 수술을 병행하는 경우도 있기 때문에 지속적인 추적관찰은 음성장애 치료에 매우 중요한 과정이라 하겠다.

언어재활사는 비수술적 치료를 지향하며, 음성장애 환자들의 효과적인 음성교정을 위해 지속적인 연구노력을 기울이며, 최신 치료방법에 대한 연구와 다양한 재교육을 통해 음성치료 방법들을 훈련하기 위해 꾸준히 노력한다.

〈표 8-1〉 **이비인후과 언어재활사의 역할 및 대상**

의뢰 목적	평가(치료) 항목	장애유형별 대상군 분류
평가	자가 평가	• 성대결절 등 다양한 양상성대질환 • 변성가성 등 기능적 음성장애 • 변환실성증 등 심인성 음성장애 • 성대마비 등 신경학적 음성장애 • 후두적출자의 음성재활 • 전문음성 사용자 음성재활 • 기타(청각장애, 공명장애 등) 언어재활
	청지각적 평가	
	음향학적, 공기역학적 평가	
치료	음성치료	
	기타 언어재활	

(2) 재활의학과(혹은 신경과)

재활의학과에서의 언어재활에 대해 생각하면, 의례히 실어증이나 마비성구어장애 환자를 떠올린다. 물론, 발병 직후 병원을 방문한 실어증과 마비성구어장애 환자가 대상자 중 많은 비율을 차지하는 것은 사실이다. 그러나 이들 외에도, 비교적 다양한 언어 영역에 장애를 보이는 환자들이 재활의학과 언어재활실을 찾는다. 이를 장애영역별과 목적에 따라 분류해 보면 다음과 같다. 다만, 단위 기관별 근무 상황에 따라 세부적인 업무 내용에는 차이가 있을 수 있다.

〈표 8-2〉 **재활의학과 언어재활사의 역할 및 대상**

의뢰 목적	평가(치료) 항목	의사소통장애 영역별 대상군 분류
평가	치료 전 초기평가	• 실어증 등 다양한 신경언어장애 • 마비말장애 • 언어발달지체 및 지연 • 말더듬 • 조음음운장애
	장애진단 평가	
	경과 관찰을 위한 재평가	
치료	개별 언어재활	
	그룹 언어재활	

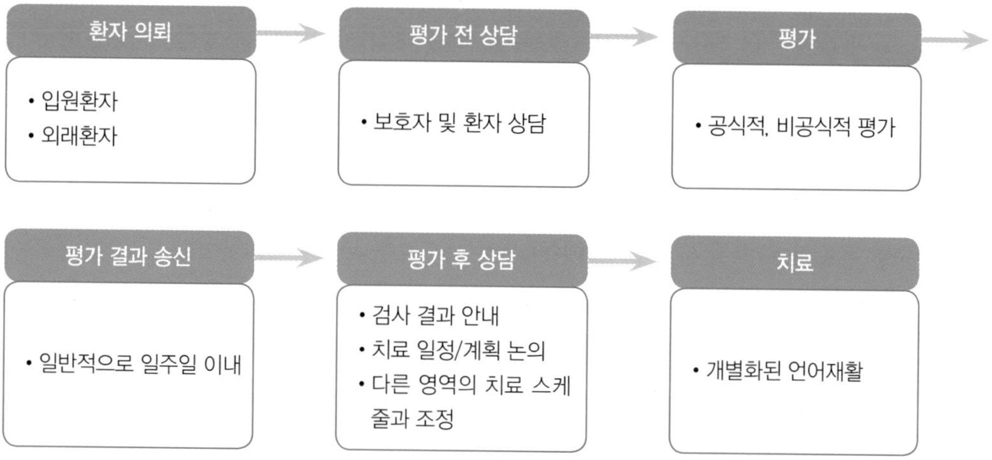

[그림 8-1] **재활의학과 언어재활사의 업무 프로세스**

다른 근무 현장과 마찬가지로 재활의학과에서 근무하는 언어재활사들 역시 언어와 구어, 나아가 의사소통에 문제가 있는 (혹은 이 같은 문제를 경험할 위험에 노출된) 대상자들을 평가하고 치료하는 일을 주로 전담한다. 다만, 과의 특성상 주로 만나게 되는 환자들의 문제 영역에는 다소 특수성이 있을 수 있다. 2, 3차 병원 재활의학과에서 근무하는 언어재활사들은 의사소통 문제를 야기한 질환/사고/손상이 일어난 후 비교적 초기에 환자들을 만나게 될 가능성이 크다. 발달적인 문제를 동반한 영유아/아동 대상자의 경우에도 아이의 보호자가 처음 언어재활사를 만나는 시점은 아이의 문제를 알게 된 직후인 경우가 많다.

발병 초기 단계의 환자들을 평가하는 주된 목적은 환자에게 적합한 언어재활서비스를 제공하기 위한 기초선을 확립하기 위한 것임과 동시에, 진료 시 환자의 질환과 문제를 명확하게 파악할 수 있도록 정보를 제공하기 위한 것이다. 따라서 평가의 결과를 언어재활사 외의 유관 전문가들(의사, 물리치료사, 작업치료사 등)과 보호자가 알아볼 수 있는 방법으로 정리하고 기록하는 것 역시 중요한 절차 중 하나이다. 2, 3차 병원의 경우, 환자 자신과 보호자 모두가 갑작스러운 질환과 사고로 인한 충격으로 '부정, 분노, 타협, 우울 등'과 같은 감정 상태로 현 상황에 대해 수용하지 못하는 경우 또한 많기 때문에 이를 고려하여 상담에 임하여야 한다. 특히 후천적인 사고와 질병으로 갑작스럽게 언어 문제를 갖게 된 성인 환자들의 경우와 아이의 선천적인 문제를 발견한 직후에 언어재활사를 만나게 된 소아 환자의 사례에서 그러하다.

또한 대부분의 환자가 언어재활 외의 다른 재활 서비스를 병행하고 있는 경우가 많기 때문에, 환자를 만나는 다른 영역의 전문가들과의 의사소통 또한 중요하다. 이를 위해 주기적으로 재활의학팀 미팅을 통해 환자 케이스를 공유하는 경우가 많다. 공식적인 의사소통 과정 외에도 비공식적이고 비주기적인 대화를 통해 환자의 현 수행 정도와 주의할 사항 등을 나누는 것도 중요한 과정이 될 것이다.

일반적인 경우 환자를 의뢰받게 되는 진료부서는 [그림 8-2]와 같다. 다만, 병원 내에 언어재활사가 단일 진료과에만 상주하는 경우에는 이비인후과 등 다른 진료부서의 의뢰를 받기도 한다.

[그림 8-2] **병원 환경에서 환자에 따른 진료 의뢰**

(3) 기타

구강악안면외과(또는 성형외과)에서 주로 활동하는 언어재활사는 구순구개열 환자들의 외과적 치료 전후 공명문제 평가 및 언어평가를 시행하며, 수술 후 보존적인 치료로 언어재활이나 공명치료를 시행하는 역할을 담당하게 된다. 소아청소년과에서 의뢰되는 환자들의 경우, 언어발달에 문제를 보이거나 발음에 문제를 보이는 아동들이 언어재활사가 소속된 진료과로 의뢰되어 전문의의 진찰을 실시한 후 언어치료실로 보내진다. 언어재활사가 없는 병원의 경우, 타 기관에 의뢰되어 언어재활을 진행하는 경우도 있지만, 대부분 병원 내에 고용된 언어재활사가 타 진료과의 환자들까지 담당하는 경우가 흔하며, 주로 언어재활사가 고용되어 일하고 있는 재활의학과에서 모든 종류의 의사소통장애 환자들에 다양한 재활치료를 담당하는 것이 일반적이다.

2. 서비스 제공 모델과 언어재활사의 역할

병원 환경의 언어재활사는 진료과의 특성상 서로 다른 서비스 제공 모델을 가지고 있으며, 진료팀의 관심 분야나 전공 영역에 따라서도 많은 차이가 있다. 특히 특정 환자의 병리적 소견상 다양한 치료 접근이 이루어지기 때문에 서비스 제공 모델도 환자마다 차이가 있으며, 각각의 케이스마다 다르게 적용하게 된다.

언어재활서비스를 제공하기 위해 전문의에 의한 진료과정을 먼저 시행받은 환자들을 우선 음성검사 혹은 언어평가를 위해 검사실로 의뢰된다. 다양한 의학적 검증과정 및 진단 과정을 거치는 동안 환자들의 의학정보는 의무기록지나 차트로 기록되어 전산화되며, 병원 내 전산망을 통해 언어재활사들에게 공유된다. 언어평가 혹은 언어재활을 의뢰받은 언어재활사는 환자의 특성에 맞게 특정한 음성문제 혹은 언어문제를 다양한 음성검사 도구 혹은 언어평가 도구들을 활용하여 검사를 진행하며, 검사결과를 의료진에게 제공하여 환자들의 정확한 진단과 치료계획을 세우는데 도움을 제공하는 역할을 한다. 또한 이러한 평가과정에서 얻어진 환자들의 정보를 바탕으로 언어재활사는 음성치료 또는 언어재활을 계획하고 시행하게 된다.

이비인후과 언어재활사의 경우, 다양한 직업환경에서 일하는 환자들의 음성장애를 보다 효과적으로 평가하고 치료하기 위해 대상자의 병력조사에서 확인되지 못했던 과거 병력이나 생활 습관이나 음성 남용, 식습관, 흡연력, 음주량 등 음성장애를 일으키는 다양한 요인을 문진이나 설문지를 통해 상세히 조사하고 기록한다. 이는 치료계획을 수립할 때 유용한 정보가 되며, 성공적인 음성치료에 중요한 자료가 되므로 간과해서는 안 된다.

음성검사와 음성치료를 시행할 때 언어재활사가 주의할 점은 환자들의 음성 오남용 습관을 찾아야 한다는 점이다. 음성장애를 일으키는 원인은 성대결절이나 폴립이 아니라 일상생활에서 사용하는 습관적인 큰 목소리와 음성 혹사가 원인인 경우가 대부분이며, 장기간 이러한 습관을 반복하는 경우 그 결과로 발생되는 성대결절이나 폴립을 가진 후두에서 산출되는 쉰목소리가 바로 음성장애인 것이다. 다양한 원인 중 불규칙한 식습관이 원인인 역류성 후두염도 음성장애를 일으키는 원인으로 주목받고 있으므로 음성치료를 담당하는 언어재활사는 음성장애 환자들의 생활습관을 위생적으로 바꾸는 노력을 치료의 중요한 요소로 생각해야 할 것이다.

재활의학과나 신경과 언어재활사는 주로 뇌졸중, 외상성뇌손상, 파킨슨병 등으로 인한 신경언어장애 환자들이 많은 수를 차지하며, 진료과마다 차이는 있지만 조음음운장애나 유창성장애 환자들을 비롯하여 최근 사회문제로 대두되는 경도인지장애를 포함한 알츠하이머 치매 등의 퇴행성질환 환자들에 이르기까지 다양한 증상을 가진 환자들을 평가하고 치료하게 된다.

이들 환자들은 다양한 말운동장애 유형과 함께 경증에서 중증까지 그 증상이 복합적으로 나타나는 환자들이 많으며, 언어문제를 동반하고 있기 때문에 무엇보다도 정확한 의사소통능력 평가를 통해 환자의 정확한 언어수용 및 언어표현 능력을 판별해야만 한다. 아울러 이해력, 표현력, 읽기, 쓰기 등 환자가 사용할 수 있는 의사소통적 도구들을 모두 검증하여야 하며, 효과적 치료목표를 설정하기 위해 환자들의 잔존 능력을 정확히 확인하는 것이 무엇보다 중요하다고 하겠다.

가능한 한 객관적인 평가를 위해 표준화된 검사도구를 사용하여 평가하도록 하며, 비표준화 검사를 시행할 경우, 근거기반 연구나 치료결과들을 비교하여 그 차이점들을 상세히 기록해 두고 진료팀 전문가들과 함께 논의하고 협력하여 올바른 치료방향을 설정해야 한다. 아울러 검사결과들을 종합적으로 면밀히 분석하여 의사소통 능력 증진에 적합한 치료방법을 찾고, 이를 활용한 언어재활을 꾸준히 시행하여 빠른 회복을 위해 노력한다.

진료과에 따라 차이는 있지만 음성장애, 마비말장애, 언어장애, 조음장애, 유창성장애, 삼킴장애 등 언어재활사가 평가하고 재활치료를 시행하는 환자들의 다양성을 해결하기 위해 장애 유형을 정확히 숙지하고 평가와 치료를 시행하는 것이 중요하다. 따라서 병원 환경 언어재활사는 항상 근무하는 진료과의 관련 영역에 대한 의학적 지식을 습득해야만 하며, 다양한 신경생리학적 지식, 약물관련 특성 및 이에 따른 부작용 유무, 특정 수술 및 특수검사 영상의 특성 등을 학습하여 환자 평가와 치료를 위한 사전 지식과 필요한 의학적 전문지식을 미리 갖추어야만 한다.

끝으로, 병원 환경에 종사하는 언어재활사에게 무엇보다도 중요한 것은 음성치료(언어재활)가 필요한지 아니면 치료가 필요 없는지 먼저 확인해야만 한다. 때때로 정상적인 음성언어 사용자를 치료하는 경우가 있는데 이것은 결코 용납될 수 없는 생명윤리에 위배되는 행위로 간주되며 금기사항임을 잊어서는 안 될 것이다. 만일 언어재활이 필요한 경우, 먼저 기초선 설정을 위해 의사소통 문제의 정확한 진단 평가가 중요하며 이는 성공적인 음성치료(언어재활)로 이어질 것이다.

참고문헌

대한후두음성언어의학회 편(2016). **후두음성언어의학**. 서울: 범문에듀케이션.

Boone, D. R., McFarlane, S. C., Von Berg, S. L., & Zraick, R. I. (2013). *The voice and voice therapy* (9th ed.). Boston: Pearson.

Brookshire, R. H. (2015). *Neurogenic communication disorders* (8th ed.). St. Louis, Missouri: Elsevier.

Cooper, M. (1977). Direct vocal rehabilitation. *Approaches to vocal rehabilitation*. pringfields Ill: Charles C Thomas.

Ferrand, C. T. (2012). *Voice disorders: Scope of theory and practice*. Boston: Pearson.

Freed, D. B. (2019). *Motor speech disorders* (3rd ed.). San Diego, CA: Plural.

Kotby, M. N., El-Sady, S. R., Basiouny, S. E., Abou-Rass, Y. A., & Hegazi, M. A. (1991). Efficacy of the Accent Method of voice therapy. *Journal of Voice, 5*(4), 316-320.

Spencer, K. A., & Daniels, J. (2019). *Medical setting considerations for the speech-language pathologist*. San Diego, CA: Plural.

언어재활
현장실무

제3부
각론

- 제9장 -
언어발달장애

- 제10장 -
조음음운장애

- 제11장 -
유창성장애

- 제12장 -
음성장애

- 제13장 -
신경언어장애

- 제14장 -
삼킴장애

- 제15장 -
청각장애

제9장

언어발달장애

Ⅰ. 영유아 무발화 자폐스펙트럼장애(병원)

1. 핵심 이론(core knowledge)

1) 무발화(Non-verbal) 자폐스펙트럼장애아동(ASD child)

무발화란 DSM-IV에 따르면 함묵 증상, 즉 '구어가 전혀 없거나, 있어도 드물게 사용하며, 자발적인 말이 제한되어 있거나 전혀 없는 상태에서 한 단어 혹은 반향어인 경우'를 뜻한다. 전반적 발달장애가 DSM-5에서 자폐스펙트럼장애로 통합되면서 발달장애와 자폐스펙트럼장애가 같은 의미로 사용되고 있다. 자폐스펙트럼장애 아동 중에는 무발화 아동의 비율이 높은데 이들은 의사소통 능력의 심한 손상으로 인하여 의사소통 의도가 적고, 반응의 주체가 누구인지 인식하지 못하는 경우가 많다. 따라서 의사소통을 자극하기 위하여 다양한 의사소통 촉진전략을 사용해야 하며(Bondy & Frost, 2001), 의사소통의 결함을 보완하기 위한 다차원적 중재 전략이 요구된다. 이들 의사소통 상대자 이외에 아동의 또래나 부모, 교사 또한 아동의 치료 촉진자가 되어 지원해야 한다.

언어 이전기 자폐스펙트럼장애아동의 경우 화용적 분석을 통하여 의사소통 기능을 중재함으로써 실생활에서 우선적으로 필요한 기술들을 가르쳐야 한다. 장애 정도가 심한 자폐스펙트럼장애아동에게 특히 유용하게 사용될 수 있다. 이들의 의사소통 능력을 향상시키기 위하여 중재환경과 촉진적 전략을 사용하여야 하며, 따라서 의미, 구문 외에 화용적 의사소통 중재가 특히 필요하다(강은희, 박선희, 2007).

2) 병원 현장에서의 전반적 진행 절차

◆ 언어진단과 치료를 위해 재활의학과를 내원한 사례

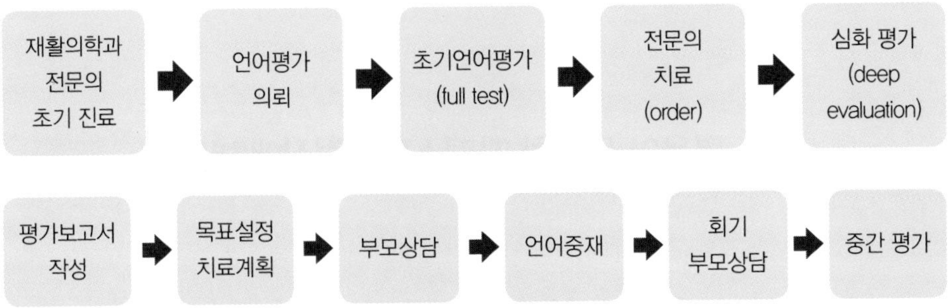

[그림 9-1] **병원 현장에서의 전반적 진행 절차**

해당 진료과(재활의학과, 소아정신과, 신경외과, 이비인후과 등)의 오더(order)에 따라 필요한 언어검사를 진행한다. 장애 유무 진단을 위한 선별검사(screening test)에서부터, 상세한 장애 진단을 위한 종합언어평가(full evaluation)가 이루어진다.

2. 평가(assessment)

1) 선별 검사(screening test)

주로 임상가가 아동을 처음 만났을 때 대상 아동에게 언어문제가 있는지 없는지를 확인하기 위해서 평가하는 경우이다. 먼저 전문의로부터 평가 의뢰에 의해 평가가 이루어지는데, 입원 환자와 외래 환자로 나누어지며 의료 차트를 참고로 진단명과 병변 등 medical history를 고려하여 언어평가가 이루어진다. 참고로 현재 병원 시스템은 거의 대부분 HIS(hospital information system)이라는 병원정보체계를 따른다. 병원 내 모든 부문의 정보는 페이퍼가 아닌 전산으로 통합한 컴퓨터 정보시스템 상에서 이루어진다.

2) 종합평가(full evaluation)

장애진단, 바우처 발급, 아동의 전반적 언어발달 수준 파악 등의 목적으로 다양한 언어 영역에서 상세한 언어평가가 이루어진다. 주 호소 문제를 중심으로 음운, 구문, 의미, 화용 영역에서 정확한 검사가 이루어진다.

3) 심화평가(deep evaluation)

HIS 프로그램상에서 대상자의 의무기록을 확인하고, 처방에 따라 상세 평가가 진행된다. 진단을 위한 평가가 아니라 실제 이루어질 언어중재를 위한 검사로서, 종합검사에서 이루어진 표준화 검사 외에 비공식 역동적 평가 등을 중심으로 지체나 오류를 보인 영역의 구체적 원인을 찾고 중재에서 다룰 내용을 파악한다.

4) 진전평가(progress evaluation)

일정 기간의 중재 실시 후 그 효과를 확인하기 위해 중간 평가를 실시한다. 중재 기간을 살펴보면, 병원 시스템은 입원 환자를 중심으로 운영되므로 주 2회 이상 또는 매일 치료를 실시하는 경우도 있고, 하루 20분, 45분, 1시간 슬롯으로 나누어 진행되기도 한다. 반면에 외래의 경우는 주 1회의 치료가 대부분이다. 3개월 이상 1년까지 지속적 중재를 받기도 하므로 중재 과정에서 효과를 측정하기 위해서 약 6개월 단위로 중간 평가를 실시하게 되며 아동의 현재 언어 문제를 확인하고 목표를 재설정하는 계기가 된다.

5) 종결평가(termination evaluation)

입원 환자의 경우 평균 2~3개월이 경과하면 의료보험 적용 등의 문제로 인해 종결을 준비한다. 단, 외래 환자의 경우 통상 3개월 이상 지속되는 경우가 많으나 타 치료기관에 비해 치료기간은 짧은 편이다. 종결 평가에 사용되는 평가도구는 초기 평가에 사용된 진단도구를 그대로 사용하여 비교하거나 심화된 검사로 이루어지며 진전평가와 유사한 목적으로 실시된다. 계획적 종결이든 비계획적 종결이든 종결을 앞둔 최종 언어수준을 검사하게 되며, 이를 바탕으로 향후 치료 방향을 제안하고 타 기관으로 소견서와 함께 치료 의뢰를 할 수 있다.

Child's Information

◆ 김○준 2;8 남아(재활의학과 외래)

- 주 호소: 출현하던 단어마저 사용하지 않는 수준이며, 자발적인 의사표현이 적고 구어 사용이 거의 없는 편이다.
- 발달력: 앉은 시기와 걷기 시기 모두 정상이었으나 아직 배변을 가리지 못하는 등 또래보다 늦은 편이다. 음식을 씹고 삼키는 데 어려움이 있고 음식을 입에 물고 있는 편이며 빨다가 삼키는 수준이다. 18개월경 옹알이가 활발하게 나타났으며, 24개월경 '무(물)'라고 표현하였으며, 요구가 들어지지 않을 경우 소리를 내거나 시선을 이용하여 감정표현을 한다. 손을 끌거나 가리키지 않으며 기초 상호작용행동이 나타나지 않는다.
- 치료력: 2개월째 감각통합치료를 받고 있다.

1. 평가 계획

전반적 언어발달 (수용/표현)	1	SELSI: 영 · 유아 언어발달 검사(Sequenced Language Scale for Infants)
	2	EASIC: 언어이전단계 의사소통 기술검사(Evaluating Acquired Skills In Communication)
자폐 행동특성	3	E-CLAC: 이화-자폐 아동 행동발달 평가도구 (EHWA-Check list of Autistic Children)
	4	K-CARS: 한국판 아동기 자폐 평정 척도(Childhood Autism Rating Scale)
언어, 사회성, 인지 행동적 특성	5	상징놀이 검사(Symbolic Play Test)
어휘력	6	K M-B CDI: 맥아더-베이츠 의사소통 발달평가 (Korean MacArthur-Bates Communicative Development Inventories)

[그림 9-2] **영역별 진단 도구**

⇨ 언어평가 도구 선정 시 고려할 점

언어평가는 아동의 전반적 의사소통 능력을 평가하여야 한다. 수용언어/표현언어, 구어/비구어, 기타 행동특성을 골고루 파악할 수 있는 도구를 선정하여야 하며, 아동을 통한 직접 평가/부모를 통한 간접 평가, 표준화된 공식평가/비공식 역동적 평가를 적절하게 배치해야 한다.

2. 평가 과정

- 라포 형성을 위해 놀이 관찰을 통해 상징행동을 우선적으로 검사하고, 동시에 부모 보고로 이루어지는 SELSI와 K M-B CDI를 실시하여 전반적 언어수준과 어휘수준을 평가한다.
- 아동이 아직 어려 아동을 대상으로 직접 검사가 어려우므로 공식검사 중 직접검사는 실시하기 어렵다.
- 보호자가 단순 언어발달지체가 아닌 자폐성 여부를 우려하여 소아정신과로 의뢰할 계획이었으나, 부모의 거부로 인해 평가 도구에 자폐 평정 척도를 추가하여 진행함으로써 언어발달수준 해석에 참고하였다.

3. 평가 결과

〈표 9-1〉 **평가 결과 및 현행 수준 요약**

<table>
<tr><th colspan="3">언어평가</th><th colspan="2">비언어평가</th></tr>
<tr><th>language(공식검사)</th><th>language(비공식 평가)</th><th>Speech</th><th>비공식 평가</th><th>공식검사</th></tr>
<tr><td>SELSI □
R: 등가연령 9개월 (1%ile 이하)
E: 등가연령 11개월 (1%ile 이하)
T: 등가연령 10개월 (1%ile 이하)</td><td rowspan="3">EASIC □
R: 수단-목적 개념 습득되어 있고, 대상영속성 개념 불완전
E: 운율을 사용하여 의사표현, 억양이 있는 검사자의 말에 반응, 모방가능. 가리키기, 공동주목하기가 어려움 흥미가 생겼을 경우 검사자를 쳐다보고 적절한 거리를 유지하지만 눈 맞추기와 상호교환은 어려운 수준

의미: 어휘다양도/이름대기</td><td>출현 음소
모음, 양순음

말소리 패턴</td><td rowspan="7">상징놀이
가장 많은 행동: 전 상징기 적행동, 12~14개월 수준
최고 수준 행동: 자동적 상징행동, 14~16개월 수준
전화기를 귀에 가져가거나 컵으로 물을 마시는 흉내를 내며, 숟가락 모형으로 밥을 먹는 흉내

감각 및 운동 능력
청각과 촉감각이 예민</td><td rowspan="7">K-CARS
31점, 경증, 중간 정도의 자폐, TEACCH 27%

E-CLAC
발달 특성으로 옷 입고 벗기, 위생, 언어이해, 변별 능력, 행동의 모방 지체가 두드러졌으며, 병리적 특징으로 안전의식의 결여, 또래와의 놀이, 의사소통 능력, 집중성, 과잉운동성에서 지체가 나타남</td></tr>
<tr><td></td><td rowspan="2">구강구조 및 구강운동능력
구조와 기능 이상 발견되지 않음</td></tr>
<tr><td rowspan="2">K M-B CDI
영유아용 □
어휘표현
이해 낱말 수 24개
어휘이해
표현 낱말 수 1개
제스처 및 놀이

문법 문장</td></tr>
<tr><td rowspan="4">화용
의사소통빈도/종류/양상(발성, 말, 제스처 등)
- 간혹 양순음이 섞인 단음절이 출현하지만 일관성이 없고 기분 좋을 때 간헐적으로 나타남</td><td rowspan="3">모방 유무/반향 유무
감각추구를 위한 무의미한 소리를 즐김</td></tr>
<tr><td>검사 □</td></tr>
<tr><td rowspan="2">검사 □</td></tr>
<tr><td>기타 특이사항
손을 무는 상동행동</td></tr>
<tr><td colspan="5">임상적 인상 및 기타 사항
총 3회기에 걸쳐 평가가 진행되었으며, 아동의 컨디션과 집중도의 문제로 EASIC 검사의 추가 심화평가가 이루어질 필요가 있음</td></tr>
</table>

⇨ 평가 결과 해석 시 고려할 점

평가 결과에서 결함이 나타난 부분을 목표로 설정하는 것이 아니라, 전반적 결과 해석이 필요하다.
이를 바탕으로 전체적 그림을 그려야 한다.
주된 문제(main problem)가 무엇인지, 부수적 문제(sub problem)가 무엇인지 정한다.

3. 중재 계획(intervention plan)

1) 목표 설정

⇨ 목표 설정 시 고려할 점

장기목표/단기목표/회기목표의 구분
회기목표들이 모두 완성되면 하나의 단기목표가 자동으로 완성될 수 있도록 설정하기
단기목표가 모두 완성되면 하나의 장기목표가 자동으로 완성될 수 있도록 설정하기

◆ 장기목표 설정

- 먼저 아동의 검사 결과를 영역별로 정리하고 어느 영역에서 얼마나 지연되는지 정리한다.
- 다음으로 부모가 생각하는 목표, 즉 가정에서의 현행문제를 포함하여 정리한다.
- 아동의 장단점을 정리하고, 가장 주된 문제를 10가지 정도로 정리해 본다.
- '행동적 문제/언어적 문제', '언어구성요소별(의미, 구문, 음운, 화용)' 등으로 나누어 다양한 측면에서 정리한다.

〈표 9-2〉 **장 · 단기 계획서**

장 · 단기 목표
1. 다양한 자유놀이 상황에서 비구어적 제스처 사용하기 1.1. 지시적 제스처(도구적 제스처, 지적하기) 1.2. 표상적 제스처(관습적 제스처, 도상적 제스처)
2. 자발적 의사소통 기능 사용하기 2.1. 요구하기(사물 요구하기, 행동 요구하기) 2.2. 거부하기 2.3. 명명하기
3. 치료사와 상호작용하기 3.1. 다양한 놀잇감 사용하기, 경험 확대하기 3.2. 부차언어(억양, 말투, 음성크기)와 비언어(제스처, 눈짓, 몸짓, 표정)이해, 대화 상대의 의도, 상황 파악하기 3.3. 치료사와 상호적 주고받기 3.4. 1단계 지시 따르기
4. 치료사의 말소리 모방하기 4.1. 행동 모방하기- 화용적 모방놀이 4.2. 부차언어(억양, 운율) 모방하기 4.3. 음절수 모방하기

2) 치료목표

◆ 목표별 중재 전략의 적용

- 장기목표 1. 환경중심 언어중재법(Milieu language intervention)에 근거하여 자발적 의사소통 기능 사용하기 → 하위기법으로 모델링, 시간지연방법, 요구-모델, 우발교수 사용하기
- 장기목표 2. 기능적 언어중재의 기본 원칙 따르기 → 자연스러운 강화, 비구어적 맥락
- 장기목표 3. 기능적 언어중재, 아동중심 중재의 하위기법 적용하기 → 혼잣말기법, 평행적 발화, 모방(imitation)

• 장기목표 4. 화용적 모방놀이 프로그램 → 모방 형성, 동작 모방, 구어모방, 자발적 구어표현단계로 진행, 놀이 활동별 목표 동작과 구어 목록표 이용

⇨ 전략 사용 시 고려할 점

중재법과 기법의 구분

- 아동의 특성에 맞는 중재 접근법 선택하기
- 목표에 도달하기에 가장 적절한 중재 접근법 선택하기
- 중재 접근법의 하위 기법 중 치료활동에 가장 적절한 기법을 찾아 적용하기
- 근거 기반 위에서 창의적인 활동을 계획하기

3) 언어중재

〈표 9-3〉 **회기별 활동 실제의 예**

회기 계획서
[활동 1] 사물 요구하기 (치료사는 아동이 평소 좋아하는 장난감과 과자, 그리고 투명한 상자를 준비한다.) 1) 치료사는 아동과 함께 미니카를 상자 위 아래로 굴리며 놀다가 상자 안으로 넣어 뚜껑을 닫는다. [환경중심 언어중재: mand-model] 예: "아~ 맛있다. 왜~? (요구) 줘~ (손바닥을 내밀며 모델)" 2) 치료사는 아동이 평소 좋아하는 과자를 혼자 먹는다. [환경중심 언어중재: time delay] 예: "아……. 과자 줘~, 과자……." (과자를 들고 상체를 아동에게로 기울이며 눈을 크게 뜨고 반응을 기다린다.) [활동 2] 자동적 상징놀이 유도하기 1) 실제 자동차와 미니카 장난감 매칭하기 [실물-가상 사물 연결] 2) 아동이 손으로 미니카의 바퀴를 돌리며 놀 때, 도로 모양의 블록 하나에 바퀴를 대고 돌리도록 유도하다가 점차 연결된 도로 모형에 바퀴를 대고 걸어가도록 유도한다. [탈맥락화, 이치표상]

◆ 중재 후 매 회기 언어재활 진전 기록지(progress note) 작성하기

◆ 입원 환자의 경우 각 진단평가 영역의 전문가들이 모여 결과에 대한 사례회의(case conference)가 열린다.

⇨ 활동 계획 시 고려할 점

치료활동과 자료의 구분

- 매 치료활동마다 수행 여부를 기록하고 실패 이유를 찾아 활동을 수정한다. 주로 범하는 치료사의 오류는 다양한 기법을 사용하지 않고 매회기 같은 방법으로 자료만 바꿔서 적용하는 것이다(잘못된 예: 수행하지 못할 경우 모델링하고 모방을 유도한다. 알고 있는 유일한 치료기법은 '모방'인 셈이다).
- 치료 활동 계획을 위해 논문의 부록을 최대한 활용하기

4. 상담(counseling)

1) 부모상담 사례

◆ 초기면담, 초기평가, 중간평가 후 부모상담

상세한 평가보고서는 의사에게 전달되며 담당 의사는 결과 내용을 취합하여 진료시간에 대상자에게 상담을 실시한다. 그러나 치료사는 언어평가 직후 부모에게 결과에 대한 대략적 소견을 미리 설명해 주고 대상자의 장단점을 정리해 주며 앞으로 어떻게 치료가 진행될지, 예후는 어떠한지에 대한 정보를 제공함으로써 치료의 동기를 높여 주고 치료사에 대한 신뢰감을 형성해 줄 필요가 있다.

중간 평가 결과를 부모에게 정확하게 설명하지 않는 경우가 많다. 어떤 부분에서 진전이 있었고 변화가 없었는지를 설명하는 데 그치지 말고 구체적인 이유를 설명해 주어야 한다.

예: "EASIC검사에서 초기평가 때와 마찬가지로 여전히 물건에 대한 지시에 반응하기에서 점수를 얻지 못했지만, 전과 달리 뭔가 시도하려는 듯 저를 쳐다보며 손에 잡히는 것을 집어 주는 행동을 보이긴 했어요. 아마 그동안 사물 건네 주는 데만 반복적으로 학습된 탓이고 의도를 이해하고 따르려는 시도가 보이니 점차 증가할 것 같아요. 점수가 오르지 않았다 해서 제자리걸음인 걸로 생각하실 필요는 없답니다."

2) 회기별 부모상담

병원 현장은 회기마다 부모상담 시간이 별도로 마련되지 않는 경우도 있으므로 상담시간 분배에 주의하여야 한다. 오늘 회기에 이루어진 활동을 나열하거나 보고하는 식의 상담을 하기보다 오늘 아동의 반응이 어떠한 의미를 갖고 있는지, 다음 회기 또는 한 주간 가정에서 어떻게 지도할 필요가 있는지에 대해 설명해 주어야 한다. 부모는 아동이 어떤 수행에서 실패하거나 오류를 보였는지 보고받기보다는 구체적 방법과 희망을 얻고 싶어 한다.

5. 질의응답(Q & A)

Q1. 엄마, 아빠 등등 간단하게 사용하던 말도 어느 순간부터 사용하지 않아요.

A1. 몇 개의 단어를 사용하며 정상발달을 하고 있다고 생각했던 아이가 두 돌 전후로 아무 말도 하지 않고 혼자 놀기 시작했다는 사례는 자주 보고되고 있습니다. 발달상의 퇴행에 속하는데, 원인은 불분명하지만 처음부터 전반적으로 발달이 늦은 아동도 있지만 이처럼 어느 단계에서 발달이 퇴행하며 자폐성 증상들이 나타나는 경우도 있습니다. 하지만 문장수준까지 사용하다가 갑자기 퇴행하는 경우는 거의 없으며, 만약 그런 사례가 있다면 자폐스펙트럼장애라기보다 소아 실어증 등 기타 장애를 의심해 보아야 합니다.

Q2. 상호작용이 중요하다는데 주변에 관심이 전혀 없어요. 제가 어떤 도움을 줘야 할까요?

A2. 자폐스펙트럼장애의 주된 특징은 자신의 세계 안에 '대상'이 없다는 것입니다. 그래서 놀이를 할 때조차도 타인의 개입을 방해로 생각하고 돌아앉곤 하죠. 자신을 중심으로 물건을 조작하고 보이는 방향으로만 모방하는 것, 반향어나 자기자극 행동도 이 때문입니다. 인위적으로 단어를 들려주고 따라 말하도록 하는 방법은 후에 발화가 시작되더라도 외운 듯 부자연스러운 말이 되므로, 우선 아동의 놀이를 방해하지 말고 아동의 놀이 세계로 서서히 들어

가며 '대상'이 되어 주세요. 지나치게 구어에 집중하지 말고 그림카드 사용부터 줄여 보세요.

Q3. AIT, 밸런스브레인, ABA, AAC 등 주변 분들이 권하는 치료를 받아야 할까요?

A3. 전반적 발달장애라는 용어처럼 자폐스펙트럼장애는 감각, 인지, 운동, 언어, 심리, 사회성 등 광범위한 문제를 수반합니다. 따라서 다양한 자극을 통한 새로운 치료법들이 끊임없이 소개되고 있는데, 그때마다 이를 추가 치료목록으로만 생각한다면 치료 종류만 수십 가지를 받아도 모자라지 않을까 싶습니다. 내 아이의 특성에 맞는 주된 치료 접근(언어, 인지, 심리 등)을 기본으로 정하시고, 그 하위 활동으로 위에 언급하신 다양한 치료의 기본 원리나 기법들을 적용하시기를 권합니다.

6. 향후 계획(future plan)

1) 예후에 따른 치료 방향 제시

전반적 발달 지연을 보이는 자폐스펙트럼장애는 아동의 인지능력에 따라 예후에 큰 차이를 보인다. 상호작용과 사회성에서 가장 뚜렷한 결함을 보이며, 인지 수준에 따른 발달 수준과 학습 능력에서 개인차가 매우 크다고 할 수 있다. 따라서 아동의 사회성과 인지 능력을 파악하고 언어, 인지, 사회성이 균형을 이룰 수 있도록 지속적인 도움을 제공해야 한다.

2) 관련 전문 영역과의 치료 협력

발화를 촉진시키기 위하여 언어재활사는 다양한 치료 중재법을 적용하게 되는데, 이때 우선적으로 의사소통의 의도를 높이기 위해 상호작용에 중점을 둔 놀이 중심의 다양한 프로그램을 적용해 볼 수 있다. 놀이치료와 같은 심리치료를 병행하는 것이 일반적인데 이때 정서적 접근보다는 발달적 접근에 중점을 두어야 한다. 또한 청각, 촉각, 전정감각 등 일반적이지 않은 아동에게 감각처리과정을 촉진하는 중재로 도움을 받을 수 있으며, 그 외 많은 재활 치료 외에도 어린이집, 가정에서의 다양한 교육적 협력이 필요하다.

II. 학령전 단순언어장애(복지관)

사례: 김OO 6;0 남

1. 핵심 이론(core knowledge)

1) 단순언어장애 언어 평가 시 고려할 점

언어평가는 아동을 처음 만났을 때만 하고 마치는 것이 아니라 중재의 과정 중에도 지속되어야 하는 과정으로 중재와 평가가 명확하게 구별되지 않을 수 있고 목적(판별/아동의 문제 파악 및 목표설정/중재효과측정)에 따라 평가의 내용, 방법, 절차 등이 다를 수 있다.

(1) 평가 목적이 선별 및 확인인 경우

주로 임상가가 아동을 처음 만났을 때 대상 아동에게 언어문제가 있는지 없는지를 확인하기 위해서 평가하는 경우이다. 즉, 아동이 언어문제를 가지고 있어 당장 중재가 필요한 경우인지, 심각한 언어 문제가 드러나지는 않으나 경계선의 수행력으로 지속적인 모니터링이 요구되는 경우인지, 정상적인 언어발달을 하는 경우인지 등을 확인한다. 선별을 위한 평가에서 중요한 것은 ① 표준화된 언어검사를 사용하는 것이다. 표준화된 검사는 대상 아동의 수행능력이 일반 아동에 비해 어느 정도 수준인지 비교할 수 있는 절차와 결과를 가장 객관적으로 제공하고 있기 때문이다. ② 언어의 전반적인 영역을 확인할 수 있는 검사이어야 한다. 예를 들어, 표준화된 검사라도 어휘의 이해와 표현만을 확인하는 검사나 구문의 이해만을 확인하는 검사에서 정상발달의 수행력을 보인다고 해서 언어 문제가 없다고 판별할 수는 없다. 어휘 외의 다른 의미적 수행능력이나 문법 및 구문 표현능력, 음운능력, 화용능력 등은 확인되지 않기 때문이다.

우리나라는 영유아건강검진에서 언어선별검사로 K-SNAP(배소영 외, 2017)을 사용하고 있으며, 영·유아 언어발달 검사(SELSI; 김영태 외, 2001), 학령전기 수용 및 표현 언어 발달척도(PRES; 김영태 외, 2004) 등을 영유아 및 학령전기 선별 및 확인 검사로 사용할 수 있다.

(2) 평가 목적이 문제 파악 및 중재 목표 설정인 경우

앞선 언어 선별 평가에서 언어문제가 분명하게 드러나 당장 중재가 필요한 경우와 현재 심각한 언어문제가 드러나지는 않으나 지속적인 모니터링이 필요하다고 판단된 경우는 아동의 문제가 구체적으로 어떻게 나타나고 있는지를 파악하기 위한 평가를 해야 한다. 중재 과정에 있는 아동의 경우에도 적용될 수 있는데, 중재 효과를 측정하기 위해서가 아니라 아동의 현재 언어 문제를 확인하고 목표를 재설정해야하는 경우이다.

이때는 검사도구에 의존하기보다는 다음의 영역별로 아동의 언어 수행력을 확인하는 것이 중요하다. ① 언어의 양식: 이해 vs. 표현, ② 언어의 하위 영역: 의미, 문법 및 구문, 화용, 음운, ③ 환경에 따른 언어사용: 친숙한 환경 및 대상자 vs. 낯선 환경 및 대상자, 개별상황 vs. 집단상황 등이다. 이와 같은 각 영역별로 아동의 수행력이 어떠한지 확인하는데 이때 해당 영역을 확인하기 위한 표준화된 평가도구가 있으면 사용하고 평가도구가 없다면 자발화 분석을 포함한 준거참조검사, 관찰, 부모보고 등 다양한 방식의 비공식평가를 통해 아동의 수행력을 확인한다.

단순언어장애아동을 평가할 때 의미, 문법 및 구문에 비해 화용 및 음운 영역에서 덜 민감하게 평가하는 경우가 종종 있다. 첫째, 언어발달에서 만 5, 6세 이후는 화용능력이 급격하게 발달하는 시기이다. 이는 이 시기에 비중심성(nonegocentrism: 다른 사람의 관점을 취할 수 있는 능력), 탈중심화(decentration: 어떤 대상이 일차적으로만 존재하지 않고 그 안에는 여러 가지 속성이 있을 수 있다는 것을 아는 능력) 등 인지심리 영역의 발달과 밀접한 관련이 있다. 이러한 개념의 형성은 화자와 청자가 모두 서로 다른 관점을 가질 수 있고, 어떤 대상이나 사실에서 보이는 것이 다가 아님을 알게 한다. 타인과의 대화, 사회적 인식, 즉 언어의 사용에서 중요한 부분이라 할 수 있다. 이런 능력은 학령기에 들어서면서 본격적으로 발달하게 되지만 그 전부터 조금씩 발달하게 되므로 집단에서 또래와의 관계가 어떠한지 살펴보는 것은 화용능력 평가에서 의미 있는 일이다. 또래와의 관계에서 아동이 어떠한 모습을 보이는지, 언어능력의 결함이 또래관계의 어떤 부분에 부정적인 영향을 주고 있는지 등을 상황별로 살펴보는 것이 필요하다. 유치원 등의 집단생활에서 어떤 모습을 보이는지 유치원 교사의 보고를 확인하고, 소집단의 자유놀이 상황을 직접 관찰하거나 부모보고 등을 통해 확인하면 좋다.

둘째, 음운능력은 특정 소리를 잘못 조음하는 경우보다는 자발화에서 명료도가 낮거나 음운환경에 영향을 받아 오조음하는 아동을 간과하는 경우가 발견되곤 한다. 그러나 이 시기의 음운능력은 초기 읽기해독 능력과 밀접한 관련이 있기 때문에 반드시 확인해야 한다. 특히 조음음운장애를 동반했던 아동의 경우 음운인식능력을 확인하는 것은 난독증 선별에도 도움이 된다.

또한 비언어영역의 아동 수행력을 확인하는 것도 중요하다. 발달이라는 것은 모든 영역이 통합되어 일어나는 것이기 때문이기도 하지만 무엇보다도 비언어영역의 발달이 언어발달과 상호작용하여 일어나는 경우가 적지 않기 때문이다. 앞서 단순언어장애아동의 비언어 특성에서 언급한 ① 낮은 작업기억, 처리속도 등은 언어의 이해 및 표현에 밀접한 관련이 있을 수밖에 없다. 예를 들어, 〈신데렐라〉 이야기를 다른 사람에게 들려주려면 앞뒤의 흐름을 기억에 담아 두면서 동시에 그 정보들을 순서에 맞게 표현해야 한다. 작업기억이 낮은 아동이 이야기 표현을 잘못했다면 낮은 작업기억은 이야기 표현 수행력에 영향을 주는 요소 중 하나일 가능성이 있다. 그 밖에도 상징 놀이, 감각 및 운동 능력 등도 확인할 필요가 있다. ② 상징놀이 수준은 인지, 즉 언어이해수준과 밀접한 관련이 있을 뿐 아니라 중재 시 사용할 놀잇감 선정에 참고가 되기도 한다. 구강운동 능력이야 당연히 언어표현과 관련이 있지만 다른 대근육, 소근육 운동능력은 언어능력과 큰 관련이 없을 것으로 생각된다. ③ 운동능력을 살펴보는 것은 또래와의 관계형성, 즉 사회성과 관련이 있을 수 있다. 예를 들면, 가위바위보를 할 때 손가락 모양을 바꾸는 것이 느린 아동은 친구들과 가위바위보를 해야 할 때 배제되기 쉽고 이것이 반복되면 또래와 어울리는 것에 어려움이 있을 수 있다.

(3) 평가 목적이 중재 효과를 측정하는 경우

일정 기간의 중재 실시 후 그 효과를 확인하기 위해 평가를 실시하는 경우이다. 진전평가라고도 하는데 진전평가에서 중요한 것은 중재를 통해 목표가 달성되었는지 언제 종료할 것인지를 확인하는 것이다. 평가 방법은 특정 영역에서 아동의 수행 정도를 살펴보기 위한 준거참조평가나 부모보고 등의 방법을 주로 사용한다. 예를 들어, 자발화 분석을 통해 중재 전과 중재 후를 비교하거나 조사 사용능력을 측정하기 위한 검사항목을 만들어 중재 전과 후를 비교하는 등의 준거참조평가 방법을 사용하는 경우가 흔하지만 화용능력평가를 위해서 비공식 부모 보고 체크리스트를 사용하거나 어휘 표현정도를 확인하기 위해 공식검사도구 맥아더-베이츠 의사소통발달평가: K M-B CDI(배소영, 곽금주, 2011)를 사용할 수도 있다.

2) 언어중재 목표 설정

언어중재의 첫걸음은 평가 결과를 바탕으로 현재 아동에게 필요한 최적의 중재 목표를 세우고 목표를 실현하기 위한 절차와 맥락을 결정하는 것이다. 특히 최적의 중재목표를 세운다는 것은 그 목표로 중재를 하면 그 결과로서 아동이 좀 더 자유롭고 효율적으로 의사소통할 것이라고 예상하는 것을 말한다. 나아가 이를 통해 아동의 삶의 질이 향상될 것을 기대한다. 그러기 위해서는 목표를 설정할 때 반드시 아동의 환경을 고려해야 한다. 아동의 환경 속에서 어떤 목표를 중재하면 이 아동이 좀 더 자유롭고 편안하게 의사소통하게 될지 고민하는 것이다. 이 과정에서 부모나 아동과 오랜 시간 함께하는 사람(유치원 교사 등)의 요구를 확인하는 것은 매우 중요하다. 언어재활사는 아동의 일상에 함께하지 못하기 때문에 아동의 일상에서 필요한 것이 무엇인지 치료실 내 평가만으로는 다 알 수가 없다. 또한 우리의 궁극적인 중재 목표는 아동이 그 능력을 일상에서 사용할 수 있도록 하는 것이기 때문에 중재 목표를 설정하는 과정에서 부모나 교사의 요구를 귀담아 듣고 이를 목표에 반영하려고 노력하는 것이 중요하다. 그러나 그 요구 자체를 직접적인 목표로 정하는 것이 아니라 그것이 언어발달의 어느 부분과 관련되는지 분석하여 언어능력 자체의 향상이 나타날 수 있게 반영해야 한다.

치료사가 아동에게 약간의 도움을 주면 목표언어를 수행해 낼 수 있는지, 그것이 어떤 영역인지 그리고 어느 정도의 도움을 주었을 때 수행해 내는지 등을 확인하는 것은 중재의 시작점을 제공해 준다. 이것을 확인하는 과정을 역동적 평가(dynamic assessment)라고 한다. 역동적 평가는 평가 과정 중 비공식 평가를 할 때 동시에 실시할 수도 있고 중재 시작 전 시도치료(trial therapy)를 하면서 실시할 수도 있다.

3) 언어중재 과정

(1) 중재 접근법의 적용

중재 접근법은 중재 맥락, 방법 등이 관련되어 있는데 중재 장소, 활동을 실제 생활과 얼마나 비슷하게 하는지에 따라 아동중심법, 절충법, 치료사중심법으로 구분된다. 세 가지 중재 접근법 중 치료사중심법과 아동중심법은 장점과 단점이 분명하게 나타나고 절충법은 특별한 장단점을 말하기에 애매하다. 이렇게 다양한 장단점이 있는 중재접근법을 치료사는 어떻게 적용되는 것이 좋을까? 아동의 특성이나 언어 목표의 수행정도에 따라 달라져야 한다. 아동이 고집이 세고 행동 문제가 있거나 수동적으로 의사소통하는 경우에는 아동중심법으로 시작하는 것이 좋다. 그러다가 필요한 경우에 절충법이나 치료사중심법을 적용하는 것이 효과적일 수 있다. 가끔 행동문제가 있거나 고집이 센 아동에게 처음부터 치료사중심법을 무리하게 적용하여 의사소통의 동기를 상실하게 하는 경우가 있는데 의사소통이란 능동적인 상호작용을 바탕으로 한다는 것을 고려할 필요가 있다. 수동적으로 의사소통하는 아동에게는 능동적인 의사소통을 위해 아동의 주도를 따르는 아동중심법이 효과적일 것이다. 또한 목표로 하는 언어 수행능력이 매우 낮은 경우 목표 언어형태를 확립하게 하기 위해서는 언어목표가 무엇인지 직접적이고 명료하게 알려 주는 치료사중심법이나 절충법이 효과적일 수 있다. 그러나 목표 형태를 어느정도 확립한 뒤에는 이것을 실제 생활에서 효율적으로 사용하도록 아동중심법을 적용하는 것이 좋을 수 있다. 즉, 치료사는 한 가지 방법을 고집할 것이 아니라 세 가지 중재 접근법을 개별아동과 목표의 특성에 따라 가변적으로 적절하게 골라서 적용할 때 중재 효과를 극대화시킬 수 있다는 것을 기억할 필요가 있다.

(2) 중재 과정 중의 지속적 평가

초기평가 후 목표를 설정하고 중재를 시작한 뒤에도 아동의 언어 문제를 지속적으로 파악하려고 노력해야 한다. 가끔은 중재 과정 중에 자연스럽게 현재 목표가 아닌 또 다른 문제가 발견되기도 하고 양육자나 교사의 요구로서 새로운 문제가 발견되기도 한다. 발견된 문제가 현재 아동의 생활에 심각한 영향을 미치고 있다고 판단될 때는 현재의 중재 목표를 수정할 수도 있고, 시급한 정도가 아니라면 문제를 기록해 두었다가 현재의 목표가 달성된 뒤에 추후 목표로 포함할 수도 있다.

2. 평가(assessment)

1) 초기면담(담당자: 사회복지사 및 복지관 담당 직원)

(1) 사전 면담

- 전화 의뢰: 기본 정보 및 주 호소, 현행 수준에 대한 초기 정보를 파악하였다.
- 초기 대면 면담 일정을 조정하였다.

(2) 초기 대면 면담

- 대상자의 발달과정 및 구체적인 주 호소를 파악하였다.

2) 평가 과정(담당자: 언어재활사)

(1) 초기평가 계획

- 평가 계획 수립: 초기 대면 면담과정에서 언어평가에 의뢰되어, 면담 내용을 살펴보고 평가 계획을 수립하였다.
- 평가 절차, 일정에 대한 안내 및 일시 조정: 의뢰자(양육자)와 전화통화로 실시하였다.

(2) 평가 실시

- 평가 실시: 양육자 면담, 공식평가, 비공식평가 등을 실시하였다. 평가 내용 및 결과는 〈표 9-4〉에서 확인할 수 있다.
- 평가 후 상담 일정을 안내하였다.

3) 평가 결과(담당자: 언어재활사)

(1) 평가 결과 상담 및 추후 일정 안내

- 평가 결과 보고서 작성: 〈표 9-4〉의 내용을 근거로 평가 결과 보고서를 작성하였다.
- 평가 결과 상담: 의뢰자(양육자)에게 대상자의 강점과 약점에 대해 상세하게 설명하였다.
- 치료 방향, 내용, 일정 안내: 주 2회 개별 치료로 결정하였다.

〈표 9-4〉 **평가 결과 요약**

Child's Information

- 주 호소: 언어표현이 또래보다 느리고 질문에 부적절한 응답을 하는 경우가 잦음
- 발달력: 임신 출산에 큰 문제는 없었고 첫 낱말 표현 14개월경 시작, 두 낱말 조합 2세경 나타남. 신체 발달에는 특이한 문제 없었음
- 치료력: 4세경부터 사설치료실, 복지관 등에서 언어재활, 인지치료 받아 왔음
- 교육력: 일반 어린이집에 다니고 있으며 집에서 학습지 지도를 받고 있음
- 현재의 어려움: 현재 유치원에서 또래와 어울리는 데 어려움 있음. 혼자 노는 경향 있음. 현재 언어 표현은 대화 중 부적절하게 대답하는 경우가 있으며 이야기 전달이 어려움

언어평가			비언어평가	
language(공식검사)	language(비공식 평가)	Speech	비공식 평가	공식검사
PRES_취학전 수용언어 및 표현언어 발달 척도 *연령단계에 기초하여 언어발달연령을 산출함 통합언어: 4;7 수용언어: 4;9 (세부내용) 은유표현이해, 간섭표현이해, 측량도구이해, 설명문이해 등의 항목 어려움 표현언어: 4;4 (세부내용) 낱말회상하기 낱말 정의하기, 사동사 사용, 스크립트 말하기, 문제해결 표현하기 등의 항목 어려움	의미 – 어휘다양도 10분간의 자발화에서 어휘 다양도 0.39(NDW 127, NTW 326) – 이름대기 이름대기 오류(생략, 대용어 등) 가끔 나타남 예: (아동이 직접 글씨 쓰고 싶은 상황) 아동: 선생님, 하고 싶어요. 선생님: 뭐하고 싶은데? 아동: 이거요. 내가 하고 싶어요.	APAC 자음정확도 정상 발달. 문제가 발견되지 않음 말소리오류/패턴 정상 발달. 문제가 발견되지 않음	상징놀이/사회적놀이 –또래와 주제를 유지하면서 지속적인 놀이를 하지 못함 –규칙놀이시 규칙을 기억하지 못하는 경우 종종 있음	WISC III (아동연령 5;1에실시한 결과) 언어성 83 동작성 92 K-CTONI(한국비언어지능검사-2) 전체척도: 87, 평균하 –그림유추: 평균하 –도형유추: 평균하 –그림범주: 평균 –도형범주: 평균 –그림순서: 평균하 –도형순서: 평균
REVT_수용·표현 어휘력 검사 수용어휘력: 원점수 57점, 등가연령 5;6~5;11, 백분위 10%ile 이하, 약간지체(유의요망) 표현어휘력: 원점수 60점, 등가연령 5;6~5;11, 백분위 10%ile 이하, 약간지체(유의요망)	구문/문법 최대 어절 길이(발화 예) -이렇게 하면 더 안 빠져. -심심해서 놀이동산 가기로 했어요. -사람들이 더 많이 타기 때문에 더 무거워 가지고 빨리 가지 않아요. 문법형태소/구문 오류(발화 예) -냄새가 나군(→ 나는군) -빼앗으는게 많았어(→ 빼앗는게) -기차가 지진이 났어(→ 지진이 나서 기차가 부서졌어) -기차가 여기까지 끊겼어(→ 여기에서)	구강구조/구강운동능력 문제가 발견되지 않음	감각 및 운동능력 문제가 발견되지 않음	

구문의미이해력검사 원점수 3점, 백분위 1%ile 이하, −2표준편차 이해	화용 대화운용 −대화 주고받기와 내용유지에서 상대에 반응하지 않고 자기 주장하는 모습, 부적절한 주제개시 등이 종종 관찰됨 예: 선생님: 지금 너무 덥지 않니? 아동: 아니요. 초가을이에요. 초가을에 태풍이 올 수 있어요. 태풍이 오면 다 날라가요. 나무도요. 이야기 −문장 간 이해, 추론 이해 약함 −다시말하기는 계기사건 빠뜨리고 말하는 경향	자발화 명료도 문제가 발견되지 않음		
언어문제해결력검사 총점: 10점, 12~18%ile −원인이유: 4점, 13~18%ile −해결추론: 5점, 28~37%ile −단서추측: 1점, 5~7%ile		기타 특이사항 없음		
임상적 인상 및 기타 사항 −라포 형성을 위해 비공식 검사(놀이를 통한 자발화 수집 및 상징놀이 수준 관찰)를 30분간 먼저 실시함 −언어문제 여부(선별)가 목적이 아닌 중재를 목적으로 본 기관에 의뢰되었고 아동이 오랜 시간 집중하는 것을 힘들어하여 여러 회기(40분씩 4회기)에 걸쳐 평가를 실시하였음 −REVT 수용어휘력 검사 시, 평가자가 그림 4개를 손으로 짚어 주지 않으면 전체를 보지 않는 경우가 종종 있었음. 표현어휘력 검사에서는 60번 이상의 항목까지 실시했음에도 20번대의 쉬운 항목에서도 6~7개의 오류가 있었음				

중재 목표 설정은 위의 평가 결과를 종합하여 ① 필요성(발달적으로 현재 부족한 영역이 무엇인가, 어떤 목표가 아동의 현재 언어 생활에 가장 도움이 될까), ② 효율성(어떤 목표가 아동의 전반적인 언어에 넓게 영향을 줄 수 있을까, 어떤 목표가 빠르게 도달할 수 있을까), ③ 부모요구(아동의 일상 언어에서 양육자가 가장 시급하게 원하는 것이 무엇인가) 등을 확인하고 이를 고려하여 목표를 설정하였다.

그 결과 이 아동의 목표는 ① 이야기이해 및 표현, ② 상위언어: 원인이유 및 단서추측 표현하기, ③ 구문, 문법, 의미 오류 줄이기, ④ 사회적 의사소통기술 향상으로 설정하였다. 〈표 9-5〉 장·단기 계획 및 회기 기록지에 좀 더 상세히 기록하였다.

3. 중재 계획(intervention plan)

1) 목표별 중재 전략의 적용(intervention process)

평가 결과를 통해 장·단기 중재 목표를 설정하였으므로, 회기 중재에서는 그 목표에 도달하기 위한 방법으로서 회기별로 목표를 설정하였다. 각 장기목표 달성을 위한 회기목표는 수평적 달성, 수직적 달성, 주기적 달성 중 어떤 방법이 효과적일지 미리 구상해 두었다. 목표가 위계적으로 달성해야 할 목표인 경우 수직적으로 구성하였다(예: '이야기 10개를 완전한 일화 2개로 다시 말하기' 달성하면 완전한 에피소드 3개로 넘어감). 나머지는 목표가 위계적이지 않아 수평적 또는 주기적 달성으로 실시하였다.

목표별 중재 전략은 중재접근법(치료사중심법, 아동중심법, 절충법 등)에 따라 활동자료를 다양하게 구성하였다. 아동에게 기본적인 틀을 잡아 주어야 하는 경우는 치료사 중심법을 우선으로 고려하였지만 아동의 성향, 태도, 목표특성 등을 고려하여 선택하였다. 또한 목표가 초반에는 습득이었다가 후반에 기능적 사용으로 바뀌기도 하였는데 이럴 때는 중재접근법이 치료사중심법에서 절충법이나 아동중심법으로 바뀌기도 하였다. 아동의 목표별 중재전략의 적용은 다음과 같다.

(1) 이야기 이해 및 표현(이야기 이해: 치료사중심법/수평적 달성, 이야기 표현: 초반_치료사중심법/수직적 달성 후반_아동중심법)

우선 이야기 이해의 경우 아동이 사실적 이해보다는 문장 간 이해와 추론적 이해에 어려움이 많았다. 문장 간 이해에서 아동은 주로 접속부사, 어휘, 지시적 대용 등의 결속표지를 놓치는 경우가 많았다. 아동이 문장 간 이해를 놓치는 경우 아동에게 정답을 직접 설명하기보다는 아동에게 결속표지에 해당하는 내용을 문장의 앞뒤에서 찾게 하여 스스로 문장 간 연결 의미를 파악할 수 있는 방법을 사용하였다.

이야기 표현은 다시 말하기 중재 방법 중 이야기 문법 사용(Roth, 2000; Moreau & Fidrych, 1998) 간단한 그림 그려 말하기: stick writing(Westby, 2005) 등의 구조적 방법을 사용하여 이야기 인지구조에 익숙해질 수 있도록 다양한 이야기로 반복하였다. 특히 계기사건 생략이 많아 청자가 주인공 행동의 이유를 되물어야 하는 경우가 잦았기 때문에 계기사건 범주의 강조가 중요한 목표가 되기도 하였다.

(2) 상위언어: 원인이유 및 단서추측 표현하기(절충법 또는 치료사 중심법/수평적 달성)

좀 더 기능적으로 접근하기 위하여 아동과 실제적 활동을 하면서 실시하거나 또는 실제 상황과 유사한 상황의 동영상을 찾아 자료로 사용하였다. 예를 들면, 만들기 활동을 할 때, 완성된 작품을 먼저 보고 이것을 만들기 위해 필요한 것이 무엇인지 찾아내어 준비물에 대해 설명하기 등의 방법을 사용하기도 하였다. 중재 방법은 역시 직접 가르치기보다는 아동 스스로 해결할 수 있는 전략을 찾아내도록 하였다. 예를 들어, 아동이 사용해 주기를 원하는 전략을 치료사가 다른 예시에서 직접 시범을 보이고 나서 아동에게 실제 활동에서 치료사와 같은 방법을 사용하게 하도록 하는 것이다(예: "이걸 만들려면 우리는 미리 어떤 것들을 준비해야 할까?" "이 과정에서는 왜 풀보다 테이프를 사용하는 게 더 좋을까?" 등).

(3) 구문, 문법, 의미 오류 줄이기(아동중심법, 절충법/주기적 달성)

이 아동은 구문, 문법, 의미의 오류가 서로 복합적으로 연계되어 나타나는 것으로 보였다(예: "우리나라와 일본은 지금은 안 훔쳐.": 우리나라와 일본이 지금은 땅을 훔치기 위한 전쟁을 하지 않는다는 뜻). 또한 이들 오류가 아동 스스로 말하면서 모니터링하지 않기 때문으로 보이기도 하였다(예: "근데 파란색이 더 잘 나올 것 같아, 파란색보다."). 절충법을 사용하여 아동이 원하는 활동의 자발화 맥락 속에서 아동이 하고자 한 발화가 무엇이었는지 치료사가 추측해 내고 그에 적절한 문장으로 구성하여 모델링하는 방법을 사용하였다. 자기모니터링을 위해서는 아동이 한 말을 스스로 다시 생각해 보고 말하게 하는 방법을 사용하였다.

(4) 사회적 의사소통기술 향상(절충법/주기적 달성)

사회적 의사소통기술 향상을 위한 방법은 우선 아동의 대화 평가에서 드러난 문제였던 주제 유지와 반응하기 기술을 치료사와의 1:1 상황에서 향상시켰다. 또한 역할놀이 중 이야기 에피소드를 만들고 이를 적용하여 함께 놀기를 실시하였다. 이후 이들 기술을 그룹상황에 적용할 수 있도록 그룹치료를 실시하였다.

2) 회기별 목표, 준거, 자료

회기별 목표와 준거는 장·단기 목표와는 다르게 구체적으로 이 회기에서 무엇을 어느 정도 수행해 내는 것을 기대하는지를 정하였다. 각 목표에 따라 실제적으로 측정 가능하게 정해야 하므로 그에 대한 기록은 매우 다양하게 제시하였다.

자료는 아동의 의사소통에 도움이 되는 것이라면 그 어떤 것이라도 적용할 수 있다. 다만, 목표 확립 과정 이후 일반화 과정을 위한 중재 계획을 위해서는 좀 더 실용적이고 실제적인 접근법을 고려하였다.

3) 회기별 아동 반응 및 다음 회기 계획

이번 회기에서 아동 반응(준거 도달, 활동 참여 등)에 따라 다음 회기의 중재 목표, 활동, 준거 계획을 기록하였다. 회기 중재 과정의 내용은 〈표 9-5〉에 좀 더 상세히 기록하였다.

〈표 9-5〉 **장·단기 계획 및 회기 기록지**

장·단기 목표(2016년 6월~12월: 6개월 목표) 연령: 7세(6;0)

1. [이야기] (1) 이야기 이해맥락추론, 다음상황유추. 4~7세 수준 동화 20권. 90% 정반응
   (2) 일화 3개로 다시 말하기. 동화 또는 자발 이야기 10개
2. [상위언어] 그림 및 활동(놀이, 만들기 등)에서 인과추론, 단서 추론하기. 각 10장면 90% 정반응
3. [의미, 문법, 구문] 자발 대화에서 이름대기오류, 문법오류, 구문오류 줄이기. 5% 미만(발화단위).
4. [사회적 의사소통] 가상놀이 중 에피소드를 만들고 공동 관심 가지며 놀이 지속하기. 20분 이상

친구의 놀이에 관심을 가지고 쳐다본다. 참여하려는 의지를 보인다. 함께 웃는다. 친구가 행동을 따라 한다. 친구와 비슷한 행동을 하며 친구와 주고받기를 20분 이상 지속한다.

회기목표 활동/자료/아동반응

1. 〈이야기 징검다리〉

목표: [이야기] 일화 3개 retelling. macro-level(이야기문법) & micro-level(어휘, 구문)

자료: 이야기 책(황금알을 낳는 거위)

방법: stick-writing

아동 반응: 하나의 일화에서 이야기문법을 기억하여 연결하는 능력이 다소 약함. 예를 들어, 계기사건 후 시도를 생각해 내는 데 많은 시간이 걸리거나 힌트를 줘야 하는 경우 종종 있음. so, 지속적인 연습이 필요함

☞ 다음 시간 계속. 단, 총 8개 이상의 이야기문법 없이 이야기하게 유도할 것

2. 〈동화여행 퀴즈〉

자료: 네이버주니어 동화 영상(여우와 두루미)

목표: [이야기] 문장 간, 추론과제 이해

질문 내용 및 아동 반응

1. 두 친구의 관계는? 1. 형제, 2. 친구 3. 엄마아빠

- 1. 형제 →(형제는 같이 살아 따로 살아?) → 같이, 아, 그럼 친구! (중간 생략)

7. 여우 왜 뒷머리 벅벅 긁음? 1. 간지러워서 2. 어떻게 먹을지 고민돼서

- 1 → (아, 여우가 간지러워서 머리를 긁었구나) → 2(수정함) (중간 생략)

10. 근데 두루미가 왜 그렇게 하지 않았을까? 실수로? 일부러?

- 실수로 정답은 '일부러'가 더 적절. 왜냐하면 앞부분에서 '두루미가 화가 나서 돌아갔습니다.'가 나오기 때문에. 아동에게 이 부분을 짚어 주고 다시 질문했으나 여전히 '실수로'라고 말함

☞ 5/10 정반응. 마음읽기에 어려움이 드러남. 일단 이번회기에서는 중재하지는 않았음. 추후 중재 목표에 들어갈 필요 있음(인물의 마음읽기, 속임수, 역설 등)

3. 〈동영상 퀴즈〉

목표: [상위언어] 영상 보며 인과, 단서 추론하기. 아무 말로 대답하지 않기

자료: EBS TV로 보는 원작동화(유튜브 동영상)

질문 내용 및 아동 반응

얘 이름이 영택이인 걸 어떻게 알았어? → △ 보기 주면 맞히지만 자발 응답 X

영택이가 왜 공을 차 주지 않았어? 뭘 보고 알았어? → △

선생님이 석우에게 무엇을 부탁했어? → X (말투만 듣고) 선생님이 화냈어요. 선생님한테 혼났어요.

☞ 어떻게 알았어? 질문, 즉 단서를 찾는 비율은 약 70~80%임. 그러나 언어표현이 약함. 지속할 필요가 있음

상담 내용	from carer: 그룹 수업이 필요할지 고민됨. 2주 뒤 종합심리검사 결과 나오면 이후 어떤 걸 해 줄지 고민 중. 그룹? 개별 인지? to carer: 사회성그룹수업이나 실행기능향상을 위한 인지수업 모두 아동에게 도움이 될 것 같으므로 심리검사 결과 확인 후 고민해 보자고 말함
다음 회기 계획	1) 문제해결의 적절한 언어사용(특히 사실에 대한 문제해결 발화보다는 자신의 감정, 생각의 문제해결과정을 언어로 표현하기 어려워함. 예: "왜 거북이 목을 부러뜨렸어?" "일부러 부러뜨린 게 아니라 만지다가 부러진 거예요."라고 말하지 못함) 2) 이야기 다시 말하기 3) 이야기 만들기 → 이 세 가지를 번갈아 가면서 실시하기

4. 상담(counseling)

1) 부모상담

초기평가, 장 · 단기계획 수립과정에서부터 부모상담은 매우 중요하다. 평가 시 양육자로부터 아동의 일상생활에서의 의사소통문제, 환경적 요구 등을 확인하고 평가 및 계획 수립에 반영하는 것은 매우 중요하다. 회기 중재 중 부모상담은 치료 과정과 그에 대한 아동의 반응을 양육자에게 보고하는 것에서 그쳐서는 안 된다. 양육자를 통해 지속적으로 중재에 대한 변화가 아동의 생활에 적용되고 있는지, 일반화되고 있는지를 확인해야 한다. 또한 아동의 일상생활, 유치원 생활에서의 새로운 문제점 등에 대해 양육자에게 보고받는 것도 중요한 일이다. 이는 추후 새로운 목표 설정 시에 중요한 정보가 될 수 있다.

2) 협력 내용

타 전문가와 협력해야 하는 경우는 크게 외부기관과의 교류와 기관 내에서의 협력으로 나뉠 수 있다. 외부기관 타 전문가와의 협력은 주로 소견서, 평가서 등을 제공받거나 제공하는 경우가 가장 흔하다. 기관 내에서는 다양한 형태로 타 분야와 협력해야 하기도 하는데 전문가들이 모여 정기적으로 회의를 하기도 하고, 타 전문가의 치료에 참여 또는 관찰하거나 타 전문가가 언어재활에 참여 또는 관찰을 할 수도 있다. 참고로 타 전문가에게 보내는 소견서의 예를 〈표 9-6〉에 첨부하였다.

〈표 9-6〉 **타 전문가에게 보내는 언어재활 소견서**

언어재활 소견서

아동이름: ○○○(M, 6;1)　생년월일: 10. 7. 1.　기록일: 16. 8. 6.　연락처:

치료기간: 2016. 6. ~ 현재

언어적 진단명: 언어발달지연(Developmental Language Delay)

평가내용

지난 3월 10일 서울대학교병원에서 받은 전반적인 발달검사와 언어평가 결과에 따라 공식검사는 중복하여 실시하지 않고 비공식검사(이야기이해 및 표현, 자발화수집 및 분석)를 실시한 결과 이야기 이해에서 사실적 이해 질문(예: 누가 나왔어? 무엇을 했지? 어떻게 되었지?)에는 어느 정도 응답하였으나 추론적 이해 질문(예: 왜 놀이터에 갔어? 친구가 오면 무엇을 할까?)에서는 무응답 또는 부적절한 응답을 하는 경우가 대부분이었다. 이야기 표현에서도 발화량 자체는 많았으나 전혀 다른 이야기를 스스로 만들어 내는 등 또래들과 다른 이야기 특성을 보였다. 자발화를 수집하여 분석한 결과 문법 및 구문 표현에서는 다양한 문법 형태소가 산출되었고 복문의 종류와 빈도도 또래와 유사한 정도로 표현되었으나 오류가 많았다. 의미적으로는 어휘다양도(=서로 다른 낱말/총 낱말) 0.39로 다양한 어휘 산출이 약하고 이름대기에 어려움이 있다. 화용적으로는 다양한 의사소통기능이 나타나기는 하지만 부적절한 경우가 많았고 특히 타인의 마음이나 의도를 잘 파악하지 못하고 자신만의 생각을 표현하는 경우가 많아 대화를 길게 주고받는 것에 어려움을 보였다.

언어 목표 및 진전 정도

중재 목표

목표 1. 이야기 이해: 다양한 상황이 나오는 4~7세 동화 이야기에서 이야기문법(배경, 계기사건, 시도, 결과, 내적반응)과 관련된 문장 간 이해 및 추론적 이해를 할 수 있다.

목표 2. 이야기 표현: 주배경+에피소드 2~3개로 이야기 다시 말하기를 할 수 있다.

중재목표에 대한 아동반응 및 진전 정도

사실적 이해에서는 많은 향상을 보이고 있으나 아직 추론적 이해에서는 관습적 판단보다는 자신만의 생각으로 판단하는 경향이 있어 계속적 중재가 필요하다. 이야기 표현은 간단한 나열식으로 주어진 내용을 표현할 수 있으나 좀 더 이야기문법에 맞게 표현하도록 중재가 필요하다.

Comment

아동은 무엇보다도 담화영역(대화기능 및 이야기하기)에 취약함을 보이는 것으로 판단됩니다. 여기에 전제기능(내가 알고 있는 것을 상대방도 알고 있는지 스스로 확인하는 능력), 세상사에 대한 관습적 이해(예: 흔들거림을 표현하는 그림 기호 이해), 추론하기, 마음읽기능력 등의 어려움이 결합되어 더욱 낮은 수행을 보이게 하는 것으로 보입니다. 특히 또래와의 놀이 상황에서 지속적 대화 유지에 어려움을 보일 수 있으므로 주의 깊게 관찰할 필요가 있을 것 같습니다. 추후 대화기능 향상을 위한 그룹치료도 고려하고 있습니다.

보고서 작성자: 1급 언어재활사 권○○ (서명)

5. 질의응답(Q & A)

Q1. 치료를 얼마나 자주, 언제까지 해야 하나요?

A1. 언어는 일상생활을 하는 데 매우 중요한 도구이므로 치료 빈도가 높아도 좋겠지만 최소 주 2회 이상을 권장합니다. 종결 시점이라는 것은 보통 아동의 언어 능력이 아동의 생활을 제한하지 않는다고 판단될 때가 될 것입니다. 그것은 주변 환경이 아동에게 어느 정도의 언어능력을 원하는지에 따라서 약간 차이가 있을 수도 있지요. 넓게 보면 아동의 언어능력(화용포함)이 가족이나 친구들과의 어울림에 영향을 주는지, 또는 일상적 사회 규범에 부적절한 영향을 주는지가 종결의 기준이 될 수 있습니다. 그러나 학교에 가면 언어는 읽기 쓰기를 포함한 학습언어, 즉 배우기 위한 언어, 고급화된 언어(발표하기 등)로 발전되기 때문에 이 부분까지 고려할 필요가 있겠습니다.

Q2. 구조적인 활동이 좋은 것인가요? 자연스러운 놀이 활동이 좋은 것인가요?

A2. 언어재활의 방법은 자연성에 따라, 아동의 자연스러운 놀이 상황에 언어재활사가 개입하는 아동중심법에서부터 언어재활사가 정해 놓은 틀에 맞춰 아동의 반응을 유도하는 치료사중심법으로 나뉠 수 있습니다. 어떤 방법을 사용하는지는 정해져 있지 않습니다. 간혹 어떤 보호자는 그것이 치료사의 스타일로 정해져 있다고 생각하시는데 좋은 치료사는 그 스타일이 있지 않고 아동의 상황에 따라, 현재 목표에 따라 선택하는 것입니다. 같은 아동에게도 구조적인 활동을 하다가 놀이 상황에서 중재를 할 수도 있습니다. 예를 들어, 아동이 가지고 있는 능력을 사용하는 것에 어려움이 있을 때는 놀이 상황에서 중재를 하는 것이 효과적이지만 새로운 구문, 문법 등을 가르쳐야 할 때는 그 자체에 집중하게 하기 위해 치료사중심법이 효과적이기도 합니다.

6. 향후 계획(future plan)

단순언어장애의 아동은 언어적 의사소통이 어느 정도 원활해지면서 치료를 종결하게 되는 경우가 종종 있다. 그러나 종결하기 전에 반드시 학교에 들어가서 필요한 언어생활[① 교실 언어(선생님 언어, 친구들과의 담화), ② 학습 언어(읽기, 쓰기 및 배우기 위한 언어)] 습득에 어려움이 있을지 확인하고 종결을 하더라도 추후 모니터링을 하는 것이 필요하다.

단순언어장애아동의 어려움 중에는 세 명 이상의 친구들과의 어울림이 힘든 아동들이 종종 있다. 이러한 문제는 특히 학교에 입학하면서 두드러지기 때문에 또래와의 어울림도 주의깊게 살펴보고 도움을 줄 수 있어야 한다.

조음음운의 어려움을 동반하는 단순언어장애아동은 음운인식이나 음운기억 등의 문제로 추후 읽기해독에 어려움을 가질 수 있다. 따라서 충분한 읽기 교육을 받았음에도 읽기 쓰기에 어려움이 있는 지 확인하고 어려움이 있는 경우 조기에 읽기 치료를 해 준다면 큰 도움이 될 것이다.

Ⅲ. 사회적 의사소통장애(복지관)

사례: 장OO 초2 남

1. 핵심 이론(core knowledge)

1) 사회적 의사소통장애[social(pragmatic) communication disorder]의 정의(DSM-5)

A. 언어 또는 비언어 의사소통의 사회적 상황에서 다음과 같은 지속적인 어려움이 있음

1. 인사나 정보 나누기 등의 사회적 목적을 위한 의사소통을 상황에 적절한 방

법으로 사용하는 데 결함

2. 청자의 요구나 맥락에 맞추어 의사소통 방식을 바꾸는 데 결함(예: 교실 vs. 운동장, 또래 vs. 어른, 친한 사이 vs. 아는 사이)
3. 대화나 이야기 말하기의 규칙에 어려움(예: 대화에서 주고 받기, 상대방이 잘못 이해했을 때 다시 설명하기, 상호작용을 조절하기 위한 언어 및 비언어 신호 사용하는 방법)
4. 확실하게 언급되지 않은 것(예: 추론하기), 비문자적 또는 중의적 의미의 언어를 이해하는 네 어려움(예: 숙어, 유머, 은유, 맥락에 따라 달리지는 다양한 의미)

B. 효과적인 의사소통, 사회 참여, 사회적 관계, 학문적 성취, 작업 능력 중에서 하나 또는 그 이상의 기능적 결함으로 나타남

C. 발생시기가 초기 발달단계임(그러나 사회적 의사소통의 요구가 제한된 능력을 넘어설 때까지 이 결함들이 진술되지 않을 수 있음)

D. 이 증상들은 다른 의학적 신경학적 상태에 영향을 주거나 단어구성이나 문법능력을 약화시키지 않으며 자폐스펙트럼장애, 지적장애, 전반적발달장애, 기타정신장애로 설명되지 않음

2) 사회적 의사소통장애의 의사소통관련 특성

〈표 9-7〉 **사회적 의사소통장애의 의사소통관련 특성**

화용적 특성	언어적 특성	자폐적 특성
• 담화에서 응집력 약함 • 대화 주제를 주도하려 함 • 부적절하거나 과도한 정보를 제공함 • 대화에서 반응이 약함 • 부적절한 반응 • 주제 유지의 문제 • 장황함/ 불필요한 말이 많음	• 적지만 지속적 구문 오류 • 어휘 지체나 나이에 비해 어려운 어휘 사용(현학적 표현) • 이름대기오류 • 추상적 단어 의미 오류 • 구어 언어 해석 오류 • 구어적 추론 어려움 • 문맥 속 의미 해석 오류 • 이야기 구성 어려움	• 상투적 언어표현 • 부적절한 억양 • 부적절한 비언어 의사소통 • 사회적 상호작용 어려움 • 친구들과 관계 맺기 어려움 • 부차적 행동 문제 • 불안 등 정서 관련 문제 • 유연성 부족

3) 근거 기반 사회성 상호작용 중재법(Adams & Gaile, 2015)

- Social Skills Intervention: 사회적 상호작용 향상을 위한 수단으로서 의사소통 행동(예: 인사하기, 화자 쳐다보기)을 가르치는 것이 목표. 행동주의 기법기반(모델링–강화)
- Direct Intervention for Pragmatics and Social Communication: SSI보다 좀 더 의사소통과 화용에 목표. 개별화된 기술이 되기 위한 전략 사용(감정 포함)
- Language Intervention for Conversation Skills: 대화 주고받기(esp. 반응, reaction에 대한 인식) 강조. 초반에는 ASD, PLI보다는 SLI 아동을 위한 프로그램이었음
- Indirect Intervention in a School-based Consultancy Model: 학교 환경에서 치료사가 자문역할을 하며 간접적으로 중재하는 방법

2. 평가(assessment)

1) 초기면담(담당자: 사회복지사 및 복지관 담당 직원)

(1) 사전 면담

- 전화 의뢰: 기본 정보 및 주 호소, 현행 수준에 대한 초기 정보를 파악하였다.
- 초기 대면 면담 일정을 조정하였다.

(2) 초기 대면 면담

- 대면 면담지를 통하여 대상자의 발달과정 및 구체적인 주 호소를 파악하였다.

2) 평가 과정(담당자: 언어재활사)

(1) 초기평가 계획

- 평가 계획 수립: 초기 대면 면담과정에서 언어평가에 의뢰되어, 면담 내용을 살

펴보고 평가 계획을 수립하였다. 〈표 9-8〉을 통해 평가 계획의 구체적 항목을 확인할 수 있다.

- 평가 절차, 일정에 대한 안내 및 일시 조정: 의뢰자(양육자)와 전화통화로 실시하였다.

(2) 평가 실시

- 평가 실시: 양육자 면담, 공식평가, 비공식 평가를 실시하였다. 이 아동의 경우 화용의 문제가 주 문제였으므로 부모면담, 대화 등을 통한 비공식 평가를 위주로 실시하였다.
- 평가 후 상담 일정을 안내하였다.

3) 평가 결과(담당자: 언어재활사)

(1) 평가 결과 상담 및 추후 일정 안내

- 평가 결과 보고서 작성: 〈표 9-8〉의 내용을 근거로 하여 평가 결과 보고서를 작성하였다.
- 평가 결과 상담: 의뢰자(양육자)에게 대상자의 강점과 약점에 대해 상세하게 설명하였다.
- 치료 방향, 내용, 일정 안내: 주 1회 개별, 주 1회 그룹 치료로 결정하였다.

〈표 9-8〉 평가 결과 요약

Child's Information

- 주 호소: 언어적 표현이 어색하고 친구들과 어울림이 약함
- 발달력: 임신 출산에 큰 문제는 없었고 첫 낱말 표현 12개월경 시작, 두 낱말 조합 2세경 나타남. 신체 발달에는 특이한 문제 없었음
- 치료력: 7세경 표현 향상을 위해 약 6개월 언어재활 받았었음
- 교육력: 일반학교에 2학년 재학 중이며 영어, 수학학원 다니며 학습지 지도 받고 있음
- 현재의 어려움: 의사소통상황 및 감정에 대한 정확한 이해 부족으로 친구 관계 맺기 약함

언어평가			비언어평가	
language(공식검사)	language(비공식 평가)	Speech	비공식 평가	공식검사
LSSC_학령기언어평가 총점: 정상발달 *비유문장이해과제에서 약간 낮은 수행력을 보인 반면, 문법오류 및 복문 산출 과제에서는 매우 뛰어난 수행력을 보임	의미 –대화에서 어휘 사용의 어려움이 발견되지 않음 구문/문법 –대화에서 다양한 복문 사용 가능. 발달적으로 문제되는 오류 발견되지 않음 –이야기 및 대화에서 구문, 문법 문제 발견되지 않음	APAC <u>자음정확도</u> 정상 발달. 문제가 발견되지 않음 <u>말소리오류/패턴</u> 정상 발달. 문제가 발견되지 않음	상징놀이/사회적놀이 –친구들과 의 놀이에 자발적으로 참여하기 어려워하고 일단 놀기 시작해도 지속적으로 참여하지 않고 자신이 좋아하는 활동(예: 스도쿠, 수학문제 풀기)으로 이동함	WISC III N/A K-CTONI _ 한국비언어지능검사-2 전체척도: 140 최우수
REVT_수용·표현 어휘력 검사 수용어휘력: 원점수 83점, 등가연령 8;0~8;6, 백분위 10~20%ile 정상발달(–1표준편차~평균) 표현어휘력: 원점수 99점, 등가연령 9;6~9;11 백분위 90%ile 정상발달(+2표준편차)	화용 <u>대화운용</u> –대화 시, 주제가 아동이 선택한 것이었을 때는 대화 유지에 큰 어려움 없는 편이었으나 치료사가 새로운 주제를 꺼내는 경우 반응하지 않거나 관련 질문을 하지 않아 지속되기 어려웠음 <u>이야기</u> –이야기 다시 말하기에서 지나치게 장황하게 말하는 경향이 있음 –자발적 이야기 산출에서는 청자를 고려한 정보제공 또는 수정 전략(청자가 이해하지 못했을 때 정보 수정하여 다시 설명하기 등)이 약함 <u>부모보고 및 관찰</u> –타인의 관심사 따라가기 어려움: 설명듣기, 관련질문하기 –보편적 세상사 관심, 주변에 대한 인식 약함 –친구들과 어울리지 않고 학교에서 주로 혼자 책만 봄, 참여활동에서 소극적임	구강구조/구강운동능력 문제가 발견되지 않음		
구문의미이해력검사 원점수 50점, 백분위 58%ile 평균~1표준편차		자발화 명료도 말소리 오류가 나타나지는 않으나 소리가 작고 혼잣말하듯 말하여 명료한 전달이 어려운 경우가 있음	감각 및 운동 능력 문제가 발견되지 않음	
언어문제해결력검사 총점: 50점, 85%ile –원인이유: 16점, 70%ile –해결추론: 18점, 70%ile –단서추측: 16점, 90~95%ile				

KORLA_한국어읽기평가 선별검사에서 통과 부모 보고로도 읽기에는 문제 없음	–타인의 관점에 맞춰 설명하기 어려움(참조적의사소통기술/전제인식) –사회적 상황인식(메타화용인식) 능력 부족으로 상황흐름을 이해하지 못하는 경우 많음 –속뜻이 있는 언어 이해가 부족함 –이숍우화와 같은 이야기에서 교훈을 찾지 못함 –감정에 대한 이해가 부족함(의사소통 상황 및 이야기)	기타 특이사항 없음		
임상적 인상 및 기타 사항				

3. 중재 계획(intervention plan)

중재 목표 설정은 앞서 제시한 평가 결과를 종합하여 ① 필요성(발달적으로 현재 부족한 영역이 무엇인가, 어떤 목표가 아동의 현재 언어 생활에 가장 도움이 될까), ② 효율성(어떤 목표가 아동의 전반적인 언어에 넓게 영향을 줄 수 있을까, 어떤 목표가 빠르게 도달할 수 있을까), ③ 부모요구(아동의 일상 언어에서 양육자가 가장 시급하게 원하는 것이 무엇인가) 등을 확인하고 이를 고려하여 다음과 같이 목표를 설정하였다.

〈표 9-9〉 **장 · 단기 목표**

1. [세상사 지식 늘리기] 학교, 지역사회, 또래 놀이 및 관심사, TV 프로그램 등에서 나타나는 세상사 지식 알기

2. [상위언어: 메타화용인식]
   2.1. 맥락/세상사지식 이해
   2.2. 언어이해(합성어, 파생어의 의미 유추, 비유어–비꼬는 말, 관용어, 속담 등)
   2.3. 부차언어(억양, 말투, 음성크기) 및 비언어(제스처, 눈짓, 몸짓, 표정) 이해

3. [사회적 의사소통: 타인과 공감하며 대화하기]
   3.1. 마음읽기: 감정 및 감정어 이해
   3.2. 대화 상대의 의도, 마음 파악하며 대화하기
   3.3. 지나치게 규범적인 것 탈피. 다양한 생각에 대한 이해와 인정
   3.4. 지나치게 장황하게 설명하지 않기

4. [사회적 의사소통: 친구들과 협력/의논하며 놀이 및 활동 지속하기]-그룹

핵심 이론(core knowledge) 부분에서 설명했던 근거기반 중재 기법 중 Language intervention for conversation skills와 Direct intervention for Pragmatics and social communication을 적용하여 중재하였다. 목표별 활동의 구체적 내용은 다음과 같다.

(1) 세상사 지식 늘리기

아동의 주변 상황 및 관심사를 확장시키고 이를 이용해 대화 주제유지를 위한 목표였다. 주로 아동 주변에서 일어나는 학교, 지역사회, 또래 놀이 및 관심사, TV 프로그램 등에서 주제를 선정하여 찾아오게 하는 과제를 미리 주고(예: 우리 반 친구들은 모두 몇 명? 남학생 몇 명? 여학생 몇 명? 친구들은 쉬는 시간에 주로 무엇을 하나? 내 짝은 무엇을 좋아하는 것 같은지? 등) 그 주제를 이용하여 대화를 지속하였다.

(2) 상위언어: 메타화용인식

아동 또래의 학교생활이 담긴 이야기 동영상을 자료로 하여 1. 맥락/세상사 지식 이해, 2. 언어이해(합성어, 파생어의 의미 유추, 비유어-비꼬는 말, 관용어, 속담 등), 3. 부차언어(억양, 말투, 음성크기) 및 비언어(제스처, 눈짓, 몸짓, 표정) 이해 등에서 확인해야 할 속뜻을 파악하게 하였다.

(3) 사회적 의사소통: 타인과 공감하며 대화하기

1. 마음읽기: 감정 및 감정어 이해, 2. 대화 상대의 의도, 마음 파악하며 대화하기, 3. 지나치게 규범적인 것 탈피. 다양한 생각에 대한 이해와 인정, 4. 지나치게 장황하게 설명하지 않기 등의 하위 목표 중 2, 4를 위한 활동자료를 참고로 〈표 9-10〉에 제공하였다.

〈표 9-10〉 **타인과 공감하며 대화하기 중재 활동의 예**

목표/자료/아동반응
(지난 주 아동이 롯데월드 간다는 정보를 듣고 중재자는 아동에게 롯데월드에서 탔던 놀이기구와 느낌 등 생각해 오기를 과제로 제공하였다.) 1) 롯데월드에서 있었던 일 이야기하기 → 자이로스핀, 후렌치레볼루션, 후룸라이드, 파라오의 분노, 월드모노레일, 혜성특급, 회전그네 2) 각 놀이기구에 대해 설명하기 → 설명이 어려울 때 그림을 그리거나 몸 동작을 사용하여 설명하도록 유도함. good(아동 설명 시, 치료사 "그건 좀 무섭겠네? 아, 난 위에서 떨어지고 그런 건 무서워서 잘 못 타.") 3) 상대방에게 맞춰 추천하기 "나는 거기 가면 뭐 타는 게 좋을까? 나는 무서운 건 잘 못 타는데……. 네가 추천 좀 해 줄래?" → 후룸라이드, 파라오의 분노, 회전그네 추천(치료사: 왜 그걸 추천했는데?) → 선생님이 아까 무서운 거 못탄다고 했잖아요. 이건 좀 덜 무섭거든요.

(4) 사회적 의사소통: 친구들과 협력/의논하며 놀이 및 활동 지속하기-그룹

아동이 학교에서 모둠활동에 참여하는 것에 어려움을 갖는다는 보고에 따라 그룹 상황을 학교 모둠과 유사한 환경으로 구성하여 그 안에서 필요한 다양한 의사소통기술을 사용할 수 있도록 구성하였다. 구체적 내용은 〈표 9-11〉에 제시하였다.

〈표 9-11〉 **사회적 의사소통을 위한 교과 활용 실제의 예**

교과 활용 사회성 그룹프로그램
[활동 1] 상자 속 물건 맞히기 (선생님이 먼저 상자 속 물건 맞히기 시범을 보인 뒤) 1) A 아동은 친구들이 안 보이는 곳에서 상자에 물건 하나(솜, 못, 지우개, 작은 물통)를 넣고 그 안에 무엇을 넣었을지 친구들에게 맞혀 보게 한다. [주장하기-제안 및 질문하기] 예: "OO아, 이 통에 뭐가 들었는지 맞혀 봐……. OO아, 너는?" 2) A 아동은 친구들에게 각각 이유를 물어보고 친구들은 대답한다. [질문하기-생각 말하기] 예: " 왜 그게 있을 거라고 생각해?, 왜 그렇게 생각해? - 아무 소리도 안 나니까."

[활동 2] 비밀 가루 알아맞히기
1) A 아동은 가림판 뒤에서 설탕, 소금, 고춧가루, 후춧가루 중 하나를 골라 놓고 질문을 요청한다. [주장하기_제안] 예: "나 다 골랐으니까 이제 질문해 봐."
2) 다른 친구들은 A 아동에게 색깔, 냄새, 맛, 물에 녹는 성질에 대해 질문한다. [질문하기]
예: "색깔이 어때?", "무슨 냄새가 나?", "무슨 맛이 나?", "물에 녹아, 안 녹아?"
3) 질문한 두 친구는 서로 조용히 상의한 뒤 선생님이 '하나 둘 셋!' 하면 함께 정답을 외친다. [의논하기 및 응답하기] 예: "나는 소금 같은데 너는 어때? 또는 그럼 설탕으로 답 말할까?"
4) A 아동은 정답 여부를 말해 준다. [코멘트하기]

4. 상담(counseling)

1) 부모상담

초기평가, 장·단기계획 수립과정에서부터 부모상담은 매우 중요하다. 평가 시 양육자로부터 아동의 일상생활에서의 의사소통문제, 환경적 요구 등을 확인하고 평가 및 계획 수립에 반영하는 것은 매우 중요하다. 회기 중재 중 부모상담은 치료과정과 그에 대한 아동의 반응을 양육자에게 보고하는 것에서 그쳐서는 안 된다. 양육자를 통해 지속적으로 중재에 대한 변화가 아동의 생활에 적용되고 있는지, 일반화되고 있는지를 확인해야 한다. 또한 아동의 일상생활, 학교생활에서의 새로운 문제점 등에 대해 양육자에게 보고받는 것도 중요한 일이다. 이는 추후 새로운 목표 설정 시에 중요한 정보가 될 수 있다.

2) 협력 내용

타 전문가와 협력해야 하는 경우는 크게 외부기관과의 교류와 기관 내에서의 협력으로 나뉠 수 있다. 외부기관 타 전문가와의 협력은 주로 소견서, 평가서 등을 제공받거나 제공하는 경우가 가장 흔하다. 기관 내에서는 다양한 형태로 타 분야와 협력해야 하기도 하는데 전문가들이 모여 정기적으로 회의를 하기도 하고, 타 전문가의 치료에 참여 또는 관찰하거나 타 전문가가 언어재활에 참여 또는 관찰을 할 수도 있다.

5. 질의응답(Q & A)

Q1. 사회성 향상을 위한 치료는 왜 필요한가요?

A1. 일반적인 사람들은 다른 사람들과 어울리는 기술을 특별한 배움 없이 자연스럽게 습득하지만 어떤 사람들은 사회적 기술을 습득하는 데 유난히 어려움을 갖기도 합니다. 그래서 보통 사람들은 다른 사람들과 어울리는 기회를 많이 갖기만 하면 쉽게 가질 수 있는 능력이라고 생각하지요. 그러나 실제로는 사회적 기술이 약하면 어울리기 어렵고 그러다 보면 어울릴 기회를 갖지 못하며, 그로 인해 사회적 기술을 습득할 수 있는 기회를 얻을 수 없는 악순환이 반복됩니다. 때문에 사회적 어울림, 즉 또래놀이가 중요한 시기에서부터 사회적 기술 향상을 위한 특별한 도움이 필요하고 이를 적용하여 실제로 놀이에 참여하는 기회를 갖게 노력하는 것은 매우 중요한 일이라고 할 수 있습니다.

6. 향후 계획(future plan)

사회성 치료는 보편적 사회적 기술을 습득에서부터 시작하지만 궁극적으로는 개별 아동(학생)이 일상 및 학교생활에서 겪는 사회적 어려움을 찾아내고 직접적으로 도움을 줄 수 있어야 한다. 치료사는 각 아동의 일거수일투족을 다 알 수 없기 때문에 끊임없이 아동의 보호자나 아동으로부터 어떤 상황에서 어려움을 겪는지 상담을 통해 찾아내고 필요한 사회적 기술을 어떻게 중재할 수 있을지 고민해야 한다.

Ⅳ. 학령기 지적장애아동(개원 언어재활센터)

김○○(만 12;4, 남, 초5)

1. 핵심 이론(core knowledge)

1) 지적장애아동의 진단기준

지적장애(intellectual disability)는 "지적 기능성과 개념적, 사회적, 실제적 적응 기술로 표현되는 적응행동의 두 영역에서의 현저한 제한을 보이는, 18세 이전에 시작되는 장애"(2010, AAIDD)로 정의된다. 지적장애의 진단 기준은 지적 능력 면에서 또래 평균에 비해 현저하게 낮은 −2SD 이하이며 개념적 기술(언어와 문해기술, 금전 및 시간개념), 사회적 기술(대인기술, 사회문제해결 기술), 실제적 기술(일상생활 활동, 직업기술 등)의 세 가지 영역 전반적 능력이 또래 평균보다 −2SD 이하로 나타나는 경우이다.

2) 지적장애아동의 언어적 특징

언어 및 의사소통의 문제는 지적장애아동의 인지능력 결함으로 나타나는 가장 심각한 적응행동 문제 중의 하나로 언어영역 전반에 걸쳐 지체를 나타낸다.

지적장애아동의 구문구조 발달순서는 일반아동과 유사하지만 발달 속도가 느리며, 정신연령이 비슷한 일반아동에 비해 문장의 길이가 짧고 단순한 문장을 사용하는 특징이 나타난다. 또한 새로운 구문형식을 습득하는 데 시간이 오래 걸린다

음운론적 측면에서 지적장애아동은 일반아동에 비해 조음오류가 많은데 가장 빈번한 조음오류는 자음생략이며 일관적이지 않다는 점이 특징적이다.

의미론적 측면에서 지적장애아동은 일반아동에 비해 이해 및 표현 어휘량이 적고, 낱말의 의미를 고정적으로 사용하는 경향이 있으며, 비유적 의미의 이해 및 사용에 특히 어려움이 있다.

지적장애아동은 언어의 사용 측면에서도 문제점이 나타나는데 제스처 같은 비언어적 의사소통의 발달이 느리다. 또한 전제 능력의 발달이 느리고 참조적 의사소통능력이 지체되어 있어 정신연령이 동일한 일반아동들에 비해 참조물을 구별하는데 어려움이 있다. 또한 대화상대자의 정서상태를 판단하는 능력이 부족해 대화 시 부적절한 반응을 하는 경향이 있고, 의사소통능력이 있음에도 소극적으로 대화에 참여하는 경향이 있다.

3) 지적장애아동의 언어평가 시 고려할 점

지적장애아동의 언어평가 계획 시 아동이 구어적 의사소통자인지 여부를 우선적으로 고려해야 한다. 대상자의 생활연령보다 언어이전 수준, 단언어 혹은 초기 다단어 수준, 문장 수준과 같이 다양한 언어 수준별로 대상자에게 유용한 기법을 살펴보는 것이 중요하다. 또한 진단의 일차적 초점을 정보전달을 위해 아동이 구어 이외의 어떤 의사소통 수단 및 행동을 사용하는지, 의사소통의 기능 및 목적이 무엇인지를 인식하는 것에 두어야 한다. 즉, 사회적 맥락에 맞게 언어를 기능적으로 사용하는지를 우선적으로 고려해야 할 것이다. 또한 언어 및 의사소통 능력과 관련 있는 인지능력과 사회, 정서적 행동 등 제반 발달영역도 함께 고려해야 하며 의사소통환경의 질적인 측면도 함께 평가해야 한다.

4) 지적장애아동의 언어중재 전략

지적장애아동에게만 적용되는 치료기법이 따로 있는 것이 아니라 일반적으로 언어발달에 어려움이 있는 아동들에게 적용하는 기법이 적용되나 아동의 인지적 특성을 고려해야 하며 특히 조기중재가 중요하다(김영태, 2014; 황보명, 김경신, 2010; Paul, 2007).

- 새롭거나 연관성이 자료를 제시하는 경우 시각적 단서를 활용하여 정보에 집중하고 중요 정보를 파악할 수 있도록 지원해야 한다.
- 정보를 미리 조직화해서 제시함으로써 효과적으로 기억하는 데 도움이 되도록

지원한다.

- 지시와 절차를 분명히 제시하고 감각적으로 지각해 볼 수 있도록 과제를 관련시켜 주는 것이 좋다.
- 과제 시행 전 전체적으로 훑어볼 수 있는 전략을 사용하도록 하고, 실제 상황과 유사한 상황이나 자료를 사용해야 한다.
- 기억력을 촉진하기 위해 인지적인 조직화와 시연전략을 사용할 수 있도록 하며 과잉학습과 반복을 사용해야 한다.
- 초기 훈련 시에는 구체적이고 친숙한 사물이나 사람, 상황을 활용하며, 자극단서를 점차 변화시키고 연속적인 회기 동안 한 번에 한 번씩 제시하는 것이 좋다.
- 언어중재목표 선정 시 가장 중요한 기준은 목표언어가 아동에게 유용한 것이어야 하며, 너무 많은 새로운 항목을 한번에 소개하지 않는 것이 좋다.
- 중재 훈련 단서나 촉구, 자료들은 점차 쉬운 것에서 어려운 것으로 난이도를 조절하며 변화시키는 것이 필요하다.

2. 평가(assessment)

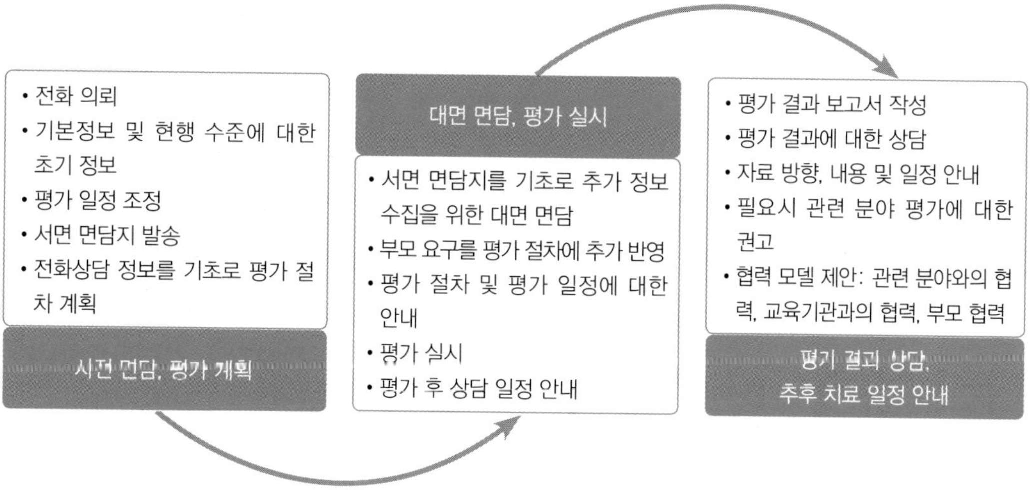

[그림 9-3] **개원 언어재활센터의 초기평가 진행 과정**

1) 사전 면담 및 평가 계획하기

Child's Information

- 주 호소: ○○ 아동은 11세 4개월 남아로 발음이 부정확하고 부족한 언어이해 및 표현으로 인한 의사소통의 어려움을 주 호소로 평가의뢰되었다. 아동은 다운증후군으로 지적장애 2급 진단을 받았다.
- 발달력: 임신과 출산과정에 문제가 없었으나 신체발달은 또래보다 느렸다고 한다. 언어발달은 또래보다 느려 첫 낱말을 돌 이후 '엄마'로 산출하고, 2~3낱말 조합은 3~4세경에 나타났으며, 6세경 '이거 뭐야' 등 질문이 많아지면서 언어표현이 늘어났다고 한다. 현재 아동은 4~5어절의 간단한 복문 표현은 가능하나 일상적 대화에서 3~4어절로 문장을 주로 사용한다고 한다. 읽고 쓰기 면에서는 학교 입학 전 한글을 떼어 읽기 쓰기는 가능하나 받침이 어려운 글자는 헷갈려하며, 읽고 이해하는 데 어려움이 있다고 한다.
- 치료력: 만 3세경부터 지금까지 복지관과 개원 언어재활센터에서 언어 및 인지치료 주 2회씩 받고 있으며, 4세경 작업치료를 받았다고 한다.
- 교육력: 학습지 교육, 태권도
- 가족력은 없음
- 현재의 어려움: 학교에서 표현과 발음 문제로 싸움이 나기도 하며 자신감이 부족하다고 한다. 고집이 세며, 역할놀이를 좋아한다고 한다.

아동의 어머님이 본 기관에 전화로 평가 및 치료에 관한 문의를 해 와 1차 전화상담을 진행하였다. 어머님에게 아동의 기본 정보를 듣고 현재 아동의 언어 및 의사소통 수행 수준에 대한 간략한 정보를 수집하고, 부모의 요구사항을 파악한 후 평가 일정을 상의하였다. 아동의 좀 더 구체적인 배경 정보를 수집하기 위해 우선 이메일로 사례 면담지 양식을 보내 드리고 평가일에 제출할 것을 요청하였다. 아동의 전화상담 내용을 기초로 계획한 평가 절차는 다음과 같다.

〈표 9-12〉 **아동 평가계획서 샘플**

평가 절차 계획
1. 언어
  1) 공식평가
    - 학령기 아동 언어검사(LSSC, 이윤경 외, 2015): 면담 후 결정
    - 수용·표현 어휘력 검사(REVT, 김영태 외, 2009)
    - 구문의미이해력검사(배소영 외, 2004)
    - 언어문제해결력검사(배소영 외, 2000)
  2) 비공식평가
    - 자발화 수집 및 분석(캠프경험 등 일상생활 주제로 한 대화, 15분)
    - 개구리 이야기 회상 평가
2. 읽기 쓰기
  -한국어읽기검사(KOLRA, 배소영 외, 2015): 면담 후 결정
3. 말
  - 우리말 조음음운검사(U-TAP, 김영태, 신문자, 2004)
4. 유창성
  - 평가 시 관찰

2) 대면 면담 및 평가 실시

평가 당일 우선 어머님이 작성해 온 면담지를 기초로 아동의 추가 정보를 수집한 후 평가절차를 안내하였다. 어머님이 아동의 학교생활에서 겪는 어려움에 대해 염려가 많고, 읽기/쓰기가 어느 정도 된다는 추가 보고를 받은 후 '면담 후 결정'으로 보류해 둔 학령기 언어검사와 읽기/쓰기 검사를 실시하였다.

본 검사가 실시되기 전에 아동과 간단히 인사를 나누고 아동이 좋아하는 것이 무엇인지를 물어보면서 라포를 형성하고, 실시할 검사내용에 대해 안내하였다. 검사절차는 첫 회기 검사에서는 아동이 좀 더 편히 수행할 수 있는 공식 검사를 먼저 진행하고 이야기 검사로 마무리하였다. 2회기에 아동이 검사자에게 익숙해졌을 때 일상생활과 관련된 주제로 대화를 나누면서 자발화를 수집한 후 언어문제해결력 검사나 학령기 검사 등을 실시하였다. 평가 종료 후 부모님과 추후 평가 결과 상담 일정을 조정하였다.

3) 평가 결과 상담 및 추후 치료일정 안내

평가 종료 후 일주일 이내 평가 결과를 분석하고 결과 보고서를 작성하였다. 어머님에게 평가 결과를 요약해서 의미, 구문, 화용 및 담화, 조음, 읽기 분야에서의 강점과 약점을 설명해 드린 후, 부모님의 치료에 대한 기대요구 등을 반영하여 우선적으로 중재가 필요한 치료영역에 대한 상담을 진행하고 주 2회 언어재활을 권고하였다. 또한 치료 과정에서의 가정 협력의 중요성을 설명하고, 필요하다면 학교나 다른 기관에서의 아동의 상황을 공유할 수 있는 협력이 필요함을 강조하였다.

〈표 9-13〉 **아동 평가 결과 요약**

영역				아동의 현행수준	강점 및 약점	중재 우선순위*
의사소통영역	언어	전체 언어		LSSC: 전체언어지수 48(1%ile 미만) 수용언어지수 43(1%ile 미만) 표현언어지수 55(1%ile 미만)		
		수용언어	의미	REVT-R: 원점수 54(10%ile 이하) LSSC: –상위개념 이해: 환산점수 1점(–2SD 이하) –비유문장 이해: 환산점수 5점	–일상생활 어휘에 대한 이해는 가능하나 비친숙한 어휘(돛, 만국기, 겨루다)나 추상적 어휘(실망하다)에서 오류 보임 –상위개념이해에 어려움이 있으나 학용품, 악기, 운동, 식물 등에 대한 상의어 이해는 가능하며, 그림자극이 있는 문항에서는 58%의 정답률을 보였음	√P
			문법	구문의미이해력: 원점수 11점(1%ile 미만)	이어진 문장이나 간단한 내포문 이해는 가능하나 사동문이나 비유적 표현이 포함된 경우 오류가 관찰됨	√
		표현언어	의미	REVT-E: 원점수 43(10%ile 미만) LSSC: 상의어표현 환산점수 2점(–2SD 이하), 반의어 환산점수 1점(–2SD 이하), 동의어 환산점수 6점(1–2SD) 자발화분석: NDW142, NTW 289, TTR 0.49	이해어휘에 비해 표현어휘가 현저히 적으나 동의어 표현에서는 개인내적으로 강점이 보임. 자발화 상황에서 어휘 유형은 많지 않으며, '이용권' 등의 어휘 사용이 관찰되나 대체적으로 일상 어휘를 반복해서 사용함	√P

	문법	LSSC: 문법오류수정, 환산점수 1점(−2SD 이하) 복문 산출 환산점수 1점(−2SD 이하) 자발화분석: MLUw 4.04, MLUm 7.22 50발화 중 24개 복문 산출	주로 단문으로 표현하지만 대등하게 이어진 문장은 자주 관찰, 종속적으로 이어진 문장이나 안긴 문장 사용은 드물게 관찰되며, 복문구성하기나 오류 수정하기 등 상위 구문능력은 어려움이 많음	√
화용 및 담화	주제유지	자발화상황에서 84% 정도 주제를 유지	대화 후반부로 갈수록 주제에서 벗어나는 경우가 많으며, 질문과 관계없는 답을 하거나 적절한 답이라도 문장의 정확도가 떨어짐	
	상위언어능력	언어문제해결력 검사: 원점수 9점(1%ile 미만)	일상생활과 관련된 ‘우산이 없을 때, 길을 모를 때, 더울 때’ 등과 관련된 해결추론 질문에 대해서는 적절히 반응하나 이외의 추론에 어려움이 있음	√
	담화이해	−KOLRA 듣기이해: 표준점수 44점(1%ile 미만) −LSSC 듣기 이해: 환산점수 1점(−2SD 이하)	추론질문은 두 검사 모두 오반응, 사실이해 질문에서도 모른다는 반응이 많이 관찰됨	√P
	담화표현	개구리 이야기 회상 산출 검사를 시도하였으나 실시 못함		
읽기/쓰기		KOLRA: 읽기지수 2 표준점수 32점(1%ile 미만) 읽기언어지수 2: 표준점수 29(1%ile 미만), 1학년 평균 미도달 해독: 원점수 33점(표준점수 29) 읽기이해: 원점수 3점(표준점수 59) 읽기유창성: 원점수 25.8점 받아쓰기 원점수 20점(5%ile 미만)	자소 음소 대응규칙을 적용할 수는 있으나 음절구조가 복잡한 경우에는 오류가 빈번히 관찰되며, 음운규칙 적용된 낱말읽기에 어려움이 있음. 전반적으로 읽기쓰기에 어려움이 있음	√
조음		U−TAP: 낱말수준 자음정확도 81.3%, 문장수준 자음정확도 79%, 모음은 모두 100% 오류패턴은 주로 생략이며 연구개음생략 > 비음생략 > 유음생략 > 종성생략 순으로 오류율이 높음		√P
유창성			자발화 상황에서 단어나 구의 일부를 반복하거나 수정하는 모습이 관찰됨	

관련 영역	인지		선택적 주의집중, 정보의 기억과 인출의 어려움으로 주어진 과제 수행을 못하거나 지시 내용을 기억하지 못하는 모습이 관찰됨	
	사회성		첫 만남에 부끄럼이 많았으며, 얼굴을 가리고 목소리가 작았음. 발음의 문제로 학교생활에 어려움이 있고, 친구들과 어울리는 데도 제한이 많았다고 함	

* 중재필요성은 √로, 우선순위는 *P*로 표시되어 있음

3. 중재 계획(intervention plan)

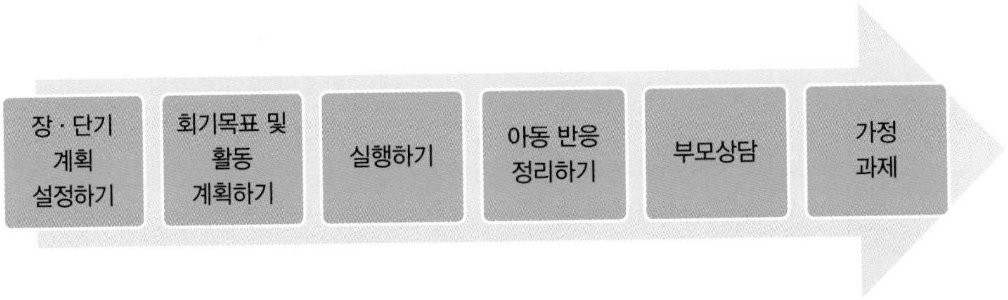

[그림 9-4] **개원 언어재활센터의 중재 진행 과정**

1) 장 · 단기 계획 설정하기

평가 결과에 기초한 중재방향을 결정할 때 아동이 거의 대부분의 언어하위영역에서 또래에 비해 심한 지체를 보이고 있어 모든 영역에서의 중재가 필요한 것으로 판단되었다. 그런데 아동이 현재 초등학교 4학년에 재학 중으로 통합학급과 도움반에서 수업을 받고 있으며, 발음의 문제로 학교생활이나 교우관계에 어려움이 있다는 부모의 주 호소 내용 등을 고려해서 학교 및 지역사회 생활에 도움이 될 수 있는 언어 및 의사소통기술을 지원해 주는 데 우선순위를 두어 약 1년 후 도달해야 할 장기 및 단기 목표를 설정하였다. 다음은 이 아동의 장 · 단기 목표 중 조음목표를 제외한 언어 및 읽기 목표 설정의 예이다.

〈표 9-14〉 **장 · 단기 언어목표 샘플**

장기목표 1. 아동은 그림이나 사진, 동영상자료 등을 보고 이야기 나누는 상황에서 가정, 학교생활 및 지역사회활동과 관련된 일상생활어휘 80개, 학교생활 및 교과관련어휘 100개를 80% 이상 이해하고 표현할 수 있다.

단기목표	목표 설정 근거	목표 달성 전략
1-1. 아동은 그림이나 사진, 동영상자료 등을 보고 이야기 나누는 상황에서 가정생활 및 지역사회 활동과 관련어휘 40개 중 80% 이상 이해하고 표현할 수 있다. 1-2. 아동은 그림이나 사진, 동영상자료 등을 보고 이야기 나누는 상황에서 학교생활 관련어휘 40개 중 80% 이상 이해하고 표현할 수 있다.	공식검사에서 어휘량이 적고, 학령기에 요구되는 상의어, 반의어, 동의어, 비유어, 추상어 등의 제한이 있음	* 아동의 단어의 의미를 발견, 해석, 기억을 촉진할 수 있는 다음의 전략을 사용한다. -의미망 전략: 마인드맵 활동을 통해서 관련된 단어를 연결짓기 -범주화 전략: 상의어로 묶어서 표현하기, 하의 범주어 나열해 보기 등 -문맥유추 전략: 텍스트 이해활동과 병행하면서 텍스트에서 어휘의 의미를 추론하고 이를 확인하기 -시각적 자료 활용: 그림자료 이외에도 실제 사진을 활용하거나 목표어휘와 관련된 영상자료 활용하여 어휘기억을 강화 -문장 만들기 전략: 구문표현능력 면에서도 약점이 관찰되므로 주어진 단어를 활용한 문장 만들어 보기(또는 쓰기) 활동을 통해 어휘를 습득하고 구문구성능력을 향상

장기목표 2. 아동은 짧은 이야기 글을 읽고 사실이해, 텍스트 연결추론, 빠진정보 추론, 감정추론 등과 관련된 질문에 대해 연속 3회기 동안 주어진 기회의 90% 이상 적절하게 대답할 수 있다.

단기목표	목표 설정 근거	목표 달성 전략
2-1. 아동은 짧은 이야기 글을 읽고 사실이해, 텍스트 연결추론 등과 관련된 질문에 대해 연속 3회기 동안 주어진 기회의 90% 이상 적절하게 대답할 수 있다. 2-2. 아동은 짧은 이야기 글을 읽고 빠진정보 추론, 감정추론 등과 관련된 질문에 대해 연속 3회기 동안 주어진 기회의 90% 이상 적절하게 대답할 수 있다.	공식검사에서 텍스트를 듣고 이해하기와 읽고 이해하기에 모두 어려움이 나타나며, 아동이 학령기 고학년임을 고려할 때 텍스트 이해능력의 증진이 학업성취에 영향을 미치고 나아가 학교생활 적응에 영향을 미칠 것으로 사료됨	* 읽기 전, 중, 후 전략의 적용 〈읽기 전〉 -내용 추론하기: 제목 보고 내용을 예측해 보기 〈읽기 중〉 -이해 모니터링: 한 문단을 읽고 읽은 내용에 대해 아는 것과 모르는 것에 대한 확인 질문하기 〈읽은 후〉 -이야기 순서파악하기: 핵심어 또는 sequence 카드를 활용하여 이야기 순서를 파악하기 -그래픽조직자 활용: 이야기 구조도를 작성해 보기 -지시대용어 활용: 지시대용어가 나타내는 내용 연결하여 정보 파악하기

장기목표 3. 아동은 학교생활이나 지역사회생활에서 일어날 수 있는 루틴화된 사회적 맥락을 이해하고 상황에 적합한 언어표현을 주어진 기회의 80% 이상 적절하게 사용할 수 있다.

단기목표	목표 설정 근거	목표 달성 전략
3-1. 아동은 학교생활에서 일어날 수 있는 루틴화된 사회적 맥락을 이해하고 상황에 적합한 언어표현을 주어진 기회의 80% 이상 적절하게 사용할 수 있다. 3-2. 아동은 지역사회생활에서 일어날 수 있는 루틴화된 사회적 맥락을 이해하고 상황에 적합한 언어표현을 주어진 기회의 80% 이상 적절하게 사용할 수 있다.	아동은 공식검사에서 문제 상황에 대한 이해와 그에 대한 해결 대안을 제시하는 데 어려움이 있었으며, 학교에서 친구관계에 어려움이 보고되었음. 부모님이 요구하는 치료 우선순위이기도 함	-사회적 맥락 이해하기: 특정 사회적 맥락 내에서 일어날 수 있는 일반적인 행동과 언어를 이해하기 -상황 파악을 위한 단서 찾기 -사회적 맥락에서 인물의 행동이나 언어의 오류를 파악하고 수정하기

장기목표 4. 아동은 종성이 포함된 복잡한 음절구조의 자소-음소일치형 낱말과 음운규칙이 적용된 낱말을 어절, 문장, 텍스트 수준에서 90% 이상 정확하게 읽을 수 있다.

단기목표	목표 설정 근거	목표 달성 전략
4-1. 아동은 종성이 포함된 복잡한 음절구조의 자소-음소일치형 낱말을 문장, 텍스트 수준에서 90% 이상 정확하게 읽을 수 있다. 4-2. 아동은 음운규칙이 적용된 낱말을 어절, 문장, 텍스트 수준에서 90% 이상 정확하게 읽을 수 있다.	아동은 공식검사에서 읽기전반에 어려움이 있고, 이 어려움이 낱말해독기술을 습득하고 이를 자동화하는 데 있어서의 어려움이 영향을 미치는 것으로 해석됨.	-자소-음소 대응규칙을 적용한 낱말읽기가 무의미단어에서도 가능하도록 연습하기 -종성에 대응하는 소리를 인식할 수 있는 음운인식활동을 통해 종성 소리의 유무를 확인하고 파닉스접근법으로 '음절체+종성'으로 이루어진 목표 단어를 읽을 수 있게 한다. -교과서에 고빈도로 출현하는 연음화규칙부터 음운규칙 적용한 낱말읽기를 지도하고 격음화, ㅎ탈락 경음화, ㅎ탈락 규칙 등을 교과서 출현빈도순으로 지도한다. -낱말 수준에서뿐 아니라 문법형태소가 포함된 어절 수준(조사, 어미 포함)에서 규칙을 적용해서 반복해서 읽는다.

2) 치료 활동 사례 보기

Activity: 학교생활과 관련된 이야기 글을 읽고 이해하기

- 목표(1–2, 2–1): 학교생활과 관련된 어휘를 이해하고 범주화하기
- 이야기 글을 이해하기 위한 읽기 전략 습득하기
- 준비 자료: 학교에서 볼 수 있는 물건 그림카드, 범주어가 표시된 빈통, 『한국어 해독해–이야기와 설명담화 워크북』/이야기 그림 sequence, 핵심어 카드, 이야기 도식판

어휘 범주화

- 아동이 개별단어로 알고 있는 학용품 종류(연필, 색연필, 지우개, 자, 필통, 공책, 가위)와 그릇 종류(컵, 접시, 밥공기, 주전자, 식판, 냄비, 밥통) 이외의 다른 카드(피아노, 책상, 칠판, 의자, 사물함, 실내화, 가방, 컴퓨터)를 준비한 후 같은 종류의 단어 나누기 활동을 할 것이라고 소개한다.
- 두 개의 상의어의 개념을 아동과 함께 정리하고 두 개의 빈통에 '학용품'과 '그릇'을 나눠 줄 것이라고 안내한다.
  예를 들어, "학용품은 뭐야?"
  "학용품은 공부를 할 때 필요한 도구야."
- 카드를 뒤집어 섞은 후 치료사와 아동이 하나씩 카드를 뒤집어서 어느 통에 넣어야 할지 묻고 '학용품'이란 상의어로 답하게 한다. '학용품'이라고 말하면 다시 왜 학용품인지를 설명한 후 통에 넣도록 한다.
- 두 가지 종류 어디에도 속하지 않은 카드의 경우는 왜 두 가지 종류에 속하지 않는지, 뭐가 다른지를 말하도록 한다.

Activity Tip

- 기능, 색깔, 모양 등 다양한 기준에 따라 나누기를 할 수 있다.
- 지우개-연필, 책상-의자 등과 같이 의미적으로 관계 있는 것끼리 묶어 볼 수도 있다.
- 난이도를 좀 더 높이기 위해서는 각 범주어의 하위레벨의 범주어 나누기로 확장할 수 있다.
- 난이도를 좀 더 낮추기 위해서는 ① 단어숫자 줄이기, ② 범주어의 숫자 줄이기, ③ 두 범주어에 포함된 단어만 목표로 설정하기 등으로 조절할 수 있다.

범주어 이해

아동은 학용품에 대한 범주어는 학교생활 경험을 토대로 잘 이해하였으나 학용품에 속하는 하의어에서는 '가방'을 학용품이라고 대답하는 등의 오류를 보였다. 하지만 학용품의 특성을 다시 환기시켰을 때 바로 수정 가능하였다. '그릇'의 경우 '밥그릇'과 혼동을 많이 하였고, 접시 등을 포괄하는 범주어로 '그릇'을 이해하는 데 다소 어려움이 있었다. 지속적으로 그릇의 속성을 강조하고 이를 차트에 써서 시각적으로 보여 주는 활동을 반복하였고, 회기 최종 평가에서는 이해하고 산출 가능하였다. 그밖에 두 영역에 속하지 않는 어휘에 대해 왜 포함되지 않는지 이유를 설명하는 것은 다소 어려워했다.

이야기 구조 파악하기

- 학교생활과 관련된 이야기를 읽고 이야기 순서에 따라 sequence 카드를 배열하게 하고 이야기 흐름을 파악한다. 아동에게 이야기에는 누구에 관한 이야기인지, 언제 어디서 일어난 일인지, 주인공에게 무슨 일이 있었는지, 주인공이 무엇을 했는지, 그래서 결국 어떻게 됐는지에 대한 내용이 들어 있다는 점을 강조해서 설명한 후 질문 카드를 아동과 함께 만들어 본다.

  〈배경〉

  – 이야기의 주인공이 누구인가요?

  – 언제 어디에서 일어난 일인가요?

  〈계기 사건〉

  – 주인공한테 무슨 일이 생겼나요?

  – 주인공한테 어떤 문제가 생겼나요?

〈시도〉

– 주인공이 문제를 해결하기 위해 어떻게 행동했나요?

〈결과〉

– 결국 문제가 어떻게 되었나요?

〈내적 반응〉

– 등장인물들이 어떤 감정을 느꼈나요?

- 아동에게 각 질문카드에 있는 내용을 글에서 찾아 밑줄을 긋도록 한다. 각 질문에 대한 답을 모두 찾았으면 다음의 이야기 도식판에 해당하는 내용을 찾아 쓰게 한다.

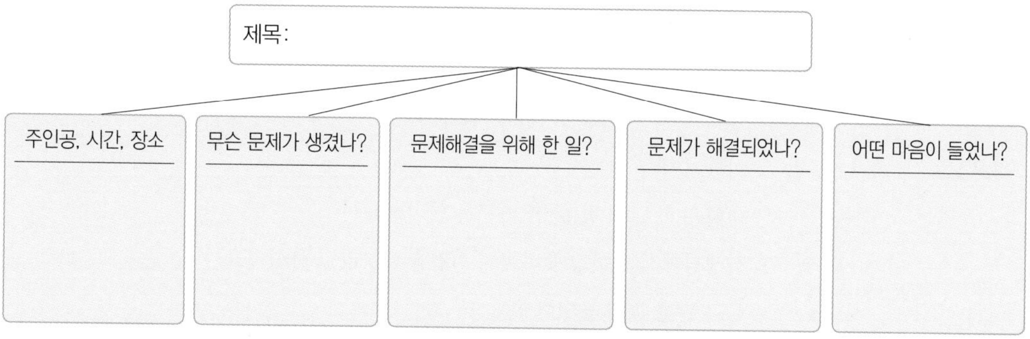

[그림 9-5] **이야기 도식판의 예**

- [그림 9-5]의 도식표를 보고 아동이 자기말로 이야기를 다시 말하게 한다. 도식판을 보고 쓰기로 확장할 수 있다.

Activity Tip

- 이야기 문법과 관련된 용어를 아동의 수준에 따라 배경–계기사건–시도–결과–반응의 용어를 사용할 수 있다.
- 이야기 텍스트의 수준을 아동의 읽기와 언어 수준에 따라 조절해 줄 수 있다.
- 난이도를 높이기 위해서 에피소드 수를 아동의 수준에 따라 늘릴 수 있고, 질문에 대한 핵심어를 요약해서 도식에 쓸 수 있다.
- 난이도를 낮추기 위해서 질문에 대한 답을 선택형으로 제시하거나 미리 만들어 둔 문장 카드에서 선택하여 해당 도식에 붙이게 할 수 있다.

〈표 9-15〉 **이야기 텍스트 수준 조절의 예**

맥락: 학교 주제: 짝 바꾸는 날		
수준 Ⅰ (언어↓읽기↓)		
에피소드	이야기문법	이야기 내용
1	배경	오늘은 짝 바꾸는 날이에요.
	계기사건	짝은 먼저 온 순서대로 앉기로 했어요.
	시도	다음 날 나는 늦게 일어났어요.
2	결과/계기사건	그래서 지각했어요.
	배경	우리 반에 경미는 키도 크고 목소리도 아주 커요.
	계기사건	나는 늦게 와서 무서운 경미랑 짝이 됐어요.
	계기사건	그런데 내가 연필이 없었어요.
	시도	경미는 나에게 연필을 빌려주었어요.
	결과/내적반응	경미는 무서운 친구가 아니에요. 나는 내 짝 경미가 좋아요.
수준 Ⅱ (언어↑읽기↑)		
에피소드	이야기문법	이야기 내용
1	배경	내일은 한 달에 한 번 짝 바꾸는 날이에요.
	계기사건	선생님께서는 어떻게 바꿀지 의견을 내보라고 하셨어요.
	시도 1	나는 손을 높이 들었어요.
	시도 2	"아침에 먼저 온 순서대로 자리에 앉는 것이 좋겠어요."
	결과	아이들과 선생님 모두 좋아하였고 내 의견을 따르기로 하였어요.
2	배경	다음날 나는 늦게 일어나서 허겁지겁 학교에 갔어요.
	계기사건1	자리는 꽉 차 있었고 키가 크고 목소리가 큰 경미의 옆만 비어 있었어요.
	시도	나는 경미가 무서워서 가인이에게 살짝 가서 짝을 바꾸자고 했어요.
	결과	하지만 가인이가 싫다고 해서 나는 어쩔 수 없이 경미 옆에 앉을 수밖에 없었어요.
3	계기사건	나는 가방을 열어 필통을 꺼내려고 하는데 필통이 보이지 않았어요.
	시도	내가 허둥지둥하자 경미는 연필을 빌려주었어요.
	결과	나는 말없이 경미에게 연필을 받았어요.
4	계기사건	경미는 나에게 연필을 주며 우리 한 달 동안 재밌게 지내자라고 반갑게 말을 걸었어요.
	내적반응	경미는 더 이상 무섭지 않았어요.
	시도	나는 연필을 빌려줘서 고맙다고 하며 가방에 있는 초콜릿을 건네주었어요.
	결과	우리는 둘도 없는 친구가 되었고 나는 계속 경미와 함께 짝이 되고 싶었어요.

〈아동 반응 기록의 예〉

이야기 읽고 이해하기

아동은 다소 속도가 느리기는 했지만 이야기를 스스로 끝까지 읽었다. 하지만 음운규칙이 적용되는 어절 읽기에서 오류가 관찰되었고, 여러 차례 수정과 반복이 있었다. 아동은 읽은 후 그림카드로 이야기 순서를 파악하는 데는 어려움이 없었으나 활동 시작 단계에서는 이야기 문법과 관련된 질문에 대답하는 것을 배경과 계기사건에 대한 질문 정도에만 적절히 답할 수 있었다. 이야기문법과 관련된 질문에 대한 답을 텍스트에서 찾아 밑줄을 긋게 했을 때 적절히 해당 문장을 찾아낼 수 있었으나 계기사건과 시도에 관한 질문을 다소 혼동하기도 했다. 이야기 도식판에 해당 내용을 정리할 때 처음에는 문장을 그대로 옮겨 적었으나 그중 중요한 핵심어에 하이라이팅할 수 있도록 촉진하였고, 핵심어를 중심으로 자기 말로 정리해서 도식판에 정리할 수 있도록 지도한 후에 이를 적절히 수행할 수 있었다. 마지막으로 도식판을 보고 이야기 다시 말하기를 요청하였을 때 이야기 흐름에 맞게 적절히 구성하였으나 결속어 등을 자발적으로 사용하여 연결하는 데는 어려움이 있었다.

4. 상담(counseling)

개원 언어재활센터에서 부모상담의 유형은 초기상담, 평가 결과 상담, 치료교육 결과 상담, 진전상담 및 종료상담, 기타상담 등이 있다. 다음의 김○○ 아동의 상담 사례를 보자.

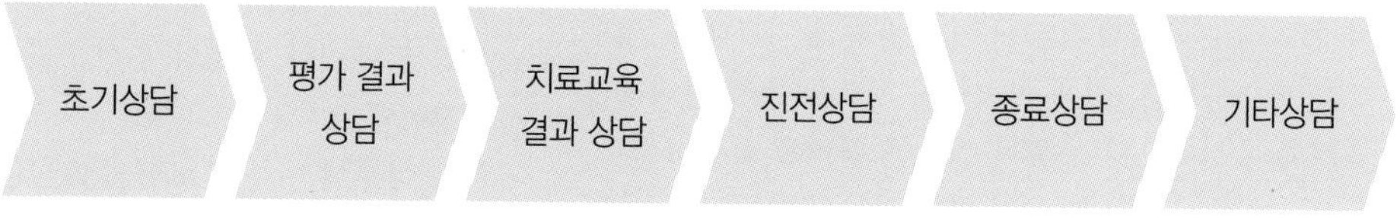

[그림 9-6] **개원 언어재활센터의 상담 절차**

〈표 9-16〉 **단계별 아동상담 내용**

〈김○○ 아동의 각 단계별 상담 내용〉	상담의 Key point
〈초기상담〉 김○○ 아동의 초기상담의 핵심내용은 아동의 기본적인 배경정보 수집이었다. 미리 배포한 설문을 토대로 아동의 첫 낱말 이후 발달의 어려움에 대해 구체적인 정보와 현재 아동이 겪고 있는 가장 큰 어려움에 대해 구체적인 설명을 요청하였음. 엄마가 본 기관에서 아동의 현재 수준에 대해 좀 더 궁금한 점이 무엇인지를 물었을 때 발음의 문제로 최근 친구들과 다툼이 생겨서 이에 대해 좀 더 평가를 받고 싶어 했다. 또한 학령기 아동을 위한 읽기쓰기검사를 따로 받아 본 적이 없어서 이 검사를 받고 싶다고 요청하였다. 상담과정 동안 엄마는 아동의 장애를 조기에 발견하여 초기부터 치료를 시작해서 지금까지 겪어 왔던 어려움에 대해서, 그리고 가족들이 겪어 왔던 힘든 상황에 대해 이야기하게 되었다. 이에 치료사는 공감하면서 경청해 주었으나 치료사의 개인적 판단이나 현재 아동의 상태를 이해하는 데 있어 관계가 없다고 판단되는 내용에 대해서는 엄마의 주의를 환기시켜 본 주제로 돌아오도록 독려하고 객관적 태도를 유지하도록 노력하였다.	☞ 초기상담의 가장 중요한 목적은 아동의 언어 및 의사소통의 특성을 이해하기 위한 배경정보 수집 ☞ 발달정보 중에서 특이사항이 있는 경우 세부 정보에 대한 추가정보 요청이 필요함 ☞ 부모가 가장 염려하고 있는 아동의 현재 상황과 우선순위에 대한 정보 ☞ 상담자와의 라포 형성이 중요, 부모의 현실적 어려움에 귀 기울여 주고 '그랬군요.'와 같은 공감적 듣기 태도가 필요, 하지만 지나친 몰입, 개인적 판단을 피하고 객관적 태도 유지
〈평가 결과 및 치료 방향 상담〉 김○○ 아동의 평가 결과를 요약하고, 아동이 어려움을 겪는 분야에서의 강점과 약점에 대해서 안내하였다. 아동의 어머님은 아동이 일상적 대화가 가능하지만 학령기 수준에서 요구되는 능력에 어려움에 어떤 것들이 있음을 확인할 수 있게 되었다고 하였으며, 앞으로 무엇을 어떻게 도와주어야 하는지 궁금해하였다. 치료사는 평가 결과에 근거해서 아동의 치료 방향과 치료내용, 횟수 등을 권고하였다. 이에 어머님이 치료를 통해 기대하는 효과와 우선적으로 도움이 필요한 영역을 확인하였다. 이에 근거해서 앞으로 학업 및 지역사회 활동에 대한 어휘를 확장하고, 담화이해와 산출능력과 문제적 상황에 대해 이해하고 이에 대한 적절한 언어 및 행동을 습득하는 데 초점을 둔 아동의 치료 방향에 대한 권고를 안내하였다. 또한 아동이 이용할 수 있는 바우처 서비스상황을 확인하고, 본 기관에서 이용하는 경우 유의점에 대해 안내하였다.	☞ 평가 결과에 대한 객관적 수치의 나열보다 아동의 강점과 약점 중심의 설명이 필요함 ☞ 부모님이 치료를 통해 기대하는 효과를 반영한 치료의 우선순위 선정이 중요 ☞ 치료 예후에 대한 부모님의 요구가 평가 결과 상담에서 가장 빈번한데 이에 대해 섣부른 판단을 내리지 않도록 유의해야 함

〈치료교육 결과 상담(어휘 활동의 예)〉 치료 후 어머님에게 김○○ 아동이 상의어와 하의어 분류하기 과제에서 학용품이란 상의어는 이해하고 산출할 수 있으나 그릇의 경우 밥그릇을 그릇이라고 이해하고 상의어로 습득하는 데 여러 번의 반복이 필요했다는 점을 설명하였다. 아동이 익숙한 범주어는 알고 있는 게 몇 가지 있으나(과일, 동물, 채소, 악기 등) 학습과 관련된 범주어 확장이 좀 더 필요하므로 집에서 특성에 따라 주변 사물을 나누어 보기 활동을 아동과 함께해 볼 것을 권유하고, 단어를 익힐 때 관련된 단어를 떠올릴 수 있도록 지도해 줄 것도 함께 권고하였다.	☞ 이번 회기 활동의 목표가 무엇인지 부모님과 명확히 설명해 주고 아동이 수행 가능한 것과 그렇지 않은 것에 대한 정보를 제공 ☞ 아동이 어떤 유형의 도움을 주었을 때 잘 반응하는지에 대해 정보를 제공하고, 이런 도움을 가정에서 제공할 수 있는 방법을 안내 ☞ 적절한 가정 과제 제공하고 부모님의 지도 방안 안내
〈진전결과 상담〉 김○○ 아동은 치료시작 1년 후 모든 공식 및 비공식 평가를 재실시하였다. 평가 후 각 언어하위 영역에서의 진전정도와 초기 설정한 목표에 대한 진전 정도를 정리하여 부모님과 상담을 실시하였다. 부모님께 진전 내용과 추후 도움이 필요한 영역을 설명하고, 그동안 부모님께서 생각하고 있던 가정이나 학교에서의 아동의 변화에 대한 정보를 공유하였다. 또한 추후 지원해 주어야 하는 영역과 치료의 방향에 대해 부모님의 요구를 고려하여 안내하였다.	☞ 공식, 비공식 평가 결과뿐 아니라 장·단기 목표별로 아동의 진전 정도를 가능한 한 객관화해서 제시 ☞ 치료 기간 동안의 아동의 변화에 대해 부모님이 생각하는 내용을 공유하고 부모님의 지속적인 요구내용을 파악 ☞ 진전 결과에 대해 그 동안 아동에게 관찰된 내용을 근거로 진전에 긍정적 또는 부정적 영향을 미쳤던 요인에 대해 설명 ☞ 이후 치료 우선순위와 치료 방향을 공유

5. 질의응답(Q & A)

Q1. 학교 수업을 들으려면 읽기가 되어야 하는데 아이가 아직 한글을 떼지 못했습니다. 학교 들어가기 전부터 학습지도를 꾸준히 하고 따로 가르쳐 보기도 했지만 한글 학습에 어려움이 많습니다. 한글을 어떻게 가르쳐야 할까요?

A1. 읽기는 언어와 달리 단순 노출만으로는 자발적인 습득이 매우 어려우며 명시적인 읽기지도가 필요합니다. 읽기지도를 본격적으로 하기 위해서 먼저 일상적인 의사소통 수준을 고려해야 합니다. 일상적인 의사소통에서도 어려움

이 있는 아동들의 경우 언어 및 의사소통 기능을 향상이 우선적으로 고려되어야 하기 때문이지요. 하지만 아이가 학교에 잘 적응하기 위해서는 아동의 언어 및 인지적인 능력을 충분히 고려하면서 읽기에 접근할 필요가 있습니다. 읽기지도가 필요한 아동의 경우 무엇보다 중요한 것은 아동이 알고 있고 친숙한 단어를 활용하여 반복해서 노출하고 확장시키는 것이 좋습니다. 또한 반복과 더불어 기억의 부담을 덜어 줄 수 있도록 도식이나 시각적 자료를 많이 활용해 주는 것이 필요합니다. 단어나 음절 단위에서 같은 소리를 찾아내며 소리를 나누고 합하는 말놀이 활동을 본격적인 읽기지도 전에 시작할 수 있습니다. 이때 단어의 사진을 음절별로 잘라서 나누고 붙이거나 블록 같은 구체물을 붙이고 나누는 활동을 함께 하면서 시각적으로 나누고 붙이는 과정을 반복해서 경험할 수 있도록 도와주면 좋습니다. 본격적인 읽기학습을 시작할 때 구어적으로 알고 있는 단어들이나 구어 단어를 가르칠 때 글자와 함께 많이 노출시켜 주면서 글자에 흥미를 갖게 하는 것이 필요합니다. 하지만 단어를 덩어리로 노출시키는 것만으로는 모르는 새로운 글자를 스스로 읽어 내는 데는 한계가 있습니다. 따라서 글자와 소리를 연결해서 읽게 하는 지도가 충분히 반복적으로 이루어져야 합니다. 이때 아동에게 친숙하거나 좋아하는 단어, 자기 이름의 일부와 같이 덩어리로 아는 단어 등을 활용해서 흥미롭게 접근하는 것이 좋습니다. 자음글자와 모음글자를 합해서 아는 글자를 충분히 만들어 보는 활동을 자석글자 같은 것을 활용해서 직접 조작하면서 해 보는 게 도움이 될 것입니다. 또한 읽을 줄 아는 글자가 포함되어 있는 책읽기 활동을 함께 하면서 도와주시는 것도 좋습니다.

Q2. 아이가 학교나 집 밖에서 겪었던 일을 전달할 때 조리 없이 이야기하기 때문에 무슨 일이 일어났는지 잘 이해가 안 되는 경우가 많습니다. 겪은 일들을 잘 설명하도록 하려면 어떻게 도와줘야 할까요?

A2. 아이들이 경험했던 일을 잘 말하기 위해서는 겪었던 사건의 흐름을 잘 파악하는 것이 필요합니다. 가장 쉽게 접근할 수 있는 방법은 시간의 흐름에 따라 사건을 배열하는 것입니다. 이때 아동과 함께 직접 해 봤던 일을 활용해 볼 수 있습니다. 예를 들어, 가족이 놀이동산에 놀러갔을 때 사진을 찍고, 집에

와서 사진을 보며 순서대로 사진을 배치하고 무엇을 했는지 차례로 얘기하기를 하면서 시간의 순서에 따라 이야기를 나눠 볼 수 있습니다. 이때 사진을 너무 많이 사용하지 말고 아동의 기억용량을 고려하여 제시해야 하며, 먼저 아동에게 모델링을 해 주고 아동 스스로 길게 얘기해 볼 수 있도록 유도해 나가는 것이 좋습니다.

Q3. 아동이 사춘기 나이에 들어서면서 이성 친구들에 관심도 많아졌고, 친구들과 놀고 싶어 하는데 관심을 잘못 표현해서 오히려 문제가 생기는 경우가 많습니다. 어떻게 도와줘야 하나요?

A3. 아동은 친구가 좋고 같이 놀고 싶어서 한 행동인데 상대 친구들에게는 오해를 불러일으키는 경우가 있는 것 같습니다. 무엇보다 아동이 친구들하고 함께 경험할 수 있는 다양한 상황에 대해서 충분히 이해하고 행동하는 것이 필요한데 일단 자신의 요구를 먼저 전달하려고 하다 보니 무리한 행동이 나오는 경우가 생기는 것 같습니다. 친구들과 일어날 수 있는 대표적인 상황에 대해 아동과 이야기를 나누고 그 상황이 어떤 상황인지 파악하도록 함으로써 그 상황에 필요한 행동이나 언어표현방법 등을 구체적으로 확인하면서 이야기를 나누어야 합니다. 아동이 관심 있는 친구들에게 어떻게 관심을 표현하는 것이 좋은지를 알아보고 관심을 표현하는 좋은 방법과 잘못된 방법 등을 생각해 봅니다. 그리고 각각의 방식이 상대 친구들에게 어떤 느낌이 들게 하는지 생각해 보게 하면서 적절한 표현방법의 중요성을 경험하도록 하는 것이 도움이 될 것입니다. 또한 특정한 상황에서 벌어질 수 있는 문제 상황을 해결하는 구체적인 과정을 아동과 함께 이야기하고 시연해 보는 방법도 좋은 경험이 될 것입니다.

6. 향후 계획(Future Plan)

1) 학교 담임교사 및 특수교사와의 협력

- 아동의 부모님이 아동의 학업성취능력과 학교에서의 생활에 대한 염려가 가장 크고, 아동 역시 회기 중 친구들과 다퉜던 일에 대해 자주 언급하고 있어 학교와의 협력 방안을 모색할 필요가 있다.
- 부모님에게 학교 특수교사와 중계역할을 해 줄 것을 요청하였다. 학교 수업이나 도움반 수업에서 다루고 있는 내용을 치료사에게 전달해 주고, 치료실에서 수업한 내용을 교사 상담 시간에 전달하여 학교 수업에 아동이 배운 게 잘 활용되고 있는지에 대한 모니터링을 해야 한다.
- 필요시 교사와 직접 통화를 통해 협력 내용을 공유한다. 또는 학교 방문을 통해 아동의 학교생활을 관찰하고 아동이 학교생활에 필요한 기술에 대한 목록을 작성할 기회를 마련해야 한다.

2) 인지 및 작업치료사와의 협력

- 지적장애로 인한 언어 및 의사소통의 어려움이 큰 아동이므로 기관 내 인지치료사와 치료내용과 치료방향을 공유하고 협력해야 한다.

참고문헌

강은희, 박선희(2007). 구조화된 화용적 의사소통 중재가 무발화 자폐성 아동의 의사소통 행동에 미치는 효과. 특수교육저널: 이론과 실천, 8(4), 539-553.

강현자(2015). 무발화 자폐성장애 청소년의 비언어적 의사소통신호의 의미와 기능. 단국대학교 대학원 석사학위논문.

김영태(2014). 아동언어장애의 진단 및 치료(2판). 서울: 학지사.

김영태, 김경희, 윤혜련, 김화수(2001). 영유아언어발달검사: SELSI. 서울: 파라다이스복지재단

장애아동연구소.

김영태, 성태제, 이윤경(2004). 학령전기 수용 및 표현언어 발달척도: PRES. 서울: 서울장애인종합복지관.

김영태, 신문자(2004). 우리말 조음 · 음운평가(*Urimal test of Articulation and phonology: U-TAP*). 서울: 인싸이트.

김영태, 홍경훈, 김경희, 장혜성, 이주연(2009). 수용 · 표현 어휘력 검사(*Receptive & Expressive Vocabulary Test: REVT*). 서울: 서울장애인종합복지관.

미국정신의학회(2015). DSM-5 정신질환의 진단 및 통계편람(*Diagnostic and Statistic Manual of Mental Disorders*). 서울: 학지사.

배소영, 곽금주(2011). 맥아더-베이츠 의사소통발달평가: K M-B CDI. 서울: 마인드프레스.

배소영, 김미배, 윤효진, 장승민(2015). 한국어읽기검사(*Korean Language based Reading Assessment: KOLRA*). 서울: 인싸이트.

배소영, 윤효진, 설아영(2017). 영유아언어 및 의사소통 발달검사: K-SNAP. 서울: 인싸이트.

배소영, 임선숙, 이지희(2000). 언어문제해결력검사. 서울: 서울장애인종합복지관.

배소영, 임선숙, 이지희, 장혜성(2004). 구문의미이해력검사. 서울: 서울장애인종합복지관.

심현섭, 권미선, 김수진, 김영태, 김정미, 김진숙, 김향희, 배소영, 신문자, 윤미선, 윤혜련(2012). 의사소통장애의 진단과 평가. 서울: 학지사.

여성가족부(2010). 다문화가족자녀 부모교육 및 상담지침서.

이소현, 박은혜(2011). 특수아동교육. 서울: 학지사.

이윤경, 배소영, 권유진, 김민정, 박혜진, 서경희, 윤효진, 이옥분, 이은주, 정경희, 정한진, 표화영(2010). 언어치료 임상실습 이론과 실제. 서울: 학지사.

이윤경, 허현숙, 장승민(2015). 학령기 아동 언어검사(*Language Scale for School-aged Children: LSSC*). 서울: 인싸이트.

정경희, 진연선, 곽경미, 김미배, 배소영(2017). 한국어 해독해 이야기와 설명담화. 서울: 학지사.

홍강의, 정보인, 이상복(1999). 자폐아동의 조기발견과 치료적 개입: 부모용 컴퓨터 학습교재 개발과 실용화: 보건의료기술연구개발사업. HMP 00 M-1-1081, 최종보고서. 서울: 서울대학교.

황보명, 김경신(2010). 지적장애 아동 언어치료. 서울: 학지사.

Adams, C., & Gaile, J. (2015). *The SCIP Manual: Social communication Intervention Programme*. UK: Napier Hill Press.

Bondy, A. S., & Frost, L. A. (2001). *A picture's: PECS and visual communication strategies in autism*. MA: Woodbind House.

Catt, H. W., & Kahmi, A. G. (1999). *Language and reading disabilities* (2nd ed., pp. 157-232). Boston: Allyn & Bacon.

Moreau, M., & Fidrych, M. (1998). *The story grammar maker*. East hampton, MA: SGM, Inc

Paul, R. (1991). Profiles of toddlers with slow expressive language development. *Topics in Language Disorders, 11*(4), 247-250.

Roth, F. (2000). Narrative Writing: Development and teaching with children with writing difficulties. *Topics in Laguage Disorders, 20*(4), 15-28.

Roth, F. P., & Worthington, C. K. (2016). *Treatment resource manual for speech-language pathology* (5th ed.). Maryland: CENGAGE learning.

Westby, C. (2005). Assessing and facilitating text comprehension problems. In H. Catts & A. Kahmi (Eds.), *Language and reading disabilities* (2nd ed., pp. 157-232). Boston: Allyn and Bacon.

제10장

조음음운장애

1. 핵심 이론(core knowledge)

말소리란 '인간의 발음기관을 통하여 만들어지는 언어학적 의미를 가진 소리'로 발성기관과 조음기관의 움직임을 통하여 발현된다. 말소리는 두 가지 의미로 구체적이고 물리적으로 존재하는 소리와 추상적이면서 심리적으로 존재하는 소리가 있다. 따라서 말소리는 물리적인 말소리인 '음성'과 심리적인 말소리인 '음운'을 구분하여 학문적으로 음성학(phonetics)과 음운론(phonology)으로 다루고 있다.

음성학은 말연쇄 과정에서 소리를 산출할 때 일어나는 생리학적 음향적 단계에 초점을 두고, 음운론은 말연쇄 과정 중 언어적 단계에 초점을 두어 말소리가 산출되기 이전에 관한 언어적인 의미에 초점을 두고 있다. 이러한 메커니즘의 오류로 발생하는 언어병리학적 발음의 문제를 말소리장애 혹은 조음음운장애라고 한다. 조음장애는 음성학을, 음운장애는 음운론을 배경으로 말소리 산출의 어려움의 차이를 살펴보도록 한다.

말소리장애(speech sound disorder)[1]는 여러 가지 원인으로 발생하며 말소리를 생

1) 최근 DSM-5(Diagnostic and Statistic Manual of Mental Disorders)에서 조음음운장애를 말소리장애(speech sound disorder)로 용어를 변경하였다.

성하는 조음기관의 구조 및 기능의 문제 때문에 음의 산출에 어려움이 있는 것이 조음장애(articulation disorder), 음소의 언어적인 기능과 규칙을 이해하고 산출하는 데 어려움이 있는 음운장애(phonological disorder)로 구별할 수 있다. 따라서 조음음운장애는 조음장애와 음운장애를 포함하는 개념으로 조음기관의 이상으로 인한 말산출상의 문제뿐만 아니라 음운체계의 이해 및 사용문제로 인한 의사소통장애를 말한다.

말소리장애의 원인은, 알려진 것으로는 조음기관구조 장애, 신경계 조절장애, 청각장애 등이 있고 그 외에도 원인을 파악하지 못한 말소리장애들이 존재한다.

말소리장애 관련 평가와 중재 시, 한국어 자음과 모음의 자질에 대한 이해를 바탕으로 각 음소의 접근이 이루어져야 한다. 〈표 10-1〉과 〈표 10-2〉는 한국어 자음과 모음의 분류자질과 IPA 표기에 대한 내용을 정리한 것이다.

〈표 10-1〉 **우리말의 자음 체계**

		양순음	치경음	경구개음	연구개음	성문음
파열음	평음 (무성음)	ㅂ /p/	ㄷ /t/		ㄱ /k/	
	(유성음)	ㅂ /b/	ㄷ /d/		ㄱ /g/	
	(불파음)	ㅂ /p˺/	ㄷ /t˺/		ㄱ /k˺/	
	경음	ㅃ /p*/	ㄸ /t*/		ㄲ /k*/	
	격음	ㅍ /p^h/	ㅌ /t^h/		ㅋ /k^h/	
마찰음	평음		ㅅ /s/	/ɕ/		ㅎ /h/
	경음		ㅆ /s*/	/ɕ*/		
파찰음	평음 (무성음)			ㅈ / tɕ /		
	(유성음)			ㅈ / dʑ /		
	경음			ㅉ / tɕ* /		
	격음			ㅊ / $tɕ^h$ /		
비음		ㅁ /m/	ㄴ /n/		ㅇ /ŋ/	
유음	설측음		ㄹ / l/			
	탄설음		ㄹ /r/			

〈표 10-2〉 **우리말의 단모음 체계**

	전설모음		후설모음	
	평순	원순	평순	원순
고모음	ㅣ(i)		ㅡ(ɯ)	ㅜ(u)
중모음	ㅔ/ㅐ(ɛ)		ㅓ(ʌ)	ㅗ(o)
저모음			ㅏ(a)	

자음은 조음위치, 조음방법, 발성유형에 따라 각 음소 특성 자질을 설명할 수 있으며 연령에 따른 발달에 차이를 보인다. 〈표 10-3〉은 우리나라 정상 아동들의 자음 습득연령에 대한 연구결과이다. 자음 습득의 발달 연령을 고려하여 각 음소의 출현연령부터 완전습득연령까지의 순서대로 자음의 발달순서를 계획하고 중재에 활용할 수 있다.

〈표 10-3〉 **아동 말소리 발달단계**

연령	완전습득연령 95~100%	숙달연령 75~94%	관습적연령 50~74%	출현연령 25~49%
2;00~2;11	ㅍ, ㅁ, ㅇ	ㅂ, ㅃ, ㄴ, ㄷ, ㄸ, ㅌ, ㄱ, ㄲ, ㅋ, ㅎ	ㅈ, ㅉ, ㅊ	ㅅ, ㅆ
3;00~3;11	ㅂ, ㅃ, ㄸ, ㅌ	ㅈ, ㅉ, ㅊ, ㅆ	ㅅ	
4;00~4;11	ㄴ, ㄲ, ㄷ	ㅅ		
5;00~5;11	ㄱ, ㅋ, ㅈ, ㅉ	ㄹ		
6;00~6;11	ㅅ			

출처: 김영태, 1992.

자발화 분석을 통한 우리말 음소의 음운빈도 연구결과에서 모음의 경우는 단모음의 빈도가 높고 이중모음의 빈도가 낮으며 자음의 경우 초성과 종성의 비율이 4 대 1 정도로 높게 나타났다(김민정, 배소영, 고도홍, 2001; 박동근, 이석재, 2005; 신지영, 2005). 따라서 다음의 〈표 10-4〉 결과로 위치별 음소에 대한 말소리 빈도를 확인하여 고빈도 음소와 저빈도 음소로 살펴볼 수 있다. 저빈도의 음소보다는 고빈도 음소의 중재가 전반적인 말명료도 향상에 효과가 크다.

〈표 10-4〉 **자발화 분석을 통한 음운빈도**

순위		박동근 외(2005)		신지영(2005)	
		말소리	빈도(%)	말소리	빈도(%)
초성	1	ㄱ	19.1	ㄱ	18.9
	2	ㄴ	12.6	ㄴ	12.0
	3	ㄹ	9.9	ㄹ	9.8
	4	ㄷ	8.4	ㅁ	8.4
	5	ㅈ	8.3	ㅈ	8.1
	6	ㅁ	7.8	ㄷ	7.7
	7	ㅅ	6.6	ㅅ	6.7
	8	ㅎ	5.9	ㅎ	4.2
	9	ㅂ	4.0	ㅂ	4.1
	10	ㄲ	3.3	ㄲ	3.4
	11	ㅆ	2.9	ㄸ	3.4
	12	ㄸ	2.7	ㅆ	3.3
	13	ㅉ	1.9	ㅊ	2.2
	14	ㅊ	1.8	ㅋ	2.0
	15	ㅌ	1.6	ㅌ	1.7
	16	ㅋ	1.5	ㅃ	1.5
	17	ㅍ	1.0	ㅉ	1.4
	18	ㅃ	0.7	ㅍ	1.2
	계		100		100

순위		박동근 외(2005)		신지영(2005)	
		말소리	빈도(%)	말소리	빈도(%)
중성	1	ㅏ	23.3	ㅏ	24.2
	2	ㅣ	14.5	ㅣ	17.8
	3	ㅓ	14.3	ㅓ	16.0
	4	ㅡ	12.5	ㅔ,ㅐ	9.8
	5	ㅔ,ㅐ	11.1	ㅗ	9.5
	6	ㅗ	6.7	ㅡ	6.9
	7	ㅜ	6.6	ㅜ	5.2
	8	ㅕ	3.2	ㅛ	2.8
	9	ㅑ	1.8	ㅕ	2.8
	10	ㅘ	1.2	ㅑ	2.3
	11	기타	4.0	기타	2.7
	계		100		100
종성	1	ㄴ	38.6	ㄴ	40.6
	2	ㄹ	18.1	ㄹ	18.6
	3	ㅇ	17.9	ㅇ	17.3
	4	ㅁ	8.8	ㅁ	15.3
	5	ㄷ	7.1	ㄱ	4.7
	6	ㄱ	6.6	ㄷ	2.6
	7	ㅂ	2.8	ㅂ	0.9
	계		100		100

2. 평가(assessment)

1) 초기면담

발음의 문제로 내원한 아동과 부모의 면담을 통해 평가를 계획하고 주된 문제와 동반장애 여부에 대한 정보를 수집하여야 한다. 면담 시 주된 문제를 구체적으로 설명하도록 하여 언어발달로 인한 발음의 문제, 아동의 발달정도와 개인차에 의한 특이사항을 확인하여야 향후 진단검사와 평가를 체계적으로 진행할 수 있다. 각 기관마다 면담지의 형식은 차이가 있으나 초기면담 시에 확인하여야 할 내용은 다음과 같으며 〈표 10-5〉에 그 예를 제시하였다.

- 기본정보: 생년월일, 성별, 가족관계, 출산관련 사항, 병력, 신체 및 언어발달, 양육력, 교육 및 치료력
- 의뢰사유: 누구의 권유로, 어떤 문제로, 언제부터 문제를 발견하였는지
- 아동이 자신의 말소리에 대해 인식하는 정도
- 또래와 비교 시 언어 및 발음에 문제가 있는가?
- 발음의 문제가 시간의 경과에 따라서 자연적 개선이 있는지 혹은 변화가 없는가?
- 가정 및 어린이집/유치원에서 의사소통에 어려움이 있는가?
- 어려움이 있다면 아동 및 청자의 반응은 어떠한가?

〈표 10-5〉 **초기면담지 예**

1. 기본정보			
이름		성별	
연령		상담날짜	
부모이름		연락처	
주소			
2. 의학정보			
진단명		진단기관	
진단시기		진단내용	
다음 중 해당사항에 체크하세요!			
마비		입 또는 치아기형	
구개파열		청력손상	
기타			
3. 말-언어정보 기술			반응 기술
아동의 말을 알아들을 수 있습니까?			
누가 처음 발음문제를 발견하였습니까?			

아동의 발음에 대해 어떻게 생각합니까?	
아동이 가장 발음하기 힘든 자음(모음)은 무엇입니까?	
발달상에서 귀 질환을 앓은 적이 있습니까?	
조음문제를 인식했을 때 가장 두드러진 문제는 무엇입니까? 시간이 경과함에 따라 자발적인 조음개선이 이루어지는 것 같습니까?	
옹알이가 또래에 비해 정상적이었습니까? 구어발달에서 특이한 점이 있었습니까?	
가족(또래, 친척, 낯선사람)은 아동의 말을 잘 이해합니까?	
아동에게 반복(다시말하기)을 자주 요구하는 편입니까?	
아동이 조음문제가 다른 사람들과의 상호 관계에 영향을 미칩니까?	
아동이 생략하는 말소리가 있습니까?	
아동이 음소를 다른 음소로 대치하고 있습니까?	
아동의 말소리에서 기타 특이사항이 있다면 설명해 주십시오.	

2) 평가 계획 및 실시

평가의 목적은 표준화 검사 실시, 발화 수집 및 분석, 음운발달 및 조음 문제 원인 등을 살펴보고 말소리장애 치료가 필요한지 결정하고, 치료가 필요하다면 앞으로 치료의 목표와 치료 방법의 선택 등과 관련된 장·단기 계획을 수립하고자 한다.

평가는 임상현장에서 주로 사용되는 절차를 기본으로 첫 번째 상담을 통한 기본 정보 수집 및 사례력을 바탕으로 실시할 검사를 선정한다. 이때 살펴보아야 할 내용과 관련 검사는 다음과 같다.

① 조음기관의 구조적 혹은 기능적 문제: 조음기관의 움직임, 특히 입술과 턱, 혀의 움직임을 관찰하여 이상유무를 확인한다. 표준화된 검사도구로는 조음기관 구조·기능 선별검사(SMST) 항목 중 조음기관구조기능 선별 항목만 따로 떼어서 실시하여 턱과 치아(전반적인 발음명료도), 입술(양순음, 모음), 혀(가장 중요한 조음자), 경구개와 연구개(공명), 최대발성지속시간, 교대운동(교호운동, 길항운동-AMR, 초당 5~7회/일련운동-SMR, 초당 3~7회) 등 말소리 관련 기관들

의 정상 여부를 확인한다.

② 언어발달 문제: 표준화 검사를 이용하여 언어발달 지연 여부를 확인한다. 표준화 검사도구의 사용이 불가능한 경우에는 자발화 분석을 통하여 언어능력을 파악한다. 언어발달 지연으로 인한 말소리장애의 경우는 주장애가 언어발달장애로, 말소리장애는 동반장애로 진단하는 것이 바람직하다.

③ 청지각 문제: 중이염 병력 및 청각적인 문제로 인한 말소리장애 여부를 확인한다.

④ 표준화 조음음운검사: 표준화된 조음음운검사(U-TAP, KS-PAPT, APAC)를 실시한다. 표준화된 검사도구는 약 2세부터 6세까지의 아동을 대상으로 표준화가 되었으나 취학전 아동부터 성인까지 거의 모든 연령에서 실시가 가능하다.

〈표 10-6〉 **국내 표준화된 조음음운검사**

	표준화	음소검사맥락/모음	음운변동분석	검사낱말, 문장 수	특징
우리말 조음·음운평가 U-TAP	2004년 2~6세	어절 내 어두초성, 어중초성과 어말종성/10개 단모음	음운체계 내 기계적 분류	30개 낱말/16개 문장	빠른 시간 안에 수행 가능하며 낱말과 문장맥락 각각에서 같은 낱말 검사
아동용 발음 평가 APAC	2007년 2~6세	U-TAP 맥락에 어중 종성 추가/모음 검사하지 않음	발달과정과 장애양상에서 빈번한 것 선별 임의적 분류	37개 낱말/8문장	일반 아동 발달과정과 조음장애아동의 잦은 음운변동 분석 가능 오류수로 원점수 산출
한국어 표준 그림 조음음운검사 KS-PAPT	2008년 3~6세	APAC과 동일/7개 단모음	음운체계 내 기계적 분류	선별-30개 낱말/ 정밀-75개 낱말	선별검사와 정밀검사를 나누어 실행 가능 정밀검사에서 음절 수 영향 파악 가능

⑤ 자발화 조음음운검사: 표준화된 검사도구 사용이 불가능한 경우나 검사도구 상에서는 오류가 나타나지 않으나 자발화 시 말소리장애가 나타나는 경우는 100개 내외의 자발화 샘플을 수집하여 평가한다. 아동에게 표준화된 검사를

실시한 결과, 정상범주에 속하고 대화 시 명료도가 적절하다면 말소리 표현에 대한 다른 평가는 더 이상 할 필요가 없다.

말소리장애는 말소리 생략과 대치를 보이는 오류들을 음운변동과 관련하여 파악하여야 한다. Willam과 Rebekah(2011)의 분석방법에 근거하여 독립분석(independent analysis)과 관계분석(relational analysis)으로 오류패턴을 살펴볼 수 있다. 독립분석은 음성목록(phonetic inventory) 분석으로 자극에 반응하여 산출한 자음을 기록하여 구강운동 훈련이나 조음전차 접근이 필요한지 결정하는 데 도움을 주는 방법이다. 관계분석은 오류패턴을 살펴보고 조음위치, 조음방법 고려한 음운과정을 분석하여 오류의 패턴과 규칙을 분석하는 방법이다. 임상에서 실질적으로 평가할 수 있는 항목으로는 자음정확도(PCC), 모음정확도, 단어단위음운지표인 평균음운길이(PMLU), 단어단위 근접률(PWP), 단어단위 정확률(PWC), 말명료도, 말용인도, 문맥에 따른 오류패턴, 자극반응도 등을 살펴볼 수 있다.

자음정확도(percentage of consonants correct: PCC)는 Shriberg와 Kwiatkowski (1982)가 제시한 기준에 따르면 경도(mild, 85~100%), 경도-중도(mild-moderate, 65~85%), 중도-고도(moderate-severe, 50~65%), 최고도(severe, 50% 이하)로 치료 전, 중, 후의 변화정도를 살펴보는 데 유용하다.

$$\text{자음정확도(PPC\%)} = \frac{\text{바르게 조음한 자음 수}}{\text{조음해야 할 총 자음 수}} \times 100$$

$$\text{모음정확도(\%)} = \frac{\text{바르게 조음해야 할 모음 수}}{\text{조음해야 할 총 모음 수}} \times 100$$

명료도란 화자가 전달한 메시지 중 청자가 이해한 정도로 척도 평정법(rating scale)과 단어 식별법(word identification)이 있다. 명료도에 영향을 미치는 요인으로는 화자의 언어적인 요소 및 초분절적인 요소, 맥락, 친숙도, 소음 등을 고려하여야 한다. 일반적으로 가장 많이 사용하는 구어명료도 평가는 화자가 산출한 구어샘플에서 청자가 정확하게 이해한 단어나 음절의 수를 측정하여 백분율로 산정하는 방법이다. 다음과 같이 명료도를 산출할 수 있다.

$$\text{명료도(\%)}: \frac{\text{청자가 바르게 적은 낱말(음절)수}}{\text{화자가 의도한 발화 낱말(음절)수}} \times 100$$

명료도는 아동과의 5~10분 정도의 자연스러운 대화상황에서 수집한 낱말들을 통하여 평가할 수 있다. 이때 표본을 듣고 명료하지 않은 낱말의 수를 세어 전체 낱말의 수로 나누어 백분율로 계산한다. 언어발달기 아동이 또래보다 더 낮은 명료도를 보이는지를 판단하기 위하여 유용한 방법으로 Gordon-Brannan과 Weiss(2007)의 언어발달기 명료도 지침과 비교하여 명료도가 낮다면 심화된 조음검사를 실시할 것을 권고한다.

〈표 10-7〉 **정상아동의 연령에 따른 명료도 기대치**

연령(개월)	24개월	36개월	48개월
명료한 낱말의 비율	50%	80%	100%

출처: Gordon-Brannan & Weiss, 2006: 김화수 외, 2014 재인용.

다음의 예는 자발화 자음정확도와 말명료도 산출의 간략 예이다.

〈표 10-8〉 **자음정확도와 말명료도 산출 예시**

의도 [목표형태]	놀이터에서 친구들과 과자를 먹었어요. [노리터에서 칭구들과 과자를 머거써요.]
[산출형태]	[오이어에터 팅구들과 가아를 머거떠요.]
청자이해	***에서 친구들과 가가를 먹었어요.
자음정확도	10/17×100
말명료도	음절 수준 말명료도 = 12/16×100 낱말(어절) 수준 말명료도 = 2/4×100

자발화를 이용한 오류 분석으로는 단어단위음운지표인 평균음운길이(PMLU), 단어단위 근접률(PWP), 단어단위 정확률(PWC)을 통하여 음운길이에 따른 오류정도를 살펴볼 수 있다. 다음은 자발화 산출에 따른 평가 예이다.

〈표 10-9〉 **단어단위음운지표 산출 예시**

	의도	목표형태	산출형태	PWC	PMLU	PWP
1	신발	신발/심발	심발	1	6+4	10/10
2	자동차	자동차	다동타	0	7+2	9/11
3	먹어	머거	머어	0	3+1	4/6
4	할머니	할머니	함니	0	5+2	7/11
5	싫어	시러	티러	0	4+1	5/6
합				1/5	35/5	35/44

자극반응도(stimulability)는 오조음한 음소의 모방능력으로 목표음소를 포함한 무의미 음절, 단어를 다양한 단서를 통하여 제시하였을 시에 정확하게 산출하는 능력이다. 자극반응도는 오조음소의 치료 예후를 결정하는 요인으로 자극반응도가 높은 오조음은 치료목표로 중재하지 않아도 자연치유될 가능성이 높고 치료를 실시하여도 예후가 좋은 오조음으로 치료의 계획에 중요한 정보를 제공한다.

3) 평가 시 고려해야 할 점

평가를 실시하기 전에 검사도구와 기록지, 녹음 혹은 녹화준비를 하고 첫 회기에 검사가 불가한 경우는 2회기에 나누어 평가할 수 있다. 검사 중에는 아동에게 정오에 대한 피드백을 자제하고 자극반응도 검사 시 외에는 오조음을 교정하려 하지 말아야 한다. 평가를 방해하는 수준이 아닌 경우에는 자연스러운 상황에서 평가하도록 하고 아동의 현재 상태를 분석이 끝나기 전까지는 보호자에게 보고하지 말아야 한다. 표준화된 검사가 아동의 현재 말소리를 대표하는 결과가 아닐 수도 있다. 따라서 말소리장애유무와 중재를 위한 계획을 세우기 위해서는 다양한 말소리 상황을 평가하는 비표준화된 자발화 분석도 필요하다. 자발화 분석이 임상적으로 유용하기 위해서는 수집이 필요한 말소리와 이에 대한 효과적인 접근방법에 대해서 표준화 검사보다 더

계획적으로 실시하여야 한다. 또한 각 음소의 위치와 문맥에 따른 음운변동을 고려하여 평가하여야 한다. 음운변동이란 말소리가 어떤 환경에서 어떤 말소리로 변하는지와 관련된 것으로 화자의 머릿속에 있는 추상적 지식으로 존재하는 말소리가 실제적으로 표현될 때 사용하는 언어에 따라 다르게 적용되는 것을 말한다.

우리말의 자음은 일반적으로 위치에 따라 음운표현이 달라지므로 검사 시, 목표음을 기준으로 어두, 어중, 어말 또는 초성, 어중초성, 어중종성, 종성 위치에 따라 실시하도록 하고 있다. 목표음은 전 · 후 음소들의 환경적인 영향으로 음운변동이 일어나고 실제 발화에서 일어나는 정상적인 음운변동에 대한 기준을 바탕으로 피검자의 발화의 오류 유형을 생략, 대치, 왜곡으로 분석하여 결과를 기록한다.

4) 보고서 작성

언어재활사는 진단평가보고서에 일반적 배경정보, 평가 결과, 임상적 인상, 권고사항으로 구성하여 정리하여야 한다. 평가 결과는 실시한 검사별로 정리를 하거나 평가 항목별로 정리할 수 있다. 평가 결과에는 검사에서 획득한 점수(자음정확도)와 아동의 생활연령과 비교하였을 때의 오류의 심한 정도, 오류를 보인 음소와 오류패턴, 자극반응도 등에 대한 결과를 제시하여야 한다. 권고사항에서는 종합적인 평가(comprehensive assessment)로 각 검사의 장 · 단점을 파악해야 하며 맥락에 따른 음소들의 특성과 음운적인 특성을 규명하고 아동의 지역적 · 환경적 언어특성을 참고로 하여 검사 결과를 종합하여 평가하여야 한다.

3. 중재 계획(intervention plan)

1) 중재 계획

평가 결과 언어재활이 필요한 대상자라고 한다면 '얼마나 자주 할 것인가? 치료의 목표는 무엇으로 할 것인가? 치료 접근 방법은 어떤 것을 선택할 것인가? 치료의 종료 시점은 언제인가?'에 대한 계획을 수립하여야 한다.

치료를 결정하는 요인들로는 현재 생활연령, 말명료도, 자음정확도, 자극반응도, 오류패턴, 언어발달정도 등이 있다. 치료목표 설정 시 고려사항으로는 목표 음소에 대한 자극반응도, 오류의 발생빈도, 발달적 적합성, 오류패턴, 개인적 특성 및 요구 등을 고려하여야 한다.

많은 말소리장애아동은 표현 언어장애를 보이고 구문, 어휘, 화용 능력에서 중재가 필요하다. 하지만 말명료도가 낮은 아동은 발화의 길이와 복잡도를 최소화시킨 단어 수준에서 제한적인 언어, 수용언어나 표현언어능력 결과를 고려한 치료목표의 선택이 필요하다.

〈표 10-10〉 **말소리장애 하위 유형별 치료기법 예시**

말소리장애 하위 유형별 효과적인 치료 기법과 말소리 단위				
단위	조음장애	음운지연	일관적인 장애	비일관적인 장애
말소리	○		×	×
음운대조	×	○	○	×
전체단어			×	○
전체언어		○	×	×
치료기법	음성적 접근법	음운대조 전체언어 초음운론적 치료 주기법	음운대조 초음운론적 치료 주기법	핵심어휘

○: 해당 단위로 치료 시 성공 자료 있음
×: 해당 단위로 치료 시 성공적이지 않다는 자료 있음

출처: 하승희 역, 2016.

(1) 음성적 재활(Therapy for phonetic errors)

전통적 접근법 혹은 말운동접근법이라 하기도 하며 특정 말소리를 정상적으로 산출할 수 있는 범위에 조음자들의 위치를 잡아 주는 것을 치료의 목표로 한다. 주요 기법으로는 전통적 기법, 짝자극 기법, 다중음소 접근법, 문맥활용 접근법 등이 있다.

(2) 음운적 재활(Therapy for phonemic errors)

음운적 치료는 첫째, 유사한 오류패턴을 치료목표로 하고, 둘째, 음운대조에 대한

지식으로 일반화하며, 셋째, 자연스러운 의사소통 맥락을 강조한다. 주요 기법으로는 변별자질 접근법, 최소낱말쌍 치료법, 주기법, 상위언어 기법, 의사소통 중심법 등이 있다.

아동명 ______________ 날짜 ______ 년 ____ 월 ____ 일(몇 ____ 회기)
중재시간 __________ 중재장소 ____________________________

목표 행동 1. ______________________________
목표 행동 2. ______________________________
목표 행동 3. ______________________________

강화유형 및 스케줄 ______________________________
____

시도

제시자극	1	2	3	4	5	6	7	8	9	10

반응 및 논평 ______________________________
____
____

총 반응 수 ______________________________
총 정반응 수 ______ 총 오류 수 ____________
정확도 ______________________________

[그림 10-1] **조음프로그램 중재 시 반응 자료 양식의 예**

2) 장 · 단기 목표 계획

말소리장애의 말명료도 저하의 주된 원인을 찾아 장 · 단기 계획을 수립하여야 한다. 특정 음소나 자질별 습득을 장기목표로 설정할 수도 있고, 자세나 호흡의 문제, 음성의 크기나 속도 등을 목표로 할 수도 있다. 말소리장애 치료의 최종 목표는 모든 구어 상황에서 자발적으로 정확한 조음을 산출하는 것이다. 학교임상에서는 한 학기, 일반 치료실에서는 6개월~1년을 주기로 장기목표를 정한다. 하나의 장기목표에 훈련단계를 나누어 단기목표를 계획하고 현실적으로 실현 가능한 목표를 설정해야 한다.

3) 회기목표 계획

단기목표에 따른 회기별 목표를 계획할 시 다음의 조건을 고려하여야 한다.

첫째, 한 회기에 일반적으로 3~4개 정도의 치료목표를 정하는 것이 적절하다.
둘째, 어떤 음소를 목표음소로 정할지 결정한다.
셋째, 음운학적 · 언어학적인 수준(목표음소의 위치: 어두, 어중초성, 어중종성, 어말, 길이: 무의미음절, 1음절 단어, 단어, 문장, 대화 등)을 제시한다.
넷째, 준거기준을 객관적으로 기술한다(90% 이상, 5회 중 3회 이상).
다섯째, 목표행동 기술(모델링, 자발발화)을 분명히 한다.
여섯째, 목표 음소가 포함된 적절한 구어샘플의 수를 정한다.
일곱째, 정조음에 대한 강화 스케줄과 오조음에 대한 피드백 계획을 한다.

치료 시 예로, 한 회기에 하나의 음운을 3개의 다른 맥락이나 활동에서 치료를 실시할 수 있고, 또는 3개의 음운을 하나의 맥락수준에서 활동을 실시할 수 있다. 치료 음운 환경은 현재 아동의 수행 능력에 비추어 단계적으로 계획을 세워 실시하고 정량적 기술로 아동의 수행력을 평가하여 재수정될 수 있다.

치료 계획을 설정할 시 목표음소 외에 음운변별이나 조음기관 운동 훈련을 필요로 하는 대상자가 있다. 모든 아동이 음소변별 혹은 음운변별과 관련된 훈련이 필요하지는 않다. 따라서 음소변별이 가능한 아동은 산출부터 목표로 한다. 조음기관 운동 훈련에서는 호흡, 조음기관의 운동적인 측면에서 훈련이 조음 산출에 직접적인 영향을 미치지는 않고, 훈련의 효과성에 대해서도 한계가 있다.

한 음소가 여러 가지 오류 패턴으로 나타난다면 조음위치 측면을 우선 중재목표로 잡는 것이 효과적이다. 발달적으로 조음위치 변동이 조음방법 변동보다 먼저 사라지고 구어명료도와 더 관련 있는 것으로 나타났다.

낱말 수준의 중재에서도 음운의 복잡도를 고려하여 CV → VC → CVC → CVCV 순으로 단계적으로 훈련 낱말을 선정하여야 한다. 중재 초기에는 음소의 확립이 목표이므로 회기당 목표 낱말 수를 제한하여 한두 낱말이라도 자발적으로 정조음하는 것을 목표로 한다.

상황에 대한 일반화 측면에서 중재 초기에는 임상실 내에서 목표음소의 정조음이 목표가 되지만, 중재 중반부가 넘어가면 집과 유치원 또는 학교에서도 일반화가 되어야 하기 때문에 보호자의 도움을 필요로 한다.

4) 사례를 통한 조음음운장애 중재

(1) 사례 1 학령전기: 조음음운장애를 동반한 언어발달장애

이름(성별)	김○○(남)	생년월일(연령)	2012. 5. 28.(5;7)
정보제공자	아동의 모	장애유형	조음음운장애를 동반한 언어발달지연
진단일	2018. 1. 5.	연락처	
검사자		감독자	

① 배경정보 및 행동관찰

어머니의 보고에 의하면 아동은 출산 시 이상이 없었으나, 첫 낱말이 24개월이 산출되었고, 어머니와 단둘이 집에서 지내는 경우가 많았다고 하였다. 어머니는 내향적이고 조용한 성격이었으며 산후 우울증이 심해 아동에게 언어적인 자극을 많이 주지 않았다고 한다. 아동은 분리불안이 심한 편이었다고 한다. 어머니는 아동을 만 3세경 유치원으로 보냈다고 한다. 유치원 교사가 아동이 또래에 비해 언어이해력이 부족하고 주의가 산만하며 발음이 정확하지 않아 언어재활을 권고하여 언어 치료실을 방문하게 되었다.

② 평가

◯◯에게 실시한 평가는 다음과 같다.

- 우리말 조음음운평가(U-TAP, 김영태, 신문자, 2004)
- 취학전 아동의 수용언어 및 표현언어 발달 척도(PRES, 김영태, 성태제, 이윤경, 2008)
- 조음기관 구조 · 기능 선별검사(SMST, 신문자 외, 2010)
- 자발화를 이용한 발화분석 및 자음정확도
- 자극 반응도 검사

③ 검사 결과

U-TAP 검사 결과, 낱말 수준에서 자음정확도 72.09%, 모음정확도 100%로 나타났으며 생활연령 자음정확도와 비교 시 −2SD 이하에 속한다. 음소별 오류패턴은 /ㅅ/를 /ʃ/로 왜곡하거나 /ㅌ/로 대치, /ㅆ/를 /ʃ*/로 왜곡하거나 /ㅉ/로 대치하였다. 유음생략이 44.44%, 치조음생략 25%, 치조음의 양순음화, 치조음화, 유음화, 파열음화 순으로 오류가 나타났다. 자극반응도 검사에서 음운오류패턴이 비일관적으로 나타났다.

PRES 검사 결과, 수용언어 41개월, 표현언어 29개월, 통합언어연령 35개월로 1%ile 미만으로 나타났다.

④ 장 · 단기 목표(조음음운 관련 목표만 제시함)

- **장기목표** 1. 구조화된 치료실상황에서 변별자질 접근법을 통하여 낱말 수준에서 조음정확도를 향상시킬 수 있다.
- 단기목표 1−1. 대립자질 접근법을 통해 최소대립쌍 1음절 단어 단계에서 80% 이상 정확하게 선택할 수 있다.
- 단기목표 1−2. 최소대립자질 접근법 산출훈련 단계에서 90% 이상 정조음할 수 있다.

- 장기목표 2. 임상실에서 제시된 자극 단어 수준에서 치조마찰음을 90% 이상 정조음할 수 있다.
- 단기목표 2-1. 무의미 음절 수준에서 /ㅅ/, /ㅆ/를 90% 이상 정확하게 모델링할 수 있다.
- 단기목표 2-2. 1음절 단어 /ㅅ/, /ㅆ/ 어두초성위치에서 90% 이상 정조음할 수 있다.
- 단기목표 2-3. 2음절 단어 /ㅅ/, /ㅆ/ 어중초성위치에서 90% 이상 정확하게 모델링할 수 있다.
- 단기목표 2-4. 2~3음절 단어 수준에서 모든 위치의 치조마찰음 90% 이상 정조음할 수 있다.

⑤ 중재 활동

- 해당 회기의 단기계획을 제시한다.
- 한 회기에 3~4개의 목표를 정하고 중재를 계획한다.
- 중재활동 및 문맥에 대한 세부계획을 정한다.
- 강화방법이나 도달 준거에 대한 객관적인 기준을 정해야 한다(예: 10회 중 9회 이상, 90% 이상).
- 언어학적 수준(음절, 단어, 문장, 대화 등)을 기술한다.
- 환경적인 요인(임상실, 학교, 집 등)을 기술한다.
- 목표음소가 포함된 훈련 샘플을 기술한다.
- 각 훈련 샘플의 목표음소를 산출하는 기회를 기술한다.

단기목표 1-1. 대립자질 접근법을 통해 최소대립쌍 1음절 단어 단계에서 80% 이상 정확하게 선택할 수 있다.
단기목표 2-1. 무의미 음절 수준에서 /ㅅ/, /ㅆ/를 90% 이상 정확하게 모델링할 수 있다.

날짜	세부계획	목표반응	강화절차/준거	결과
1/12	1. 임상가가 제시한 대립쌍에서 90% 이상 바르게 지적할 수 있다. 그림을 보여 주고 해당 그림을 설명했을 때 아동이 이해하고 찾는지 확인한다.	'술-물, 굴' '손-돈, 논' '쌀-달, 말'	그림에서 해당 그림을 지적하는 것/ 90% 이상	

	2. 임상가의 모델을 따라서 무의미 음절 /ㅅ/를 고모음 /ㅣ, ㅡ/와 결합하여 80% 이상 정조음할 수 있다. –아동이 좋아하는 노래에 맞춰서 치료사와 아동이 번갈아 가면서 발음한다. 노랫소리에 두 카드(스, 시)를 발음한 숫자에 맞게끔 뛰면서 '카드 밟고 뛰기' 놀이를 한다.	자극반응도 결과에 따라 반응률이 높은 고모음과 연결하여 /스, 시/ 제시	제시된 /스, 시/ 10회 중 8회 이상 정조음	
	3. 임상가의 모델을 따라서 무의미 음설 /ㅆ/를 고모음 /ㅣ, ㅡ/와 결합히여 80% 이상 정조음할 수 있다. –게임판을 통해서 나온 숫자만큼 반복하도록 한다. 게임판에 10~12칸(각 칸에 /쓰/, /씨/ 있음)이 있고 주사위(1, 2, 3만 나오는 주사위)를 던져서 나온 숫자만큼 발음하고 전진하도록 먼저 도착하는 사람이 승리한다.	/쓰, 씨/ 제시	10회 중 8회 이상 정조음	

(2) 사례 2 학령기: 조음음운장애

이름(성별)	박○○(남)	생년월일(연령)	2010. 1. 2.(8;0)
정보제공자	아동의 모	장애유형	기질적 조음음운장애
진단일	2018. 1. 5.	연락처	
검사자		감독자	

① 배경정보 및 행동관찰

어머니의 보고에 의하면 초등학교 2학년 남아로 초기 임신이나 출산, 병력에는 이상이 없었고 신체발달이나 언어발달에도 이상이 없었다고 하였다. 어릴 때에도 약간의 혀기능 문제와 /ㄹ/이 들어간 음의 발음문제는 느꼈으나 대수롭지 않게 넘겼다가 병원에서의 권유로 초등입학 전에 설소대 수술을 하였다고 한다. 그 후 따로 언어재활을 받지는 않았다고 하였다. 초등학교 입학 후 발음 문제를 스스로 인식하면서 친구들과 잘 어울리지 못하고 자신감이 없어져서 내방하였다.

② 평가

○○에게 실시한 평가는 다음과 같다.

- 조음기관 구조 · 기능 선별검사 내 항목(SMST, 신문자 외, 2010)
- 우리말 조음 · 음운평가(U-TAP, 김영태, 신문자, 2004)
- 수용 · 표현 어휘력 검사(REVT, 김영태 외, 2009)
- 한국어 이야기 평가(KONA, 2018)에서 '공그네 이야기' 또는 '개구리 이야기' by mercer mayer)

③ 검사 결과

우리말 조음음운평가 결과 자음정확도는 97.67%(42/43), 모음정확도 100%로 나왔다. 유음 /ㄹ/에서 /연필/-[염핀]으로 오조음이 나타났다. 비공식 검사에서 대화 시 전반적인 명료도가 떨어지며 유음의 왜곡이나 대치가 관찰되었고, 조음 위치별 검사 결과는 어중초성에서 오조음이 나타났다. 조음기관구조기능 선별검사에서는 혀 들어올리기, 혀 경구개쪽으로 끌어당기기에 이상이 있는 것으로 관찰되었다.

수용 · 표현 어휘력 검사에서는 생활연령에 적절한 발달을 보였으며 자발화 분석에서도 정상발달을 보였다.

④ 장 · 단기 목표

- **장기목표** 1. 혀의 운동성을 끌어올리기 위하여 조음기관운동 프로그램을 활용한 다양한 혀운동을 실시한다.
- 단기목표 1-1. 설압자의 도움으로 혀끝 밀기, 혀끝 말아올리기, 혀끝으로 입천장 핥기 등을 5초 동안 3회 반복적으로 실시한다.
- 단기목표 1-2. 치료사의 도움없이 혀끝 밀기, 혀끝 말아올리기, 혀끝으로 입천장 핥기 등을 5초 동안 5회 반복적으로 실시한다.
- **장기목표** 2. 아동은 대화 시 유음을 90% 이상 정확하게 산출할 수 있다.
- 단기목표 2-1. 무의미 음절수준에서 유음을 100% 정확하게 산출한다.
- 단기목표 2-2. 2~3음절로 구성된 단어 수준에서 유음을 100% 정확하게 산출한다.

- 단기목표 2-3. 구조화된 문장 수준에서 유음을 90% 이상 정확하게 산출한다.
- 단기목표 2-4. 대화나 이야기 수준에서 유음을 80% 이상 정확하게 산출한다.

⑤ 치료 활동

- 사례 1과 동일하다.
- 조음기관 훈련 중 아동은 바른 자세를 유지하도록 한다.
- 파찰음, 마찰음, 유음을 발음하기 위해서는 혀의 측면을 올리는 것과 관련된 근육의 다양한 힘과 긴장도를 증가시킬 수 있는 훈련이 필요하다(김효정 외, 2015).
- 매 훈련마다 훈련에 필요한 시간과 반복 횟수를 제시하고 점차적으로 증가시켜 나간다.
- 조음기관 훈련은 가능한 한 빨리 목표 음소로 전이시켜서 실시해야 한다.

단기목표 1-2. 임상가의 도움없이 혀끝 밀기, 혀끝 말아올리기, 혀끝으로 입천장 핥기 등을 5초 동안 5회 반복적으로 실시한다.

단기목표 2-2. 2~3음절로 구성된 단어 수준에서 유음을 100% 정확하게 산출한다.

날짜	세부계획	목표반응	강화절차/준거	결과
2/5	1. 아동이 입술을 다문 상태에서 설압자를 입술 앞에 대고 혀를 내밀어 설압자를 밀게 한다. 혀를 미는 힘에 따라 설압자를 더 세게 누른다. 2. 아동에게 입을 벌리라고 하고 커피스틱을 혀 위로 올리고 혀를 말아올려 자세를 유지하도록 한다. 3. 치조에 초콜릿 조각을 붙이고 혀로 천천히 녹이도록 한다.	치료사와 나란히 앉아 거울을 보고 혀끝 밀기, 혀끝 말아올리기, 혀끝으로 입천장 핥기를 실시하고 스스로 위치를 잡을 수 있다.	어려울 때는 치료사가 거울을 앞에 놓고 같이 모델링해 준다. 5초 동안 자세를 유지한다.	
	4. 제시된 어말종성 /ㄹ/을 포함한 2음절 단어를 80% 이상 정조음할 수 있다. -책상 위에 20장의 그림카드를 주고 그 중에서 어말종성 /ㄹ/이 들어간 그림카드를 빨리 찾도록 한다. 많은 카드를 찾을수록 상대방에게 과제로 제시할 수 있다.	/생일, 서울, 화살, 이불, 마늘, 바늘, 교실, 눈물, 양말, 연필/ 10개 단어 약 5회 반복	10회 중 8회 이상 정조음	

	5. 제시된 어두 · 어중초성/ㄹ/을 포함한 2음절 단어를 80% 이상 정조음할 수 있다. –책상 위에 20장의 그림카드를 주고 그 중에서 초성 /ㄹ/이 들어간 그림카드를 빨리 찾도록 한다. 많은 카드를 찾을수록 상대방에게 과제로 제시할 수 있다.	/라면, 레몬, 리본, 로봇, 로켓, 고래, 노래, 모래, 트럭, 기린/ 10개 단어 약 5회 반복	10회 중 8회 이상 정조음	

(3) 사례 3 구개파열

이름(성별)	최○○(여)	생년월일(연령)	2011. 6. 2.(5;6)
정보제공자	아동의 모	장애유형	구개파열로 인한 조음음운장애
진단일	2017. 1. 5.	연락처	
검사자		감독자	

① 배경정보 및 행동관찰

이 아동은 만 5세 6개월 여아로 구개성형술 이후 잔존하는 보상조음으로 인해 말 명료도가 낮다는 점을 주 호소로 본 기관을 방문하게 되었다. 어머니의 보고에 의하면 구개성형술 이전 아동의 구순 구개열 유형은 unilateral cleft lip(Lt./incomplete), palate(complete), alveolus(Lt.)이며 현재 치궁(dental arch)의 좌측에 cleft alveolus가 남아 있는 상태라고 한다. 구순열 수술은 생후 5개월경, 구개열 수술은 생후 14개월에 하였고, 이후 만 7세경 수술을 한 번 더 할 예정이라고 하였다. 아동은 출생 시 신생아 청력검사 결과에서 청력 수준은 정상으로 나왔으며 출산 전후 특이한 문제는 없었으며 아동의 운동발달도 정상이었다고 한다. 병원 검사 결과, 인지와 언어적 문제는 없는 것으로 나왔고, 현재 아동의 말산출 증가에 따라 구강파열음의 인두 폐쇄음화, 비음화 등의 보상조음이 증가하여 본 기관을 방문하게 되었다.

② 평가 시 태도

아동은 영유아 때부터 교육기관에 대한 경험이 많아 주 양육자와 분리가 가능하였다. 착석은 잘되는 편이었으나 간혹 자리에서 일어나 본인이 원하는 책을 가져오기도 하였다. 구강 구조 기능을 평가할 때 아동은 입 속으로 불을 비추거나 설압자를 넣는 것을 극도로 싫어하여 거부하는 모습이 관찰되었고, 검사자의 지시에 불응하거나 거부하는 등의 행동을 보였다.

③ 검사 결과

• 말 영역 평가

–조음기관운동평가: 조음기관 구조·기능 선별검사(SMST 성인용 항목 중 선정)를 이용해 아동의 조음기관 구조 및 기능을 살펴본 결과 아동의 얼굴, 입술, 턱, 혀의 구조는 정상이었다. /우/ 모음 연장과제에서 코를 막았다 뗴는 과제에서 음질의 변화(과다비성)가 있었으며, 치과경을 코 밑에 대고 /아/ 연장발성을 실시할 때에도 치과경에 김이 서려 난 기류를 동반하지 않은 nasal emission이 있음을 알 수 있었다. AMR은 유창하나 과다비성으로 부정확하며, SMR에서는 유창성과 정확성 둘 다 부족하였다.

–발음평가: 아동용 발음 평가(APAC)를 실시하였으나 아동의 검사 거부로 인해 전체 문항을 실시하지 못하였다. 37개의 낱말 중 10개의 낱말만 산출하였다. 아동이 서로 다른 단어에서 안정적으로 산출한 자음 목록은 /ㅎ/, /ㅁ/으로 나타났으며 모든 압력 자음을 성문파열음으로 대치하였다. 또한 오류패턴으로는 자음 조화·반복(예: 나무 → 마무), 어중초성 생략(예: 모자 → 모아)이 나타났다.

• 언어 영역 평가

아동이 수용언어 및 표현언어 수준을 파악하기 위해 REVT를 실시한 결과, 수용어휘점수 61점, 백분위 50%ile, 표현언어점수 42점, 백분위 1%ile 미만으로 나타났다.

• 기타 비공식 검사

아동이 산출한 연속된 자발화 100발화 중에서 이해 가능한 발화는 80발화였고, 세 낱말을 조합하거나 제스처 없이 구어 표현만 지속할 경우 보상조음으로 인해 아동의 목표발화를 파악하는 데 어려움이 있었다. 아동이 산출한 발화 중 이해 가능한 발화 50개를 선정하여 발화를 분석하였다. 자발화 50발화를 분석한 결과, 서로 다른 낱말 수 35개, 총 낱말 수 75개였으며 낱말 다양도는 36.84%였다. 또한 MLUw는 3.12, MLUm은 3.50이었다. 아동의 자발화 50발화에서 안정적으로 3회 이상 산출한 자음목록을 살펴보면 초성자음 2개(ㅁ,ㄴ), 종성자음 3개(ㅁ,ㄴ,ㅇ)를 주로 사용하였다. 음절 구조는 CV가 52%, V가 약 17%, 종성이 있는 CVC(4%), GVC, CGVC와 같은 음절구조는 거의 나타나지 않았다.

④ 장 · 단기 목표

- **장기목표** 1. 아동은 호흡훈련을 통해 과대비성을 감소시킨다.
- 단기목표 1-1. 컵 속의 물을 빨대로 불어서 물거품을 내는 높이를 2/3 이상 올릴 수 있다.
- 단기목표 1-2. 입술을 살짝 다문 후 양손으로 가볍게 뺨을 쳐서 구강의 공기를 빼는 놀이를 할 수 있다.
- 단기목표 1-3. 휴지를 길게 자른 후 입술 가까이 대고 수직으로 불어 세울 수 있다.
- **장기목표** 2. 아동은 양순파열음의 조음방법을 알고 단어에서 90% 이상 바르게 산출할 수 있다.
- 단기목표 2-1. 코클립 노즈를 낀 상태에서 아동이 입술을 다물고 구강에 공기를 압축할 수 있다.
- 단기목표 2-2. 압축된 구강의 공기를 손가락으로 살짝 뺨을 톡톡 쳐서 공기가 입술에서 파열되는 느낌을 알 수 있다.
- 단기목표 2-3. 공기가 파열될 때 /ㅂ/ 소리를 같이 내어 무의미음절 양순파열음을 낼 수 있다.
- 단기목표 2-4. 1~3음절의 단어 수준에서 어두초성 양순파열음(CV구조)을 10회 중 9회 이상 바르게 낼 수 있다.

⑤ 중재 활동

- 사례 1과 동일하다.
- 구개파열 특성상, 중재목표는 과대비성을 감소시키기 위한 다양한 중재방법을 활용하여 다각적인 훈련을 반복적으로 실시하여야 한다.

단기목표 1-1. 컵 속의 물을 빨대로 불어서 물거품을 내는 높이를 2/3 이상 올릴 수 있다.
단기목표 1-2. 입술을 살짝 다문 후 양손으로 가볍게 뺨을 쳐서 구강의 공기를 빼는 놀이를 할 수 있다.
단기목표 2-1. 코클립 노즈를 낀 상태에서 아동이 입술을 다물고 구강에 공기를 압축할 수 있다.

날짜	세부계획	목표반응	강화절차/준거	결과
2/5	1. 컵에 물을 담고 물의 높이를 컵에 표시를 해 둔다. 그리고 그 위의 높이를 3cm 간격으로 표시해 둔다. 아동과 함께 똑같은 컵을 준비하여 빨대로 물을 불어 물높이가 어디까지 올라갈 수 있는지 게임을 한다. 2. 아동과 함께 입술 풍선 놀이를 한다고 이야기를 해 준 후, 임상가가 먼저 시범을 보여 준다. 입술의 풍선이 터지지 않는 사람이 이기는 놀이라고 설명을 한 후 아동의 코에 노즈클립을 끼우고 실시한다. 입술에 공기를 머금고 뺨을 부풀린 후 아동과 함께 입술 풍선놀이를 실시한다.	치료사와 똑같은 컵에 제시된 높이만큼 불어서 올리면 성공 풍선 2회 이상 불기 성공	높이 조절, 풍선 불기 쉬운 것부터 제시한다. 제시된 높이만큼 3회 중 2회 이상, 풍선 2회 이상 불기	
	3. 코클립 노즈를 낀 상태에서 무의미 음절 훈련에서는 고무풍선을 크게 불어 준비를 한다. 아동과 함께 크게 분 고무풍선을 두 손으로 잡고 입술을 가까이 가져다가 양순파열음 CV음절 수준에서 소리를 내어 보고 진동을 알게 한다. 4. 코클립 노즈를 낀 상태에서 무의미 음절 훈련 /바, 보, 버, 브, 비, 베, 부/를 실시한다. – 한 음절을 반복 3회 이상 – 2개 이상 음절 연결하기	자극반응도가 높은 양순파열음 CV음절을 선택하여 훈련	10회 중 8회 이상 정조음	

4. 상담(counseling)

1) 초기중재 시

말소리장애(speech sound disorders)에서 중재목표를 성공적으로 이끌기 위해서는 가족 중심적이어야 한다. 초기중재 시 부모나 가까운 가족의 역할은 매우 중요하다. Dempsey와 Keen(2008)은 초기중재에서 가족상담 시 고려해야 할 주된 사안들에 대해 제시하였다.

① 가족이 가지는 아동에 대한 시각 살피기
② 가족이 언어중재에 기대하는 기대치를 찾아 합리적 수준으로 합의점 찾기
③ 중재 시 가족이 참여할 수 있는 다양한 방식 포함시키기
④ 가족에게 대상자와의 상호작용에 필요한 새로운 지식 및 기술 습득을 제공하기
⑤ 유치원, 학교 교사 또는 대상자 주변의 반응 살피기

다음은 초기중재 시 부모상담에 필요한 질문들이다.

① 아동의 말을 알아들을 수 있습니까?
② 부모가 아동이 말하는 것보다 더 많이 이해하고 있는 것 같나요?
③ 아동이 자신의 말소리를 인식하고 괴로워하고 있습니까? 그럴 때 가족은 어떤 도움 주기를 하나요?
④ 유치원 또는 학교교사가 아동의 말소리 문제에 대해 언급한 적이 있나요?
⑤ 말소리문제가 일어났을 때, 가족 구성원 중에서 부정적인 반응을 보이는 사람이 있나요?
⑥ 아동에게 명료화(다시설명하기)를 요구하였을 때 아동의 반응은 어떠한가요?
⑦ 구체적으로 어떤 상황에서 아동의 말소리 문제에 도움주기를 원하나요?
⑧ 언어중재로 인해 아동의 언어문제가 어느 정도 향상되기를 바라나요?
⑨ 언어중재 시 가정에서 할 수 있는 프로그램을 원하나요?

아동이 어릴수록 가족이 참여하는 것이 더 효과적이며 말소리문제를 해결하기 위해 부모를 중재의 일차 대행자로 활용하는 프로그램을 많이 활용하여야 한다. 부모와의 협력은 치료실 내에서 치료 중재가 일반화되는 것을 촉진시키며 조음문제 개선에 화용론적 기술들도 개선되는 것을 볼 수 있기 때문이다. 초기중재 시에는 임상가가 중재효과에 대한 부모의 기대치를 알고 그것에 대한 합리적인 목표에 대한 이야기를 많이 나누는 것이 바람직하다.

2) 중재 시 부모상담 및 주변 교사와의 협력

부모는 자신의 아동과 항상 함께 있으며 중재를 중단할 수도 유지할 수도 있다. 따라서 성공적인 중재를 위해 부모의 협력은 필수이며, 이들은 중재효과에 지대한 영향을 미치기 때문에 임상가의 목표와 프로그램의 방향을 반드시 알고 이해할 수 있어야 한다. 임상가는 중재 시 부모상담을 통해 아동의 말소리 문제의 개선에 도움을 될 부모 협력 파트너를 만들 수 있어야 한다. 또한 아동 주변의 긍정적 지원을 할 교사나 언어 환경에 영향을 끼칠 주변 사람들이 누구인지 알아보는 것도 중요하다. 또한 중재 이후 부모상담 시 임상가가 여러 가지 질문을 통해 아동의 조음문제개선에 대한 질문을 함으로써 여러 가지 단서를 부모로부터 알아내야 한다. 그러기 위해서는 부모상담 시 다음과 같은 질문을 할 수 있다.

① 부모에게 장·단기 목표설정과 회기별 목표에 대해 설명하고 있는가?
② 이번 회기에서 어떤 프로그램을 활용하여 목표행동을 유도하는지 설명하고 있는가? 그리고 다음 회기의 목표행동에 대해 미리 설명하였는가?
③ 목표행동에 대해 아동의 수행능력을 객관적으로 설명하고 있는가?
④ 매 회기마다 가정지도에 필요한 워크시트를 제공하고 있는가? 또는 부모가 가정에서 할 수 있는 워크시트를 어느 정도 원하고 있는가?
⑤ 지금 하고 있는 프로그램 활동이 아동의 말소리문제에서 어떤 부분에 긍정적 영향을 끼치는지 설명하고 있는가?
⑥ 아동이 틀린 조음을 할 때마다 가정에서 어떻게 지도해야 하는지 자세히 알려주고 있는가?

⑦ 아동의 말소리 문제가 나아지고 있다고 주변 사람들에게 피드백을 받은 적이 있는가? 또는 또래와 자연스러운 상황에서의 어떤 말소리문제가 계속 나타나고 있는가?
⑧ 회기 중재가 끝나고 나서 아동의 심리나 생활패턴이 달라진 부분이 있는가? 만약 달라진 부분이 있다면 얼마나 지속적인가?
⑨ 일상생활에서 조음문제가 개선되고 있다고 생각하고 있는가?

3) 종결 시 부모상담

장기목표에 도달되었다고 생각되면 구체적으로 얼마나 진전되었는지를 평가하고 차후 종결여부에 대해 부모와 이야기를 나누어야 한다. 그간 어떤 변화가 있었는지, 일반화가 잘 되었는지를 부모상담을 통해 여러 에피소드를 수집하고 아동의 진전평가서를 통해 또래집단에서의 어느 위치인지 설명하여야 한다. 또한 종결 이후 사후관리에 대한 필요성을 충분히 설명하여야 하며, 전반적인 스케줄에 대해 부모와 상의하여야 한다. 대상자의 문제행동에 변화가 있는지, 종결 후 개선된 행동이 잘 유지가 되고 있는지를 점검하여 긍정적인 목표행동이 잘 유지될 수 있도록 하는 것은 종결된 이후에도 대상자가 습득한 긍정적인 목표행동을 잘 유지하기 위함이다. 그러한 모니터링을 통해 다시 중재를 시작할지, 사후점검도 종결할지가 결정될 수 있다. 중재가 끝난 후에도 일정 기간 동안에 대상자가 잘 적응하고 있는지 확인하는 단계가 필요하며, 중재의 마지막 단계로서 추후상담 및 점검을 통해 치료실 외의 상황에서도 일반화가 잘 유지되고 있는지 사후점검을 할 수 있다고 설명을 하여야 한다. 따라서 부모에게 정기적으로 추후상담을 실시할 수 있다고 설명을 하고 구체적인 추후상담계획을 잡도록 한다. 추후상담은 대면을 통해 실시할 수 있고 면담, 전화, 이메일 등을 통한 정기적 사후관리를 할 수 있다.

종결 시 다음의 사항들을 고려하여 상담을 실시할 수 있다.

① 중재효과에 대해 어느 정도 만족하는가(아동, 부모)?
② 종결 시점에 대해 부모와 충분한 상의를 하였는가?
③ 사후관리가 왜 필요한지 부모에게 설명을 하였는가?

④ 사후관리를 부모가 원하는가? 원한다면 어떤 방법(면담,전화,이메일 등)을 선호하는가? 원하지 않는다면 그 이유가 무엇인가?

⑤ 구체적으로 사후관리 스케줄(1, 3, 6개월 후)을 부모와 상의하였는가?

5. 질의응답(Q & A)

Q1. 지희 이이는 발음에만 문제가 있는데 발음검사 외에 청력선별검사나 조음기관기능선별 검사도 꼭 해야 하나요?

A1. 아동의 청력상태를 조사하지 않고는 언어평가를 완수했다고 할 수가 없습니다. 왜냐하면 청지각적 처리능력은 1차적으로 언어평가 시 선별해야 하는 과제이기 때문입니다. 그 외 아동이 발음에 어려움을 갖는다면 혹시 신체적 장애가 있는 것은 아닌지 살펴보기 위해 구어-운동성에 대한 검사를 추가로 하여야 합니다. 발음을 하는 데 꼭 필요한 조음기관의 구조와 기능여부를 관찰을 토대로 체크리스트식의 평가도구를 하게 되는데 입술의 구조와 기능, 혀와 턱과 연인두, 말산출에 사용되는 호흡, 발성, 공명 기능 등 이러한 평가를 통해 아동의 발음문제가 기능적인지, 기질적인지 그 원인을 좀 더 자세히 알아볼 수 있는 것입니다. 더불어 정말 조음의 문제인지 말 실행의 문제인지도 살펴보아야 합니다.

Q2. 아이가 정확하게 발음을 들려줘도 따라하지 못하고 계속 틀렸어요. 병원 검사 결과, 청력검사나 다른 구강운동평가에서 이상은 없다고 해요. 그런데도 발음에 문제가 있다면 무엇일까요?

A2. 청력은 음에 대한 생리학적 처리능력이고 청력이 정상이라고 하더라도 아동은 말소리지각에 어려움을 가질 수 있습니다. 미국의 6세 아동에 대한 말소리장애 연구에서 말소리장애의 출현율은 3.8%라고 보고됩니다. 이 중에서 조음음운장애는 음운처리(phonological processing)의 문제로도 나타날 수 있습니다. 음운처리는 말소리를 지각하고 저장하며 인출하고 조작하는 아동의 내제된 능력으로 소리의 체계와 규칙을 이해하고 새로운 단어를 들었을 때

말소리를 음운적으로 분석하고 인식하는 능력을 말합니다. 따라서 음운처리 능력(음운인식, 자동화된 빠른이름대기, 음운기억 등)의 평가를 따로 받아 보시기 바랍니다.

Q3. 보통 조음치료는 어떻게 하나요?

A3. 일반적으로 임상가와 아동 간 1:1 치료인 개별치료를 하며 주 2회씩 하게 됩니다. 발음 훈련(articulation drill)은 보통 여러 가지 놀이형태를 이용하여 목표하고자 하는 음소를 산출하는 데 있습니다. 예를 들어, 대표적인 방법으로 최소대립어접근법과 최대대립어접근법이 있는데 각 짝에 들어 있는 두 단어의 변별자질을 최소로 하거나 최대로 하여 연습을 시킵니다. 그리고 작은 카드들을 사용하여 훈련놀이(drill play)를 이용할 수 있는데 숨바꼭질(hide and seek) 놀이방식을 통해 할 수도 있습니다. 예를 들어, 임상가가 방 주위의 눈에 띄는 장소에 카드를 숨기고 아동은 발견한 카드를 말하게 하거나 자루에 공 넣기(sack ball)처럼 목표음소가 들어간 단어가 적힌 큰 쇼핑가방을 벽에 붙이고 공을 던져 넣으며 그 가방에 붙은 단어를 말하게 하는 등 목표음 훈련을 다양한 놀이 형태로 치료를 하게 됩니다.

Q4. 발음 때문에 나중에 학습에도 문제가 생기나요?

A4. 많은 조음음운장애아동이 치료를 받든 안 받든 학습 문제를 보일 수 있음이 여러 연구에서 입증되고 있습니다. Lewis 등(1992)은 학령전에 음운장애 이력이 있었던 대상자가 음운, 읽기, 철자 쓰기 영역에서 학령전부터 성인기에 이르기까지 통제 집단에 비해 더 낮은 수행을 보였다고 합니다. Felsenfeld, Broen과 McGue(1992)는 음운장애아동을 대상으로 8년간 종단 연구를 실시하였는데, 이 아동들은 학령전에 음운장애로 진단되었고, 그들의 문제는 초등 1학년에도 계속되었다고 합니다. 연구자들이 이 연구 대상을 성인기에 면담한 결과, 그들은 통제 집단에 비해 성적이 낮았으며, 보충 지도가 더 많이 필요하였고, 교육 연수가 더 짧았다고 합니다. Bird, Bishop과 Freeman(1995)의 연구에서는 음운장애아동이 음운인식 및 문해 영역에서도 통제 집단에 비해 더 낮은 수행을 보였으며, 심한 음운장애를 갖고 학령기를

시작한 아동이 특히 읽기 기술 발달에 취약하며 철자법에서 어려움을 보인다고 하였습니다. 따라서 만약 아동의 발음문제가 약한 음운처리의 문제라면 학습에 대한 예후는 좋지 않을 수도 있습니다.

Q5. 집에서 간단하게 할 수 있는 발음중재가 있을까요?

A5. 가정에서 양육과 동시에 발음을 지도하기란 쉽지 않습니다만 평소에 습관처럼 많은 연습을 하시면 더 빠른 효과를 볼 수 있습니다. 특히 교대운동은 음절산출의 속도, 패턴, 일관성을 향상시키는 데 좋은 구강협응운동입니다.

/퍼/, /퍼/, /퍼/ 같은 일음절 소리와 /퍼/, /터/, /커/ 같은 다음절 소리를 빨리 반복시켜서 정확성과 반복된 소리의 산출의 일관성 수행을 가정에서도 간단하게 연습 시킬 수 있는 좋은 방법입니다. /퍼/, /퍼/, /퍼/ 소리는 아동에게 기관차가 움직이는 소리라고 말하거나 /터/, /터/, /터/는 오토바이가 출발하는 소리라고 동기부여를 하여 연습시키는 것도 좋은 방법이 될 것입니다.

Q6. 발음중재는 보통 얼마나 오래 해야 하나요?

A6. 사람의 얼굴 생김새를 보면 모두 다 다르게 생겼습니다. 그것처럼 아동의 발음문제 또한 오류패턴에 따라 단순하게 볼 수 없으며 원인도 너무나 다양합니다. 발음의 오류형태, 오류 수, 아동의 기질적인 상태, 학습태도, 교육환경에 따라 발음중재의 기간이 다 달라집니다. 보통은 오류음 하나당 짧게는 6개월에서부터 대화상에서 일반화, 전이까지 본다면 그보다 더 길어질 수 있습니다. 또는 오류음의 수가 많다고 하여도 훈련음소의 일반화(/ㄱ/ 음소를 치료하였더니 /ㄲ/까지 좋아지는 경우)처럼 오조음에 대한 자연치유가 되기도 합니다. 따라서 발음중재의 시기를 정확하게 특정할 수가 없습니다.

Q7. 시간적 여유가 없는데 발음 중재를 받지 않고도 앞으로 자연스럽게 발음이 개선이 될 수도 있나요?

A7. 발음중재가 언어행동을 어떻게 변화시킬 수 있는가는 연구논문을 통해 몇 가지 방식을 설명해 드릴 수 있습니다. 그중에서도 가장 첫 번째 중재의 역할은 촉진(facilitation)입니다. 촉진을 통해 성장 또는 학습이 가속화되며, 발음

을 촉진함으로써 조음발달단계의 다음 단계에 도달하도록 도울 수 있습니다. Gottlieb(1976)는 "촉진은 지각들(perception) 간을 차별화시키는 능력을 증가시키는 데 도움이 된다."고 하였습니다.

또한 언어중재의 두 번째 역할은 유지(maintenance)입니다. Gottlieb(1976)는 "미성숙한 시스템을 보다 완전하고 기능적인 것으로 지속시킴으로써 이후 단계에서 완전한 발달에 도달할 수 있도록 해 주는 것"이라고 하였습니다. 따라서 발음중재를 받는 것이 아동에게 지금보다 더 빠르고, 더 자연스럽게 발음을 개선시킬 수 있다고 하였습니다. 마지막으로 발음중재는 유도(induction)의 역할을 합니다. 예를 들어, 조음장애아동의 발음을 수정하기 위해선 정확한 발음을 산출할 수 있도록 유도함으로써 아동의 정발음의 목표에 도달할 수 있도록 하는 것입니다. 그러므로 발달상에서 이상이 관찰되면 빨리 발음평가와 더불어 발음중재를 받으시는 것이 좋습니다.

Q8. 요즘 영어가 중요한데 앞으로 학교에 들어가면 영어발음이 걱정됩니다. 모국어 발음에 문제가 있을 경우 나중에 영어발음에도 영향을 미치게 되나요?

A8. 한국어에는 /l/, /r/이 같은 음소범주에 속하나, 영어권에서는 구분이 명확합니다. 보통은 제2외국어의 성공을 예측할 때 아동의 언어문제가 언어적 차이에 따른 것인지, 발음장애인지를 살펴볼 때 제1국어, 즉 모국어의 사용에 대한 평가를 살펴보게 됩니다. 다른 나라의 언어라고 하더라도 이것은 언어의 본질이 크게 다르지 않다는 것을 의미하며, 만약 모국어에서 발음문제가 발생한다면 영어발음에서도 이상이 발생할 확률이 높을 수밖에 없습니다.

Q9. 아이의 치아가 삐뚤삐뚤하게 나서 앞으로 치아교정을 할 예정입니다. 보철물이나 치아소실들이 발음에 영향을 미치지는 않을까요?

A9. 치아배열과 교합상태는 발음에 영향을 미치기도 합니다. 치아의 돌출, 간격, 배열과 치아교정을 위한 부속장치들은 특정한 음소에 영향을 미쳐 발음을 어렵게 만들 수 있습니다. 그러나 보통 위 앞니가 아래 앞니를 1/2에서 1/3 정도 덮어야 정상적인 상악전돌이라고 할 수 있고 결손치아가 없어야 하며 비정상적으로 벌어진 이도 마찰음과 같은 발음에 영향을 미치는 요인이 되기도

합니다. 따라서 치과의사와 언어전문가와 상담을 하신 후 보철치료에 대한 시기를 조정하시는 것이 좋을 듯합니다.

Q10. 발음중재를 받아 보았던 아이입니다. 아이가 그 당시에는 너무 어려서 그런지 발음연습하는 것을 너무 싫어해서 언어재활을 받다가 그만두었어요. 다시 받으려고 하는데 놀이 형식으로만 발음중재를 받으면 안 될까요?

A10. 언어재활의 중재접근법은 아동 중심, 절충형, 임상가 중심으로 나뉠 수 있습니다. fey(1986)는 언어재활실에서의 자연스러움에 대한 연구들을 많이 하였습니다. 중재의 활동이 '실제의 삶', 즉 재활실 외부세계와 얼마나 흡사한가의 정도를 나타내어 아동이 집에서 하는 놀이와 같이 매우 자연스러운 배경과 활동뿐만 아니라 재활실 환경에서의 훈련과 같은 매우 인위적인 활동을 선택하여 중재를 하여 그 효과를 연구한 것으로 유명합니다. 그러나 최상의 조화를 이루어 내기 위해서는 어느 방식이 꼭 더 맞다고 할 수가 없습니다. 어떤 목표활동에서는 매우 구조화된 접근법이 더 잘 맞고 어떤 목표활동에서는 아동 중심법이 더 맞습니다. 중요한 것은 임상가가 사용 가능한 접근법의 범위에 풍부한 경험을 가지고 알아야 하며 효율적인 중재프로그램을 수립할 수 있어야만 한다는 것입니다. 그리고 아동의 특성이나 아동의 심리에 대해 임상경험이 풍부한 치료사를 만나는 것이 좋을 듯합니다.

참고문헌

권도하, 신명선, 김효정, 박은실, 장현진, 신혜정, 황화정, 김수형, 이무경, 황보명, 박상희, 강은희, 손은남, 김영은, 이명순, 이옥분, 김선희, 황영진, 황상심(2014). **언어치료 임상방법**. 대구: 물과길.

권유진, 진연선, 배소영(2018). **한국어 이야기평가**. 서울: 인싸이트.

김민정, 배소영, 고도홍(2001). 2~5세 아동의 자발적 발화에 나타난 한국어 음절 및 음운 빈도. **음성과학**, 8, 99-107.

김민정, 배소영, 박창일(2007). **아동용 발음평가**. 서울: 휴브알엔씨.

김수진, 신지영(2015). **말소리장애**. 서울: 시그마프레스.

김영태(1996). 그림자음검사를 이용한 취학전 아동의 자음정확도 연구. 말-언어장애연구, 1, 7-33.

김영태, 성태제, 이윤경(2003). 취학전 아동의 수용언어 및 표현언어 발달척도. 서울: 서울장애인복지관.

김영태, 신문자(2004). 우리말 조음·음운평가. 서울: 인싸이트.

김화수, 김성수, 박소현, 정부자, 이상경, 이은정, 권유진(2014). 영유아에서 청소년까지 언어발달장애(4판). 서울: 박학사.

김효정, 김문정, 한지연, 신명선(2015). 노래와 함께하는 조음기관 운동 프로그램. 서울: 학지사.

박동근, 이석재(2005). 대학생 구어의 음운 실현 연구. 서상규 구현정(편). 대학생 구어의 음운 실현 연구. 한국어 구어 연구 2. 서울: 한국문화사.

석동일, 박상희, 신혜정, 박희정(2008). 한국어 표준 그림 조음음운 검사. 서울: 인싸이트.

신문자, 김재옥, 이수복, 이소연(2010). 조음기관 구조·기능 선별검사. 서울: 인싸이트.

신지영(2005). 3세~8세 아동의 자유 발화 분석을 바탕으로 한 한국어 말소리의 빈도 관련 정보. 한국어학, 27, 163-200.

이윤경, 배소영, 권유진, 김민정, 박혜진, 서경희, 윤효진, 이옥분, 정경희, 정한진, 표화영(2010). 언어치료 임상실습 이론과 실제. 서울: 학지사.

하승희 역(2016). 말소리장애 아동의 감별진단과 치료[*Differential diagnosis and treatment of children with speech disorder*]. Dodd, B. 저. 서울: 시그마프레스.

Bird, J., Bishop, D. V. M., & Freeman, N. H. (1995). Phonological awareness and literacy development in children with expressive phonological impairments. *Journal of Speech, Language, and Hearing Research, 38*(2), 446-462.

Dempsey, I., & Keen, D. (2008). Topics in early childhood special. *Special Education, 28*(1), 1-294.

Dennis, M, R. (2008). *Treating articulation and phonological disorders in children*. St. Louis: Mosby.

Felsenfeld, S., Broen, P. A., & McGue, M. (1994). A 28-year follow-up of adults with a history of moderate phonological disorder. *Journal of Speech, Language, and Hearing Research, 35*(5), 1114-1125.

Fey, M. E. (1986). *Language intervention with young children*. San Diego: College-Hill Press.

Gordon-Brannan, M. E., & Weiss, C. E. (2007). *Clinical management of articulatory and phonologic disorders*. Philadelphia: Lippincott Williams & Wilkins.

Gottlieb, G. (1976). Conceptions of prenatal development: Behavioral embryology. *Psychological Review, 83*, 215-234.

Jacqueline, A. (2008). *Articulatory and phonological impairment: A clinical focus*. Boston: Pearson Education.

Lewis, B. A., O'Donnell, B., Freebairn, L. A., & Taylor, H. G. (1992). Spoken language and written expression-Interplay of delays. *American Journal of Speech-Language Pathology, 7*(3), 66-73.

Shriberg, L. D., & Kwiatkowski, J. (1982). Phonological disorders III: A procedure for assessing severity of involvement. *Journal of speech and Hearing Disorders, 47*(3), 256-270.

Willam, O. H., & Rebekah, H. P. (2011). *Diagnosis and evaluation in speech pathology* (7th ed.). Boston: Pearson/Allyn & Bacon.

제11장

유창성장애

Ⅰ. 사례 1: 학령기 전 말더듬 아동

1. 핵심 이론(core knowledge)

유창성이란 호흡, 발성, 공명 및 조음 기관의 움직임으로부터 만들어지는 말소리들이 마치 흐르는 물처럼 막힘없이 자연스럽게 산출되는 현상에 관한 것이다. 이는 연속성(continuity)이라는 측면을 고려하여 설명된 것으로, 이외에도 말소리들이 산출되는 속도, 노력 유무, 심리 등의 측면도 함께 고려해야 한다. 즉, 유창성을 합리적으로 이해하기 위해서는 다각적 측면에서 접근해야 할 필요가 있다(Guitar, 2014).

그런데 어떠한 이유로 말소리 산출의 연속성에 문제가 나타나는 것을 비유창성(dysfluency)이라 하는데 상황(예: 발표), 개인의 컨디션 등의 변인에 따라 일시적으로 나타나는 비유창성을 정상적 비유창성(normal dysfluency), 그러한 변인에 상관없이 지속적으로 그리고 불수의적으로 나타나는 비유창성을 병리적 비유창성(abnormal dysfluency)이라 한다. 여기서 일상생활에서 지속적으로 그리고 불수의적으로 나타나는 병리적 비유창성을 유창성장애(fluency disorders)라는 의사소통장애군으로 분류할 수 있다.

유창성장애의 하위 유형으로 어린 연령일 때 비유창성이 발생하여 생의 전반에 걸쳐 나타나는 발달성(developmental), 신경계 손상으로 인해 비유창성이 발생하는 신경인성(neurogenic), 외상(trauma) 혹은 정신적 충격으로 인해 비유창성이 발생하는 심인성(psychogenic) 등이 있다. 특히 발달성 유창성장애는 말소리 산출이 비정상적으로 빠른 속도가 대표적 특징인 속화(cluttering)와 말소리 산출이 반복되거나 막히는 것이 대표적 특징인 말더듬(stuttering)이 있다. 언어재활 현장에서 만나게 되는 대부분은 후자에 해당되는 말더듬으로, 흔히 발달성 말더듬이란 용어로 사용된다.

발달성 말더듬은 말과 언어가 급속하게 발달하는 시기인 2~6세에 비유창성이 시작되며, 비유창성이 진행될수록 반응적(responsive) 행동으로 나타나는 수반 행동(associated behaviors)이 나타나는데, 보는 관점에 따라 이차(secondary) 혹은 부수(accompanied) 행동이라고도 한다. 이처럼 비유창성과 수반 행동이 지속됨에 따라 말 자체, 자신 혹은 타인에 관해 부정적 심리와 태도가 형성되어 간다.

보통 어린 아동들에게서 나타나는 비유창성은 자연 회복이 되지 않거나 치료를 받지 않는 경우 시간이 지날수록, 즉 연령이 증가함에 따라 악화되어 간다. 따라서 비유창성만의 문제를 겪는 대상자의 말더듬과 비유창성, 이차 행동 혹은 부정적 심리와 태도를 함께 겪는 대상자의 말더듬은 평가 및 치료에 관해 다르게 접근해야 한다.

학령기 전 말더듬 아동 실제 평가 사례

대상자	○○○	생년월일	2013. 5. 10.	성별	여
진단자	○○○	진단일자	2018. 2. 22.	진단	말더듬

대상자의 어머니는 6개월 전 아동이 말을 더듬는 것을 발견하였으며, 대화 상황에서 계속 더듬는 현상이 나타나 의뢰하게 되었다고 하였다. 현재 아동은 자신의 말더듬을 인식하지 못하고 있으며, 최근 특히 흥분할 때, 질문할 때, 어른에게 말할 때, 익숙하지 않은 단어를 말할 때 등과 같은 상황에서 첫소리 반복, 주저, 삽입어 등이 나타난다고 하였다. 아동의 개별 특성으로 성격이 급하고 산만한 편이라고 하였다. 어머니는 아동의 말에 관해 언급한 적(예: "엄마가 생각하기에 말을 너무 서둘러 하려는 것 같아!")이 있으며, 말더듬을 감소시켜야 한다는 생각으로 더듬을 때 다시 천천히 말하도록 유도한다고 하였다. 말더듬 가계력은 없다고 하였다.

2. 평가(assessment)

대상자의 말더듬을 평가하기 위해 파라다이스-유창성검사 II(P-FA-II; 심현섭 외, 2010)를 실시하였다.

〈표 11-1〉 **파라다이스-유창성검사 결과**

	백분율	ND 점수	AD 점수	총점수	백분위수	말더듬 정도
필수과제	① 문장그림	1.7	3.9	5.6		
	② 말하기그림	1.5	0.7	2.2		
	③ 그림책	1	0.7	1.7		
	①+②+③	4.2	5.3	9.5	1~10%ile	약함
부수행동정도		0 - 1 - 2 - 3			나타나지 않음	
의사소통태도 평가		실시하지 않음				

3. 중재 계획(intervention plan)

대상 아동의 말더듬 평가 결과, 첫째, 구어 측면에서 '약함'으로 나타난 것, 둘째, 아동 자신이 말더듬을 인식하지 못하고 있는 상태, 셋째, 아동의 연령, 넷째, 가계력 없음 등을 종합적으로 고려하면 직접 치료보다 간접 치료를 할 필요가 있다. 치료실 내에서 아동의 말에 긍정적으로 반응해 주고, 느린 속도의 말, 부드러운 발성으로 시작하는 말, 가볍게 조음기를 움직여서 산출하는 말 등의 모델을 제시한다. 더불어 가정에서 구성원이 아동의 말더듬을 이해할 수 있도록 그리고 말더듬을 악화시킬 수 있는 요인을 파악 · 제거할 수 있도록 상담을 한다. 또한 구성원이 산출하는 말의 패턴 역시 변화를 유도한다.

대상 아동의 최종 치료목표는 '일상생활에서 유창하게 말할 수 있다.'로 설정하였다. 다음은 최종 치료목표에 도달하기 위한 장 · 단기 목표 중 일부이다.

〈표 11-2〉 **대상자의 장 · 단기 치료목표**

장기목표	단기목표
1. 부모는 가정에서 아동의 말더듬을 증가시키는 요인을 감소시킬 수 있다.	1. 부모는 아동의 말더듬을 증가시키는 가정환경 요인들(예: 질문 빈도, 말 끼어들기)을 확인할 수 있다. 2. 부모는 아동의 말더듬을 증가시키는 가정환경 요인들의 발생 빈도를 측정할 수 있다. 3. 부모는 아동의 말더듬을 증가시키는 가정환경 요인들의 발생 빈도를 감소시킬 수 있다.
치료 활동 예	
부모는 일주일 동안 가정에서 아동과의 상호작용을 녹화한 뒤 치료사와 함께 아동에게서 말더듬이 나타나는 상황들을 분석하는데, 말더듬을 증가시키는 구체적 요인들을 찾아 기록하도록 한다. 치료사와의 상담을 통해 그러한 요인들이 아동의 말더듬을 왜 발생시키는지 이해하도록 한다. 그런 다음, 매일 일정 시간(예: 5분) 동안 말더듬을 증가시키는 환경 요인을 의도적으로 배제하는 연습을 하도록 하며, 해당 시간 동안의 활동을 녹화하여 스스로 피드백하도록 한다. 이런 연습이 익숙해지면 시간을 점진적으로 늘려 간다.	
2. 아동은 치료사와 놀이에서 조음기를 가볍게 움직여 말할 수 있다.	1. 아동은 치료사와 놀이에서 조음기를 가볍게 움직여 단단어를 말할 수 있다. 2. 아동은 치료사와 놀이에서 조음기를 가볍게 움직여 이어문을 말할 수 있다. 3. 아동은 치료사와 놀이에서 조음기를 가볍게 움직여 삼어문을 말할 수 있다.
치료 활동 예	
아동이 입을 가볍게 움직여 말할 수 있도록 치료사가 손인형을 사용하여 말하는 모델을 보여 준다[또 다른 방법으로 입이 큰 동물들(예: 하마, 악어, 펠리컨 등)을 이용하여 말하는 모델을 보여 준다]. 이때 치료사는 손인형을 사용하여 말할 때 본인의 음성과는 다르게 손인형의 음성을 사용하도록 하며(예: 뽀로로 손인형을 사용할 경우 뽀로로가 말하는 것처럼) 구강 조음기들을 과장되고 가볍게 움직이면서 말하는 모습을 아동에게 반복적으로 보여 준다(단, 절대 아동에게 "따라 해 봐." "선생님처럼 말해 봐." 등과 같은 말을 하지 않도록 한다). 치료사가 말을 할 때 발화의 길이는 단단어 혹은 이어문 수준으로 시작하여 삼어문까지 점진적으로 늘려 나간다.	

4. 상담(counseling)

부모는 자녀의 말더듬을 받아들이는 것이 쉽지 않을 수 있다. 부모가 자녀의 말더듬을 받아들이지 못하는 상태인지 혹은 받아들이고 해결하려는 의지를 가진 상태인지에 따라 상담의 방향과 내용이 달라진다. 따라서 치료사는 부모의 심리 상태를 파악하는 것이 중요하다. 보통 우리의 현실에서 어머니가 일상생활에서 양육을 담당하는 경우가 대부분이기 때문에 자녀의 말더듬을 인식하고 받아들이는 것이 빠른 반면, 아버지는 말더듬을 부정하거나 조금 더 지켜보자는 식의 반응을 보이는 등 받아들이는 것 자체부터 어려울 수 있다. 이런 경우 자녀의 말더듬을 인식하는 것부터 상담이 시작되어야 한다. 만약 부모 중 한 명이라도 문제를 받아들이지 못한다면 치료를 시작하는 것도 어려울 수 있고 시작하더라도 성공하기 어려울 수 있다(현장에서는 치료 중 중단하는 경우도 많다). 결론적으로 이런 측면에서 초기 말더듬 발생 단계에 있는 사례는 가정환경의 변화, 그중에서도 부모의 협조가 성공적인 치료를 하는 데 매우 중요하다.

5. 질의응답(Q & A)

Q1. 우리 아이가 왜 더듬나요?

A1. 말을 더듬게 만드는 원인에 관해서 현재까지 정확한 원인을 찾지 못하고 있습니다. 여러 가지 가능성 있는 이론 혹은 가설이 제시되어 왔지만, 아직 확실한 원인을 밝히지 못한 상태입니다. 가장 가능성 있는 것은 말더듬은 뇌 기능의 결함으로 인해 발생하여 환경적 요인에 의해 발달되는 것 같습니다.

Q2. 가정에서 "천천히 말해 봐.", "엄마 얼굴 보고 말해." 등과 같은 말을 해 주는 것이 아이에게 도움이 되는 건가요?

A2. 아이가 유창한 말을 하는 데 전혀 도움이 되지 않습니다. "천천히 말해 봐."와 같은 언급은 오히려 말을 할 때 의식을 하게끔 만들어 긴장을 증가시켜 결과적으로 말하는 것을 더욱 어렵게 만듭니다. 예를 들면, 영어 회화 수업 시간에 용기를 내어 말을 했는데, 선생님이 "다시 천천히 해 보세요." 혹은 "제 얼굴 보고 말해 주세요."라고 한다면 어떤 생각이 드세요? 대부분은 마음속으로 '다음부터 먼저 말을 하지 말아야겠다.'는 생각이 들 것이고, 혹은 말을 하더라도 매우 신경 쓰일 것입니다.

Q3. 주변 사람들이 가만히 놔두면 해결될 거라고 하시는데, 좀 더 기다려 볼까요?

A3. 연구들에 따르면 말더듬의 자연회복은 50~85% 정도 된다고 합니다(Guitar, 2014). 실제로도 그렇지만, 대상자에 따라 빨리 중재를 시작해야 하는 사례도 많이 있습니다. 언어재활 전문기관에 방문하셔서 평가를 받아 보시는 것이 가장 최선의 방법인 것 같습니다. 말더듬으로 진단되면 전문적인 언어재활 서비스를 받을 필요가 있습니다.

6. 향후 계획(future plan)

대상 아동이 어린 경우 성공적인 치료를 위해 치료사의 역할도 중요하지만 가정 환경의 변화도 매우 중요하다. 따라서 치료사는 부모의 역할과 관련하여 면밀한 모니터와 피드백을 지속적으로 제공해 줄 필요가 있다. 추후 3~4개월마다 주기적인 재평가를 권고한다.

II. 사례 2: 학령기 말더듬 아동(초등학생)

1. 핵심 이론(core knowledge)

학령기에 접어든 말더듬 아동에게 더듬는 빈도, 형태, 말하는 혹은 더듬는 속도 등 구어의 비유창성 측면뿐만 아니라 수반 행동의 출현도 평가 및 치료에서 고려할 필요가 있다. 또한 아동에게 학교 및 학원이라는 환경 요인도 더욱 확대되기 때문에 말, 사람, 의사소통에 대한 태도 그리고 심리 측면도 더욱 복잡한 양상을 띠게 된다. 물론 이러한 양상은 대상자가 저학년이냐 혹은 고학년이냐에 따라 다를 수 있다. 또한 학령기 이전부터 언어재활을 받아 왔는지의 여부도 참고해야 할 주요 변수이다.

초등학생 실제 평가 사례

대상자	○○○	생년월일	2007. 1. 17.	성별	남
진단자	○○○	진단일자	2017. 2. 21.	진단	말더듬

대상 아동은 의뢰 당시 초등학교 4학년으로, 말더듬을 주 호소로 의뢰되었다. 어머니는 아동이 4~5세 즈음 조금씩 더듬기 시작한 것 같다고 하였으며, 더듬을 때 "다시 엄마 보고 말해."라는 지적을 간헐적으로 하였다고 한다.

현재 아동에게서 긴장이 동반된 단어 부분 반복(음소 반복)이 가장 빈번하게 나타나고 있는데, 더듬을 때 잔기침과 같은 목청가다듬기 행동이 간헐적으로 나타나며 자신이 더듬는다는 인식을 하고 있다. 특히 더듬게 되는 상황은 흥분할 때, 질문에 대답할 때, 다른 사람들 앞에서 말할 때, 전화할 때 등이다. 말더듬 가계력은 없다고 한다.

2. 평가(assessment)

대상자의 말더듬을 평가하기 위해 파라다이스-유창성검사 II를 실시하였다.

〈표 11-3〉 **파라다이스-유창성검사 결과**

	백분율	ND 점수	AD 점수	총점수	백분위수	말더듬 정도
필수과제	① 읽기	1	4.5	5.5		
	② 이야기그림	3.08	4.63	7.71		
	③ 말하기그림	0.98	9.60	10.58		
	①+②+③	5.06	18.73	23.79	21~30%ile	약함
부수행동 정도		0 − 1 − 2 − 3			약하게 나타남	
의사소통태도 평가		17점			81~90%ile	심함

3. 중재 계획(intervention plan)

대상 아동의 말더듬 평가 결과들(말더듬 정도는 '약함', 의사소통태도는 '심함')과 자신의 말더듬을 인식하고 있으며, 치료사의 질문에 회피 행동이 나타나는 점을 종합적으로 고려해 보면 유창한 구어를 위한 직접 치료와 의사소통태도 개선이 동시에 필요하다. 치료실 내에서의 구어산출 메커니즘 확립을 통해 구어 조절 연습을 집중적으로 실시하여 유창성을 확립하도록 한다. 더불어 아동이 느끼는 의사소통 압박 요소를 제거하여 자신의 말 혹은 의사소통에 관한 부정적인 인식을 감소시켜야 할 것이다.

대상 아동의 최종 치료목표는 '일상생활에서 유창하게 말할 수 있다.'로 설정한다. 다음은 최종 치료목표에 도달하기 위한 장 · 단기 목표 중 일부이다.

〈표 11-4〉 **대상 학생의 장 · 단기 치료목표**

<table>
<tr><th>장기목표</th><th>단기목표</th></tr>
<tr><td>1. 아동은 치료사와의 활동에서 구어산출 메커니즘을 조절하여 유창하게 말할 수 있다.</td><td>1. 아동은 치료사와의 활동에서 구어 산출 메커니즘을 조절하여 단어를 유창하게 말할 수 있다.
2. 아동은 치료사와의 활동에서 구어 산출 메커니즘을 조절하여 구(이어문, 삼어문)를 유창하게 말할 수 있다.
3. 아동은 치료사와의 활동에서 구어 산출 메커니즘을 조절하여 문장을 유창하게 말할 수 있다.</td></tr>
<tr><th colspan="2">치료 활동 예</th></tr>
<tr><td colspan="2">아동이 구어산출 메커니즘을 조절하여 유창하게 말을 할 수 있도록 하기 위해 구어 산출의 기본 원리를 수준에 맞춰 쉽게 설명해 준다. 다음으로 치료사는 흡기와 호기 단계, 발성 단계 그리고 발음 단계별 시범을 보이고 아동과 함께 연습하도록 한다. 이때 유의할 점은 호흡, 발성, 발음 단계가 각각의 분리된 단계가 아니라 서로 하나로 연결된 메커니즘으로 연습해야 한다는 것이다. 다시 말해, 호흡과 발성의 연결, 발성과 발음의 연결 그리고 최종적으로 호흡과 발성과 발음이 하나의 연속체로서 이루어지도록 연습한다. 이와 관련하여 자세한 내용은 안종복(2010)의 연구를 참고하도록 한다.</td></tr>
<tr><td>2. 아동은 분당 150음절 속도로 책을 읽을 수 있다.</td><td>1. 아동은 치료사가 제시하는 읽기 자료를 분당 110음절 속도로 읽을 수 있다.
2. 아동은 치료사가 제시하는 읽기 자료를 분당 130음절 속도로 읽을 수 있다.
3. 아동은 치료사가 제시하는 읽기 자료를 분당 150음절 속도로 읽을 수 있다.</td></tr>
<tr><th colspan="2">치료 활동 예</th></tr>
<tr><td colspan="2">아동이 읽기 자료를 정상 속도로 읽을 수 있도록 하기 위해 메트로놈, 지연청각피드백(DAF)과 같은 장치를 통해 읽기 연습을 한다. 처음에는 치료사와의 합독을 통해 다소 느린 속도로 읽기를 하도록 조절을 해 주며 점진적으로 정상 속도로 읽도록 연습한다. 연습을 하는 대상 아동의 영상을 녹화하여 피드백 자료로 제시하는 것도 효과적인 방법일 수 있다. 단, 녹화를 한다는 것을 미리 알려 주거나 녹화 중인 사실을 대상 아동이 인지하지 않도록 해야 한다. 이런 반복 연습을 통해 아동 스스로 구어에 관한 조절력을 향상시키도록 한다.</td></tr>
</table>

4. 상담(counseling)

앞서 언급한 바와 같이, 말더듬에서 초등학령기는 실제로 대상자가 저학년이냐 고학년이냐에 따라 말더듬 정도 혹은 양상이 많이 다를 수 있다. 초등학령기는 자신의 말더듬을 인식하고 그에 따른 반응이 패턴화될 수 있는 시기이다. 저학년 말더듬 아동은 자신의 말더듬을 인식하는 정도인 반면, 고학년 아동은 자신의 말더듬을 인식하여 말을 하지 않으려고 한다든가 질문에 모른다고 대답하는 등의 행동이 나타난다. 자신의 말더듬을 단순히 인식하는 대상자와 인식하고 그에 반응하는 행동 패턴이 나타나는 대상자는 치료목표, 접근 방법 등이 달라질 수 있다.

또한 초등학령기는 또래친구 그리고 담임교사가 말더듬 아동에게 미치는 영향이 매우 클 수 있다. 상당수의 아동은 치료실에서 유창성 확립이 비교적 용이한 반면, 또래와 상호작용이 이루어지는 학교에서의 유창성 전이는 상대적으로 어려운 경향이 있다. 이 시기의 아동에게 학교는 하루 중 가장 긴 시간 동안 활동하는 장소이며 많은 수의 또래친구가 있는 장소이기 때문에 치료와 관련된 조절이 쉽지 않다. 또한 담임교사의 성향 혹은 말더듬에 관한 인식도 대상 아동의 유창성에 영향을 미칠 수도 있는데, 실제 임상 현장에서 학교생활 문제와 관련하여 상담을 많이 요청한다. 따라서 유창성 전이를 위해 대상 아동의 학교생활과 관련하여 부모의 역할도 중요하다.

5. 질의응답(Q & A)

Q1. 자녀가 방과 후 활동 혹은 학원 때문에 많이 바쁜데, 일주일에 치료 받으러 몇 번 와야 하나요?

A1. 일주일에 몇 번 치료를 받아야 한다는 기준은 없습니다. 대상자가 아동이냐 성인이냐에 따라서도 다를 수 있습니다. 그러나 대개 현실적으로 주 2~3회 정도 치료받는 경우가 대부분입니다. 치료를 처음 시작하는 단계라면 센터를 자주 그리고 일정하게 방문하여 치료를 받는 것이 유창성을 확립하는 데 중

요합니다. 물론 방학을 이용하여 집중적으로 치료를 받아 유창성을 확립하는 것도 하나의 방법일 수 있습니다.

Q2. 우리 아이는 요즘 질문을 하면 무조건 “몰라.”, “기억나지 않아!”라고 말하는데, 진짜 모르거나 기억이 안 나는 걸까요?

A2. 물론 기억이 나지 않거나 모를 수도 있지만, 이런 경우 대부분은 회피하는 행동일 수 있습니다. 회피하는 이유는 말을 하면 더듬을 것 같은 예상이 되거나 질문에 대한 답을 할 때 시작되는 음소 혹은 낱말에 관한 공포가 있을 가능성이 높습니다. 이러한 현상은 말더듬 성인이 전화벨이 울리면 전화를 피하기 위해 마치 다른 일이 있는 것처럼 행동하거나 벨소리를 듣지 못한 것처럼 행동하는 것과 비슷한 행동입니다.

Q3. 자녀가 수업 시간에 발표를 하거나 책 읽기를 하는 것에 관한 두려움이 있어요. 실제로 더듬는 경우도 많아요. 이런 경우 담임교사에게 발표나 책 읽기 활동에서 제외해 달라고 요청하는 것이 좋을까요?

A3. 이와 관련하여 자녀의 의견을 물어보는 것이 먼저일 것 같습니다. 아동이 제외해 달라고 요청을 하는 경우 담임교사와의 면담을 통해 일정 기간 동안(치료를 받아 유창성을 확립하는 동안) 발표 혹은 책 읽기 활동을 하지 않는 것도 도움이 될 수 있습니다. 만약 자녀가 잘 모르겠다고 하는 경우 치료사와의 상담을 통해 결정하도록 하는 것이 좋을 것 같습니다.

6. 향후 계획(future plan)

학령기 말더듬 아동의 상당수는 말더듬에 관한 반응의 형태로 회피 행동이 나타날 가능성이 높기 때문에 치료사는 이를 면밀하게 체크해야 한다. 또한 치료실에서 대상 아동의 유창성이 확립되면 학교생활로의 전이 활동을 반드시 해야 할 필요가 있다. 학교생활로 전이 활동을 위해 또래친구와 담임교사의 협조가 필수적이다.

Ⅲ. 사례 3: 말더듬 청소년

1. 핵심 이론(core knowledge)

말더듬에서 청소년과 성인을 '청장년'이라는 범주로 묶어 하나의 대상군으로 간주하기도 하지만(이승환, 2005), 필자들의 임상 경험을 바탕으로 이 책에서는 각기 다른 대상군으로 간주하고자 한다. 그 이유로는, 첫째, 평가 혹은 치료에 참여하는 동기적 측면(부모 손에 이끌려 센터에 오느냐 혹은 스스로 센터에 오느냐?)이 다를 수 있고, 둘째, 치료를 받은 경험적 측면(성인의 경우 과거 전문적 언어재활센터의 부재로 인해 비전문적 기관을 다닌 경험이 있을 수 있음)도 다를 수 있으며, 셋째, 자신의 말더듬에 반응하는 방식(부정하느냐 혹은 회피하느냐?)이 질적으로 다를 수 있기 때문이다.

대부분의 말더듬 청소년은 부모와 함께 센터를 방문하여 치료를 받는다. 문제는 청소년들에게 현실적으로 학업이 주된 목표이기 때문에 정기적(주별 회기) 혹은 집중적으로 치료를 받는 것이 어렵다는 것이다. 여러분도 아는 바와 같이, 말더듬 치료를 포함한 언어재활은 수업의 주기성과 빈도가 치료의 성패를 좌우하는 주요 요인이기에, 수업의 빈도가 적거나 불규칙적인 경우 대상자의 결함이 개선될 가능성은 낮아질 것이다. 초기상담 시 언어재활사는 이 점을 보호자 혹은 대상자에게 설명할 필요가 있다.

중학생 실제 평가 사례

대상자	○○○	생년월일	2003. 1. 27.	성별	여
진단자	○○○	진단일자	2017. 9. 7.	진단	말더듬

대상 학생은 의뢰 당시 중학교 2학년으로, 말더듬을 주 호소로 평가가 의뢰되었다. 어머니는 자녀가 유치원 시절 말더듬이 시작되었다고 한다. 말더듬 가계력은 없다고 하였다. 현재 학생에게서 말더듬 행동으로 막힘 행동이 간헐적으로 나타나고 있으며 자신이 더듬는다는 인식을 하고 있다. 낯선 사람과의 대화와 같이 긴장감이 느껴지는 상황에서 더듬지 않지만 가족과의 대화와 같이 편안함이 느껴지는 상황에서 더듬는 경향이 있다고 한다. 초기상담에서 목소리가 매우 작았으며 개방형 질문에도 단답형 혹은 '예-아니요'로 대답하는 경향이 많았다. 대화에서 자신감이 떨어져 보였으며 시선접촉이 잘 되지 않았다.

2. 평가(assessment)

대상 학생의 말더듬을 평가하기 위해 파라다이스-유창성검사 II를 실시하였다.

〈표 11-5〉 **파라다이스-유창성검사 결과**

	백분율	ND 점수	AD 점수	총점수	백분위수	말더듬 정도
필수과제	① 읽기	.66	1.8	2.46		
	② 말하기그림	3.52	1.05	4.57		
	③ 대화	3	.5	3.5		
	①+②+③	7.18	3.35	10.53	31~40%ile	약함
부수행동 정도		0 – 1 – 2 – 3			나타나지 않음	
의사소통태도 평가		26점			81~90%ile	심함

3. 중재 계획(intervention plan)

대상 학생의 말더듬 평가 결과들(말더듬 정도는 '약함', 의사소통태도는 '심함')과 자신의 말더듬을 인식하고 반응하는 점을 고려해 치료는 말더듬 수정법을 중심으로 이루어지도록 하였다. 특히 대상 학생이 긴장감 혹은 압박감이 주어지는 상황에서 유창성이 개선되는 경향이 나타난 점도 고려되었다. 치료목표와 관련해서는 긴장감이 주어지는 상황이든 편안함이 느껴지는 상황이든 유창성 향상을 위한 말 조절 훈련을 집중적으로 연습하며, 동시에 의사소통태도 개선을 위한 상담 과정도 필요하다.

대상 학생의 최종 치료목표는 '일상생활에서 유창하게 말할 수 있다.'로 설정하였다. 다음은 최종 치료목표에 도달하기 위한 장·단기 목표 중 일부이다.

〈표 11-6〉 **대상 학생의 장·단기 치료목표**

장기목표	단기목표
1. 학생은 편안함이 느껴지는 상황에서 유창하게 대화할 수 있다.	1. 학생은 편안함이 느껴지는 활동에서 말을 조절하여 구(이어문, 삼어문)를 유창하게 말할 수 있다. 2. 학생은 편안함이 느껴지는 활동에서 말을 조절하여 문장을 유창하게 말할 수 있다. 3. 학생은 편안함이 느껴지는 활동에서 말을 조절하여 유창하게 대화할 수 있다.
치료 활동 예	
치료사는 학생에게 편안함이 느껴지는 상황과 긴장감이 느껴지는 상황을 비교하게 하여 두 상황에서 자신이 생각하는 공통점과 차이점을 설명하도록 한다. 그런 다음 편안함이 느껴지는 상황에서 임의적으로 제한사항(예: 1분 이내에 80개의 낱말 이상 말하기)을 정하여 말하기 연습을 한다. 이때 점진적으로 임의적인 제한사항의 난이도를 높여 편안함이 느껴지는 상황에서 긴장성을 높여 나간다. 편안함이 느껴지는 상황에서 긴장성이 높아져 유창성이 향상되면 다시 점진적으로 제한사항의 난이도를 낮춰 말하는 연습을 반복한다. 이러한 과정을 반복하여 대상 학생이 편안한 상황이든 긴장된 상황이든 상관 없이 유창하게 말할 수 있도록 유도한다.	
2. 학생은 자신의 말에 관한 부정적 태도를 긍정적 태도로 바꿀 수 있다.	1. 학생은 치료사와의 상담을 통해 구어 산출 과정과 태도의 관계에 관한 개념을 이해할 수 있다. 2. 학생은 현재 자신의 말산출에 관한 태도를 객관적으로 분석할 수 있다. 3. 학생은 치료사와의 상담을 통해 말과 관련된 부정적 태도를 긍정적 태도로 바꿀 수 있다. 4. 학생은 마인드 컨트롤과 같은 방법을 통해 자신의 말과 관련하여 긍정적 태도를 유지할 수 있다.

치료 활동 예
치료사는 대상 학생에게 정상적인 구어 산출 과정에 관한 기본적 개념을 설명하고, 개인의 심리적 태도가 말산출에 미치는 영향에 관해 설명한다. 다음으로, 대상 학생은 말하기 상황에서의 자신의 말에 관한 태도를 분석해 보고, 이러한 분석을 검증하기 위해 그리고 스스로 분석할 수 없는 태도는 녹화된 영상 자료를 여러 번의 반복 관찰을 통해 파악하도록 한다. 대상 학생이 유창하게 말을 하는 경험을 많이 할 수 있도록 반복적으로 연습하고, 이 과정을 통해 자신감과 성취감을 향상시킨다. 더불어 마인드 컨트롤과 같은 이미지 트레이닝 방법을 통해 자신과 말에 관한 긍정적인 태도를 유지하도록 한다.

4. 상담(counseling)

이 시기의 말더듬 청소년의 부모는 회기마다 치료실을 방문하지 않는 경우가 종종 있다. 이는 대상자가 청소년이라는 점, 부모의 직업 생활로 인한 시간적 부족 등이 반영된 현상일 수 있다. 이런 경우, 치료에 관한 상담은 전화 혹은 SNS를 통해 이루어지기도 하는데, 이로 인해 매 회기별 대상 학생의 특성, 진전 상황, 협조사항 등에 관해 부모에게 실시간으로 전달되지 못할 수도 있다. 따라서 최초 상담에서 언어재활사는 회기마다 치료와 관련된 진행상황을 부모에게 전달하기 위해 가급적 치료실을 방문하도록 요청할 필요가 있다.

어린 말더듬 아동들뿐만 아니라 말더듬 청소년도 부모의 상담과 협조는 필수적이다. 청소년 시기라는 민감성, 학원 스케줄과 같은 학업 스트레스 등으로 인해 자녀와의 관계 형성에 어려움이 있는 부모가 말더듬이라는 문제로 인해 더더욱 관계 형성에 어려움을 겪을 수 있다. 그러나 자녀의 유창성 개선을 위해 부모의 노력과 협력은 필수적일 수밖에 없다.

5. 질의응답(Q & A)

Q1. 자녀의 학교와 학원 스케줄로 인해 주 1회만 치료센터를 방문할 수 있는데, 말더듬 치료가 가능할까요?

A1. 치료센터를 방문하는 횟수가 말더듬 치료의 성공 여부를 결정하는 단일 요인은 아니지만, 상당한 영향을 미치는 것도 사실입니다. 말더듬 치료 프로그램은 다양한데, 보통 말더듬 청소년을 대상으로 집중적이고 주기적인 치료 프로그램을 권고하는 경우가 많습니다. 질문하신 것처럼 주 1회의 치료를 통해서 말더듬 치료가 성공적일 가능성은 상대적으로 낮을 수 있습니다.

Q2. 자녀가 치료를 받는 동안 엄마인 제가 계속 함께 센터에 와야 하나요?

A2. 네. 보통 어머니가 함께 센터를 방문하는 것이 효율적일 수 있습니다. 자녀의 현재 말더듬 상태를 파악하는 데 도움이 될 수 있고 치료의 목표, 방향 그리고 어떤 프로그램을 실시하여 치료를 하고 있는지 등에 관해 전반적으로 파악할 수 있습니다. 그리고 상담을 통해 가정에서 자녀에게 도움이 될 수 있는 환경을 어떻게 만들어 갈지에 관해서도 정보를 얻을 수 있습니다.

Q3. 자녀에게 언어재활을 받도록 유도하지만 '대학생이 되고 나면' 혹은 '군대 갔다 와서' 치료를 받겠다고 하는데, 이런 경우는 어떻게 설득해야 할까요?

A3. 일단 어떤 치료이든 간에 대상자 본인의 의지 혹은 동기가 없다면 실패할 가능성이 높습니다. 말더듬 치료도 마찬가지로 대상자 본인이 입을 열고 말을 하지 않는다면 어떤 것도 소용이 없을 것입니다. 자녀에게 지금 이 시점에서 왜 말더듬 치료를 받아야 되는지에 관해 예를 들어 설명하는 것이 도움이 될 것 같습니다. 당연히 어떤 문제든 오래 지속되도록 방치하는 것보다 즉시 해결하려고 시도하는 것이 최선이기 때문입니다. 문제가 오래 방치되면 될수록 치료도 어렵게 됩니다.

6. 향후 계획(future plan)

이 시기는 대상자에게 말더듬이 만성적이고 일상적인 문제로 넘어가느냐의 갈림길로 볼 수 있다. 실제 임상 현장에서 학생이라는 위치가 말더듬 치료를 받는 것을 방해하는 요소로 자리 잡는 경향이 있다. 따라서 언어재활사는 대상 학생의 상황을 면밀히 살피고 지속적으로 치료를 받도록 유도해야 하고 부모와도 꾸준히 상담을 하도록 한다.

Ⅳ. 사례 4: 말더듬 성인

1. 핵심 이론(core knowledge)

임상 현장에서 말더듬 성인이 치료를 받기 위해 자발적으로 센터를 방문하는 경우는 특정 상황과 관련이 있다. 첫째, 군입대를 앞둔 경우, 둘째, 결혼을 앞둔 경우, 셋째, 취업 관련 면접을 앞둔 경우, 넷째, 자녀가 태어나는 경우이다. 이런 사례라면 치료에 관한 동기 부여가 높은 편이기 때문에 치료가 성공할 가능성이 상대적으로 높다. 반면, 드물지만 성인도 부모와 함께 센터를 방문하는 경우도 있다(이런 경우 자녀가 집밖으로 나가지 않기 때문에 '끌고' 왔다는 표현을 쓰기도 함).

말더듬 성인은 사례마다 다를 수 있지만 보통 말더듬 평가에서 '심함'일 가능성이 높고 부수행동이 나타나고 회피 행동도 일상적으로 나타나며 자기 자신, 청자 그리고 말 자체에 관한 부정적 태도를 가지고 있는 경우가 많다. 따라서 현실적으로 유창성 개선만을 치료목표로 설정하는 것보다 공포, 회피 등을 감소시키고 심리적으로 긍정적인 태도를 갖도록 치료목표를 확대하는 것이 필요하다.

성인 실제 평가 사례

대상자	○○○	생년월일	1978. 5. 2.	성별	남
진단자	○○○	진단일자	2018. 6. 8.	진단	말더듬

대상자는 정확하지 않지만 초등학교 때부터 말을 더듬기 시작한 것으로 기억한다고 하였다. 현재 대상자의 주된 말더듬 행동은 긴장이 들어간 빠른 반복(음소 반복)과 막힘이며, 가끔 회피를 한다고 하였다. 특히 자신의 직업과 관련하여 고객에게 설명할 때, 회사에서 브리핑할 때, 전화받을 때 어려움이 나타난다고 하였다. 이전에 말더듬 치료를 받은 경험이 없었으며, 4세인 아들에게서 최근 비유창성이 나타나면서 치료를 받아야겠다는 결심을 했다고 한다.

2. 평가(assessment)

대상자의 말더듬을 평가하기 위해 파라다이스-유창성검사 II를 실시하였다.

〈표 11-7〉 **파라다이스-유창성검사 결과**

	백분율	ND 점수	AD 점수	총점수	백분위수	말더듬 정도
필수과제	① 읽기	.88	1.13	2.01		
	② 말하기그림	4.33	23	27.33		
	③ 대화	3	16.5	19.5		
	①+②+③	8.21	40.63	48.84	90~99%ile	심함
부수행동 정도		0 - 1 - 2 - 3 (눈 깜박거림, 얼굴 및 신체 경직)			90~99%ile	심함
의사소통태도 평가		28점			90~99%ile	심함

3. 중재 계획(intervention plan)

대상자의 말더듬 평가 결과들(말더듬 정도, 부수행동 그리고 의사소통태도 모두 '심함')과 자신의 말더듬으로 인해 회피 행동까지 한다는 점을 종합적으로 고려해 말더듬 수정법과 유창성 형성법의 혼합 형태를 통해 치료를 하도록 한다. 치료목표와 관련해서는 수용 말더듬과 조절 유창성을 주된 목표로 하며 이를 통해 신체적 긴장을 완화하면서 동시에 회피 행동과 의사소통 태도 개선을 위한 상담 과정도 필요하다.

대상자의 최종 치료목표는 '일상생활에서 유창성을 소실하여 말할 수 있다.'로 설정하였다. 다음은 최종 치료목표에 도달하기 위한 장·단기 목표 중 일부이다.

〈표 11-8〉 **대상자의 장 · 단기 치료목표**

<table>
<tr><th>장기목표</th><th>단기목표</th></tr>
<tr><td>1. 대상자는 일상생활에서 수용 말더듬을 사용할 수 있다.</td><td>1. 대상자는 치료사와의 대화에서 긴장을 하지 않고 낱말을 연장할 수 있다.
2. 대상자는 치료사와의 대화에서 긴장을 하지 않고 구와 문장을 연장할 수 있다.
3. 대상자는 치료사와의 대화에서 긴장을 하지 않고 낱말을 반복할 수 있다.
4. 대상자는 치료사와의 대화에서 긴장을 하지 않고 구와 문장을 반복할 수 있다.</td></tr>
<tr><th colspan="2">치료 활동 예</th></tr>
<tr><td colspan="2">치료사는 대상자에게 정상적인 구어 산출 과정, 말더듬 순간에 대한 개념을 설명하도록 한다. 대상자에게 녹화된 자신의 구어 샘플을 치료사와 함께 분석하며 말더듬 순간을 확인하도록 한다. 그런 다음 말을 더듬는 그 순간에 조절하는 방법을 지도하도록 하는데, 이때 사용하는 방법이 바로 'cancellation', 'pull out' 및 'preparatory set'이다. 이 세 가지 방법을 통해 더듬는 순간을 자유자재로 조절할 수 있도록 대상자가 반복 · 연습하도록 한다.</td></tr>
<tr><td>2. 대상자는 일상생활에서 유창성을 조절하여 말할 수 있다.</td><td>1. 대상자는 치료사와의 대화에서 느린 속도로 말을 할 수 있다.
2. 대상자는 치료사와의 대화에서 부드러운 음성으로 말을 시작할 수 있다.
3. 대상자는 치료사와의 대화에서 조음기관을 가볍게 움직이면서 말할 수 있다.</td></tr>
<tr><th colspan="2">치료 활동 예</th></tr>
<tr><td colspan="2">치료사는 대상자에게 정상적인 구어 산출 과정을 설명한다. 해부 사진을 사용하여 호흡, 발성, 공명 및 조음 과정을 통해 말소리가 산출되는 것을 보여 준다. 치료사는 흡기와 호기 단계, 발성 단계 그리고 조음 단계별 시범을 보이고 대상자와 함께 연습하도록 한다. 이때 유의할 점은 호흡, 발성, 발음 단계가 각각의 분리된 단계가 아니라 서로 하나로 연결된 메커니즘으로 연습해야 한다. 다시 말해, 호흡과 발성의 연결, 발성과 발음의 연결 그리고 최종적으로 호흡과 발성과 발음이 하나의 연속체로서 이루어지도록 연습한다. 이와 관련하여 자세한 내용은 안종복(2010)의 연구를 참고하도록 한다.</td></tr>
</table>

4. 상담(counseling)

말더듬 성인의 보호자 상담은 대개 본인 혹은 배우자와 이루어진다. 사실 배우자와의 상담은 최초 상담 시에 이루어지는 경우가 대부분이다. 말더듬 대상자가 아동 혹은 청소년이라면 치료 후 보호자(대개 부모)와 상담이 이루어지지만, 말더듬 성인의 경우는 치료와 상담이 따로 분리되어 진행되는 것은 아니다. 치료 회기 내 상담이 동시에 이루어진다고 볼 수 있다.

말더듬 성인을 대상으로 성공적인 치료가 되기 위해서 앞서 언급한 목표들이 성취되어야 하는 것은 기본이다. 구어 유창성 개선과 함께 심리적인 태도 변화를 실제적으로 이끌어 내는 것이 중요하다. 특히 말더듬 성인은 '실제로 유창성이 개선될 수 있느냐?' 그리고 '말하기 상황 혹은 말하고 싶은 낱말 바꿔 말하기와 같이 자신이 사용하는 회피 행동을 어떻게 다룰 수 있을까?'에 관해 근본적인 의문을 가지고 있는 경우가 많다. 따라서 언어재활사는 말더듬 성인이 가지고 있는 이런 의문을 상담에서 중점적으로 다루어 주는 것이 필요하다.

5. 질의응답(Q & A)

Q1. 말더듬이 완치될 수 있는 건가요?

A1. 오랜 세월 말을 더듬어 온 성인들이 가장 많이 질의하는 질문입니다. 말더듬은 치료될 수 있습니다. 단지 여러 이유로 성인 대상자의 치료 성공률이 상대적으로 아동 혹은 청소년에 비해 낮은 것뿐입니다.

Q2. 말더듬 치료를 받을 때 아동에 비해 저와 같은 성인이 더 신경 써야 될 부분이 있습니까?

A2. 네. 성인이 아동에 비해 말을 더듬어 온 시간이 상대적으로 훨씬 길었기 때문에, 다시 말해 오랜 세월 더듬는 방식으로 말을 해 왔기 때문에 구어 산출 메커니즘 관련 근육들이 붕괴된 방식으로 움직이는 것이 고착되었을 겁니다. 따라서 이 근육들이 협응된 방식으로 적절한 타이밍에 움직여 정상적인 구어가 산출되도록 하기 위해서는 아동들에 비해 더 많이 말하기 연습을 해야 합니다. 알고 계시겠지만 꾸준한 연습과 노력은 인내를 필요로 합니다. 꾸준한 연습과 노력의 기간은 우리가 상상하는 이상일 수 있다는 점을 꼭 기억하셔

야 합니다.

Q3. 직장 관계로 주 1회기 정도 치료를 받을 수 있을 것 같습니다. 괜찮을까요?

A3. 물론 치료의 회기도 중요합니다. 특히 치료 초기, 유창성을 확립하거나 말더듬을 수용하는 단계에서는 치료사와 자주 만나는 것이 중요합니다. 치료 단계가 진행됨에 따라 치료의 회기를 언어재활사와의 상담을 통해 조정해 나가는 것이 바람직합니다.

6. 향후 계획(future plan)

말더듬 치료를 통해 유창성이 확립되고 나면 치료를 더 이상 받지 않는 경우가 흔하다. 이런 경우 재발이 되어 다시 센터를 방문하는 경우가 많다. 따라서 어느 정도 유창성이 확립되었더라도 전이와 유지 단계를 반드시 거쳐야 한다. 설령 완치가 된 후에라도 재발될 가능성이 있기 때문에 계속적으로 관리를 할 필요가 있다.

참고문헌

심현섭, 신문자, 이은주(2010). **파라다이스-유창성검사 II**. 서울: 파라다이스복지재단.

안종복(2010). 구어산출 메커니즘 협응 프로그램을 통한 말더듬 치료 사례 연구. **언어치료연구, 19**(3), 35-52.

이승환(2005). **유창성장애**. 서울: 시그마프레스.

Guitar, B. (2014). **말더듬: 본질 및 치료에 관한 통합적 접근(제4판)**. (안종복, 김시영, 김효정, 박진원, 신명선, 장현진, 전희숙, 정훈 역). 서울: 박학사.

제12장

음성장애

인간의 음성은 지구상에서 가장 강력한 소리이며, 의사소통을 통해 사회생활을 영위하는 사람들에게 없어서는 안 될 중요한 전달도구이자 생체악기인 후두에서 생성되는 진동으로 만들어진다. 또한 인간의 음성은 화자의 시시각각 변화되는 감정적 표현들을 반영한다. 음성을 구성하는 요소에는 음역, 음색, 운율, 말속도, 음도와 강도 등 다양한 요소가 포함되며, 호흡과 발성, 공명을 통해 들을 수 있는 말소리로 증폭되어 귀로 전달된다.

음성장애는 다양한 원인으로 인해 음성에 문제를 가져오는 경우를 말하며, 직업적인 측면뿐만 아니라 사회적인 삶의 질 측면에서도 심각한 악영향을 미치게 된다. 생리적으로는 소리를 생성하는 후두의 기능에 변화를 초래하며, 정상적인 성문파동을 만드는 기본적인 발성 패턴에 오류를 일으켜 잘못된 발성을 만들게 되는 악순환을 일으킨다. 이는 지속적인 음성 오남용의 직접적인 원인으로 작용하여 점진적으로 고착화되며, 음성장애를 악화시키는 결과를 야기한다.

음성치료는 음성장애를 겪는 환자들에게 정상적인 음성에 대한 정보와 음성을 손상시킬 수 있는 음성 오남용을 피하는 것에 중점을 둔 음성위생 프로그램과 함께 증상을 호전시킬 수 있는 적절한 치료기법들을 활용한 음성교정을 통해 음성회복을 유도하는 것을 말한다. 특히 성대결절이나 폴립, 육아종 등 다양한 기질적 음성장애를 동반한 음성장애는 임상 현장에서 항상 많이 접하게 된다. 그러나 수술적 치료가 시급한 환자들이 아닐 경우, 또는 직업적 음성사용자인 경우, 아동이거나 고령의 노인인 경우, 다양한 합병증이 동반된 경우 등은 초기 치료로 음성치료를 권고한다.

성공적인 음성치료가 어려운 이유는 대개 임상가의 잘못된 치료법 적용, 부족한 음성치료 경험 등을 들 수 있다. 예를 들면, 배우나 가수 등 직업적 음성사용자의 경우는 공연을 위해 특정한 새로운 호흡 방법을 지도받는 것이 아니라 때때로 언어재활사에게 일반 음성장애 환자들에 시행되는 일반적인 호흡 훈련을 지도받을 수도 있다. 이는 질환의 회복을 위해 시행되는 음성치료가 사용자들에게 적절한 훈련으로 받아들여지지 않는 원인일 것이다. 특히 음성질환으로 병원을 많이 찾는 교사들은 음성을 많이 사용하기 때문에 음성 오남용이 일어날 수 있는 상황을 분석하는 것이 중요하며, 음성교정과 함께 지속적인 음성위생 프로그램을 통해 음성 개선을 유도해야만 한다. 일반적으로 교수환경을 바꾸는 것이 어렵기 때문에 교사들에게 마이크 사용을 통해 음성문제가 개선 될 수 있음을 교육해야만 한다. 다양한 사례를 통해 임상현장에서 생애주기에 따른 음성장애 환자들의 진단 및 치료가 어떻게 이루어지고 있는지 살펴본다.

Ⅰ. 사례 1: 유년기 음성장애(소아 성대결절)

1. 핵심 이론(core knowledge)

소아에게서 주로 발생되는 음성장애는 성대결절로, 과기능적 음성사용으로 인해 성대 상피층에 양성 혹이 형성되어 음질 악화를 초래하게 되는 질환이다. 성대결절은 주로 발성 시 양측 성대가 주기적인 내전과 외전을 반복할 때 과도하게 근육을 긴장시키며 비정상적인 강한 접촉을 반복하게 되면 성대조직은 쉽게 변형을 가져오게 된다. 성대결절은 발성 시 성대진동이 가장 크고 양쪽 성대 사이의 충격이 가장 큰 성대 막양부의 중간부위에 주로 발생한다. 성대결절은 주로 양측성 병변으로 나타나지만 일측성 병변으로 발생하는 경우로 더러 있다. 성대결절의 발병 원인은 과기능적 음성사용으로 인한 외상이 가장 주된 요인이긴 하지만 최근에 인후두 역류질환을 동반한 경우가 많은 것으로 보고되고 있으며, 상기도 감염이나 만성적인 기침, 그리고 알레르기나 감염성 질환 등도 성대결절을 일으키는 원인 질환으로 보고되고 있다.

소아의 음성장애는 약 10%에 가까운 높은 출현률을 보이며, 그중 가장 많은 수가 성대결절이며, 남아가 여아에 비해 훨씬 많이 발생한다. 성인에 비해 작은 크기의 성대는 짧은 호기로 인해 강한 발성 시 과도한 후두긴장을 초래하는 특징을 보인다. 따라서 활동적인 놀이 상황에서 소리를 지르고 고함지르는 행동들은 때때로 성대에 외상을 일으키는 원인이 될 수 있다.

지속적인 음성변화를 보이는 아동들은 이비인후과 외래를 통해 진단과정을 거쳐 음성치료실로 의뢰되며, 다양한 검사를 통해 음질을 평가하게 되고 다양한 환경에서의 발성습관 등을 아동 혹은 부모의 면접을 통해 평가받게 된다. 때때로 음성변화가 오랫동안 방치되어 심각한 상태로 의뢰되는 경우, 협조가 어려운 아동들의 음성회복이 어려우므로 조기에 음성치료가 이루어질 수 있도록 노력해야 한다.

소아 성대결절의 치료는 음성치료가 효과적이며, 원칙적으로 수술을 시행하지 않는다. 그 이유는 후두의 크기가 작아서 병소를 정확히 제거하기가 어렵고, 사춘기 이후 자연 소멸하는 경우가 많기 때문이기도 하지만, 수술 후 음성 휴식에 대한 협조가 곤란하여 쉽게 재발한다는 단점이 있어 수술을 권고하지 않는다. 소아 성대결절의 음성치료는 성인과 달리 부모가 함께 참여하는 것이 바람직하며, 성공적인 음성치료를 위해 부모는 항상 아동의 음성개선에 도움을 주는 보조 치료자의 역할을 담당해야 한다. 치료초기 성공적인 과긴장성 발성습관의 개선이 요구되며, 환경적 요인들 중 외부활동을 자제해야 하는데 부모의 역할이 중요하다. 특히 아동이 큰 목소리를 지속적으로 사용하는 일련의 활동을 제한하여 음성사용 횟수를 줄이는 것이 무엇보다 선행되어야 할 과업임을 잊지 말아야 한다.

2. 평가(assessment)

1) 배경 정보

초등학교 1학년에 재학 중인 7세 남아로 2개월 전부터 지속되는 음성변화를 주소로 이비인후과 음성클리닉에 내원하였으며, 후두 전문의의 진료를 통해 후두내시경 검사상 성대결절로 진단되었다. 부모의 보고에 의하면, 맞벌이 부부라서 낮에는 외할머니가 돌보고 계신다고 하였으며, 1년 전부터 방과 후 태권도와 축구교실에서 다양한 운동 프로그램을 진행하고 있다고 하였고 두 살 아래 남동생과 자주 싸우는 편이라고 보고하였다.

최근 쉰 목소리가 지속되면서 헛기침과 목을 가다듬는 행동이 자주 관찰되었다고 하였으며, 아동이 목통증을 호소하기도 한다고 하였다. 평소 쾌활한 성격으로 친구들과 외부활동을 좋아하여 오후에 놀다가 집에 귀가하면 항상 목소리가 잠겨 있는 증상이 있다고 하였다. 6개월 전에도 쉰 목소리가 지속되어 집근처 이비인후과 의원에서 치료를 받은 적이 있다고 보고하였다.

본 아동의 정확한 진단 평가를 위해 비디오스트로보스코피를 시행하였으며, 음향학적 검사와 공기역학적 검사, 그리고 음역검사 및 청지각적 평가가 아울러 시행되었다.

2) 비디오스트로보스코피 검사

아동의 음성 질환의 유무를 판별하고 발성 시 성대진동 양상을 평가하기 위해 비디오스트로보스코피(videostroboscopy) 검사를 시행하였다. 아동의 비디오스트로보스코피 검사 결과, 우측 성대 중앙에 큰 결절이 관찰되었고 발성 시 맞닿는 반대편 좌측 성대에는 조금 작은 결절이 관찰되었다. 양측 성대결절로 인해 성대는 발성 시 전후방 모두 성문 틈이 형성되어 마치 모래시계를 연상하게 하는 성대진동 양상을 나타내었으며, 점막파동이 감소한 것으로 확인되었다. 양측 성대결절로 인해 성문폐쇄부전이 발생하여 쉰 목소리, 기식음, 낮은 음도의 청지각적 소견이 나타났다.

아동의 비디오스트로보스코피 검사 시 주의할 점은 먼저 검사를 시행하기 전에 내시경 검사의 요령을 충분히 숙지시켜 검사의 두려움을 줄여야 한다. 성인과 달리 아동들은 검사에 대한 막연한 두려움으로 인해 더 많이 긴장을 하고 검사 시 민감하게 반응하기 때문에 내시경 검사를 실패하는 경우가 종종 발생한다. 검사에 대한 충분한 설명은 아동들의 두려움과 불필요한 긴장을 줄여 주는 효과를 기대할 수 있으며, 성공적인 검사가 가능하게 도와준다. 반면에 아동의 협조가 안 되면 검사가 어렵게 된다.

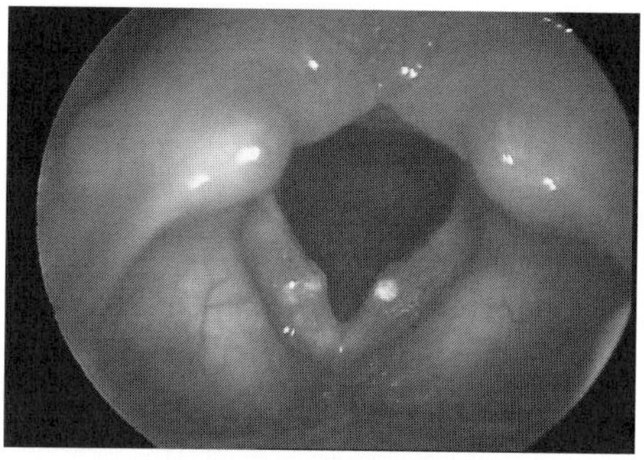

[그림 12-1] 소아 성대결절의 비디오스트로보스코피 소견

3) 음향학적 평가

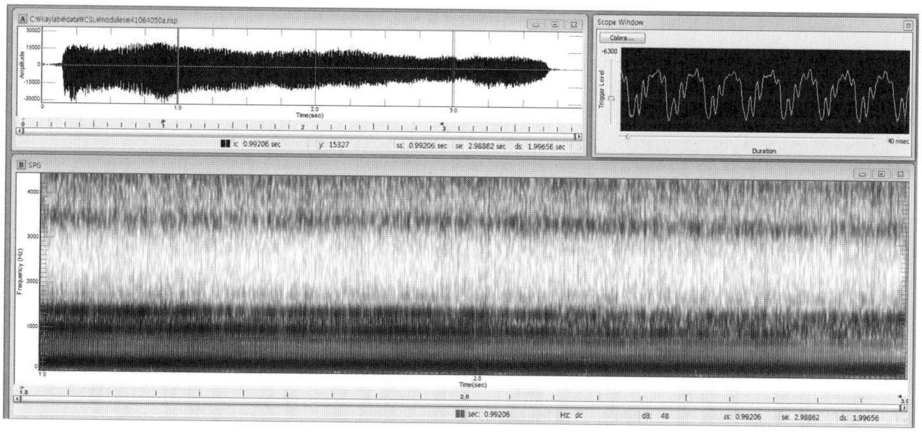

[그림 12-2] 소아 성대결절의 모음발성 시 스펙트로그램 소견

CSL 프로그램을 통한 모음 산출 시 분광사진(스펙트로그램)을 검사한 결과, 저주파 에너지에 비해 고주파 에너지가 약한 기식성 음질 특성을 보였으며, 불규칙한 성대접촉 양상을 보이는 분광사진 소견이 관찰되었다.

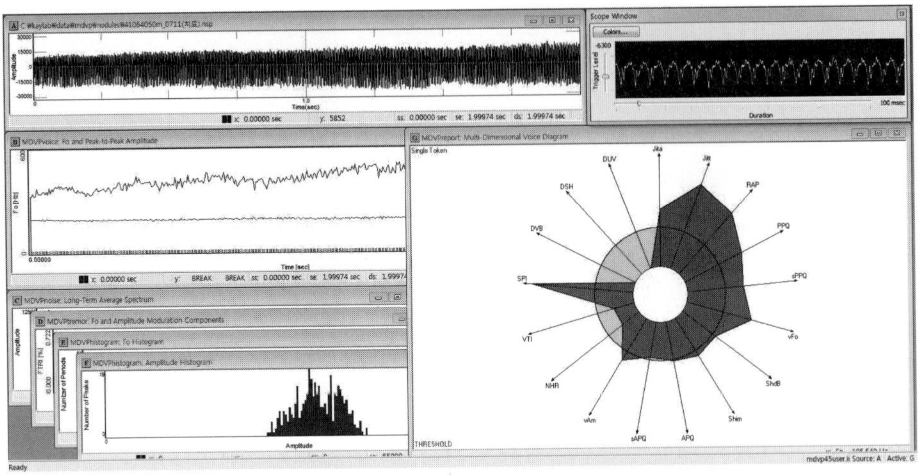

[그림 12-3] **소아 성대결절의 모음발성 시 음성분석 소견**

MDVP 검사 결과, 주파수변동률, 진폭변동률 변수가 비정상적으로 높아진 음질 악화 소견을 보였으며, 소음관련 변수들도 높게 나타났다.

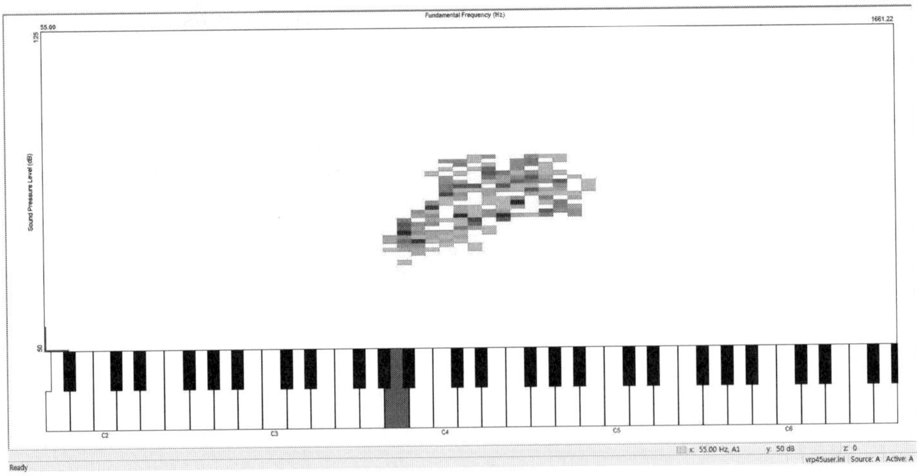

[그림 12-4] **소아 성대결절의 음역검사 소견**

음역검사에서도 협소해진 음도범위와 강도범위를 보이며, 협소해진 음역을 나타내어 후두의 전반적인 발성기능이 제한적임을 확인하였다.

4) 공기역학적 평가

PAS 검사 결과, 평균 호기류율이 감소되어 있으며, 발성 시 불완전한 성문폐쇄로 인한 성문하압력의 감소를 보이는 것으로 나타났다.

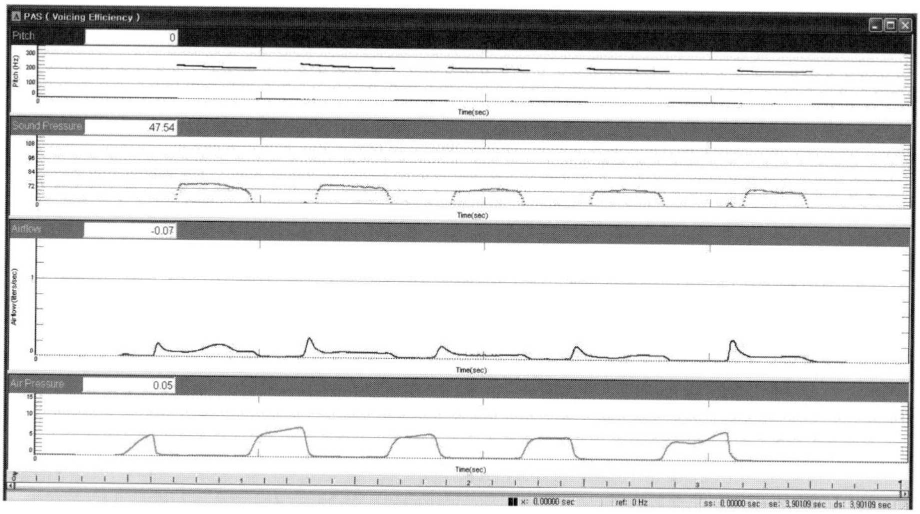

[그림 12-5] **소아 성대결절의 성문하압 검사 소견**

3. 중재 계획(intervention plan)

성대결절을 앓고 있는 아동의 음성치료는 간접치료와 직접치료를 병행하여 시행하였다. 간접치료는 아동의 부모들과 함께 상담을 통해 실시하였다. 아동에게 음성악화와 관련한 음성문제를 이해시켰으며, 빠른 음성개선을 위해 운동학원과 일반학원들을 중단하여 음성사용을 최소화하는 노력을 주문하였다. 또한 필요시 하루에 사용하는 총 음성사용 시간을 극단적으로 최소화하는 부분적 음성휴식을 권고하였다. 아동이 습관적인 헛기침이나 목가다듬기를 줄이도록 주문하였으며, 충분한 수분섭취를 함께 권고하였고, 성대결절 회복을 위한 전반적인 음성위생 교육을 실시하였다.

직접치료는 음성산출 시 습관적인 과긴장성 발성방법을 수정하도록 부드러운 발성 시작을 목표로 음성치료를 시행하였다. 이를 위해 호흡과 발성의 협응을 촉진시키고 이완된 상태로 부드러운 발성 시작을 유도할 수 있는 하품-한숨, 노래조로말하기, 구강개방 등을 사용하여 훈련하였다. 훈련을 진행하는 동안 아동은 부드러운 발성 시작을 지속적으로 유지하기 위해 호흡, 발성, 공명 간의 적절한 협응을 촉진하는 데 중점을 두었다.

아동의 음성치료에 대한 부모의 협조는 치료의 성패를 좌우하는 매우 중요한 요소이다. 아동이나 그 부모가 치료를 중단하거나 협조적이지 않은 경우가 임상현장에서 종종 발생한다. 그러므로 아동의 음성치료는 장기적인 치료를 수행하도록 보호자와 가족들을 설득하고 집에서 할 과제를 성실히 해 올 수 있도록 격려하여야 하고, 아동이 자신의 과기능적 발성 습관을 수정하고자 하는 준비가 될 수 있도록 교육하는 것이 중요하다.

일부 아동은 자신의 음성문제를 인식하지 못하는 경우가 있다. 이때 음성치료는 성인과 마찬가지로 자신의 잘못된 음성사용 습관을 이해하는 것부터 시작해야 한다. 우선 바람직한 음성사용과 바람직하지 못한 음성사용 행동에 대한 아동의 인식과 변별 훈련을 시행해야 한다. 치료 시간마다 변화되는 아동의 음성 샘플을 얻는 것은 가장 중요한 치료 재료가 된다. 치료 전과 치료 후의 변화된 음질을 녹음하여 들려주고 차이를 변별하는 활동은 아동의 음성개선에 가장 효과적인 치료 과정이며, 시각적 피드백을 함께 시행하면 더 효과적인 결과를 가져올 수 있다.

아동을 위한 음성위생 프로그램은 결절이 있는 성대에 악영향을 주는 음성행동과 생활방식을 구분해 내서 이를 제거하며, 바람직한 발성 습관으로 변화시킨다. 성인과 마찬가지로 액센트 기법, 비밀스러운 음성, 저작하기, 공명음성치료 등 총체적 음성치료 방법들도 사용한다. 이러한 기법들은 아동이나 그 보호자가 집에서 훈련할 수 있도록 환경을 만들어 주는 것도 매우 중요하다는 것을 명심하여야 한다.

4. 상담(counseling)

아동의 음성치료는 부모, 언어재활사, 학교 교사 혹은 학원 강사들의 협조가 필요하다. 아동이 음성치료를 받는 경우, 학업수행에 미치는 부정적 영향을 감소시키고 치료효과를 높이기 위한 음성사용 가이드라인을 언어재활사가 제공해야 한다. 음성장애를 일으키는 요인분석을 통해 교실활동에서의 목소리 사용을 관찰하며, 면담 혹은 보고서 등을 통하여 교사들과 치료과정 동안 꾸준히 협조하여야 한다. 아동의 발표 활동이나 낭독 등을 최소화하고 야외활동 시 음성사용을 줄이는 노력이 필요하므로 주의깊게 관찰해야 한다.

집에서 활용할 수 있는 음성위생 프로그램 자료나 음성휴식 전략을 제공해 주는 것은 아동의 음성회복을 위해 매우 중요하다. 이를 통해 가정 환경을 바꿔 주는 계기를 마련해 주고 아동의 부적절한 발성 행동을 개선하기 위해 부모가 가정에서 보조 치료사로서의 역할을 수행하도록 권고한다. 아동의 주 양육자에 대한 부모교육은 반드시 필요하며, 가정이나 학원에서 아동이 음성을 산출하는 데 가지고 있는 다양한 문제점을 설명하고 이를 개선하도록 노력해야 한다.

5. 질의응답(Q & A)

Q1. 어른이 되면 음성장애가 좀 괜찮지 않을까요?

A1. 성대과기능과 관련된 목쉰소리가 주된 원인이며, 인식 부족, 교육 및 음성관리의 어려움이 있습니다. 음성장애 환자들의 1/3이 아동기 때 음성문제를 경험하였던 환자입니다. 만성적인 발성장애는 유년기 삶의 부정적인 영향을 미치므로 조기치료와 예방이 중요합니다.

Q2. 수술을 권하면 하는 게 좋을까요?

A2. 일반적으로 수술 후 협조가 잘 안 되고 관리가 어렵습니다. 또한 성장기에 후두를 수술하면 흉터가 남기 쉽고 다시 재발하는 경우가 흔합니다. 따라서 성인에 비해 수술대상 종물이 작은 소아 결절은 특별한 경우를 제외하고 대부분 수술을 권하지 않습니다.

6. 향후 계획(future plan)

음성문제에 대한 이해가 어렵고 행동 통제가 안 되는 어린 아동들은 성대결절의 치료가 어려운 대상이므로 성대결절이 호전되었다 하더라도 완전히 없어질 때까지 지속적인 추적관찰을 통해 아동의 상태를 주기적으로 확인하는 것이 중요하며, 재발방지를 위해 발성습관의 변화를 실천하도록 언어재활사는 각별한 주의가 요구된다고 하겠다. 사춘기에 접어든 아동들의 상당수가 결절이 저절로 좋아지는 경우가 있으므로 사춘기 때까지는 음질변화를 항상 체크하여야 하고, 재발했을 경우 빨리 병원을 방문하고 치료하여 결절의 장기화를 막는 것이 바람직하다. 무엇보다도 아동기에 올바른 음성사용과 위생적인 발성습관을 확립하는 것이 성대결절을 예방하는 지름길임을 잊어서는 안 될 것이다.

II. 사례 2: 사춘기 음성장애(변성발성장애)

1. 핵심 이론(core knowledge)

사춘기 몸의 성장은 성호르몬에 의해 조절된다. 사춘기 때 남자아이들은 여아에 비해 후두를 포함한 몸에 있는 많은 기관이 급격히 성장하는 변화를 경험하게 된다. 특히 후두연골들의 크기 변화는 후두부의 확장을 가져오면서 다양한 음질변화를 초래하게 되는데 이를 변성기라 한다. 남성의 갑상연골은 여성의 1.6배나 커지게 되고 각도는 90도에 이를 정도로 뾰족하게 변화된다. 후두가 변화하는 동안 성대는 여러 개의 층을 가진 구조로 변화하면서 탄성과 점성이 강해지고 효과적인 발성기관으로 변모한다. 또한 후두의 높이가 경추 4번에서 7번 사이로 점차 하강하며 보다 긴 성도를 만들어 굵은 남성적 음성을 산출시키는 환경을 만들어 간다. 이 변화는 음도가 아래위로 갑자기 바뀌는 음도일탈 현상을 초래하게 된다. 음도일탈이나 지속적인 음도 저하는 일부 변화를 적응하지 못한 소년들에게 고음도 음성을 습관적으로 산출하는 특이 소견을 발생시키는 원인이 되는데, 이를 변성가성 혹은 변성발성장애라 한다. 지속적인 고음도 발성, 높게 위치한 후두, 불완전한 성문폐쇄로 인한 기식음, 음도일탈 등이 나타나며, 보상적 변화로 2차성 근긴장성 발성장애 소견이 관찰된다.

2. 평가(assessment)

1) 배경 정보

중학교 3학년에 재학 중인 15세 남아로 1년 전부터 지속되는 음성변화를 주소로 이비인후과 음성클리닉에 내원하였으며, 후두 전문의의 진료를 통해 후두내시경 검사상 변성발성장애로 진단되었다. 부모의 보고에 의하면, 또래 친구들에 비해 높은 음도를 나타내고 가성 발성 증상이 지속된다고 보고하였다. 전화받을 때 여성스러운 목소리로 오해받기 때문에 전화받기를 꺼린다고 하였고 심부름을 잘 하지 않는다고 하였다. 최근 쉰 목소리와 음도일탈 현상이 자주 관찰된다고 하였으며, 평소 목소리에 대한 콤플렉스를 가지고 있다고 본인이 호소한 바 있고 친구들과 잘 어울리지 않으며, 내성적인 성격으로 외부활동도 하지 않아 단순한 사춘기 문제가 아니라고 판단하였고 호전되는 기미가 없어 병원을 찾게 되었다고 보고하였다.

2) 비디오스트로보스코피 검사

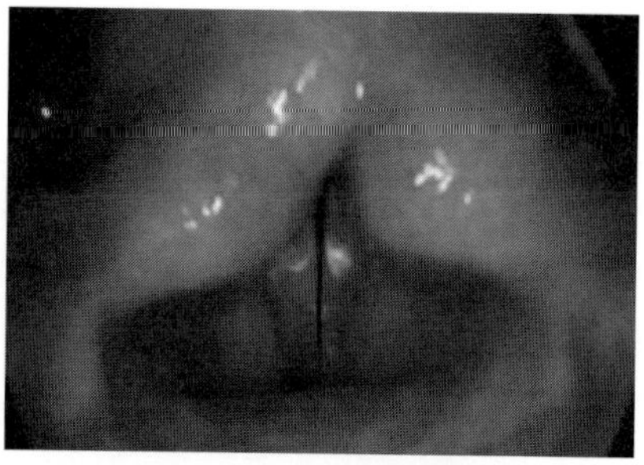
[그림 12-6] 변성발성장애의 비디오스트로보스코피 소견

이 남학생의 음성 질환의 유무를 판별하고 발성 시 성대진동 양상을 평가하기 위해 비디오스트로보스코피(videostroboscopy) 검사를 시행한 결과, 불완전한 성문폐쇄로 인한 성문 간격(glottic gap)이 관찰되었으며, 발성 시 성문상부의 과도한 압축소견이 관찰되었다. 양측 성대에는 별다른 병변 소견은 관찰되

지 않았으며, 발성 시 고음도 발성이 지속적으로 관찰되며, 저음 발성이 불가능하였고 점막파동도 감소된 것으로 확인되었다.

3) 음향학적 평가

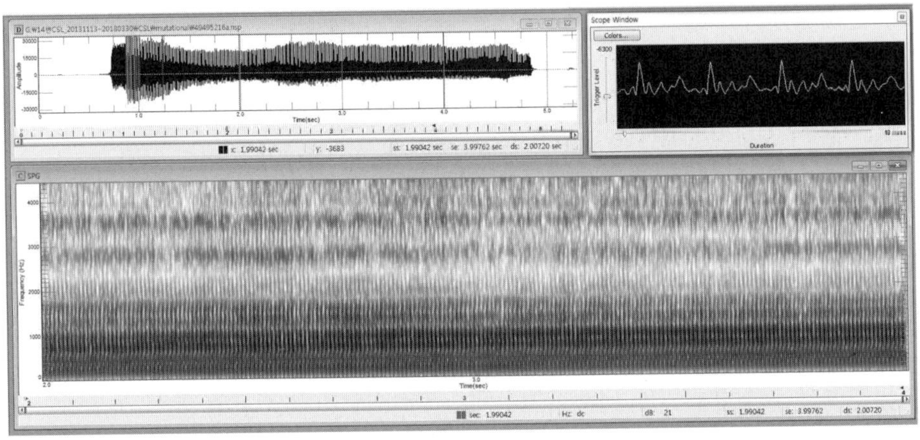

[그림 12-7] 변성발성장애의 모음발성 시 스펙트로그램 소견

CSL 프로그램을 통한 모음 산출 시 분광사진(스펙트로그램)을 검사한 결과, 저주파 에너지에 비해 고주파 에너지가 약한 기식성 음질 특성을 보였으며, 불규칙한 성대접촉 양상을 보이는 분광사진 소견이 관찰되었다.

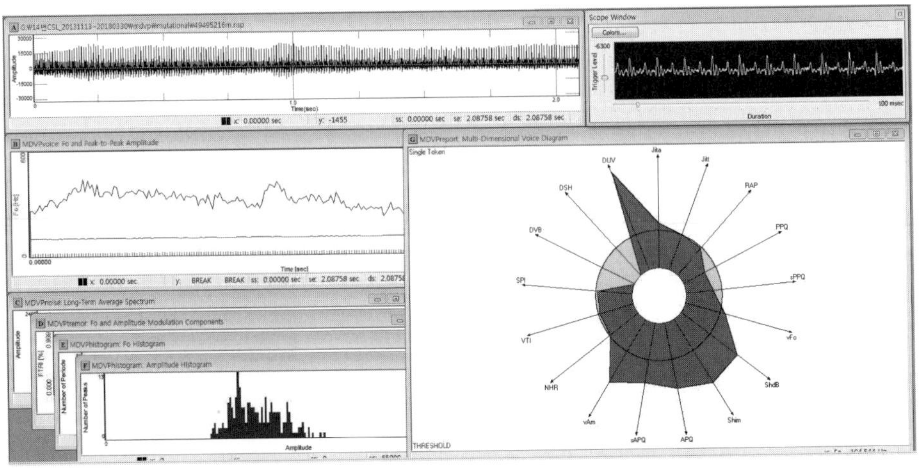

[그림 12-8] 변성발성장애의 모음발성 시 음성분석 소견

MDVP 검사 결과, 주파수변동률 변수들은 정상 소견을 보였지만, 진폭변동률 변수가 비정상적으로 높아진 음질악화 소견을 보였으며, 소음관련 변수들은 정상 소견으로 나타났다.

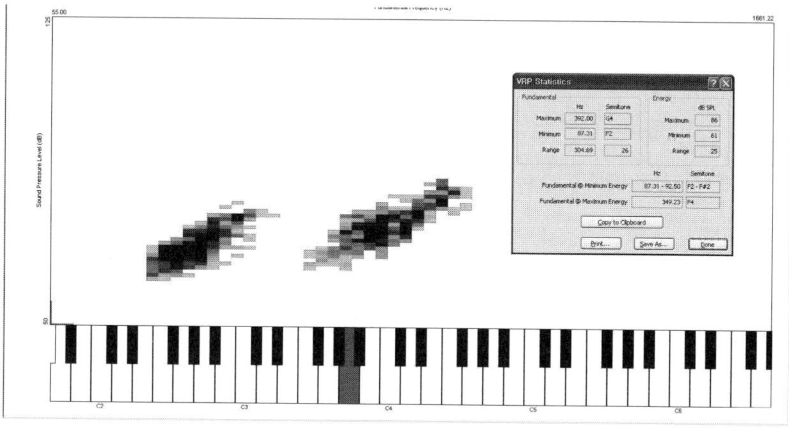

[그림 12-9] **변성발성장애의 음역검사 소견**

음역검사에서도 협소해진 음도범위와 강도범위를 보이며, 협소해진 음역을 나타내어 후두기능이 저하되어 있음을 확인하였다. 특히 이중음성이 발생한 경우 그림처럼 이중음역 소견이 관찰된다.

4) 공기역학적 평가

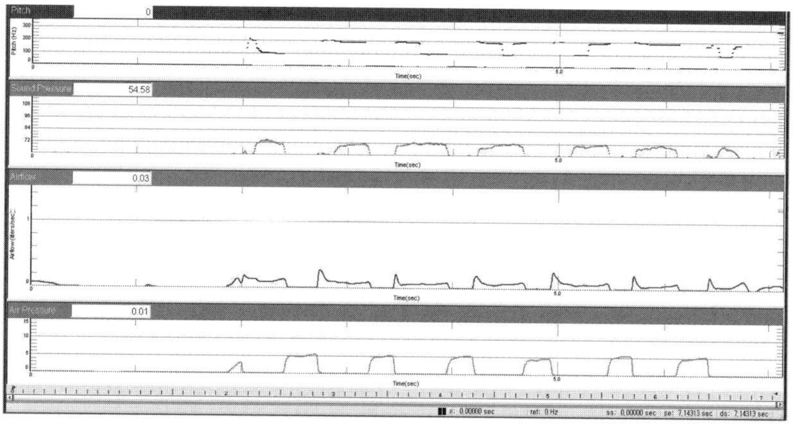

[그림 12-10] **변성발성장애의 성문하압 검사 소견**

PAS 검사 결과, 평균 호기류율이 감소되어 있으며, 발성 시 불완전한 성문폐쇄로 인한 성문하압력의 감소를 보이는 것으로 나타났다.

3. 중재 계획(intervention plan)

변성발성장애 남아의 음성치료는 충분한 상담을 통해 본인이 가지고 있는 특별한 음도 문제에 대한 인식 개선과 의지를 갖는 것이 중요하다. 이를 위해 청지각적, 시각적 피드백은 정상적인 음도수준과 자신의 음도를 구별하여 듣는 데 유용하며, 치료의 과정 중에 반드시 시행해야 하는 과업 중 하나이다. 수년간 지속된 가성 음역을 사용하는 변성발성장애 환자들은 대부분 타인의 정상적 저음 산출과의 차이를 쉽게 구분하지 못하는 것으로 보고한다.

후두의 과도한 긴장은 높은 음도 산출을 야기시키는 원인이며, 후두마사지는 성문상부의 압축을 감소시키고, 후두 내근과 외근을 이완시켜 음도를 하강시키는 데 효과적인 방법으로 많이 시행한다. 헛기침 혹은 목가다듬는 기침, 웃음 등은 가성발성을 진성발성으로 변화시키는 데 유용하다. 생리적 발성으로 무의식적인 소리를 유도하면 일시적으로 정상적인 발성이 일어난다. 이때 낮은 음도의 발성을 촉진하면 빠른 회복이 가능하다.

후두의 높이를 아래쪽으로 위치시키는 손가락 조작법은 변성가성의 음성치료에 주로 사용되는 음성치료 방법이다. 손가락 조작법을 통해 후두하강 시 낮은 음도로 발성하게 하고 이를 경험하게 하는 것이 관건이다. 손가락 압력은 과도하게 힘을 주지 않고도 지속적으로 낮은 음도를 산출하도록 하는 것이며, 이때 음성산출을 함께 시행하는 것이 유용하다. 청각적, 시각적 피드백은 항상 음도 조정에 유용한 자극 강화에 도움을 주기 때문에 촉진기법을 사용할 때 활용하면 도움을 줄 수 있다. 습관적인 높은 기본주파수보다 더 낮게 유성음화된 헛기침을 사용하는 것이 대안일 수 있으며, 낮게 생산된 음성을 장시간 유지하면 음성치료의 결과가 성공적이라고 볼 수 있다. 일부 선행연구는 상담 혹은 심리치료가 음성변화를 강하게 거부했던 사람들과 음성치료와 함께 시행될 때 도움이 될 수 있다고 보고하고 있다.

4. 상담(counseling)

변성발성장애 환자의 음성치료는 조기 치료가 무엇보다도 중요하므로, 부모들의 관심과 협조가 더욱 요구된다. 장기화된 변성발성장애는 본인의 문제가 해결할 수 없는 특징으로 잘못 인식될 수 있어 주의가 요구된다. 음성치료를 받는 경우, 대부분 정상 음성을 되찾을 수 있으므로 삶의 질 측면에서도 부정적 영향을 감소시키고 정상화를 위해 환자의 적극적인 참여가 필요하다. 특히 발성 시 후두 변화를 정확히 판단하고 치료 후 변화를 환자들에게 인식시켜 치료효과를 증대시키기 위한 변화된 목소리 사용을 유지할 수 있게 지속적인 추적관찰이 요구된다.

가정이나 학교에서 시행할 수 있는 훈련 프로그램 자료를 제공해 주고 체크하는 것은 음성회복을 위해 중요하다. 이를 통해 낮은 음도의 사용을 생활화하는 계기를 마련해 주고 습관적인 부적절한 고음도 발성 행동을 개선하기 위해 가족들의 모니터링 역할이 필요하므로 충분한 교육을 통해 이를 숙지하도록 권고한다.

5. 질의응답(Q & A)

Q1. 내성적이고 사람을 꺼리는 성격이 치료가 될까요?

A1. 심리적 문제를 가지고 있는 경우가 보고되었지만 극히 일부 환자들의 경우만 심리치료가 시행됐을 뿐, 대부분의 경우는 음성치료로 회복됩니다. 꾸준히 바뀐 음성을 다른 또래 친구들과 비교하여 정상적인 음성에 대한 인식이 가능하면 심리적 안정을 가져오므로 빠른 진단과 조기 음성치료가 무엇보다 중요합니다.

Q2. 수술을 하는 게 좋을까요?

A2. 일반적으로 기능적 음성장애는 수술이나 약물치료가 없이도 음성치료만으로 쉽게 호전될 수 있으며, 변성발성장애는 효과적인 음성치료가 가능하므로 수술적 치료나 약물치료가 필요한 질환이 아닌 것으로 봅니다.

6. 향후 계획(future plan)

변성가성이 호전되었다 하더라도 완전히 없어질 때까지 지속적인 치료과정과 추적관찰이 필요하다. 환자의 상태를 주기적으로 확인하는 것이 중요하며, 완전한 음도의 확립이 확인될 때까지 치료사는 치료를 지속해야 한다는 것을 숙지하여 음성치료를 중도에 포기하지 않도록 각별히 주의해야만 한다. 사춘기에 접어든 청소년이 대부분이므로 치료에 어려움이 없고 치료 효과가 빠르다는 점 등을 충분히 설명하며, 사춘기가 끝난 이후에도 재발 유무를 판별하기 위해 정기적인 병원 방문을 권고하여야 한다. 장기화된 치료는 바람직하지 않기 때문에 치료 초기에 새로운 낮은 음도를 확립하는 것이 치료의 성패가 달려 있다는 사실을 명심해야 할 것이다.

Ⅲ. 사례 3: 성인기 음성장애(성대폴립)

1. 핵심 이론(core knowledge)

성대용종(vocal polyp, 성대폴립)은 과기능적 음성사용으로 성대에 과접촉을 유발하여 고유층(lamina propria)의 상층(superficial layer)에 병리적인 변화를 일으킴으로써 발생한다. 충격에 의한 발성외상으로 성대 내 울혈을 만들고 지속적인 과내전을 양산하게 되는데, 이는 혹의 크기를 증가시켜 음질 악화를 심화시키게 된다. 직업적 음성사용자들에게 주로 발생하며, 작은 용종이라도 음성 변화를 초래하기 때문에 치료가 시급하지만 통증을 동반하지 않아 불편감이 심화된 후에야 병원을 찾는 경우가 대부분이다. 성대용종의 주된 치료방법은 음성치료와 후두미세수술이 있으며, 경우에 따라 약물치료를 병행한다. 과거에는 성대용종의 치료가 대부분 수술적 치료를 선호하였으며, 음성치료는 수술 후 음성회복 및 재활적인 측면에서 시행한다고 보고되었다. 그러나 최근 연구들은 초기 성대용종의 경우, 철저한 음성위생교육과 함께 음성치료를 시행하는 방법이 초기 치료로 선택하는 사례를 많이 보고하고 있으며, 50% 이상 치료 효과가 있는 것으로 나타나고 있다. 이는 성대용종이 대부분 성대결절과 같이 과기능적 음성사용이 그 원인이며, 재발이 잦은 특성을 갖고 있기 때문에 초기 병변의 경우, 보존적 치료로 음성치료를 약물치료와 함께 먼저 시행하는 것을 선호하고 있고 효과적인 치료가 안 될 경우에만 수술을 진행하게 된다.

2. 평가(assessment)

1) 배경 정보

48세 남성 교사로 3개월 전부터 지속된 음성변화를 주소로 이비인후과에 내원하였고 음성전문의의 진료를 통해 초기 성대용종으로 진단되었다. 5년 전 한차례 성대용종 수술을 시행받은 병력이 있으며, 당시 학기 중에 강의를 많이 해야 하는 직업적 어려움이 있어 빠른 회복을 위해 수술을 시행하였다고 보고하였으나, 재발한 용종의 크기가 작고 환자분이 음성치료를 원하여 음성검사와 음성치료가 권고되었으며 음성치료실로 의뢰되었다.

본 환자의 정확한 진단 평가를 위해 비디오스트로보스코피를 시행하였으며, 음향학적 검사와 공기역학적 검사, 그리고 음역검사 및 청지각적 평가가 아울러 시행되었다.

2) 비디오스트로보스코피 검사

환자의 음성 질환의 유무를 판별하고 발성 시 성대진동 양상을 평가하기 위해 비디오스트로보스코피(videostroboscopy) 검사를 시행하였다. 성대용종 환자의 비디오스트로보스코피 검사 결과, 우측 성대 전방측에 큰 용종이 관찰되었고 발성 시 맞닿는 반대편 좌측 성대에 혈관 확장 소견과 반응성 결절이 관찰되었다. 용종으로 인해 발성 시 용종 주변부의 성문 틈이 형성되어 기식음과 이중음성이 나타나는 성대

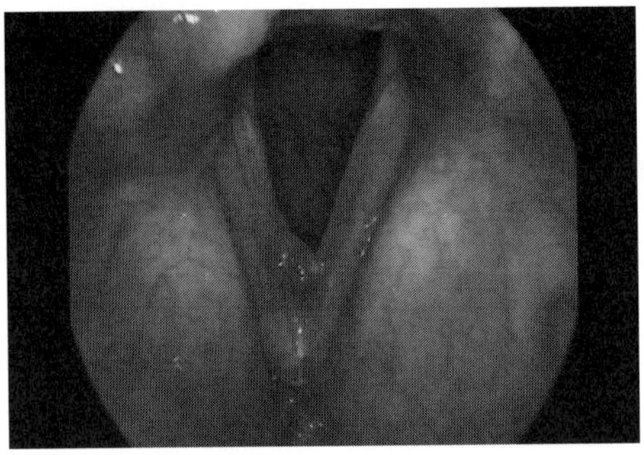

[그림 12-11] **성대폴립의 비디오스트로보스코피 소견**

진동 양상을 나타내었으며, 우측 성대의 점막파동이 좌측에 비해 많이 감소된 것으로 확인되었다. 우측 성대용종으로 인해 좌측 가성대 압축 소견이 관찰되며, 쥐어짜는 소리와 쉰 목소리, 기식음 등의 청지각적 소견이 나타났다.

3) 음향학적 평가

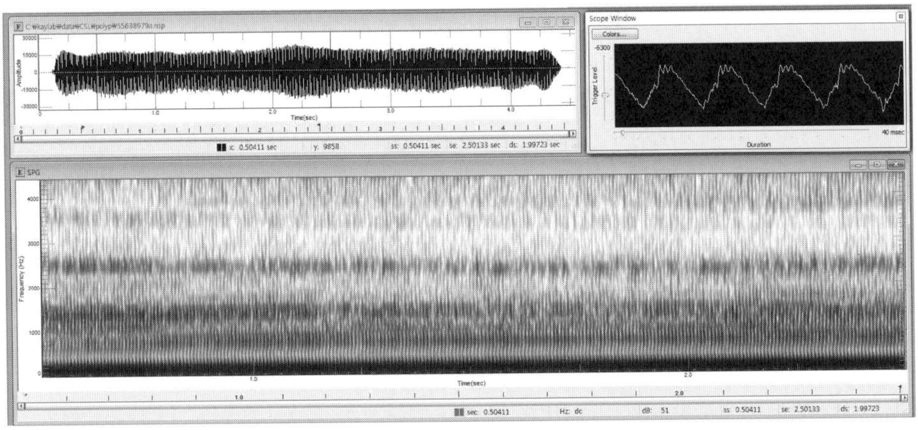

[그림 12-12] **성대폴립의 모음발성 시 스펙트로그램 소견**

CSL 프로그램을 통한 모음 산출 시 분광사진(스펙트로그램)을 검사한 결과, 저주파 에너지에 비해 고주파 에너지가 약한 기식성 음질 특성을 보였으며, 불규칙한 성대접촉 양상을 보이는 분광사진 소견이 관찰되었다.

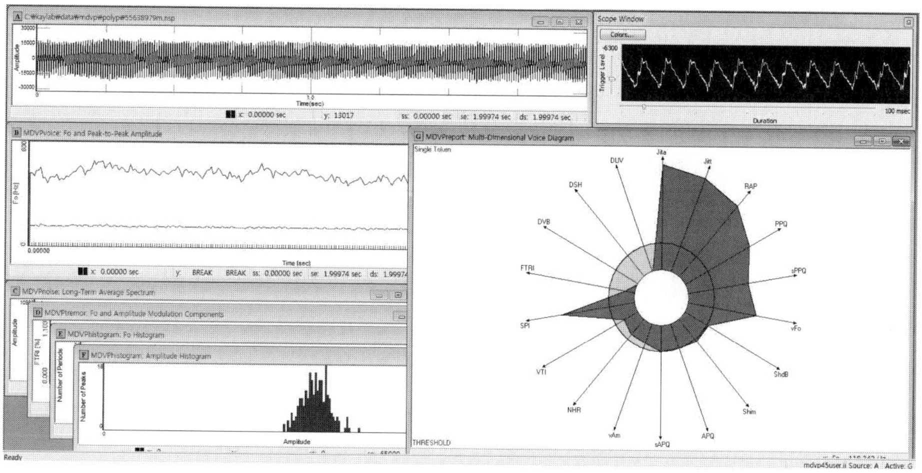

[그림 12-13] **성대폴립의 모음발성 시 음성분석 소견**

MDVP 검사 결과, 주파수변동률 관련 변수가 비정상적으로 높아진 음질악화 소견을 보였으며, 소음관련 변수들도 높게 나타났다.

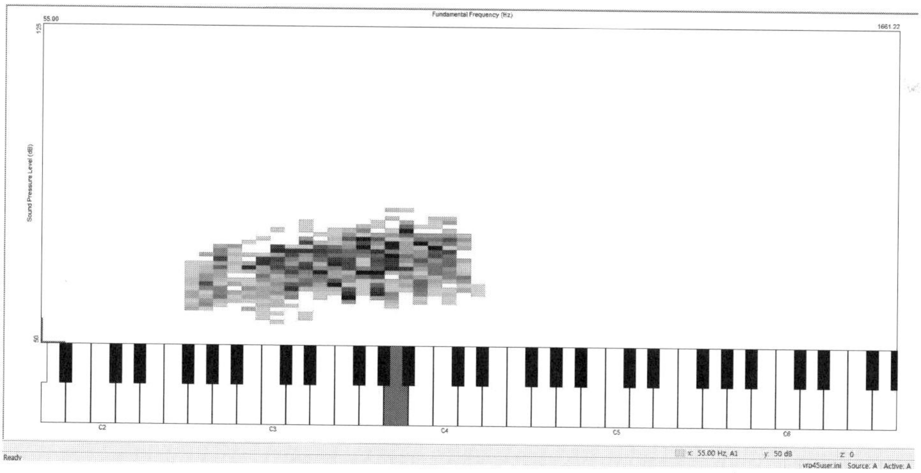

[그림 12-14] **성대폴립의 음역검사 소견**

음역검사에서도 협소해진 음도범위와 강도범위를 보이며, 협소해진 음역을 나타내어 후두기능이 저하되어 있음을 확인하였다. 특히 성대폴립의 영향으로 고음소실 현상이 관찰되었다.

4) 공기역학적 평가

PAS 검사 결과, 평균 호기류율이 증가되어 있으며, 발성 시 강한 성대접촉 양상으로 인한 성문하압력의 증가를 보이는 것으로 나타났다.

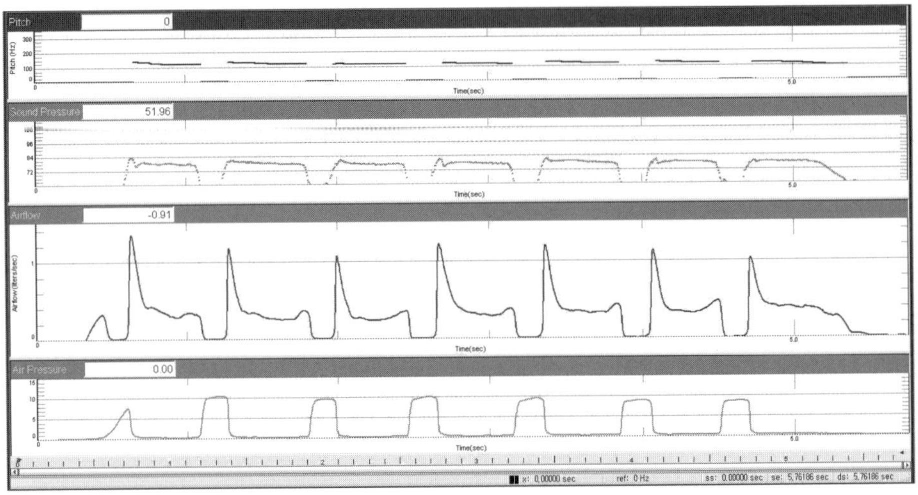

[그림 12-15] **성대폴립의 성문하압 검사 소견**

3. 중재 계획(intervention plan)

출혈성 성대용종 환자들에게 수술 전 보존적인 치료로 음성위생교육, 부드러운 발성을 유도하는 음성치료, 그리고 인후두 역류(laryngopharyngeal reflux) 증상이 동반된 경우에 약물치료와 식이요법 등을 병행하는 것이 일반적인 치료 프로토콜이다. 효과적인 음성치료 후 초기 성대용종 환자의 용종 크기는 감소하게 되고 소실되는 결과를 가져오는 것으로 최근 나타나고 있으며, 음성위생교육과 음성치료가 수술을 시행하지 않고도 약 50%의 환자들에서 용종의 소실 또는 뚜렷한 감소를 보였다고 보고하고 있다.

성대용종의 음성치료는 성대결절과 동일한 방법으로 진행한다. 특히 부드러운 성대접촉을 유도하는 일련의 치료법을 사용하여야만 한다. 음성치료의 궁극적인 목표는 습관적인 과기능적 발성을 줄이고 부드러운 성대접촉을 유도하는 것이므로, 다양한 음성치료 방법 중 음성위생교육, 호흡훈련, 그리고 후두긴장을 완화시키는 활동, 음도와 강도를 조정하는 일반적인 음성치료만으로도 음성 호전이 가능하다. 특히 발성 시작의 강한 성대접촉을 줄이는 것이 관건이며, 하품-한숨, 성문음 시작 단어를 사용한 발성(hee-phonation), 공명음성치료, 이완기법, 노래조로 말하기, 강도 변화 등 다양한 치료 기법이 병행되어 사용된다.

대부분의 성대용종 환자는 직업적 음성사용자로, 적절한 음성위생교육이 용종크기의 감소와 음성개선에 매우 효과적이며, 초기 성대용종 환자들 중 많은 수가 적절한 음성위생과 음성치료만으로 성대용종이 소실되었다고 보고하고 있다. 아울러 적절한 음성치료를 통해 수술에 따른 위험 부담을 줄이고 근본적인 원인 문제를 해결함으로써 재발 가능성이 높은 성대용종의 효과적인 치료가 가능할 것이라 사료된다. 음성치료 방법에 따른 효과의 차이를 확인할 필요가 있으므로, 그 변화를 면밀히 검토하여 효과가 제한적이거나 없을 경우, 원인을 파악하고 치료 방법을 변경하는 것이 바람직하다.

4. 상담(counseling)

성대용종의 음성치료는 교사 혹은 학원강사 등 과도한 음성남용이 빈번한 직업적 음성사용자들이 겪게 되는 질환으로 환자 본인의 협조와 노력이 무엇보다 중요하다. 환자들은 음성치료를 받는 동안 직업수행에 미치는 영향을 최소화하는 수준으로 음성사용을 줄이고 치료효과를 높이기 위한 음성 남용 및 오용 체크리스트를 사용할 수 있도록 언어재활사가 교육하여야 한다. 음성 남용을 일으키는 요인분석을 통해 직업적 활동이나 개인적 활동에서의 목소리 사용을 분석하여 치료과정 동안 음성사용 빈도를 꾸준히 관리하여야 한다. 용종의 크기가 크거나 유경이 있는 경우, 음성치료에 반응하지 않는 경우, 그리고 발생된 지 오래되어 유리질화가 진행된 용종의 경우 등은 수술적 치료가 끝난 후 재발 방지를 위해 음성치료가 시행되는 것이 바람직하다. 대부분의 양성성대질환 환자가 그러하듯 음성사용의 빈도를 최소화하고 야외활동 시 음성사용을 자제하는 노력이 용종 치료에 핵심 포인트임을 숙지하도록 해야 한다.

5. 질의응답(Q & A)

Q1. 수술은 재발이 된다고 하던데, 음성치료는 재발의 위험이 없나요?

A1. 성대과기능과 관련된 양성성대질환들은 대부분 음성 남용 또는 오용으로 자주 재발할 수 있으며, 용종도 재발이 잘 됩니다. 수술 후 재발에 대한 위험성을 줄이기 위해 음성치료를 시행하는 것도 이런 이유 때문입니다. 문제의 인식 부족, 직업적인 음성사용으로 인한 음성휴식의 어려움, 음성관리의 어려움 등으로 음성치료 환자들도 재발의 위험성이 있지만, 습관적인 과긴장성 발성 습관을 해소하고 생활 및 직업 환경에서의 음성사용 패턴을 바꾸는 것이 재발을 방지하는 첫걸음이므로 음성치료가 훨씬 재발의 위험성 측면에서 더 안정적인 결과를 가져올 수 있습니다.

Q2. 성대용종으로 직업적 음성사용이 문제인데 직업을 그만두어야 할까요?

A2. 그렇지 않습니다. 직업을 영위하면서 음성치료로 얼마든지 호전되고 완치될 수 있습니다. 따라서 다른 일자리로 직업을 변경하거나 그만두거나 해서는 안 될 것입니다. 다른 직장으로 가도 음성사용 습관은 변하지 않기 때문입니다. 성대용종의 음성치료 목표는 직업 활동을 잘하기 위한 음성교정이 목표이므로 용종의 크기를 감소시킴과 동시에 직업적 음성사용 습관을 변화시키는 것이 바람직하죠. 같은 직업을 가졌지만 다 성대용종을 앓고 있는 것은 아니므로, 현재 상황에서 음성장애를 일으키지 않도록 더 나은 환경으로 바꿔 나가는 노력이 현 직장에서도 충분히 가능하다고 하겠습니다.

6. 향후 계획(future plan)

성대용종의 치료는 빠른 치료효과를 기대하기 때문에 대부분의 국내 임상가가 수술적 치료를 선호한다. 그러나 초기용종의 경우, 발생 원인이 성대결절과 다르지 않기 때문에 수술 후 보존적 재활치료로 음성치료를 활용하기보다는 음성치료로 비수술적 치료를 먼저 시행하는 것이 바람직하다고 하겠다. 그러나 음성치료에 반응하지 않거나 장기화된 용종은 후두미세수술을 통한 치료가 필요하므로 이 경우에는 수술 후에 완벽한 음성휴식을 일정 기간 시행한 후에 재발방지를 위한 음성치료를 함께 시행해야 한다. 특히 성대용종은 수술 후 재발이 잦은 질환이므로 정기적인 추적관찰을 통해 꾸준히 관리해야 하며, 음성치료가 먼저 시행되는 성대용종의 경우에도 질환의 호전 또는 악화 유무를 확인하면서 치료방법을 선택하여야 한다. 크기가 작은 초기 성대용종의 치료로 보존적 음성치료를 먼저 시행하였으나 성대용종의 호전이 없으면, 그 원인이 음성사용 습관이나 빈도에 있는지, 환경적 요인인지, 아니면 또 다른 요인이 있는지 면밀히 분석하여 문제점을 즉시 해결하도록 노력한다.

Ⅳ. 사례 4: 성인기 음성장애(라인케 부종)

1. 핵심 이론(core knowledge)

라인케 부종(Reinke's edema)은 성대 전반에 걸쳐 물혹성 변성을 일으키는 질환이며, 표피 아래 고유층의 천층에 진득한 아교질의 액체가 고여 생기는 만성 질환이다. 이 부종은 대개 양측성이며, 한쪽이 더 큰 경우가 많이 관찰된다. 라인케 부종의 원인들 중 대개 과도한 흡연으로 발생하는 경우가 많다고 알려져 있다. 또한 울혈, 상피의 유리질화, 섬유질 침착, 혈관 확장증 등을 동반한다.

라인케 부종은 비정상적인 혈관구조가 특징으로, 이는 흡연과 관련이 있는 것으로 보고 있다. 혈관속 혈류의 속도가 담배로 인해 감소하고 혈전의 발생가능성을 높인다고 보고 있다. 부종은 조직으로의 혈액공급을 비정상적으로 바꾸어 성대의 재생기능에 악영향을 미친다고 보고하였다. 라인케 부종의 증상은 병변의 크기와 점탄성 정도에 따라 다양하며, 대개 음성은 굵은 목소리와 쉰 목소리가 나며, 낮은 음도와 이중음성이 주로 나타나는 것이 특징이다. 라인케 부종의 크기가 거대한 경우, 일부 기도폐

색을 유발하여 호흡곤란을 일으킬 위험이 있을 때 수술적 치료를 고려할 수 있다. 환자들은 이물감으로 인한 잦은 헛기침과 목가다듬는 기침을 자주 하게 된다.

2. 평가(assessment)

1) 배경 정보

영업직 사원인 37세 남성으로 6개월 전부터 지속되는 음성변화를 주소로 이비인후과 음성클리닉에 내원하였으며, 후두 전문의의 진료를 통해 후두내시경 검사상 라인케 부종으로 진단되었다. 부인의 보고에 의하면, 술과 담배를 자주 하며, 특히 하루 2~3갑의 담배를 피우는 과다 흡연자라고 하였다. 아버님이 폐암으로 사망하여 걱정스러워 병원을 찾게 되었고, 갈라지는 쉰 목소리로 변한 이후부터 평소 잘 부르던 노래가 되지 않았고 이물감이 심해 자주 기침을 하게 된다고 하였다.

본 남성의 정확한 진단 평가를 위해 비디오스트로보스코피를 시행하였으며, 음향학적 검사와 공기역학적 검사, 그리고 음역검사 및 청지각적 평가가 아울러 시행되었다.

2) 비디오스트로보스코피 검사

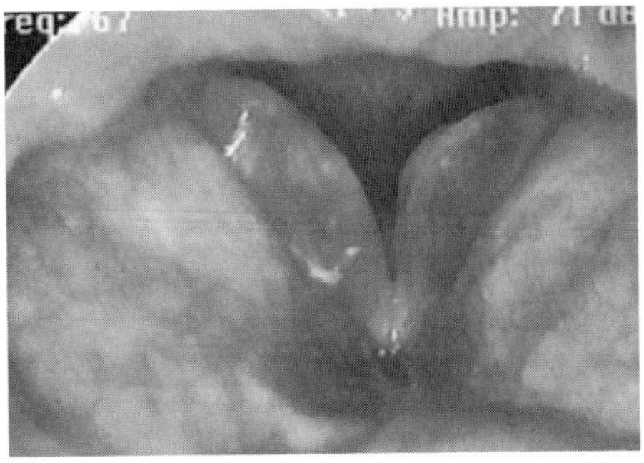

[그림 12-16] **라인케 부종의 비디오스트로보스코피 소견**

환자의 음성 질환의 유무를 판별하고 발성 시 성대진동 양상을 평가하기 위해 비디오스트로보스코피(videostroboscopy) 검사를 시행하였다. 환자분의 비디오스트로보스코피 검사 결과, 양측 성대 전반에 걸쳐 큰 물혹성 부종 소견이 관찰되었고 발성 시 성대가 불규칙한 진동이 일어나고 출렁거리는 과도한 점막진동이 관찰되었다. 쉰 목소리, 낮은 음도, 이중음성 등의 청지각적 소견이 나타났다.

3) 음향학적 평가

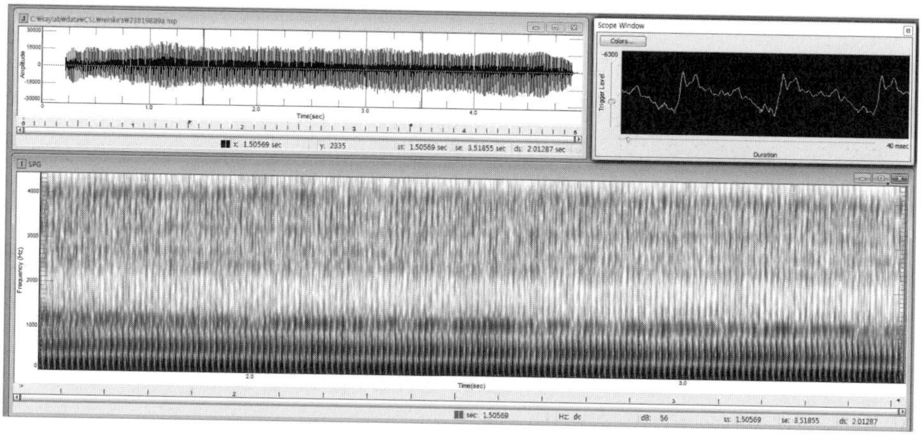

[그림 12-17] **라인케 부종의 모음발성 시 스펙트로그램 소견**

CSL 프로그램을 통한 모음 산출 시 분광사진(스펙트로그램)을 검사한 결과, 저주파 에너지에 비해 고주파 에너지가 약한 기식성 음질 특성을 보였으며, 불규칙한 성대접촉 양상을 보이는 분광사진 소견이 관찰되었다.

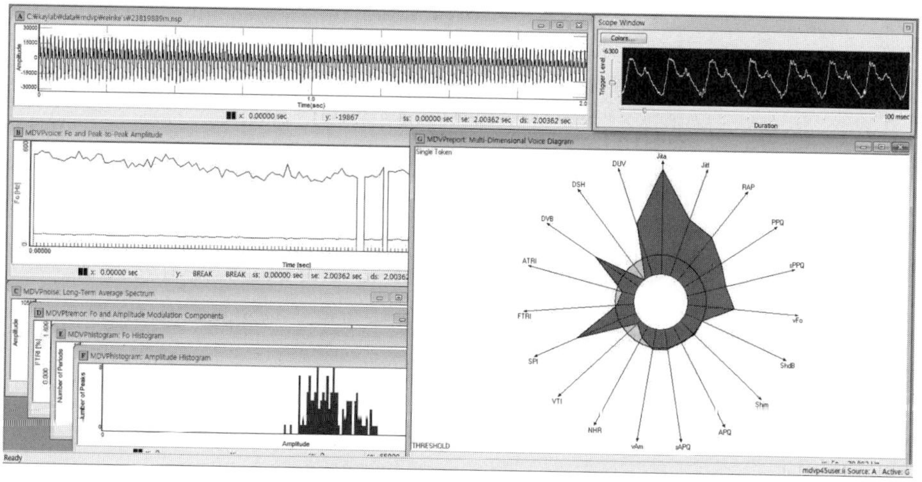

[그림 12-18] **라인케 부종의 음성분석 검사 소견**

MDVP 검사 결과, 주파수변동률 관련 변수가 비정상적으로 높아진 음질악화 소견을 보였으며, 소음과 음소거 관련 변수들도 높게 나타났다.

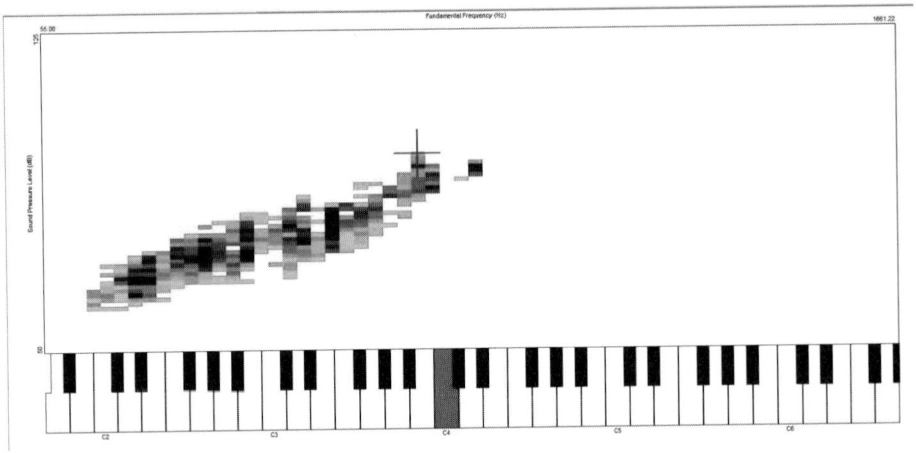

[그림 12-19] **라인케 부종의 음역검사 소견**

음역검사에서도 협소해진 음도범위와 강도범위를 보이며, 저음화 현상이 두드러진 특징적인 음역을 나타내어 후두기능이 저하되어 있음을 확인하였다.

4) 공기역학적 평가

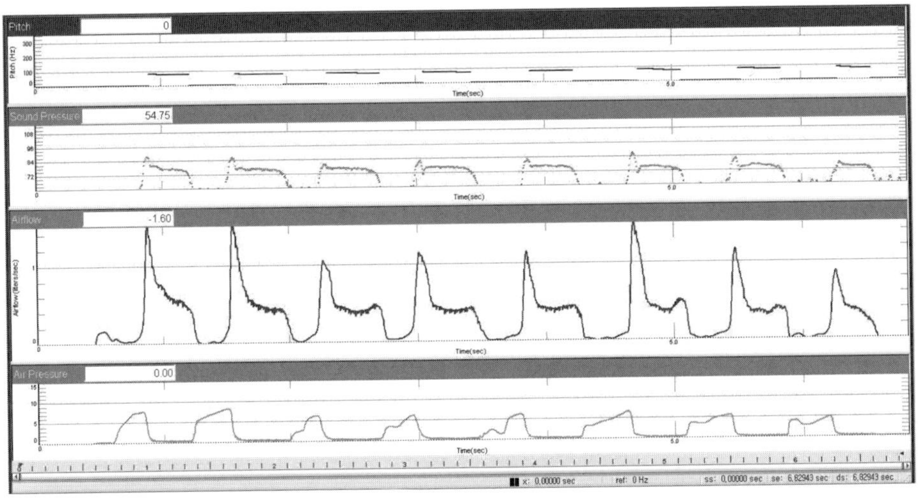

[그림 12-20] **라인케 부종의 성문하압 검사 소견**

PAS 검사 결과, 평균 호기류율이 증가되어 있으며, 발성 시 불규칙한 성대접촉으로 인한 성문하압력의 불규칙한 변이를 보이는 것으로 나타났다.

3. 중재 계획(intervention plan)

라인케 부종의 초기 치료방법으로 음성치료를 선호한다. 성대폴립과 달리 라인케 부종의 수술적 치료는 때때로 심각한 음성장애를 일으키는 원인이 되기도 한다. 때때로 종물 제거를 목적으로 하는 후두미세수술과 달리 라인케 부종은 과도한 부종의 비대로 인한 호흡곤란이나 심각한 음성변화가 있을 경우에 수술을 시행하게 되는데 수술 후 예후가 나쁜 경우가 종종 발생한다. 수술 후 성대의 점막파동이 소실되는 경우가 발생하는데 이럴 경우 수술 전보다 목소리가 더욱 악화되고 잘 나오지 않아 환자들의 불만이 매우 높은 결과를 초래하게 된다. 따라서 수술 전 올바른 음성위생 교육과 함께 음성치료를 시행하는 것이 바람직하다. 부종의 유형이 수질형과 아교질형 등 다양한 형태를 보이며, 부종의 심한 정도에 따라 치료 예후가 차이가 큰 편이기 때문에 라인케 부종의 성상에 따른 적절한 치료 계획을 수립할 필요가 있다.

음성치료는 성대폴립 환자를 대상으로 시행하는 증후적 음성치료 방법들을 시행하며, 금연을 위해 체계적인 음성위생 교육 프로그램을 시행해야만 한다. 음성위생 프로그램에는 금연과 금주를 시행하도록 권고해야 질환의 빠른 호전을 기대할 수 있기 때문에 무엇보다 중요한 부분이라 할 수 있다. 또한 음성사용 환경 및 빈도의 변화를 위해 노력해야 하며, 식습관 및 음성사용 습관의 변화를 위한 충분한 상담을 통해 다양한 정보를 제공해야 한다. 그리고 부종을 악화시킬 수 있는 음성사용 행동을 구분하고 감소시키는 것이 중요하다. 치료기법에는 호흡훈련을 통한 부드러운 성대접촉을 유도하거나 후두근육의 긴장을 감소시키는 발성 교정과 함께 음도 조절이 포함된다. 환자가 알레르기나 역류성 질환을 동반하고 있는 경우는 식습관 개선을 통한 부종의 감소를 도모하며, 약물치료를 병행하는 조치도 실시하는 것이 바람직하다. 음성치료만으로 개선되는 경우는 드물기 때문에 다양한 치료적 활동들을 병행해야 빠른 호전을 기대할 수 있다.

수술적 치료가 불가피한 경우, 수술 전에 수술 후 음성사용을 억제하는 일련의 사전 교육을 실시해야 하는데 이때 수술을 시행한 후에 일정 기간 동안 완벽한 음성휴식의 필요성을 미리 숙지하도록 교육한다. 수술 직후 음성휴식이 잘 지켜지고 있는지 확인하고 음성사용 전에 음성회복 과정을 충분히 설명하여 빠른 음성사용으로 인한 부작용을 최소화해야 한다. 음성휴식 기간이 지나도 발성이 안 될 경우, 성급한 음성사용을 줄이고 회복과정 중에 성대점막의 협착을 최소화하기 위해 음성강도를 줄이고 속삭이는 음성이나 비밀스러운 음성사용을 주문하여야 한다. 라인케 부종의 음성치료는 회복 여하에 따라 치료가 장기화될 수 있으므로 환자의 협조가 매우 중요하다. 부드러운 발성이 가능해지면 호흡지지를 통해 발성 노력을 최소화하는 훈련이 주로 사용된다. 발생 초기의 라인케 부종인 경우, 금연과 음성위생 프로그램 시행만으로도 호전되는 경우가 많으므로 비수술적 치료인 음성치료를 적극 권상해야 한다.

4. 상담(counseling)

흡연인구의 증가와 음주문화의 변화로 직업여성의 경우에 라인케 부종 환자가 늘고 있다. 다양한 음성사용 교육과 함께 금연 및 금주 교육을 통해 문제를 호전시킬 수 있으며, 치료의 성패와 직결되기도 한다. 직장이나 가정에서 금연과 금주를 생활화하여야 하고 역류성 후두염을 예방하기 위해 규칙적인 식습관과 적절한 운동을 포함한 활용 가능한 생활 개선 프로그램을 권고한다. 가정 자료나 음성휴식 전략을 제공해 주는 것은 모든 음성장애 환자의 음성회복을 위해 매우 중요하다. 이를 통해 생활환경을 바꿔 주는 계기를 마련해 주고 환자들의 부적절한 발성 행동을 개선하기 위해 가족들과 함께 노력하도록 돕는다.

수술을 시행하는 경우, 수술 전 상담을 통해 수술 후에 발생할 수 있는 음성 악화를 미리 환자에게 고지해야 한다. 이는 환자들의 주의를 환기시킬 뿐만 아니라 치료사의 입장에서 방어적 조치로 작용한다. 환자들은 치료의 실패 원인을 때때로 치료사의 과실로 전가하는 경우가 많으므로 항상 주의해야 한다. 특히 수술부위가 상대적으로 넓은 라인케 부종 환자의 경우, 수술을 시행한 후 적절한 음성휴식을 시행하지 못한 환자들은 심각한 음성변화와 음질악화가 종종 발생하기 때문에 음성휴식과 금연, 금주의 중요성을 필히 강조해야만 한다. 또한 가족들도 충분한 상담을 통해 가정에서 감시자 혹은 보조 치료사로서의 역할을 수행하도록 권고할 필요가 있다. 환자의 가족들에 대한 음성위생 교육은 반드시 필요하며, 음성사용 전반에 관한 문제점을 설명하고 이를 개선하도록 함께 노력해야 한다.

5. 질의응답(Q & A)

Q1. 담배를 안 끊으면 안 될까요?

A1. 암으로 발전하는 경우는 드물지만 일부 환자들에서 후두암이 발견되는 경우도 더러 있어 빨리 끊는 것이 좋습니다. 라인케 부종 환자들의 흡연기간을 조사해 보면 대개 10년 이상의 장기 흡연자들이며, 하루 1갑 이상의 과다 흡연자가 대부분입니다. 또한 잦은 음주를 즐기는 분들이 대부분으로, 라인케 부종은 철저한 금연과 금주만으로도 호전되는 경우가 많으며, 식생활 개선이 부종을 감소시키는 데 도움을 주기 때문에 식습관을 함께 개선하면 빠른 회복을 달성할 수 있습니다.

Q2. 수술을 권하면 하는 게 좋을까요?

A2. 일반적으로 수술 후 음질이 심각하게 나빠져 말을 잘 못하는 경우가 있어 대개는 수술을 잘 권하지 않습니다. 호흡곤란의 우려가 있거나 심각한 음질변화로 생활이 어려운 경우, 환자가 원할 경우에 수술을 고려하는 것이 좋습니다. 수술 부위가 다른 질환에 비해 크고 넓기 때문에 회복이 더디고 음성회복이 오래 걸리는 단점이 있으므로 음성사용에 대한 제한점을 잘 인식하여야 합니다. 수술 후 음성을 많이 사용하는 경우, 돌이킬 수 없는 음질악화가 발생할 수 있으므로 철저한 수술 전 준비를 통해 음성사용을 피하도록 조치가 필요합니다. 직업적으로 음성휴식이 어려운 경우 수술을 시행할지 말지를 심각하게 고민해야만 합니다.

6. 향후 계획(future plan)

라인케 부종은 장기적으로 음질변화를 일으키는 대표적인 만성 질환으로 음성변화가 간헐적으로 지속되다가 부종이 심해지면서 음질 악화가 심화되는 병이다. 급격한 음질변화가 2주 이상 지속될 경우, 빨리 병원을 방문하고 조기에 치료를 받는 것이 부종의 장기화를 막는 지름길이다. 앞서 언급한 것처럼 수술적 치료가 좋지 않은 예후를 보이는 경우가 많기 때문에 질환의 조기 발견을 통해 수술을 피하는 것이 바람직하다. 음성 변화를 경험하였을 때 음성전문의가 있는 병원을 찾아서 검사를 진행할 필요가 있으며, 무엇보다도 금연을 통한 원인 치료가 음성을 회복시키는 방법이므로 금연과 음성위생을 생활화하도록 권고해야 할 것이다. 수술 후 관리가 매우 중요하므로 수술 직후부터 정기적인 추적 관찰이 필요하며, 수술 후에도 음성회복을 위해 음성치료를 일정 기간 지속적으로 시행하는 것이 바람직하며, 재발 방지를 위해 금연과 금주, 식습관 개선, 그리고 제한적이고 위생적인 음성사용이 최우선 과제임을 잊어서는 안 될 것이다.

V. 사례 5: 노인기 음성장애(노인성 음성장애)

1. 핵심 이론(core knowledge)

65세 이상의 노령인구가 최근 급격히 늘고 있으며, 노인의 음성은 후두 관련 질환이 없이도 노화로 인해 음성산출에 직접적으로 관여하는 후두와 후두의 상부구조물, 그리고 호흡 기관 등의 생리적인 노화로 인해 종종 음성장애가 발생하게 된다. 노령인구의 음성장애는 초고령화 사회로 접어드는 현시점에서 노인들의 사회적 기능과 삶의 질 측면에 악영향을 가져오고 있으며, 폭발적으로 증가되는 노령인구의 음성문제는 이비인후과의사와 언어재활사들에게 중요한 이슈가 되고 있다.

성대근의 위축과 부피의 감소로 발생되는 성대위축증과 활처럼 휘어지는 궁형성대는 대표적인 노인성 음성장애의 후두소견으로, 발성 시 성문이 잘 닫히지 않는 성문폐쇄부전 현상을 일으켜 쉰 목소리, 약해진 음성, 기식음 등 음성강도를 감소시키는 다양한 음성문제가 발생한다. 이로 인해 부적절한 상후두 근육들의 긴장을 가중시키게 되고 결국엔 이차적인 근긴장성 발성장애를 일으키는 원인이 된다. 또한 음성피로와 발성통, 만성 기침, 후두와 인두의 이물감 등의 증상이 음성장애와 함께 동반되어 나타나기도 한다.

노인성 음성장애의 치료는 수술적 치료보다는 음성치료가 주로 시행되고 있다. 성대기능훈련(vocal function exercise: VFE), 리실버만 음성치료(Lee Silverman voice treatment: LSVT), 공명음성치료(resonance voice therapy: RVT) 등이 노인성 음성장애 환자들에게 주로 시행되고 있다. 음성치료의 효과는 성문 간격(glottal gap)을 보였던 노인들에게 대부분 음질 개선의 효과가 있음을 보고하고 있으며, 약 85%가 음성치료 후 의사소통 기능향상을 보였다고 보고하고 있다. 심한 성대위축증을 보이는 경우, 성대주입술(injection laryngoplasty)을 시행하거나 갑상연골성형술(thyroplasty)을 시행한 경우도 보고하였지만, 만족스러운 결과는 보이지 않았다고 보고되고 있어 음성치료가 지금까지는 노인성 음성장애의 초기 치료방법으로 대부분 선택되고 있다.

그러나 선행 연구의 결과들은 이전에 다른 양성성대질환이나 신경계질환에 유용성이 보고되었던 치료기법들이 노인성 음성장애에도 동일하게 적용되고 있다는 점이 문제로 지적된다. 제한적인 치료 결과들만 보고하고 있다는 제한점이 있으며, 기존의 치료기법에 대한 유용성 문제를 제기하고 있는 실정이므로 노인성 음성장애에 대한 기존 치료기법들의 효능 유무를 정확히 검증해야 할 필요가 있다. 웃음, 흡기발성 등 다양한 생리적 발성훈련과 단계별 가창훈련을 접목하여 고안된 후두보정기법(Seong-Tae Kim's laryngeal calibration technique: SKLCT®)이 노인성 음성장애 환자들의 후두 높이의 정상화를 가져와 음성 개선에 효과가 있음을 보고하였으며, 그 유용성이 확인된 바 있다.

2. 평가(assessment)

1) 배경 정보

72세 남성으로 4개월 전부터 지속되는 음성변화를 주소로 이비인후과 음성클리닉에 내원하였으며, 후두 전문의의 진료를 통해 후두내시경 검사상 노인성 음성장애로 진단되었다. 가족의 보고에 의하면, 회사 퇴직 후 경비일을 하고 계신다고 하였으며, 1년 전부터 목소리가 간헐적으로 변하여 후두염약만 처방받아 드시고 호전되었다가 다시 재발하기를 여러 차례 반복하다가 최근에는 아예 목소리가 나오지 않아 병원을 찾게 되었다고 하였다.

본 환자의 정확한 진단 평가를 위해 비디오스트로보스코피를 시행하였으며, 음향학적 검사와 공기역학적 검사, 그리고 음역검사 및 청지각적 평가가 아울러 시행되었다.

2) 비디오스트로보스코피 검사

이 남성의 음성 질환의 유무를 판별하고 발성 시 성대진동 양상을 평가하기 위해 비디오스트로보스코피(videostroboscopy) 검사를 시행하였다. 피검자의 비디오스트로보스코피 검사 결과, 양측 성대가 활처럼 휘어진 성대 점막 소견이 관찰되었고 발성 시 성대가 전혀 닫히지 않고 벌어져 있는 성문 틈이 관찰되었다. 양측 성문폐쇄부전으로 인해 성대는 발성 시 전후방 모두 접촉하지 않는 방추형 성대진동 양상을 나타내었으며, 점막파동이 감소한 것으로 확인되었다. 쉰 목소리, 심한 기식음, 높아진 음도의 청지각적 소견이 나타났다.

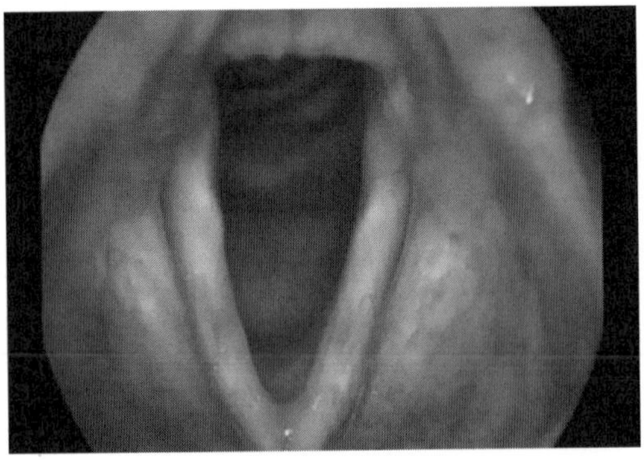

[그림 12-21] 노인성 음성장애의 비디오스트로보스코피 소견

3) 음향학적 평가

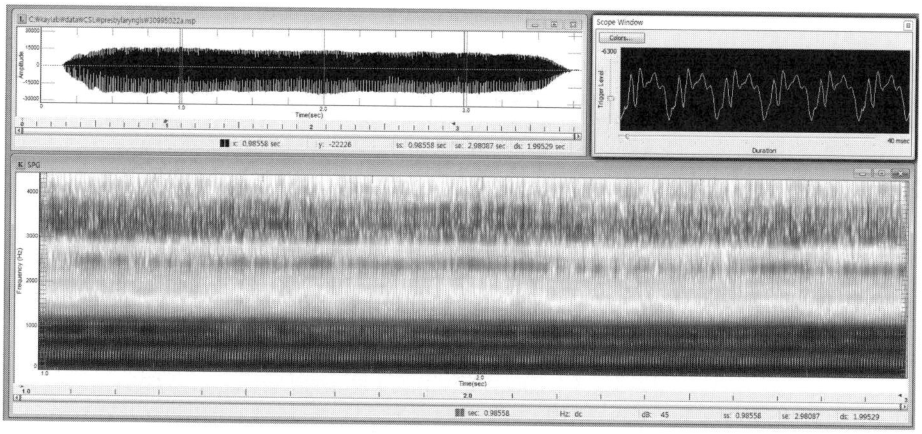

[그림 12-22] **노인성 음성장애의 모음발성 시 스펙트로그램 소견**

CSL 프로그램을 통한 모음 산출 시 분광사진을 검사한 결과, 저주파 에너지에 비해 고주파 에너지가 약한 기식성 음질 특성을 보였으며, 불규칙한 성대접촉 양상을 보이는 분광사진 소견이 관찰되었다.

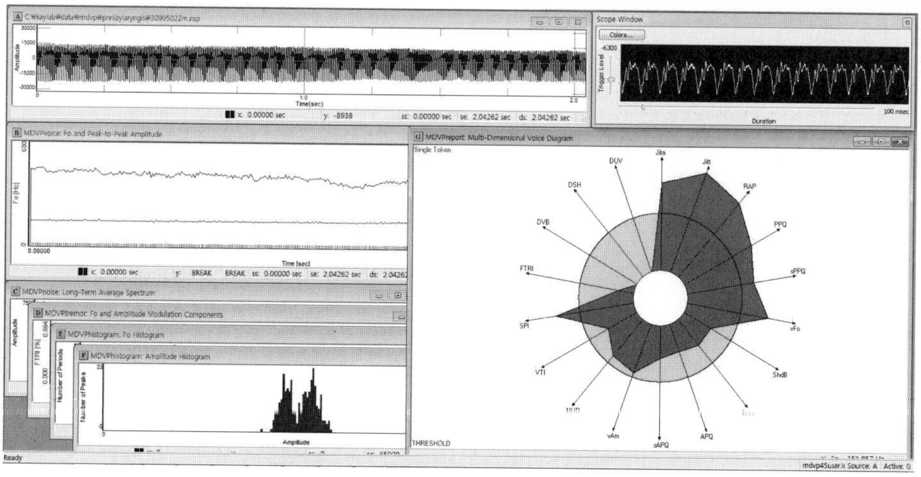

[그림 12-23] **노인성 음성장애의 음성분석 검사 소견**

MDVP 검사 결과, 주파수변동률 관련 변수가 비정상적으로 높아진 음질악화 소견을 보였으며, 소음관련 변수들도 높게 나타났다.

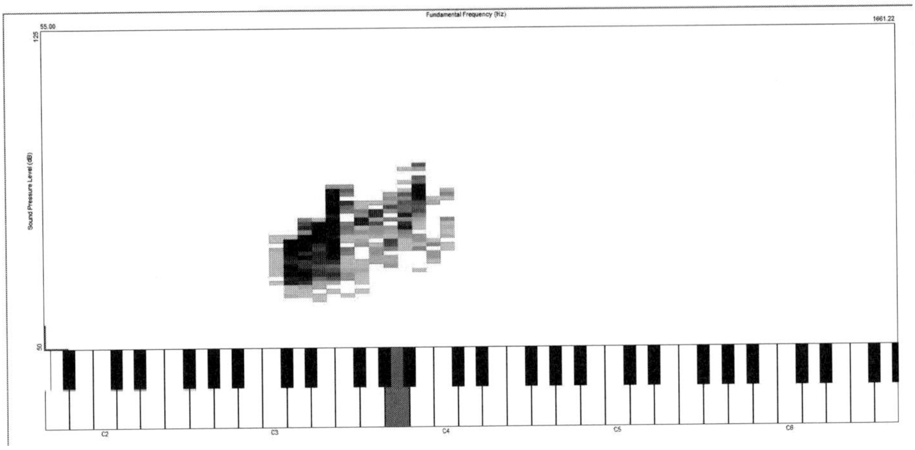

[그림 12-24] **노인성 음성장애의 음역검사 소견**

음역검사에서도 협소해진 음도범위와 강도범위를 보이며, 협소해진 음역을 나타내어 후두기능이 저하되어 있음을 확인하였다.

4) 공기역학적 평가

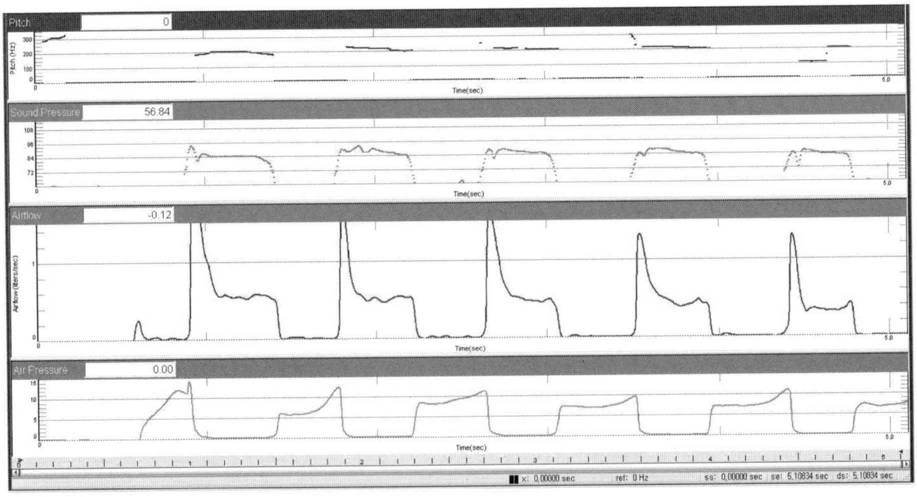

[그림 12-25] **노인성 음성장애의 성문하압 검사 소견**

PAS 검사 결과, 평균 호기류율이 증가되어 있으며, 발성 시 불완전한 성문폐쇄와 과도한 노력성 발성으로 인한 성문하압력의 증가를 보이는 것으로 나타났다.

3. 중재 계획(intervention plan)

노인성 음성장애의 치료목표는 무엇보다 보상적으로 발생하는 후두부와 성문 상부의 과도한 근육의 긴장을 줄이는 것이 관건이며, 이와 동시에 성문 접촉을 유도하여 음질을 개선시키고 지속적으로 좋은 음질을 유지하게 하는 것이다. 노인성 음성장애 환자의 첫 치료는 환자가 나타내는 음성장애 정도를 평가하고 원인을 설명하는 문제의 설명 단계가 먼저 시행된다. 이와 함께 음성 교정 시 음질의 호전 유무를 확인하는 것이 가장 중요하므로 매 치료 시마다 음성을 녹음하여 이전에 목소리와 비교하도록 치료과정을 설계하도록 한다. 특히 음성장애가 오래 지속되어 왔던 환자들의 경우, 대부분 초기 음성치료에 잘 반응하지 않는 경향이 있으므로 주의를 요한다.

성문 간격은 기식음의 원인이며, 과긴장성 발성 혹은 노력성 발성을 일으키는 원인이 된다. 과도한 후두 상승의 결과로 성문상부에 발생한 가성대 압축과 전후압축 소견은 보상기전에 따른 근긴장성 발성장애의 대표적인 소견으로 이를 완화시키는 것이 음성 교정의 주된 치료목표가 된다. 다양한 이완기법과 후두마사지, 손가락 조작법, 흡기발성 등이 시행될 수 있으며, 반폐성도기법 등도 시행할 수 있다. 이때 훈련의 마지막은 항상 발성을 함께 유도하여야만 치료 효과를 높일 수 있으므로 임상가는 항상 발성 과정에서 치료 효과를 확인할 필요가 있음을 숙지해야 한다. 후두가 하강하여 윤택한 음질의 발성을 산출하게 되면 이를 유지하도록 성대기능훈련이나 LSVT 등의 총체적 접근법을 함께 시행하는 것도 효과적일 수 있다.

최근 소개된 SKLCT® 프로그램은 생리적 발성의 하나인 웃음과 흡기발성 훈련을 통해 상승된 후두 높이를 정상화하고 성문 상부의 과긴장을 줄여 준다. 이와 함께 단계별 가창훈련을 시행하여 다양한 음계를 연습하는 훈련 프로그램이 접목되어 있어 노인성 음성장애 호전에 효과적이다. 특히 가창훈련은 발성 시 후두 및 발성기관들의 원활한 상호작용을 도모하여 충분한 호흡을 통한 발성 능력 향상을 유도하는 장점이 있다. 이러한 치료법들의 사용은 약물치료나 수술적 치료가 어려운 노인성 음성장애를 호전시키는 방법들로서 다양한 연구 결과가 소개된 근거기반 중재법이다. 이처럼 많은 임상적 고찰을 통해 노인성 음성장애 치료에 필요한 다양한 실험들이 시행되고 있으며, 노화로 인한 음성장애를 해결하기 위해 음성산출에 관여하는 대부분의 후두내근들(특히 갑상피열근, 측윤상피열근, 후윤상피열근)의 수축과 이완운동을 자발적으로 유도하는 유용한 치료 전략들의 개발이 더욱 요구된다고 하겠다.

4. 상담(counseling)

노인성 음성장애 환자들은 노화로 인한 문제로 치료를 거부하는 경우가 자주 발생한다. 임상가는 노인성 음성문제가 음성치료로 호전될 수 있음을 환자들에게 충분히 설명할 필요가 있다. 환자들의 음성문제를 일반적인 노화현상으로 여기는 잘못된 인식을 개선할 필요가 있으며, 음성치료의 효과를 환자들에게 주지시켜 음성치료의 중요성을 환자가 인식할 수 있도록 유도하는 과정이 필요하다. 무엇보다도 음성치료를 시행하지 않았던 환자들의 음성문제가 지속적으로 악화될 수 있음을 잊어서는 안 된다. 다양한 음성치료방법을 시행하는 것은 노인성 음성장애의 정상화를 위한 중요한 치료 옵션임을 명심해야 할 것이다.

가족들이나 보호자에게 음성치료의 필요성을 교육하고 가정에서 충분한 발성교정 연습에 도움을 줄 수 있도록 보조 치료사로서의 참여와 도움을 권장한다. 효과적인 음성치료를 위해 성공 사례를 교육하도록 하고 자발적인 발성능력의 향상을 가져올 수 있도록 적극적인 음성치료 참여와 훈련과정을 포기하지 않고 지속하도록 권고하는 것이 음성회복의 기회를 제공할 수 있으므로 적극적인 음성치료 노력이 요구된다.

5. 질의응답(Q & A)

Q1. 음성치료를 하지 않으면 어떻게 될까요?

A1. 상당수의 노인성 음성장애 환자들이 자연적인 노화로 인한 불편으로 여기기 때문에 이들 가운데 15~20%의 환자들만이 음성치료를 받고 있는 실정입니

다. 노인성 음성장애는 환자들의 직업적 사회적 기능 저하와 함께 삶의 질 측면에 악영향을 가져오는 것으로 나타났으며, 초고령화 사회로 접어든 현재 상황에서 많은 어려움을 가져올 수 있기 때문에 반드시 해결해야 할 과제로 여기고 있습니다. 적극적인 치료 노력이 요구됩니다.

Q2. 수술을 권하면 하는 게 좋을까요?

A2. 노인성 음성장애로 치료받는 대상자들 중에서 심한 성대위축증을 보이는 경우, 성대주입술(injection laryngoplasty)을 시행하거나 갑상연골성형술(thyroplasty)을 시행한 경우도 있었지만, 만족할 만한 결과는 보이지 않았다고 보고하였습니다. 음성치료가 초기 치료방법으로 효과가 있음을 입증한 많은 문헌은 음성치료의 효과를 입증하고 있으므로 적극적인 치료를 원한다 하더라도 먼저 음성치료를 권고하는 것이 바람직하며, 음성치료에 반응하지 않을 경우에만 수술적 치료를 고려해야 합니다.

6. 향후 계획(future plan)

노인성 음성장애는 지속적인 치료와 추적관찰이 필요하지만 치료대상이 노령인구라는 점도 간과해서는 안 된다. 환자들의 치료 참여가 지속될 수 있도록 적극적인 치료 참여를 항상 독려해야 한다. 노인성 음성장애는 늘어나는 노령인구의 삶의 질 측면에서 심각한 문제로 대두될 것으로 보이며, 효과적인 음성치료 방법의 개발은 무엇보다 중요한 임상적 과제임에 분명하다. 선행 연구들의 결과는 이전에 다른 양성성대질환에 유용성이 보고되었던 치료기법들로서 노인성 음성장애에도 효과가 있는지 검증이 필요하지만, 이전 연구 결과들은 대체로 제한적인 치료 결과들만 보고하고 있다는 제한점이 있다. 이는 기존의 치료기법에 대한 유용성 문제를 제기할 수 있으며, 노인성 음성장애에 대한 기존 치료기법들의 효과를 정확히 검증해야 할 필요가 있다. 아울러 보다 효과적인 치료 결과를 가져올 수 있는 신뢰받는 치료기법의 개발이 시급한 과제로 여겨진다.

참고문헌

정옥란 역(1996). 음성과 음성치료. Boone, D. R. 저. 서울: 원미사.

김성태, 표화영, 권순복 역(2014). 음성장애 이론과 실제. Ferrand, C. T. 저. 서울: 박학사.

Bae, I. H., Wang, S. G., Lee, J. C., Sung, E. S., Kim, S. T., Lee, Y. W., Kang, D. H., & Wang, Y. J. (in press). Efficacy of two-dimensional scanning digital kymography in evaluation of atrophic vocal folds. *Journal of Voice*, 1-6.

Baken, R. J. (2005). The aged voice: A new hypothesis. *Journal of Voice, 19*(3), 317-325.

Boone, D. R., McFarlane, S. C., & Von Berg, S. L. (2005). *The voice and voice therapy* (7th ed.). London: Prentice Hall.

Carroll, T. L., & Rosen, C. A. (2010). Trial vocal fold injection. *Journal of Voice, 24*(4), 494-498.

Citardi, M. J., Yanagisawa, E., & Estill, J. (1996). Videoendoscopic analysis of laryngeal function during laughter. *Annal of Otology Rhinology and Laryngology, 105*, 545-549.

Gorman, S., Weinrich, B., Lee, L., & Stemple, J. C. (2008). Aerodynamic changes as a result of vocal function exercises in elderly men. *The Laryngoscope, 118*(10), 1900-1903.

Hagen, P., Lyons, G. D., & Nuss, D. W. (1996). Dysphonia in the elderly: Diagnosis and management of age-related voice changes. *Southern Medical Journal, 89*, 204-207.

Hazlett, D. E., Duffy, O. M., & Moorhead, S. A. (2011). Review of the impact of voice training on the vocal quality of professional voice users: Implications for vocal health and recommendations for further research. *Journal of Voice, 25*(2), 181-191.

Jeong, D. Y., Wi, J. Y., & Kim, S. T. (2018). Efficacy of laughing voice treatment (SKMVTT®) in benign vocal fold leasions. *Journal of the Korean Society of Speech Sciences, 10*(4), 155-161.

Kim, S. T., & Jeong, O. R. (2004). The effects of SK-MVTT on voice improvement in vocal nodules patients; Comparison with accent method. *Speech Sciences, 11*(4), 101-120.

Kim, S. T., & Nam, S. Y. (2011). The therapeutic effects of SKTCLP® in patients with mutational dysphonia. *Journal of the Korean Society of Speech Sciences, 3*(2), 99-105.

Kim, S. T. (2015). Effects of SKLCT® for voice improvement in patients with presbyphonia. *Journal of the Korean Society of Speech Sciences, 7*(3), 183-191.

Kotby, M. N., EL-Sady, S. R., Basiouny, S. E., Abou-Rass, Y. A., & Hegazi, M. A. (1991). Efficacy of the accent method of voice therapy. *Journal of Voice, 5*, 316-320.

Koufman, J. A., Amin, M. R., & Panetti, M. (2000). Prevalence of reflux in 113 consecutive patients with laryngeal and voice disorders. *Otolaryngology Head and Neck Surgery, 123*(4), 385-388.

Koufman, J. A., & Blalock, P. D. (1991). Functional voice disorders. *Otolaryngologic Clinics of North America, 24*, 1059-1073.

Lee, J. C., Wang, S. G., Sung, E. S., Bae, I. H., Kim, S. T., & Lee, Y. W. (in press). Clinical practicability of a newly developed real-time digital kymographic system. *Journal of Voice*, 1-6.

Lee, Y. S., Lee, D. H., Jeong, G. E., Kim, J. W., Roh, J. L., Choi, S. H., Kim, S. Y., & Nam, S. Y. (2017). Treatment Efficacy of Voice Therapy for Vocal Fold Polyps and Factors Predictive of Its Efficacy. *Journal of Voice, 31*(1), 120.e9-120.e13.

Lowell, S. Y., Kelley, R. T., Colton, R. H., Smith, P. B., & Portnoy, J. E. (2012). Position of the hyoid and larynx in people with muscle tension dysphonia. *The Laryngoscope, 122*(2), 370-377.

Mau, T., Jacobson, B.H., & Garrett, C. G. (2010). Factors associated with voice therapy outcomes in the treatment of presbyphonia. *The Laryngoscope, 120*(6), 1181-1187.

Meyer, M., Zysset, S., Cramon, D. Y., & Alter, K. (2005). Distinct fMRI responses to laughter, speech, and sounds along the human peri-sylvian cortex. *Cognitive Brain Research, 24*(2), 291-306.

Min, Y. M., Lee, H. K., & Kim, S. T. (2015). The Effect of Voice therapy in Voice Disorder Patients After Thyroid Radio Frequency Ablation. *Journal of Speech-Language & Hearing Disorders, 24*(4), 267-274,

Morrison, M. D., Nichol, H., & Rammage, L. A. (1986). Diagnostic criteria in functional dysphonia. *The Laryngoscope, 96*(1), 1-8.

Parter, R. J. (1991). Voice therapy: Techniques and applications. *Otolaryngologic Clinics of North America, 24*, 1075-1092.

Pontes, P., Brasolotto, A., & Behlau, M. (2005). Glottic characteristics and voice complaint in the elderly. *Journal of Voice, 19*(1), 84–94.

Ramig, L. O., & Verdolimi, K. (1998). Treatment efficacy: Voice disorders. *Journal of Speech Language and Hearing Research, 41*(1), 101–116.

Sataloff, R. T., Rosen, D. C., Hawkshaw, M., & Spiegel, J. R. (1997). The aging adult voice. *Journal of Voice, 11*(2), 156–160.

Stemple, J. C., Lee, L., D'Amico, B., & Pickups, B. (1994). Efficacy of vocal function exercises as a method of improving voice production. *Journal of Voice, 8*(3), 271–278.

Titze, I. R., Finnegan, E. M., Laukkanen, A. M., Fuja, M., & Hoffman, H. (2008). Laryneal muscle activity in giggle: A damped oscillation model. *Journal of Voice, 22*(6), 644–648.

제13장

신경언어장애

Ⅰ. 사례 1: 이완형 마비말장애(재활의학과)

1. 핵심 이론(core knowledge)

마비말장애(dysarthria)는 중추 혹은 말초 신경계의 손상으로 인해 말산출과 관계된 근육의 수의적 움직임 조절에 결함이 생긴 말집행 장애이다. 근육 움직임의 속도, 힘, 범위, 시간, 정확성, 시기 적절성 등의 조절 문제로 발현되는 마비말장애는 경직형(spastic), 이완형(flaccid), 운동저하형(hypokinetic), 운동과잉형(hyperkinetic), 실조형(ataxic), 편측 상부운동신경세포형(unilateral upper motor neuron: UUMN), 혼합형(mixed)의 하위유형(운동학적 특성 및 해부학적 용어로 명명됨)으로 구분된다. 마비말장애는 혈관성 질환뿐만 아니라 감염성, 외상성, 염증성, 퇴행성, 대사성-독소성 등 다양한 신경계 병인에서 기인한다(김향희, 2012).

2. 평가(assessment)

1) 기본 정보

본 29세, 오른손잡이, 판매업에 종사하는 남환은 20○○년 ○월 ○일, 저녁 식사 후 발생한 복시, 어지럼증, 양손저림 증상을 주 호소로 본원 응급실을 통해 저녁 10시경에 내원하였나. 입원 후 이루어진 의학적 평가에 따르면 본환은 R/O 비커스태프 뇌간 뇌염(R/O Bickerstaff's brainstem encephalitis: R/O BBE)으로 진단되었으며, 발병 후 30일이 경과한 현재는 회복단계에 있기는 하지만 여전히 복시, 어지럼증, 왼쪽 팔의 약화 증상을 호소하였다. 더불어 섭식 시 음식을 침과 섞어 적절한 음식덩이(bolus)로 만드는 과정에서 혀 움직임이 저하되어 삼키기를 어려워하였고, 말을 할 때는 입술 마비로 특히 /오/, /우/를 발음하기 힘들어하였다. 신경과에서 호전된 양상을 보여 3일 전에 재활의학과로 전과된 후 말-언어 평가를 위해 언어검사실로 의뢰되었다.

■ 해설

BBE는 자가면역 기전 이상이 원인으로 추정되며, 급성 안면근 마비와 실조증을 주 증상으로 한다. 길랑-바레 증후군(Guillain-Barré syndrome) 또는 밀러피셔 증후군(Miller Fisher syndrome)도 유사한 증상을 보여 감별진단에 어려움이 있지만 BBE의 의식상태가 더 저하되는 경향이 있다. 급성기는 심도의 임상 양상을 보이지만 대부분은 수개월에서 1년 사이에 후유증 없이 회복하는 것으로 알려져 있다.

2) 평가절차 및 결과 보고

환자는 평가 당일 간병인의 부축을 받으며 다소 불안정한 걸음걸이로 언어검사실을 방문하였다. 환자는 검사자의 인사에 불명료한 발음이지만 내용적으로 적절히 반응하는 모습을 보였다. 검사가 진행되는 동안 환자는 각성(alertness) 상태를 유지했으며 검사자의 질문에 즉각적으로 대답하였다. 그러나 고정된 입술로 웅얼거리듯이 말하여 정확한 정보를 수집하기 위해 검사자가 되물어 확인하는 과정이 추가적으로 필요하였다. 언어장애 유무를 판별하기 위해 '실어증–신경언어장애 선별검사(Screening Test for Aphasia & Neurologic-communication Disorders: STAND)(김향희, 허지회, 김덕용, 김정완, 2009)'를, 전반적인 말산출 능력 확인을 위해 비구어 및 구어 평가를 진행하였다. '말운동장애: 진단과 치료(권미선, 김정완, 이현정, 최현주, 하지완 역, 2013)' 중 '제3장 말운동장애의 평가 부록 3–1'과 '실어증–신경언어장애 선별검사' 중 'Ⅶ 말실행증, Ⅷ 구강실행증' 부분을 종합하여 평가에 사용하였다. 검사 결과는 다음과 같았다.

(1) STAND: Oral Language Index(OLI); 19/20(정상), Global Language Index(GLI); 29/30(정상)

① 그림설명하기(3/3)

그림이 두 개로 번져 보여 집중하기 어렵다며 환자는 한 손으로 자신의 한쪽 눈을 가린 뒤 그림을 설명했다. 말 속도는 경미하게 느렸고, 웅얼거리는 듯이 말하여 간헐적으로 알아들을 수 없는 단어 또는 구 표현이 출현하기도 했지만 정상 수준의 발화 길이와 복잡성을 지닌 문장으로 그림을 설명했다.

② 이름대기(4/4): 생성이름대기(2/2), 대면이름대기(2/2)

환자는 생성이름대기 과제에서 30초 동안 동물 이름을 11개 말했으며, 대면이름대기에서는 6개 사물에 대한 즉각적인 명명하기가 가능했다.

③ 듣고 이해하기(9/10)

"유리컵이 냄비보다 잘 깨지나요?"라는 질문에 환자는 "잘 깨지지."라고 답했다. 검사자는 환자에게 반응 방법을 한번 더 설명했으며 그 이후에 "네!"라는 정반응이 유도되었다.

④ 따라말하기(3/3)

7개 중 7개의 따라말하기가 가능했다. 발음이 경미하게 불분명하기는 했지만 말명료도를 저하시키는 수준은 아니었다.

⑤ 읽기(7/7)

"큰 소리로 읽어 주세요."라는 검사자의 지시에 대화 때보다 증가한 조음기관 움직임과 목소리 크기로 제시된 글자를 정확히 읽었다.

⑥ 쓰기(3/3)

환자는 발병 후 왼손은 악화 증상이 매우 심한 상태이고, 오른손은 발병 전에 비하면 움직임이 불편한 정도라고 했다. 환자는 오른손으로 검사자가 불러 주는 '미운 정 고운 정'을 완벽하게 받아 적었다. 환자는 발병 전과 비교하면 글씨 크기는 동일하지만 모양은 삐뚤어지고 흐트러졌다고 보고했다.

(2) 비구어 평가

환자는 복화술을 하는 사람처럼 안면 근육을 거의 움직이지 않는 상태로 말을 했다. 휴식 시 왼쪽 입꼬리가 오른쪽에 비해 경미하게 아래로 처진 모습을 보였으며, 침이 왼쪽으로 흘러도 느끼지 못해 닦지 않는 경우가 관찰되었다. 이마 주름잡기를 시행하자 오른쪽 이마에만 주름이 생겼으며, 수의적인 입술 모으기와 미소짓기에서는 입술이 거의 움직이지 않았다. 뺨은 미약하게 부풀어 올랐지만 뺨을 누르자 입 밖으로 약하게 바람이 새는 소리가 들렸고, 혀 내밀기에서는 혀끝이 왼쪽으로 돌아가 위치했다.

(3) 구어 평가

Computerized Speech Lab(CSL)의 Multi-Dimensional Voice Program(MDVP)을 이용한 /아/ 모음 최대연장발성(Maximum Phonation Time: MPT)에서 환자는 33.88초의 수행을 보였으며, 기본주파수는 101.58Hz, 진폭은 50dB로 확인되었다. 청지각적 분석에 근거한 GRBAS 평가에서 Grade 1, Rough 1, Breathy 1, Asthenic 1, Strained 0으로 음질이 평가되었다. 교대운동속도(alternate motion rate: AMR, /퍼/, /터/, 혹은 /커/) 및 일련운동속도(sequential motion rate: SMR, /퍼터커/)는 모두 약간 불규칙하였으나 음절 간 뭉침은 없었으며, /퍼/는 18회/5초, /터/는 15회/5초, /커/

는 12회/5초, /퍼터커/는 11회/5초의 수행을 보였다. 안면근육 마비로 자음 중 양순 파열음은 완전한 입술 막음 후 구강 내 기압이 형성되지 못해 왜곡되었고, 모음은 입술둘레근이 작용하는 원순모음 /오, 우/ 및 입꼬리 당김근이 작용하는 평순모음 /이/가 /으/로 대치되는 특징을 보였다. 자발화 수준에서 억양과 음성의 크기 변화는 다소 단조로운 듯한 인상을 주었으며, 경미한 수준의 과다비성(hypernasality)이 동반되었다. 발화는 대부분이 이해 가능했지만 정확한 내용 확인을 위해서는 되물음이 요구되어 말명료도는 경중도(mild to moderate)로 평가되었다. 환자는 발병 전과 비교했을 때 현재 자신의 말 변화를 뚜렷하게 느끼고 있었으며, 말을 사용한 일상생활의 50% 이상에서 불편함이 있다고 보고했다.

(4) 구강실행증 평가

'말운동장애: 진단과 치료'의 평가 부록 3-1에 포함된 20개의 '비구어 구강실행증 평가' 과제에서 환자는 정확하고 즉각적인 정반응을 보여 구강실행증 소견은 확인되지 않았다. 다만, 입술(예: "동그랗게 만들어 보세요." "볼을 부풀려 보세요." 등) 및 혀(예: "혀로 전체 입술을 핥아 보세요." "혀를 좌우로 움직여 보세요." 등)의 움직임이 요구되는 동작에서 근육 강도, 움직임 범위, 좌우 대칭성이 저하되었다.

(5) 말실행증 평가

단어군 따라말하기(실어증-신경언어장애 선별검사 중 'Ⅶ 말실행증 과제'), 자동말(예: 1부터 20까지 숫자세기) 대 명제말(예: 병의 상태에 대한 설명), AMR 대 SMR 과제에서 길이와 복잡성 증가에 따른 수행력 차이는 없었다.

■ 검사요약

R/O BBE로 진단된 후 30일이 경과한 본 29세, 고졸, 오른손잡이 남환은 신경언어장애 선별검사에서 '정상' 수준의 수행을 보였지만 비구어 및 구어 평가에서는 왼쪽 안면 전체와 왼쪽 혀 근육의 약화로 말산출 능력이 경중도로 저하된 '이완형 마비말장애'로 진단되었다. 본환은 안면 및 혀 근육의 움직임이 요구되는 자음은 왜곡하였고 모음은 /으/로 대치하는 특징을 보였으며, 억양은 다소 단조로웠다. 본환이 호소하는 삼킴문제는 혀 및 안면 근육과 관련된 것으로 예상되지만 구강단계에 제

한된 것인지 아니면 다른 삼킴단계를 포함하는지에 대한 정확한 진단을 위해서는 비디오투시조영삼킴검사(videofluoroscopic swallowing study: VFSS)가 시행되어야 할 것이다.

■ 해설

말 문제를 주 호소로 의뢰된 환자일지라도 말산출뿐만 아니라 언어문제를 확인하는 절차는 반드시 병행되어야 한다. 임상 현장에서는 10분 이내의 짧은 시간 동안 신경인어장애의 유무를 확인할 수 있는 'STAND'가 선별검사로 널리 사용되고 있다. 본환은 자연스러운 일상 대화(예: 가족, 직업 등)에서 적절한 복잡성, 길이 및 내용으로 검사자와 대화가 가능하여 말장애가 주된 문제일 것으로 판단되어 기회비용의 측면에서 실어증 종합검사가 아닌 선별검사로 언어장애를 확인하였다.

본환의 주 문제인 말장애의 유형, 중증도, 관련 요소 등을 확인하기 위해 말운동과 관련된 비구어 및 구어 평가를 실시하였다. 현재 국내 임상현장은 말운동장애 평가 시에 사용 가능한 표준화된 검사도구가 출판 중에 있기 때문에 임상가가 선택적으로 하위 검사항목을 구성하여 사용하고 있으며, 검사에 소요되는 시간은 대략적으로 1시간 이내이다. 김향희(2012)는 주관적 및 객관적 방법을 모두 활용하여 평가할 것을 제안하였으며 '모음연장, 길항반복운동, 단음절/단어, 문맥발화' 과제를 통해 말산출 하위체계인 '호흡, 발성, 공명, 조음, 운율, 말명료도'의 특성을 확인할 것을 권고하였다.

평가 결과에 근거하여 본환의 말 증상이 마비말장애로 인한 것인지, 말실행증으로 인한 것인지를 구별한 근거는 다음과 같다. 첫째, 마비말장애는 비구어 평가에서 말산출 관련 근육에서 마비, 약화, 불협응 등의 이상이 관찰되는 반면에 말실행증은 정상 범위의 기능을 보인다. 이에 근거할 때 명백한 안면 근육의 이상이 동반된 본환은 마비말장애일 가능성이 높다. 본환은 일측 상부운동신경세포의 손상으로 반대쪽 안면의 아랫부위만 마비되는 중추성 안면마비(central facial palsy: CFP)와는 달리 왼쪽 안면의 전체에서 마비가 관찰되어 동측 하부운동신경세포(lower motor neuron: LMN)의 손상으로 인한 말초성 안면마비(peripheral facial palsy: PFP)로 확인되었다.

둘째, 마비말장애는 발화의 길이와 복잡성에 관계없이 일관성 있는 말 수행력을 보이는 반면에 말실행증은 복잡성과 길이에 따라 오류가 증가하는 경향을 보인다. 구어 과제 중 '자동발화 및 명제발화, 단어군 따라말하기, AMR 대 SMR'이 두 유형의 말운동장애를 감별하는 유용한 과제로 알려져 있는데 본환은 본 과제에서 복잡성과 길이에 영향을 받지 않는 말 수행력을 보여 마비말장애일 가능성이 높다.

셋째, 말 계획 및 프로그래밍의 문제가 동반되는 말실행증 환자는 조음위치와 방법을 찾는 듯한 모색(groping)이 동반되는 반면, 마비말장애는 이와 같은 현상이 거의 관찰되지 않는다. 그리고 말실행증 환자의 경우는 발화의 첫 시작에서 막힘이 출현하기도 하지만 마비말장애는 이와 같은 증상이 거의 나타나지 않는다. 이에 근거할 때, 모색현상 및 발화의 첫 시작에서 막힘을 보이지 않는 본환은 마비말장애로 감별진단이 가능하다.

3. 중재 계획(intervention plan)

1) 장 · 단기 계획

본환은 호흡, 발성, 공명보다는 조음단계의 문제로 인한 말산출 저하를 특징으로 한다. 본 질환은 발병 초기에는 심도의 임상적 양상을 보이지만 대부분 수개월 이내 후유증 없이 회복되는 것으로 알려져 있어 현재 아급성기에 속하는 본환은 자연회복에 따라 개선될 것으로 예상된다. 그러나 판매직 종사, 각성 수준의 의식상태, 회복에 대한 높은 기대 수준 및 동기 등을 고려할 때 입원 기간 중 집중적인 재활을 권고한다.

2) 회기 중재 내용

본환은 조음과 운율 치료를 병행하기보다는 자음 및 모음의 산출에 집중한 치료를 실시하여 초분절 요소의 동반적인 향상을 기대하는 것이 효과적일 것으로 사료된다. 치료 시간 이외에는 병실에서 일정 시간을 정해 놓고 규칙적으로 말산출을 연습할 것을 권고한다.

■ 해설

Duffy(2013)는 "혀와 입술은 말을 할 때 최대 근력의 약 10~30%만 사용한다."고 언급하였다. 비구어 구강운동 연습의 유용성이 검증되지 않은 상태에서 말산출 능력의 증진을 목적으로 운동범위, 협응기능, 근력 향상 등을 위한 비구어 훈련을 진행하기보다는 말산출을 직접적으로 다루는 구어 훈련을 실시하는 것이 근거에 기반한 합리적인 재활 방안이라고 할 수 있다. 마비말장애 치료는 일반적으로 마비말장애 하위 유형별 접근, 말산출 하위체계별 접근, 질환의 중증도에 따른 접근으로 구분된다. 다음에 소개된 치료법은 말산출 하위체계 중 조음능력 향상을 목적으로 진행되는 간략한 방법이다. 첫째, 안면과 혀 근육의 비대칭적인 움직임 및 협응력 저하가 부정확한 조음의 주된 원인임을 환자에게 설명하고 시각적 피드백(예: 동영상)을 활용하여 현 상태를 이해시키고 치료에 대한 동기를 유발한다. 둘째, 조음기관의 움직임이 감소된 상태와 조음기관의 움직임이 증가된 상태의 발화 자료를 비교 제시하여 조음정확도와 말명료도의 변화를 환자가 직접 확인하게 한다. 셋째, 다양한 피드백이 실시간으로 제공되는 상황에서 의식적으로 조음기관의 움직임을 크게 유지하면서 다양한 수준(무의미, 단어, 구, 문장)의 말 과제를 반복 연습하게 한다.

4. 상담(counseling)

신경정보가 말초 신경계를 통해 하부근육으로 전달되는 과정에서 말산출 관련 근육조절에 문제가 발생했음을 보호자에게 설명한다. 검사 결과를 종합하여 환자의 전반적인 말상태를 설명한 뒤 의학적 진단명에서 일반적으로 예측되는 예후 정보를 함께 제공한다. 입원 기간 동안 집중적인 재활치료의 중요성을 강조하고 더불어 가족들의 적극적인 협조(예: 병실 내 과제 동참, 환자 수행력 확인 등) 및 심적 지지를 당부한다.

5. 질의응답(Q & A)

Q1. 어느 정도까지 말 회복이 가능할까요?

A1. 흔하지 않은 병이라 말 회복 정도를 예측할 수 있는 근거 자료는 극히 적습니다. 그렇지만 의학적 상태에 대해서는 85%의 환자가 발병 후 수개월에서 1년 사이에 완전히 회복된다고 보고되었습니다. 이에 근거한다면 개인 차이는 존재하겠지만 향후 말 기능이 발병 전 상태로 회복될 가능성이 높습니다.

Q2. 자연회복의 가능성이 높다고 하는데 재활치료를 꼭 받아야 하나요?

A2. 심한 환자의 경우는 발병 후 약 2주부터 근육 소모가 진행됩니다. 따라서 적극적이고 빠른 재활 중재는 혹여 향후 발생할 수 있는 근약화(muscle weakness)의 가능성을 최소화할 수 있습니다.

6. 향후 계획(future plan)

퇴원 시 기대만큼의 긍정적인 회복이 발생하지 않는다면 환자의 상태에 따라 연습 가능한 과제를 추가적으로 부여하거나 필요에 따라서는 거주지 인근의 치료기관을 연계하는 방안이 고려되어야 한다. 그리고 본환이 외래로 내원하는 날짜에 추적 검사(follow up)가 진행될 수 있도록 말 평가 처방이 함께 이루어져야 한다.

II. 사례 2: 명칭실어증(재활의학과)

1. 핵심 이론(core knowledge)

명칭실어증은 유창성, 청각적 이해력, 따라말하기 능력에 비하여 이름대기 능력이 두드러지게 저하되는 실어증 유형이다. 단어의 저장은 주요 영역(예: 측두극)에만 국한되지 않으므로 명칭실어증을 유발하는 병소는 다양하다.

단어가 산출되는 과정의 첫 단계에서는 산출하고자 하는 목표의 개념과 관련된 의미적 특성이 활성화된다. 이 활성화는 목표단어뿐만 아니라 목표단어와 의미 및 구문적 정보를 공유하는 주변단어들을 활성화시킨다. 어휘단계에서는 주변 단어들과 비교하여 가장 활성화된 단어가 선택되는데 이 정보는 상대적으로 활성화가 저하된 경쟁단어들과 함께 음운단계로 보내진다. 음운단계에서는 음운적 처리과정을 거쳐 해당 단어를 산출하게 된다. 상기의 단계들은 서로 연결되어 있으며 상호작용을 한다(Goldrick & Rapp, 2002).

2. 평가(assessment)

1) 기본 정보

상기 23세, 대학교 4학년 재학 중인 오른손잡이 남환은 전날 학교 축제에서 과음을 한 후 늦은 시간에 귀가하였다고 한다. 다음 날 기상 직후 어지러움과 심한 두통을 호소하여 가족이 어떻게 아프냐고 구체적으로 물었지만 별다른 대답이 없었다고 한다. 평소 말수가 적은 편이라서 휴식을 취하면 좋아질 것이라 생각하여 환자의 어머니는 환자에게 소파에 누워 휴식을 취하게 하였다고 한다. 이후 몇 가지 질문을 하자 환자가 평소와 달리, 알아들을 수 없는 단어로 말하는 양상이 관찰되어 응급실에 내원하였다고 한다. 응급실 진료 후 촬영된 뇌 자기공명영상(brain magnetic resonance imaging: brain MRI)을 통해 항트롬빈 결핍증(antithrombin III deficiency)으로 인한 좌측 뇌경색으로 진단되었다. 신경과에서 1주일간 입원 후 언어장애 이외의 별다른 이상 소견이 관찰되지 않아 재활의학과로 전과된 후에 언어검사가 의뢰되었다.

■ 해설

체내의 항트롬빈은 혈액이 응고되는 것을 막아 주는 역할을 한다. 유전적 혹은 후천적으로 항트롬빈이 결핍되면 동맥의 혈전 발생 위험이 높아지며 일반적으로 40세 이전에 발현될 가능성이 높다(대한혈액학회, 2011). 혈전은 혈관벽을 막아 혈액의 흐름을 방해하고 혈전으로부터 떨어져 나간 물질인 색전과 함께 허혈성 뇌졸중(뇌경색)을 발생시키는 주요 원인이 된다(김향희, 2012).

2) 평가절차 및 결과 보고

환자는 보호자인 어머니와 함께 걸어서 검사실을 방문하였다. 환자의 전반적인 언어능력을 확인하기 위하여 종합검사인 한국판 웨스턴실어증검사(PARADISE · Korean version-the Western Aphasia Battery-Revised: PK-WAB-R)(김향희, 나덕렬, 2012)와 심화검사인 한국판 보스톤이름대기검사(Korean Version of Boston Naming Test: K-BNT)(김향희, 나덕렬, 1997) 및 서울신경심리검사(Seoul Neuropsychological Screening Battery: SNSB)(강연욱, 나덕렬, 2003)의 통제단어연상검사(Controlled Oral Word Association Test: COWAT)를 시행하였다. 검사 결과는 다음과 같았다.

(1) PK-WAB-R

① 스스로 말하기(17/20): 내용전달:9/10, 유창성: 8/10

'대화' 과제 수행 시에 내용적인 측면에서 대체로 적절한 내용으로 모든 항목에 답변 가능하였다. 유창성 측면에서는 한 문장당 3어절 수준으로 산출 가능하나 발화를 개시하기 전 시간이 지연되면서 발화와 발화 사이에 주저하는 양상이 다소 관찰되었다. 그리고 단어를 즉각적으로 산출하지 못하고 '어, 음, 그거' 등의 간투사와 대명사 등을 사용하였다. 〈해변가〉 '그림설명' 과제에서도 대체로 적절한 내용으로 3어절 수준의 설명이 가능했지만 말하고자 하는 단어가 생각이 안 난다고 호소하며 본인이 산출하고자 하는 단어의 정의를 설명하는 태도를 보이기도 했다. 발화를 개시하는 시간이 지연되며 단어찾기가 어렵자 '이거' 등의 대용어를 사용하기도 하였다. 발화 산출 시에 호흡, 발성, 공명 및 조음 측면에서 이상소견은 두드러지지 않았다.

② 알아듣기(8.2/10): 예-아니요 검사: 54/60, 청각적 낱말 인지: 60/60, 명령이행: 50/80

'예-아니요 검사'에서는 구문 및 내용적으로 복잡한 난이도의 문항(예: 새가 벌레한테 잡아먹힙니까?)을 제외하고는 나머지 모든 문항에서 정반응이 가능하였다. '청각적 낱말 인지'에서는 모든 항목에서 정반응하였으며, '명령이행'은 본인의 신체를 사용하여 수행하는 문항에서는 정반응이 가능하였으나 도구를 사용하여 시행하는 문항(예: '빗을 볼펜으로 가리키세요.')에서는 첫 어절에 등장하는 도구를 사용하여 두 번째 어절에 등장하는 도구를 가리키는 구문 도치 양상(예: '빗을 볼펜으로 가리키세요.' —빗으로 볼펜을 가리킴)을 빈번히 보였다. 또한 두 단계의 명령을 포함한 문항(예: '볼펜을 책 위에 놓은 다음 볼펜을 저에게 주세요.')에서는 첫 단계(볼펜을 책 위에 놓기) 시행만 가능한 양상이 관찰되었다.

③ 따라말하기(9.2/10)

4어절 수준까지는 오류 없이 따라말하기가 가능하였으나 5어절 이상의 자극문항에서는 다시 한 번 더 자극을 들려달라는 요구가 빈번하였다. 자극문항을 다시 들려주는 경우에도 문장의 후반부를 생략(예: 스물일곱 개의 찬 맥주병이 냉장고에 있다—스물일곱 개의 찬 맥주가 있다; 그러나 혹은 그런데 중에 택하시오—그러나 혹은 그런데……. 모르겠어요)하는 모습이 관찰되었다.

④ 이름대기(5.9/10): 물건이름대기: 49/60, 통제단어연상: 4/20, 문장완성: 4/10, 문장응답: 2/10

'물건이름대기'에서는 총 20개의 문항 중 15개의 문항에서 자발적인 이름대기가 가능하였으며 4개의 문항은 1음절 음소단서 제시 후에 정반응을 보였다. 정반응하지 못한 항목들에서는 물건의 기능을 설명하는 에두르기를 하면서 이름을 아는데 말할 수가 없다고 답답함을 호소하였다. '단어유창성' 과제에서는 총 4개의 동물이름대기가 가능하였으며, '문장완성' 및 '문장응답'에서는 일부 문항에서만 정반응이 가능하였다.

⑤ 읽기(9/10)

'문장독해' 과제에서는 마지막 문항을 제외하고는 모두 정반응 가능하였으며, '글 명령' 과제에서는 음독은 모두 양호하나 시행에서 약간의 오류가 관찰되었다.

⑥ 쓰기(9/10)

'성명 및 주소 쓰기, 글자 및 숫자 쓰기, 음절 및 숫자 받아쓰기, 문장 베껴쓰기'에서는 모두 정반응하였다. '단어받아쓰기'의 마지막 항목에서 경미한 착서(예: 손톱깎이 → 손톱깍기)가 관찰되었으며 '글로 그림묘사' 과제에서는 2어절 수준으로 6개의 문장을 적었지만 자소와 음소가 불일치하는 단어에서 착서(예: 부부가 길을 것고)가 다소 관찰되었다.

(2) K-BNT(38/60, 1%ile미만)

60문항 중 38개의 문항에서 자발적인 정반응을 보였다. 나머지 6개 문항은 1음절 음소 단서 후에, 나머지 2개 문항은 2음절 음소 단서 후에 정반응을 보였다. 스스로 산출이 어려운 경우는 단어를 설명하거나 제스처를 통해 해당 사물의 기능을 보여주기도 하였다.

(3) SNSB의 COWAT 항목

의미적 단어유창성(semantic word fluency): 동물이름-4개, 가게 물건 이름-6개

음소적 단어유창성(phonemic word fluency): ㄱ-2개, ㅇ-2개, ㅅ-2개

■ 검사요약

본 23세, 대학교 4학년에 재학 중인 오른손잡이 남환은 PK-WAB-R을 사용한 언어검사에서 실어증지수(Aphasia Quotient: AQ)=80.6, 언어지수(Language Quotient: LQ)=84.5로 평가되었다. 본환은 언어 표현력 측면에서는 발화 내용이 대체로 양호한 소견을 보였고 문장당 3어절 수준의 산출이 가능하였으나 단어인출장애로 인하여 발화를 개시하기 전과 발화 중에 쉼과 주저하는 양상이 관찰되었다. 언어 이해력 측면에서는 명령이행에서 부분적인 오류를 보이는 것을 제외하고 양호하였다. 따라말하기 능력은 4어절 정도까지 가능하였다. 이름대기 능력은 심화검사인 K-BNT

와 통제단어연상검사를 시행하여 동일 연령 및 학력의 정상규준과 비교해 보았을 때, 대면이름대기와 생성이름대기 능력이 모두 상당히 저하되어 있었다. 문어 측면에서 읽기 능력은 문장 수준 이상의 음독과 독해는 모두 가능하였으며 쓰기에서는 자소와 음소가 불일치하는 단어에서 경미한 착서가 관찰되었다. 말운동 측면의 경우 검사 시 문장 수준의 발화 내에서 이상소견을 보이지 않았다.

상기 결과를 종합하여 볼 때 본환은 다른 언어영역에 비하여 이름대기 능력이 저하된 '명칭실어증'으로 평가되었다(15~74세 교육 연수 7년 이상의 정상규준: AQ=97.11±2.43, LQ=95.51±3.93).

■ 해설

특정 하위영역의 수행력을 자세히 검사하기 위하여 추가적으로 시행하는 검사에는 이름대기와 관련된 능력을 검사하는 K-BNT나 청각적 이해력을 검사하는 토큰검사가 있다. 본 환자의 경우는 다른 영역에 비하여 이름대기를 어려워하는 모습이 관찰되었다. 그러나 PK-WAB-R상에 포함된 20개의 '물건이름대기' 중 15개를 자발적으로 정반응 가능하였으므로 보다 절대적인 기준에서 이름대기 능력이 저하되는 것을 확인하기 위하여 이름대기 심화검사를 시행하였다.

이름대기의 능력은 과제 특성상, 주어진 사물을 시각적으로 분석하여 그 의미에 해당하는 어휘를 산출하는 대면이름대기(예: K-BNT)와 주어진 시간 안에 제시된 범주에 해당하는 다양한 어휘를 빠르게 산출하는 생성이름대기(예: COWAT)로 나뉜다. 대면이름대기와는 다르게 생성이름대기를 수행하기 위해서는 작업기억, 범주화능력 및 인출 전략 등의 전두엽 집행기능을 활용해야 하므로(Helm-Estabrooks & Albert, 2004) 이름대기 능력 이외의 역량에 영향을 받을 수 있다. 그리고 대면이름대기와 생성이름대기 능력은 뇌에서 관여하는 부위가 다른 것으로 알려져 있으므로(LaPointe, 2011) 이를 구분하여 확인할 필요가 있다.

대면이름대기 검사를 시행하는 도중 환자는 목표 단어를 산출하지 못하지만 목표 단어의 기능이나 범주를 설명하거나 묘사하는 양상이 빈번히 관찰되었다. 이러한 양상은 의미체계 자체의 문제보다는 의미에 해당되는 어휘로의 연결이나 어휘단계에서 음소적 인출의 어려움이 있을 가능성을 시사한다. 제시되는 그림이나 사물의 이름을 산출하지 못하는 시각실인증이 명칭실어증과 혼동될 수 있으나 시각적으로 입력된 정보가 의미와 연결되지 못하여 목표 단어를 산출하지 못하는 시각 실인증은 명칭실어증과 다르게 기능이나 범주도 설명할 수 없으므로 이를 활용한 감별진단이 가능하다(김향희, 2012).

3. 중재 계획(intervention plan)

1) 장 · 단기 계획

본환의 경우 단어인출장애의 빈도를 감소시키고, 단어를 빠르게 산출할 수 있도록 단어인출 처리과정을 활성화시키는 것이 치료의 장기적 목표가 된다. 이를 위해 의미자질분석(semantic feature analysis: SFA) 치료기법을 사용한 어휘-의미적 치료를 우선적으로 시행하고자 한다.

2) 회기 중재 내용

대상자에게 의미자질을 직접 분석하는 기회를 제공하여 목표단어의 산출을 유도하는 방법은 중재자 중심으로 이루어지거나 대상자 중심으로 이루어질 수 있다. 중재자 중심법은 목표로 하는 단어의 그림이나 사물 등을 대상자에게 제시하고, 환자는 빈칸의 요구나 사항에 따라 해당 자질을 채워 나가는 방식으로 진행된다. 가령, 목표단어가 '사과'라면 중재자는 실물이나 그림 등을 대상자에게 보여 주고 "이것은 어디에 속하나요? 색깔은 무슨 색입니까?" 등의 질문을 유도한다. 대상자는 '범주'에는 '과일', '색깔'에는 '빨강' 등의 구두반응(verbal response)이나 쓰기반응(written response)을 하며 빈칸을 채워 나간다. 빈칸을 채운 후 최종적으로 목표단어를 산출하도록 유도한다. 물론 목표단어에 따라서 해당 자질이 없는 경우에는 모든 빈칸이 채워지지 않을 수 있으며, 목표단어가 가지고 있는 특성에 따라 빈칸의 목표가 변경될 수도 있다. 대상자 중심법은 연결망(networks)을 활성화하는 조직화된 방법으로서 중재자가 목표단어만 제시하고 대상자가 주도적으로 자유롭게 자질들을 연상해 가면서 의미망을 확장해 나가는 방법이다(Boyle & Coelho, 1995).

■ 해설

그림을 보고 이름대기를 하는 훈련은 한 회기당 다룰 수 있는 단어의 개수가 정해져 있으므로 자발화 상황에서 산출될 가능성이 있는 다양한 단어인출로의 일반화가 쉽지 않다(Brookshire, 2007). 따라서 거시적 관점에서 이름대기 중재를 고려할 필요가 있다. 새로운 어휘를 생성하거나 산출하는 것은 목표어휘와 주변어휘 간의 의미적 네트워크를 활성화하는 것과 관련된다. 이러한 측면에서 SFA는 각 목표어휘가 가지는 개개의 자질에 집중을 하고, 연관된 자질의 개념들 사이의 신경적 연결이 의미적인 시스템 안에서 강화되고, 자질들을 구성하는 연결망이 활성화되면서 다양한 방식으로 의미적 연결망에 접근하게 돕는다.

4. 상담(counseling)

가정 과제로는 단어 인출 측면에 보다 초점을 맞추어 일상적 대화상황에서 맥락이나 의미적 관계를 활용한 인출 전략(예: 특정 주제를 떠올린 후 관련된 단어 산출하기, 마인드맵 등을 활용하여 단어인출하기)을 연습하도록 한다. 자발화 상황에서 보다 빠른 단어 산출을 돕기 위해 대화상대자와 시간적 제약을 두고 단어를 인출하는 과제를 사용할 수도 있다.

5. 질의응답(Q & A)

Q1. 아들이 단어를 산출하지 못하고 힘들어할 때 곁에서 대신 말해 주어도 되나요?

A1. 단어 인출에 실패하는 경우 보호자는 다음과 같은 단서를 제공함으로써 도움을 줄 수 있습니다. ① 단어를 말해 주고 그대로 따라하도록 하거나, ② 단어의 첫음절을 제시하거나, ③ 문장을 완성시키도록 하거나, ④ 단어의 기능이나 관련 범주를 제시할 수 있습니다. 설명 드린 방법들은 앞에서 뒤로 갈수록 덜 직접적으로 단서를 제공하는 순서입니다(Pease & Goodglass, 1978). 단어

전체를 말해 주거나 첫음절을 제시하는 것은 단어 인출을 성공시키는 강력한 단서이지만 일반화의 측면에서 그 실효성에 관한 임상적 논쟁이 존재합니다(Hegde, 2005). 따라서 인출을 어려워할 때마다 매번 보호자가 즉각적으로 단어를 말해 주기보다는 다양한 단서를 제공하고 환자가 스스로 단서를 활용하여 산출할 수 있는 기회를 주는 것이 좋습니다.

6. 향후 계획(future plan)

치료의 우선적 단기목표로서 SFA를 통한 단어산출 능력을 증진시키되 고빈도의 전형적인 단어뿐만 아니라 저빈도의 비전형적인 단어를 함께 연습시키면서 훈련되지 않은 전형적인 단어로 일반화가 이루어지는지를 중간 검사를 통해 확인할 필요가 있다. 환자의 연령 및 직업을 고려하였을 때 구어(oral language)뿐만 아니라 문어(written language) 사용 능력 증진에 목표를 두어 다양한 쓰기상황(예: 받아쓰기 및 스스로 쓰기)에서 자소와 음소가 불일치하는 단어쓰기의 철자 오류를 소거시키는 것도 고려될 필요가 있다.

Ⅲ. 사례 3: 전반실어증(신경과)

1. 핵심 이론(core knowledge)

뇌졸중(stroke)은 뇌에 혈액을 공급하고 있는 혈관이 막히거나 터지면서 뇌가 손상되어 나타나는 신경학적 증상이다. 주로 고령층에서 발생하던 뇌졸중은 점차적으로 중/장년층에서까지 발병률이 높아지면서 발병 연령이 어려지고 있는 추세를 보인다. 2009년 국민건강통계 자료에 따르면, 우리나라 인구 중 만 50세 이상의 뇌졸중 유병률이 약 3.3%로, 유형별로는 색전이나 혈전에 의해 혈관이 막히는 허혈성 뇌졸중(뇌경색) 61.6%, 혈관이 터지는 출혈성 뇌졸중(뇌출혈) 26.9%, 미분류 뇌졸중이 11.5%로 허혈성 뇌졸중의 비율이 가장 높다. 혈관성 질환은 신경말-언어장애의 주요 원인이다. 중대뇌동맥(middle cerebral artery: MCA)은 주요 언어기능을 담당하고 있는 영역인 실비안영역 주위 피질(perisylvian areas: 전두엽, 두정엽, 측두엽 포함)에 광범위하게 혈류를 공급하는 중요한 혈관으로, 이 혈관에 경색이 발생할 경우 신경말-언어장애가 발생할 가능성이 높다. 중대뇌동맥은 M1분절(가로분절), M2분절(실비안분절), M3분절(피질분절)로 나뉘며, M3분절은 다시 상부영역과 하부영역으로 나뉜다. M3분절의 상부영역만 막히면 브로카 영역을 포함하는 전두엽과 두정엽이 손상되며, 하부영역만 막히면 베르니케 영역을 포함한 측두엽 손상이 나타날 수 있다. 특히 심장에 가까운 근위(proximal) 동맥인 M1분절이 막히면 실비안영역 주위 피질 위와 아래에 모두 뇌 손상이 야기되어 전반실어증이 유발될 가능성이 높다(김향희, 2012).

2. 평가(assessment)

1) 기본 정보

본 60세 중졸 오른손잡이 여환은 가정주부로, 현재 고혈압약을 복용 중이고, 당뇨, 고지혈증, 심장병, 뇌졸중 및 경동맥 질환의 병력은 없으며, 흡연력 및 음주력도 없다고 한다. 보호자(딸)에 의하면, 20○○년 ○월 ○일 오전 7시경 잠에서 깨어 화장실로 가는데 다리에 힘을 주지 못하고 휘청거리다 오른쪽으로 쓰러졌다고 한다. 딸의 부축을 받고 겨우 서서 몇 걸음 걸었으나 이내 오른쪽 다리를 끌며 주저앉았다고 한다. 이때 오른쪽 팔도 왼쪽 팔에 비해 움직임이 더디고 잘 들지 못하였다고 한다. 딸이 환자에게 말을 시켜 보았으나 말을 잘 알아듣지 못하는 모습을 보였고, 환자는 "으으으" 소리 정도만을 냈다고 한다. 상기 증상으로 오전 9시경 구급차로 본원 응급실을 내원하였으며, 응급실에서 시행한 국립보건원 뇌졸중 척도(National Institute of Health Stroke Scale: NIHSS)상 총점 9점으로, 말-언어 관련 하위영역의 경우 언어능력 3점, 마비말장애 2점으로 측정되었다. 뇌 컴퓨터 단층촬영(brain computed tomography: brain CT) 및 뇌 자기공명영상(brain magnetic resonance imaging: brain MRI)을 시행한 결과, 좌측 중대뇌동맥의 근위 M1에서 급성경색(acute infarction)이 확인되었다. 증상에 대한 지속적 관찰 및 중재를 위하여 응급실 내원 당일 바로 신경과 병동에 입원하였으며, 병동 입원 후 3일이 경과한 후에도 언어기능에 호전이 없어 금일 신경과 전문의에 의해 본 언어검사실로 언어 평가가 의뢰되었다.

■ 해설

NIHSS는 급성기 뇌졸중 환자를 대상으로 초기 신경학적 상태를 평가하고 추적, 관찰하기 위하여 시행하는 간이 검사이다(김향희, 2012). 의식수준, 응시, 시야, 안면마비, 팔 운동, 다리 운동, 사지 운동실조, 감각, 언어능력(best language), 마비말장애(dysarthria), 무시(inattention)의 범주로 나누어 각각의 항목들을 평가한다. 최소 0점(정상)에서 최대 42점(중증도)까지의 점수로 측정되는데, 16점 이상은 사망 또는 중증 장애의 가능성이 높고 6점 이하면 좋은 회복을 예고하는 것으로 알려져 있다(김덕용 외, 2017). NIHSS의 하위영역 중 신경말-언어장애 관련 범주에는 언어능력(최소 0점~최대 3점) 및 마비말장애(최소 0점~최대 2점)가 포함되며, 언어능력의 경우, 0점-정상, 1점-경도 혹은 중도의 실어증, 2점-심도의 실어증, 3점-함구증 혹은 전반실어증에 해당하며, 마비말장애는 0점-정상, 1점-경도 혹은 중도의 마비말장애, 2점-심도의 마비말장애에 해당한다. 검사 신뢰도가 높은 편이 아니므로 언어장애가 일단 의심되면 언어검사를 의뢰하여 언어장애 여부를 정확하게 판단하는 것이 중요하다.

2) 평가절차 및 결과 보고

환자는 휠체어를 탄 상태로 보호자(딸)와 함께 언어검사실을 방문하였으며, 검사 동안 환자의 의식 상태는 다소 졸린 듯이 눈을 감는 행동 등을 보였지만 검사자의 호명 또는 촉각적 자극에 눈을 뜨고 반응하는 모습을 보였다. 환자의 전반적인 언어능력을 확인하기 위하여 실어증 종합검사인 한국판 웨스턴실어증검사(PARADISE · Korean version-the Western Aphasia Battery-Revised: PK-WAB-R)(김향희, 나덕렬, 2012)를 시행하였으며, 말장애 동반 여부를 평가하기 위하여 실어증-신경

언어장애 선별검사(Screening Test for Aphasia & Neurologic-communication Disorders: STAND)(김향희, 허지회, 김덕용, 김정완, 2009)에 포함된 말장애 선별검사(말실행증, 구강실행증, /아/ 모음연장발성, 말명료도)를 시행하였다. 검사 결과는 다음과 같았다.

(1) PK-WAB-R

① 스스로 말하기(2.0/20): 내용전달: 1/10, 유창성: 1/10

'대화' 과제 시, 본인 이름 말하기나 간단한 인사말에 답하기에도 어려움이 관찰되었다. 질문의 내용과 맞지 않게 알아들을 수 없이 웅얼거리는 경우가 빈번하였으며, 대부분 동일한 단어를 반복하여 말하는 양상이었다(예: 그… 그… 아니… 아니…). 〈해변가〉 '그림 설명' 과제 역시 동일한 단어를 되풀이하여 말하는 양상으로 내용전달이 전혀 이루어지지 않았다.

■ 해설

환자의 수의적 발화 산출 능력이 심하게 저하되어 자동발화 산출 능력을 확인하기 위해 자동 구문 과제를 시행하였다. 과제로는 하나부터 열까지 숫자 세기, 사계절 말하기, 노래 부르기를 시행하였다. 환자는 검사자의 단서가 주어진 상황에서도 하나부터 열까지 숫자 세기와 사계절 말하기 수행이 불가능하였으며, '아리랑' 노래 부르기에서는 검사자가 노래를 먼저 시작한 경우에 '아리랑' 한 단어만 정확하지는 않지만 비슷하게 따라 말하는 것이 관찰되었고 멜로디 산출은 불가하였다.

② 알아듣기(1.0/10): 예-아니요 검사: 12/60, 낱말인지: 8/60, 명령이행: 0/80

'예-아니요' 검사에서 본인의 신변과 관련되는 일부 문항(예: 이름, 성별 등)에서 주로 고개 끄덕이기 및 고개 젓기의 몸동작으로 정반응하였으며, 일부 문항들에서는 몸동작과 함께 구어 반응(예: 아니…)을 나타내기도 하였다. 문법 및 의미적 판단을 요하는 후반부 문항들에서는 오반응하거나 질문과 관련 없는 알아들을 수 없는 발화를 웅얼거리는 양상이었다. '청각적 낱말 인지'에서는 사물 이름을 듣고 실물 중에서 고르는 '사물' 과제와 '신체부위'의 일부 항목들에서 정반응을 보였으며 '명령이행'에서는 모두 오반응하였다.

③ 따라말하기(0.1/10)

한 개 문항에서 단어 따라말하기를 시도하였으나 음소 착어가 관찰되었으며(예: 코→도), 그 외 문항들에서는 따라말하기를 시도하려고는 하나 정반응하지 못하고 자동적으로 산출하는 한두 단어(예: 그… 그거… 아니…)를 반복하여 말하는 양상이었다.

④ 이름대기(0/10): 물건이름대기: 0/60, 통제단어연상: 0/20, 문장완성:0/10, 문장응답: 0/10

'물건이름대기'의 모든 문항에서 이름대기 수행이 불가능하였으며, 의미, 음소 및 촉각 단서를 제공한 경우에도 수행력의 변화는 관찰되지 않았다. 일부 문항들에서는 물건을 만지게 하자 물건을 사용하는 동작을 보였는데, 빗을 머리에 대거나 거울로 본인의 얼굴을 비추는 동작을 나타냈으며, '통제단어연상', '문장완성', '문장응답' 과제에서도 정반응은 전혀 관찰되지 않았다.

⑤ 읽기(0/10)

문장 이상 수준의 독해와 글명령에서 모두 수행 불가하여 단단어 수준의 과제인 단어-사물 짝짓기, 단어-그림 짝짓기, 그림-단어 짝짓기, 구어-단어 짝짓기를 이어서 시행하였으나 모든 문항에서 오반응이나 무반응을 보였다.

⑥ 쓰기(0/10)

지시에 따라 본인의 '이름 쓰기'가 불가하여 검사자가 환자의 이름 중 '성'을 시각적 단서로 제공하였으나 나머지 이름을 쓰는 것도 불가능하였다. '글로 그림 묘사하기'와 '문장 받아쓰기'도 불가능하여 나머지 항목들인 '단어 받아쓰기', '글자 및 숫자 쓰기', '음절 및 숫자 받아쓰기', '문장 베껴쓰기'를 이어서 시행하였으나 전혀 수행하지 못했다. 지시와 상관없이 의미 없는 한두 개의 글자를 반복하여 쓰는 양상이었다.

(2) STAND에 포함된 말장애 선별검사 항목 시행

환자의 언어능력이 심하게 저하되어 말장애 선별검사인 말실행증, 구강실행증, /아/ 모음연장발성, 말명료도 평가가 모두 불가능하였다. 구강실행증 검사의 경우,

검사자가 시범을 보여 주고 따라 하도록 유도하였을 때, 지연된 반응으로 혀 내밀기가 관찰되었고, 다른 두 가지 항목(뽀뽀하는 흉내, 촛불 끄는 흉내)은 시도는 하나 모방이 불가능하였다.

■ 검사요약

본 60세 중졸 오른손잡이 여환의 언어검사를 실시한 결과 PK-WAB-R의 실어증지수(Aphasia Quotient: AQ)=6.2, 언어지수(Language Quotient: LQ)=4.1로 평가되었다. 본환은 언어 표현력 측면에서 질문의 내용과 맞지 않게 알아들을 수 없이 웅얼거리는 경우가 빈번하였으며, 대부분 정보가 없는 일정한 단어를 되풀이하여 말하는 양상이었다. 자동발화 과제를 시행한 결과, 환자는 검사자의 단서가 주어진 상황에서도 하나부터 열까지 숫자 세기와 사계절 말하기 수행이 불가능하였으며, '아리랑' 노래 부르기에서는 검사자가 노래를 먼저 시작한 경우에 '아리랑' 한 단어만 정확하지는 않지만 비슷하게 따라 말하는 것이 관찰되었다. 언어 이해력 측면에서는 환자 본인의 신변과 관련된 극히 일부의 간단한 질문 이해, 단단어 수준의 '사물' 및 '신체부위' 이해만 부분적으로 가능한 수준이었다. 따라말하기 역시 단단어 수준에서도 대부분 수행이 어려우며, 이름대기는 전혀 불가하였다. 문어 능력의 경우, 단단어 수준에서의 음독 및 독해가 전혀 불가하였으며, 본인의 이름쓰기와 같은 기본적인 쓰기 능력도 상당히 저하된 상태로 평가되었다.

상기 결과를 종합하여 볼 때, 본환은 유창성, 청각적 이해력, 따라말하기, 이름대기의 모든 언어기능이 심각하게 저하되어 있는 상태로, Kertesz의 분류상 '전반실어증(global aphasia)'으로 분류되며 중등도는 심도(severe degree)에 해당되는 소견을 보인다(15~74세, 교육 연수 7년 이상 정상 규준: AQ=97.11±2.43, LQ=95.51±3.93). 말장애 동반 여부를 확인하기 위하여 선별검사를 시도하였으나 환자의 수행이 전혀 불가하여 현재로서는 정확한 평가가 불가능한 상태이다. 단, 일부 발화에서 음소 왜곡이 관찰된 것으로 볼 때 말장애 동반 가능성이 있으며, 구강 동작 모방을 시도는 하나 모방이 어렵거나 지연된 반응을 보인 점 등으로 미루어 볼 때 구강실행증 동반 가능성도 있는 것으로 판단된다. 본 검사 시, 환자는 때때로 졸린 듯이 눈을 감는 행동 등을 보여 검사자가 환자의 이름을 부르거나 간헐적으로 촉각적 자극 등을 주어야 했으나, 자극을 제시하였을 때는 환자의 즉각적인 각성이 가능한 수준이었기 때문에 평가를 끝까지 진행할 수 있었다. 평가 시 환자의 전반적인 의식 상태가 기면(drowsiness)에 가까운 것으로 판단되므로, 검사 결과 해석에 있어 다소의 주의가 요구된다.

■ 해설

본환과 같이 수의적 발화 산출 능력이 심하게 저하된 경우, 자동발화 산출 능력을 확인하기 위하여 자동 발화 과제(예: 숫자세기, 사계절 말하기, 노래부르기 등)를 시도해 보아야 하는데, 일부 전반실어증 환자의 경우, 숫자세기 등의 과제 시에 검사자가 먼저 시작하는 경우 나머지를 말하는 모습이 관찰되기도 한다. 본환과 같이 언어적 문제를 주되게 보이는 환자라 할지라도 말 문제 동반 여부를 확인하는 것은 중요하다. 이때 STAND에 포함된 말 영역 검사를 시행하여 선별검사를 시행할 수 있으며, 말실행증이나 마비말장애와 같이 말 장애가 의심되는 경우에 추가적인 상세 검사를 시행해 보아야 한다. 본환의 경우, 환자의 언어적 문제가 말실행증 등을 평가하기 위한 과제의 지시문 이해에 영향을 미쳤을 가능성이 있으므로, 추후 환자의 언어능력이 호전되면 말 장애 동반여부에 대해 더욱 정확히 감별할 필요가 있다. 환자의 의식 상태와 관련하여, 환자가 각성(alertness)(즉, 내외 자극에 기민하게 반응하는 상태)을 유지할 수 있을 때 말-언어평가를 시행하는 것이 가장 적절하며, 일반적으로 기면(drowsiness)(즉, 활기가 없고 자는 듯이 몽롱한 상태) 상태부터 평가가 가능하기는 하나 검사 결과의 신뢰도가 다소 저하될 가능성이 있다. 이러한 경우, 환자의 의식 수준을 적절히 고려하여 1회 평가보다는 2~3회에 걸쳐 평가를 나누어 진행할 수 있으며, 검사 결과 해석 시에 다소의 주의가 요구된다.

3. 중재 계획(intervention plan)

1) 장 · 단기 계획

치료의 장기적 목표로서 환자가 가능한 모든 언어 및 비언어 양식을 활용하여 기능적 의사소통 능력을 확립할 수 있도록 한다. 단기적으로는 인지적 처리과정 중재를 강조한 시각동작치료(Visual Action Therapy: VAT) 프로그램을 활용하여 환자가 자발적으로 표현할 수 있는 제스처 목록을 확립한다.

2) 회기 중재 내용

환자의 주의력 정도를 고려하여 회기 별 중재 시간을 30분으로 제한하며, VAT 매뉴얼에 따라 1~9단계까지 단계적으로 치료를 진행한다. VAT 치료 준비물로는 실제 사물, 사물이 그려진 그림, 사물을 사용하는 모습이 그려진 동작그림이 요구되며, VAT의 점수체계는 환자가 정확하게 수행한 경우 1점, 자가수정을 하거나 지연된 반응을 보였으나 정확하게 수행한 경우 0.5점, 그 외는 모두 0점을 부여한다. 각 단계별로 5개의 사물이 주어지므로 단계별 최대점수는 5점이며, 각 단계에서 4.5점 이상의 점수를 받아야 다음 단계로 진행할 수 있다. 단, 환자에게 시범을 보이는 3, 5, 8단계는 점수를 매기지 않는다. 각 단계별 세부적인 활동은 다음과 같다(황영진, 서인효 역, 2013).

(1) 1단계: 그림과 사물 매칭하기

① 그림 위에 사물 올려놓기

5개 사물그림을 무작위로 책상 위에 배치하고, 환자에게 실제 사물을 하나씩 제시하여 해당하는 그림 위에 사물을 올려놓도록 지시한다.

② 사물 위에 그림 올려놓기

5개 사물을 무작위로 책상 위에 배치하고, 환자에게 사물그림을 하나씩 제시하여 해당하는 사물 위에 그림을 올려놓도록 지시한다.

③ 사물 가리키기

환자에게 그림을 보여 주고 그림에 해당하는 사물을 가리키도록 한다.

④ 그림 가리키기

환자에게 사물을 보여 주고 사물에 해당하는 그림을 가리키도록 한다.

(2) 2단계: 사물 사용하기 연습

언어재활사는 사물을 직접 사용하는 방법을 환자에게 모델링한 후, 환자가 외부의 도움 없이 사물을 적절하게 사용할 수 있도록 한다.

(3) 3단계: 동작 그림 시범 보이기

5개의 사물과 그에 해당하는 동작 그림을 나란히 배치한 후 환자가 특정 동작 그림을 지적하면 언어재활사는 해당 사물을 잡고 사용하는 것을 시범 보인다.

(4) 4단계: 동작 그림 명령 따르기

5개의 사물을 무작위로 배치한 후, 환자에게 동작 그림을 하나씩 제시하여 해당하는 사물을 골라 사용해 보도록 한다.

(5) 5단계: 팬터마임 제스처 시범 보이기

5개의 사물을 책상 위에 배치하고 언어재활사는 각 사물에 맞는 제스처를 환자에게 시범 보인다.

(6) 6단계: 팬터마임 제스처 인지하기

5개의 사물을 책상 위에 배치한 후, 언어재활사는 사물 중 하나와 관련된 제스처를 환자에게 보여 주고 환자로 하여금 해당 사물을 고르도록 한다.

(7) 7단계: 팬터마임 제스처 사용하기

5개의 사물을 차례대로 제시하여 환자가 사물을 만지지 않고 각 사물에 대한 제스처를 표현할 수 있도록 한다.

(8) 8단계: 숨긴 사물을 팬터마임을 이용하여 시범 보이기

언어재활사는 환자에게 사물과 그에 해당하는 제스처를 보여 준 후, 사물을 상자

안에 숨긴다. 환자가 상자 안에 숨겨진 사물에 대한 제스처를 표현하도록 언어재활사가 시범을 보인다.

(9) 9단계: 숨긴 사물에 대한 제스처 사용하기

언어재활사는 2개의 사물을 책상 위에 올려 둔 후, 환자로 하여금 각 사물에 대한 제스처를 표현해 보도록 한다. 언어재활사는 2개의 사물을 모두 상자 안에 숨긴 후 몇 초 후에 1개의 사물을 꺼낸 다음, 환자로 하여금 상자 안에 남겨진 사물에 대한 제스처를 표현하도록 한다.

■ 해설

VAT는 언어이해력과 표현력이 모두 상당히 저하된 전반실어증 환자들에게 자주 사용되는 치료법으로서, 실어증 치료 모델 가운데 인지적 처리 모델을 바탕으로 한다. VAT는 환자로 하여금 언어 자극 대신에 비구어적 양식인 제스처를 사용하게 함으로써 환자의 기능적 의사소통을 증진시키는 것을 목표로 하며, VAT를 이용한 치료는 전반실어증 환자의 청각이해력, 제스처 표현, 독해력, 따라그리기, 따라말하기 능력 등을 향상시킬 수 있다(Helm-Estabrooks, Fitzpatrick, & Barresi, 1982). 본환은 좌반구의 광범위한 뇌손상으로 인한 심도의 실어증을 보이는 환자로, 치료의 초점을 구어 표현력 증진과 같은 언어 자체에 두기보다는 환자의 기능적 의사소통 확립에 두는 것이 바람직하다. 또한 VAT를 시행하기 위해서는 환자가 비구어적 인지과제를 수행할 수 있을 정도의 인지적 능력이 어느 정도 보존되어 있어야 하는데, 본환의 경우 PK-WAB-R의 사물 이름대기 과제 시에 비록 이름대기는 불가능하였으나 빗을 머리에 대 보거나 거울로 얼굴을 비추어 보는 등 사물의 기능에 대한 의미체계는 비교적 보존되어 있는 것이 확인되었다. 이에 본환에게 VAT를 적용하는 것은 적절하다고 판단되며, VAT 프로그램과 더불어 인사하기, 예-아니요 제스처(고개 끄덕이기, 고개 젓기 등), 눈 깜빡이기 등을 함께 훈련할 수 있을 것이다. 치료 시에는 일상생활에서 환자와 매일 상호작용하는 가족을 함께 참여시킴으로써 치료실 밖에서도 훈련한 의사소통 방법들을 적극적으로 활용할 수 있도록 한다.

4. 상담(counseling)

보호자에게 언어 검사 결과를 간략히 요약하여 현재 환자의 언어 수준 및 실어증 예후에 대하여 설명하고, 입원 기간 동안의 언어재활 스케줄에 대해 논의한다(다음의 Q & A 참고). 더불어 환자의 기능적 의사소통 능력을 향상시키기 위해서는 병실에서 주 보호자 또는 간병인이 환자에게 지속적으로 언어 자극을 제공하고, 재활실에서 연습한 의사소통 방법들을 최대한 활용하는 것이 중요함을 교육한다. 현재 환자는 실어증뿐만 아니라 우측 편마비(hemiplegia)가 동반된 상태로, 재활의학과와의 협진을 통해 환자의 상태에 대한 정확한 평가 후 기타 재활치료(물리치료, 작업치료 등)가 함께 이루어질 수 있음을 알린다.

5. 질의응답(Q & A)

Q1. 저희 어머니가 지금은 사람들 말을 전혀 못 알아들으시고 말씀도 못하시는데 쓰러지시기 전처럼 다시 언어기능을 회복할 수 있을까요?

A1. 일반적으로 실어증 회복에는 뇌 손상의 유형과 범위, 그리고 실어증의 중증도가 가장 많은 영향을 미칩니다. 현재 ○○○ 님의 경우는 주요 언어기능을 담당하는 뇌 영역에 혈류를 공급하는 혈관의 주요 부위가 막힌 상태로, 뇌 손상의 범위가 크고 이에 따라 실어증도 심한 상태입니다. 이러한 경우, 일반적으로 실어증 회복의 속도가 느리고, 안타깝게도 발병 전 언어능력을 완전히 회복하지 못할 가능성이 매우 높습니다. 그러나 손상된 뇌는 여러 가지 기전에 의해 자연회복하는 측면이 있는데 일반적으로 발병 후 6개월까지의 회복속도가 가장 빠르고, 그 이후에도 1~2년 정도까지는 지속되는 것으로 알려져 있습니다. 이러한 자연회복 기간에 적극적으로 언어재활을 병행한다면, 병전 능력을 완전히 회복하지는 못하더라도 스스로 말하고 이해하는 능력이 지금보다는 나아질 수 있습니다.

Q2. 입원하는 동안 일주일에 몇 번 정도 언어재활을 받아야 하나요? 재활을 받지 않으면 언어기능이 전혀 좋아지지 않나요?

A2. 『뇌졸중 재활 치료를 위한 한국형 표준 진료 지침 2016』(김덕용 외, 2017)에 따르면, 뇌졸중 후 실어증이 발생한 환자는 언어기능의 회복을 위하여 전문화된 언어재활을 받는 것이 강력히 권고됩니다. 이때 언어재활은 충분히 높은 강도로 시행되어야 하는데, 일주일에 최소 2시간 이상의 언어재활이 권고되고 있습니다. 손상된 뇌는 일정 부분 자연회복을 하기 때문에, 언어재활을 받지 않아도 언어기능이 어느 정도는 스스로 회복될 가능성도 있습니다. 그러나 최대한의 언어능력 회복을 이끌어 내기 위해서는 자연회복이 가장 활발히 나타나는 시기(발병 후 초기 6개월까지)에 편승하여 언어재활도 될 수 있는 대로 빨리 시작하는 것이 좋습니다. 이러한 측면에서, ○○○ 님의 경우, 실어증의 중증도가 심한 편이고 자연회복이 활발하게 일어나는 급성기 단계에 있기 때문에, 입원 기간 동안은 매일 30분~1시간 정도의 언어재활을 받을 것을 권해 드립니다. 단, 언어재활 스케줄은 환자분의 경제적인 여건이나, 기타 검사 스케줄, 환자분의 컨디션에 따라 조절될 수 있습니다.

6. 향후 계획(future plan)

환자는 신경과의 급성기 치료가 완료되는 대로 재활의학과로 전과될 예정이며, 재활의학과 언어재활실에서 언어재활을 지속할 계획이다. 이에, 재활의학과 언어재활실에서 전자의무기록(electronic medical record: EMR)을 통해 환자가 신경과에서 실시받은 언어평가 및 언어재활 기록을 참고하여 환자의 급성기 언어능력 및 입원 기간 동안의 진전 정도를 파악할 수 있도록 한다. 필요한 경우, 재활의학과 언어재활사와의 전화 또는 대면 미팅을 통하여 환자의 향후 중재 계획에 대하여 함께 논의할 수 있다.

Ⅳ. 사례 4: 알츠하이머성 치매로 인한 의사소통장애(요양병원)

1. 핵심 이론(core knowledge)

『정신장애진단 및 통계 편람(Diagnostic and Statistical Manual of Mental Disorders (5th ed): DSM-5)』(2013)에서 '치매'는 '주요신경인지장애(Major Neurocognitive Disorder)'에 해당한다. DSM-5에 따른 치매 진단기준은 ① 하나 또는 그 이상의 인지영역에서 현저한 인지기능 저하를 나타내며, ② 인지기능 저하는 독립적인 일상활동을 방해하고, ③ 인지기능 저하는 오직 섬망 동안에만 발생하는 것이 아니며, ④ 다른 정신장애로 더 잘 설명되지 않고, ⑤ 하나 또는 그 이상의 원인 질환(예: 알츠하이머병, 뇌혈관질환 등)으로 특정된다는 것이다. 지금까지 밝혀진 치매의 원인 질환은 약 70여 가지로 매우 다양하나, 그중 알츠하이머병은 가장 흔한 치매의 원인 질환으로서 전체 치매 가운데 알츠하이머 치매가 약 60%를 차지한다. 알츠하이머병은 대뇌피질에 베타 아밀로이드 단백질이 축적되는 피질성 치매로서, 기억장애 및 관련 인지장애가 가장 두드러지며 이러한 장애들이 언어기능에 부정적인 영향을 미치게 된다(김향희, 2012).

2. 평가(assessment)

1) 기본 정보

본 81세 대졸 여환은 오른손잡이로 약 35년가량 초등학교 교사로 일한 뒤 정년퇴직하였다고 한다. 약 30여 년 전에 당뇨병 진단을 받은 이후로 현재까지 계속 당뇨병 약을 복용 중이라고 한다. 보호자(아들)에 따르면, 환자는 매우 꼼꼼한 성격으로 평소 약속을 잊거나 물건을 잃어버리는 등의 일이 좀처럼 없었으나, 약 7년 전부터 약속을 잊어버리거나 물건의 이름을 빨리 말하지 못하는 등의 증상이 생겼으며 이러한 증상들이 점차 심해져 내원한 ○○대학병원 신경과에서 초기 알츠하이머 치매로 처음 진단받은 이후 치매약을 지속적으로 복용하고 있는 중이라고 한다. 본환은 ○○대학병원 신경과에서 6개월~1년에 한 번씩 정기 진료를 받고 있으며, 집에서 환자를 보살펴 줄 가족이 마땅치 않아 ○○노인병원 재활의학과에 입원 중이었다가(입원 기간 동안 주 3회 물리치료를 시행받았고, 언어재활실이 없어서 언어 평가 및 치료는 시행받은 적 없다고 함), 일주일 전에 본 요양병원 재활의학과로 전원하였다고 한다. 보호자가 본원에 제출한 타 병원 의무기록에 따르면, 약 한 달 전 ○○대학병원 신경과에서 시행받은 MMSE는 4점, GDS 6점, CDR 3점으로 평가되었다고 한다. 보호자에 따르면, 환자는 약 6개월 전까지만 해도 양쪽에서 부축하면 걸을 수 있는 정도였으나, 현재는 휠체어 없이는 거동이 전혀 불가능한 상태이며, 식사, 용변, 양치, 세수, 목욕 등 모든 일상생활을 전적으로 간병인에게 의존한다고 한다. 현재 환자의 기억력 장애가 매우 심하여 최근 일뿐만 아니라 오래 전 일도 기억하지 못하는 듯 보일 때가 많으며, 최근 들어 말수가 급격히 줄어들어 먼저 말을 하는 경우는 거의 없고 말을 시키면 대답하지 않거나 한두 마디 정도로 겨우 답한다고 한다. 상기 증상으로 재활의학과 전문의에 의해 본 언어검사실로 언어평가가 의뢰되었다.

■ 해설

간이정신상태검사(Mini-Mental State Examination: MMSE)는 치매 선별검사도구로서 전 세계적으로 널리 사용되고 있으며, 우리나라에서는 한국판 간이정신상태검사(Korean Mini-Mental State Examination: K-MMSE)가 개발되어 임상에서 치매 환자 평가 시에 활발하게 사용되고 있다. K-MMSE는 시간 및 장소 지남력, 기억 등록 및 기억 회상, 주의집중 및 계산, 언어능력(이름대기, 명령시행, 따라 말하기, 읽기, 쓰기), 시공간 구성 능력 등의 다양한 인지기능을 5~10분 정도의 짧은 시간 내에 측정할 수 있다. 본환과 같이 중증의 수준으로 진행된 치매를 탐지하는 데 있어 K-MMSE의 신뢰도와 타당도가 입증되어 있어 이를 사용할 수 있다. 본환의 K-MMSE 점수는 4점으로 이는 평균 −2 표준편차에도 훨씬 못 미치는 점수로 환자의 전반적인 인지능력이 매우 저하된 수준임을 알 수 있다(나이 75~84세, 교육 연수 7년 이상 규준: 26.41±3.76)(강연욱, 2006).

치매는 임상치매 평가 척도(Clinical Dementia Rating Scale: CDR)와 전반적 퇴화 척

도(Global Deterioration Scale: GDS)로 등급을 매길 수 있다. CDR은 기억력, 지남력, 판단력과 문제해결능력, 사회활동, 집안생활과 취미, 위생 및 몸치장의 분야에서 평가한 후, CDR 0(치매가 아님), CDR 0.5(매우 경도의 치매), CDR 1(경도 치매), CDR 2(중등도의 치매), CDR 3(심한 치매) 등으로 치매 등급을 평가할 수 있다. GDS는 총 7등급으로, GDS 1(인지장애 없음), GDS 2(매우 경미한 인지장애), GDS 3(경미한 인지장애), GDS 4(중등도의 인지장애), GDS 5(초기 치매), GDS 6(중기 치매), GDS 7(말기 치매)로 치매 등급을 매긴다. 본환의 경우, CDR 3점, GDS 6점으로, 중기 이상의 심도 치매에 해당한다고 볼 수 있다. 기억장애가 매우 심하여 최근의 사건들이나 경험들을 거의 기억하지 못하며 오래된 일은 일부 기억하기도 하나 매우 피상적인 상태이다. 시간 및 장소 지남력이 손상되어 일반적으로 주변 상황이나 연도, 계절 등을 알지 못하나, 사람에 대한 지남력은 일부 유지되어 잘 아는 사람과 낯선 사람을 구분하는 정도이며, 일상생활을 유지하기 위해 상당한 도움이 필요하다(대한치매학회, 2011).

2) 평가절차 및 결과 보고

환자는 휠체어를 탄 상태로 보호자(아들)와 함께 언어검사실을 방문하였으며, 검사 시에 각성 상태를 유지하였다. 환자의 언어능력을 평가하기 위하여 한국판 웨스턴실어증검사(PARADISE · Korean version-the Western Aphasia Battery-Revised: PK-WAB-R)(김향희, 나덕렬, 2012)를 시도하였으나, 환자는 본인 이름을 말한 것(검사자가 환자의 성을 말하자, 나머지 이름을 자발적으로 말하였음) 외에 무반응으로 일관하여 정확한 평가가 불가능하였다. 이에 다음의 비공식 방법들을 시행하여 환자의 기능적 의사소통 능력을 평가하였다.

〈표 13-1〉 **알츠하이머 치매 환자의 기능적 의사소통 능력을 평가하기 위한 비공식 검사 방법(예)**

1	보호자 면담	• 환자의 가족관계를 구체적으로 파악하기 • 환자와 밀접한 관계에 있는 주변인들, 즉 가족, 주 보호자, 간병인 등 환자를 돌보는 사람들의 이름 및 환자와의 관계 파악하기 • 평소에 가족들이 환자와 의사소통하는 방법 파악하기 • 환자가 평소에 즐겨 듣고 좋아했던 음악이나 노래에 대한 정보 얻기 • 환자의 의사소통에 도움이 되거나 방해가 되는 요인들 확인하기

2	인사하기	• 검사자가 환자에게 먼저 "안녕하세요." 하고 인사하자 환자가 구어 반응 없이 고개만 약간 끄덕이는 것이 관찰됨
3	본인의 이름에 대한 이해 여부 평가	• PK-WAB-R의 알아듣기 중 '예/아니요' 과제에 포함된 질문, 즉 "성함이 ○○○입니까?" 또는 "성함이 ○○○(틀린 이름)입니까?"에 대해서는 환자가 어떠한 반응도 보이지 않았으나, 보호자와 면담하던 중에 검사자가 "○○○ 님" 하고 환자의 이름을 불렀을 때 얼굴을 들어 검사자를 쳐다봄
4	본인 이름 및 가족 이름 말하기	• PK-WAB-R의 스스로 말하기 중 대화 과제에 포함된 질문, 즉 "성함이 어떻게 되세요?"에 대해서 환자가 무반응을 보였으나, 검사자가 환자의 성을 먼저 말하자 환자가 나머지 이름을 자발적으로 말하는 것이 관찰됨 • 환자 옆에 있던 보호자(아들)를 가리키며 "아들 이름이 뭐예요?" 하고 물었을 때 환자가 무반응을 보임. 검사자가 보호자 이름의 성을 먼저 말했을 때도 환자가 반응을 보이지 않았으나, 나머지 이름의 첫 글자까지 함께 말해주자("○○?") 환자가 보호자 이름을 "○○○"로 완전하게 말할 수 있었음 • 환자의 배우자(남편), 첫째 딸, 둘째 딸, 손자, 손녀 이름 등을 물었을 때는 전혀 이름을 말하지 못함
5	간단한 질문 이해	• 장소 지남력("여기가 어디예요?" "병원이에요?" "집이에요?" 등)과 시간 지남력("오늘 몇 월이에요?" "며칠이에요?" 등)에 관한 질문에 모두 무반응을 보임 • 사람 지남력에 대한 질문, 즉 옆에 있는 아들을 가리키며 "아들 맞아요?"라고 물었을 때 "응."이라고 대답하심 • 그 외, 검사자가 스스로를 가리키며 "제가 누구예요?" "제가 ○○○ 님 딸이에요?" 등을 물었을 때는 어떠한 예/아니요 반응도 보이지 않음
6	일상적 사물 이름대기 및 기능 이해하기	• 병동에서 흔히 접하는 실제 사물들(예: 컵, 물, 신발 등)을 환자에게 보여 주거나 실제로 만져 보게 하면서 이름이 무엇인지 물었을 때 환자가 무반응을 보임. 음소/음절 단서 및 의미 단서에도 반응을 보이지 않음 • 단, '컵'을 보여 주었을 때, 환자가 컵을 입으로 가져가는 것이 1회 관찰됨
7	노래 부르기	• 보호자 면담 시에 환자가 평소에 가곡을 즐겨 들었으며, 특히 '동심초', '진달래꽃' 등을 좋아하며 즐겨 불렀음을 확인함 • 평가 시, 보호자(아들)와 검사자가 함께 '동심초'를 부르자 환자가 일부 가사를 따라 말하는 듯 노래를 부르는 것이 관찰됨. 단, 작은 목소리로 웅얼거리는 듯 말하여 가사를 따라 부르는지는 확인할 수 없었음 • 보호자와 검사자가 박수를 치며 노래를 부르자 환자가 자발적으로 박수치는 것을 모방함
8	숫자 세기	• 1부터 10까지 숫자 세기를 시도하였을 때, 환자가 자발적으로 숫자를 세는 것은 불가능하였음. 검사자가 손가락을 접으며 숫자 세는 것을 시범 보이자 환자가 입으로 숫자를 따라 세지는 않았지만 본인의 손가락을 접으며 모방함

■ 검사요약

본 81세 대졸 오른손잡이 여환은 중기 이상의 심도 치매에 해당하는 분으로 PK-WAB-R을 사용한 공식 검사가 불가능하였다. 이에 몇 가지 비공식 평가 과제들을 이용하여 환자의 언어 수준을 파악한 결과, 환자의 표현 및 이해 능력이 심각하게 저하되어 있는 상태로, 스스로 발화를 시작하는 경우가 전혀 관찰되지 않았으며, 검사자의 단서가 주어진 상태에서 본인의 이름 말하기 및 주 보호자(아들) 이름 말하기가 제한적으로 가능한 수준이었다. 친숙한 사물 이름대기 역시 전혀 불가능하였다. 현재의 상황(시간, 장소)이나 사람과 관련한 간단한 질문 이해도 어려워하였다. 환자가 평소에 즐겨 불렀던 노래 부르기를 유도하였을 때, 환자가 일부 가사를 따라 말하는 듯한 모습과 검사자를 따라 자발적으로 박수치는 모습이 관찰되었다.

■ 해설

PK-WAB-R은 뇌졸중으로 인한 실어증 환자의 평가뿐만 아니라 치매 환자의 언어 평가에도 사용되며, 알아듣기, 말하기, 읽기, 쓰기의 언어 양식별로 치매 환자의 언어능력을 평가할 수 있다. 그러나 중증 치매 환자는 검사자의 지시 따르기가 어렵고 구어 표현이 제한적이며, 심하게는 함구증이 관찰되기도 하므로 PK-WAB-R과 같이 표준화된 공식 검사를 사용한 언어 평가가 불가능하다. 공식 검사가 불가능한 치매 환자는 환자의 기능적 의사소통 수준을 파악하기 위한 비공식 과제들을 적극 활용해야 한다. 국외에는 FLCI(Functional Linguistic Communication Inventory)(Bayles & Tomoeda, 1994)와 같이 중등도부터 심도 치매 환자의 의사소통 능력을 평가하기 위한 검사도구가 개발되어 있으나, 아직 국내에는 번안되어 있지 않다. FLCI에서는 인사하기, 이름 부르기, 질문에 대답하기 등 치매 환자의 기능적 의사소통 능력들을 확인할 수 있는데, 이러한 과제들 중 일부를 치매 환자의 비공식 평가에 선택적으로 활용할 수 있다. 본환과 같이 심도 치매인 경우에는 가장 간단한 과제인 인사하기나 본인의 이름을 이해하고 말하기, 가족들의 이름을 이해하고 말하기, 일상적 사물의 기능을 이해하기 등의 과제를 실시할 수 있다. 또한 중증 치매 환자의 경우 자발적 구어 표현이 거의 없는 경우라 하더라도 노래 부르기와 같은 자동발화에서는 종종 가사를 기억하거나 부분적으로 노래를 부르는 모습이 관찰되기도 한다. 따라서 언어 평가 전 주 보호자와의 면담을 통해 환자가 평소 즐겨 부르던 노래, 가족과 의사소통하는 방식, 환자의 의사소통에 도움이 되거나 방해가 되는 환경적 요인(예: 오전보다 오후에 환자의 컨디션이 좋아서 질문에 대답하는 경우가 종종 있음, 간병인과는 의사소통 빈도가 매우 적으나 아들이 오면 웃기도 하고 말을 하는 경우도 있음) 등을 확인하여 이를 평가 및 치료에 반영해야 한다.

3. 중재 계획(intervention plan)

1) 장 · 단기 계획

그림이나 사진, 글자카드를 사용한 보완의사소통장치를 통해 환자의 기억을 돕고 의사소통에 활용할 수 있도록 한다. 또한 환자를 대상으로 한 직접적 행동치료뿐만 아니라 보호자를 통한 간접 치료를 통하여 환자의 기능적 의사소통을 증진시킨다.

2) 회기 중재 내용

〈표 13-2〉 **알츠하이머 치매 환자의 1회기 중재 계획(예)**

목표	활동
1. 기능적 제스처 확립하기	• 환자가 일상생활에서 기능적으로 사용할 수 있는 제스처들, 예컨대 손 흔들기(인사), 고개 끄덕이기(긍정) 등을 해당 상황에서 반복적으로 연습함 예: 환자가 치료실 입실 및 퇴실 시에 치료사와 함께 마주보며 손 흔들기로 인사할 수 있도록 함 예: 치료 시작 시 "○○○ 님 맞으세요?"의 질문으로 환자 본인의 이름을 이해시키고 고개 끄덕이기(긍정)로 반응할 수 있도록 함
2. 가족, 간병인 이름 기억하기	• 환자와 함께 기억공책을 만들어 환자가 가족 및 간병인의 얼굴과 이름을 매칭하고 기억할 수 있도록 함 예: 보호자가 미리 준비해서 가져온 가족들 사진을 환자와 함께 기억공책에 하나씩 붙이고 사진 옆에 이름을 씀. 환자가 기억공책을 보며 가족들의 얼굴을 기억하고 큰 소리로 이름을 말하도록 유도함
3. 노래 부르기	• 환자가 평소 즐겨 듣는 음악을 들려주고, 환자가 노래 가사를 기억하여 따라 부르도록 유도함

4. 보호자 교육 및 상담	• 치료실에서 연습한 의사소통 방법들을 보호자 및 간병인에게 교육하여 병실에서 반복하도록 함 • 주중에는 보호자가 환자와 함께 있을 수 없는 상황이므로, Simulated Presence Therapy(SimPres)를 활용함. 즉, 환자의 가족이 과거의 즐거웠거나 행복했던 상황에 대한 이야기를 녹음하여 치매 환자로 하여금 포터블 녹음기에 부착된 헤드폰을 통해 듣게 하여 가족들의 목소리를 듣고 예전에 행복했던 상황을 회상하면서 즐거운 마음을 갖도록 함

■ 해설

중증 알츠하이머 치매 환자에 대한 행동치료의 목표는 언어기능의 회복이 아닌 보존적이고 보완적인 접근법을 사용하여 기능적 의사소통을 극대화시키는 데 두어야 한다. 이때 그림 및 글자단서 등을 통한 보완의사소통장치의 사용은 치매 환자의 의사표현을 촉진시킬 수 있다. '기억수첩(memory wallet)' 혹은 '기억공책(memory notebook)'을 만들어 환자 및 보호자/간병인이 의사소통에 활용하도록 교육할 수 있는데, 병원에 자주 방문하는 가족들의 사진과 이름을 기억공책에 적어 환자가 이를 기억하도록 도울 수 있으며, 글자 읽기가 가능한 환자의 경우에는 그림이나 사진뿐만 아니라 글자카드를 기억공책에 효과적으로 배열하고 큰 소리로 읽는 연습을 함으로써 병실에서 일상생활을 할 때 간병인과의 의사소통 시에 이를 활용하도록 교육할 수 있다(김향희, 2012). 노래 부르기는 중증 치매 환자의 발화 산출을 유도할 수 있을 뿐만 아니라, 음악요법(music therapy)의 일환으로 환자가 선호하는 음악 감상, 노래 따라 부르기 등을 통해 환자의 행복 수준을 향상시키고 요양시설 거주 노인들의 자서전적 기억을 증진시킬 수 있는 것으로 보고되었다(Lord & Garner, 1993). SimPres(Bayles et al., 2006)는 회상요법(reminiscence therapy)의 한 가지로 볼 수 있는데, 회상요법은 치매 환자로 하여금 긍정적이면서 의미 있었던 과거 경험을 회상하도록 함으로써 환자의 행복 수준을 증가시키고 인지기능을 자극할 수 있다(나덕렬, 2016).

4. 상담(counseling)

보호자에게 환자의 현재 의사소통 수준에 대해 설명하고, 언어재활의 목표가 환자의 언어능력을 향상시키거나 회복하는 데 있는 것이 아니라 여러 가지 보존적 방법들을 활용하여 환자의 기능적 의사소통을 극대화시키는 데 있다는 점을 알린다. 언어재활은 주 1~2회 정도로 시행할 예정이며, 치료실에서 연습한 의사소통 방법들(예: 기억공책)을 병실에서도 활용할 수 있도록 간병인 교육을 실시한다.

5. 질의응답(Q & A)

Q1. 이 병원으로 전원 오기 전에 입원했었던 노인병원에는 언어재활실이 없었는데, 이 요양병원에는 언어재활실이 있어서 좋네요. 요양병원마다 언어재활실이 다 있는 건 아닌가 보네요?

A1. 네, 2014년에 실시된 한 연구(조정진, 김덕용, 남정모, 김향희, 2014)에 따르면, 국내 1,223개 요양병원 중에 약 15.5% 정도만이 언어재활을 실시하고 있고, 약 84.5%가 언어재활 서비스를 제공하지 않고 있습니다. 요양병원의 병상 규모가 클수록 언어재활 실시 비율이 상대적으로 높고, 요양병원 의무인증제의 인증을 받은 기관이 인증을 받지 않은 기관보다 언어재활 실시 비율이 높았습니다. 또한 재활의학과 전문의가 있는 경우에도 언어재활 실시 비율이 높은 것으로 나타났습니다. 따라서 요양병원에서의 장기요양 및 치료를 희망하는 환자나 보호자는 요양병원을 선택할 때 이러한 요인들을 참고하여 선택하는 것이 좋습니다.

Q2. 입원 후 늘 병원에만 계시니까 주변 상황 변화에 관심이 없으시고 새로운 것을 기억하려고 전혀 노력을 하지 않으시는 것 같습니다. 뇌 기능을 촉진시키기 위해 주변 환경을 자주 바꿔 주는 것은 어떨까요?

A2. 치매 환자분들은 기억력을 비롯한 전반적인 인지능력이 저하된 상태이므로 주변 환경을 자주 바꾸는 것은 오히려 환자의 지남력 등에 부정적인 영향을 미칩니다. 따라서 환자가 생활하는 환경을 고정적으로 유지하고, 더불어 익숙한 환경 내에서 간단하고 고정적인 일상 활동을 반복하도록 하는 것이 좋습니다.

6. 향후 계획(future plan)

환자의 보호자는 어머니가 가능한 한 본 요양병원에서 장기 요양을 하시길 원하고 있어 당분간 환자의 전원 계획은 없을 것으로 예상된다. 보호자가 환자의 언어재활을 원하므로, 입원 기간 동안 언어재활을 주 1~2회 정도로 시행하여 환자의 기능적 의사소통 수준을 극대화할 수 있도록 하며, 일상생활 의사소통 시에 치료실에서 연습한 의사소통 방법들을 활용할 수 있도록 모니터링한다.

V. 사례 5: 베르니케실어증(복지관)

1. 핵심 이론(core knowledge)

뇌출혈은 뇌혈관이 터지는 현상으로 뇌혈관이 막히는 뇌경색과 더불어 언어장애를 유발하는 대표적인 혈관성질환이다. 고혈압 등으로 대뇌 내의 혈관이 터지거나 뇌의 혈관이 부풀어오르는 동맥류가 터지면서 발생하는 뇌출혈, 동정맥기형으로 인해 동맥과 정맥이 이어지면서 혈관덩어리를 형성하여 출혈을 야기하기도 한다. 뇌출혈은 출혈의 위치에 따라 대뇌내출혈, 뇌실내출혈, 지주막하출혈, 경막외출혈, 경막하출혈 등으로 분류된다.

2. 평가(assessment)

1) 기본 정보

본 56세 대졸 남환은 오른손잡이로 현재 직업은 사업가이다. 혈압이 145mmHg/80mmHg로 다소 높은 것을 제외하고는 전반적인 건강상태의 문제가 없으며 평소

복용하는 약도 없었다고 한다. 약 1개월 전 해외여행을 다녀온 직후 팔다리에 힘이 빠지고, 발음이 다소 어눌하고, 어지러운 증상이 있었으나 과로로 생각되어 누워서 휴식을 취하였고, 상기 증상이 한두 시간 정도 후에 사라져서 병원에 내원하지는 않았다고 한다. 20○○년 ○월 ○일 저녁 식사 후 오후 7시경 부인과 산책을 하는 중에 오른쪽 다리가 둔하고 힘이 빠지는 증상이 재발되어 집으로 돌아가 휴식을 취하였으나 2시간 정도 경과 후부터는 오른발을 끌면서 걸었다고 한다. 부인의 질문에 맞지 않는 동문서답을 하였으며, 발음이 매우 어눌했다고 한다. 시간이 경과할수록 증상은 점차 악화되어 오후 11시경 종합병원 응급실로 내원하였다. 보호자가 제출한 병원 의무기록 사본에 따르면 응급실에서 시행된 운동검사에서 왼쪽에 비해 오른쪽 상하지의 근력 강도가 저하되었다. 응급실 내원 시 시행한 뇌 컴퓨터 단층촬영(brain computed tomography: brain CT)에서는 좌측 MCA의 하부가지, 상부측두엽 및 하부두정엽 부위에서 출혈(hemorrhage)이 관찰되었다. 신경외과에서 수술 및 2주간 입원 후 재활의학과로 전과되어 3주간 언어재활을 주 2회씩 받았다. 그 후 기타 동반장애 소견 관찰되지 않아 퇴원하였으며 퇴원 후 언어장애 증상에 대한 지속적 관찰 및 중재를 위해 자택 근처의 본 복지관에 등록하였다. 등록 2주 후 본 기관 언어재활실에 방문하여 전반적인 언어능력 확인을 위한 검사를 시행하였다.

■ 해설

MCA는 실비안종렬로 나아가면서 상부가지와 하부가지로 나뉜다. 상부가지는 전두엽과 두정엽의 앞쪽 부분에 혈류를 공급하며 하부가지는 측두엽과 두정엽의 뒤쪽 부분에 혈류를 공급하므로 뇌영상에서 관찰된 하부가지의 출혈이 측두엽과 두정엽 손상을 야기한 것임을 알 수 있다. 사지운동장애는 운동신경로의 손상과 관련이 있으므로 주로 전두엽의 운동피질을 포함한 주변 영역의 손상에 기인한다. 따라서 뇌의 앞쪽 영역 손상으로 인한 비유창실어증에서 사지운동장애가 동반되기 쉽다(김향희, 2012). 그러나 본환의 경우와 같이 뒤쪽 병변에서도 사지의 위약(weakness)이 동반되기도 한다.

2) 평가절차 및 결과 보고

발병 후 7주가 경과한 본 환자는 보호자인 아내와 함께 걸어서 복지관을 방문하였다. 방문 첫날 환자의 전반적인 언어능력을 확인하기 위하여 종합검사인 한국판 웨스턴실어증검사(PARADISE · Korean version-the Western Aphasia Battery-Revised: PK-WAB-R)(김향희, 나덕렬, 2012)가 시행되었다. 검사 결과는 다음과 같다.

(1) PK-WAB-R

① 스스로 말하기(7/20): 내용전달:0/10, 유창성: 7/10

'대화' 과제에서 본인의 이름을 묻는 질문에 '할구안구요? 라구헬씨요' 등으로 반응을 보였다. 이에 검사자가 환자의 이름 중 '성'을 청각적 단서로 제공하였으나 '홀두런구'라고 반응하여 환자의 성과 이름을 모두 제시하고 따라말하도록 유도하였으나 질문과 관계없는 신조어로 이루어진 발화만을 산출하였다. 신변에 관한 나머지 모든 문항에서 단어나 구를 연결하여 3~4어절 수준으로 발화산출(예: 머리가 무치오소 그게 가리었어요)이 가능하였으나 신조어가 상당히 빈번하였고 알아들을 수 없는 자곤으로 웅얼거리는 양상이 간혹 관찰되었다. 〈해변가〉 '그림 설명' 과제에서도 그림을 보고 신조어가 포함된 3어절 수준의 발화를 다양하게 산출하였으나 내용 전달은 전혀 불가능하였다. 발화 산출 시에 호흡, 발성, 공명 및 조음에서 이상소견 없으며, 말실행증을 시사하는 소견도 관찰되지 않았다.

② 알아듣기(0.4/10): 예-아니요 검사: 3/60, 청각적 낱말인지: 3/60, 명령이행: 2/80

'예-아니요 검사'에서는 본인의 이름을 묻는 문항에서만 고개끄덕이기로 정반응 보였으며 나머지 신변에 관한 질문과 문법 및 의미적 판단을 요구하는 후반부의 문항에서도 질문과 관련없는 발화로 반응하여 오반응으로 평가되었다. '청각적 낱말인지'에서는 '숫자'의 1항목과 '신체부위'의 2항목만을 정반응하고 나머지 모든 하부항목에서 오반응 또는 무반응이 관찰되었다. '명령이행'에서는 '눈을 감으세요.'의 문항만 정반응 수행하고 나머지 모든 문항에서 도구들을 들고 만지며 조작하는 행동을 보이기는 하였지만 검사자의 지시에 부합하지 않는 행동이 관찰되었다. 알아듣기 과제임에도 불구하고 검사자의 지시를 듣고 행동으로 수행하지 않고 신조어 등이 포함된 유사한 발화를 상동적으로 반복하였다.

③ 따라말하기(0.4/10)

첫 두 항목인 1음절 '밤'과' 코'는 따라말하기 가능하였으나 다음절이나 구, 문장 수준의 항목에서는 전혀 수행 불가하며 검사자가 제시한 문장이 끝나기 전에 신조어 등이 포함된 발화를 산출하였다.

④ 이름대기(0/10): 물건이름대기: 0/60, 통제단어연상: 0/20, 문장완성: 0/10, 문장 응답: 0/10

'물건이름대기'에서는 알아들을 수 없는 자곤을 보이면서 자발적인 물건 이름 대기가 불가능하였으며, 의미, 음소 및 촉각 단서를 제공한 경우에도 정반응하지 못하였다. 검사자가 '안경'과 '머리빗'을 환자의 손에 쥐어 주자 안경을 착용하거나 빗으로 본인의 머리를 빗는 행동이 관찰되었다. '단어유창성, 문장완성, 문장응답'에서도 정반응을 보이지 않았다.

⑤ 읽기(1.2/10)

문장 이상 수준의 독해와 글명령에서 모두 수행 불가하여 두 과제의 합산 점수가 50점 미만에 해당되었다. 이에 단단어 수준으로 구성된 '단어-사물 짝짓기, 단어-그림 짝짓기, 그림-단어 짝짓기, 구어-단어 짝짓기'를 시행하였으며, 이때 '단어-사물, 단어-그림, 그림-단어 짝짓기'에서 부분적으로 정반응 관찰되었다. '구어-단어 짝짓기'에서는 모두 오반응하였으며, '철자조합'이나 '철자분리' 과제에서는 모두 무반응을 보였다.

⑥ 쓰기(0.1/10)

본인의 '성명 및 주소 쓰기'가 불가하여 검사자가 환자의 이름 중 '성'을 시각적 단서로 제공하였으나 나머지 이름을 적지 못하는 등 정반응 수행이 불가능하였다. '글로 그림묘사'와 '문장 받아쓰기'도 불가능하였다. 세 과제의 합산 점수가 40점 미만이므로 나머지 항목인 '단어 받아쓰기, 음절 및 숫자 받아쓰기, 문장 받아쓰기'를 시행하였으나 전혀 수행하지 못하였다. '글자 및 숫자 쓰기'의 경우 청각적 지시사항에 반응이 없어서 각 항목의 첫 반응을 시각적 단서로 제시하였으나 무의미한 형태를 그리다가 연필을 놓는 양상이 관찰되었다. '문장 베껴쓰기'의 경우에도 첫 단어를 베껴 쓴 후 연필을 놓고 수행을 스스로 중단하였다.

■ 검사요약

본 56세 대졸 오른손잡이 남환의 언어검사를 실시한 결과 PK-WAB-R의 실어증지수(Aphasia Quotient: AQ)=15.6, 언어지수(Language Quotient: LQ)=10.8로 평가되었다. 언어 표현력 측면에서는 3어절 이상의 문장수준으로 유창하게 발화하는 듯이 보였지만 신조어가 단단어나 구와 빈번히 결합되면서 내용전달이 거의 불가한 허구어(empty speech) 양상과 유사한 상동적인 표현을 반복하는 보속을 특징적으로 보였다. 언어 이해력은 신변에 관한 간단한 질문과 낱말 수준의 청각적 인지에서도 대부분 오반응하여 매우 저하된 상태임이 확인되었다. 따라말하기에서도 단음절 수준에서만 가능하였고 이름대기는 전혀 수행이 불가하였다. 읽기에서 똑같은 글자를 찾는 것과 단어를 그림이나 사물과 짝짓는 것은 어느 정도 가능하였으나 문장 수준 이상의 음독 및 독해가 전혀 불가하며 본인의 성명쓰기도 불가능하여 기본적인 수준의 문어능력도 상당히 저하된 상태로 확인되었다. 자발적인 발화를 산출하는 상황에서 말실행증이나 마비말장애를 시사하는 소견은 관찰되지 않았다. 상기 결과를 종합하여 볼 때, 본환은 유창성은 유지되지만 나머지 언어기능은 모두 상당히 저하되어 있는 상태로서 Kertesz의 분류기준상 '베르니케 실어증'으로, 중증도는 심도(severe degree)에 해당되는 소견을 보였다(15~74세, 교육 연수 7년 이상 정상 규준: AQ=97.11±2.43, LQ=95.51±3.93).

■ 해설

환자의 언어장애를 확인하는 검사는 선별검사와 종합검사로 나눌 수 있다. 선별검사는 적은 문항 수로 단시간 내(10~20분)에 실어증의 유무나 유형을 파악할 수 있어 언어기능에 대한 정보가 없는 환자, 의식상태의 저하 또는 집중력의 문제로 장시간의 검사가 불가능한 환자의 초기검사로 사용되거나 검사에 비협조적인 환자를 대상으로 시행할 수 있다는 장점이 있다. 종합검사는 선별검사보다 많은 문항의 하위과제와 항목을 포함하고 있어 시행시간은 상대적으로 길지만(1시간 남짓) 실어증 유무, 유형, 중증도 등에 대해 보다 세밀한 정보를 제공하기 때문에 치료목표의 수립에 있어 더 많은 정보를 제공한다는 장점을 가지고 있다. 본환과 같이 종합병원 내원 당시의 병력정보에 근거하여 언어장애가 명백하게 의심되고, 신뢰성 있는 검사결과의 도출이 가능한 경우에는 선별검사 대신 종합검사를 시행하는 것이 타당하다.

또한 임상에서는 특정 하위영역의 수행력을 자세히 확인하기 위하여 추가적으로 심화검사를 시행하기도 한다. 표준화된 심화검사로는 이름내기 능력을 확인하는 60항목의 이름대기로 구성된 한국판 보스톤이름대기검사(Korean version-Boston Naming Test: K-BNT)(김향희, 나덕렬, 1997)가 있으며, 학력과 연령에 따른 백분위를 제공하므로 명칭실증(anomia)에 대한 명확한 확인이 가능하다. 본환에게 K-BNT를 추가적으로 시행하지 않은 이유는 PK-WAB-R의 이름대기 항목 20개에서 전혀 반응이 불가한 매우 저하된 수행력을 보였으므로 심화검사에서도 대부분의 항목에서 오반응 또는 무반응을 보일 것으로 예측되었기 때문이다. 언어장애는 말운동장애와 동반되는 경우가 있으므로 평가 시에 말운동장애의 동반 여부를 고려하여야 한다. 본환의 경우에는 언어검사를 수행하면서 산출되는 발화 양상을 관찰하였을 때 마비말장애와 관련한 이상소견이 관찰되지 않았으며, 더불어 말 시작의 어려움, 말 속도의 저하, 조음동작을 찾는 듯한 모색 행동들도 관찰되지 않아 추가적인 말평가를 시행하지 않았다. 만약 위에서 언급된 말운동장애 소견을 보인다면 추가적으로 구강기제에 대한 확인과 더불어 말평가를 시행할 필요가 있다.

이름대기 검사 시 단서를 제시하여도 반응하지 못하는 경우에는 의미체계의 문제인지 어휘접근이나 인출의 문제인지를 감별하는 것이 중재 계획을 수립하는 데 도움을 준다. 이에 검사 시에 물건이름대기의 일부 항목에 해당하는 물건을 환자에게 사용해 보도록 하여 그 기능(의미)를 파악하고 있는지 추가적으로 확인하는 것이 필요하다. 본 환자는 안경이나 머리빗을 바르게 사용하였으므로 그 의미를 파악하고 있는 것으로 보아 의미체계보다는 어휘단계에서의 인출에 어려움이 있을 가능성이 제기된다. 전반적인 검사를 통해 두드러지는 본환의 소견은 청각적으로 제시되는 과제에 대한 수행력이 매우 저하되어 있다. 청각적 이해력이 저하되는 특성은 베르니케 실어증뿐만 아니라 구어성 청각실인증에 속하는 순수어농(pure word deafness)에서도 관찰되므로 감별진단이 요구된다. 순수어농은 청각정보의 입력단계에 결함이 있어서 청각적 언어이해과제, 따라말하기, 듣고 명령 이행하기, 듣고 받아쓰기 등의 문항에서는 수행력이 저하되지만 시각이나 촉각 등으로 입력되는 정보를 언어적으로 이해하고 산출하는 것에는 어려움이 없다. 즉, 구어성 청각실인증은 언어장애에 기인한 것이 아니므로 스스로 말하기, 읽기, 스스로 쓰기 등의 과제에서는 장애가 관찰되지 않는 것이 일반적이다(김향희, 2012). 본환의 경우는 청각뿐만 아니라 시각적으로 제시되는 과제에서도 수행력이 저하되었고 스스로 말하기 산출 시에 신조어가 빈번히 관찰되어 언어장애를 시사하는 소견을 보였다.

3. 중재 계획(intervention plan)

1) 장 · 단기 계획

치료의 장기적 목표로서 주요 목표인 청각적 이해력의 향상과 더불어 단어찾기 장애와 허구어의 빈도를 감소시키고자 한다. 단기적으로는 현 수준에서 비교적 유지되는 단단어 수준의 읽기 이해력을 활용하여 청각적 이해력을 향상시키는 베르니케 실어증 치료법(Treatment for Wernicke's Aphasia: TWA)(Helm-Estabrooks & Albert, 2004)을 활용하고자 한다.

2) 회기 중재 내용

치료의 준비과정에서는 TWA를 통해 우선적으로 습득이 되어야 하는 단어를 목록화한다. 치료의 첫 활동은 치료하고자 하는 단어를 청각적으로 제시하였을 때 그림 중에서 찾을 수 있는가를 확인한다. 이를 통해 환자의 현재 수행력에 대한 기초선을 찾을 수 있다. 치료는 총 4단계로 구성이 되는데, 첫 단계에서는 환자의 읽기 이해력을 확인하고 활용하는 단계로서 제시된 글자 자극을 보고 6개의 그림 보기 중에서 해당하는 그림을 골라 짝지어 보도록 한다. 두 번째 단계에서 환자는 제시된 글자 자극을 소리 내어 읽는다. 세 번째 단계에서 글자 자극 없이 그림만 제시된 상태에서 치료사가 제시하는 단어를 따라 말하게 한다. 넷째, 환자는 치료사가 말한 단어를 듣고 6개의 그림 보기 중에서 선택한다. 2회기 이상 연속적으로 정반응을 보이는 단어는 습득된 단어로 간주되고 오반응을 보이는 단어는 다음 회기에 반복적으로 훈련한다(황영진, 서인효 역, 2013).

■ 해설

실어증 환자는 기본적으로 청각이해력의 결함을 보이며, 청각이해력은 언어습득 및 재습득에서의 근간을 이루므로 언어의 습득, 처리, 통제를 돕는 상호작용 체계에 매우 중요하다(Schuell, Jenkins, & Jimenez-Pabon, 1964). 일반적으로 실어증 치료는 구어를 통해 이루어지기 때문에 청각적 자극(auditory stimulation)은 모든 실어증 치료의 시작이며 청각이해력이 향상되었을 때 치료 효과가 더욱 극대화될 수 있다(Krashen, 1985). 치료의 수준을 결정하기 위해서는 먼저 어려움을 보이는 언어학적 단위의 수준을 파악하여 단어 수준, 문장 수준, 담화 및 텍스트 수준으로 단계를 정할 수 있다. 이와 더불어 환자가 보이는 강점과 약점을 파악하는 것이 치료접근법의 선택에 도움을 준다.

본환의 청각적 이해력은 단단어 수준부터 상당히 저하되어 있으나 읽기 이해력은 단단어 수준에서, 따라말하기는 단음절 수준에서 어느 정도 유지되어 있다. 따라서 전통적으로 시행되어 오는 대표적인 청각이해력 중재접근법 중 하나인 TWA를 통하여 청각적 이해력의 향상을 꾀하고자 하였다. TWA는 중증 베르니케 실어증 환자의 구어 이해 능력 향상에 목적을 두고 있으며 특히 구어 능력에 비하여 비교적 유지되어 있는 환자의 문어 능력을 최대한 활용하여 청각이해력 증진을 도모한다. 즉, 제시된 글을 눈으로 읽고 이해하거나(reading comprehension), 소리 내어 읽거나(oral reading) 따라 말하는(repetition) 과정을 통해 재청각화(reauditorization)를 유발하여 청각이해력(auditory comprehension)을 향상시키는 치료기법이다. 따라서 중증/최중증 베르니케 실어증이나 기타 모든 실어증 환자에서 청각이해력의 중증 및 최중증 손상을 보이는 환자는 TWA를 통하여 도움을 받을 수 있는 것으로 알려져 있다.

치료 자극을 준비하는 과정에서, 치료에 사용할 단어를 목록화할 때는 주로 고빈도 구체어에 속하는 단어를 초기에 사용하게 된다. TWA 기법에서도 그림을 통하여 자극을 제시하므로 시각적으로 명확하게 제시할 수 있는 단어를 선택하는 것이 좋다. 단어 자극을 선정할 때 주의할 점은 치료 회기에서 공식검사의 항목을 연습하는 경우 치료 효과의 측정에 영향을 줄 수 있기 때문에 기존의 검사도구에 포함되어 있는 단어목록과 의도적으로 겹치지 않아야 한다. 또한 본환은 1음절 단단어 따라말하기만이 가능하였으므로 초기 회기에서는 단음절의 고빈도 단어를 자극으로 제시하는 것이 난이도 조절에 도움을 줄 수 있다.

4. 상담(counseling)

보호자에게 매 회기 치료 내용을 설명하고 가정에서 수행할 수 있는 과제를 제공하면서 보호자와 환자 모두에게 과제의 방법이나 내용을 설명하여야 한다. 또한 언어재활사는 보호자에게 단순히 구두로 과제를 제시하는 것보다 수행 유무를 시각적으로 확인할 수 있는 체크리스트 등을 서면으로 제공하는 것이 효과적이다.

5. 질의응답(Q & A)

Q1. 남편이 간단한 말도 잘 알아듣지 못해서 제가 같은 말을 여러 번 반복하게 되는데 이렇게 해도 괜찮은가요?

A1. Schuell의 자극촉진 모델에 따르면 집중적인 청각자극을 반복적으로 제시(auditory bombardment)하는 것이 뇌 활성화에 영향을 주며 청각체계는 언어습득과 재확립의 기초가 되므로 자연회복 과정을 활발하게 해 줄 수 있습니다. 그러나 환자가 집중하지 않는 상황에서 반복적으로 자극을 제시하는 것은 효율성 측면에서 효과가 크지 않으므로 환자의 주의가 집중된 상황에서 자극을 제시하는 것이 좋습니다. 난이도 측면에서 초반에는 되도록 간단한 문장으로 자극을 제시하는 것이 좋으며 빠르게 반복하는 것은 피해야 합니다.

6. 향후 계획(future plan)

치료의 우선적 단기목표로서 단어 수준의 청각적 이해력 향상에 초점을 둔 중재를 제공하면서 환자의 실어증 변화 양상을 확인하고, 점차적으로 문장 및 담화 수준으로 난이도를 높여 가며 청각적 이해력을 증진시킬 예정이다. 더불어 단어인출장애를 개선하기 위하여 이름대기 능력 증진에 초점을 맞춘 단기목표를 병행하고 자발화 상에서 허구어의 빈도를 감소시키고자 한다.

VI. 사례 6: 파킨슨병 치매가 의심되는 운동저하형 마비말장애(복지관)

1. 핵심 이론(core knowledge)

파킨슨병은 흑질(substantia nigra)의 도파민 생성 저하와 레비소체 침착이 운동을 계획하고 실행하는 전두엽의 기능을 저하시키는 대표적 퇴행성 신경계 질환이다(나덕렬, 2016). 대부분은 그 원인을 알 수 없는 특발성 파킨슨병(idiopathic Parkinson's disease: IPD)이지만 일부는 독성물질, 약물, 대뇌손상, 유전적 변형 등에 의해 발병하는 것으로 알려져 있다. 떨림(tremor), 느린 운동(bradykinesia), 강직(rigidity), 자세 불안정(postural instability)의 4대 주 증상을 묶어 '파킨슨증(parkinsonism)'이라 부르며, 청지각적 특성에 근거한 이들의 말 특징 집합체를 '운동저하형 마비말장애(hypokinetic dysarthria)'라 한다. 파킨슨병뿐만 아니라 뇌졸중, 외상성 뇌손상 등 기타 원인질환에 의해서도 운동저하형 마비말장애의 특징이 발현된다(김향희, 2012).

2. 평가(assessment)

1) 기본 정보

본 73세, 오른손잡이, 초졸 여성은 본 복지관의 진단서비스 프로그램을 통해 언어재활을 요청하여 언어평가에 의뢰되었다. 사회복지사에 의해 작성된 초기면담지에 따르면 20○○년에 ○○ 종합병원에서 IPD로 진단을 받았으며, 현재 하루에 4번씩 항파킨슨 제제를 복용하고 있다고 한다. 파킨슨병 발병 이전부터 골다공증을 앓고 있었으나 그 이외에 특이 병력사항은 없었으며, 현재 청력 및 시력 상태는 일상생활에 큰 불편함을 느끼지 않는 상태라고 한다. 발병 초기에는 한쪽 다리를 끌면서 걸었으나 지금은 첫 발을 떼기가 어렵고(freezing, 고정), 걸음을 뗀 이후에는 종종걸음(festination, 가속보행)으로 걷는다고 한다. 오랜 기간 동안의 약물복용으로 상체부위가 비정상적이며 불수의적으로 움직이는 이상운동증세(dyskinesia)가 발생했다고 한다.

대상자는 파킨슨병 발병 후 5년 뒤부터 점차적으로 목소리 크기가 작아지고 발음이 부정확해지기 시작했다고 한다. 현재는 목소리 크기가 너무 작아 집에서도 가족들이 자신이 한 말을 되묻는 경우가 빈번하고 이로 인해 가족 모두가 매우 불편함을 느낀다고 한다. 대상자는 항파킨슨 제제를 복용하면 목소리 크기가 다소 증가하는 듯하지만 최근 들어 단어가 잘 생각이 나지 않고, 말을 반복하거나 머뭇거리는 증상이 증가하였다고 한다. 대상자는 언어재활의 경험이 없다고 한다.

■ 해설

파킨슨병 환자는 모든 중증도 단계에서 말산출의 어려움을 호소하는 것으로 알려져 있다. 평가 시 환자의 주 호소를 살펴보면, "① 목소리가 작아서 사람들이 알아듣기 힘들어해요, ② 쉰 소리가 나요, ③ 발음이 부정확해졌어요, ④ 말을 시작하기 어렵고 더듬어요." 등이 대표적이다. 200명의 파킨슨병 환자를 대상으로 한 연구에 따르면 말 중증도에 상관없이 음성장애는 모든 파킨슨병 환자의 주된 증상이며, 말 중증도가 악화될수록 유창성과 조음 문제는 더욱 심해진다고 한다(Ho, Iansek,

Marigliani, Bradshaw, & Gates, 1998). 음성 문제 중 목소리의 크기가 감소하는 것을 '발성부전(hypophonia)'이라고 하는데 이는 말명료도에 부정적인 영향을 미쳐 구어를 사용한 의사소통 기능을 저하시키는 주요 요인으로 작용한다. 파킨슨병 환자의 약 70~90%에서 다양한 수준의 발성부전이 발생하며, 심한 경우는 가청이 불가능한 발성불능증(aphonia) 상태가 된다.

2) 평가절차 및 결과 보고

대상자는 휠체어를 타고 보호자인 큰아들과 함께 언어검사실에 들어왔으며, 검사자의 인사에 무표정한 얼굴로 고개를 끄덕이는 모습을 보였다. 평가가 진행되는 동안 검사자의 질문에 답하고 본인의 증상을 설명했지만 몇몇 단어를 제외하고는 마치 속삭이듯이 말하여 내용 전달이 거의 이루어지지 못했다. 검사자가 큰 소리로 말해 줄 것을 요청하면 1~2초 정도는 가청이 가능한 정도로 목소리 크기가 증가했지만 이내 곧 다시 입술은 움직이지만 소리는 잘 들리지 않는 상태로 돌아갔다. 검사는 환자의 약물이 효과적으로 작용하는 'ON' 상태에서 진행되었다.

(1) 한국판 몬트리올 인지평가(Korean-Montreal Cognitive Assessment: K-MoCA)(강연욱, 박재설, 유경호, 이병철, 2009)

본 대상자는 총점 30점에서 14점을 획득하여 생활연령 및 교육수준에 근거한 절단점수(16점)보다 낮은 점수로 확인되었다. 대상자의 반응을 구체적으로 살펴보면 집행기능을 반영한다고 알려진 '기호 잇기(0/1점)', '공통성 문제(1/2점)', '음소유창성(0/1)' 및 주의집중능력을 반영하는 '순서 따라외우기(0/2점)', '100에서 7씩 빼기(2/3점)'에서 오류를 보였다.

(2) 한국판 노인 우울척도(Geriatric Depression Scale in Korea: GDS-K)(기백석, 이철원, 1995)

우울 동반 여부를 선별하기 위해 자가 보고 방식인 GDS-K를 실시한 결과, 총점 30점 중 12점을 획득하여 '정상'으로 평가되었다.

(3) 한국판 보스톤이름대기검사(Korean version of Boston Naming Test: K-BNT)(김향희, 나덕렬, 1997)

본 대상자는 전체 60개 문항 중 36개 문항에서 자발적인 명명하기가 가능하여 교육수준 및 생활연령 대비(평균 및 표준편차 40.45±6.53)에서 '정상(25%ile)'으로 평가되었다. 그러나 총 4개 문항에서 시각실인증(visual agnosia)이 의심되는 반응(예: 버섯 → 우산, 대패 → 침대, 맷목 → 김밥, 불가사리 → 손가락)을 보였지만 의미 단서를 제공하자 정반응하였다.

(4) 파라다이스 한국판 웨스턴실어증검사(Paradise Korean version of Western Aphasia Battery Revised: PK-WAB-R)(김향희, 나덕렬, 2012)

언어장애 검사도구인 PK-WAB-R을 사용하여 실어증지수(AQ)를 획득하였다. 본 대상자의 실어증 지수는 90.6으로 동일 교육수준 및 생활연령 집단 대비(평균 및 표준편차 94.39 ± 3.82)에서 '정상(99%ile 이상)'으로 평가되었다. 검사 하위영역별 점수를 구체적으로 살펴보면 스스로 말하기 20/20점(99%ile 이상), 알아듣기 8.5/10점(93.61%ile), 따라 말하기 9.6/10점(96%ile), 이름대기 7.2/10점(86.82%ile)이었다.

(5) 비구어 평가

'말운동장애: 진단과 치료'의 평가 부록 3-1에 포함된 20개의 '비구어 구강실행증 평가' 과제를 시행한 결과, 대상자는 즉각적인 정반응을 보여 구강실행증 소견은 확인되지 않았다. 단어군 따라 말하기(실어증-신경언어장애 선별검사 Ⅶ. 말실행증 과제), 자동말(예: 1부터 20까지 숫자세기) 대 명제말(예: 병의 상태에 대한 설명), AMR 대 SMR 과제에서 길이와 복잡성 증가에 따른 수행력 차이는 없었다.

(6) 구어 평가

음향-생리학적 평가 기기가 갖춰지지 않은 검사 환경을 반영하여 '파킨슨증으로 인한 마비말장애에 대한 청지각적 평가척도(김향희, 이미숙, 김선우, 최성희, 이원용, 2004)'의 일부를 활용한 청지각적 평가를 실시하였다. 대화 시 발성부전은 2점(0점: 정상, 1: 약간 작은 소리, 2: 매우 작은 소리를 내며 단서를 주면 크게 낼 수 있음, 3점: 매우 작은 소리를 항상 내며 단서를 주어도 크게 낼 수 없음, 4점: 전혀 들리지 않고 입

모양만 냄), 말명료도는 2점(0점: 모두 알아들을 수 있음, 1점: 대부분 알아들을 수 있음, 2점: 일부만 알아들을 수 있음, 3점: 거의 알아들을 수 없음, 4점: 전혀 알아들을 수 없음), GRBAS는 Grade 2, Rough 1, Breathy 2, Asthenic 1, Strained 0으로 평정되었다. 읽기 시 얕고 불규칙한 호흡조절을 보였지만 말 뭉침은 확인되지 않았다. 조음과 쉼이 모두 포함된 초당 음절수는 3.84로 말 속도는 '경미하게 느림(평균 4.24~6.16)', 자음 정확도는 '경미하게 저하된 상태(66~95%)', 말더듬은 '경미한 수준(3~7%)'으로 확인되었다. 초시계를 사용한 MPT와 길항반복운동(diadochokinesis: DDK) 측정에서 MPT는 8.3초로 '경미'하게 짧았고, AMR 및 SMR은 모두 약간 불규칙했으나 음절 간 뭉침은 없었다. /퍼/는 18회/5초 수행으로 '경미하게 느림', /터/는 15회/5초로 '중도로 느림', /커/는 12회/5초로 '중도로 느림', /퍼터커/는 11회/5초로 '정상'으로 확인되었다. 기타 특징으로는 대화와 읽기의 첫 시작에서 음절 또는 구를 반복하는 동어반복증이 간헐적으로 관찰되었고, 음도는 경미하게 단조로웠으며, 과다비성의 소견은 없었다.

■ 검사요약

IPD로 진단된 본 73세, 오른손잡이, 초졸, 여성은 중도의 발성부전, 경미하게 느린 말 속도, 중도의 기식성 음성, 중도의 말명료도 저하를 특징으로 하는 '운동저하형 마비말장애'로 진단되었다. 그리고 본 대상자는 K-MoCA에서 절단점 이하의 점수를 획득하였는데 특히 집행기능 및 주의집중과 관련된 문항에서 높은 오류를 보여 파킨슨병으로 인한 인지기능장애의 동반 가능성이 시사되었다.

■ 해설

파킨슨병 발병 후 치매가 발생하는 경우 '파킨슨병 치매(Parkinson's disease dementia: PDD)'라 한다. 전체 파킨슨병 환자의 50~80% 정도가 인지기능장애를 경험하며 파킨슨병 경도인지장애 후 PDD로 발전한다. 고령일수록, 파킨슨증이 심할수록, 파킨슨병 유병 기간이 길수록, 우울증이 동반된 경우에 PDD 발생 위험성은 높아진다(나덕렬, 2016). 특히 파킨슨병에서 우울증상의 동반 빈도는 연구에 따라 차이가 있지만 비운동성 증상 중 가장 흔하여 약 40~70% 수준으로 보고되었으며(Burn, 2002), 신체의 장애 정도가 유사한 타 질환 환자군보다 높은 우울증 빈도를 나타낸다(Mcdonald et al., 2003). 우울증은 삶의 질뿐만 아니라 중재과정 및 예후에도 영향을 미칠 수 있으므로 이를 확인하는 검사가 시행되어야 한다.

PDD는 피질하성 치매(subcortical dementia)에 속한다. 일반적으로 치매환자의 인지 선별검사로는 앞서 소개된 K-MMSE(강연욱, 2006)가 널리 사용되는데, 총점은 30점으로 같으나 집행기능과 주의집중을 포함한 K-MoCA(강연욱, 박재설, 유경호, 이병철, 2009)가 피질하손상으로 인한 전두엽장애를 특징적으로 하는 파킨슨병 환자에게 보다 유용할 수 있다. PDD 환자의 주 증상인 운동장애 및 집행기능장애로 인해 신경심리검사를 통한 치매 진단이 쉽지 않은 것으로 알려져 있으며, 치매가 말문제와 동반되면 임상적 중재에서 어려움이 가중된다. 본 대상자는 인지 선별검사 및 기타 검사에서 인지기능장애의 가능성이 시사되었으므로 정확한 진단을 위해 신경심리검사가 추가적으로 실시되어야 한다.

3. 중재 계획(intervention plan)

1) 장 · 단기 계획

말 평가에서 말명료도를 저하시키는 주된 요인이 중도 수준의 발성부전이라는 것이 확인되었으며, 대상자 및 보호자의 주 호소도 가정 내 구어를 사용한 의사소통의 어려움이라는 점을 종합해 볼 때 본 대상자는 목소리 크기 증진을 목적으로 한 리실버만 음성치료법(Lee Silverman Voice Treatment: LSVT) 적용이 우선적으로 고려된다. 발성부전 개선에 효과적인 치료법으로 증명된 LSVT를 간단히 소개하면 다음과 같다. LSVT는 운동학습(motor learning)과 신경가소성(neural plasticity) 이론에 근거한 치료법으로, 최대 노력을 기울인 4주간(주당 4회, 총 16회기, 1회 50~60분)의 집중 훈련을 통해 정상적인 목소리 크기로 일반화시키는 프로그램이다. 'Think loud'로 유발된 깊은 호흡, 개방된 구강, 협응력이 증진된 조음기관 움직임, 감소된 말속도 등은 총체적인 말산출 능력을 향상시킨다.

2) 회기 중재 내용

LSVT 협회는 온라인 또는 오프라인을 통한 교육과정 수료를 통해 자격을 이수한 자에 한하여 본 치료법을 임상에서 사용할 것을 권고하고 있다. 따라서 임상현장에서 본 치료법을 적용하고자 하는 임상가는 웹 사이트(https://www.lsvtglobal.com/)에서 온라인 이수과정을 신청한 후 12시간의 교육을 수료한 이후에 본 치료법을 임상에 적용할 것을 권고한다. 4주 동안 이루어지는 LSVT 내용을 간단히 소개하면 다음과 같다.

〈표 13-3〉 **리실버만 음성치료의 회기 구성**

<table>
<tr><td rowspan="4">매일과제
(daily tasks):
총 25~30분</td><td>평상 시 음도로 최대 노력을 기울인 최적의 /아/를 연장 발성하기</td><td>15회 반복, 12~15분</td></tr>
<tr><td>고음으로 최대 노력을 기울인 최적의 /아/를 5초 동안 발성하기</td><td rowspan="2">15회씩 반복, 10~12분</td></tr>
<tr><td>저음으로 최대 노력을 기울인 최적의 /아/를 5초 동안 발성하기</td></tr>
<tr><td>일상생활에서 사용하는 기능적인 구(또는 문장) 산출하기</td><td>5회 반복, 5~10분</td></tr>
<tr><td rowspan="3">위계과제
(hierarchy tasks):
총 25~30분</td><td>구조화된 읽기</td><td>20~25분</td></tr>
<tr><td>준비되지 않은(off the cuff) 반응하기</td><td>5~10분</td></tr>
<tr><td>가정훈련(복습 및 전이) 과제</td><td>치료가 시행된 날은 1회 연습하기(5~10분)
치료가 시행되지 않은 날 혹은 주말은 2회 연습하기(10~15분)</td></tr>
<tr><td>조정(calibration)</td><td>전 과정에 포함되어 진행됨</td><td></td></tr>
</table>

4. 상담(counseling)

보호자에게 파킨슨병은 사지운동 문제뿐만 아니라 말, 언어, 인지 등 다양한 영역에서 문제가 동반되는 퇴행성 신경질환이라는 점을 이해시킨다. 이에 근거하여 현재 대상자의 전반적인 수행력을 확인하기 위해 평가가 시행되었으며 검사 결과에서 발성부전을 주 증상으로 하는 '운동저하형 마비말장애'로 진단되었음을 설명한다. 더불어 인지기능 선별검사 및 이름대기 검사에서 인지기능장애의 동반 가능성이 시사되어 신경심리 전문가에 의한 추가 검사가 필요함을 알린다.

주 호소인 발성부전은 LSVT라는 효과가 검증된 4주 간의 치료를 통해 목소리 크기의 증진뿐만 아니라 전반적인 말산출 능력을 개선할 계획임을 설명한다. 주당 4회, 4주(총 16회) 동안 집중적인 치료가 진행되는 프로그램의 특성상 대상자가 결석 없이 복지관을 방문할 수 있도록 보호자가 긴밀하게 협조해 줄 것을 당부한다. 그리고 '크게 생각하기'라고 적힌 종이를 집안 곳곳에 붙여 대상자가 지속적으로 크게 말하는 것의 중요성을 상기할 수 있도록 환경을 구성해 줄 것과 복습 및 전이 과제를 옆에서 돕고 격려할 것을 함께 당부한다.

5. 질의응답(Q & A)

Q1. 큰 소리로 말씀하시라고 옆에서 매번 얘기 드렸는데 전혀 효과가 없었습니다. 치료를 통해 크게 말하기가 가능할까요?

A1. LSVT는 파킨슨병 환자의 발성부전을 해결하기 위해 현재까지 개발된 다양한 치료 프로그램 중 가장 효과적인 방법입니다. LSVT는 단순히 목소리를 크게 내도록 자극하는 방법이 아니라 운동학습과 신경가소성에 근거한 체계적이며 집중적인 반복훈련을 통해 궁극적으로 뇌기능의 향상을 도모하고 질병의 진행 속도를 늦추는 재활 방법입니다.

Q2. 발병 후 계속 증상이 나빠지는데 병원에서 처방해 주는 약 이외에 도움이 되는 다른 치료법 또는 음식은 없을까요?

A2. 알고 계시는 것처럼 퇴행성 질환이 지닌 병의 특징으로 인해 지속적이며, 점차적으로 몸의 기능이 저하됩니다. 현재까지는 병원에서 처방받으시는 약물 복용이 파킨슨병 치료에 가장 효과적인 방법으로 알려져 있습니다. 따라서 병에 대한 올바른 이해를 바탕으로 처방받으신 약물을 꾸준히 복용하시면서

운동기능을 유지하기 위해 규칙적으로 운동을 지속하시는 것이 좋습니다. 더불어 긍정적인 사고를 갖고 적극적으로 사회생활에 동참하려는 노력을 하신다면 이차적으로 발생할 수 있는 우울을 예방하고, 병의 진행 속도를 늦추는 데 도움이 됩니다. 음식으로는 빈번하게 발생하는 변비와 수분 부족을 예방하는 데 도움이 되는 물, 야채, 과일 등을 충분히 섭취하시게 하는 것이 좋습니다.

6. 향후 계획(future plan)

4주간의 집중적인 LSVT를 통해 기대만큼 목소리 크기가 증가했다면 우선 치료를 종료한다. 일주일 간격의 전화통화를 통해 대상자가 목소리 크기를 유지하고 있는지를 확인하고 지속적으로 큰 목소리를 사용할 것을 독려한다. 그리고 대상자에게 한 달 후 복지관을 방문하게 하여 목소리 크기를 재평가한다. 만약 개선 정도가 미흡하다면 LSVT 재훈련을 위한 추가적인 치료 회기를 계획한다.

참고문헌

강연욱(2006). K-MMSE(Korean-mini mental state examination)의 노인 규준 연구. **한국심리학회지: 일반, 25**(2), 1-12.

강연욱, 나덕렬(2003). **서울신경심리검사**. 서울: 휴브알엔씨.

강연욱, 박재설, 유경호, 이병철(2009). 혈관성 인지장애 선별검사로서 Korean-Montreal Cognitive Assessment(K-MoCA)의 신뢰도, 타당도 및 규준 연구. **한국심리학회지: 임상, 28**(2), 549-562.

국민건강보험공단(2009). 국민건강보험통계.

권미선, 김정완, 이현정, 최현주, 하지완 역(2013). **말운동장애: 진단과 치료**. 서울: 박학사.

기백석, 이철원(1995). 한국판 노인 우울 척도의 표준화 예비연구. **신경정신의학, 34**(6), 1875-1885.

김덕용, 김연희, 이종민, 장원혁, 김민욱, 편성범, ... & 임성훈(2017). 뇌졸중 재활치료를 위한 한국형 표준 진료 지침 2016. *Brain & Neurorehabilitation, 10*(Suppl1).
김향희(2012). 신경언어장애. 서울: 시그마프레스.
김향희, 나덕렬(1997). 한국판 보스톤이름대기검사. 서울: 학지사.
김향희, 나덕렬(2012). 파라다이스 한국판 웨스턴실어증검사(개정판). 서울: 파라다이스복지재단.
김향희, 서미경, 김윤정, 윤지혜 역(2016). 말운동장애: 기질 · 감별진단 · 중재. 서울: 박학사.
김향희, 이미숙, 김선우, 최성희, 이원용(2004). 파킨슨증으로 인한 마비말장애에 대한 청지각적 평가척도. 음성과학, 11(2), 39-49.
김향희, 허지회, 김덕용, 김정완(2009). 실어증-신경언어장애 선별검사. 서울: 학지사.
나덕렬(2016). 임상가를 위한 인지신경학·신경심리학. 서울: 뇌미인.
대한치매학회(2011). 치매 임상적 접근(제2판). 서울: 아카데미아.
대한혈액학회(2011). 혈액학. 서울: 범문에듀케이션.
조정진, 김덕용, 남정모, 김향희(2014). 요양병원의 언어치료 현황. *Communication Sciences & Disorders, 19*, 574-580.
황영진, 서인효 역(2013). 실어증 및 실어증 치료. 서울: 시그마프레스.

Bayles, K. A., & Tomoeda, C. K. (1994). *FLCI: Functional linguistic communication inventory*. Tucson, AZ: Canyonlands Publishing, Incorporated.
Bayles, K. A., Kim, E., Chapman, S. B., Zientz, J., Rackley, A., Mahendra, N., ... & Cleary, S. J. (2006). Evidence-based practice recommendations for working with individuals with dementia: Simulated presence therapy. *Journal of Medical Speech Language Pathology, 14*(3), xiii.
Boyle, M., & Coelho, C. A. (1995). Application of semantic feature analysis as a treatment for aphasic dysnomia. *American Journal of Speech-Language Pathology, 4*, 94-98.
Brookshire, R. H. (2007). *Introduction to neurogenic communication disorders* (7th ed.). St. Louis, MO: Elsevier Inc.
Burn, D. J. (2002). Depression in Parkinson's disease. *European Journal of Neurology, 9*(3), 44-54.
Duffy, J. R. (2013). *Motor speech disorders: Substrates, differential diagnosis, and management*. Burlington, MA: Elsevier Health Sciences.
Goldrick, M., & Rapp, B. (2002). A restricted interaction account (RIA) of spoken word production: The best of both worlds. *Aphasiology, 16*, 20-55.

Hedge, M. N. (2005). *A coursebook on aphasia and other neurogenic language disorders* (3rd ed.). Delmar, Canada: Delmar Cengage Learning.

Helm-Estabrooks, N., & Albert, M. L. (2004). *Manual of aphasia and aphasia therapy* (2nd ed.). Austin, TX: PRO-ED, Inc.

Helm-Estabrooks, N., Fitzpatrick, P. M., & Barresi, B. (1982). Visual action therapy for global aphasia. *Journal of Speech and Hearing Disorders, 47*(4), 385-389.

Ho, A. K., Iansek, R., Marigliani, C., Bradshaw, J. L., & Gates, S. (1998). Speech impairment in a large sample of patients with Parkinson's disease. *Behavioural Neurology, 11*(3), 131-137.

Krashen, S. D. (1985). *The input hypothesis: Issues and implications*. Laredo, CA: Addison-Wesley Longman Ltd.

Lapointe, L. L. (2011). *Aphasia and related neurogenic language disorders* (4th ed.). New York: Thieme.

Lord, T. R., & Garner, J. E. (1993). Effects of music on Alzheimer patients. *Perceptual and Motor Skills, 76*(2), 451-455.

McDonalda, W. M., Richard, I. H., & DeLong, M. R. (2003). Prevalence, etiology, and treatment of depression in Parkinson's disease. *Biological Psychiatry, 54*, 363-375.

Pease, D. M., & Goodglass, H. (1978). The effects of cuing on picture naming in aphasia. *Cortex, 14*(2), 178-189.

Schuell, H., Jenkins, J. J., & Jimenez-Pabon, E. (1964). *Aphasia in adults: Diagnosis, prognosis, and treatment*. New York: Hoeber Medical Division, Harper and Row.

제14장

삼킴장애

I. 뇌성마비의 삼킴장애

1. 핵심 이론(core knowledge)

뇌성마비 대상자의 약 80%가 구강운동장애가 있으며, 이로 인해 섭식 및 삼킴에 어려움을 보인다. 뇌성마비 아동의 삼킴장애는 구강단계 또는 인두단계에서의 삼킴이 주로 문제가 되는 구강인두단계의 삼킴장애가 가장 빈번하다. 약 43~85%의 아동이 구강인두단계의 삼킴장애가 있으며, 자발적인 구강 운동과 반사적인 인두기 운동에 문제가 있다. 부적절한 입 다물기, 과도한 깨물기, 삼킴반사의 지연, 인두기 운동성 저하, 침흘림 등이 흔한 증상이다. 삼킴 무호흡(deglutition apnea)의 기간이 일정하지 않거나 호흡 주기 중 비정상적인 시점에서 음식물을 삼키는 것과 같이 호흡과 삼킴의 조절 및 협응에 문제를 보이기도 한다(Leonard & Kendall, 2008).

뇌성마비 대상자의 삼킴장애는 대근육운동기능장애가 심할수록 심각하다. 대근육운동기능분류시스템(Gross Motor Function Classification System: GMFCS)의 1등급은 약 55~70%가 구강운동장애를 동반한 반면, 5등급은 거의 100%가 구강장애가 있다. 따라서 뇌성마비의 삼킴장애는 중등도에서 중도의 운동장애를 가지고 있는 경우가 일반적이다. 운동기능이 나쁠수록 흡인은 더욱 빈번하며, 60~97%는 무증상 흡인(silent aspiration)의 형태를 보인다(Benfer et al., 2014).

일반적으로 뇌성마비 아동의 약 50%가 음식을 삼키는 빈도가 적으며, 2/3 이상이 빨기-삼키기 조절 부전(suck-swallow incoordination)을 보이고, 75% 이상이 구강감각이 과민하거나 과소하다. 75% 정도에서 침흘림이 관찰되며, 특히 후방 침흘림(posterior drooling)은 침 흡인과 이에 따른 폐질환의 위험이 높다(Santoro et al., 2012).

구개열과 같은 구조적 문제, 연인두폐쇄부전과 같은 기능적 문제, 턱 밀기(jaw thrust), 혀 밀기(tongue thrust) 등과 같은 비정상적인 구강운동패턴, 위식도 역류, 약물 부작용으로 인한 거식증, 이상미각증(dysgeusia) 등의 문제를 동반한다(신후남, 이명순 역, 2010).

삼킴장애가 있는 경우 식사 시간이 길어지고 아동이나 가족에게 식사 시간이 고통스러운 스트레스가 된다. 영양 섭취의 부족으로 성장이나 체중 증가가 저하되며, 흡인에 따른 다양한 건강상의 문제가 발생할 수 있다.

뇌성마비의 평가 및 중재를 위해 재활의학과 의사를 포함하여 보호자 및 가족, 영양사, 언어재활사, 작업치료사, 소아과 의사, 이비인후과 의사, 치과 의사 등이 조기부터 학제간(interdisciplinary) 협업을 해야 한다. 삼킴장애가 의심되는 대상자는 병력 수집, 구강운동 검사, 섭식 관찰, 비디오투시조영삼킴검사(videofluoroscopic swallowing study: VFSS) 등을 실시한다.

2. 평가(assessment)

대상자인 만 4세의 남자아동은 조산으로 태어났으며 출생 당시 검사 결과 뇌실주변 백질연화증(periventricular leukomalacia)이 관찰되었다. 경직형 사지마비로 진단받았고 출생 이후부터 지금까지 대학병원에서 입원 및 외래를 통해 꾸준히 물리, 작업, 언어 치료를 받고 있다. 아동의 인지능력은 양호한 편이나 운동장애가 중등도이며, 섭식 문제로 인하여 또래에 비해 왜소하였다. 대기 중이었던 장애인복지관에서 치료를 받게 되어 복지관 소속 치료사에게 의뢰하기 위해 삼킴평가를 실시하였다.

VFSS 실시 시, 대상 아동에게 방사능 피폭을 최소화하기 위해 가능한 한 빠른 시간 내에 검사를 끝내야 했다. 이를 위해 검사일 이전부터 당일까지 대상 아동의 컨디션이 잘 유지되도록 보호자에게 당부하였다. 검사 결과, 구강 단계에서 부적절한 입다물기, 부적절한 음식덩이 형성, 구강 잔여물 증가가 관찰되었고, 인후두단계에서 인두기 개시 지연, 후두 거상 감소의 문제가 관찰되었다.

복지관의 언어재활사는 기기평가 결과를 바탕으로 구체적인 중재 계획 및 시도 치료를 위해 섭식관찰을 실시하였다. 아동의 보호자에게 일상 식사에서 어려움 없이 먹는 음식과 어려움을 겪는 음식을 가져오도록 하였다. 또한 검사에 참여할 만큼 배가 고픈 상태로 오도록 하였으며 아동의 구강민감성을 고려하여 집에서 사용하는 숟가락을 가져오도록 하였다. 아동의 보호자에게 일상 식사 시간과 동일한 방법으로 편하게 아동에게 음식을 먹이도록 요구하였다. 섭식 시 자세는 휠체어에 앉은 경우 상체가 앞쪽 왼쪽 방향으로 기울어져 있었다. 고개 가누기에 어려움이 있어 고개를 숙이고 있었으며 이로 인해 침이 아동의 옷 위로 떨어졌다. 아동이 스스로 숟가락을 잡을 수 없어서 아동의 모(母)는 죽을 숟가락으로 떠서 아동의 구강 앞에 흘려 주었다. 턱 밀기와 혀 밀기와 같은 비정상적인 구강운동패턴이 빈번하게 발생하여 상당히 많은 양이 구강 밖으로 흘러내렸다. 음식물이 구강 내로 들어가더라도 아주 천천히 여러 번 나누어 삼킬 수 있었다. 삼킴 시 삼킴반응이 지연되었고 후두 상승이 다소 부족하여 가끔 사레가 들렸지만 기침을 세게 할 수 있었다. 이때마다 아동의 근긴장도는 심하게 증가하여 팔과 다리의 뻗침이 심하였다. 아동의 모는 식사 시간이 길어지자 음식을 빠른 속도로 제시하였고, 음식물을 윗니에 긁어 주었다. 아동은 가끔 숟가락이 구강을 자극하면 숟가락을 심하게 무는 물기 반사를 보이기도 하였다. 아동은 식사 도중 "으으으"와 같은 발성을 통해 의사소통을 하였다.

3. 중재 계획(intervention plan)

일상생활에서의 섭식능력 향상을 위해 보호자 교육 및 상담을 진행한다. 비정상적인 구강운동패턴을 감소시키고 안전한 섭식이 이루어지도록 아동이 사용하고 있는 숟가락을 스테인리스가 아닌 실리콘 재질로 교체하도록 제안한다. 섭식 시 상체와 머리에 안정감을 주기 위해 몸통을 바르게 배열한다. 음식물을 윗니에 긁어 넣어 주는 것이 아니라 아동이 스스로 입술을 닫을 수 있도록 기다려 준다. 현재 아동에게 음식을 제공하는 속도가 빠르므로 아동이 이전에 먹은 음식을 완전히 삼켰는지를 확인하고 다음 음식을 준다. 아동의 경우 음식을 먹을 준비가 되었다면 발성을 통해 의사소통을 하고, 아동의 모는 이러한 의사소통 내용을 정확하게 이해하고 식사에 반영하도록 한다. 이를 통해 식사 시간이 보다 즐겁고 편안해지도록 한다.

치료사는 삼킴 관련 근육의 운동성을 증진시키기 위해 다양한 턱 운동, 입술 운동, 혀 운동을 실시한다. 비정상적인 구강운동패턴을 감소시켜 섭식의 효율성을 증진시키기 위해 턱 조절하기를 실시한다. 반고형식 농도에서 노력삼킴(effortful swallow)을 하여 구강 내 잔여물이 남지 않도록 유도한다. 유동식의 경우 멘델슨 기법(Mendelsohn maneuver)을 적용하여 인후두단계에서의 인두 개시 지연과 후두 거상 감소로 인한 흡인 문제를 보상하도록 한다. 인두삼킴을 향상시키기 위해 온도-촉각자극법을 실시하며, 묽은 액체의 경우 필요한 경우 점도증진제(thickener)의 사용을 고려한다.

4. 상담(counseling)

앞으로 아동이 다니게 될 장애전담어린이집 담당교사와 언어재활사에게 삼킴장애 평가보고서와 구강구조운동 및 섭식훈련 방법에 대한 안내서를 전달하여 협력을 요청한다. 또한 어린이집에서도 아동의 식사 내용에 대한 정보를 주기적으로 공유할 것을 요청한다. 출생 이후 현재까지 병원 위주로 이루어지던 치료가 복지관으로 이동하면서 병원, 복지관, 장애전담어린이집, 가정 간의 원활한 의사소통이 무엇보다 중요하다.

5. 질의응답(Q & A)

Q1. 아동이 액체 마시기를 어려워하면 점도증진제를 사용하는 것이 좋을까요?

A1. 음식의 농도 중 삼킴의 조절능력이 가장 요구되는 것이 묽은 액체입니다. 묽은 액체에 점도증진제를 첨가하면 아동이 좀 더 쉽고 안전한 방법으로 먹을 수 있게 됩니다. 그러나 점도증진제를 사용하면 음식의 맛과 질감이 변화하여 아동이 먹기를 꺼려하게 됩니다. 또한 음식을 준비할 때마다 점도증진제를 사용하는 것이 불편할 수 있습니다. 점도증진제의 주 성분인 전분은 식사 중에 타액과 혼합되면 타액의 아밀라아제가 전분을 분해시켜 식사 후반으로 갈수록 액체의 점도가 낮아지게 되어 그 효과가 떨어지게 됩니다. 뿐만 아니라 인두 잔류물이나 구강 내 잔여물은 오히려 증가할 수 있습니다. 따라서 VFSS 등을 실시하여 점도증진제의 효과를 확인한 후 처방합니다. 일반적으로 아동과 가족이 점도증진제의 사용을 선호하지 않으므로 최후의 선택으로 남겨 두는 것이 좋습니다.

6. 향후 계획(future plan)

아동이 초등학교에 입학하기 전까지 보다 다양한 음식물을 경험할 수 있도록 한다. 현재 음식물을 입으로 가져가는 행동을 대부분 보호자에게 의존하고 있다. 앞으로 아동의 대근육 및 소근육의 운동성 향상과 함께 스스로 음식물을 가져갈 수 있는 빈도를 증가시킨다. 아동이 통원하고 있는 종합병원에서 주기적인 평가를 실시하여 삼킴 및 의사소통 능력을 꾸준히 모니터링하고, 그 결과를 중재 목표에 반영한다.

II. 외상성 뇌손상의 삼킴장애

1. 핵심 이론(core knowledge)

외상성 뇌손상(traumatic brain injury: TBI)은 두부(머리)에 가해진 외부 힘에 의한 충격으로 발생한 손상으로 다양하고 광범위한 손상 범위와 특징이 나타난다. TBI 환자의 삼킴장애 발생률은 재활의학과의 경우 25~60%이며, 이 중 42%에서 흡인이 발생한다. TBI는 뇌손상의 특성상 인지기능의 저하, 운동 및 감각기능 장애, 언어장애 등 복합적인 장애가 흔히 동반된다. 이러한 동반 장애는 삼킴장애와 밀접한 관련이 있다. 삼킴장애를 동반한 TBI 환자는 체중 감소, 영양실조, 탈수 등의 문제가 발생할 수 있으며, 흡인성 폐렴으로 사망할 위험이 일반인보다 79배가 더 높다(대한연하장애학회, 2017).

외상성 뇌손상으로 인한 삼킴장애는 뇌혈관사고(cerebrovascular accident: CVA)로 인한 삼킴문제와 다르다. 첫째, CVA는 손상 부위가 국소적이지만 TBI는 미만성 축삭 손상(diffuse axonal injury: DAI)과 결합되어 그 범위가 광범위하다. 둘째, CVA는 주로 노인 인구에게서 발생하며 퇴행성 질환을 동반하는 경우가 많다. 반면, TBI는 건강하고 젊은 남자에게서 주로 발생한다. 셋째, TBI는 인지-의사소통 및 행동장애가 삼킴에 큰 영향을 미친다. 특히 심각한 DAI는 각성과 주의력 손상을, 전두엽 손상은 자기조절력(self-regulation) 손상을 야기한다. 넷째, TBI는 머리, 목 부위의 손상을 동반하여 장기간 동안 기관삽관을 하는 경우가 많다(Howle, Baguley, & Brown, 2014).

TBI 삼킴장애의 가장 흔한 원인은 뇌손상으로 인한 구강인두 운동장애이다. 혀 운동의 범위와 조절력이 제한되면 구강기 시작이 지연되고 구강 단계가 덜 구조화된다. 음식덩이가 인두로 빨리 넘어가거나 구강이동시간이 길어지게 된다. 또한 인두의 삼킴반응이 지연되기도 한다. 운동장애 다음으로 빈번한 원인은 인지-의사소통 및 행동장애이다. 생리학적 삼킴 기능이 정상인 경우에도 삼킴장애가 발생하거나 더 심각해질 수 있다. 의식 점수가 낮으면 삼킴장애가 발생할 가능성이 높아진다. 환자의 주의력이 낮으면 앞에 놓여진 음식을 인식하지 못하며, 각성 수준이 낮으면 인두 삼킴이 지연된다. 집중력이 매우 낮은 환자는 섭취 속도가 느려서 먹는 음식의 양이 적고 삼키는 것을 잊어서 흡인의 위험도 높아진다. 감각 손상이 있으면 구강 내 잔여물을 인식하지 못하고 삼킴 반응이 저조하여 흡인이 일어날 수 있다. 기억력 손상으로 인해 음식을 섭취한 시간과 양을 잊어 너무 많이 또는 적게 먹게 된다. 단기기억 및 언어이해 능력이 손상된 환자는 삼킴 전략을 이해하고 학습하고 기억하는 데 어려움을 겪는다. 집행기능이 손상된 경우에도 삼킴 전략을 일상 식사에 적용하지 못하며, 적절한 음식의 선택 및 식사 계획을 독립적으로 수행하기 어렵다. 다음으로 TBI 환자는 두부 및 목 손상을 동반하는 경우가 많으므로 턱의 저작운동과 후두의 폐쇄, 상식도괄약근의 개방에 부정적 영향을 미친다. 또한 기관삽관을 하는 기간이 길어지면 삼킴 반응의 지연, 성대 궤양, 후두 부종이 발생할 수 있다 (Murdoch & Theodoros, 2001).

TBI는 삼킴장애의 특성이 다양하므로 종합적이고 광범위한 검사를 실시해야 한다. 삼킴장애를 일으키는 정확한 원인을 파악하여야 하며, 삼킴의 생리학적 손상보다는 인지-의사소통 및 행동장애가 더 중요한 원인일 수 있다. 병력 수집, 인지-의사소통 선별검사, 행동 관찰, 구강운동 검사, 섭식 관찰, VFSS를 실시한다.

2. 평가(assessment)

중학교 2학년에 재학 중인 남학생은 8개월 전 오토바이를 타고 가다가 교통사고를 당하였다. 사고 당시 의식소실은 없었으나, CT 검사 결과 두개골 기저부의 전두엽과 측두엽에서 심각한 뇌좌상이 관찰되었으며, 외상성 지주막하 출혈(subarachnoid hemorrhage)이 발생하여 수술을 받았다. 최근 대학병원에서 퇴원하여 재활전문병원으로 전원하였다.

구강기관의 구조 및 기능을 평가한 결과, 혀 운동력이 심하게 저하되어 혀 앞으로 내밀기, 좌우로 움직이기, 혀끝 위로 올리기 등이 제한되었다. 그리고 입술 앞으로 내밀기, 입술 뒤로 당기기 등을 수행하기 어려웠다. 턱 열고 닫기는 검사자의 구두지시에 따라 수행할 수 있었으나 평상시에 신경을 쓰지 않으면 턱을 힘없이 열고 있었다. 이로 인해 침흘림이 자주 발생하였으며, 연인두폐쇄부전이 심각하였다.

인지-의사소통 선별검사 결과, 환자는 다른 인지기능에 비해 주의력이 심하게 저하되어 매우 산만하며 충동성을 조절하지 못하여 갑자기 소리를 지르거나 몸 전체를 과도하게 움직였다. 마비말장애가 심하여 낯선 사람이 들었을 때 20% 이하의 말명료도를 보였다. 보호자 보고에 따르면 본인의 말을 이해하지 못하는 상황이 발생하면 짜증이나 화를 내는 경우가 자주 있었다고 하였다.

섭식 관찰 결과, 유동식의 경우 턱과 혀의 움직임 저하로 구강 안쪽으로 음식물이

미처 이동하지 못하여 대부분 흘러내렸다. 반고형식의 경우 시간이 오래 걸리기는 하지만 삼킬 수 있었다. 고형식의 경우 저작의 빈도가 적고 혀의 움직임이 저조하여 음식덩이 형성이 어렵고 음식덩이를 뒤로 이동시키는 데 시간이 오래 걸렸다. 가끔 사레가 들려 기침을 하였다. VFSS를 실시한 결과, 구강기 지연이 가장 심각하였으며, 인두삼킴이 가끔 지연되었으나 후두 상승의 범위에는 문제가 없었다. 연인두폐쇄부전으로 코로 음식물이 가끔 역류하였다.

3. 중재 계획(intervention plan)

삼킴의 구강인두단계에 영향을 미치는 구강 내외부의 삼킴 관련 근력 강화 및 운동성 향상을 목표로 턱운동, 입술운동, 혀운동, 구개운동, 인두운동, 후두운동 등을 실시한다. 근력과 근육 크기를 증가시켜 음식을 삼키기 전에 구강 밖으로 음식이 나오는 것을 방지하고, 삼킴 중 압력을 증진시켜 흡인의 위험을 감소시킨다. 또한 연인두 기능을 향상시키기 위해 앞쪽구개활(anterior faucial arch)에 온도-촉각자극법을 적용한다.

보상기법으로 턱과 입술의 약화로 음식물이 구강 밖으로 흘러내리는 것을 방지하기 위해 음식물을 넣자마자 환자가 손으로 턱과 입술을 닫은 채로 유지하게 한다. 유동식의 경우 인두단계의 삼킴지연이 가끔 발생하므로 성문상 삼킴법(supraglottic swallow)을 적용하여 숨을 참고 삼킨 후 즉각 기침을 하도록 한다.

식이 조절은 으깬 감자와 같은 퓨레 농도를 중심으로 하여 삶은 콩이나 잘게 다진 고기와 같은 부드러운 식감을 가지는 음식을 중심으로 제공한다.

환자는 인지 면에서 주의력 손상은 크나 기억력이 비교적 양호하므로 삼킴 중재의 전략을 이해하여 스스로 적용할 수 있도록 한다. 식사 시간 동안 환자가 쉽게 산만해져서 보호자의 구두지시가 빈번하게 요구된다. 이로 인해 식사 시간이 길어지면서 환자와 보호자 간에 갈등이 유발되지 않도록 주의한다.

4. 상담(counseling)

보호자에게 구강인두근육의 감각 및 운동치료의 구체적인 방법을 숙지하도록 하여 수시로 환자에게 실시할 수 있도록 한다. 식사 시간에 환자와의 마찰을 최소화하기 위하여 인내심을 가지고 여유 있는 식사 시간이 되도록 한다. 환자의 충동성으로 인해 구강 내 음식물이 있는 경우 갑자기 음식물이 기도로 넘어갈 수 있으므로 차분하고 안정적인 분위기가 유지될 수 있도록 해야 한다고 권고한다.

삼킴치료 외에 마비말장애로 인한 의사소통장애가 환자의 일상생활 및 중재에 부정적 영향을 미치고 있으므로 언어재활사는 말명료도 향상을 통한 언어재활을 집중적으로 실시하여야 한다. 뿐만 아니라 환자의 주의력 및 자기조절력 향상을 위해 신경심리사와의 긴밀한 협업이 요구된다.

5. 질의응답(Q & A)

Q1. 삼킴장애가 있으면 음식물을 한번에 적게 주는 것이 도움이 되나요?

A1. 일반적으로 흡인이 있는 경우 음식의 양은 적게 제공하는 것이 안전합니다. 그러나 환자의 삼킴반사가 저하되어 있는 경우, 5cc 이하의 적은 양은 오히려 삼킴반사를 일으키는 감각자극이 역치에 도달하지 못하여 무증상 흡인이 일어날 수도 있습니다. 삼킴의 시작이 지연되거나 음식물을 저작하지 않고 그냥 물고 있는 경우에는 거친 음식이나 신맛과 같은 자극성 있는 음식을 제공하면 구강 내 감각을 촉진하고 구강단계에서의 혀와 연구개의 압력을 증가시켜 삼킴에 도움이 됩니다.

6. 향후 계획(future plan)

중학교 2학년으로 젊은 연령의 본환은 사고 발생 후 지난 8개월 동안 삼킴, 인지,

언어, 운동 등의 영역에서 꾸준한 진전을 보이고 있다. 앞으로 다양한 농도 및 양의 음식물을 먹을 수 있도록 체계적으로 접근하며 지속적인 중재와 모니터링이 요구된다. 특히 인지 및 의사소통능력 향상이 삼킴 기능에도 긍정적인 영향을 끼치므로 꾸준한 인지치료-언어재활이 실시되어야 한다.

III. 뇌졸중의 삼킴장애(가성연수마비)

1. 핵심 이론(core knowledge)

뇌졸중은 뇌에 혈액을 공급하고 있는 혈관이 막히거나(경색) 터짐(출혈)으로써 그 부분의 뇌가 손상되어 나타나는 신경학적 증상이다. 뇌졸중은 손상 부위와 정도에 따라 신체마비 및 운동장애, 언어장애, 인지장애와 더불어 삼킴장애까지 다양한 증상을 나타낼 수 있다. 단순하게는, 뇌졸중 초기인 급성기에 큰 병소부위로 인해 의식이 소실된 경우에는 대부분 삼킴장애를 동반한다고 볼 수 있다. 뇌간 병변의 경우에는 직접적으로 망상체에 손상을 입어 의식이 나빠질 수 있으며, 대뇌나 소뇌 병변의 경우에도 압력에 의해 망상체가 손상되거나 망상체와 밀접하게 연결된 신경망이 손상되어 의식이 나빠질 수 있기 때문이다. 이에 의식이 나빠진 상태에서는 삼킴기능 장애가 나타난다. 물론, 의식장애를 동반하지 않는 정도의 편측성 뇌혈관장애에서도 삼킴장애가 나타날 수 있다(Meadows, 1973; Rousseaux, Lesoin, & Quint, 1987). 급성기 뇌졸중 환자의 약 30~40%가량이 삼킴장애를 나타내는 것으로 보고되었지만, 만성기까지 증상이 남은 경우는 10%가량으로 보고되고 있다(김연희, 2005).

뇌졸중은 삼킴과 관련된 구조에 마비 및 약화를 야기하고, 신경계에 직간접적으로 영향을 미치므로, 다양한 뇌병변을 통해서 구강과 인두의 기능 손상을 유발하여 다양한 형태로 삼킴장애를 초래할 수 있다. 삼킴장애와 관련하여 손상 부위에 따라 크게 두 가지의 신경학적 손상기전으로 분류할 수 있는데, 가성연수마비(가성구마비, pseudobulbar palsy)와 연수마비(구마비, bulbar palsy)이다.

그중에 가성연수마비란 연수(medullar oblongata)의 양쪽 상위운동신경(upper

motor neuron) 병변에 일어나는 증상을 말한다. 즉, 대뇌피질의 운동영역에서부터 연수의 운동신경핵에 이르는 경로에 장애가 발생하는 것으로, 손상 영역에 따라 마비말장애나 삼킴장애가 나타날 수 있다.

가성연수마비는 주로 대뇌병변 뇌졸중 환자에게서 발생하는데, 연수병변 환자와 증상이 유사하게 나타나는 경우가 많아 임상적으로 구별되기 어려운 경우가 많다. 그러나 삼킴반사의 지연이나 인두근 수축 기능의 저하 없이, 인두 및 후두 운동의 조절 장애로 인한 삼킴장애 증상이 나타날 수 있다(Veis & Logemann, 1985). 또한 인두단계의 장애가 상대적으로 경미할 수 있는 대신, 구강통과시간(oral transport time: OTT)의 지연 등 구강단계의 이상 소견이 좀 더 빈번하게 나타날 수 있다(이정환, 최경효, 하상배, 2001). 이를 좀 더 자세히 살펴보면, 가성연수마비 삼킴장애 화자에서는 삼킴에 관여하는 근육에서 경련이 나타나거나 항진되고, 운동협응력의 감소, 그리고 삼킴 근력의 감소가 나타난다. 즉, 입술로 음식물을 받아들이기가 어렵거나, 음식물이 입술에서 새어 흘러내리고, 저작(씹기, mastication)이 원활하지 않으며, 음식물을 혀의 기저부(tongue base)로 이동하지 못한다. VFSS 시, 구강단계에서 음식덩이(bolus) 형성 중에 음식물이 인두로 흘러내려가 버리거나(premature spillage), 인두에 음식물이 들어가도 삼킴반사가 시작되지 않는 상태가 자주 관찰된다.

2. 평가(assessment)

73세 여환은 평소 약간의 고혈압과 당뇨가 있었지만 비교적 건강한 편이었으나, 6개월 전 식사 후 차를 마시다 음식물이 입술로 흘러내리고 말이 잘 나오지 않아 답답함을 호소하다가 팔에 기운이 빠지고 앉은 자세를 유지하기 어려워 응급실을 통해 병원에 내원하였다.

MRI상 좌측 중대뇌동맥 경색(Lt. MCA infarction) 소견을 보였으며, 우측 편마비(Rt. hemiplegia)로 진단받았다. 현재 포괄적 재활치료를 위해 본원 재활의학과에 입원가료 중이다.

현재 연하곤란식 3단계를 섭취 중이었으나 일주일 전 흡인성 폐렴(aspiration pneumonia)이 발생하여 구강식이를 중단하였으며, 흡인여부 확인을 위해 삼킴평가가 의뢰되었다.

본 환자의 삼킴능력을 평가하기 위하여 병상삼킴검사와 VFSS를 실시하였다.

1) 병상삼킴검사

병상삼킴검사에서는 본 환자의 인지, 언어, 이동성, 호흡, 현재 식이, 구강조음기관의 구조 및 기능을 평가하였으며, 마른 삼킴과 3cc 물 삼킴검사를 진행하였다.

병상삼킴검사 결과, K-MMSE 26점으로 크게 인지저하가 우려되지는 않았으나 좌측 중대뇌동맥 경색으로 인한 브로카실어증으로 구어표현에 어려움이 있었고, 우측 편마비로 보행에 어려움이 있어 휠체어로 이동하였다.

입술 다물기 시 오른쪽 입술의 처짐이 관찰되었고, 볼 부풀리기 시 잠시 부풀렸다가 금세 가라앉고 입술 다물기가 유지되지 않았다. 혀 내밀기 시 혀의 치우침이 관찰되었고 혀의 좌우 및 올림 움직임에서는 약간 제한된 운동범위(reduced tongue ROM)를 보였다.

발병 전 틀니를 착용하였으나 뇌졸중 발병 후에는 틀니가 맞지 않아 착용하지 않고 있으며, 이로 인해 현재 상하 어금니가 모두 없는 상태로 앞니만 남아 있었다.

마른 삼킴과 3cc 물 삼킴 모두 즉각적으로 반응 가능하였으나 후두 움직임이 미약하여 상승 운동범위를 파악하는 데에 어려움이 있었다. 3cc 물 삼킴검사 이후 즉각적으로 목 가다듬기 현상이 관찰되었고 이후 음성질의 변화는 두드러지지 않았다.

2) 비디오투시조영삼킴검사

상기 환자는 VFSS 결과, 3cc의 묽은 액체에서는 삼킴 중 소량의 무증상 후두침습(silent laryngeal penetration during the swallow)이 관찰되었고, 6cc 묽은 액체에서는 삼킴 중(during swallow)과 삼킴 후(after swallow)에 무증상 흡인(silent aspiration)이 관찰되었다. 무증상 흡인으로 묽은 액체의 평가는 중지되었으며, 다음 단계로 진한 액체에 대한 평가가 진행되었다. 진한 액체에서는 6cc까지 침습이나 흡인 없이 안전하게 삼켰지만 9cc에서 삼킴 중 무증상 흡인을 나타내었다. 이후 1/2 숟가락의 죽을 제공하였을 때에 저작이 다소 불완전하고 느렸지만 안전한 삼킴을 보였다. 치아 문제로 인해 밥 농도는 평가하지 않았으며, 많은 양의 액체 삼킴이 어려우므로 혼합 농도 역시 평가하지 않았다.

본 환자의 삼킴 시, 구강 능력의 저하로 구강단계에서 음식물의 입술 밖 흘림이 약간 관찰되었으며, 구강에서 음식덩이를 형성하는 시간과 기능이 다소 저하되었다. 후두덮개계곡에는 혀 기저부의 수축력 저하로 인하여 중도의 잔여물이 남았으며, 인두내벽에 경도의 흔적(mild pharyngeal lining)과 후두덮개에 막(epiglottic covering)이 관찰되어, 인두의 수축력 또한 저하된 것으로 보인다. 구강이동시간 및 전반적인 인두이동시간이 지연된 소견이다. 또한 음식물의 섭취에 따라 인두에 분비물(secretion)이 소량 증가하는 양상이 관찰되었다.

3. 중재 계획(intervention plan)

현재 본환은 죽 농도 식이를 통하여 1/2 순가락 구강 식이가 가능할 것으로 보인다. 그러나 현재 6cc 묽은 액체에서 무증상 흡인을 보이고 있으므로 묽은 액체(물 농도)는 제한하고, 점도증진제를 사용하여 진한 액체 농도로 6cc(반 숟가락)씩 섭취할 것을 권한다.

본환의 경우 구강과 인두 단계에서 저하된 삼킴 기능을 보이고 있다. 저작과 음식덩이 형성을 원활하게 하기 위하여 입술과 턱, 혀의 가동범위를 증가시키고 근력을 강화하여 조절력을 형성시키도록 감각자극과 운동치료를 실시하도록 한다. 후두덮개계곡의 잔여물을 줄이기 위하여 혀 기저부의 수축과 인두수축력을 강화하도록 하며, 이를 위해 삼킴 시에 노력삼킴(effortful swallow)을 하도록 한다. 또한 전기 자극치료를 병행하는 것을 권한다. 농도 및 양의 증가에 따라 후두덮개계곡의 잔여물이 지속적으로 증가하는 것을 보상하기 위하여 다중삼킴(double swallow) 방법 역시 활용하도록 한다.

4. 상담(counseling)

상기 환자는 음식물의 섭취에 따라 인두강 내 분비물(secretion)이 소량 증가하는 양상이 관찰되었고 분비물 양에 따라 음식 잔여물과 함께 삼킴 후 흡인이 유발될 가능성이 있으므로 간헐적인 목 가다듬기가 필요할 것으로 보인다. 이에 올바른 식사 방법에 관하여 병동 교육이 이루어져야 하며, 지속적인 모니터링이 요구된다.

5. 질의응답(Q & A)

Q1. 흡인성 폐렴의 증상과 발생 양상은 무엇입니까?

A1. 일반적으로 감기와 흡인성 폐렴의 증상을 한순간에 구분하기는 어려움이 있습니다. 다만, 환자의 변화에 민감할 필요가 있습니다. 대개는 ① 심하게 자꾸 콜록거린다, ② 고열이 난다, ③ 황백색의 가래가 많이 생긴다, ④ 호흡이 괴롭다, ⑤ 폐잡음이 있다, ⑥ 염증반응이 강하다 등과 같은 전형적인 증상이 있다면 발견이 용이하다고 할 수 있습니다. 일반적인 열, 기침, 가래 외에도 기운이 없거나 식사 시간이 평소보다 길어지게 되었고, 식후에 지쳐서 녹초가 된다거나 입안에 음식물을 담아 두고 삼키지 않는 등의 증상이 계속되면 환자의 삼킴기능 변화를 우선적으로 고려해야 하며 그에 따라 2차적으로 흡인성 폐렴의 위험성도 고려할 수 있습니다(현홍근 역, 2014).

6. 향후 계획(future plan)

흡인성 폐렴으로 체력이 저하되어 있으며, 현재 식이로 변경되었으므로 환자가 현재 식이에 적응하는 정도를 관찰하여 흡인성 폐렴의 위험성이 지속되는지, 혹은 기능의 호전으로 식이의 상향조정이 가능한지 파악하여야 할 것으로 보인다. 추후 재평가를 권한다.

IV. 뇌졸중의 삼킴장애(연수마비)

1. 핵심 이론(core knowledge)

연수마비란 연수나 연수 주위의 손상, 특히 연수에서 기원한 뇌신경이 손상되어 기능에 영향을 받는 것으로, 이로 인해 말을 하거나, 음식을 씹거나 삼키는 등의 운동마비가 나타날 수 있다. 임상적으로는 안면신경(facial palsy)이나 삼차신경(trigeminal nerve)의 지배를 받는 근육도 동시에 손상되는 경우가 많고, 삼킴 관련 근육의 위축이 눈에 띄게 관찰된다. 연수병변의 뇌졸중 환자의 경우, 삼킴장애가 동반되는 빈도가 더 높으며, 기능 회복에 있어서도 예후가 좋지 못한 것으로 보고되곤 한다(Meng, Wang, & Lien, 2000). 연수 병변 환자의 경우, 연수에 삼킴 중추 및 인두와 후두 근육을 지배하는 뇌신경 9번과 10번이 위치하여, 구강기와 인두기의 삼킴장애가 모두 관찰될 수 있다. 삼킴장애의 양상을 살펴보았을 때에, 구강 단계의 기능 저하는 비교적 경미한 편이며, 구토반사가 감소하거나 삼킴반사가 지연되고, 인두근이 약화되는 등의 인두단계 문제가 두드러지게 나타난다. 즉, 구강단계는 연수내측(medial medulla)에 위치한 12번 뇌신경(설하신경, hypoglossal nerve)에 병변이 생겨 혀 운동이 영향을 받는 경우를 제외하고는 대부분 거의 정상적이며, 성대마비가 동반된 경우에는 흡인(aspiration)이 일어날 가능성이 높다.

연수마비에서는 외측연수증후군(lateral medullary syndrome, Wallenberg syndrome)이 유명한데, 외측연수경색은 연수의 외측에 허혈(ischemia)이 생김에 따라 흔히 발생할 수 있는 뇌혈관사고(CVA)이다. 연수의 외측을 따라서 외신경 9번과 10번의 핵이 분포하고 있어서, 외측연수경색 환자들은 51%부터 많게는 100%까지 어느 정도의 삼킴 문제를 경험하게 되고, 다른 반구 뇌졸중 환자들에서보다 좀 더 긴 기간 동안, 심한 정도의 삼킴 문제를 보이는 것으로 알려져 있다. 몇몇은 좋은 예후를 보이기도 하지만, 윤상인두기능부전(cricopharyngeal dysfunction)이라고 불리는, 상부식도괄약근(upper esophageal sphincter: UES, 또는 cricopharyngeal sphincter)이 제대로 열리지 않아 임상적으로 오랜 시간 경관식이(tube feeding)를 제공해야 하는, 아주 심한 경우들도 있다. 이들 심도의 삼킴장애에 대해서는 시간의 경과에 따라 진전되는 양상이 보고된 예가 많지는 않은 편이다.

2. 평가(assessment)

67세 남환은 약 3개월 전 새벽에 잠에서 깨 화장실을 다녀오던 중 걸음을 잘 걸을 수 없어 비틀거렸으며, 우반신 감각장애와 삼킴 곤란이 발생하여 응급실에 내원하였다. MRI상 외측연수경색(lateral medullary infarction) 소견을 보였으며, 신경과 입원 후 포괄적 치료를 위해 재활의학과로 전과되었다. 본환은 일주일 전 시행한 말언어평가에서 마비말장애로 진단받았으며, 현재 경관식이(L-tube feeding) 중으로 구강식이(oral feeding) 가능 여부 확인을 위해 삼킴평가가 의뢰되었다.

본환의 삼킴능력을 평가하기 위하여 병상삼킴검사와 VFSS를 실시하였다.

1) 병상삼킴검사

병상삼킴검사에서는 본 환자의 인지, 언어, 이동성, 호흡, 현재 식이, 구강조음기관의 구조 및 기능을 평가하였으며, 마른 삼킴과 3cc 물 삼킴검사를 진행하였다.

병상삼킴검사 결과, 입술 다물기, 혀의 좌우 및 올림 움직임에서는 별다른 문제가 발견되지 않았으나, 동측 안면에서 약간의 감각 저하가 보고되었다. 연구개 반응 평가 시 구토반사가 나타나지 않았고, 발화 시 경도의 쉰 목소리가 나타났다.

마른 삼킴 시 약간 느린 후두 상승 움직임이 나타났으며, 3cc 물 삼킴 시 느린 설골-후두 상승 반응이 나타났고, 설골-후두 이동거리가 제한되었으며, 더불어 물을 삼키는 동안 약간의 소리가 관찰되고(물 흐름 소리, gurgly voice, 예: 꾸르륵), 삼킴 후 음성질의 변화가 관찰되었다(wet voice).

2) 비디오투시조영삼킴검사

VFSS에서는 묽은 액체(thin liquid), 진한 액체(thick liquid), 반고형식(semi-solid),

고형식(solid)의 순서로 각각 3, 6, 9cc를 제공하고자 하였다. 현재 본환은 뇌졸중 발병 당시 동반된 삼킴장애로 인해 구강으로 음식물을 섭취하지 못하는 상태(경관식이 중)로 음식물을 이용한 도구적 삼킴검사의 진행에 특별한 주의가 요구되었다.

본환은 3cc 묽은 액체를 제공하였을 때에는 안전하게 삼켰지만, 6cc에서는 상당량의 삼킴 후 흡인이 나타나 묽은 액체 검사는 중단하였으며, 다음 단계로 3cc와 6cc 진한 액체를 순서대로 제공하였다. 역시 3cc에서는 약간 느린 반응을 나타냈지만 안전하게 삼켰으나, 6cc에서는 후두덮개계곡 및 이상와에 중도(moderate)의 잔여물을 나타내며 증상적 삼킴 후 흡인을 보이고 자가 배출을 시도하였지만 배출되지 않았다(symptomatic aspiration with weak cough after swallow). 이후 더 이상의 검사를 진행하지 못하였다.

본환의 경우 인두 수축이 저하되어 있으며 후두덮개계곡의 잔여물이 다중삼킴(double swallow)을 통해 제거되지 않았다. 상부식도괄약근(upper esophageal sphincter: UES)의 열림(opening)이 지연되고, 열림 시에도 충분하게 열리지 않아 후두덮개계곡(valleculae)과 이상와(pyriform sinuses)에 중도의 잔여물(residue)이 남고, 이후 잔여물이 기도 방향으로의 흘러내림(overflow)으로 인해 삼킴 후 흡인(aspiration after swallow)이 관찰되었다.

3. 중재 계획(intervention plan)

상기 환자는 VFSS 결과, 3cc의 묽은 액체와 진한 액체는 안전하게 삼켰지만 6cc에서는 모두 흡인을 보였다. 6cc 진한 액체에서도 흡인이 나타났으므로 점도 증진제(thickener)를 활용한 묽은 액체의 섭취도 어려울 것으로 보인다. 3cc에서 안전한 삼킴을 보이기는 하였지만 인두 수축력 저하(reduced pharyngeal constriction)로 인해 진한 액체에서는 용량이 추가될수록 잔여물의 양이 증가할 것으로 보여 음식물(예: 요플레)을 활용한 구강 섭취 시도(oral try) 역시 제한하는 것이 좋겠으며, 당분간 구강 식이는 제한하고 경관 식이를 유지하도록 한다.

더불어 전기자극치료(vital stim) 혹은 노력삼킴의 방법을 통해 삼킴 시 인두 수축력을 높일 수 있도록 훈련할 것을 권한다. 그리고 외측연수경색으로 인하여 상부식도괄약근의 열림에 제한이 있으므로, 공기주입법(ballooning)을 통한 식도확장술(dilatation)을 병행하여 적은 양의 음식덩이가 UES를 통과하지 못하고 이상와에 잔여물이 남는 것을 개선할 수 있도록 도울 수 있다. 지속적으로 중재 진행하며 경과를 살펴보기로 한다.

4. 상담(counseling)

구강으로는 절대 음식물을 섭취하지 않도록 하고, 의료진은 공기주입법을 통한 UES 확장술을 시행하는 것이 좋겠으며, 추후 f/u하도록 한다.

5. 질의응답(Q & A)

Q1. 입이나 목이 마를 때는 어떻게 하나요?

A1. 평상 시 영양 및 수분의 공급은 경관튜브를 통해 이루어집니다. 목이 마를 때는 거즈에 물을 적셔 입에 물어 주거나 아주 작은 크기의 얼음 조각(ice chip)을 입에 물어 주세요. 얼음의 양은 물 3cc 이하가 좋습니다.

Q2. L-tube(비위관)는 장기간 가지고 있어도 되나요?

A2. 코에서 위까지 튜브를 꽂아서 고단백 유동식을 주입하여 영양상태를 유지하는 방법을 경관영양법이라고 합니다. 지속적으로 비위관 영양법을 사용하는 경우 여러 가지 단점이 있습니다. 첫째는 미용상의 문제로, 24시간 연속적으로 튜브가 삽입되어 있으므로 외관상 튜브를 확인할 수 있습니다. 둘째로, 세균감염의 기회가 증가하는데, 튜브를 통해 유동식을 주입하지만 튜브는 일회용이 아니므로 튜브 주위에는 오염된 분비물이 달라붙게 되어 많은 세균이 부착되고, 흡인이 되는 경우에는 폐렴의 위험도 함께 높아집니다. 셋째로, 장기적으로 비위관 튜브를 사용하게 되면 튜브가 인두와 식도를 지속적으로 자극하게 되어 익숙해지므로 인두와 식도의 감각기능이 떨어지고 장기적으

로 삼킴반사가 저하됩니다. 또한 튜브가 지속적으로 피열을 압박하면 피열에 변경이 생길 수 있습니다. 튜브가 건측으로 삽입되어 있을 때에 건측 피열에도 장애가 생겨 흡인의 위험이 증가할 수 있습니다. 물론 삼킴장애가 있어 구강으로 음식물을 안전하게 섭취하지 못하는 경우에 비위관을 통하여 영양을 공급해 주면 환자의 영양상태가 개선되는 이점이 있습니다. 그러나 삼킴장애의 위험성이 계속되고 지속적으로 비위관영양법을 적용하는 것이 바람직하지 않다고 판단되면 경피적내시경위조루술(Percutaneous Endoscopic Gatrostomy: PEG)도 고려할 수 있습니다.

6. 향후 계획(future plan)

경과 관찰 후 재평가하여, 인두수축력 증가 여부 및 상부식도괄약근의 열림 기능 정도에 따라 음식물(소량의 진한 액체)을 활용한 구강식이 훈련을 고려할 수 있겠다. 공기주입법으로 UES 열림이 호전되지 않는 경우 보톡스 주입(botox injection)을 고려할 수 있다.

V. 파킨슨병의 삼킴장애

1. 핵심 이론(core knowledge)

파킨슨병은 뇌의 흑질의 퇴행, 또는 흑질에서 생산되어 선조체에서 유리되는 신경전달물질인 도파민의 소실과 관련하여 나타나는 신경계 퇴행성 질환으로, 대표적인 운동장애이다. 전체 인구의 0.1~1% 정도의 발병률을 보이며, 노년층으로 갈수록 발병률이 급증한다. 파킨슨병의 경우, 전반적인 움직임 범위의 저하가 나타나고, 이에 따라 삼킴과 관련된 구강 및 인두의 운동성도 영향을 받아 모든 삼킴과정에서 이상이 생길 수 있다. 그러나 증상이 악화되는 정도는 사람마다 다르다. 연구자마다 다르지만 77~95%가량의 유병률이 보고되고 있다(Edwards, Quigley, Harned, Hofman, & Pfeiffer, 1994; Hunter, Crameri, Austin, Woodward, & Hughes, 1997).

파킨슨병의 경우, 턱과 혀에 강직이 있고, 이로 인해 혀의 움직임이 영향을 받으며, 진전(tremor)이 있다. 삼킴의 측면에서, 구강단계에서 저작과 혀 움직임의 장애가 두드러지고, 음식덩이를 뒤로 밀어 넘기는 데에 어려움을 보이며, 혀나 연구개의 떨림이 나타날 수 있다. 또한 음식을 반복적으로 앞뒤로 움직이는 증상이 나타나 음식덩이를 형성하는 데에 어려움이 생길 수 있다. 이러한 결과로 구강 잔여물이 남거나 구강단계가 지연될 수 있다. 인두단계에서는 경미하게 인두삼킴이 지연될 수 있으며, 인두의 수축운동(pharyngeal constriction)이나 후두 거상(laryngeal elevation), 혀의 기저부(tongue base) 수축 운동(retraction)도 감소할 수 있다. 증상이 심해지면, 상부식도괄약근(upper esophageal sphincter: UES)의 이완 장애와 후두에서의 진전도 나타나 흡인(aspiration)의 빈도가 높아지며 평상시 사레가 많이 걸리는 증상으로 나타나기도 한다. 그러나 구강-인두의 기능적 문제 외에도 전반적인 신체 운동기능의 변화로 음식물을 입으로 가져가거나 입술에서 떼어 내는 행동에 어려움을 보일 수 있고, 음식물을 떨어뜨리거나 흘리는 빈도가 높아질 수 있다. 그리고 약물의 사용에 따라 운동기능이 향상되지만, 약물의 지속 시간 정도에 따라 식사 시 삼킴 기능이 다르게 나타날 수 있다. 그러므로 평가를 통해 해당 환자의 주 문제를 파악하는 것이 중요하며, 중재 시 개인화된 맞춤 치료법을 계획하는 것이 필요하다.

파킨슨병의 경우, 약물의 사용이나 병 자체의 치료에 따라 삼킴 관련 증상이 악화 또는 호전될 수 있으므로 병의 진행 및 경과에 따른 삼킴 기능의 변화를 관찰할 필요가 있다.

2. 평가(assessment)

75세 남환은 3년 반쯤 전에 파킨슨병으로 진단받았으며, 정기적으로 외래 진료를 받으며 경과를 관찰하던 중 보행에 점차 어려움을 느껴 보존적 치료를 위하여 본원에 입원하여 재활치료 중이다. 특별한 삼킴장애 증상 없이 일반식 섭취 중이었으나, 최근 알약을 넘길 때에 어려움을 느끼고 식사 중 간혹 사레들림이 있다고 호소하여 삼킴평가가 의뢰되었다.

1) 병상삼킴검사

본환은 병상삼킴검사 실시 시에 혀의 운동범위가 약간 감소하였으나, 그 외 구강 조음기관의 구조 및 기능에 특별한 이상이 관찰되지 않았다. 호흡능력 저하가 약간 의심되고(MPT 8초), 경도의 목소리 감소가 나타났으나, 말-언어능력에서 특별한 이상 소견이 관찰되지 않았다.

마른 삼킴검사 시, 즉각적으로 삼키지 못하고, 여러 차례 시도 후 삼키는 현상이 나타났고, 3cc 물 삼킴검사 시, 설골-후두의 상승 범위가 약간 제한적이며 약간 느린 반응 속도를 나타내었다. 그러나 물 삼킴검사 전후의 목소리 질의 변화는 크게 관찰되지 않았다.

2) 비디오투시조영삼킴검사

상기 환자는 VFSS 시행 시, 묽은 액체와 진한 액체, 그리고 죽 및 밥의 대부분의 농도와 양에서 안전한 삼킴이 보고되었다. 그러나 묽은 액체를 9cc 제공하였을 때 비일관적으로 소량의 삼킴중 증상적 흡인이 관찰되었고(50%), 컵으로 마실 때에 삼킴전 무증상 흡인(silent aspiration before swallow)이 관찰되었다. 이후 혼합 농도(mixed consistency)에서 액체가 먼저 인두강으로 흘러내려가는 현상이 관찰되었으며, 소량의 삼킴중 무증상 흡인이 관찰되었다.

죽이나 밥의 삼킴 시, 구강 단계에서 불완전한 입술 폐쇄로 인해 입술 밖으로 음식덩이가 약간 흘러나왔으며, 저작 속도가 느리며 오랫동안 씹는 모습이 관찰되었다. 음식덩이의 형성 및 구강이동이 약간 지연된 소견이었다. 인두단계에서 후두덮개계곡의 하강 움직임이 다소 느리고 인두수축력이 저하되었으며, 후두덮개계곡에 점진적으로 상당량의 잔여물이 남았다. 잔여물은 소량(3cc 이하)의 물을 삼킴으로써 제거되었다.

3. 중재 계획(intervention plan)

상기 환자는 최근에 삼킴 문제가 보고되었으며, 대부분의 농도와 양에서 특별한 이상이 보고되지 않았지만, 9cc 묽은 액체에서 비일관적인 삼킴 중 증상적 흡인, 컵으로 마시기에서 삼킴 전 무증상 흡인이 관찰되었다. 별다른 구강조음기관의 문제가 없으므로 일반식을 유지하되, 9cc 이상의 액체를 제한하고 한번에 6cc 이하로 섭취할 것을 권한다. 국물에 점도증진제를 포함하거나 국물과 건더기는 반드시 분리하여 섭취할 것을 권한다. 특히 현재는 알약의 섭취에 어려움이 많은 상태로 약의 제형을 바꿀 것을 권한다.

4. 상담(counseling)

파킨슨병의 경우 삼킴 문제가 동반되는 경우에 수분이 제한되는 경우가 많고, 운동성 저하로 변비에 걸리기 쉬우므로 식단 구성에 주의가 요구된다. 이에 영양과 상담 의뢰를 통해 적절하게 식단을 구성하고 충분히 섬유질을 섭취할 수 있도록 한다.

5. 질의응답(Q & A)

Q1. 파킨슨병 환자에게 삼킴 문제는 흔한가요?

A1. 네, 아주 가벼운 삼킴장애를 포함하면 Hoen & Yahr stage I 환자의 약 절반가량, 그리고 stage II~IV 환자의 90% 이상이 삼킴장애를 나타내는 것으로 보고되고 있습니다. 파킨슨병은 퇴행성 질환으로, 삼킴장애의 발생이나 진행 정도는 환자마다 다르지만, 병의 진행에 따라 삼킴장애 증상이 심해질 수 있습니다.

Q2. 파킨슨병 환자의 삼킴 문제는 호전될 수 있나요?

A2. 장기적이고 지속적으로 호전될 수는 없지만, 항파킨슨병 약을 투여하는 등의 파킨슨병 자체에 대한 치료가 진행되면 신체의 근강직이나 서동증(bradykinesia)에 효과를 나타내면서 삼킴기능에도 효과가 있을 수 있습니다. 그러나 개인차가 있으므로 각 개인이 나타내는 삼킴 문제를 정확히 파악하고 목적 및 요구에 맞는 중재법을 우선적으로 찾는 것이 많은 도움이 될 것입니다.

6. 향후 계획(future plan)

본 환자의 경우 최근에 삼킴 곤란 증상이 보고되기 시작하였으므로 환자 및 보호자 교육을 실시하여 향후 삼킴장애 정도의 진행에 관해 꾸준하게 자가 모니터링을 할 필요가 있다. 향후 외래를 통해 지속적으로 경과를 관찰할 예정이다.

VI. 치매의 삼킴장애

1. 핵심 이론(core knowledge)

치매는 뇌신경세포의 만성적이고 진행성 퇴행에 의해 기억, 사고, 언어, 학습, 공간인지 등의 고위인지기능에 다양한 기능저하를 일으키는 증후군이다. 치매 환자의 약 45%에서 삼킴장애가 발생하며, 치매가 진행됨에 따라 삼킴장애는 악화된다. 치매는 노인인구에서 일반적으로 발생하므로, 일반적인 노화로 인한 삼킴의 생리학적 변화와 치매로 인한 삼킴문제가 동반된다(권미선, 김종성 역, 2007).

치매의 삼킴장애 원인은 다양하다. 첫 번째는 신체기능적인 문제이며, 가장 흔한 것이 구강, 치아의 문제이다. 노인 환자는 치아의 결손, 충치, 치주염 등의 염증성 질환, 구강건조증이 흔하다. 또한 미각 및 후각 저하, 구강 내의 일반 감각 저하, 인두 및 식도의 운동성 저하 등이 발생한다. 두 번째는 인지관련 섭식장애로 의식의 저하, 주의력 문제, 식욕 문제, 실행증(apraxia), 실인증(agnosia), 무시증후군 등으로 삼킴장애가 발생한다. 세 번째는 치매의 진행에 따라 나타나는 행동심리증상과 관련된 섭취장애이다. 초기에는 환자가 식사하는 것을 잊는 경우가 많고, 우울증이나 식욕 감소에 의해 먹는 것을 거부한다. 식사 도중에 주의가 산만해져 식사를 중단하고 식탁을 떠나기도 한다. 중기에는 삼킴장애와 함께 초조감 등으로 인해 식사량을 충분히 채우지 못한다. 말기에는 구강 및 인두의 운동장애가 진행되어 구강인두 단계에서의 삼킴장애가 뚜렷해진다(Kai et al., 2015).

치매가 진행될수록 삼킴장애의 중증도는 심해지며, 영양실조, 탈수, 흡인성 폐렴과 같은 심각한 합병증에 걸릴 위험이 높아진다. 특히 흡인성 폐렴은 치매 환자의 사망원인 중 70%를 차지한다. 알츠하이머 치매는 초기 단계부터 무증상흡인(silent aspiration)으로 인해 폐렴이 발생할 수 있다. 따라서 VFSS와 같은 기기검사를 실시하여 무증상흡인의 여부를 확인해야 한다. 이러한 검사 과정에서 의사소통과 인지 문제가 있는 치매 환자는 어려움을 겪을 수 있다(Easterling & Robbins, 2008).

2. 평가(assessment)

만 72세의 남환은 알츠하이머 치매로 진단받은 지 6년이 경과하였다. 치매의 초기 증상으로 인지기능 중 기억장애가 가장 먼저 발생하였고 일화기억력 손상이 가장 두드러졌다. 치매가 점차 진행되면서 인지장애가 심화되었고 다양한 신경정신증상, 이상행동 등이 나타났다. 무감동(apathy), 불안(anxiety), 불안정성(irritability)을 보였고 우울증이 동반되어 현재 중기의 치매 특성을 보이고 있다.

환자는 치매 초기 단계에서 식욕 감소로 인하여 식사량을 충분히 채우지 못했고 이로 인해 체중이 조금 감소하였다. 치매가 진행되면서 식이문제가 점차 심화되어 VFSS를 실시하였다. 환자는 3, 6, 9cc의 묽은 액체에서 문제가 없었으나 컵으로 액체를 마실 때 무증상흡인이 발생하였다. 이 후 진한 액체, 반고형식, 고형식에서 검사를 진행하려고 하였으나 환자가 거부하여 기기검사를 종료하였다. 이후 검사자는 편안한 분위기에서 섭식관찰과 네손가락검진법(four finger method)을 실시하였다. 그 결과, 인두삼킴이 지연되었으나 후두상승의 범위는 정상적이었다.

감각 면에서 미각과 후각의 감소가 관찰되었으며, 운동 면에서 입술, 구강 및 인두의 근력, 운동범위, 조절능력이 다소 감소되었다. 환자는 앞에 놓여진 음식물을 스스로 먹으려고 하는 시도가 적었으며, 입안에 음식을 넣은 후에도 저작이나 삼킴 없이 오래 물고 있었다. 인지기능 평가 결과 기억장애가 심해지면서 식사하는 것을 잊는 빈도가 증가하였다. 식욕 감소, 우울증 등과 함께 기억장애가 심화되면서 섭취하는 음식의 양이 점차 감소하고 있었다.

3. 중재 계획(intervention plan)

가장 먼저, 검사 결과 삼킴 시 무증상 흡인을 유발하였던 컵으로 액체 마시기를 금지하고 소량을 숟가락으로 떠먹게 한다. 환자의 우울증 및 인지문제로 인하여 자세 변형과 삼킴의 생리적 변화를 유도하는 보상기법의 효과는 제한적이다. 그러나 인두지연 문제를 보완하기 위해 음식을 삼킬 때 턱 당기기(chin down)를 적용하도록 한다.

입안에 음식을 넣는 데 걸리는 시간과 삼킴의 구강단계를 시작하는 데 걸리는 시간을 감소시키기 위해 감각강화기법을 적용한다. 음식을 입안에 넣기 전과 음식이 입안에 있을 때 감각입력(sensory input)을 높인다. 이를 위해 입안에 음식을 넣을 때 숟가락을 혀에 대기, 신맛이 나는 음식덩이(bolus)를 제공하기, 찬 음식덩이를 제공하기, 씹기를 필요로 하는 음식을 제공하기, 많은 양의 음식덩이(3mL 이상)를 제공하기 등을 실시한다. 또한 온도-촉각자극법을 실시하여 구강자극을 높이고 대뇌와 뇌간으로의 감각자극을 강화하여 삼킴의 구강 및 인두단계의 개시가 빨리 이루어질 수 있도록 유도한다.

음식 섭취량을 증가시키기 위해 환자가 좋아하는 음식, 고단백과 고칼로리 음식을 제공한다. 찬 음식과 따뜻한 음식을 교대로 제공하여 삼킴이 보다 원활하게 일어나게 한다. 환자가 잘 먹는 시간에 식사를 제공하며, 수시로 먹을 수 있도록 적절한 간식을 준비해 놓는다. 식욕 감소로 인해 탈수가 발생할 수 있으므로 낮 동안 지속적으로 수분을 공급하고, 환자의 동선을 따라 다양한 음료수를 배치하여 수시로 마실 수 있도록 한다. 한번에 너무 많은 음식을 제공하기보다는 음식 종류를 단순화한다. 또한 간단한 음식 준비에 환자를 참여시켜 음식에 대한 관심을 증가시킨다.

식사를 끝내지 못하고 도중에 자리를 뜨는 경우, 샌드위치 같이 한꺼번에 먹을 수 있는 음식을 제공한다. 집중력이 낮아 식사를 끝내지 못하는 경우, 간단한 동작이나 명령을 통해 식사에 집중할 수 있도록 하고, 식사 시간을 하루 4~5번으로 나누어 짧게 자주 먹을 수 있도록 한다. 너무 밝은 분위기보다는 조용하고 차분한 식사 분위기를 형성한다.

4. 상담(counseling)

치매의 진행에 따라 정기적인 삼킴평가를 실시하여 의사, 간호사, 재활치료사, 영양사, 보호자 등으로 구성된 재활 팀과 정보를 공유한다. 특히 영양 실조 및 탈수와 연관된 영양상태와 건강상태에 대한 정보를 꾸준히 모니터링한다. 보호자에게는 앞으로의 변화 과정을 미리 설명하고 대처방법에 대해 교육한다.

5. 질의응답(Q & A)

Q1. 알츠하이머 치매 환자의 삼킴문제는 앞으로 어떻게 진행될까요?

A1. 치매는 퇴행성질환이므로 정도의 차이는 있으나 삼킴장애가 필연적으로 발생하게 됩니다. 그리고 치매가 진행됨에 따라 삼킴문제는 더욱 심각해집니다. 현재 음식물에 대한 무관심, 식욕 감소, 주의력 및 기억력 감소, 우울증 등의 문제로 인해 섭취하는 음식의 양이 적고, 구강과 인두의 운동기능 및 조절능력이 저하되어 구강단계가 지연되고 삼킴반응이 지연되고 있습니다. 앞으로 음식에 대한 실인증이 발생하면 음식이 제공되어도 음식인지를 인식하지 못하고 음식을 가지고 놀 수 있습니다. 식사실행증(feeding apraxia)이 발생하면 숟가락이나 젓가락 같은 아주 익숙한 식사도구의 사용방법을 잊을 수 있습니다. 이렇게 치매 환자에서 삼킴장애가 진행되면 탈수, 영양실조, 흡인성 폐렴의 발생률이 증가하게 됩니다. 치매의 말기에 이르면 영양 섭취 및 탈수 예

방으로 위해 비위관/위루관을 통한 경관식이나 경정맥영양투여 등을 시행하는 경우도 있습니다. 그러나 이러한 인위적인 영양 공급은 영양상태나 식이기능의 수준을 개선하거나 욕창이나 사망률을 효과적으로 감소시키지 못합니다. 따라서 환자가 편하게 먹을 수 있는 수준의 구강식이투여를 꾸준히 할 수 있도록 권고 드립니다.

6. 향후 계획(future plan)

치매 환자를 대상으로 한 직접 치료와 보호자를 대상으로 한 간접 치료를 병행한다. 환자의 삼킴문제가 점차 심화될 것이므로 보호자 교육의 빈도를 증가시킨다. 환자가 보다 편안하게 식사할 수 있도록 음식이나 식사 환경을 점차 변화시킬 수 있도록 보호자에게 과제를 제시한다. 삼킴재활 팀의 모임을 정기적으로 개최한다. 치매 말기에 영양실조와 흡인의 빈도가 증가하면 안전하고 충분한 구강 섭취의 가능성 여부를 확인하고 경관식이 등의 대체 방법을 논의한다.

참고문헌

권미선(2016). 뇌졸중 환자의 말장애와 삼킴장애 치료. **대한후두음성의학회지, 27**, 11-13.

권미선, 김종성 역(2007). **삼킴장애의 평가와 치료**. Logemann, J. 저. 서울: 학지사.

김연희(2005). 뇌졸중의 예방과 치료. 삼성서울병원 뇌졸중센터 편. **뇌졸중의 재활치료**. 서울: 삼성서울병원.

대한연하장애학회(2017). **연하장애**. 서울: 군자출판사.

송영진, 이현서, 정인미(2007). **삼킴장애**. 서울: 계축문화사

신후남, 이명순 역(2010). **뇌성마비 언어치료 SLP를 위한 가이드북**[*Cerebral palsy resource guide for speech-language pathologists*]. Workinger, M. S. 저. 서울: 박학사.

오병모 역(2015). **알기 쉬운 연하장애**. 츠바하라 아키오 저. 서울: 군자출판사.

윤서연, 박윤길(2015). 파킨슨병의 연하장애. *Journal of the Korean Dysphagia Society, 5*, 57-60.

이정환, 최경효, 하상배(2001). 외측 연수 경색 환자와 중대뇌동맥 경색 환자의 비디오 투시 연하 검사 비교. *Journal of the Korean Academy of Rehabilitation Medicine, 25*, 396-403.

현홍근 역(2014). 입으로 먹을 수 있다(4판)[*Principles and practice of dysphagia management*]. 후지시마 이치로 저. 서울: 군자출판사.

Benfer, K. A., Weir, K. A., Bell, K. L., Ware R. S., Davies, P. S., & Boyd, R. N. (2014). Oropharyngeal dysphagia in preschool children with cerebral palsy: Oral phase impairments. *Research in Developmental Disabilities, 35*, 3469-3481.

Easterling, C. S., & Robbins, E. (2008). Dementia and dysphagia. *Geriatric Nursing, 29*(4), 275-285.

Edwards, L. L., Quigley, E. M., Harned, R. K., Hofman, R., & Pfeiffer, R. F. (1994). Characterization of swallowing and defecation in Parkinson's disease. *American Journal of Gastroenterology, 89,* 15-25.

Howle, A. A., Baguley, I. J., & Brown, L. (2014). Management of dysphagia following traumatic brain injury. *Current Physical Medicine and Rehabilitation Representation, 2,* 219-230.

Hunter, P. C., Crameri, J., Austin, S., Woodward, M. C., & Hughes, A. J. (1997). Response of parkinsonian swallowing dysfunction to dopaminergic stimulation. *Journal of Neurological Neurosurgery Psychiatry, 63,* 579-583.

Kai, K., Hashimoto, M., Amano, K., Tanaka, H., Fukuhara, R., & Ikeda, M. (2015). Relationship between eating disturbance and dementia severity in patients with Alzheimer's disease. *PLoS ONE, 10*(8), e0133666. https://doi.org/10.1371/journal.pone.0133666.

Leonard, R., & Kendall, K. (2008). *Dysphagia assessment and treatment planning* (2nd ed.). San Diego, CA: Plural Publishing.

Meadows, J. C. (1973). Dysphagia in unilateral cerebral lesions. *Journal of Neurological Neurosurgery Psychiatry, 36,* 853-860.

Meng, N. H., Wang, T. G., & Lien, I. N. (2000). Dysphagia in patients with brainstem stroke: Incidence and outcome. *American Journal of Physical Medicine Rehabilitation, 79*, 170-175.

Murdoch, B., & Theodoros, D. G. (2001). *Traumatic brain injury: Associated speech, language, and swallowing disorders.* San Diego, CA: Singular Thomson Learning.

Rousseaux, M., Lesoin, F., & Quint, S. (1987). Unilateral pseudobulbar syndrome with limited capsulothalamic infarction. *European Neurology, 27,* 227-230.

Santoro, A., Lang, M. B. D., & Moretti, E., et al. (2012). A proposed multidisciplinary approach for identifying feeding abnormalities in children with cerebral palsy. *Journal of Child Neurology, 27,* 708-712.

Shipley, K. G., & Mcfee, J. G. (2009). *Assessment in speech-language pathology: A resource manual* (4th ed.). New York, NY: Delmar Cengage Learning.

Veris, S. L., & Logemann, J. A. (1985). Swallowing disorders in patients with cerebrovascular accident. *Archives of Physical Medicine Rehabilitation, 66,* 372-375.

제15장

청각장애

청각장애는 청각기관의 손실이나 결함으로 청력이 떨어지는 감각장애이다. 일반적으로 잔존청력이 존재하면 '난청'으로, 잔존청력이 없으면 '농'으로 분류한다. 최근 들어 이 용어들을 모두 '청각장애(hearing impaired)'라고 통칭해서 부르고 있다.

청각장애아동이 신생아에서 성인에 이르기까지 성장과정에 따라 환경이 다양해지고, 교육접근이 추가된다. 이것을 그림으로 제시하면 [그림 15−1]과 같다. [그림 15−1]에서와 같이 청각장애인은 전 생애적인 주기에 걸쳐 다양한 교육지원이 이루어져야 한다. 이러한 환경에 따라 적절한 교육적 지원을 위해 청각을 이해한다.

청각장애 분류는 청력손실 정도와 그 시기, 청력손실 부위에 따라 나누어진다. 먼저 청력손실 정도는 소리의 주파수와 강도 관계를 한 눈으로 제시하는 청력도([그림 15−2])를 보면 잘 알 수 있다. 즉, 각 주파수에서 지각하는 소리크기 정도를 파악하면 아동의 청력손실 정도를 알 수 있다. 정상 청력을 가진 사람은 모든 주파수대역에서 25dB 이하에서 소리를 지각하는 것이다. 국제표준화기준(ISO, 1964)에서 제시하는 청력손실을 크게 6개로, 정상 청력(0~25dB), 경도(26~40dB), 중도(41~55dB), 중고도(56~70dB), 고도(71~90dB), 최고도(91dB 이상)로 분류한다. 청력손실 시기에 따라서는 흔히 선천성 혹은 후천성으로 나누지만 언어발달 시기에 따라서는 언어습득 전과 언어습득 후로 분류한다. 청력손실 부위에 따라 크게 3개의 청각장애

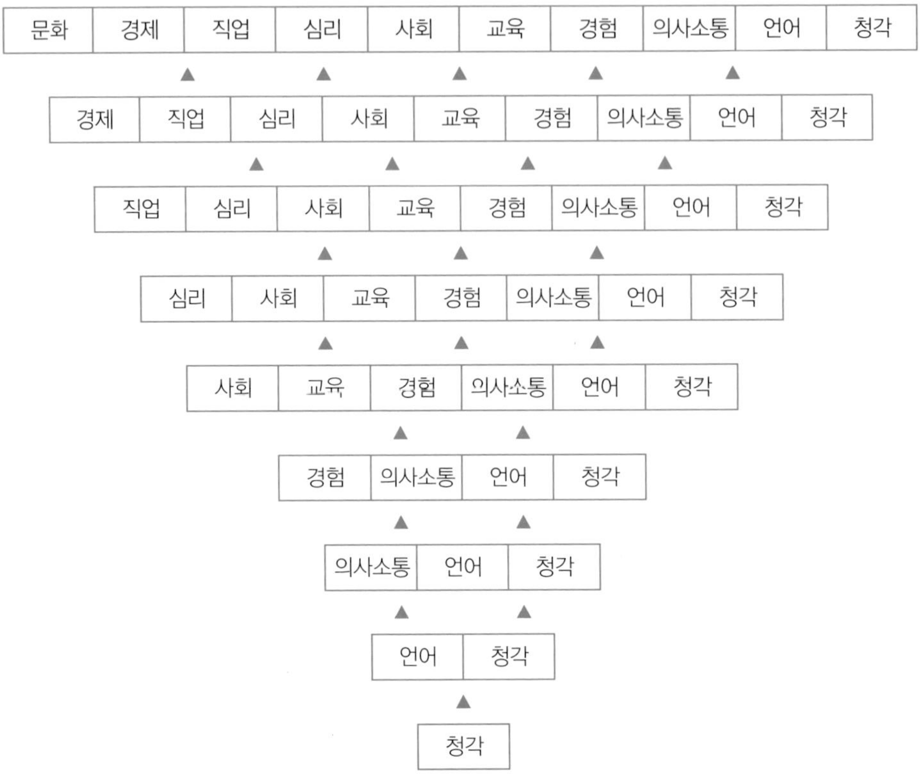

[그림 15-1] **청각장애인의 교육적 나선형 효과**

유형으로 나누는데, 청각기관의 외이와 중이 기관 부위에 문제가 생기면 전음성 청각장애, 내이 기관과 청신경계에 문제가 생기면 감음신경성 청각장애, 두 기관 모두에서 문제가 생길 경우 혼합성 청각장애로 정의하고 있다. 이러한 청각장애의 검사 결과를 해석하고 청각장애인이 말소리를 알아듣는 정도를 이해하려면 먼저 청력도([그림 15-2])를 충분히 이해할 수 있어야 한다.

실제로 청력도는 음파의 주파수와 강도의 관계를 일목요연하게 제시해 주는 그림으로, 실제로 말소리지각에 영향을 미치는 주요 주파수대역에서 청각장애인이 들을 수 있는 역치를 한눈에 파악이 가능하다. 일부 학자는 청력검사를 통해 말소리지각 정도를 예측하기 위해 조음지수(articulation index: AI)를 활용하기도 한다(Mueller & Killion, 1990). 조음지수를 통해 말소리지각 정도를 예측하는 것은 청력도에 근거한 결과이지만, 실제 교육 현장에서 청력검사기를 통한 분석이 불가능하므로 일반적으로 언어재활사들은 주파수대역의 말소리지각을 평가하기 위해 Ling 6

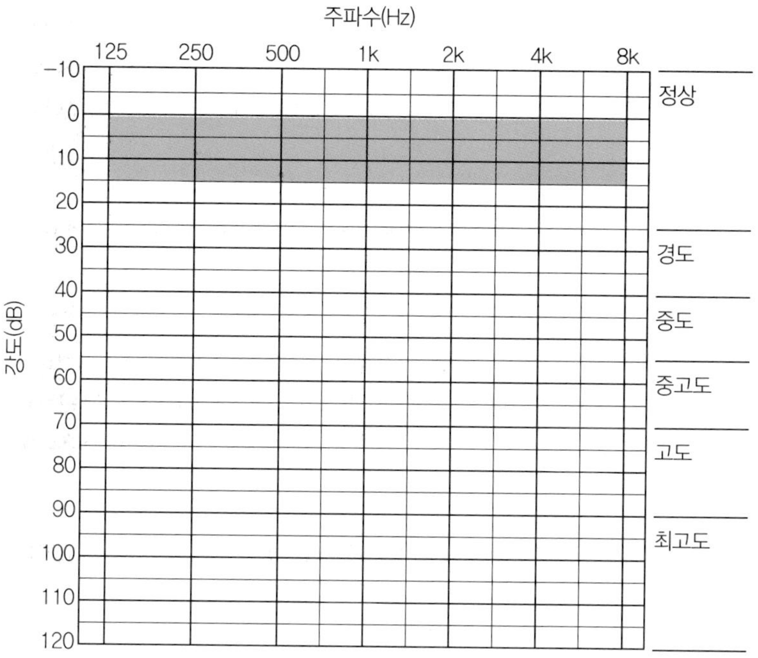

[그림 15-2] **청력도**

Sounds를 활용한다. 이것은 6개의 말소리(/a/, /i/, /u/, /m/, /s/, /ʃ/)로, 청력도의 저주파수에서 고주파수로 넓게 분포되어 있다. 이 말소리지각을 통해 각 주파수의 소리를 지각하는지 파악이 가능하다. 따라서 언어재활센터에서 청각장애인을 치료하기 전에 반드시 청각장애인의 진단, 청력검사 종류 및 결과, 보장구 착용 유무와 보정청력, Ling 6 sounds의 지각 정도 등을 파악하여 청각장애인의 청각 및 청지각 상태를 알아야 한다. 현재 일반적으로 이비인후과에서 많이 실시하는 청력검사와 이 검사로 그 기능을 파악할 수 있는 청각기관을 정리하면 [그림 15-3]과 같다.

언어재활사는 청각장애인의 청능재활 및 언어재활을 위해 이러한 청력검사 결과를 이해하고, 청각장애인의 언어 및 말소리의 문제도 파악해야 할 것이다. 청각장애아동의 여러 변인은 말소리지각과 언어발달에 영향을 미치므로 체계적이고 세부적인 치료접근을 제시해야 한다. 일반적으로 청각장애인의 말소리지각은 크게 4개의 단계로 나뉜다([그림 15-4]). 말소리지각에서 기초 단계는 말소리나 소리의 유무를 파악하는 감지(탐지) 수준이다. 소리의 차이를 살펴보는 것이 아니라 단지 들리는 것을 지각하는 능력을 파악하는 단계이다. 두 번째 단계로는 소리나 말소리의 차이

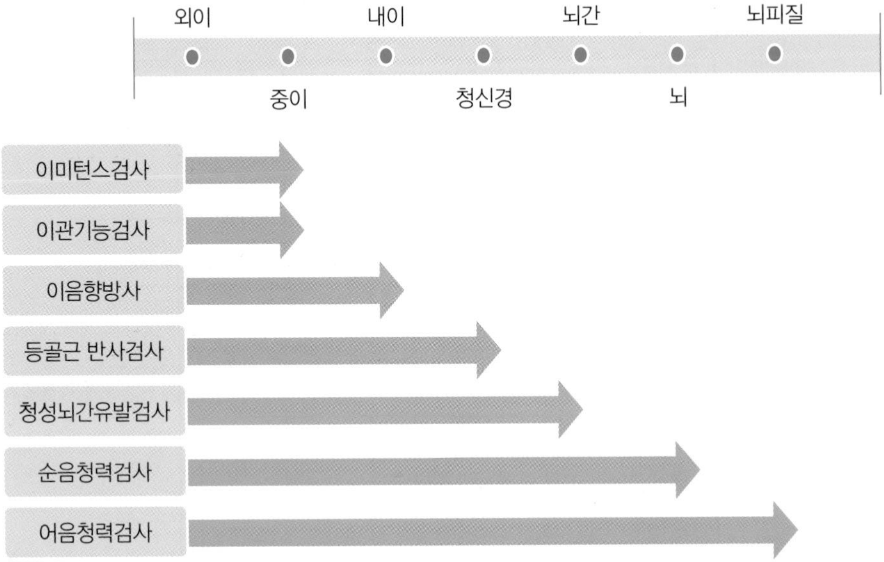

[그림 15-3] **청력검사와 청각기관**

를 인지하는 변별 수준이다. 두 가지 이상의 소리를 듣고 그 소리가 같은지 다른지를 인지하는 단계이다. 세 번째 단계는 소리나 말소리가 제한된 상황에서 인지하는 확인 수준이다. 즉, '사과'라는 소리를 듣고 사과 과일이나 그림을 찾을 수 있는 단계이다. 마지막으로 제한된 단서 없이 개방된 상황에서 소리나 말소리를 들어서 이해하는 수준(이해 수준)이다. 이는 확인 단계에서 제시한 사과를 어떤 상황에서 이야기해도 인지가 가능한 단계이다. 이러한 4단계를 통해 말소리지각 훈련을 실시한다.

청각장애아동의 언어발달을 도모하는 데 장기간의 체계적인 언어중재 지원이 필요하다. 이때 청각장애인을 위한 언어검사는 일반 언어발달지체아동의 언어검사를 실시하여도 무관하다고 생각된다. 단지 검사의 목적에 근거해서 접근방식을 달리해야 할 것이다. 이를테면 청각장애인들은 소리를 듣지 못하므로 언어이해력을 평가하기 위해 반드시 검사어휘를 구화로 제공하는 기존의 언어검사 방식을 그대로 적용해서는 청각장애인의 언어이해 정도를 정확하게 파악하기는 어렵다. 따라서 필담이나 다른 접근방식을 고려해서 시행해도 무관하다. 단지 지나친 단서가 제공되어서는 안 되는 검사에서 언어재활사는 해당 검사의 목적과 기본방법을 근거하여 검사실시방법을 판단하여 실시해야 할 것이다.

이 장에서는 청각장애인의 생애주기적 단계에 따라 영유아기, 아동기, 성인기 및

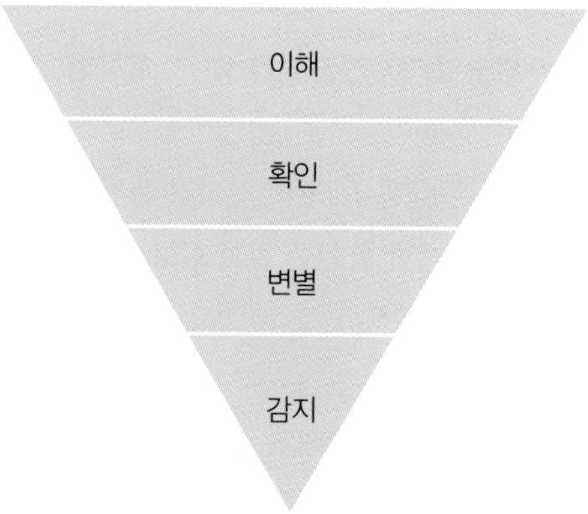

[그림 15-4] **말소리지각 단계와 언어영역**

노인기로 나누어 사례별 검사 결과를 정리하여 해석하고 언어검사와 치료단계, 부모 가이드를 정리하였다.

Ⅰ. 영유아기

1. 핵심 이론(core knowledge)

신생아가 태어나면 병원에서는 신생아 청각선별검사를 실시한다. 이 선별검사에 통과하지 못할 경우 정밀 청력검사를 받게 된다. 신생아와 영유아의 청각손실 여부를 파악하기 위해 앞서 제시한 순음청력검사를 시행하는 것은 불가능하다. 일반적으로 순음청력검사와 어음청력검사는 피험자의 협조가 요구되는 주관적인 검사이다. 따라서 영유아들은 검사협조가 필요없는 청성뇌간유발반응검사(Auditory Brainstem Respose: ABR)나 청성지속반응검사(Auditory Steady State Response: ASSR)를 이용하여 청력손실 정도를 파악하는 것이 효과적이다.

청각장애로 진단받은 신생아의 정보와 검사 결과를 통해 언어 및 청능재활 과정을 한 사례로 살펴보았다.

아동명: 김○○(남) 생년월일: 2002. 5. 1.(1;3) 검사일: 2003. 8.

배경정보 및 행동관찰:

어머니의 보고에 의하면 아동은 임신 9개월에 심리적 충격으로 조산되었고, 출산 시 기본적인 신생아검사로 아동의 상태를 확인한 결과 이상이 없었다. 아동은 생후 2개월에 황달로 입원하였고, 완치 후에 후 신생아 청각선별검사를 받았다. 그 결과 '의심'으로 판정되었으며, 3개월 후 청성뇌간유발반응검사로 청력검사를 받았다고 한다. 그 결과 우측 80dBnHL과 좌측 50dBnHL로, 청각장애로 진단받았으며 보청기를 착용하게 되었다고 한다. 청성뇌간유발반응검사 결과는 [그림 15-5]와 같다.

어머니의 관찰에 의하면 2002년 8월 말경에 보청기를 착용하였으며, 보청기를 착용한 초기에는 주 1회 간격으로 방문하여 보청기를 조절하였으나 최근에는 2~3개월 간격으로 한 번씩 방문하여 조절한다고 하였다. 지금도 유아는 보청기를 착용하면 자꾸 울고 짜증낸다고 하였다. 본 치료실에는 2002년 12월에 청각장애로 진단받고 청능재활과 언어재활을 위해 내원하여 치료를 받고 있다.

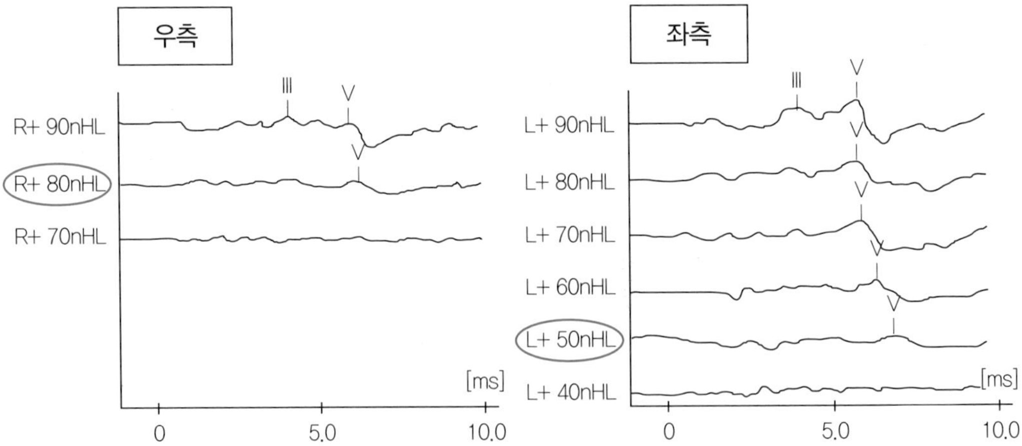

[그림 15-5] **사례 영유아의 청성뇌간유발반응검사 결과: 우측과 좌측 귀의 반응역치가 80dBnHL, 50ndBnHL로 나타남**

2. 평가(assessment)

언어재활센터에서 영유아의 평가 항목과 결과는 〈표 15-1〉과 같다.

〈표 15-1〉 **청각장애영유아의 검사 항목 및 결과**

검사 항목	세부 검사 항목	검사 결과
청지각검사	환경음 소리	문닫는 소리, 갑자기 큰 소리에 반응함
	악기소리	북소리 종류에 반응함
	초분절적인 소리	엄마 목소리와 아빠 목소리에 반응함
	말소리지각	분절적 말소리지각 검사 불가능
행동관찰검사	유소아의 청각통합능력검사(IT-MAIS)	12/40점: 보청기를 착용한 전후 청각자극에 대한 반응이 즉각적으로 나타나고 옹알이가 증가함
	청각수행능력검사(CAP)	2/7점: 환경음에 반응함
언어검사	영유아 언어발달선별검사(SELSI)	8개월(−2SD)
	부모의 관찰보고	울 때 이외에는 목소리가 잘 나오지 않음 울 때 아동의 목소리가 다소 크다고 느껴짐. 입안에서 소리를 냄

이상의 검사 결과를 정리하면 위 영유아는 소리 듣기 수준이 감지이며 초분절적인 말소리에 반응하는 것을 알 수 있다. 언어발달을 촉진시키기 위해 보청기를 활용한 언어 및 청각 훈련 중재가 이루어져야 할 것이다. 또한 보청기를 착용하면서 소음과 말소리를 구분하지 못하고 말소리를 무시하게 되므로 집중적인 청능훈련이 필요하다. 따라서 언어재활사나 부모는 적절한 방법으로 청각적 정보를 제시해 주고, 아동의 행동 반응을 관찰하며 재활과정이 이루어져야 한다. 이 단계에서는 가정과 언어재활센터, 보장구센터 간의 협력이 매우 중요하다.

3. 중재 계획(intervention plan)

위 유아의 언어 및 청각재활을 위한 장 · 단기 목표는 다음과 같다.

〈표 15-2〉 **청각장애 영유아의 장 · 단기 목표 예시**

장기목표	단기목표
1. 보장구를 착용해서 일상생활의 환경음을 95% 인지할 수 있다.	1-1. 하루에 3시간 이상 보청기를 착용할 수 있다. 1-2. 하루에 6시간 이상 보청기를 착용하여 90% 이상 소리를 감지할 수 있다. 1-3. 아동은 생활 속에서 보청기를 착용하여 90% 이상 소리를 구별할 수 있다. 1-4. 아동은 주위에서 들리는 환경음을 95% 이상 인지할 수 있다.
2. 구조화된 상황에서 양순음 단어를 90% 이상 발성할 수 있다.	2-1. 구조화된 치료실 상황에서 VV, VCV 무의미 단어를 90% 이상 산출할 수 있다. 2-2. 구조화된 치료실 상황에서 양순음의 1~2음절 단어를 모방할 수 있다.
3. 일상생활에서 2세 수준의 사물어휘를 90% 이상 이해할 수 있다.	3-1. 아동이 일상생활에서 자주 접하는 가족 명칭을 90% 이상 이해할 수 있다. 3-2. 아동이 일상생활에서 자주 접하는 가정 사물의 이름을 90% 이상 이해할 수 있다. 3-3. 아동이 자주 접하는 동물 이름을 90% 이상 이해할 수 있다.

일부 단기목표에 따른 치료 활동의 한 예는 다음과 같다.

〈표 15-3〉 **단기목표에 따른 회기별 치료활동**

단기목표 1-3. 아동은 생활 속에서 보청기를 착용하여 90% 이상 소리를 구별할 수 있다.
단기목표 2-1. 구조화된 치료실 상황에서 VV, VCV 무의미 단어를 90% 이상 산출할 수 있다.

날짜	세부계획	목표반응	강화절차/준거	결과
○/○○	회기목표 1-3-1. 아동은 보청기를 착용하고 치료사가 제시한 두 개의 악기 소리를 90% 변별할 수 있다. 치료활동: • 보청기를 착용한 상태를 확인하고 작동 이상 유무를 체크한다. -배터리 상태 유무 -귀꽂이(이어몰드) 상태 확인 -보청기 작동 여부 확인			

	• 소북과 트라이앵글을 아동에게 탐색하게 한다. 언어재활사는 소북이나 트라이앵글을 직접 치며 소리를 들을 수 있도록 주의를 집중시킨다. 이때 아동이 집중할 수 있도록 아동이 좋아하는 블록을 귀에 대며 유도한다. 아동이 두 소리가 같은지 다른지 변별할 경우 들리는 사물의 소리를 듣고 해당사물의 소리를 찾도록 유도한다. 해당사물이 틀리면 사물과 소리를 보여 주며 들려주어 확인 단계로 연결한다. • 만약 아동이 두 소리의 차이를 구별하지 못할 경우 소리의 같음과 다름을 이해시킨다. 같은 소리를 들려주고 똑같은 두 개의 얼굴(엄마얼굴–엄마얼굴)이 있는 그림을 제시하고 다른 소리를 들려준 후 다른 두 개의 얼굴(엄마얼굴–아빠얼굴)이 있는 그림을 보여 주며 '같은 소리', '다른 소리'를 인지시킨다. 소리만 들려주었을 때 구별하지 못한다면 사물과 함께 소리를 제공하여 두 소리가 같음과 다름을 인지시킨다.	'같은 소리'에 같은 얼굴그림 '다른 소리'에 다른 얼굴그림을 찾는다.	해당 그림이나 사물을 지적하는 것/90% 이상	
	회기목표 2-1-1. 구조화된 치료실 상황에서 VV 무의미 단어를 90% 이상 발성할 수 있다. 치료활동: • 아동이 입안에 맴도는 발성을 단모음으로 길게 산출하게 한다. 이때 언어재활사는 아동에게 길게 생긴 줄을 제공하며 줄을 따라 작은 장난감 바퀴를 굴리며 모음 /아/를 길게 유지하게 한다. • 긴 발성이 유지될 경우 이번에는 짧게 자른 줄을 제공한 후 바퀴가 줄을 지날 때만 /아/라고 짧게 발성하도록 유도한다. 연속해서 발성이 산출되지 않을 경우 바퀴 굴리는 속도를 늦춰 발성을 조절하게 한다. • 아동에게 짧은 밧줄을 두 개씩 묶어 바퀴를 지나게 하면서 /아, 아/를 짧게 여러 번 발성하게 유도할 수도 있다. 아동이 자발적으로 산출할 경우 두 개의 다른 모음을 제시하며 발성을 유도한다. 이때 시각적으로 모방이 가능한 모음부터 제시하는 것이 좋다.	발성산출이 쉬운 /아/ 모음과 연결하여 발성을 산출하며 놀이를 통해 이음절 발성으로 연결한다.	제시된 연속 두 모음을 10회 중 9회 이상 자발적으로 산출	

아동은 언어발달 자극도 중요하지만 보청기를 착용한 상태로 보청기에 적응하는 청각재활이 무엇보다 중요하다. 청각장애아동의 언어발달 중재는 언어발달지체아동의 교육과 유사한 단계로 접근한다.

4. 상담(counseling)

1) 부모의 심리

(1) 청각장애 거부

부모들은 이 시기에 자신의 아동이 청각장애라는 사실을 받아들이지 못하는 경우가 많다. 실제로 조기 진단과 조기 교육이 중요함에도 불구하고 청각장애아동의 부모들은 검사 결과를 받아들이기가 어려워 여러 병원에 다니며 재진단을 받고 실망하며 많은 시간을 허비한다. 이때 언어재활사들은 실의에 빠진 부모들에게 이 사실을 받아들일 수 있도록 아동의 성장하는 전반적인 과정을 설명하고 그 과정에 영유아기의 청각재활의 중요성을 알려 주어야 한다. 가능한 한 아동의 정확한 진단 해석에 따른 청능훈련과 언어치료적 중재로 차후 신생아의 발달을 제시해 줌으로써 장애를 수용하는 데 긍정적인 효과를 이끌 것이다.

(2) 청각장애 질병으로 완치 가능할 것이라 믿음

신생아의 청각장애 진단은 청성뇌간유발반응검사 결과에 기초한다. 이 검사는 저주파수대역보다 고주파수대역의 소리에 민감하게 반응한다. 따라서 신생아가 검사상 무반응으로 나타나더라도 가정에서 낮은 주파수대역이나 큰 소리에 반응이 있을 수 있다. 전주파수대역에서 지각하는 청력정도를 파악하기 위해서는 협조가 가능해야 하는 순음청력검사나 어음청력검사를 활용하는 것이 좋으나 신생아는 검사협조가 불가능하므로 이러한 검사를 실시하기 어렵다. 결론적으로 신생아가 소리에 반응한다고 해서 청력이 점차 좋아지는 것은 아니며, 검사로 파악되지 않는 주파수대역에서는 충분히 반응할 수 있음을 이해하고 설명해 주어야 한다.

2) 부모의 보장구 적응

청각장애 신생아들이 보청기나 인공와우를 처음 착용할 경우 그들 부모 역시 처음이므로, 보장구와 관련된 사용방법이 서툴고 이해하는 교육과정이 필요하다. 보장구의 사용방법을 명확히 전달해서 청각적 피드백을 제공해 주어야 할 것이다. 따라서 착용할 때 체크해야 할 몇 가지를 기억해 두자.

- 보장구 외장에는 문제가 없는가? 떨어지거나 파손된 흔적, 땀에 부식된 흔적 등 확인을 해야 한다.
- 배터리가 충분히 있는가? 일반적으로 충전용 배터리를 활용할 때 사용한 시간이나 주위 소음에 따라 충전이 충분히 되지 않는 경우가 있다. 따라서 사전에 배터리 시간을 체크해 두는 것도 좋은 방법이다.
- 보장구가 작동되는가? 전원을 켰을 때 소리가 증폭되거나 전기적 신호로 변환이 되어야 한다. 일반적으로 보청기의 경우 귀꽂이를 주먹 쥐듯이 살짝 잡으면 피드백이 발생하게 된다. 이것은 소리의 증폭이 잘 이루어짐을 의미한다. 인공와우의 경우에는 인공와우 프로그램을 할 때 소리에 대한 작동유무를 알기 위해 인공와우 외부에서 볼 수 있는 장치(램프)를 켜 두면 된다. 신생아의 경우 이 장치는 부모가 보장구 작동유무를 파악하는 데 매우 유용하다. 그러나 일부 부모나 아동의 경우 이러한 장치를 거부하는 경우도 있으니 부모에게 잘 설명해야 할 것이다.
- 귀꽂이를 착용했는가? 일반적으로 보청기나 인공와우를 착용할 때 신생아들은 귀꽂이를 이용한다. 인공와우는 귀꽂이로 소리를 전달하지 않고 단지 인공와우의 유실을 막기 위해 활용한다. 보청기는 인공와우와 달리 귀꽂이로 소리가 증폭되어 외이도로 전달시켜 준다. 그러므로 유아들의 외이에 꼭 맞아야 한다. 만약 틈이 생긴다면 피드백이 발생하여 청력손실을 가속화시킬 수 있다. 이런 이유로 부모들은 귀꽂이를 신생아나 유아들에게 처음 착용할 때 어려워서, 언어재활사에게 요청을 한다. 언어재활사 역시 재활과정에 발생할 수 있는 여러 일을 대비하여 보청기를 착용시키는 원리 정도는 파악해 두는 것이 좋다.

3) 전문가들의 협력

(1) 인공와 이식 팀 구성

신생아가 청각장애로 진단받은 후 보장구를 착용하면서 재활과정에 들어가게 된다. 이 재활과정은 보장구를 활용하여 언어발달과 청각 기능을 증진하는 과정인데, 여기에는 아동의 청력의 변화를 체크하는 이비인후과 전문의와 청각재활을 지원하는 청능사, 언어발달과 청능훈련을 담당하는 언어재활사, 청각장애 부모 등 전문가들 간 협력이 이루어져야 한다. 이와 같은 전문가들이 인공와우 이식 팀을 구성한다. 신생아나 유아들은 자신의 의사 표현을 정확하게 전달하지 못하기 때문에 부모들의 관찰이나 청능사, 언어재활사의 관찰 보고가 매우 중요하다. 이것은 재활훈련의 기초 정보가 된다.

(2) 정기적인 이비인후과와 청각센터 방문

가정에서 대부분의 시간을 보내는 청각장애유아들은 정기적으로 이비인후과와 청각센터를 방문하여 청력의 변화를 확인해야 한다. 이런 방문은 처음 월 1회에서 점차 2~3개월, 6개월, 1년 간격으로 방문시기를 늘려 간다. 그에 반해 언어재활사는 초기에 가정에서 할 수 있는 청능훈련 위주로 계획하고, 치료실 방문을 2주에 한 번 혹은 월 1회씩 지원한다. 유아가 보청기를 적응하고 소리에 반응이 보인다면 그 횟수를 주 2회 이상으로 늘리며 부모가 언어자극방법 및 놀기, 아동언어발달에 맞춰 단계적인 중재가 들어가야 한다. 그러나 부모가 가정에서 충분한 훈련을 못할 경우 전문센터의 도움을 받는 것이 더 좋을 수 있다. 따라서 전문가들은 부모와 정기적인 상담을 통해 아동의 청능, 언어, 심리, 정서 발달이 안정적으로 지원될 수 있도록 해야 할 것이다.

5. 질의응답(Q & A)

Q1. 보청기를 착용하면 잘 듣나요?

A1. 신생아나 유아가 보청기를 착용한다고 모든 소리를 다 듣는 것은 아님을 알려

주어야 합니다. 부모들은 보청기를 착용할 경우 청각기관으로 소리를 증폭하여 전달하여 착용하지 않았을 때보다는 잘 듣는 것을 볼 수 있습니다. 그러나 우리의 말소리는 단순한 음으로 구성된 것이 아니라 여러 주파수가 결합된 복합파임을 잊어선 안 됩니다. 말소리를 보청기로 듣고 인지하기 위해 오랫동안 말소리를 듣고 훈련하는 과정이 필요합니다.

Q2. 자다가 서랍 닫는 소리에 깨는데 못 듣는 게 맞나요?

A2. 사람은 20~20,000Hz에 이르는 다양한 소리를 들을 수 있습니다. 유아가 청각장애로 진단받는 방법은 일반적으로 청성뇌간유발반응검사로 이루어지는데 이 검사의 특성은 고주파수대역에 민감하게 반응해 줍니다. 유아가 들은 서랍과 문 닫는 소리는 저주파수대역의 소리에 반응한 것이라 할 수 있습니다. 따라서 언어재활사는 청력검사의 특성과 결과를 이해하고 이 정보를 활용하여 청능재활을 실시해야 합니다.

Q3. 보장구로 잘 들으면 언어발달에 문제가 없나요?

A3. 보청기로 소리를 듣는다고 해서 모든 말소리가 전달되는 것은 아닙니다. 언어가 갖고 있는 다양한 영역과 구성하는 요소들을 지각하는 것이 중요합니다. 예를 들면, 말소리는 대화 상황에 따라 심층적 의미와 개념이 달라집니다. 보청기로 소리를 듣는다고 하더라도 청각적 결함으로 인한 언어발달이 존재할 수 있습니다. 따라서 청각적 단서와 더불어 일반아동의 언어발달단계에 근거한 체계적인 언어중재도 가능한 한 조기에 지원되어야 합니다.

6. 향후 계획(future plan)

영유아를 위해 차후 방향은 몇 가지 정리하면 다음과 같다.

① 청력손실 진행여부: 지속적이고 체계적인 청능훈련을 실시하면서 청력손실 진행에 대해 꾸준히 살펴보아야 한다.

② 보청기 효과: 현재 아동은 보청기를 착용하지만 말소리지각에 충분한 보상이 이루어지지 못할 경우 인공와우를 제안하여야 할 것이다.

③ 발어 촉진: 충분한 청각적 피드백을 활용한 언어적 자극을 제시하며 반복된 형태의 언어촉진을 제공해 주어 의사소통과 언어에 관심을 촉진시켜야 할 것이다.

II. 아동기

1. 핵심 이론(core knowledge)

선천성 청각장애아동이 아동기에 접어들면 청각재활뿐만 아니라 언어발달을 위한 교육이 접목되어야 한다. 이러한 언어발달 치료중재는 일반적으로 언어발달지체아동의 치료접근 중재와 큰 차이가 없다. 언어발달지체아동의 언어재활 중재에서 청각재활을 활용한 듣기훈련이 접목되어 언어재활 프로그램이 구성된다. 말소리지각이 가능한 인공와우를 이식한 청각장애아동의 한 사례를 통해 살펴보았다.

아동명: 박○○(남)　　생년월일: 1997. 1. 29.(5;4)　　검사일: 2002. 5.

배경정보 및 행동관찰:

어머니의 보고에 의하면 생후 12개월에 고열로 인해 양측 귀의 청력이 모두 90dB 이상 손실되어 고도난청으로 진단받았다고 한다. 생후 18개월경에 양측 귀에 보청기를 착용하였으며, 36개월에 우측 귀에 인공와우 이식수술을 받았다고 한다. 인공와우를 착용한 후 교정청력은 30dB로 나타났으며, 좌측에는 보청기를 착용하고 있다고 한다. 현재 소리에 대한 반응은 우측 귀로 대부분 들으며 좌측 귀에 큰 소리에 반응은 조금 있다고 한다.

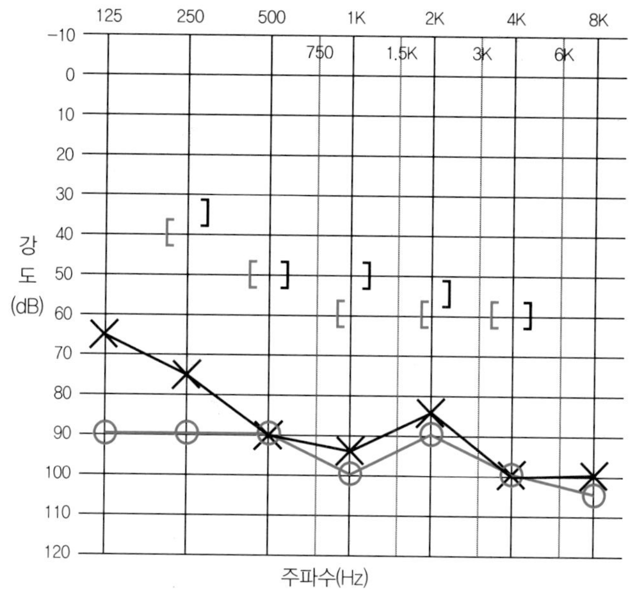

[그림 15-6] **인공와우 이식 전 청력**

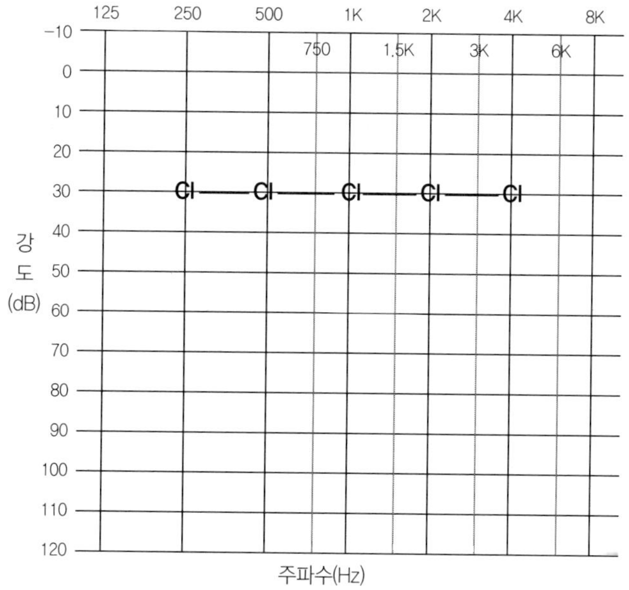

[그림 15-7] **오른쪽 인공와우 이식 후 보정 청력**

아동은 현재 일반아동들과 함께 일반 유치원에 다니면서 언어재활센터에서 주 2회 치료를 받고 있다.

2. 평가(assessment)

언어재활센터에서 청각장애아동의 평가 항목과 결과는 〈표 15-4〉와 같다.

〈표 15-4〉 **인공와우 이식아동의 언어평가**

검사 항목	세부 검사 항목	검사 결과
청지각검사	환경음 소리	감지 100%
		인지 100%
	악기소리	감지 100%
		악기변별 100%
		악기인지 100%
	초분절적인 소리	100%
말소리지각검사	Ling 6 Sounds	감지: 100% 변별: 100% 확인: 100% 이해: 100%
	분절적 수준(AO/AV)	자음 AO 상황: 80%, AV 상황: 100% 모음 AO 상황: 95%, AV 상황: 100%
	음절수준(AO)	일음절: 40% 다음절: 70%
	문장수준(AO)	상용문장: 60% 3어절: 70% 4어절: 50% 5어절: 50%
행동관찰검사	청각수행능력검사(CAP)	5/7점: 일상생활 문장 이해
언어검사	수용·표현 어휘력 검사(REVT)	수용어휘: 4;0~4;5 표현어휘: 3;6~3;11
	취학전 아동의 수용언어 및 표현언어 발달 척도(PRES)	수용언어: 33개월 표현어휘: 30개월
	U-TAP	자음정확도 37/43(86.05%) 모음정확도 10/10(100%)

공명검사	비음도 검사(nasometer)	/a/: 35% /i/: 50% /u/: 40% /바다/: 44% /엄마/: 89% /토끼/문단: 56%

이상의 검사 결과를 정리하면, 이 아동은 소리의 지각이 가능하며, 익숙한 말소리와 상용문장의 이해는 가능한 것으로 나타난다. 그러나 4어절 이상의 문장을 인지하는 데 어려워하고 있다. 아동의 언어발달은 또래들에 비해 2~3세 정도 지체되고, 과대비음이 산출되었다. 아동은 언어와 어휘가 발달하면서 새로운 낱말을 기존의 말소리와 혼돈하는 모습을 보였다. 따라서 언어발달 중재를 접근하면서 청능훈련도 함께 시행되어야 한다.

3. 중재 계획(intervention plan)

위 아동의 언어 및 청각재활을 위한 장 · 단기 목표는 다음과 같다.

〈표 15-5〉 **청각장애 아동의 장 · 단기 목표 예시**

장기목표	단기목표
1. 개방된 상황(open-set)에서 청각적 단서만(AO)으로 자극음을 듣고 90% 이상 정확하게 인지할 수 있다.	1-1. 폐쇄된 상황(closed-set)에서 AO로 2~3음절 단어를 듣고 90% 이상 인지할 수 있다. 1-2. 폐쇄된 상황에서 AO로 1음절 단어를 듣고 90% 이상 인지할 수 있다. 1-3. 제한된 상황에서 AO로 2~3음절 단어를 듣고 90% 이상 인지할 수 있다. 1-4. 제한된 상황에서 AO로 1음절 단어를 듣고 90% 이상 인지할 수 있다. 1-5. 개방된 상황에서 청각적 단서와 시각적 단서(AV)로 제시한 단어를 90% 이상 정확하게 인지할 수 있다. 1-6. 개방된 상황에서 AO로 제시한 단어를 90% 이상 정확하게 인지할 수 있다.
2. 개방된 상황에서 청각적 단서만(AO)으로 문장을 듣고 90% 이상 정확하게 인지할 수 있다.	2-1. 제한된 상황에서 AO로 상용구를 듣고 90% 이상 인지할 수 있다. 2-2. 개방된 상황에서 AO로 상용문장을 듣고 90% 이상 인지할 수 있다. 2-3. 개방된 상황에서 AO로 2~4어절 구/문장을 듣고 90% 이상 인지할 수 있다. 2-4. 개방된 상황에서 AO로 3~4어절 문장을 듣고 90% 이상 인지할 수 있다.

3. 10어절로 구성된 짧은 문단을 듣고 90% 이상 이해할 수 있다.	3-1. 2어절로 구성된 복문(2문장)을 듣고 90% 이상 정확하게 수행할 수 있다. 3-2. 3~4어절로 구성된 복문을 듣고 90% 이상 정확하게 수행할 수 있다. 3-3. 10어절로 구성된 문단을 듣고 90% 이상 정확하게 설명할 수 있다.
4. 5세 수준의 어휘를 이해하고 표현할 수 있다.	4-1. 상대적인 관계(길이, 속도, 높이, 양)를 나타내는 어휘를 이해하고 표현할 수 있다. 4-2. 신체와 관련하여 자주 사용하는 형용사 10개를 듣고 90% 이상 이해하고 표현할 수 있다. 4-3. 시간을 나타내는 부사 5개를 90% 이상 이해하고 표현할 수 있다.
5. 대화시 과대비음을 80% 이상 감소시켜 산출할 수 있다.	5-1. 개방모음으로 구성된 낱말의 비음도가 20% 이하로 발성할 수 있다. 5-2. 파열음으로 구성된 낱말의 비음도가 20%로 발성할 수 있다. 5-3. 구강음으로 구성된 문장의 비음도가 20%로 발성할 수 있다.

일부 단기목표에 따른 치료 활동의 한 예는 다음과 같다.

〈표 15-6〉 **단기목표에 따른 회기별 치료활동**

단기목표 2-2. 개방된 상황에서 AO로 상용문장을 듣고 90% 이상 인지할 수 있다.
단기목표 3-1. 2어절로 구성된 복문(2문장)을 듣고 90% 이상 정확하게 수행할 수 있다.
단기목표 5-2. 파열음으로 구성된 낱말의 비음도가 20%로 발성할 수 있다.

날짜	세부계획	목표반응	강화절차/준거	결과
○/○○	회기목표 2-2-1. 제한된 상용문장 5개를 청각적 단서만(AO)으로 90% 이상 정확하게 인지할 수 있다. 치료활동: • 청각적 자극만으로 말소리를 지각하기 위해 인공와우가 정상적인 작동이 되는지 Ling 6 sounds로 확인한다. • 일상생활에서 자주 사용하는 상용문장 5개를 그림으로 보여 주며 말해 준다. –밥 먹어. –몇 살이니? –목욕하자. –유치원 가자. –책 보자.			

	• 아동이 청각적 단서만으로 그림카드를 찾지 못한다면 각 그림에 해당되는 단어를 시각적 단서와 함께 들려주어 말소리를 인지시킨다. 시각적 단서를 제거하고 다시 청각적 단서만으로 제시하며 상용문장을 찾을 수 있도록 한다. • 만약 아동이 상용문장의 의미를 잘 파악하지 못한다면 그림의 내용을 다양한 중재 방법을 활용해서 설명해 준다. 회기목표 3-1-1. 연속적인 두 가지 활동을 듣고 90% 이상 수행할 수 있다. 치료활동: • 인공와우가 정상적으로 작동하는지를 파악하기 위해 Ling 6 sounds로 청지각적 상태를 파악한다. • 일상생활에서 볼 수 있는 사물 5개(바나나, 수박, 사과, 밤, 귤) 중에서 2개를 청각적 단서만으로 듣고 해당그림을 찾게 한다. 이때 아동에게 두 단어를 다 듣고 찾을 수 있도록 유도한다. 아동이 잘 찾는다면 3개 낱말을 들려준 후 찾게 한다. 만약 찾지 못한다면 시각적 단서를 함께 제공하여 찾도록 유도하고 그림과 말소리를 청지각적으로 연결시킨다. 점차 시각적인 단서를 제거해 간다. -바나나와 수박을 주세요. -바나나와 밤, 귤을 먹어요. • 2어절로 구성된 두 문장을 청각적 단서만으로 듣고 수행하게 한다. 아동이 적절하게 수행하지 못한다면 2어절로 구성된 한 문장을 먼저 실시하여 간단한 문장을 듣고 수행하도록 이해시킨다. 한 문장을 청각적인 단서로 인지하지 못할 경우 시각적 단서와 함께 제공한다. 그런 후 청각적 단서만 사용하여 2어절의 두 문장을 수행하게 한다.	상용문장이 내포된 그림카드 5개 중에서 들려주는 문장의 그림을 지적한다.	해당 그림을 지적하면 즉각적인 사회적 강화/90% 이상	

	• 복문: –물 먹고 컵 줘. –책 들고 의자에 앉아. • 단문: –물 먹어. / 컵 주세요. –책 들어요. / 의자에 앉아요.			
○/ ○○	회기목표 5-2-1. 파열음과 개방모음으로 구성된 낱말 5개를 비음도 20% 이하로 발성할 수 있다. • 인공와우의 정상적인 작동여부를 파악하기 위해 Ling 6 sounds로 확인한다. • 습관적으로 산출한 비음도를 감소하기 위해 비음도가 가장 작은 개방모음 /아/와 파열음을 결합시켜 구강개방을 통한 비음도를 감소시킨다. –밥, 파, 가, 타, 달 • 연인두폐쇄를 향상시키기 위해 구강개방 접근법을 통한 구강개방과 연구개 상승훈련을 유도한다. • 이때 사용한 어휘들은 아동이 장기목표 3에 속하는 어휘나 이미 알고 있는 어휘들을 중심으로 실시한다.	파열음과 개방모음을 구강개방과 연인두폐쇄를 이용하여 정확하게 산출한다.	언어재활사의 청지각적 평가 및 Nasometer를 활용한 평가/비음도 20~30%	

본 회기 치료활동에는 언어발달관련된 계획을 제외하였다. 이것은 언어발달지체 아동의 치료회기활동과 유사할 것이므로 앞의 언어발달지체아동의 장 · 단기 목표, 회기치료 계획을 참조하기를 바란다.

4. 상담(counseling)

1) 부모상담

(1) 인공와우에 대한 기대감

인공와우는 보청기와 달리 직접적으로 내이로 소리를 전달하는 장치여서 보청기에 비해 많은 음향학적 신호를 전달해 준다. 따라서 보청기에 비해 말소리지각에 효과적이라 볼 수 있다. 이것은 많은 선행연구에서 이미 보고된 내용이다. 이렇다 보니 부모들은 인공와우를 착용하면 모든 소리를 다 듣는다고 생각한다. 그러나 청각장애 개개인에 따라 인공와우를 활용하는 역량이 다를 수 있다. 청신경 손상 정도와 내이기형 유무 등 개개인이 갖고 있는 변인이 매우 다양하므로, 일부 아동은 단순히 소리를 변별하는 수준에 머무르기도 하며 일부는 모든 소리를 다 이해하기도 하는 것이다. 따라서 부모들에게 아동의 수준을 정확하게 인지하고 지원해 줄 수 있도록 청능단계와 언어수준을 상담함으로써 아동이 말소리를 들어야 한다는 중압감을 가지지 않도록 해야 할 것이다.

(2) 인공와우의 말소리지각 한계

부모들은 인공와우를 착용하면 아동이 모든 소리를 듣고 말할 수 있다고 생각한다. 그러나 말소리를 인지하는 것은 단기간에 이루어지지 않는다. 인공와우라는 전기장치를 활용하고 그 전기적 신호를 대뇌에서 말소리로 지각하는 맵(말소리형판)을 확립하기 위해 많은 시간과 반복된 훈련이 필요하다. 말소리를 지각하는 과정에 환경적인 소음이나 말소리의 초분절적인 요소 등이 영향을 주므로 단계적인 과정을 거쳐야 한다. 인공와우를 처음 착용한 아동에게 많은 소리를 들려주기보다 소음 없는 상황의 익숙한 소리에서 점차 낯선 상황의 다양한 소리로 소음배경을 확장하며 아동이 소리를 지각해 가는 과정을 부모가 이해할 수 있게 가이드해야 한다.

(3) 다양한 환경에 배치되어야 하는 인공와우 이식아동

성장하는 아동기는 다양한 환경에 노출된다. 부모들은 이러한 환경에서 말소리를 인지하는 데 영향을 미칠 수 있는 다양한 요소를 기억해 두어야 한다. 예를 들면, 어린이집 학예회 때와 개별 수업시간의 소음정도는 다를 것이며 인공와우를 착용하였다 하더라도 소음정도가 심할수록 말소리를 인지하는 것이 어렵다는 것을 숙지하고 있어야 한다. 따라서 이러한 상황에 부모들이 아동을 위해 다시 한 번 설명을 해 주어 상황에 대처할 수 있도록 언어재활사는 가이드해 주어야 한다.

2) 인공와우를 이식한 아동의 상담

(1) 전기적 신호의 인공와우

인공와우는 전기적 신호를 내이에서 전환되는 것이 아니라 외부에서 전환시켜 바로 내이로 전달시키는 과정이다. 보청기와 달리 인공와우는 전기적 자극이 외부에서 전달되는 것이다. 따라서 인공와우를 착용해서 전원을 켤 때 아동은 전기적 자극을 바로 받게 되므로 매우 긴장할 수 있다. 이를 대비할 수 있도록 설명해 주어 인공와우에 대한 거부반응을 최소한으로 줄이는 게 중요할 것이다.

(2) 성장하는 아동

청각장애아동은 신생아에서 성인에 이르기까지 다양한 환경에 배치된다([그림 15-1]). 신생아와 영유아기에 청각에 영향을 받았고 점차 언어 자극을 받으며, 타인과 의사소통하는 환경에 배치된다. 학령기 전후를 거치면서 학교 환경에 놓이고, 경제, 사회, 직업 등으로 점차 넓어진다. 이처럼 환경마다 성장과정에 있는 청각장애아동에게 미치는 요인은 계속 부가되며 학습해야 할 것이 많아진다. 따라서 청각장애아동을 위한 세부적이고 체계적인 프로그램을 통해 학습할 수 있도록 가이드해야 할 것이다.

3) 전문가들의 협력

아동기는 영유아기와 달리 사회적 환경을 배제할 수 없다. 영유아기에 단순히 청각발달과 언어발달에 초점을 두고 재활과정을 계획했다면 아동기는 학령기를 대비하여 준비해야 하는 것이다.

인공와우 이식 아동의 대부분은 청각장애인을 위한 장애어린이집에 가지 않고 일반아동과 접촉하는 일반어린이집에 입학한다. 따라서 일반 유치원교사들은 인공와우에 대한 인식을 갖고 있지 않아 실제로 말소리를 지각하는 과정이 일반아동과 다름을 인식하지 못하고 일반아동과 동일하게 대한다. 인공와우 이식 아동은 소음상황일 경우 선택적 말소리지각이 어려워 선생님의 말소리를 알지 못할 수 있다. 따라서 유치원 선생님은 집단 속에서 인공와우 이식아동의 특성을 이해하고 전달하는 방법을 이해해야 한다. 입학을 준비하는 학령전기 청각장애아동은 언어발달뿐만 아니라 초기 인쇄물과 읽기자료를 접촉하는 치료계획을 세워 읽기, 쓰기, 문해발달의 초기중재도 지원해야 한다. 이렇듯 아동이 배치되는 환경에 따라 다양한 현장 전문가들이 재활과정에 참여하는 것이 매우 중요하다.

5. 질의응답(Q & A)

Q1. 인공와우를 이식하면 다 들을 수 있나요?

A1. 인공와우를 이식한다고 해서 모든 말소리를 알아듣는 것은 아닙니다. 즉, 아동 개인의 내이 상태와 기능에 따라 인공와우 이식에 대한 예후를 파악할 수 있습니다. 이것은 수술 전에 인공와우 재활 팀에서 검사 결과를 설명할 때 대부분 알려 줍니다. 인공와우를 이식한 아동은 대부분의 말소리를 들을 수 있습니다. 즉, 소리감지는 가능하지만 모든 말소리를 지각하고 이해하는 것은 아닙니다. 따라서 반복된 말소리지각 훈련을 통해 개인의 말소리 형판을 형성해야 합니다. 말소리 형판은 모음과 자음의 음향학적 특징을 대뇌에서 범주적으로 지각하는 틀을 형성하는 것입니다. 일반인이 단 몇 초만에 말소리를 지각할 수 있는 것은 말소리 형판을 갖고 있기 때문입니다. 따라서 인공와우 이식 아동이 새로운 어휘를 인지하는 데 일반아동보다 많은 노력과 반복훈련이 필요합니다.

Q2. 인공와우와 보청기가 어떻게 다른가요?

A2. 일반적으로 인공와우는 내이에 바로 삽입하는 전기적 보조장치입니다. 따라서 소리의 증폭인 보청기와는 달리 음향신호를 전기적 신호로 바뀌게 되지요. 소리는 외이, 중이, 내이를 통해 청신경, 대뇌로 전달되는데 이때 음향학적 신호를 증폭하는 물리적 에너지로 전환하는 것은 중이역할이 되는 것입니다. 따라서 외이와 중이에 문제가 있는 전음성 청각장애아동의 경우 보청기로 증폭된 소리를 듣게 되면 말소리지각에는 어려움이 없게 됩니다. 그러나 전기적인 에너지로 전환해야 하는 내이 손상을 입은 감음신경성 청각장애의

경우 이 역할을 수행할 수 있는 인공와우가 더 효과적일 것입니다.

Q3. 인공와우를 매일 착용할 때 얼굴을 감추며 숨습니다. 어떻게 해야 하나요?

A3. 인공와우를 착용한 아동은 가끔 아침에 인공와우를 착용하고 전원을 켤 때 긴장하는 것을 볼 수 있습니다. 아동에 따라 얼굴을 감추거나, 울거나, 부모님을 껴안는 등 반응이 다양하게 나타납니다. 이것은 지나치게 큰 소리가 갑자기 들어가서 그럴 수도 있으며 전원을 켤 때 갑자기 들어오는 전기적 자극에 대한 거부반응일 수도 있습니다. 따라서 이러한 현상이 나타나는 원인을 살펴보기 위해 부모와 전문가들의 팀 협력이 요구됩니다. 환경에 따라 아동이 나타내는 다양한 반응을 관찰하여 인공와우 센터에 정보를 전달해 주는 것이 매우 중요합니다. 이 외에도 아동에게 나타날 수 있는 행동을 세밀히 관찰해야 합니다. 예를 들면, 특정 소리에 대한 얼굴이나 눈 주위 근육의 수축과 인공와우를 떼려고 하는 행동, 소리를 무시하는 행동, 틱, 이상행동 등 관찰한 내용을 자세히 기록해서 인공와우 센터로 의뢰를 해야 합니다.

6. 향후 계획(future plan)

이 아동을 위한 차후 방향을 몇 가지 정리하면 다음과 같다.

① 학교 준비: 학령기가 가까워짐에 따라 일반아동들처럼 초기읽기 경험을 제공해 주어야 한다. 일반적으로 청각장애아동은 어휘지도를 위해 문장이나 인쇄물 접촉의 경험이 부족할 수 있으므로 학업준비를 위한 준비과정이 계획되어야 한다.

② 환경에 따라 인공와우 채널 활용: 어린이집이나 유치원, 학교는 많은 소음이 존재하는 공간이다. 이 공간에서 말소리를 알아듣는 것은 매우 어렵다. 이를 위해 인공와우의 외부장치에 환경 소음이 통제된 프로그램을 몇 개의 채널에 저장하여 환경에 따라 아동이 선택할 수 있도록 지도해야 한다. 이 외에도 FM 보청기를 활용하여 소음환경에서 효율적인 의사소통을 지원해 주어야 한다.

Ⅲ. 성인기 및 노인기

1. 핵심 이론(core knowledge)

성인 및 노인들의 청력손실은 일반적으로 약물섭취, 외상성 손상 혹은 노화로 청각기관의 기능이 떨어져 나타난다. 노화로 인한 노인성 청각장애인은 고주파수영역에서 소리지각이 급격히 떨어져 말소리 감지보다 인지에 어려움을 보인다. 약물이나 교통사고와 같은 외상성로 청력손실을 입은 성인은 성장기 청각에 문제가 없다가 서서히 혹은 갑자기 소리를 듣지 못하면서 사회로부터 스스로를 고립시킨다. 따라서 성인이 되어 청각장애를 가진 사례는 손실한 시점에서 가능한 한 빠른 시일내로 청각적 보상을 제공해 주는 것이 가장 중요하다. 노인성 청각장애인의 한 사례로 치료중재를 살펴보았다.

성명: 배○○(남)　　생년월일: 1945. 12. 1.(65;8)　　검사일: 2011. 8.

배경정보 및 행동관찰:

환자의 보고에 의하면, 40대에 무역회사에 근무하면서 이명이 시작되었고, 2010년까지 계속 지속되었다가 2011년 3월에 갑자기 이명이 심해지면서 소리가 들리지 않아 이비인후과에 방문하여 청력검사를 받았다고 한다. 그 결과 청력이 양측 85dB로 나타났으며, 보청기를 3개월간 착용하였지만 말소리지각에 도움이 되지 않았다고 한다. 2011년 7월에 인공와우 수술을 받고 현재 인공와우를 하루 종일 착용하고 있다고 한다. 환자 보호자들의 보고에 의하면 인공와우를 착용하지만 입을 보지 않고는 말소리를 인지하지 못하고, 입을 보며 소리를 들을 경우 일상적인 의사소통에 문제가 없다고 하였다. 청능재활을 위해 언어재활센터를 내원하였다.

2. 평가(assessment)

언어재활센터에서 청각장애성인의 평가 항목과 결과는 〈표 15-7〉과 같다.

〈표 15-7〉 **노인성 청각장애인의 언어평가**

검사항목	세부검사항목	검사 결과
청지각검사	환경음 소리	감지 100%
		인지 50%(익숙한 환경음 소리)
	악기소리	감지 100%
		악기변별 100%
		악기인지 80%
	초분절적인 소리	감지 100%
말소리지각검사	Ling 6 Sounds	감지: 100% 변별: 100% 확인: 100% 이해: 90%
	분절적 수준(AO/AV)	자음 AO 상황: 30%, AV 상황: 70% 모음 AO 상황: 78%, AV 상황: 94%
	음절수준(AO)	일음절: 20% 다음절: 40%
	문장수준(AO)	상용문장: 35% 3어절: 20% 4어절: 20% 5어절: 10%
행동관찰검사	청각수행능력검사(CAP)	4/7점: 말소리 변별
언어검사	검사 미시행	무역회사에 장기간 정상 근무하였으므로 일상적인 언어능력과 어휘력에 문제가 관찰되지 않았음

이상의 검사 결과를 정리하면, 이 청각장애 성인은 환경음과 말소리를 감지하고 있으며, 말소리 변별과 인지에 어려움을 갖는다. 시각적인 단서를 활용할 경우 말소리 인지가 향상되며 문장수준에서 말소리를 지각하는 것이 어려웠다. 후천적으로 청력을 손실하여 언어능력은 정상이다.

3. 중재 계획(intervention plan)

이 환자의 언어 및 청각재활을 위한 장 · 단기 목표는 다음과 같다.

〈표 15-8〉 성인 청각장애인의 장 · 단기 목표 예시

장기목표	단기목표
1. 제한된 상황에서 청각적 단서만(AO)으로 자극음을 듣고 90% 이상 정확하게 인지할 수 있다.	1-1. 제한된 단서에서 AO 상황으로 2~3음절 단어를 듣고 90% 이상 인지할 수 있다. 1-2. 제한된 단서에서 AO 상황으로 상용구를 듣고 90% 이상 인지할 수 있다. 1-3. 제한된 단서에서 AO 상황으로 1음절 단어를 듣고 90% 이상 인지할 수 있다.
2. 개방된 상황에서 청각적 단서만(AO)으로 문장을 듣고 90% 이상 정확하게 인지할 수 있다.	2-1. 개방된 단서에서 AO 상황으로 2~3음절 단어를 듣고 90% 이상 인지할 수 있다. 2-2. 개방된 단서에서 AO 상황으로 상용문장을 듣고 90% 이상 인지할 수 있다. 2-3. 개방된 단서에서 AO 상황으로 2~4어절 구를 듣고 90% 이상 인지할 수 있다. 2-4. 개방된 단서에서 AO 상황으로 3~4어절 문장을 듣고 90% 이상 인지할 수 있다.
3. 개방된 상황에서 청각 및 시각적 단서(AV)로 제시된 문장을 듣고 90% 이상 정확하게 인지할 수 있다.	3-1. AV 상황에서 제시된 2~3어절 문장을 90% 이상 인지할 수 있다. 3-2. AV 상황에서 제시된 4~5어절 문장을 90% 이상 인지할 수 있다.

일부 단기목표에 따른 치료 활동의 한 예는 다음과 같다.

〈표 15-9〉 **단기목표에 따른 회기별 치료 활동**

단기목표 1-1. 제한된 단서에서 AO 상황으로 2~3음절 단어를 듣고 90% 이상 인지할 수 있다.				
날짜	세부계획	목표반응	강화절차/준거	결과
○/○○	회기목표 1-1-1. 제한된 단서에서 AO 상황으로 음절수가 다른 단어를 90% 이상 인지할 수 있다. 치료활동: • 음절수가 3(4)-2-1음절로 구성된 단어카드를 준비한다. 다른 음절수로 구성된 단어카드는 5조로 구성한다. -텔레비전 - 양복 - 밥 -바나나 - 신발 - 강 -화장실 - 열쇠 - 물 -핸드폰 - 시계 - 문 -형광등 - 거울 - 달 • 각 세트에서 제시된 단어카드를 보여 주며 자극음을 듣고 인지하게 한다. 이때 치료사는 입술을 보여 주지 않고 오직 청각적 자극만으로 단어를 구별하게 한다. • 단어카드를 구별하지 못할 경우 입을 보여 주며 단어를 말해 주고, 그 단어가 인지된다면 시각적 단서를 제거한 후 각 단어를 들려주어 인지시킨다.	다른 음절수를 활용하여 AO 상황에 인지한 음절수를 지적한다.	해당 그림을 지적하는 것/90% 이상	
	회기목표 1-3-1. 제한된 단서에서 AO 상황으로 2음절의 10개 단어를 90% 인지할 수 있다. 치료활동: • 청력손실 전에 인지한 말소리와 인공와우를 통해 인지하는 말소리를 연결시킨다. • 일상생활에서 2음절 단어 10개를 그림카드로 보여 주며, 각 사물의 이름을 들려 말소리를 인지시킨다. -거울, 비누, 수건, 양복, 옷장, 신발, 거실, 소파, 열쇠, 달력 • 각 말소리를 인지하지 못한다면 각 음소의 변별적 자질을 들려주며 말소리의 특성을 인지시켜 준다.	치료사가 산출한 단어를 제시된 그림카드에서 지적한다.	해당 그림을 지적하는 것/90% 이상	

4. 상담(counseling)

1) 환자의 심리 이해

(1) 말소리 재구성

후천성 청력손실한 성인은 청력손실 시기가 짧을수록 인공와우 예후가 좋다. 그러나 이들 역시 말소리를 인지하려면 반복적인 말지각 훈련이 필요하다. 후천성 청각장애인들은 말소리를 오랫동안 들어와서 말소리에 대한 형판이 이미 형성되어 있다. 청력이 손실되면서 이러한 형판이 사라지는 것은 아니다. 따라서 인공와우를 이식한 성인의 경우에는 자신의 이전 말소리를 생각하며 인공와우를 통해 전달되는 말소리를 다시 재형성해야 하는 것이다. 말소리를 대뇌에 재구성하기 위해 말소리를 반복 청취하여 인지훈련을 해야 한다. 말소리를 재구성하는 방법으로 말소리 자질을 분석적으로 나누어 먼저 훈련하고 점차 문장이나 일상대화와 같은 통합적 과제로 제시하는 것이 효과적이다.

(2) 자아감 상실

청력손실을 하면서 타인과 소통이 어려워지며 자아감을 상실하거나 우울해하는 후천성 청각장애인이 많다. 이 사례 역시 직장생활로 자아에 대한 성취감이 있음에도 불구하고 보장구를 받아들이고 착용하는 것 역시 쉽지 않으므로 인공와우를 받아들이는 시간을 주어야 한다. 거부반응이 심할 경우 심리적 상담을 함께 진행하는 것도 효과적이다.

2) 보호자의 역할

후천성 청각장애인들은 대부분 성인이라서 보호자들의 도움이 필요 없다고 생각하는 사례가 많다. 텔레비전이나 라디오를 통해 말소리를 들으며 훈련하면 될 것이라고 가족들은 생각하지만, 인공와우라는 보장구를 통해 말소리가 왜곡되므로 가능한 한 자연스러운 음성이 효과적이다. 따라서 가정에서 보호자들은 인공와우를 착용한 청각장애인에게 천천히 자연스럽게 반복해서 말해 주어야 한다. 말소리가 재형성된 후에 텔레비전이나 라디오를 활용하는 것이 좋을 것이다. 가정에서 적극적인 협조는 환자의 빠른 성공적 재활로 연결된다.

3) 전문가들의 협력

이 사례의 경우 청능사, 언어재활사, 이비인후과 전문의, 심리상담사, 기타 전문의들의 협력이 요구된다. 노화로 인해 복용하는 약, 수술이나 방사선 치료를 받을 경우 사전에 상담해서 알아 두어야 한다.

5. 질의응답(Q & A)

Q1. 수술 전에 듣던 말소리와 너무 달라요.

A1. 후천성 청각장애인이 청력손실 전에 말소리를 인지하는 형판이 인공와우를 통해 소리를 듣게 되면 다른 형판을 형성하기 때문입니다. 따라서 기존의 말소리 형판을 재정립하기 위해 말소리 듣기 훈련을 해야 합니다.

Q2. 인공와우 프로그램(맵핑: Mapping)을 반드시 바꿔야 하나요?

A2. 인공와우를 수술한 초기에는 주 1회씩 프로그램을 해서 소리를 조정하여 최적의 소리를 맞춰 가야 합니다. 이러한 소리가 안정이 되면 3~6개월 혹은 1년 간격으로 점차 프로그램 조정시간을 늘려 갑니다. 인공와우 주파수별 역동범위를 조정하면 조정 전과 다른 소리로 들릴 수 있습니다. 따라서 인공와우 프로그램 조정 후 언어재활사는 말소리지각 능력이 떨어질 수 있으므로 반드시 말소리 인지 변화를 파악해 보호자와 대상자에게 알려 주어야 합니다.

6. 향후 계획(future plan)

이 사례를 위해 차후 방향은 몇 가지 정리하면 다음과 같다.

① 적극적인 가족 지원: 후천성 청각장애인이 인공와우를 착용해서 장시간 말소리에 노출될 경우 재활효과가 높아진다. 따라서 가정에서 지원하는 프로그램을 제공하기 위해 언어재활사와 가족들이 함께할 수 있는 긴밀한 재활 프로그램을 제공할 것이다.

② 심리적 안정: 인공와우 이식 후 의사소통 기능이 향상될 것으로 기대한 만큼 성취감을 얻지 못할 경우 우울감에 빠지게 된다. 이렇듯 심리적 문제를 유심히 관찰해야 한다.

참고문헌

강석한(2002). **음성 음향 분석론**. 서울: 박학사.

권도하, 신명선, 김효정, 박은실, 장현진, 신혜정, 황하정, 김수형, 이무경, 황보경, 박상희, 강은희, 손은남, 김영은, 이명순, 이옥분, 김선희, 황영진, 황상심(2014). **언어치료 임상방법**. 대구: 물과길.

김영태(2014). **아동언어장애의 진단 및 치료**. 서울: 학지사.

한국청각언어장애교육학회(2012). **청각장애아동교육**. 경기: 양서원.

Alpiner, J. G., & McCarthy, P. A. (2000). *Rehabilitation audiology: Children and adults*. New York: Lippincott Williams & Wilkins.

Mueller, H. G., & Killion, M. C. (1990). An easy method for calculating the articulation index. *The Hearing Journal, 45*(9), 14-17.

Tye-Murray, N. (2015). *Foundations of aural rehabilitation: Children, adults and their family members* (4th ed.). Stanford: Cengage Learning.

언어재활
현장실무

제4부

연구 실제

- 제16장 -

연구 방법 및 설계

제16장

연구 방법 및 설계

언어재활 임상현장에서 연구문제를 해결하는 데 필요한 임상적 지식은 논리적으로 타당한 추리와 경험적 입증에 의해 획득된다. 우수한 연구는 논리적인 연구문제의 설정과 이를 입증하기 위한 과학적 설계에 달려 있다고 해도 과언이 아니다. 연구문제의 논리적 타당성을 검증하기 위한 과학적 연구의 일반적인 절차는 가설 설정, 연구 방법 및 설계, 자료 수집, 자료 분석과 해석, 결과 보고의 다섯 단계로 구성된다([그림16-1] 참조). 각 단계에 따라서 다양한 연구방법이 있으며, 순차적 혹은 연계적 과정을 거쳐 수행된다.

[그림 16-1] **연구의 5단계 절차**

1. 가설 설정

가설(hypothesis)은 어떠한 사실을 설명하기 위한 가정으로서, 가설의 설정은 연구문제를 경험적인 조사나 실험이 가능한 형태로 정리하는 단계를 의미한다. 연구자는 연구문제와 목표를 설정한 후 연구의 대상이 되는 변수들 사이의 '잠정적인 관계(potential relation)'에 대해서 다양한 가능성(가설)을 고민하게 된다. 따라서 가설이란 두 가지 이상의 변수 간의 관계에 대해 과학적으로 설명 가능한 형태의 진술일 뿐만 아니라 변인 간의 관계를 예측하기 위한 진술이다.

1) 변수

연구자는 언어재활 임상현장에서 관찰 가능한 현상에 대한 실험 또는 관찰을 통하여 가설에 설정된 내용(연구문제)을 실증적으로 검증하는 과정을 거치게 된다. 이러한 과정이 잘 진행되기 위해서 연구자는 연구 개념에 대한 정확한 정의를 내려야 할 뿐만 아니라 해당 개념을 관찰또는 측정 가능한 현상으로 변환하는 것이 필요하다.

변수(variable)는 시간의 흐름이나 연구자의 조작에 따라 변할 수 있는 사람 또는 사물의 변경 가능한 상태나 특성을 의미한다. 예컨대, 몸무게, 속도, 인지 수준 등은 변수이다. 변수는 인과관계에 의해서 독립변수와 종속변수로 나뉜다. 독립변수는 다른 변수에 영향을 주는 원인이 되는 변수이고 종속변수는 영향을 받는 결과가 되는 변수이다. 또한 연구에서는 매개변수라는 용어가 사용되는데 이는 종속변수에 영향을 주는 독립변수 이외의 제3의 변수로서 실험 및 조사에서 통제되어야 할 변수를 뜻한다. 이러한 매개변수의 통제는 연구 영역에 대한 많은 문헌 연구와 풍부한 연구경험에 기인한다. 변수의 결과는 측정된 값을 이용하여 산출된다. 변수의 정의는 다음과 같은 절차를 통해서 진행된다.

(1) 개념적 정의와 조작적 정의

① 개념적 정의

개념(concept)이란 일반적으로 특수한 현상들이 갖는 특징들을 일반화시켜서 추상적으로 표현한 것이다. 개념적 정의(conceptual definition)는 연구자가 관심을 지니고, 기술하고자 하는 변인의 사전적 의미(sens lexical)를 말한다.

② 조작적 정의

조작적 정의(operational definition)는 관찰 또는 실험을 위해서 사물 또는 현상을 객관적이고 경험적으로 기술하기 위한 정의이다. 조작적 정의는 대개 수량화(정량화)할 수 있는 변수로 만들어진다. 즉, 조작적 정의는 개념적 정의를 측정 가능하도록 객관화시킨 정의이다.

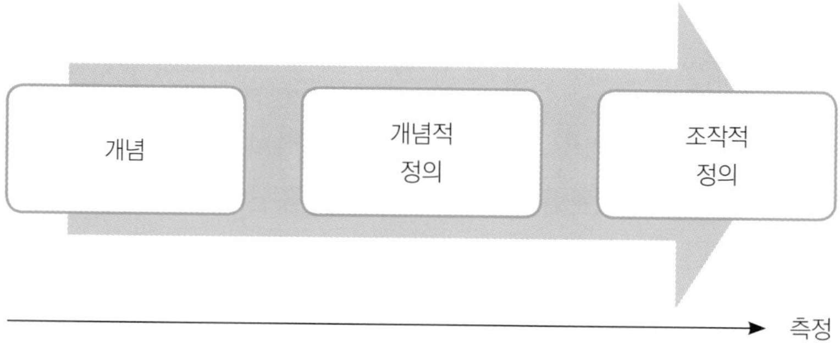

[그림 16-2] **개념적 정의와 조작적 정의**

(2) 연속형 변수와 범주형 변수

① 연속형 변수

연속적으로 측정된 값이 그 자체로 수량적인 의미를 가지는 변인을 연속형 변수(continuous variable)라고 하며, 등간 척도와 비율 척도를 포함한다. 예로는 체중, 키, 발병 후 경과 시간, 교육 기간, 치료 기간 등이 있다.

② 범주형 변수

범주형 변수(categorical variable)는 측정된 값이 범위를 의미하거나 연구자가 정의한 일정한 숫자로 한정된 변수를 지칭하며 명목 척도와 서열 척도를 포함한다. 예로는 성별(1: 남자, 2: 여자), 직업(1: 사무직, 2: 무직), 지역(1: 수도권, 2: 광역시, 3: 기타 시/군)이 있다. 범주형 변수는 연속형 변수를 연구자가 임의로 분리하여 재설정할 수 있다. 예를 들면, 연속형 변수로 측정한 교육 연수는 교육 기간(1: 초등학교 졸업 이하, 2: 중학교 졸업, 3: 고등학교 졸업, 4: 대학교 졸업 이상)으로 변환할 수 있다.

(3) 변수의 종류

① 독립변수

독립변수(independent variable)는 연구자가 의도적으로 정의된 개념을 연구에 적절하게 조작하는 차원의 정의를 의미한다. 회귀분석(regression analysis)에서는 설명변수(explanatory variable)라고 명명하기도 하는데, 이는 인과관계에서 원인이 되는 변수라는 의미이다. 독립변수에서 '독립적(independent)'이라는 용어는 측정된 값은 연구자가 만들어 내는 것이며 실험에서 발생하는 어떤 것에 의해서도 영향을 받지 않는다는 것을 의미한다. 예컨대, '흡연자의 일일 흡연 수준이 후두암에 미치는 효과'라는 연구 주제를 수행할 때, 흡연 수준은 원인이 되는 변수일 뿐만 아니라 연구자가 연속형으로 측정하거나, '하루 1개비 이상 5개비 이하, 하루 5개비 이상' 등으로 명목형으로 자유롭게 정의할 수 있으므로 독립변수의 조건을 충족한다.

② 종속변수

종속변수(dependent variable)는 독립변수의 조작이나 작용에 의해 예측 또는 결과가 되는 변수이다. 즉, 독립변인에 의해 영향을 받아서 일정한 결과를 나타내는 변인으로 정의되며 최근에는 연구에 따라서 '결과변수'라는 용어를 사용하기도 한다. 예를 들어, '흡연자의 일일 흡연 수준이 후두암에 미치는 효과'라는 연구 주제에서 '후두암'은 독립변수인 흡연 수준의 영향을 받아서 발생되는 현상이므로 종속변수의 조건을 만족한다.

③ 매개변수

독립변수와 종속변수 사이의 관계를 중간에서 설명해 주는 변인을 매개변수(mediating variable)라고 한다. 즉, 매개변수는 독립변인과 마찬가지로 종속변인에 영향을 미치지만, 주로 내면적이고 비가시적인 역할을 하는 변인이다. 예컨대, '과도한 음주', '음성의 오남용', '성대결절'이라는 변수가 있다고 가정해 보자. 과도한 음주로 인해 고주망태(drunkenness)가 되어 음성의 오남용이 생기고, 장시간의 고성으로 인해 성대결절이 발생했다면, 이때 음성의 오남용은 과도한 음주와 성대결절 사이에서 매개변수로 작용한다고 볼 수 있다. 매개변수는 주로 사회과학연구에서 두 현상 사이에 숨은 잠재적 현상을 발견하고자 할 때 이용된다. 일부 연구에서 세 변수 A(예: 과도한 음주), B(예: 성별), C(예: 성대결절) 중에서 A가 C에 미치는 효과가 B의 수준에 따라 달라지는 경우를 매개변수라고 잘못 사용하는 경우가 있는데, 정확한 표현으로는 B는 조절변수(moderator)이며, 매개변수는 아니다.

④ 조절변수

조절변수(moderator)는 독립변수가 종속변수에 미치는 영향을 강화해 주거나 약화해 주는 영향을 미치는 변인을 의미하며, 연구에 따라서 조절효과라는 표현 대신에 중재효과(moderating effect)라는 용어를 사용하기도 한다. 조절변인은 다른 두 변수의 관계를 조절하거나 영향을 미쳐 이들 간에 상호작용 효과가 발생하도록 하는 변인이다. 예컨대, 연구자는 하루 목소리의 사용 정도가 주관적 음성문제 인지에 미치는 영향을 파악하는 연구를 수행하고자 한다. 주관적 음성문제는 1점부터 5점까지 리커트 척도(Likert scale)로 측정할 수 있다. 이때 객관적으로 동일한 물리적 시간에 동일한 수준의 목소리를 사용한다고 가정할 때, 남성에 비해서 여성이 상대적으로 자신의 건강의 변화에 더 민감하여 자신의 음성문제를 더 나쁜 수준으로 보고하였다면, 목소리의 사용정도가 주관적 음성문제 인지에 미치는 영향에서 성별은 조절효과(중재효과)를 보인다고 표현할 수 있다.

2) 가설

(1) 가설의 조건

가설은 연구문제에 대한 일반적인 예측이면서 잠정적인 해답이다. 연구자는 가설을 통계적 검증을 통해 실증적으로 확인함으로써 연구문제에 대한 최종적인 해답을 얻게 된다. 우수한 연구를 수행하기 위해서는 몇 가지 원칙이 있다. 다음에서 일반적으로 가설이 가져야 할 특징에 대한 기준을 제시하였다.

① 명확성

가설은 명백하고 간결해야 하며, 어떠한 개념이라도 사실이나 현상을 뚜렷하게 특징적으로 묘사할 수 있어야 한다. 예를 들어, 연구자가 설정한 가설이 '우리나라 24세, 25세, 26세, 27세, 28세, 29세 남성과 여성 중에서 성격이 명랑한 사람들의 하루 적정 음주가 성대결절의 발생에 미치는 현상에 관한 관찰 연구'라면 이 가설은 명확성이 떨어진다고 볼 수 있다. 연구 가설이 너무 장황할 뿐만 아니라 '명랑한', '적정 음주'라는 개념은 명확하게 정의하기가 어렵다. 이 가설을 보다 명확하게 정의한다면 '우리나라 24세 이상 29세 미만 성인의 일일 3잔 이하의 음주가 성대결절에 미치는 영향'으로 바꿀 수 있을 것이다.

② 구체성

가설의 내용과 개념은 한정적이고 구체적이어야 한다. 막연하고 추상적인 가설은 무엇을 검증하여야 하는지 알 수 없을 뿐만 아니라 검증 자체가 불가능하다. 예컨대, '착한 사람일수록 화용능력이 뛰어나다.'라는 가설에서 '착하다'라는 개념은 상당히 모호하다. 현상과 관계의 방향과 현상 간의 관계가 성립하는 조건 등에 대해 구체적일수록 좋은 가설이라 할 수 있다.

③ 검증가능성

가설은 사용 가능한 연구 방법론을 이용해서 검증이 가능해야 한다. 가설을 설정하는 목표는 연구자의 가설이 참인지를 경험적으로 알아보려는 데에 있으므로 검증이 가능하지 않은 가설은 의미를 상실하게 된다. 예컨대, '다른 우주에는 지구와 같은 별이 존재하며, 인류와 똑같은 생명체가 있다.', '신이 세상을 창조하였다.' 등의 가설은 현재로서는 실증적 검증이 불가능하다.

(2) 영가설과 대립가설

연구의 진행 과정, 그중에서도 통계적 검증단계에서 가설은 대립가설과 영가설로 구분된다.

① 영가설

영가설(null hypothesis) 은 귀무가설이라고도 명명하며 연구가설과 논리적으로 반대의 입장인 가설이다. 예를 들어, 연구가설이 '흡연은 후두암의 발병에 영향을 미친다.'라면, 영가설은 '흡연은 후두암의 발병과 무관하다.' 혹은 '흡연은 후두암에 아무런 영향을 미치지 않을 것이다.' 등과 같이 측정치 사이에 아무런 차이도 나타나지 않는 형태로 구성된 가설이다. 일반적으로 연구는 영가설에 일차적인 초점을 맞추며, 영가설을 거부(reject)함으로써 연구가설을 입증하는 일련의 과정으로 볼 수 있다.

② 대립가설

대립가설(alternative hypothesis)은 연구가설이라고 불리며 연구주제와 관련된 연구모형으로부터 도출된 가설을 지칭한다. 연구가설은 영가설에 대립시켜 설정하는 것으로서, 예를 들어 '멜로디 억양치료법을 5주간 수행한다면, 브로카 실어증 환자의 표현언어가 증가할 것이다.'처럼 연구되는 변수들 사이에 관계(차이)가 있을 것으로 가정하는 가설이다. 연구자는 일반적으로 대립가설의 채택에 관심이 있다.

〈표 16-1〉 **영가설과 대립가설의 차이**

영가설	• 측정치 사이에 아무런 차이가 발견되지 않거나, 주어진 변수들 간에는 어떠한 관계도 확인되지 않을 것이라고 진술하는 것임 • 연구자들은 영가설의 기각을 기대함 예: "3주간의 언어재활은 실어증 회복에 영향을 미치지 않을 것이다."
대립가설	• 영가설과 대립되는 가설로서 연구자가 실제로 입증되기를 기대하는 가설임 • 연구를 시작할 때 연구자는 대립가설을 설정하여 잠정적 결론을 추론함 예: "3주간의 언어재활은 실어증 회복에 영향을 미칠 것이다."

2. 연구설계

임상적 관찰과 이론적 모형을 기초로 연구문제와 관련된 가설을 설정하면, 연구자는 이를 과학적으로 검증하기 위해서 '어떤 방법의 연구를 어떻게 실행할 것인가'를 결정해야 한다. 연구설계는 연구의 기본 '아이디어'에서 시작해서 구체적인 연구과정에 적용하는 절차에 이르기까지 전반적인 내용을 포함한다. 따라서 연구의 전체 진행에 있어서 연구목적에 적합한 정보를 충분히 획득할 수 있도록 경제적이면서 효과적인 연구를 설계해야 한다.

1) 연구설계의 필요성

연구설계(research design)란 연구자가 설정한 연구문제를 과학적으로 분석하기 위해서 자료 수집 이전에 설정하는 구체적인 계획으로서, 연구 전체를 수행하기 위한 하나의 청사진이라고 할 수 있다. 이러한 의미의 연구설계는 연구문제와 연구 모형 및 가설에 대한 검토, 연구에 이용될 연구방법의 제시, 전반적인 연구골격의 수립, 자료 수집방법 및 자료 분석기법의 결정 등과 같은 활동을 포함한다.

2) 연구설계의 유형

연구설계는 기술적 연구와 설명적 연구설계로 구분된다.

(1) 기술적 연구설계

기술적 연구설계(descriptive research design)는 현상이나 미래를 정확하게 기술하고 예측하는 목적으로 수행되는 연구를 위한 설계방법이다. 기술적(descriptive)이라는 의미에는 현상의 존재나 특징에 관한 묘사를 포함한다. 기술적 연구설계의 종류에는 사례연구, 현장연구, 비교연구, 조사연구 등이 있다.

(2) 설명적 연구설계

현상과 관련된 변수들 간의 인과관계나 관련성을 추론하기 위해 수행되는 설계 방법을 설명적 연구설계(explanatory research design)라고 한다. 설명적(explanatory)이라는 용어는 실태에 대한 기술에 만족하지 않고 조사된 결과에 대해 일반화(generalization)하거나 미래 예측을 위한 명제를 발견하고자 수행한다는 의미를 내포한다. 설명적 연구설계는 통계검정을 이용한 실험연구나 관찰연구가 있다.

3) 연구설계의 방법

연구설계는 연구문제를 검증하는 데 필요한 연구 활동을 체계적으로 수행하는 지침서의 역할을 한다. 언어재활 연구에서는 다양한 목적에 적합한 여러 형태의 연구가 있지만, 대표적으로 사례연구, 조사연구, 실험연구가 수행된다.

(1) 사례연구

사례연구(case study)는 특정한 개인이나 단체의 특성을 파악하는 데 목적을 두고 검사, 관찰, 인터뷰 등의 방법으로 자료를 수집하여 종합적으로 사례의 문제를 이해하고 해결하는 연구방법이다. 사례연구는 특정 연구주제에 관한 선행 지식이 부족한 상태에서 연구문제에 대한 방향을 설정하고, 그에 대한 풍부한 지식을 획득하기 위한 탐색적 목적에서 수행되기도 한다. 예를 들면, 퇴행성 신경질환인 원발성 진행성 실어증(primary progressive aphasia)의 화용적 특성에 대한 연구를 수행하는데, 이 질환에 대한 특성이 잘 알려져 있지 않다면, 예비연구로 소수의 환자 사례를 관찰하는 사례연구를 수행할 수 있다. 대부분의 사례연구는 질적 연구(qualitative research)로서, 통계적 확률과 추론에 기반하는 실험연구 또는 조사연구 등의 양적 연구와 방법론적으로 차이가 있다.

(2) 조사연구

조사연구(survey research)는 질문지, 인터뷰, 전화 등을 이용하여 응답자로 하여금 연구 질문에 답하게 하여 수집한 자료를 분석하는 방법을 의미한다. 모집단에서 표본을 추출하여 대상자의 특성을 측정함으로써 관련성을 파악할 수 있다. 조사연구만으로는 시간적 선후 관계에 따른 차이를 알 수 없으므로 인과관계보다는 대상자의 특성을 파악하고, 변수 간의 관계를 확인하는 목적에서 주로 수행된다.

(3) 실험연구

실험연구(experimental research)는 조작적인 실험을 통해서 자료를 수집하고 분석하는 연구방법이다. 실험은 가상의 상태를 의도적으로 조작하여 특정 상황에서 발견되는 행동을 측정하는 것을 뜻한다. 따라서 실험연구는 연구자가 의도적으로 변수를 조작해서 나타나는 결과를 분석하여 의미를 부여하는 연구라고 할 수 있다.

실험연구는 연구자가 관심이 있는 변수 간의 인과관계를 명확하게 규명할 수 있다는 장점이 있다. 이는 연구자가 자신의 의도에 따라 집단을 통제하고 실험을 진행하면서 효과를 관찰할 수 있기 때문이다. 또한 실험 상황에 추적 연구나 반복적 연구가 가능하여 일반적으로 조사연구에 비해 연구 결과의 근거 수준(levels of evidence)이 높다.

〈표 16-2〉 **연구설계의 종류**

사례연구	① 개인이나 소수의 사례를 집중적으로 연구함 ② 본 조사 이전의 예비조사로 이용됨 ③ 사례에 관한 총체적인 흐름의 파악이 가능함
조사연구	① 실험을 진행할 수 없는 연구문제들을 설문이나 면접을 사용하여 조사하는 간접연구임 ② 논리적인 해석을 위해서는 표집의 대표성과 적절한 분석법이 중요함 ③ 설문지를 주로 사용함
실험연구	① 의도적으로 통제된 조건에서 변인을 조절하여 효과를 관찰함 ② 변수 간의 인과성을 규명하는 데 이용됨 ③ 실험을 통해 새로운 가설이나 연구문제를 발견할 수 있음

4) 측정

(1) 측정의 개념

측정(measurement)은 경험적 세계와 개념적 세계를 이어 주는 수단이다. 여기서 경험의 세계는 수치를 통해서 객관적으로 표현된 속성을 의미하며, 개념의 세계는 특성을 측정 가능하게 만들어 주는 연구자의 조작적 정의라고 할 수 있다. 따라서 측정이란 이론의 개념을 관찰이 가능한 방법으로 조절하는 과정이라고 할 수 있다. 예를 들어, 연구자가 치매 노인의 '인지(cognition)'라는 추상적 개념을 연구하기 위해서는 검사 도구를 이용하여 언어능력, 시공간 능력 등을 정량적으로 정의하여 측정할 수 있다.

(2) 측정의 특성

사람이나 현상의 속성에 따라서 측정의 수준이 달라진다. 예컨대, 성별처럼 숫자가 단순히 속성을 분류하는 수준에서 측정이 가능한 변수가 있는 반면, 키나 몸무게처럼 속성에 부여된 숫자가 차이나 비율을 의미할 수도 있다. 이와 같이 측정의 속성에 따라 변수는 명목척도, 서열척도, 등간척도, 비율척도로 구분할 수 있다.

① 크기(magnitude)

척도의 측정치가 '크다(작다)', '많다(적다)' 등의 정보를 제공한다.

② 등 간격

척도의 측정치가 '정의한 수준만큼 더 크다(작다)', '정의한 수준만큼 더 많다(적다)' 등의 정보는 등 간격(equal interval)을 통해 알 수 있다.

③ 절대 영점

절대 영점(absolute zero point)은 척도의 측정치가 '정의한 수준보다 몇 배 더 크다(작다)', '정의한 수준보다 몇 배 더 많다(적다)' 등의 정보를 제공한다.

(3) 척도의 종류

① 명목척도

명목척도(nominal scale)는 측정대상의 특성을 분류 또는 확인하기 위한 목적으로 숫자를 부여한 척도로서 가장 낮은 수준의 척도이다. 숫자 자체는 어떠한 의미도 갖지 않는다. 명목척도의 예로는 성별, 직업, 출신지역, 종교가 있다.

② 서열척도

서열척도(ordinal scale)는 대상자의 특성에 관한 상대적 크기의 순서로 정의되며, 측정 대상을 구분하는 목적으로 사용되는 척도이다. 서열척도는 순위척도라고 명명하기도 하며, '좋음', '보통', '나쁨' 등으로 구분이 가능하지만 측정 간의 간격은 알 수 없다. 서열척도의 예로는 주관적 음성문제 수준, 학급의 석차 등이 있다.

③ 등간척도

구간척도(interval scale)라고 명명하기도 하며, 크기와 동일한 간격의 속성을 내포하는 척도로서 순서의 구분 이외에도 순서 간의 간격에 대한 정보를 제공한다. 그러나 간격척도에서의 0은 임의로 정한 기준이기 때문에 절대적인 비교는 불가능하다. 등간척도의 예로는 온도계의 수치, 지능검사의 점수 등이 있다.

④ 비율척도

척도 중 가장 높은 수준의 척도로서 범주, 서열, 거리의 정보에 추가적으로 비율의 정보를 포함하는 척도이다. 비율척도(ratio scale)는 절대적 '0'을 포함하기 때문에 제시된 값이 절대적 의미를 가진다. 예컨대, 말장애 대상자의 최대연장발성시간(Maximum Phonation Time: MPT)을 측정할 때, '홍길동'의 MPT가 10초이고, '성춘향'은 20초라면, 홍길동에 비해서 성춘향의 MPT가 2배 더 길다는 정보를 제공한다. 비율척도의 예로는 속도, 키, 몸무게, 시간 등이 있다.

〈표 16-3〉 척도의 수준

측정 \ 특성	영점 (absolute zero)	등간격 (equal interval)	순서 (order)	분류 (category)
명목척도	×	×	×	○
서열척도	×	×	○	○
등간척도	×	○	○	○
비율척도	○	○	○	○

5) 설문지 작성법

(1) 설문지의 의미

설문지는 조사목적에 적절한 의미 있는 자료를 수집하는 수단이다. 설문지 작성을 위해서는 자료 수집 이전에 필요한 정보의 종류, 측정방법, 분석 내용, 분석방법까지 모두 고려해야 하며, 조사결과에 대한 개괄적인 방향도 추정되어야 한다. 설문지는 측정도구의 최종적인 형태로 언어재활 연구에서 자가 평가 등의 측정에 매우 유용하게 사용된다.

(2) 설문지의 구성요소

① 응답자에 대한 협조요청

연구자나 연구기관을 소개하고, 조사의 취지에 대한 설명과 개인적인 응답항목에 대한 비밀보장을 확신시켜 줌으로써 응답률을 높이고 목적에서 표기하는 부분이다.

② 식별자료

설문지를 완성한 개인을 구분하기 위한 일련번호와 추후 확인조사를 위해서 응답자나 조사자의 이름과 조사 날짜를 기록하는 부분을 식별자료(identification data)라고 한다. 일반적으로 설문지의 앞 장에 표기한다.

③ 정보의 수집을 위한 문항

설문지 작성에서 가장 중요한 부분이다. 연구목적에 필요한 문항을 제시하여 결과 자료를 수집한다.

(3) 설문지 질문 방법의 결정

설문지의 응답형태에 따라서 얻어지는 자료의 내용과 통계 분석방법이 달라질 수 있다.

① 자유응답형

응답의 형태에 전혀 제약이 없이 자유로운 표현이 가능한 응답방법이다. 장점으로는 응답자의 의견을 존중하는 느낌을 주므로 모든 가능한 의견을 얻어 낼 수 있다. 따라서 탐색조사에 유용하게 이용된다. 단점으로는 자료처리를 위한 코딩이 어렵다.

② 다지선다형

응답내용을 몇 가지로 제약하여 대상자로부터 선택하게 하는 방법이다. 응답의 항목들은 상호 배타적이고 모든 응답을 포괄한다. 장점은 집계 및 분석 시 매우 편리하며, 응답자에게 가능한 응답을 알려 줌으로써 응답의 오류를 최소화시킬 수 있다. 반면에 질문의 제시된 순서에 따라 다른 결과가 발생하거나, 응답자의 의도를 충분히 반영하지 못한다는 단점이 있다.

③ 양자택일형

가장 극단적인 설문 형태로 두 가지의 선택안만 제시한다. 분석이 쉽고, 조사자의 영향을 배제할 수 있다는 장점이 있지만, 분석결과가 실제 응답자의 의견들보다 훨씬 강하게 반영되거나 순서에 따라 많은 편견을 유도할 수 있다는 단점도 있다.

3. 자료 수집

연구대상에 대해 특성을 구체적으로 관찰하는 단계이다. 자료 수집 방법으로는 관심 대상을 전부 조사하는 방법(전수조사)과 일부에 대한 조사(표본조사)가 있다. 표본조사를 통해 자료를 수집하는 경우에는 모집단에서 표본을 선택하는 방법과 표본에 대한 크기를 사전에 결정해야 한다.

1) 모집단과 표본

모집단(population)은 조사 및 관찰 대상이 되는 조사단위의 전체로 정의된다. 예컨대, 서울의 65세 이상 노인의 모집단은 현재 서울시에 주소지를 두고 거주하는

65세 이상 노인의 인구수를 의미한다. 보건 및 사회조사를 수행할 때 원칙적으로는 모집단을 전부 조사하는 전수조사(complete enumeration)가 이상적이지만, 일반적으로 임상가가 개인적인 차원에서 특정 통계를 조사하거나 연구를 수행하고자 할 때 전수조사는 시간과 비용적인 이유로 사실상 불가능하다. 따라서 모집단에서 일부를 추출하여 관측 가능한 집단을 조사하게 되는데, 이를 표본(sample)이라고 한다.

2) 편향

표본조사는 모집단에서 추출한 표본의 정보를 활용하여 모집단의 속성을 추측하는 것이 목적이다. 따라서 표본은 모집단의 특성이 잘 반영될 수 있도록 가능한 한 편향(bias)이 없이 추출하여야 한다. 연구자가 저지를 수 있는 대표적인 편향은 다음과 같다.

첫째, 선택 편향(selection bias)이 있다. 이는 잘못된 표본의 선택에 따라 통계분석을 왜곡하는 오류로서 결과적으로 통계적 유의성의 수준을 실제보다 크거나 작게 도출되도록 왜곡시킨다. 선택 편향은 표본 추출 과정에서 흔하게 발견될 수 있다. 병원에 입원한 환자만을 대상자로 선택하는 등 실험 참여자를 편의상 특정한 집단에서 뽑거나 치료 프로그램에 대한 효과성을 검증하는 연구에서 중도 탈락자를 제외한 분석도 넓은 범위에서 선택 편향에 해당된다. 실험연구나 조사연구에서 흔히 발생되는 선택 편향으로 지역적인 편중성을 들 수 있다. 예를 들면, 어떤 연구에서 알츠하이머 치매(Alzheimer's disease)의 유병율을 파악하고자 서울에서 100명, 광주에서 100명, 대구에서 100명, 부산에서 100명을 조사하였다고 가정해 보자. 이 경우 조사된 표본이 무작위로 추출되었다고 하더라도 인구비례에서 대표성을 지니지 못하기 때문에 연구결과를 일반화할 수 없다. 따라서 연구자는 연구설계 단계에서 보편적으로 확립된 기준에 의해서 표본을 추출하고, 연구의 제외대상을 명확하게 설정해야 한다.

둘째, 연구자 편향(researcher bias)이 있다. 이는 연구자가 고의적으로 데이터를 왜곡하거나 대상자에 대한 처치(treatment)를 수행함에 있어서 계획된 처치를 벗어나 차별되게 다루는 비의도적인 편향을 의미한다. 연구자 편향은 연구의 조작에 가까운 편향이므로 이를 방지하기 위해서는 연구자의 윤리적 태도의 확립이 요구된다.

셋째, 확증 편향(confirmation bias)도 연구 수행 단계에서 자주 발생하는 편향이다(Afifi & Azen, 2014). 확증 편향은 통계적 추론단계에서 연구자가 자신의 가설을 지지하는 쪽으로 치우치는 인지적 편향의 일종이다. 따라서 연구자 편향이나 확증 편향을 예방하기 위해서는 연구의 설계 단계에서 실험이 종결될 때까지 실험자나 피험자에게 특정 정보를 공개하지 않는 맹검법(blinded experiment)을 적용해야 한다. 실험자와 피험자 모두에게 맹검이 적용된 경우를 이중맹검법(double-blind trial), 실험자와 피험자뿐 아니라 치료효과를 판정하는 사람까지 어떤 대상자가 어떠한 처치를 받았는지를 모르는 경우를 삼중맹검법(triple-blind trial)이라고 한다(Crowder, Kimber, Smith, & Sweeting, 2017).

3) 표본추출과정

조사된 표본의 편향을 최소화하고, 결과가 모집단의 특성이 잘 반영될 수 있도록 통계적 의미를 부여하기 위해서는 과학적 표본 추출이 중요하다. 모집단에서 표본을 추출하는 방법은 임의추출(확률 표본추출, random sampling)과 비임의추출(비확률 표본추출, non random sampling)이 있다. 임의추출은 표본이 모집단에서 선택될 수 있는 확률을 계산할 수 있도록 체계적으로 사례를 추출하는 것을 의미한다. 확률 계산을 통해 모집단에 대한 표본의 대표성 경향을 산정할 수 있다. 비임의추출은 표본을 설정하는 연구자의 주관이 작용하여 선택적이며 뽑힌 표본을 말한다. 일반적으로 표본의 추출과정은 다음과 같다.

(1) 모집단 설정

연구자의 관심의 주체가 되는 집합체를 설정하고, 인구통계학적 특성, 지역 및 시간개념을 고려하여 모집단을 결정한다. 예를 들면, 우리나라에 거주하는 알츠하이머 치매 환자가 연구 대상이라면 모집단은 60세 이상 우리나라 지역사회에 거주하는 알츠하이머 치매 노인이 될 것이다.

(2) 표본프레임 결정

실제 표본추출의 대상이 되는 프레임(모집단에 포함된 연구 대상자들의 명단이 수록

된 목록)을 결정한다.

(3) 표본추출방법의 결정

임의추출법과 비임의추출법 중에서 적합한 표본추출법을 선택한다.

(4) 표본수 산정

조사 기간이나 실험 환경을 고려해서 대상자의 표본의 크기(sample size)를 결정한다. 표본수 산정은 신뢰구간접근법(예: 95% 신뢰구간, 허용오차 5%)이나 가설검정 접근법을 활용할 수 있다.

(5) 표본추출

최종 결정된 연구 대상자에 대해 연구를 수행한다.

4) 표본추출방법

(1) 확률적 표집

확률적 표집(probability sampling)은 대상자가 특정 표본에 포함될 확률을 명시하여 표집하는 방법이다(Campbell & Stanley, 2015).

① 단순 무선 표집

대상자가 둘 이상의 특정 표본에 뽑힐 확률이 동일한 경우를 단순 무선 표집(simple random sampling)이라고 한다.

② 체계적 표집

체계적 표집(systematic sampling)은 모집단을 구성하고 있는 구성원들이 무선적으로 나열되어 있을 때, 일정한 질서에 따라 나열된 목록에서 일정한 간격에 있는 구성원들을 뽑는 방법이다. 실험연구와 관찰연구 모두에서 가장 이상적인 표집 방법이다.

③ 계층 표집

모집단을 특정 기준에 따라 2개 이상의 동질적인 계층으로 구분하고 각 계층별로 단순 무작위 추출하는 방법을 계층 표집(stratified sampling)이라 한다. 예를 들면, 광역시 단위로 우선 표집 후 이를 다시 인구 단위에 비례한 구/동의 단위로 표집하는 지역사회 건강 조사는 계층 표집을 이용한다.

④ 군집 표본

모집단으로 다양한 구성요소를 포함하는 여러 개의 군집(cluster)이나 집단(group)을 구분한 다음, 구분된 집단을 표본추출단위로 해서 무선적으로 몇 개의 집단을 표본으로 추출하여 조사하는 방법을 군집 표본(cluster sampling)이라 한다.

(2) 비확률적 표집

비확률적 표집(probability sampling)은 각 구성원이 표본에 포함될 확률을 명시할 수 없는 표집방법을 뜻한다.

① 임의 표집(convenience sampling)

원하는 표본의 수만큼 연구자가 가능한 방식으로 표집을 한다. 예컨대, 말더듬 아동을 대상으로 한 연구에서 말더듬 아동을 30명을 대상으로 어떠한 표본 추출 방법이 없이 모집한다면 임의 표집에 해당된다. 현실적으로 많은 언어재활 임상연구가 임의 표집에 국한되어 있다. 임의 표집은 단순임의추출법(sample random sampling)과 층화임의추출법(stratified random sampling)으로 구분된다.

• 단순임의추출법

단순무작위추출법 또는 단순확률추출법이라고 명명하며, 모집단에 일련번호를 부여한 후 난수표(table of random number)를 이용하여 표본을 뽑는다.

• 층화임의추출법

모집단에 대하여 사전에 알고 있는 정보를 기초로 집단을 분류한 후 단순임의추출법에 의하여 표본을 추출하는 방법이다. 이때 구분된 층에서 일률적으로 같은 수의 표본을 뽑는 동수할당법과 층의 크기에 따라 비례적으로 뽑는 비례할당법(quota sampling)이 있다(Afifi & Azen, 2014). 대통령 선거 후보 조사 등 국가조사에서는 주로 비례할당법을 이용한다.

② 목적 표집

목적 표집(purposive sampling)은 연구자가 모집단에 대해서 사전지식을 갖고 있는 경우에 적용하는 방법이다.

③ 비례할당법

비례할당법(quota sampling)은 연구자가 모집단의 주요 속성을 대표할 수 있는 일정수의 범주를 결정하여 할당된 표본의 수를 추출하는 방법이다.

5) 자료 수집 방법

(1) 대인면접법

대인면접법(personal interview)은 훈련을 받은 조사원이 직접 응답자와 대면하여 설문을 통해 자료를 수집하는 방법이다. 조사원은 주제와 연구목적에 대해 설명을 한 후 인터뷰를 이용하여 응답자의 반응을 기록하는 방법으로 진행된다. 다른 수집방법에 비해 응답율이 높고, 심층면접이 가능하다는 장점이 있지만, 비용과 시간이 많이 소요되며 조사원이 자료 수집에 대한 충분한 교육을 받지 못한 경우 질문과정에서 응답자의 응답에 영향을 미칠 수 있다는 단점이 있다.

(2) 전화면접법

전화면접법(telephone interview)는 조사원이 전화를 이용하여 정보를 수집하는 방법이다. 대인면접법에 비해서 조사속도가 빠르고 비용이 적게 소모된다는 장점이 있는 반면, 질문 내용이 어렵거나 면접시간이 길어지면 응답률이 떨어진다는 단점이 있다.

(3) 우편조사법

우편조사법(mail survey)은 이메일이나 우편을 이용하여 대상자에게 설문지를 보내고 대상자가 응답한 후 이를 회신함으로써 자료를 수집하는 방법이다. 비용이 적게 들고, 대인면접법이나 전화면접법으로 질문하기 힘든 응답을 얻어 낼 수 있다는 장점이 있지만, 대인면접법에 비해 응답률이 낮고, 자료 수집 기간이 길어질 수 있다는 단점도 있다.

4. 자료의 분석 및 해석

1) 통계자료의 처리

통계자료(statistical data)는 특정 변수의 측정값을 순서대로 나열한 값을 의미한다. 만약 측정된 값이 통계적 방법을 이용하여 해석할 만한 가치가 없다면 이는 통계자료라고 볼 수 없다. 일반적으로 언어재활 연구에서 의미 있는 통계자료를 제시하는 방법으로 표나 그림을 이용한다.

(1) 도수분포도

도수분포도(frequency distribution table)는 수집된 자료의 특성을 표로 요약하는 기술통계학의 자료처리 방법으로서 조사된 자료의 발생빈도와 자료에 따른 규칙성을 분석하기 위한 목적에서 작성되는 표이다. 일반적으로 도수분포도의 작성 방법은 다음과 같다.

- 통계자료를 크기 순서로 정리한다.
- 급의 수와 간격을 정한다.
- 급의 상한과 하한을 정한다.
- 빈도를 계산하여 표를 작성한다.

(2) 도표

도표(graph)는 자료를 시각적으로 제시하여 연구자가 쉽게 이해할 수 있도록 표현하는 자료 처리 방법이다. 자료의 목적에 따라 적절하게 도표를 선택하여 연구에 제시하면, 의미 있는 해석이 가능하다.

① 막대도표

막대도표(histogram)는 평면상에 제시되는 직교좌표(rectangular coordinates)를 이용하여 관심 변수의 측정값을 X축에 표시하고, Y축에는 빈도의 정도를 파악할 수 있는 막대나 선을 제시한 도표이다. 경우에 따라서 X축에 측정값의 빈도를, Y축에 변수의 측정값을 표시하기도 한다.

② 점선도표

점선도표(frequency polygon)는 평면의 직교좌표를 이용하여 X축에 변수의 측정값을 표시하고, Y축에는 측정값의 빈도를 점으로 표시하여 각 점들을 이어서 빈도의 크기로 해석되는 곡선 모양을 제시하는 도표이다. 점선도표는 시간의 흐름에 따라 변화하는 값이나 측정값의 변화 경향을 파악하는 종적연구(longitudinal study)에 주로 활용된다.

③ 원도표

원도표(pie graph)는 원의 중심에서 일정 각도 속에 포함되는 면적을 이용하여 측정된 변수의 크기를 제시하는 도표이다. 측정된 변수의 수준별 비율을 제시할 때 자주 이용된다.

④ 상관도표

상관도표(correlation diagram)는 두 변수의 관계를 강조하기 위한 도표이다. 변수값을 측정하여 설명변수의 값으로 결과변수의 상태, 분포, 변화에 대한 관련성 정보를 제시할 수 있다.

⑤ 기타 도표

지역분포도, 비율변화도표 및 대수눈금도표 등이 있다.

• 지역분포도

지역분포도(geographical distribution)는 지도 위에 특정 변수의 측정값에 대한 크기나 수치를 표시한 도표이다. 지역별 특성과 분포를 쉽게 이해할 수 있다.

• 비율변화도표

비율변화도표(ration graph)는 한 도표에 두 변수의 크기를 비교하여 제시하는 도표이다. 이 도표는 변수의 절댓값으로 표시하기보다는 특정 기준점에서 기준시점의 크기에 대한 상대적 변화비율을 제시한다.

• 대수눈금도표

대수눈금도표(semi-log graph)는 등간격에 의한 도표가 아닌 직교좌표 중 한 축에 대수눈금(logarithmic scale)으로 표시하거나 두 축을 모두 대수눈금으로 표시한 도표이다. 변수의 측정값 범위가 크거나 변수간의 변화추세를 비교할 때 유용하게 사용될 수 있다(Afifi & Azen, 2014).

(3) 대푯값

측정된 자료의 분포 등 표면적 의미를 해석하는 방법으로 도수분포표와 도표가 있지만, 이 방법만으로는 임상가 또는 연구자가 잠재적 의미를 해석하는 데 한계가 있다(Campbell & Stanley, 2015). 통계자료가 지닌 숨은 의미를 이해하기 위해서는 대푯값으로 명명되는 또 다른 합리적인 수치가 필요하다. 대푯값은 두 개 이상의 서로 다른 통계자료를 비교하는 데 유용하다. 대푯값은 측정된 자료를 대표하는 수치로서 평균값, 중앙값, 최빈값이 있다.

① 평균값

점수 집합의 대푯값으로 평균치(mean)라고도 명명하며, 모든 점수를 합하여 전체 개수로 나눈 값이다. 평균(arithmetic mean)을 표시하는 기호는 두 가지가 있는

데, 표본의 평균은(X: X bar) 또는 m의 기호를 사용하고, 모집단의 평균은 μ(mu: 뮤)로 사용한다. 이는 측정값을 전부 합한 후 측정수로 나눈 값이다. 평균값의 단점으로는 측정된 자료에서 특별히 크거나 작은 극단값이 있을 경우 대푯값으로서의 가치를 상실할 수 있다는 점이다. 다시 말해서, 평균치는 극단값이나 이상값에 영향을 많이 받는다.

② 중앙값

중앙값(median)은 중앙치나 중위수라고 명명하는데, 측정값을 순서대로 나열했을 때 가장 가운데 순위에 위치한 값을 의미한다. 장점은 적은 표본 수에서 극단값이 포함되더라도 극단값의 영향이 비교적 적다. 측정치가 홀수일 경우에는 나열한 순서에서 가운데 위치한 (n+1/2)번째 측정값이 중앙값이다. 짝수인 경우 나열한 순서에서 가운데 위치한 두 측정값을 합하여 2로 나눈 값이다.

③ 최빈값

최빈값(mode) 또는 최빈치는 특정 변수의 측정값 중에서 빈도가 가장 빈번하게 나타나는 값을 의미한다. 조사된 자료의 특성에 따라서 최빈값은 없거나, 둘 이상일 수도 있다. 예컨대, 뇌졸중 발생 원인에 대한 순서는 최빈값을 대푯값으로 사용한 대표적인 예이다.

(4) 산포도

산포도(dispersion)는 평균을 중심으로 퍼져 있는 점수의 분포를 뜻한다. 산포도에는 분산, 범위, 평균편차, 표준편차 등 절대 산포도와 변이계수 등 상대적 산포도가 있다.

① 표준편차

표준편차(standard deviation: SD)는 산포도 중에서 가장 많이 사용되는 지표이다. 일반적으로 자료가 평균 주변에 모여 있는 정도를 파악할 때 표준편차를 주로 제시한다. 연구의 통계량에서 자주 보는 'M±SD'는 '산술평균과 표준편차'를 의미한다.

② 평균편차

집단의 불균일성을 표현하는 산포도의 종류로서 평균값으로부터 편차의 절대치의 평균을 평균편차(mean deviation)라고 한다.

③ 변이계수

표본의 산술평균을 100으로 환산할 때 산술평균 100에 대한 상대적 크기를 제시하는 것을 변이계수(coefficient of variation)라 한다(Afifi & Azen, 2014). 변이계수는 두 측정값의 산포도에 관한 크기의 비교에 주로 이용된다. 비교 집단이 서로 다른 측정 단위를 이용할 경우 집단 간 비교가 어렵기 때문에 절대적인 변이보다 상대적 변이가 필요하다. 예컨대, 두 종류의 서로 다른 언어검사 도구를 이용하여 측정값을 비교할 때, A 검사는 평균이 4.0, 표준편차가 0.2이고, B 검사는 평균이 40, 표준편차가 2인 경우 어떤 검사의 변이가 큰지를 알고 싶다면 변이 계수를 산출하면 된다.

(5) 정규분포표

정규분포(normal distribution)는 종을 거꾸로 놓은 것과 같은 모양을 취하고 있다. 정규분포로 표현되는 곡선을 정규곡선(normal curve)이라고 하며, 다른 용어로 가우시안 분포(Gaussian distribution) 또는 오차분포(error distribution)라고도 명명한다

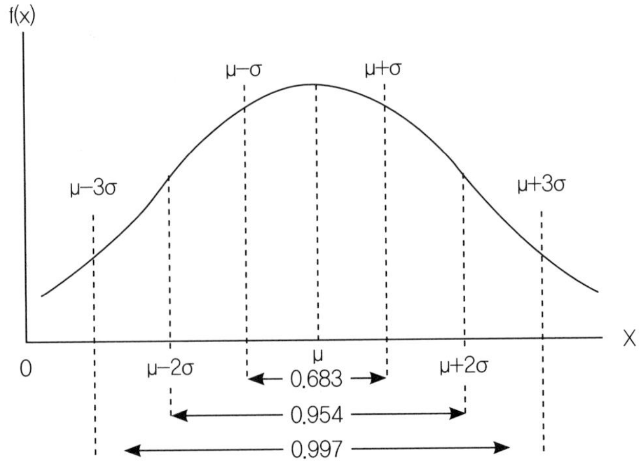

[그림 16-3] **정규분포표**

출처: 이해용, 이필용, 2003, pp. 169-199.

(Campbell & Stanley, 2015). 정규 곡선 아래에 들어 있는 면적은 1이다. 정규분포는 산술평균, 중위수, 최빈값이 일치되는 좌우대칭의 분포가 특징이다.

정규분포표는 언어재활 연구에서 가장 기본이 되는 분포이다. 그 이유는 대부분의 정규분포의 이론이 표본분포에 적용될 뿐만 아니라 연구자가 관찰할 수 있는 측정값의 분포가 일반적으로 정규분포와 유사하기 때문이다(Gelman et al., 2014). 정규곡선은 특성은 다음과 같다. 첫째, 평균을 중심으로 좌우가 대칭인 종 모양(bell shape)이다. 둘째, 정규곡선은 좌우로 횡축에 무한한 수준(−∞, ∞)으로 접근하지만 닿지는 않는다. 셋째, 정규곡선의 모양과 위치는 분포의 표준편차(±1б)와 평균(μ=0)에 의해 결정된다. 넷째, 정규곡선은 전체 면적의 1이며, 평균을 중심으로 μ±1б 범위는 68.26%, μ±2б 범위는 95.44%, μ±3б 범위는 99.73%이다.

2) 자료의 분석

수집된 자료의 편집과 코딩이 끝나면 연구자는 통계적 기법을 이용하여 자료의 분석이 수행해야 한다. 통계적 분석방법은 연구설계를 계획할 때부터 결정해야 하며, 자료에 관한 분석이 종료되면 결과에 대한 의미 있는 해석이 이루어져야 한다. 동일한 자료라 하더라도 분석자의 통계기법에 대한 이해 정도나 분석 관점에 따라서 결과의 차이가 발생할 수 있으므로 연구자는 연구 분야의 핵심 개념 외에도 통계기법에 대한 명확한 이해가 있어야 한다.

5. 결과의 보고

연구자는 충분한 자료를 수집해서 연구목적에 적합한 분석방법을 선택하여 이를 분석하고, 그 결과를 효과적으로 표현해야 한다. 따라서 연구자는 자료의 특성을 고려한 분석방법 및 보고서의 작성과 관련된 유의점을 잘 알아야 하며, 과학적 연구의 절차에 적절하게 결과를 체계적으로 제시할 필요가 있다.

1) 변수의 수에 의한 분류

(1) 단일변량분석

단일변량분석(univariate analysis)은 Z-test와 같이 표본으로부터 추출된 한 개의 변수에 대한 분석을 의미한다. 많은 경우의 언어재활 사례 연구들은 빈도, 백분율, 대푯값, 분산의 정도와 같은 기술통계량이 사용되는 단일변량분석을 주로 이용한다.

(2) 다변량분석

다변량분석(multivariate statistical analysis)은 두 개 이상의 변수가 사용된 통계 기법이다. 자료의 종류 및 특성에 따라 수집과 분석의 제약이 있으므로, 연구자는 각 변수들의 척도와 종류를 고려하여 자료 수집 이전에 분석방법을 미리 고민해야 한다(Crowder et al., 2017).

〈표 16-4〉 변수의 수에 따른 통계분석법

		독립변인	
		범주형	명목형
종속변인 1개	범주형	Chi-square test	discriminant analysis
	연속형 (2집단)	T-test	correlation analysis (관련성 검증)
	연속형 (2집단 이상)	F-test	regression analysis (영향력 검증)
종속변인 2개 이상	범주형	Chi-square test	None
	연속형	ANOVA, MANOVA	structural equation model

2) 연구목적에 의한 분류

(1) 종속관계에 대한 분석

변수들 간의 관계가 종속적일 경우에는 독립변수와 종속변수로 구분하여 독립변수들의 변화가 종속변수에 미치는 영향을 분석해야 한다. 종속관계에 관한 대표적인 분석방법으로는 분산분석, 회귀분석, 판별분석이 있다.

(2) 상호관계에 관한 분석

변수들 간의 관계에 관한 상호관련성을 확인하는 데 목적이 있는 분석이다. 모든 변수의 관계를 파악하거나 동질성을 가진 집단으로 분류하는 데 목적이 있다. 대표적인 상호관계 분석방법으로는 요인분석과 군집분석이 있다.

3) 척도의 종류에 의한 분류

(1) 모수통계분석

모수통계분석(parametric statistical analysis)은 변수가 등간 측정(interval measurement) 또는 비율측정(ration measurement)으로 측정된 자료에 적용되는 분석 기법이다.

(2) 비모수통계분석

비모수통계분석(non parametric statistics)은 모집단의 확률분포나 검정통계량의 표본분포에 대해서 특별한 가정을 하지 않는 통계 검정 분석으로, 분포와 무관한 분석(distribution-free)을 의미한다(노희상 외, 2014). 연구자가 모집단의 특성이나 분포를 잘 모르거나 집단별 대상수가 너무 적은 경우에 사용하는 분석기법이다. 비모수통계분석은 다음과 같은 장점을 가진다(Campbell & Stanley, 2015).

- 표본의 크기가 작을 때(예: 10명 미만)에도 사용할 수 있다.
- 순서형 자료(ordinal data)나 범주자료(categorical data)에도 적용이 가능하다.
- 모집단의 분포에 대한 가정이 틀릴 경우에도 가설분별력(power)이 크다.
- 이상치(outlier)의 영향이 크지 않다.

연구목적에 따른 비모수통계의 유형과 대응되는 모수통계에 관한 요약은 〈표 16-5〉에 제시하였다.

〈표 16-5〉 **비모수통계와 모수통계의 비교**

목적	비모수통계	모수통계
분포의 적합도	Kolmogorov-Smirnov Test	없음
평균 비교	Mann-Whitney U test	T test
짝지은 표본의 평균 비교	Wilcoxon matched pairs signed ranks test	Paired-T test
분산 비교	Kruskal-Wallis test	ANOVA
다변량 분산 비교	Friedman test	MANOVA
상관성 검증	Spearman's rho	Pearson correlation coefficient

4) 준실험연구

준실험설계(quasi-experimental)는 무작위 배치가 가능하지 않을 때 사용되며 유사 실험설계라고 명명하기도 한다(윤미례, 김태일, 2017). 언어재활 현장에서 윤리적, 실무적, 치료적 이유로 엄격한 실험 조건을 성립하기 어려운 경우가 많은데, 이 경우 준실험 연구를 수행한다. 예를 들면, 뇌졸중으로 인한 삼킴장애 환자를 대상으로 기존에 수행되는 A 치료법과 새로 개발된 B 치료법의 효과를 비교할 때, 연구자의 의도에 따라 무작위로 대조군과 실험군을 구분하여 동일한 시간에 실험을 진행하는 것은 불가능에 가깝다. 따라서 연구자는 측정시점과 대상에 대한 통제를 통해 인위적으로 실험상황을 조작한다. 유사 실험디자인은 2집단 사전사후 실험디자인, 시계열 실험디자인, 반복실험디자인, 중다기초선 설계 등의 방법이 있다.

6. 언어재활 연구설계 및 통계검정에서의 유의점

연구 설계 및 분석의 유의점에 대한 설명을 Q&A 형식으로 제시한다.

Q1. 저는 임상 연구자로서 언어재활 만족도에 대해서 7점 리커트 척도를 이용하여 분석 중에 있습니다. 자료를 연속형으로 가정하고 모수적 방법으로 통계분석을 하려고 합니다. 그런데 도표로 그려 보니 자료가 정규분포를 가정하

지 않고 있습니다. 단, 왜도와 첨도는 ±1을 넘지 않는 것 같습니다. Log 치환을 해봐도 정규분포가 되지 않는데 이와 같은 경우 정규분포를 어떻게 만들어야 할까요?

A1. 현재 질문자의 데이터는 7점 리커트 척도입니다. 다시 말하면, 수치가 1에서 7까지의 정수로 구성되어 있습니다. 이 같은 자료는 변수 변환을 해도 정규분포가 될 가능성이 없습니다.

Q2. 저는 사람들이 스스로 인지한 음성 문제에 대한 객관적 음성 수치를 측정하여, 세 가지 음성 문제 인지 수준에 따라 집단별 객관적 음성 수치의 차이가 있는지를 검증하고 싶습니다. 수집된 자료의 편차가 커서 box plot을 이용하여 이상치 분석을 해 보았는데, 전체 집단에서 이상치는 없었습니다. 그럼에도 불구하고, 세 집단별로 box plot을 확인하니, 세 번째 집단에서만 극단치가 확인되었습니다. 이와 같은 경우에서 집단별 이상치를 제거해도 되는 것인지 궁금합니다.

A2. 연구자께서 질문한 대로 box plot을 통해 이상치를 추정할 수 있지만, box plot만으로 이상치를 판정할 수는 없습니다. 만약 표본수가 많은 데이터라면 box plot이 왜곡되게 표현될 수 있기 때문입니다. 연구자께서 판단하시어 이상치를 반드시 제거해야 하는 경우라면, 표준화된 잔차, 표준화된 DFFIT(Standardized DFFit)를 이용하여 이상치를 확인하는 것이 적절합니다. 표준화 DFFIT는 적합값의 표준화된 차이로서 특정 케이스를 제외하여 나타난 예측값의 변화량을 제시합니다. 절댓값이 2보다 큰 표준화 값에 대해서 모수를 케이스의 수로 나누어 결과 값을 확인하면 됩니다.

Q3. 정규성 검정에 대해 궁금한 것이 있습니다. 중심극한이론에 의해서 표본수가 30명 이상이면 정규성을 가정한다고 배웠습니다. 그런데 저의 자료에서 200명을 수집한 결과 왜도의 절댓값은 3 이하이고 첨도가 7 이하로 도출되었는데, Kolmogo-rov-Smirnov test 또는 Shapiro-Wilk normality test에서 모두 정규분포가 아닌 것으로 확인되었습니다. 이 경우 정규성을 만족하지 않는 것인가요?

A3. 정규성을 검정하는 대표적인 방법은, 첫째, Q-Q plot, 둘째, 첨도와 왜도의 비교, 셋째, 통계적으로 정규성 검정을 수행하는 방법이 있습니다. 만약 자료의 표본수가 많은 경우에는 첨도와 왜도를 이용하면 되지만, Kolmogo-rov-Smirnov test 또는 Shapiro-Wilk normality test는 표본수가 큰 경우 유의수준이 작아지는 경향이 있으므로 권유하지는 않습니다. 표본수의 크고 작음에 대한 특별한 기준은 없습니다. 그러나 질문자의 연구처럼 대상수가 100명 이상인 경우는 정규성 검정보다는 첨도와 왜도로 정규분포를 확인함을 권장합니다.

Q4. 저는 연구에서 서로 다른 단위의 검사도구 3개를 이용해서 지표를 측정하고, 통일된 새로운 지표(수식)를 만들려고 합니다. 이때 점수와 퍼센트의 단위가 서로 다르다면, 통일된 지표를 어떻게 만들 수 있을까요?

A4. 도출된 결과의 단위가 서로 다를 때는 단순히 합산이나 평균을 낼 수가 없습니다. 각 단위별로 평균과 분산이 상이하기 때문입니다. 이 경우 대표적으로 이용하는 세 가지 방법은, 첫째, 각 지표의 총점을 100점으로 변환하는 방법, 둘째, 지표를 Z점수나 T점수 등 표준화 점수로 변환하는 방법, 셋째, 표준화 점수를 100%로 재환산하는 방법이 있습니다. 이 중 어떤 것을 이용해도 상관없지만, 언어재활 연구에서는 보통 Z점수나 T점수 등 표준화의 방법을 주로 사용합니다.

Q5. 연구에서 자유도(degree of freedom: df)라는 용어가 자주 나오는데, 주변의 통계 전문가에게 문의하거나 교재를 찾아봐도 자유도에 대한 명쾌한 설명을 얻기 어렵습니다. 자유도가 무엇인가요?

A5. 자유도는 통계학을 심도 있게 공부한 사람도 개념을 명확하게 설명하기 어려운 용어입니다. 의미를 풀이하면, 자유로운 수준으로 볼 수 있는데, 이를 이해하려면 편차의 합이 0이 된다는 수학적 특성을 먼저 이해해야 합니다. 예컨대, 대학원에서 지도학생 4명(A, B, C, D)과 지도교수 4명(가, 나, 다, 라)이 서로 어떠한 규칙에 따라 매칭을 한다고 가정하겠습니다. 이때 반드시 교수와 학생은 1:1 매칭만 가능하다고 규칙을 정하겠습니다. 첫 번째 학생은 4명

의 교수(가, 나, 다, 라) 중에서 지도교수를 자유롭게 선택할 수 있습니다. 두 번째 학생은 남은 3명의 교수들(가, 나, 다) 중에서 지도교수를 자유롭게 선택할 수 있습니다. 세 번째 학생은 남은 2명의 교수(가, 나) 중에서 자유롭게 선택할 수 있습니다. 마지막으로, 네 번째 학생은 무조건 1명의 교수(가)를 선택해야 합니다.

이 사례에서 3명의 학생은 지도교수를 자유롭게 선택할 수 있었습니다. 말하자면, 자유롭게 선택할 수 있는 지도교수의 수(자유도)는 전체 학생 4명에서 선택권이 없는 1명을 제외한 3명이 됩니다. 그래서 자유도를 구하는 공식은 n-1입니다.

이 개념을 편차에 적용한다면, 자유도인 n-1개의 값들은 어떠한 값도 자유롭게 도출이 가능합니다. 그러나 마지막에 남은 값은 자유도(n-1개)의 값이 정해지고 나면, 자동으로 결정이 됩니다. 이 같은 이유로 표준편차를 계산할 때 n-1로 나누게 됩니다.

Q6. 저는 언어재활 경험에 따른 삶의 만족도를 연구하고자 자료를 수집하여 T-test로 분석하였습니다. 그런데, SPSS 통계 프로그램에 t값을 산출했는데, 마이너스(음수)로 제시되었습니다. t값이 음수로 나올 수도 있는 것인가요?

A6. T-test를 수행하면 T 값이 산출되는데, -(음수)값도 산출 가능합니다. 예컨대, 환자군과 대조군이 있고, 각 집단의 평균이 4와 5라고 가정할 경우 SPSS 프로그램에 환자군을 먼저 입력을 하면 T 값은 음수로 나오게 되고, 나중에 입력을 한다면, 양수로 산출됩니다. 이와 같은 경우에서 부호만 다를 뿐 절댓값이 같기 때문에 유의수준에 대한 수치는 동일하게 산출됩니다.

Q7. 저는 설문조사를 통해 언어재활 만족도를 조사하려고 합니다. 만족도는 선행연구를 참고하여 리커트 척도의 설문도구를 이용하였습니다. 그런데 응답자의 답변이 둘 이상의 중복 선택이 가능한 문항이 있습니다. 이 경우 복수응답에 대한 통계분석이 가능한가요?

A7. 질문자의 경우에는 SPSS 통계분석의 '다중응답 분석'을 수행하면 됩니다. 통계 패키지의 '분석'에서 '다중반응'을 선택하면 분석이 가능합니다.

Q8. 저는 논문을 열심히 준비하는 대학원 학생입니다. 선행연구를 읽다 보면 '다변량', '단변량'이라는 용어가 자주 나오는데, 어떤 분석을 의미하는지 궁금합니다.

A8. 일반적으로 언어재활 연구에서 이변량, 단변량, 다변량은 종속변수의 개수로 구분합니다. 만약 종속변수가 하나라면 단변량 분석, 독립변수가 2개인 경우를 이변량 분석, 종속변수가 2개 이상이라면 다변량 분석이라고 명명합니다. 단변량 분석에는 T-test, ANOVA, 회귀분석 등이 해당되며, 이변량 분석에는 상관분석이 있습니다. 다변량 분석에는 요인분석, 군집분석 등이 해당됩니다.

Q9. 저는 언어재활 효과에 대한 실험연구를 진행하고 있습니다. 제가 실험 가능한 환자군의 표본수는 10명 정도입니다. 정규성 검정을 한 결과 정규분포로 확인이 되었습니다. 이 경우 비모수 검정을 해야 하는지 궁금합니다. 지도교수님은 표본수가 작기 때문에 비모수 검정으로 분석하는 것을 조언하십니다. 만약 제 연구의 자료가 수가 적지만 정규분포를 가정하는데, 비모수 검정으로 분석하면 어떠한 결과가 나오는지 궁금합니다.

A9. 표본수가 10명이고, 정규분포로 확인이 된다면 모수 검정을 수행하는 것을 권장합니다. 모수 검정을 충족하는 자료를 비모수 검정으로 분석해도 유의수준은 산출되지만, 정확한 정보를 제시하기 위해서는 모수 검정을 추천합니다.

참고문헌

노희상, 박진수, 심규석, 유재은, 정연승(2014). 생물/보건/의학 연구를 위한 비모수 베이지안 통계모형. **응용통계연구**, 27(6), 867-889.

류근관(2013). **통계학**. 경기: 법문사.

윤미례, 김태일(2017). 준실험설계에 의한 보육지원 정책의 고용효과 분석. **한국행정학보**, 51(1), 205-231.

이해용, 이필용(2003). **이야기로 배우는 통계학**. 서울: 자유아카데미.

최숙희(2014). 심리통계학의 이해. 서울: 시그마프레스.

Afifi, A. A., & Azen, S. P. (2014). *Statistical analysis: A computer oriented approach.* New York: Academic press.

Campbell, D. T., & Stanley, J. C. (2015). *Experimental and quasi-experimental designs for research.* San Francisco, CA: Ravenio Books.

Crowder, M. J., Kimber, A. C., Smith, R. L., & Sweeting, T. J. (2017). *Statistical analysis of reliability data.* Boca Raton, FL: Chapman & Hall.

Gelman, A., Carlin, J. B., Stern, H. S., Dunson, D. B., Vehtari, A., & Rubin, D. B. (2014). *Bayesian data analysis* (Vol. 2). Boca Raton, FL: CRC press.

언어재활
현장실무

부록

관련 법률

- **부록** 1 -
장애인복지법

- **부록** 2 -
장애인복지법 시행령

- **부록** 3 -
장애인복지법 시행규칙

부록 1

장애인복지법

[시행 2019. 1. 15.] [법률 제16258호, 2019. 1. 15., 일부개정]

보건복지부(장애인정책과) 044-202-3282
보건복지부(장애인권익지원과) 044-202-3302

제1장 총칙

제1조(목적) 이 법은 장애인의 인간다운 삶과 권리보상을 위한 국가와 지방자치단체 등의 책임을 명백히 하고, 장애발생 예방과 장애인의 의료·교육·직업재활·생활환경개선 등에 관한 사업을 정하여 장애인복지대책을 종합적으로 추진하며, 장애인의 자립생활·보호 및 수당지급 등에 관하여 필요한 사항을 정하여 장애인의 생활안정에 기여하는 등 장애인의 복지와 사회활동 참여증진을 통하여 사회통합에 이바지함을 목적으로 한다.

제2조(장애인의 정의 등) ① "장애인"이란 신체적·정신적 장애로 오랫동안 일상생활이나 사회생활에서 상당한 제약을 받는 자를 말한다.

② 이 법을 적용받는 장애인은 제1항에 따른 장애인 중 다음 각 호의 어느 하나에 해당하는 장애가 있는 자로서 대통령령으로 정하는 장애의 종류 및 기준에 해당하는 자를 말한다.

1. "신체적 장애"란 주요 외부 신체 기능의 장애, 내부기관의 장애 등을 말한다.
2. "정신적 장애"란 발달장애 또는 정신 질환으로 발생하는 장애를 말한다.

③ "장애인학대"란 장애인에 대하여 신체적·정신적·정서적·언어적·성적 폭력이나 가혹행위, 경제적 착취, 유기 또는 방임을 하는 것을 말한다. 〈신설 2012. 10. 22., 2015. 6. 22.〉

제3조(기본이념) 장애인복지의 기본이념은 장애인의 완전한 사회 참여와 평등을 통하여 사회통합을 이루는 데에 있다.

제4조(장애인의 권리) ① 장애인은 인간으로서 존엄과 가치를 존중받으며, 그에 걸맞은 대우를 받는다.

② 장애인은 국가·사회의 구성원으로서 정치·경제·사회·문화, 그 밖의 모든 분야의 활동에 참여할 권리를 가진다.

③ 장애인은 장애인 관련 정책결정과정에 우선적으로 참여할 권리가 있다.

제5조(장애인 및 보호자 등에 대한 의견수렴과 참여) 국가 및 지방자치단체는 장애인 정책의 결정과 그 실시에 있어서 장애인 및 장애인의 부모, 배우자, 그 밖에 장애인을 보호하는 자의 의견을 수렴하여야 한다. 이 경우 당사자의 의견수렴을 위한 참여를 보장하여야 한다.

제6조(중증장애인의 보호) 국가와 지방자치단체는 장애정도가 심하여 자립하기가 매우 곤란한 장애인(이하 "중증장애인"이라 한다)이 필요한 보호 등을 평생 받을 수 있도록 알맞은 정책을 강구하여야 한다.

제7조(여성장애인의 권익보호 등) 국가와 지방자치단체는 여성장애인의 권익을 보호하고 사회참여를 확대하기 위하여 기초학습과 직업교육 등 필요한 시책을 강구하여야 한다.

제8조(차별금지 등) ① 누구든지 장애를 이유로 정치·경제·사회·문화 생활의 모든 영역에서 차별을 받지 아니하고, 누구든지 장애를 이유로 정치·경

제 · 사회 · 문화 생활의 모든 영역에서 장애인을 차별하여서는 아니 된다.

② 누구든지 장애인을 비하 · 모욕하거나 장애인을 이용하여 부당한 영리행위를 하여서는 아니 되며, 장애인의 장애를 이해하기 위하여 노력하여야 한다.

제9조(국가와 지방자치단체의 책임) ① 국가와 지방자치단체는 장애 발생을 예방하고, 장애의 조기 발견에 대한 국민의 관심을 높이며, 장애인의 자립을 지원하고, 보호가 필요한 장애인을 보호하여 장애인의 복지를 향상시킬 책임을 진다.

② 국가와 지방자치단체는 여성 장애인의 권익을 보호하기 위하여 정책을 강구하여야 한다.

③ 국가와 지방자치단체는 장애인복지정책을 장애인과 그 보호자에게 적극적으로 홍보하여야 하며, 국민이 장애인을 올바르게 이해하도록 하는 데에 필요한 정책을 강구하여야 한다.

제10조(국민의 책임) 모든 국민은 장애 발생의 예방과 장애의 조기 발견을 위하여 노력하여야 하며, 장애인의 인격을 존중하고 사회통합의 이념에 기초하여 장애인의 복지향상에 협력하여야 한다.

제10조의2(장애인정책종합계획) ① 보건복지부장관은 장애인의 권익과 복지증진을 위하여 관계 중앙행정기관의 장과 협의하여 5년마다 장애인정책종합계획(이하 "종합계획"이라 한다)을 수립 · 시행하여야 한다.

② 종합계획에는 다음 각 호의 사항이 포함되어야 한다.

1. 장애인의 복지에 관한 사항
2. 장애인의 교육문화에 관한 사항
3. 장애인의 경제활동에 관한 사항
4. 장애인의 사회참여에 관한 사항
5. 그 밖에 장애인의 권익과 복지증진을 위하여 필요한 사항

③ 관계 중앙행정기관의 장은 장애인의 권익과 복지증진을 위하여 관련 업무에 대한 사업계획을 매년 수립 · 시행하여야 하고, 그 사업계획과 전년도의 사업계획 추진실적을 매년 보건복지부장관에게 제출하여야 한다.

④ 보건복지부장관은 제3항에 따라 제출된 사업계획과 추진실적을 종합하여 종합계획을 수립하되, 제11조에 따른 장애인정책조정위원회의 심의를 미리 거쳐야 한다. 종합계획을 변경하는 경우에도 또한 같다.

⑤ 보건복지부장관은 종합계획의 추진성과를 매년 평가하고, 그 결과를 종합계획에 반영할 필요가 있는 경우에는 제4항 후단에 따라 종합계획을 변경하거나 다음 종합계획을 수립할 때에 반영하여야 한다.

⑥ 제1항부터 제5항까지에서 규정한 사항 외에 종합계획의 수립 시기, 절차 및 방법 등에 관하여 필요한 사항은 대통령령으로 정한다.

[본조신설 2012. 1. 26.]

제10조의3(국회에 대한 보고) 보건복지부장관은 종합계획을 수립하거나 해당 연도의 사업계획, 전년도 사업계획의 추진실적, 추진성과의 평가를 확정한 때에는 이를 지체 없이 국회 소관 상임위원회에 보고하여야 한다.

[본조신설 2015. 6. 22.]

제11조(장애인정책조정위원회) ① 장애인 종합정책을 수립하고 관계 부처 간의 의견을 조정하며 그 정책의 이행을 감독 · 평가하기 위하여 국무총리 소속하에 장애인정책조정위원회(이하 "위원회"라 한다)를 둔다.

② 위원회는 다음 각 호의 사항을 심의 · 조정한다.

1. 장애인복지정책의 기본방향에 관한 사항
2. 장애인복지 향상을 위한 제도개선과 예산지원에 관한 사항
3. 중요한 특수교육정책의 조정에 관한 사항
4. 장애인 고용촉진정책의 중요한 조정에 관한 사항
5. 장애인 이동보장 정책조정에 관한 사항
6. 장애인정책 추진과 관련한 재원조달에 관한 사항
7. 장애인복지에 관한 관련 부처의 협조에 관한 사항
8. 그 밖에 장애인복지와 관련하여 대통령령으로 정하는 사항

③ 위원회는 필요하다고 인정되면 관계 행정기관에

그 직원의 출석 · 설명과 자료 제출을 요구할 수 있다.

④ 위원회는 제2항의 사항을 미리 검토하고 관계 기관 사이의 협조 사항을 정리하기 위하여 위원회에 장애인정책조정실무위원회(이하 "실무위원회"라 한다)를 둔다.

⑤ 위원회와 실무위원회의 구성 · 운영에 관하여 필요한 사항은 대통령령으로 정한다.

제12조(장애인정책책임관의 지정 등) ① 중앙행정기관의 장은 해당 기관의 장애인정책을 효율적으로 수립 · 시행하기 위하여 소속공무원 중에서 장애인정책책임관을 지정할 수 있다.

② 제1항에 따른 장애인정책책임관의 지정 및 임무 등에 관하여 필요한 사항은 대통령령으로 정한다.

제13조(지방장애인복지위원회) ① 장애인복지 관련 사업의 기획 · 조사 · 실시 등을 하는 데에 필요한 사항을 심의하기 위하여 지방자치단체에 지방장애인복지위원회를 둔다.

② 제1항의 지방장애인복지위원회를 조직 · 운영하는 데에 필요한 사항은 대통령령으로 정하는 기준에 따라 지방자치단체의 조례로 정한다.

제14조(장애인의 날) ① 장애인에 대한 국민의 이해를 깊게 하고 장애인의 재활의욕을 높이기 위하여 매년 4월 20일을 장애인의 날로 하며, 장애인의 날부터 1주간을 장애인 주간으로 한다.

② 국가와 지방자치단체는 장애인의 날의 취지에 맞는 행사 등 사업을 하도록 노력하여야 한다.

제15조(다른 법률과의 관계) 제2조에 따른 장애인 중 「정신건강증진 및 정신질환자 복지서비스 지원에 관한 법률」과 「국가유공자 등 예우 및 지원에 관한 법률」 등 대통령령으로 정하는 다른 법률을 적용 받는 장애인에 대하여는 대통령령으로 정하는 바에 따라 이 법의 적용을 제한할 수 있다. 〈개정 2016. 5. 29.〉

제16조(법제와 관련된 조치 등) 국가와 지방자치단체는 이 법의 목적을 달성하기 위하여 필요한 법제(法制) · 재정과 관련된 조치를 강구하여야 한다.

제2장 기본정책의 강구

제17조(장애발생 예방) ① 국가와 지방자치단체는 장애의 발생 원인과 예방에 관한 조사 연구를 촉진하여야 하며, 모자보건사업의 강화, 장애의 원인이 되는 질병의 조기 발견과 조기 치료, 그 밖에 필요한 정책을 강구하여야 한다.

② 국가와 지방자치단체는 교통사고 · 산업재해 · 약물중독 및 환경오염 등에 의한 장애발생을 예방하기 위하여 필요한 조치를 강구하여야 한다.

제18조(의료와 재활치료) 국가와 지방자치단체는 장애인이 생활기능을 익히거나 되찾을 수 있도록 필요한 기능치료와 심리치료 등 재활의료를 제공하고 장애인의 장애를 보완할 수 있는 장애인보조기구를 제공하는 등 필요한 정책을 강구하여야 한다.

제19조(사회적응 훈련) 국가와 지방자치단체는 장애인이 재활치료를 마치고 일상생활이나 사회생활을 원활히 할 수 있도록 사회적응 훈련을 실시하여야 한다.

제20조(교육) ① 국가와 지방자치단체는 사회통합의 이념에 따라 장애인이 연령 · 능력 · 장애의 종류 및 정도에 따라 충분히 교육받을 수 있도록 교육 내용과 방법을 개선하는 등 필요한 정책을 강구하여야 한다.

② 국가와 지방자치단체는 장애인의 교육에 관한 조사 · 연구를 촉진하여야 한다.

③ 국가와 지방자치단체는 장애인에게 전문 진로교육을 실시하는 제도를 강구하여야 한다.

④ 각급 학교의 장은 교육을 필요로 하는 장애인이 그 학교에 입학하려는 경우 장애를 이유로 입학 지원을 거부하거나 입학시험 합격자의 입학을 거부하는 등의 불리한 조치를 하여서는 아니 된다.

⑤ 모든 교육기관은 교육 대상인 장애인의 입학과 수학(修學) 등에 편리하도록 장애의 종류와 정도에 맞추어 시설을 정비하거나 그 밖에 필요한 조치를 강구하여야 한다.

제21조(직업) ① 국가와 지방자치단체는 장애인이 적성과 능력에 맞는 직업에 종사할 수 있도록 직업 지도,

직업능력 평가, 직업 적응훈련, 직업훈련, 취업 알선, 고용 및 취업 후 지도 등 필요한 정책을 강구하여야 한다.

② 국가와 지방자치단체는 장애인 직업재활훈련이 원활히 이루어질 수 있도록 장애인에게 적합한 직종과 재활사업에 관한 조사·연구를 촉진하여야 한다.

제22조(정보에의 접근) ① 국가와 지방자치단체는 장애인이 정보에 원활하게 접근하고 자신의 의사를 표시할 수 있도록 전기통신·방송시설 등을 개선하기 위하여 노력하여야 한다.

② 국가와 지방자치단체는 방송국의 장 등 민간 사업자에게 뉴스와 국가적 주요 사항의 중계 등 대통령령으로 정하는 방송 프로그램에 청각장애인을 위한 한국수어 또는 폐쇄자막과 시각장애인을 위한 화면해설 또는 자막해설 등을 방영하도록 요청하여야 한다. 〈개정 2016. 2. 3.〉

③ 국가와 지방자치단체는 국가적인 행사, 그 밖의 교육·집회 등 대통령령으로 정하는 행사를 개최하는 경우에는 청각장애인을 위한 한국수어 통역 및 시각장애인을 위한 점자 및 인쇄물 접근성바코드(음성변환용 코드 등 대통령령으로 정하는 전자적 표시를 말한다. 이하 이 조에서 같다)가 삽입된 자료 등을 제공하여야 하며 민간이 주최하는 행사의 경우에는 한국수어 통역과 점자 및 인쇄물 접근성바코드가 삽입된 자료 등을 제공하도록 요청할 수 있다. 〈개정 2012. 1. 26., 2016. 2. 3., 2017. 12. 19.〉

④ 제2항과 제3항의 요청을 받은 방송국의 장 등 민간 사업자와 민간 행사 주최자는 정당한 사유가 없으면 그 요청에 따라야 한다.

⑤ 국가와 지방자치단체는 시각장애인이 정보에 쉽게 접근할 수 있도록 점자도서와 음성도서 등을 보급하기 위하여 노력하여야 한다.

⑥ 국가와 지방자치단체는 장애인의 특성을 고려하여 정보통신망 및 정보통신기기의 접근·이용에 필요한 지원 및 도구의 개발·보급 등 필요한 시책을 강구하여야 한다.

제23조(편의시설) ① 국가와 지방자치단체는 장애인이 공공시설과 교통수단 등을 안전하고 편리하게 이용할 수 있도록 편의시설의 설치와 운영에 필요한 정책을 강구하여야 한다.

② 국가와 지방자치단체는 공공시설 등 이용편의를 위하여 한국수어 통역·안내보조 등 인적서비스 제공에 관하여 필요한 시책을 강구하여야 한다. 〈개정 2016. 2. 3.〉

제24조(안전대책 강구) 국가와 지방자치단체는 추락사고 등 장애로 인하여 일어날 수 있는 안전사고와 비상재해 등에 대비하여 시각·청각 장애인과 이동이 불편한 장애인을 위하여 피난용 통로를 확보하고, 점자·음성·문자 안내판을 설치하며, 긴급 통보체계를 마련하는 등 장애인의 특성을 배려한 안전대책 등 필요한 조치를 강구하여야 한다.

제25조(사회적 인식개선) ① 국가와 지방자치단체는 학생, 공무원, 근로자, 그 밖의 일반국민 등을 대상으로 장애인에 대한 인식개선을 위한 교육 및 공익광고 등 홍보사업을 실시하여야 한다.

② 국가기관 및 지방자치단체의 장, 「영유아보육법」에 따른 어린이집, 「유아교육법」·「초·중등교육법」·「고등교육법」에 따른 각급 학교의 장, 그 밖에 대통령령으로 정하는 교육기관 및 공공단체의 장은 소속 직원·학생을 대상으로 장애인에 대한 인식개선을 위한 교육을 실시하고, 그 결과를 보건복지부장관에게 제출하여야 한다. 〈신설 2015. 12. 29.〉

③ 국가는 「초·중등교육법」에 따른 학교에서 사용하는 교과용도서에 장애인에 대한 인식개선을 위한 내용이 포함되도록 하여야 한다. 〈개정 2015. 12. 29.〉

④ 제1항 및 제3항의 사업, 제2항에 따른 교육의 내용과 방법, 결과 제출 등에 필요한 사항은 대통령령으로 정한다. 〈개정 2015. 12. 29.〉

제26조(선거권 행사를 위한 편의 제공) 국가와 지방자치단체는 장애인이 선거권을 행사하는 데에 불편함이 없도록 편의시설·설비를 설치하고, 선거권 행사에

관하여 홍보하며, 선거용 보조기구를 개발·보급하는 등 필요한 조치를 강구하여야 한다.

제27조(주택 보급) ① 국가와 지방자치단체는 공공주택 등 주택을 건설할 경우에는 장애인에게 장애 정도를 고려하여 우선 분양 또는 임대할 수 있도록 노력하여야 한다.

② 국가와 지방자치단체는 주택의 구입자금·임차자금 또는 개·보수비용의 지원 등 장애인의 일상생활에 적합한 주택의 보급·개선에 필요한 시책을 강구하여야 한다.

제28조(문화환경 정비 등) 국가와 지방자치단체는 장애인의 문화생활, 체육활동 및 관광활동에 대한 장애인의 접근을 보장하기 위하여 관련 시설 및 설비, 그 밖의 환경을 정비하고 문화생활, 체육활동 및 관광활동 등을 지원하도록 노력하여야 한다. 〈개정 2017. 9. 19.〉

제29조(복지 연구 등의 진흥) ① 국가와 지방자치단체는 장애인복지의 종합적이고 체계적인 조사·연구·평가 및 장애인 체육활동 등 장애인정책개발 등을 위하여 필요한 정책을 강구하여야 한다.

② 삭제 〈2018. 6. 12.〉

③ 삭제 〈2018. 6. 12.〉

④ 삭제 〈2018. 6. 12.〉

제29조의2(한국장애인개발원의 설립 등) ① 제29조 제1항에 따른 장애인 관련 조사·연구 및 정책개발·복지진흥 등을 위하여 한국장애인개발원(이하 "개발원"이라 한다)을 설립한다.

② 개발원은 법인으로 한다.

③ 개발원은 다음 각 호의 사업을 수행한다.

1. 장애인복지에 관한 정보의 수집·분석·관리, 조사·연구·정책개발 및 국제개발 등의 국제협력 사업
2. 장애인에 대한 사회적 인식개선 등 장애인복지 관련 교육, 홍보, 컨설팅
3. 중증장애인 직업재활지원 및 재정지원 장애인일자리 개발·지원
4. 중증장애인생산품에 대한 공공기관의 우선구매 촉진 지원
5. 편의시설 설치 기술지원, 장애물 없는 생활환경 조성 등 장애인 편의증진 사업 지원
6. 장애인 재난안전 대응 지침 개발·보급 등 장애인 안전대책 강화를 위한 사업
7. 그 밖에 장애인복지와 관련하여 국가 또는 지방자치단체로부터 위탁받은 사업

④ 국가와 지방자치단체는 개발원의 운영 및 사업에 필요한 비용을 보조할 수 있다.

⑤ 개발원에 대하여 이 법과 「공공기관의 운영에 관한 법률」에서 규정한 사항을 제외하고는 「민법」 중 재단법인에 관한 규정을 준용한다.

[본조신설 2018. 6. 12.]

제30조(경제적 부담의 경감) ① 국가와 지방자치단체, 「공공기관의 운영에 관한 법률」 제4조에 따른 공공기관, 「지방공기업법」에 따른 지방공사 또는 지방공단은 장애인과 장애인을 부양하는 자의 경제적 부담을 줄이고 장애인의 자립을 촉진하기 위하여 세제상의 조치, 공공시설 이용료 감면, 그 밖에 필요한 정책을 강구하여야 한다.

② 국가와 지방자치단체, 「공공기관의 운영에 관한 법률」 제4조에 따른 공공기관, 「지방공기업법」에 따른 지방공사 또는 지방공단이 운영하는 운송사업자는 장애인과 장애인을 부양하는 자의 경제적 부담을 줄이고 장애인의 자립을 돕기 위하여 장애인과 장애인을 보호하기 위하여 동행하는 자의 운임 등을 감면하는 정책을 강구하여야 한다.

제30조의2(장애인 가족 지원) ① 국가와 지방자치단체는 장애인 가족의 삶의 질 향상 및 안정적인 가정생활 영위를 위하여 다음 각 호의 필요한 시책을 수립·시행하여야 한다.

1. 장애인 가족에 대한 인식개선 사업
2. 장애인 가족 돌봄 지원
3. 장애인 가족 휴식 지원
4. 장애인 가족 사례관리 지원

5. 장애인 가족 역량강화 지원
6. 장애인 가족 상담 지원
7. 그 밖에 보건복지부장관이 장애인 가족을 위하여 필요하다고 인정하는 지원

② 국가와 지방자치단체는 장애인 가족 지원 사업을 효율적으로 추진하기 위하여 장애인 관련 사업을 수행하는 기관·단체 등을 장애인 가족 지원 사업 수행기관(이하 "수행기관"이라 한다)으로 지정할 수 있다.

③ 국가와 지방자치단체는 수행기관이 다음 각 호의 어느 하나에 해당하는 경우에는 지정을 취소할 수 있다. 다만, 제1호에 해당하는 경우에는 지정을 취소하여야 한다.

1. 거짓이나 그 밖의 부정한 방법으로 지정을 받은 경우
2. 제4항에 따른 지정 기준에 적합하지 아니하게 된 경우
3. 정당한 사유 없이 장애인 가족 지원 사업을 수행하지 아니한 경우

④ 수행기관의 지정 기준·절차 등에 필요한 사항은 보건복지부령으로 정한다.

[본조신설 2017. 2. 8.]

제3장 복지 조치

제31조(실태조사) ① 보건복지부장관은 장애인 복지정책의 수립에 필요한 기초 자료로 활용하기 위하여 3년마다 장애실태조사를 실시하여야 한다.

② 제1항에 따른 장애실태조사의 방법, 대상 및 내용 등에 관하여 필요한 사항은 대통령령으로 정한다.

[전문개정 2012. 1. 26.]

제32조(장애인 등록) ① 장애인, 그 법정대리인 또는 대통령령으로 정하는 보호자(이하 "법정대리인등"이라 한다)는 장애 상태와 그 밖에 보건복지부령이 정하는 사항을 특별자치시장·특별자치도지사·시장·군수 또는 구청장(자치구의 구청장을 말한다. 이하 같다)에게 등록하여야 하며, 특별자치시장·특별자치도지사·시장·군수·구청장은 등록을 신청한 장애인이 제2조에 따른 기준에 맞으면 장애인등록증(이하 "등록증"이라 한다)을 내주어야 한다. 〈개정 2008. 2. 29., 2010. 1. 18., 2010. 5. 27., 2015. 6. 22., 2017. 2. 8.〉

② 삭제 〈2017. 2. 8.〉

③ 특별자치시장·특별자치도지사·시장·군수·구청장은 제1항에 따라 등록증을 받은 장애인의 장애 상태의 변화에 따른 장애 정도 조정을 위하여 장애 진단을 받게 하는 등 장애인이나 법정대리인등에게 필요한 조치를 할 수 있다. 〈개정 2017. 2. 8., 2017. 12. 19.〉

④ 장애인의 장애 인정과 장애 정도 사정(査定)에 관한 업무를 담당하게 하기 위하여 보건복지부에 장애판정위원회를 둘 수 있다. 〈개정 2008. 2. 29., 2010. 1. 18., 2017. 12. 19.〉

⑤ 등록증은 양도하거나 대여하지 못하며, 등록증과 비슷한 명칭이나 표시를 사용하여서는 아니 된다.

⑥ 특별자치시장·특별자치도지사·시장·군수·구청장은 제1항에 따른 장애인 등록 및 제3항에 따른 장애 상태의 변화에 따른 장애 정도를 조정함에 있어 장애인의 장애 인정과 장애 정도 사정이 적정한지를 확인하기 위하여 필요한 경우 대통령령으로 정하는 「공공기관의 운영에 관한 법률」 제4조에 따른 공공기관에 장애 정도에 관한 정밀심사를 의뢰할 수 있다. 〈신설 2010. 5. 27., 2015. 6. 22., 2015. 12. 29., 2017. 12. 19.〉

⑦ 제6항에 따라 장애 정도에 관한 정밀심사를 의뢰받은 공공기관은 필요한 경우 심사를 받으려는 본인이나 법정대리인등으로부터 동의를 받아 「의료법」에 따른 의료기관에 그 사람의 해당 진료에 관한 사항의 열람 또는 사본 교부를 요청할 수 있다. 이 경우 요청을 받은 의료기관은 특별한 사유가 없으면 요청에 따라야 하며, 국가 및 지방자치단체는 예산의 범위에서 공공기관에 제공되는 자료에 대한

사용료, 수수료 등을 지원할 수 있다. 〈신설 2015. 12. 29., 2017. 2. 8.〉

⑧ 제1항 및 제3항부터 제7항까지에서 규정한 사항 외에 장애인의 등록, 등록증의 발급, 장애 진단 및 장애 정도에 관한 정밀심사, 장애판정위원회, 진료에 관한 사항의 열람 또는 사본교부 요청 등에 관하여 필요한 사항은 보건복지부령으로 정한다. 〈개정 2008. 2. 29., 2010. 1. 18., 2010. 5. 27., 2015. 12. 29., 2017. 2. 8.〉

[시행일 : 2019. 7. 1.] 제32조

제32조의2(재외동포 및 외국인의 장애인 등록) ① 재외동포 및 외국인 중 다음 각 호의 어느 하나에 해당하는 사람은 제32조에 따라 장애인 등록을 할 수 있다. 〈개정 2015. 12. 29., 2017. 12. 19.〉

1. 「재외동포의 출입국과 법적 지위에 관한 법률」 제6조에 따라 국내거소신고를 한 사람

2. 「주민등록법」 제6조에 따라 재외국민으로 주민등록을 한 사람

3. 「출입국관리법」 제31조에 따라 외국인등록을 한 사람으로서 같은 법 제10조 제1항에 따른 체류자격 중 대한민국에 영주할 수 있는 체류자격을 가진 사람

4. 「재한외국인 처우 기본법」 제2조 제3호에 따른 결혼이민자

5. 「난민법」 제2조 제2호에 따른 난민인정자

② 국가와 지방자치단체는 제1항에 따라 등록한 장애인에 대하여는 예산 등을 고려하여 장애인복지사업의 지원을 제한할 수 있다.

[본조신설 2012. 1. 26.]

제32조의3(장애인 등록 취소 등) ① 특별자치시장ㆍ특별자치도지사ㆍ시장ㆍ군수ㆍ구청장은 제32조 제1항에 따라 등록증을 받은 사람(제3호의 경우에는 법정대리인등을 포함한다)이 다음 각 호의 어느 하나에 해당하는 경우에는 장애인 등록을 취소하여야 한다.

1. 사망한 경우

2. 제2조에 따른 기준에 맞지 아니하게 된 경우

3. 정당한 사유 없이 보건복지부령으로 정하는 기간 동안 제32조 제3항에 따른 장애 진단 명령 등 필요한 조치를 따르지 아니한 경우

4. 장애인 등록 취소를 신청하는 경우

② 특별자치시장ㆍ특별자치도지사ㆍ시장ㆍ군수ㆍ구청장은 다음 각 호의 어느 하나에 해당하는 경우에는 제32조 제1항에 따라 등록증을 받은 사람과 법정대리인등 및 부정한 방법으로 등록증을 취득한 사람 등에게 등록증의 반환을 명하여야 한다.

1. 제1항에 따라 장애인 등록이 취소된 경우

2. 중복발급 및 양도ㆍ대여 등 부정한 방법으로 등록증을 취득한 경우

③ 제2항에 따라 등록증 반환 명령을 받은 사람은 정당한 사유가 없으면 이에 따라야 한다.

④ 제1항 및 제2항에서 규정한 사항 외에 장애인 등록의 취소, 등록증의 반환 등에 필요한 사항은 보건복지부령으로 정한다.

[본조신설 2017. 2. 8.]

[종전 제32조의3은 제32조의4로 이동 〈2017. 2. 8.〉]

제32조의4(서비스 지원 종합조사) ① 보건복지부장관 또는 특별자치시장ㆍ특별자치도지사ㆍ시장ㆍ군수ㆍ구청장은 다음 각 호의 서비스 신청에 대하여 서비스의 수급자격, 양 및 내용 등의 결정에 필요한 서비스 지원 종합조사를 실시할 수 있다.

1. 「장애인활동 지원에 관한 법률」 제6조에 따른 활동지원급여 신청

2. 「장애인ㆍ노인 등을 위한 보조기기 지원 및 활용촉진에 관한 법률」 제8조에 따른 장애인 보조기기 교부 신청

3. 제60조의2에 따른 장애인 거주시설 이용 신청

4. 그 밖에 대통령령으로 정하는 서비스의 신청

② 보건복지부장관 또는 특별자치시장ㆍ특별자치도지사ㆍ시장ㆍ군수ㆍ구청장은 제1항에 따른 서비스 지원 종합조사를 실시하는 경우 보건복지부령으로 정하는 바에 따라 다음 각 호의 사항을 조사하고, 조사결과서를 작성하여야 한다. 다만, 제5호의 사항

은 수급자격 결정 및 본인부담금 산정 등을 위하여 필요한 경우에만 조사하여야 한다.

1. 신청인의 서비스 이용현황 및 욕구
2. 신청인의 일상생활 수행능력 및 인지 · 행동 등 장애특성
3. 신청인의 가구특성, 거주환경, 사회활동 등 사회적 환경
4. 신청인에게 필요한 서비스의 종류 및 내용
5. 신청인과 그 부양의무자의 소득 및 재산 등 생활수준에 관한 사항
6. 그 밖에 신청인에게 서비스를 지원하기 위하여 필요한 사항으로서 보건복지부령으로 정하는 사항

③ 보건복지부장관 또는 특별자치시장 · 특별자치도지사 · 시장 · 군수 · 구청장은 제2항 각 호의 사항을 조사하기 위하여 필요한 자료를 확보하기 곤란한 경우에는 보건복지부령으로 정하는 바에 따라 신청인, 그 부양의무자 또는 그 밖의 관계인에게 소득 · 재산, 건강상태 및 장애 정도 등의 확인에 필요한 자료의 제출을 요구할 수 있다.

④ 보건복지부장관 또는 특별자치시장 · 특별자치도지사 · 시장 · 군수 · 구청장은 제1항 및 제2항에 따라 서비스 지원 종합조사를 실시하기 위하여 필요하다고 인정하는 경우에 국세 · 지방세, 토지 · 주택 · 건축물 · 자동차 · 선박 · 항공기, 국민건강보험 · 국민연금 · 고용보험 · 산업재해보상보험 · 보훈급여 · 군인연금 · 사립학교교직원연금 · 공무원연금 · 별정우체국연금 · 기초연금 · 장애인연금, 출국 또는 입국, 교정시설 · 치료감호시설의 입소 또는 출소, 병무, 매장 · 화장 · 장례, 주민등록 · 가족관계등록 등에 관한 자료의 제공을 관계 기관의 장에게 요청할 수 있다. 이 경우 자료 제공을 요청받은 관계 기관의 장은 정당한 사유가 없으면 요청에 따라야 한다.

⑤ 제1항 및 제2항에 따라 서비스 지원 종합조사를 하는 사람은 그 권한을 표시하는 증표 및 조사기간, 조사범위, 조사담당자, 관계 법령 등 보건복지부령으로 정하는 사항이 기재된 서류를 지니고 이를 관계인에게 보여주어야 한다.

⑥ 보건복지부장관 또는 특별자치시장 · 특별자치도지사 · 시장 · 군수 · 구청장은 제1항 각 호의 서비스 신청과 관련하여 신청인과 그 밖의 관계인이 제2항에 따른 조사에 필요한 서류 · 자료의 제출 및 조사 · 질문 또는 제3항에 따른 자료 제출 요구를 두 번 이상 거부 · 방해 또는 기피하는 경우에는 제1항 각 호의 서비스 신청을 각하할 수 있다. 이 경우 서면으로 그 이유를 분명하게 밝혀 신청인과 그 밖의 관계인에게 통지하여야 한다.

⑦ 제2항에 따른 조사의 절차 등에 관하여 필요한 사항은 대통령령으로 정한다.

[본조신설 2017. 12. 19.]

[종전 제32조의4는 제32조의6으로 이동 〈2017. 12. 19.〉]

[시행일 : 2019. 7. 1.] 제32조의4

제32조의5(업무의 위탁) ① 보건복지부장관 또는 특별자치시장 · 특별자치도지사 · 시장 · 군수 · 구청장은 제32조의4에 따른 서비스 지원 종합조사 업무 중 일부를 대통령령으로 정하는 바에 따라 「공공기관의 운영에 관한 법률」 제4조에 따른 공공기관에 위탁할 수 있다.

② 국가와 지방자치단체는 제1항에 따라 업무를 위탁받은 공공기관에 대하여 예산의 범위에서 사업수행에 필요한 비용의 전부 또는 일부를 지원할 수 있다.

[본조신설 2017. 12. 19.]

[종전 제32조의5는 제32조의8로 이동 〈2017. 12. 19.〉]

[시행일 : 2019. 7. 1.] 제32조의5

제32조의6(복지서비스에 관한 장애인 지원 사업) ① 국가와 지방자치단체는 제32조 제1항에 따라 등록한 장애인에게 필요한 복지서비스가 적시에 제공될 수 있도록 다음 각 호의 장애인 지원 사업을 실시한다. 〈개정 2017. 12. 19.〉

1. 복지서비스에 관한 상담 및 정보 제공

2. 장애인학대 등 안전문제 또는 생계곤란 등 위기상황에 놓여있을 가능성이 높은 장애인에 대한 방문 상담
3. 복지서비스 신청의 대행
4. 장애인 개인별로 필요한 욕구의 조사 및 복지서비스 제공 계획의 수립 지원
5. 장애인과 복지서비스 제공 기관 · 법인 · 단체 · 시설과의 연계
6. 복지서비스 등 복지자원의 발굴 및 데이터베이스 구축
7. 그 밖에 복지서비스의 제공에 필요한 사업

② 국가와 지방자치단체는 제1항 각 호의 장애인 지원 사업을 수행하기 위하여 제58조의 장애인복지시설, 「발달장애인 권리보장 및 지원에 관한 법률」 제33조에 따른 발달장애인지원센터 등 관계 기관에 협력을 요청할 수 있다. 이 경우 국가와 지방자치단체는 예산의 범위에서 필요한 비용을 지원할 수 있다. 〈신설 2017. 12. 19.〉

③ 국가와 지방자치단체는 제1항에 따른 장애인 지원 사업을 대통령령으로 정하는 바에 따라 「공공기관의 운영에 관한 법률」 제4조에 따른 공공기관에 위탁할 수 있다. 이 경우 국가와 지방자치단체는 예산의 범위에서 사업 수행에 필요한 비용의 전부 또는 일부를 지원할 수 있다. 〈개정 2017. 12. 19.〉

④ 제1항부터 제3항까지에 규정된 사항 외에 장애인 지원 사업과 그 사업에 필요한 사항은 보건복지부령으로 정한다. 〈개정 2017. 12. 19.〉

[본조신설 2015. 6. 22.]

[제32조의4에서 이동 〈2017. 12. 19.〉]

[시행일 : 2019. 7. 1.] 제32조의6

제32조의7(민관협력을 통한 사례관리) ① 특별자치시장 · 특별자치도지사 · 시장 · 군수 · 구청장은 복지서비스가 필요한 장애인을 발굴하고 공공 및 민간의 복지서비스를 연계 · 제공하기 위하여 민관협력을 통한 사례관리를 실시할 수 있다.

② 제1항의 사례관리를 실시하기 위하여 민관협의체를 둘 수 있으며, 해당 지방자치단체에 「사회보장급여의 이용 · 제공 및 수급권자 발굴에 관한 법률」 제42조의2 제1항의 통합사례관리를 수행하기 위한 민관협의체가 이미 설치되어 있는 경우 그 소속의 전문분과로 운영할 수 있다.

③ 민관협의체는 지역사회 내 관계 기관 · 법인 · 단체 · 시설이나 개인 등 민간부문과의 협력을 강화하기 위하여 노력하여야 하며, 특별자치시장 · 특별자치도지사 · 시장 · 군수 · 구청장은 민관협의체의 효율적 운영을 위하여 필요한 지원을 할 수 있다.

[본조신설 2017. 12. 19.]

[시행일 : 2019. 7. 1.] 제32조의7

제32조의8(장애 정도가 변동된 장애인 등에 대한 정보 제공) ① 특별자치시장 · 특별자치도지사 · 시장 · 군수 · 구청장은 제32조에 따른 장애인 등록 과정에서 장애 정도가 변동된 장애인, 제2조 제2항에 따른 장애의 기준에 맞지 아니하게 된 장애인과 장애인으로 등록되지 못한 신청인에게 장애 정도의 변동, 장애인 자격의 상실 등에 따른 지원의 변화에 대한 정보와 재활 및 자립에 필요한 각종 정보를 제공하여야 한다. 〈개정 2017. 12. 19.〉

② 제1항에 따른 정보 제공의 대상 · 기준 및 내용과 방법 등에 필요한 사항은 보건복지부령으로 정한다.

[본조신설 2015. 12. 29.]

[제목개정 2017. 12. 19.]

[제32조의5에서 이동 〈2017. 12. 19.〉]

[시행일 : 2019. 7. 1.] 제32조의8

제33조(장애인복지상담원) ① 장애인 복지 향상을 위한 상담 및 지원 업무를 맡기기 위하여 시 · 군 · 구(자치구를 말한다. 이하 같다)에 장애인복지상담원을 둔다.

② 장애인복지상담원은 그 업무를 할 때 개인의 인격을 존중하여야 한다. 〈개정 2017. 12. 19.〉

③ 장애인복지상담원의 임용 · 직무 · 보수와 그 밖에 필요한 사항은 대통령령으로 정한다.

[시행일 : 2019. 7. 1.] 제33조

제34조(재활상담 등의 조치) ① 보건복지부장관, 특별시장・광역시장・특별자치시장・도지사・특별자치도지사 또는 시장・군수・구청장(이하 "장애인복지실시기관"이라 한다)은 장애인에 대한 검진 및 재활상담을 하고, 필요하다고 인정되면 다음 각 호의 조치를 하여야 한다. 〈개정 2008. 2. 29., 2010. 1. 18., 2015. 6. 22.〉

1. 국・공립병원, 보건소, 보건지소, 그 밖의 의료기관(이하 "의료기관"이라 한다)에 의뢰하여 의료와 보건지도를 받게 하는 것
2. 국가 또는 지방자치단체가 설치한 장애인복지시설에서 주거편의・상담・치료・훈련 등의 필요한 서비스를 받도록 하는 것
3. 제59조에 따라 설치된 장애인복지시설에 위탁하여 그 시설에서 주거편의・상담・치료・훈련 등의 필요한 서비스를 받도록 하는 것
4. 공공직업능력개발훈련시설이나 사업장 내 직업훈련시설에서 하는 직업훈련 또는 취업알선을 필요로 하는 자를 관련 시설이나 직업안정업무기관에 소개하는 것

② 장애인복지실시기관은 제1항의 재활 상담을 하는 데에 필요하다고 인정되면 제33조에 따른 장애인복지상담원을 해당 장애인의 가정 또는 장애인이 주거편의・상담・치료・훈련 등의 서비스를 받는 시설이나 의료기관을 방문하여 상담하게 하거나 필요한 지도를 하게 할 수 있다.

[제목개정 2011. 3. 30.]

제35조(장애 유형・장애 정도별 재활 및 자립지원 서비스 제공 등) 국가와 지방자치단체는 장애인의 일상생활을 편리하게 하고 사회활동 참여를 높이기 위하여 장애 유형・장애 정도별로 재활 및 자립지원 서비스를 제공하는 등 필요한 정책을 강구하여야 하며, 예산의 범위 안에서 지원할 수 있다.

제36조 삭제 〈2015. 12. 29.〉

제37조(산후조리도우미 지원 등) ① 국가 및 지방자치단체는 임산부인 여성장애인과 신생아의 건강관리를 위하여 경제적 부담능력 등을 감안하여 여성장애인의 가정을 방문하여 산전・산후 조리를 돕는 도우미(이하 "산후조리도우미"라 한다)를 지원할 수 있다.

② 국가 및 지방자치단체는 제1항의 규정에 따른 산후조리도우미 지원사업에 대하여 보건복지부령이 정하는 바에 따라 정기적으로 모니터링(산후조리도우미 지원사업의 실효성 등을 확보하기 위한 정기적인 점검활동을 말한다)을 실시하여야 한다. 〈개정 2008. 2. 29., 2010. 1. 18.〉

③ 산후조리도우미 지원의 기준 및 방법 등에 관하여 필요한 사항은 대통령령으로 정한다.

제38조(자녀교육비 지급) ① 장애인복지실시기관은 경제적 부담능력 등을 고려하여 장애인이 부양하는 자녀 또는 장애인인 자녀의 교육비를 지급할 수 있다.

② 제1항에 따른 교육비 지급 대상・기준 및 방법 등에 관하여 필요한 사항은 보건복지부령으로 정한다. 〈개정 2008. 2. 29., 2010. 1. 18.〉

제39조(장애인이 사용하는 자동차 등에 대한 지원 등) ① 국가와 지방자치단체, 그 밖의 공공단체는 장애인이 이동수단인 자동차 등을 편리하게 사용할 수 있도록 하고 경제적 부담을 줄여 주기 위하여 조세감면 등 필요한 지원정책을 강구하여야 한다.

② 시장・군수・구청장은 장애인이 이용하는 자동차 등을 지원하는 데에 편리하도록 장애인이 사용하는 자동차 등임을 알아 볼 수 있는 표지(이하 "장애인사용자동차등표지"라 한다)를 발급하여야 한다.

③ 장애인사용자동차등표지를 대여하거나 보건복지부령이 정하는 자 외의 자에게 양도하는 등 부당한 방법으로 사용하여서는 아니 되며, 이와 비슷한 표지・명칭 등을 사용하여서는 아니 된다. 〈개정 2008. 2. 29., 2010. 1. 18.〉

④ 장애인사용자동차등표지의 발급 대상과 발급 절차 등에 관하여 필요한 사항은 보건복지부령으로 정한다. 〈개정 2008. 2. 29., 2010. 1. 18.〉

제40조(장애인 보조견의 훈련・보급 지원 등) ① 국가와 지방자치단체는 장애인의 복지 향상을 위하여 장애

인을 보조할 장애인 보조견(補助犬)의 훈련 · 보급을 지원하는 방안을 강구하여야 한다.

② 보건복지부장관은 장애인 보조견에 대하여 장애인 보조견표지(이하 "보조견표지"라 한다)를 발급할 수 있다. 〈개정 2008. 2. 29., 2010. 1. 18.〉

③ 누구든지 보조견표지를 붙인 장애인 보조견을 동반한 장애인이 대중교통수단을 이용하거나 공공장소, 숙박시설 및 식품접객업소 등 여러 사람이 다니거나 모이는 곳에 출입하려는 때에는 정당한 사유 없이 거부하여서는 아니 된다. 제4항에 따라 지정된 전문훈련기관에 종사하는 장애인 보조견 훈련자 또는 장애인 보조견 훈련 관련 자원봉사자가 보조견표지를 붙인 장애인 보조견을 동반한 경우에도 또한 같다. 〈개정 2012. 1. 26.〉

④ 보건복지부장관은 장애인보조견의 훈련 · 보급을 위하여 전문훈련기관을 지정할 수 있다. 〈개정 2008. 2. 29., 2010. 1. 18.〉

⑤ 보조견표지의 발급대상, 발급절차 및 전문훈련기관의 지정에 관하여 필요한 사항은 보건복지부령으로 정한다. 〈개정 2008. 2. 29., 2010. 1. 18.〉

제41조(자금 대여 등) 국가와 지방자치단체는 장애인이 사업을 시작하거나 필요한 지식과 기능을 익히는 것 등을 지원하기 위하여 대통령령으로 정하는 바에 따라 자금을 대여할 수 있다.

제42조(생업 지원) ① 국가와 지방자치단체, 그 밖의 공공단체는 소관 공공시설 안에 식료품 · 사무용품 · 신문 등 일상생활용품을 판매하는 매점이나 자동판매기의 설치를 허가하거나 위탁할 때에는 장애인이 신청하면 우선적으로 반영하도록 노력하여야 한다.

② 시장 · 군수 또는 구청장은 장애인이 「담배사업법」에 따라 담배소매인으로 지정받기 위하여 신청하면 그 장애인을 우선적으로 지정하도록 노력하여야 한다.

③ 장애인이 우편법령에 따라 국내 우표류 판매업 계약 신청을 하면 우편관서는 그 장애인이 우선적으로 계약할 수 있도록 노력하여야 한다.

④ 제1항부터 제3항까지의 규정에 따른 허가 · 위탁 또는 지정 등을 받은 자는 특별한 사유가 없으면 직접 그 사업을 하여야 한다.

⑤ 제1항에 따른 설치 허가권자는 매점 · 자동판매기 설치를 허가하기 위하여 설치 장소와 판매할 물건의 종류 등을 조사하고 그 결과를 장애인에게 알리는 조치를 강구하여야 한다.

제43조(자립훈련비 지급) ① 장애인복지실시기관은 제34조 제1항 제2호 또는 제3호에 따라 장애인복지시설에서 주거편의 · 상담 · 치료 · 훈련 등을 받도록 하거나 위탁한 장애인에 대하여 그 시설에서 훈련을 효과적으로 받는 데 필요하다고 인정되면 자립훈련비를 지급할 수 있으며, 특별한 사정이 있으면 훈련비 지급을 대신하여 물건을 지급할 수 있다.

② 제1항에 따른 자립훈련비의 지급과 물건의 지급 등에 관하여 필요한 사항은 보건복지부령으로 정한다. 〈개정 2008. 2. 29., 2010. 1. 18.〉

제44조(생산품 구매) 국가, 지방자치단체 및 그 밖의 공공단체는 장애인복지시설과 장애인복지단체에서 생산한 물품의 우선 구매에 필요한 조치를 마련하여야 한다.

[전문개정 2012. 1. 26.]

제45조 삭제 〈2017. 12. 19.〉

제45조의2 삭제 〈2017. 12. 19.〉

제46조(고용 촉진) 국가와 지방자치단체는 직접 경영하는 사업에 능력과 적성이 맞는 장애인을 고용하도록 노력하여야 하며, 장애인에게 적합한 사업을 경영하는 자에게 장애인의 능력과 적성에 따라 장애인을 고용하도록 권유할 수 있다.

제46조의2(장애인 응시자에 대한 편의제공) ① 국가, 지방자치단체 및 대통령령으로 정하는 기관 · 단체의 장은 해당 기관 · 단체가 실시하는 자격시험 및 채용시험 등에 있어서 장애인 응시자가 비장애인 응시자와 동등한 조건에서 시험을 치를 수 있도록 편의를 제공하여야 한다.

② 제1항에 따른 편의제공 대상 시험의 범위는 대통

령령으로 정하고, 편의제공의 내용 · 기준 · 방법 등에 필요한 사항은 보건복지부령으로 정한다.

[본조신설 2015. 12. 29.]

제47조(공공시설의 우선 이용) 국가와 지방자치단체, 그 밖의 공공단체는 장애인의 자립을 지원하는 데에 필요하다고 인정되면 그 공공시설의 일부를 장애인이 우선 이용하게 할 수 있다.

제48조(국유 · 공유 재산의 우선매각이나 유상 · 무상 대여) ① 국가와 지방자치단체는 이 법에 따른 장애인복지시설을 설치하거나 장애인복지단체가 장애인복지사업과 관련한 시설을 설치하는 데에 필요할 경우 「국유재산법」 또는 「공유재산 및 물품 관리법」에도 불구하고 국유재산 또는 공유재산을 우선 매각할 수 있고 유상 또는 무상으로 대부하거나 사용 · 수익하게 할 수 있다. 〈개정 2013. 7. 30.〉

② 국가와 지방자치단체는 제1항에 따라 국가나 지방자치단체로부터 토지와 시설을 매수 · 임차하거나 대부받은 자가 그 매수 · 임차 또는 대부한 날부터 2년 이내에 장애인복지시설을 설치하지 아니하거나 장애인복지단체의 장애인복지사업 관련 시설을 설치하지 아니할 때에는 토지와 시설을 환수하거나 임차계약을 취소할 수 있다.

제49조(장애수당) ① 국가와 지방자치단체는 장애인의 장애 정도와 경제적 수준을 고려하여 장애로 인한 추가적 비용을 보전(補塡)하게 하기 위하여 장애수당을 지급할 수 있다. 다만, 「국민기초생활 보장법」 제7조 제1항 제1호에 따른 생계급여 또는 같은 항 제3호에 따른 의료급여를 받는 장애인에게는 장애수당을 반드시 지급하여야 한다. 〈개정 2012. 1. 26., 2015. 12. 29.〉

② 제1항에도 불구하고 「장애인연금법」 제2조 제1호에 따른 중증장애인에게는 제1항에 따른 장애수당을 지급하지 아니한다. 〈신설 2010. 4. 12.〉

③ 국가와 지방자치단체는 제1항에 따라 장애수당을 지급하려는 경우에는 장애수당을 받으려는 사람의 장애 정도에 대하여 심사할 수 있다. 〈신설 2017. 2. 8.〉

④ 국가와 지방자치단체는 장애수당을 지급받으려는 사람이 제3항에 따른 장애 정도의 심사를 거부 · 방해 또는 기피하는 경우에는 제1항에도 불구하고 장애수당을 지급하지 아니할 수 있다. 〈신설 2017. 2. 8.〉

⑤ 제1항에 따른 장애수당의 지급 대상 · 기준 · 방법 및 제3항에 따른 심사 대상 · 절차 · 방법 등에 관하여 필요한 사항은 대통령령으로 정한다. 〈개정 2010. 4. 12., 2017. 2. 8.〉

제50조(장애아동수당과 보호수당) ① 국가와 지방자치단체는 장애아동에게 보호자의 경제적 생활수준 및 장애아동의 장애 정도를 고려하여 장애로 인한 추가적 비용을 보전(補塡)하게 하기 위하여 장애아동수당을 지급할 수 있다.

② 국가와 지방자치단체는 장애인을 보호하는 보호자에게 그의 경제적 수준과 장애인의 장애 정도를 고려하여 장애로 인한 추가적 비용을 보전하게 하기 위하여 보호수당을 지급할 수 있다.

③ 제1항과 제2항에 따른 장애아동수당과 보호수당의 지급 대상 · 기준 및 방법 등에 관하여 필요한 사항은 대통령령으로 정한다.

제50조의2(자녀교육비 및 장애수당 등의 지급 신청) ① 제38조에 따른 자녀교육비(이하 "자녀교육비"라 한다), 제49조 및 제50조에 따른 장애수당, 장애아동수당 및 보호수당(이하 "장애수당등"이라 한다)을 지급받으려는 사람은 보건복지부령으로 정하는 바에 따라 특별자치시장 · 특별자치도지사 · 시장 · 군수 · 구청장에게 자녀교육비 및 장애수당등의 지급을 신청할 수 있다. 〈개정 2015. 6. 22.〉

② 제1항에 따라 신청을 할 때에 신청인과 그 가구원(「국민기초생활 보장법」 제2조 제8호에 따른 개별가구의 가구원을 말한다. 이하 같다)은 대통령령으로 정하는 바에 따라 다음 각 호의 자료 또는 정보의 제공에 동의한다는 서면을 제출하여야 한다. 〈개정 2017. 2. 8.〉

1. 「금융실명거래 및 비밀보장에 관한 법률」 제2조 제2호 및 제3호에 따른 금융자산 및 금융거래의 내용에 대한 자료 또는 정보 중 예금의 평균잔액과 그 밖에 대통령령으로 정하는 자료 또는 정보(이하 "금융정보"라 한다)
2. 「신용정보의 이용 및 보호에 관한 법률」 제2조 제1호에 따른 신용정보 중 채무액과 그 밖에 대통령령으로 정하는 자료 또는 정보(이하 "신용정보"라 한다)
3. 「보험업법」 제4조 제1항 각 호에 따른 보험에 가입하여 납부한 보험료와 그 밖에 대통령령으로 정하는 자료 또는 정보(이하 "보험정보"라 한다)

[본조신설 2012. 1. 26.]

제50조의3(금융정보등의 제공) ① 보건복지부장관은 「금융실명거래 및 비밀보장에 관한 법률」 제4조와 「신용정보의 이용 및 보호에 관한 법률」 제32조에도 불구하고 제50조의2 제2항에 따라 신청인과 그 가구원이 제출한 동의 서면을 전자적 형태로 바꾼 문서로 「금융실명거래 및 비밀보장에 관한 법률」 제2조 제1호에 따른 금융회사등이나 「신용정보의 이용 및 보호에 관한 법률」 제2조 제6호에 따른 신용정보집중기관(이하 "금융기관등"이라 한다)의 장에게 금융정보 · 신용정보 또는 보험정보(이하 "금융정보등"이라 한다)의 제공을 요청할 수 있다.

② 보건복지부장관은 자녀교육비 및 장애수당등을 받고 있는 사람(이하 "수급자"라 한다)에 대한 그 지급의 적정성을 확인하기 위하여 필요하다고 인정하는 경우 「금융실명거래 및 비밀보장에 관한 법률」 제4조와 「신용정보의 이용 및 보호에 관한 법률」 제32조에도 불구하고 대통령령으로 정하는 기준에 따라 인적 사항을 기재한 문서(전자문서를 포함한다)로 금융기관등의 장에게 수급자와 그 가구원의 금융정보등의 제공을 요청할 수 있다.

③ 제1항 및 제2항에 따라 금융정보등의 제공을 요청받은 금융기관등의 장은 「금융실명거래 및 비밀보장에 관한 법률」 제4조와 「신용정보의 이용 및 보호에 관한 법률」 제32조에도 불구하고 명의인의 금융정보등을 제공하여야 한다.

④ 제3항에 따라 금융정보등을 제공한 금융기관등의 장은 금융정보등의 제공 사실을 명의인에게 통보하여야 한다. 다만, 명의인이 동의하는 경우에는 「금융실명거래 및 비밀보장에 관한 법률」 제4조의2 제1항과 「신용정보의 이용 및 보호에 관한 법률」 제32조 제7항에도 불구하고 통보하지 아니할 수 있다. 〈개정 2015. 3. 11.〉

⑤ 제1항부터 제3항까지의 규정에 따른 금융정보등의 제공 요청 및 제공은 「정보통신망 이용촉진 및 정보보호 등에 관한 법률」 제2조 제1항 제1호에 따른 정보통신망을 이용하여야 한다. 다만, 정보통신망이 손상되는 등 불가피한 경우에는 그러하지 아니하다.

⑥ 제1항부터 제3항까지의 규정에 따른 업무에 종사하거나 종사하였던 사람은 업무를 수행하면서 취득한 금융정보등을 이 법에서 정한 목적 외의 다른 용도로 사용하거나 다른 사람 또는 기관에 제공하거나 누설하여서는 아니 된다.

⑦ 제1항부터 제3항까지 및 제5항에 따른 금융정보등의 제공 요청 및 제공 등에 필요한 사항은 대통령령으로 정한다.

[본조신설 2012. 1. 26.]

제50조의4(장애인복지급여수급계좌) ① 특별자치시장 · 특별자치도지사 · 시장 · 군수 · 구청장은 수급자의 신청이 있는 경우에는 자녀교육비 및 장애수당등을 수급자 명의의 지정된 계좌(이하 "장애인복지급여수급계좌"라 한다)로 입금하여야 한다. 다만, 정보통신장애나 그 밖에 대통령령으로 정하는 불가피한 사유로 장애인복지급여수급계좌로 이체할 수 없을 때에는 현금 지급 등 대통령령으로 정하는 바에 따라 자녀교육비 및 장애수당등을 지급할 수 있다.

② 장애인복지급여수급계좌가 개설된 금융기관은 이 법에 따른 자녀교육비 및 장애수당등만이 장애인복지급여수급계좌에 입금되도록 관리하여야 한다.

③ 제1항에 따른 신청 방법 · 절차와 제2항에 따른 장애인복지급여수급계좌의 관리에 필요한 사항은 대통령령으로 정한다.

[본조신설 2016. 5. 29.]

제51조(자녀교육비 및 장애수당등의 환수) ① 특별자치시장 · 특별자치도지사 · 시장 · 군수 · 구청장은 자녀교육비 및 장애수당등을 받은 사람이 다음 각 호의 어느 하나에 해당하면 그가 받은 자녀교육비 및 장애수당등의 전부 또는 일부를 환수하여야 한다. 〈개정 2015. 6. 22.〉

1. 거짓이나 그 밖의 부정한 방법으로 자녀교육비 및 장애수당등을 받은 경우
2. 자녀교육비 및 장애수당등을 받은 후 그 자녀교육비 및 장애수당등을 받게 된 사유가 소급하여 소멸된 경우
3. 잘못 지급된 경우

② 특별자치시장 · 특별자치도지사 · 시장 · 군수 · 구청장은 자녀교육비 및 장애수당등을 받은 사람이 제1항 각 호의 사유에 해당하여 일정한 기간을 정하여 반환요청을 하였으나 그 기간 내에 반환하지 아니하면 국세 또는 지방세 체납처분의 예에 따라 징수할 수 있다. 〈개정 2015. 6. 22.〉

③ 특별자치시장 · 특별자치도지사 · 시장 · 군수 · 구청장은 제2항에 따라 자녀교육비 및 장애수당등을 징수할 때 반환하여야 할 사람이 행방불명되거나 재산이 없거나 그 밖에 대통령령으로 정하는 사유가 있어 환수가 불가능하다고 인정할 때에는 결손처분할 수 있다. 〈개정 2015. 6. 22.〉

④ 제3항에 따른 결손처분의 대상, 방법, 그 밖의 필요한 사항은 대통령령으로 정한다.

[전문개정 2012. 1. 26.]

제52조(장애인의 재활 및 자립생활의 연구) ① 국가와 지방자치단체는 장애인 재활 및 자립생활에 대하여 종합적이고 체계적으로 조사 · 연구 · 평가하기 위하여 전문 연구기관에 장애예방 · 의료 · 교육 · 직업재활 및 자립생활 등에 관한 연구 과제를 선정하여 의뢰할 수 있다.

② 국가와 지방자치단체는 제1항에 따른 연구과제를 수행하는 데에 들어가는 비용을 예산의 범위 안에서 보조할 수 있다.

제4장 자립생활의 지원

제53조(자립생활지원) 국가와 지방자치단체는 장애인의 자기결정에 의한 자립생활을 위하여 활동지원사의 파견 등 활동보조서비스 또는 장애인보조기구의 제공, 그 밖의 각종 편의 및 정보제공 등 필요한 시책을 강구하여야 한다. 〈개정 2017. 12. 19., 2018. 12. 11.〉

[시행일 : 2019. 7. 1.] 제53조

제54조(장애인자립생활지원센터) ① 국가와 지방자치단체는 장애인의 자립생활을 실현하기 위하여 장애인자립생활지원센터를 통하여 필요한 각종 지원서비스를 제공한다. 〈개정 2017. 12. 19.〉

② 제1항의 규정에 따른 장애인자립생활지원센터에 관하여 필요한 사항은 보건복지부령으로 정한다. 〈개정 2008. 2. 29., 2010. 1. 18., 2017. 12. 19.〉

③ 국가와 지방자치단체는 장애인자립생활지원센터에 예산의 범위에서 운영비 또는 사업비의 일부를 지원할 수 있다. 〈신설 2015. 12. 29., 2017. 12. 19.〉

[제목개정 2017. 12. 19.]

[시행일 : 2019. 7. 1.] 제54조

제55조(활동지원급여의 지원) ① 국가와 지방자치단체는 장애인이 일상생활 또는 사회생활을 원활히 할 수 있도록 활동지원급여를 지원할 수 있다. 〈개정 2011. 1. 4., 2017. 12. 19.〉

② 국가 및 지방자치단체는 임신 등으로 인하여 이동이 불편한 여성장애인에게 임신 및 출산과 관련한 진료 등을 위하여 경제적 부담능력 등을 감안하여 활동지원사의 파견 등 활동보조서비스를 지원할 수 있다. 〈개정 2018. 12. 11.〉

③ 삭제 〈2011. 1. 4.〉

[제목개정 2011. 1. 4.]

[시행일 : 2019. 7. 1.] 제55조

제56조(장애동료간 상담) ① 국가와 지방자치단체는 장애인이 장애를 극복하는 데 도움이 되도록 장애동료 간 상호대화나 상담의 기회를 제공하도록 노력하여야 한다.

② 제1항에 따른 장애동료 간의 대화나 상담의 기회를 제공하기 위한 구체적인 사업 등에 관하여 필요한 사항은 보건복지부령으로 정한다. 〈개정 2008. 2. 29., 2010. 1. 18.〉

제5장 복지시설과 단체

제57조(장애인복지시설의 이용 등) ① 국가와 지방자치단체는 장애인이 제58조에 따른 장애인복지시설의 이용을 통하여 기능회복과 사회적 향상을 도모할 수 있도록 필요한 정책을 강구하여야 한다.

② 국가와 지방자치단체는 제58조에 따른 장애인복지시설을 이용하는 장애인의 인권을 보호하기 위하여 필요한 정책을 마련하고 관련 프로그램을 실시할 수 있는 기반을 조성하여야 한다.

③ 장애인복지실시기관은 제58조에 따른 장애인복지시설에 대한 장애인의 선택권을 최대한 보장하여야 한다.

④ 장애인복지실시기관은 장애인의 선택권을 보장하기 위하여 제58조에 따른 장애인복지시설을 이용하려는 장애인에게 시설의 선택에 필요한 정보를 충분히 제공하여야 한다.

⑤ 제58조에 따른 장애인복지시설의 선택에 필요한 정보 제공과 서비스 제공 시에는 장애인의 성별·연령 및 장애의 유형과 정도를 고려하여야 한다.

[전문개정 2011. 3. 30.]

제58조(장애인복지시설) ① 장애인복지시설의 종류는 다음 각 호와 같다. 〈개정 2011. 3. 30.〉

1. 장애인 거주시설: 거주공간을 활용하여 일반가정에서 생활하기 어려운 장애인에게 일정 기간 동안 거주·요양·지원 등의 서비스를 제공하는 동시에 지역사회생활을 지원하는 시설
2. 장애인 지역사회재활시설 : 장애인을 전문적으로 상담·치료·훈련하거나 장애인의 일상생활, 여가활동 및 사회참여활동 등을 지원하는 시설
3. 장애인 직업재활시설 : 일반 작업환경에서는 일하기 어려운 장애인이 특별히 준비된 작업환경에서 직업훈련을 받거나 직업 생활을 할 수 있도록 하는 시설
4. 장애인 의료재활시설: 장애인을 입원 또는 통원하게 하여 상담, 진단·판정, 치료 등 의료재활서비스를 제공하는 시설
5. 그 밖에 대통령령으로 정하는 시설

② 제1항 각 호에 따른 장애인복지시설의 구체적인 종류와 사업 등에 관한 사항은 보건복지부령으로 정한다. 〈개정 2008. 2. 29., 2010. 1. 18.〉

제59조(장애인복지시설 설치) ① 국가와 지방자치단체는 장애인복지시설을 설치할 수 있다.

② 제1항에 규정된 자 외의 자가 장애인복지시설을 설치·운영하려면 해당 시설 소재지 관할 시장·군수·구청장에게 신고하여야 하며, 신고한 사항 중 보건복지부령으로 정하는 중요한 사항을 변경할 때에도 신고하여야 한다. 다만, 제62조에 따른 폐쇄명령을 받고 1년이 지나지 아니한 자는 시설의 설치·운영 신고를 할 수 없다. 〈개정 2008. 2. 29., 2010. 1. 18.〉

③ 시장·군수·구청장은 제2항에 따른 신고 또는 변경신고를 받은 경우 그 내용을 검토하여 이 법에 적합하면 신고 또는 변경신고를 수리하여야 한다. 〈신설 2019. 1. 15.〉

④ 제58조 제1항 제1호에 따른 장애인 거주시설의 정원은 30명을 초과할 수 없다. 다만, 특수한 서비스를 위하여 일정 규모 이상이 필요한 시설 등 대통령령으로 정하는 경우에는 그러하지 아니하다. 〈신설 2011. 3. 30., 2019. 1. 15.〉

⑤ 제58조 제1항 제4호에 따른 의료재활시설의 설

치는 「의료법」에 따른다. 〈개정 2011. 3. 30., 2019. 1. 15.〉

⑥ 제2항에 따른 장애인복지시설의 시설기준 · 신고 · 변경신고 및 이용 등에 관하여 필요한 사항은 보건복지부령으로 정한다. 〈개정 2008. 2. 29., 2010. 1. 18., 2011. 3. 30., 2019. 1. 15.〉

제59조의2 삭제 〈2015. 12. 29.〉

제59조의3(성범죄자의 취업제한 등) ① 법원은 성범죄(「성폭력범죄의 처벌 등에 관한 특례법」 제2조 제1항에 따른 성폭력범죄 또는 「아동 · 청소년의 성보호에 관한 법률」 제2조 제2호에 따른 아동 · 청소년대상 성범죄를 말한다. 이하 같다)로 형 또는 치료감호를 선고하는 경우에는 판결(약식명령을 포함한다. 이하 같다)로 그 형 또는 치료감호의 전부 또는 일부의 집행을 종료하거나 집행이 유예 · 면제된 날(벌금형을 선고받은 경우에는 그 형이 확정된 날을 말한다)부터 일정기간(이하 "취업제한기간"이라 한다) 동안 장애인복지시설을 운영하거나 장애인복지시설에 취업 또는 사실상 노무를 제공할 수 없도록 하는 명령(이하 "취업제한명령"이라 한다)을 성범죄 사건의 판결과 동시에 선고(약식명령의 경우에는 고지를 말한다)하여야 한다. 다만, 재범의 위험성이 현저히 낮은 경우, 그 밖에 취업을 제한하여서는 아니 되는 특별한 사정이 있다고 판단하는 경우에는 그러하지 아니한다. 〈개정 2018. 12. 11.〉

② 취업제한기간은 10년을 초과하지 못한다. 〈신설 2018. 12. 11.〉

③ 법원은 제1항에 따라 취업제한명령을 선고하려는 경우에는 정신건강의학과 의사, 심리학자, 사회복지학자, 성범죄 관련 전문가, 장애인단체가 추천하는 장애인 전문가, 그 밖의 관련 전문가로부터 취업제한명령 대상자의 재범 위험성 등에 관한 의견을 들을 수 있다. 〈신설 2018. 12. 11.〉

④ 시장 · 군수 · 구청장은 제59조 제2항에 따라 장애인복지시설을 운영하려는 자에 대하여 본인의 동의를 받아 관계 기관의 장에게 성범죄의 경력 조회를 요청하여야 한다. 다만, 장애인복지시설을 운영하려는 자가 성범죄 경력 조회 회신서를 시장 · 군수 · 구청장에게 직접 제출한 경우에는 성범죄의 경력 조회를 한 것으로 본다. 〈개정 2018. 12. 11.〉

⑤ 장애인복지시설 운영자는 그 시설에 취업 중이거나 사실상 노무를 제공 중인 사람 또는 취업하려 하거나 사실상 노무를 제공하려는 사람(이하 "취업자등"이라 한다)에 대하여 성범죄의 경력을 확인하여야 하며, 이 경우 본인의 동의를 받아 관계 기관의 장에게 성범죄의 경력 조회를 요청하여야 한다. 다만, 취업자등이 성범죄 경력 조회 회신서를 장애인복지시설 운영자에게 직접 제출한 경우에는 성범죄의 경력 조회를 한 것으로 본다. 〈개정 2018. 12. 11.〉

⑥ 시장 · 군수 · 구청장은 성범죄로 취업제한명령을 선고받은 사람이 장애인복지시설을 운영하거나 장애인복지시설에 취업 또는 사실상 노무를 제공하고 있는지를 직접 또는 관계 기관 조회 등의 방법으로 연 1회 이상 확인 · 점검하여야 한다. 〈개정 2018. 12. 11.〉

⑦ 시장 · 군수 · 구청장은 제6항에 따른 확인 · 점검을 위하여 필요한 경우에는 장애인복지시설 운영자에게 관련 자료의 제출을 요구할 수 있다. 〈신설 2018. 12. 11.〉

⑧ 보건복지부장관은 시장 · 군수 · 구청장에게 제6항에 따른 확인 · 점검 결과를 제출하도록 요구할 수 있다. 〈신설 2018. 12. 11.〉

⑨ 시장 · 군수 · 구청장은 취업제한명령을 위반하여 장애인복지시설을 운영 중인 장애인복지시설 운영자에게 운영 중인 장애인복지시설의 폐쇄를 요구하여야 한다. 〈신설 2018. 12. 11.〉

⑩ 시장 · 군수 · 구청장은 취업제한명령을 위반하여 취업하거나 사실상 노무를 제공하는 사람이 있으면 해당 장애인복지시설 운영자에게 그의 해임을 요구하여야 한다. 〈신설 2018. 12. 11.〉

⑪ 시장 · 군수 · 구청장은 장애인복지시설 운영자가 정당한 사유 없이 제9항에 따른 폐쇄요구를 거부

하거나 3개월 이내에 요구사항을 이행하지 아니하는 경우에는 대통령령으로 정하는 바에 따라 해당 장애인복지시설을 폐쇄하거나 관계 행정기관의 장에게 이를 요구할 수 있다. 〈신설 2018. 12. 11.〉

⑫ 제4항부터 제6항까지의 규정에 따라 성범죄의 경력 조회를 요청받은 관계 기관의 장은 성범죄 경력 조회 회신서를 발급하여야 한다. 〈개정 2018. 12. 11.〉

⑬ 제4항부터 제6항까지에 따른 성범죄경력 조회의 요청 절차 · 범위 등에 관하여 필요한 사항은 대통령령으로 정한다. 〈개정 2018. 12. 11.〉

[본조신설 2012. 1. 26.]

[2018. 12. 11. 법률 제15904호에 의하여 2016. 7. 28. 헌법재판소에서 위헌 결정된 이 조 제1항을 개정함.]

[시행일 : 2019. 6. 12.] 제59조의3

제59조의4(장애인학대 및 장애인 대상 성범죄 신고의무와 절차) ① 누구든지 장애인학대 및 장애인 대상 성범죄를 알게 된 때에는 제59조의11에 따른 중앙장애인권익옹호기관 또는 지역장애인권익옹호기관(이하 "장애인권익옹호기관"이라 한다)이나 수사기관에 신고할 수 있다. 〈개정 2015. 6. 22., 2015. 12. 29., 2017. 12. 19.〉

② 다음 각 호의 어느 하나에 해당하는 사람은 그 직무상 장애인학대 및 장애인 대상 성범죄를 알게 된 경우에는 지체 없이 장애인권익옹호기관 또는 수사기관에 신고하여야 한다. 〈개정 2015. 6. 22., 2015. 12. 29., 2016. 5. 29., 2019. 1. 15.〉

1. 「사회복지사업법」 제14조에 따른 사회복지 전담공무원 및 같은 법 제34조에 따른 사회복지시설의 장과 그 종사자

2. 「장애인활동 지원에 관한 법률」 제16조에 따른 활동지원인력 및 같은 법 제20조에 따른 활동지원기관의 장과 그 종사자

3. 「의료법」 제2조 제1항의 의료인 및 같은 법 제3조 제1항의 의료기관의 장

4. 「의료기사 등에 관한 법률」 제1조의2의 의료기사

5. 「응급의료에 관한 법률」 제36조의 응급구조사

6. 「소방기본법」 제34조에 따른 구급대의 대원

7. 「정신건강증진 및 정신질환자 복지서비스 지원에 관한 법률」 제3조 제3호에 따른 정신건강복지센터의 장과 그 종사자

8. 「영유아보육법」 제10조에 따른 어린이집의 원장 등 보육교직원

9. 「유아교육법」 제20조에 따른 교직원 및 같은 법 제23조에 따른 강사 등

10. 「초 · 중등교육법」 제19조에 따른 교직원, 같은 법 제19조의2에 따른 전문상담교사 등 및 같은 법 제22조에 따른 산학겸임교사 등

11. 「학원의 설립 · 운영 및 과외교습에 관한 법률」 제6조에 따른 학원의 운영자 · 강사 · 직원 및 같은 법 제14조에 따른 교습소의 교습자 · 직원

12. 「성폭력방지 및 피해자보호 등에 관한 법률」 제10조에 따른 성폭력피해상담소의 장과 그 종사자 및 같은 법 제12조에 따른 성폭력피해자보호시설의 장과 그 종사자

13. 「성매매방지 및 피해자보호 등에 관한 법률」 제9조에 따른 지원시설의 장과 그 종사자 및 같은 법 제17조에 따른 성매매피해상담소의 장과 그 종사자

14. 「가정폭력방지 및 피해자보호 등에 관한 법률」 제5조에 따른 가정폭력 관련 상담소의 장과 그 종사자 및 같은 법 제7조의2에 따른 가정폭력피해자 보호시설의 장과 그 종사자

15. 「건강가정기본법」 제35조에 따른 건강가정지원센터의 장과 그 종사자

16. 「다문화가족지원법」 제12조에 따른 다문화가족지원센터의 장과 그 종사자

17. 「아동복지법」 제10조의2에 따른 아동권리보장원 및 「아동복지법」 제48조에 따른 가정위탁지원센터의 장과 그 종사자

18. 「한부모가족지원법」 제19조의 한부모가족복지시설의 장과 그 종사자

19. 「청소년 기본법」 제3조 제6호의 청소년시설의 장과 그 종사자 및 같은 조 제8호의 청소년단체의 장과 그 종사자
20. 「청소년 보호법」 제35조에 따른 청소년 보호·재활센터의 장과 그 종사자
21. 「노인장기요양보험법」 제2조 제5호의 장기요양요원

③ 삭제 〈2017. 12. 19.〉

④ 보건복지부장관은 제2항에 따른 신고의무자에게 장애인학대 및 장애인 대상 성범죄의 신고 절차와 방법 등을 안내하여야 한다. 〈신설 2015. 6. 22., 2015. 12. 29.〉

⑤ 국가와 지방자치단체는 장애인학대 및 장애인 대상 성범죄를 예방하고 수시로 신고를 받을 수 있도록 필요한 조치를 하여야 한다. 〈신설 2015. 6. 22., 2015. 12. 29.〉

⑥ 제2항 각 호에 따른 소관 중앙행정기관의 장은 제2항 각 호의 어느 하나에 해당하는 사람의 자격취득 과정이나 보수교육 과정에 장애인학대 및 장애인 대상 성범죄 예방 및 신고의무에 관한 교육 내용을 포함하도록 하여야 한다. 〈신설 2015. 6. 22., 2015. 12. 29.〉

⑦ 제4항에 따른 신고 절차·방법 등의 안내, 제5항에 따른 조치 및 제6항에 따른 교육 내용·시간·방법 등은 대통령령으로 정한다. 〈신설 2015. 6. 22.〉

[본조신설 2012. 10. 22.]

[제목개정 2015. 12. 29.]

[시행일 : 2017. 1. 1.] 제59조의4 장애인권익옹호기관에 관한 부분

[시행일 : 2019. 7. 16.] 제59조의4

제59조의5(불이익조치의 금지) 누구든지 장애인학대 및 장애인 대상 성범죄 신고인에게 장애인학대범죄 신고 등을 이유로 다음 각 호의 불이익조치를 하여서는 아니 된다.

1. 파면, 해임, 해고, 그 밖에 이에 준하는 신분상실의 조치
2. 징계, 정직, 감봉, 강등, 승진 제한, 그 밖에 이에 준하는 부당한 인사조치
3. 전보, 전근, 직무 미부여, 직무 재배치, 그 밖에 이에 준하는 인사조치
4. 성과평가 또는 동료평가 등을 통한 임금, 상여금 등의 차별적 지급
5. 교육·훈련 등 자기계발 기회의 박탈 및 예산·인력 등에 대한 업무상 제한, 그 밖에 이에 준하는 근무 조건의 차별적 조치
6. 요주의 대상자 명단의 작성·공개, 집단 따돌림 및 폭행·폭언, 그 밖에 이에 준하는 정신적·신체적 위해 행위
7. 직무에 대한 부당한 감사, 조사 및 그 결과의 공표

[본조신설 2017. 12. 19.]

[종전 제59조의5는 제59조의7로 이동 〈2017. 12. 19.〉]

제59조의6(장애인학대범죄신고인에 대한 보호조치) 장애인학대 및 장애인 대상 성범죄 신고인에 대하여는 「특정범죄신고자 등 보호법」 제7조부터 제13조까지의 규정을 준용한다.

[본조신설 2017. 12. 19.]

[종전 제59조의6은 제59조의8로 이동 〈2017. 12. 19.〉]

제59조의7(응급조치의무 등) ① 제59조의4에 따라 장애인학대 신고를 접수한 장애인권익옹호기관의 직원이나 사법경찰관리는 지체 없이 장애인학대현장에 출동하여야 한다. 이 경우 장애인권익옹호기관의 장이나 수사기관의 장은 서로 동행하여 줄 것을 요청할 수 있으며, 그 요청을 받은 장애인권익옹호기관의 장이나 수사기관의 장은 정당한 사유가 없으면 소속 직원이나 사법경찰관리가 현장에 동행하도록 하여야 한다. 〈개정 2015. 6. 22., 2017. 12. 19.〉

② 제1항에 따라 장애인학대현장에 출동한 자는 학대받은 장애인을 학대행위자로부터 분리하거나 치료가 필요하다고 인정할 때에는 장애인권익옹호기관 또는 의료기관에 인도하여야 한다. 〈개정 2015.

6. 22.〉

③ 제1항에 따라 장애인 학대 현장에 출동한 자는 학대받은 장애인을 보호하기 위하여 신고된 현장에 출입하여 관계인에 대하여 조사를 하거나 질문을 할 수 있다. 이 경우 장애인권익옹호기관의 직원은 학대받은 장애인의 보호를 위한 범위에서만 조사 또는 질문을 할 수 있다. 〈신설 2017. 12. 19.〉

④ 제3항에 따라 출입, 조사 또는 질문을 하는 자는 그 권한을 표시하는 증표를 지니고 이를 관계인에게 보여주어야 한다. 〈신설 2017. 12. 19.〉

⑤ 제3항에 따라 조사 또는 질문을 하는 자는 학대받은 장애인 · 신고자 · 목격자 등이 자유롭게 진술할 수 있도록 장애인학대행위자로부터 분리된 곳에서 조사하는 등 필요한 조치를 하여야 한다. 〈신설 2017. 12. 19.〉

⑥ 누구든지 장애인학대현장에 출동한 자에 대하여 현장조사를 거부하거나 업무를 방해하여서는 아니 된다. 〈개정 2017. 12. 19.〉

[본조신설 2012. 10. 22.]

[제59조의5에서 이동, 종전 제59조의7은 제59조의9로 이동 〈2017. 12. 19.〉]

제59조의8(보조인의 선임 등) ① 학대받은 장애인의 법정대리인, 직계친족, 형제자매, 장애인권익옹호기관의 상담원 또는 변호사는 장애인학대사건의 심리에 있어서 보조인이 될 수 있다. 다만, 변호사가 아닌 경우에는 법원의 허가를 받아야 한다. 〈개정 2017. 12. 19.〉

② 법원은 학대받은 장애인을 증인으로 신문하는 경우 본인 또는 검사의 신청이 있는 때에는 본인과 신뢰관계에 있는 사람의 동석을 허가할 수 있다.

③ 수사기관이 학대받은 장애인을 조사하는 경우에도 제1항 및 제2항의 절차를 준용한다.

[본조신설 2012. 10. 22.]

[제59조의6에서 이동, 종전 제59조의8은 제59조의10으로 이동 〈2017. 12. 19.〉]

제59조의9(금지행위) 누구든지 다음 각 호의 어느 하나에 해당하는 행위를 하여서는 아니 된다. 〈개정 2017. 2. 8.〉

1. 장애인에게 성적 수치심을 주는 성희롱 · 성폭력 등의 행위
2. 장애인의 신체에 폭행을 가하거나 상해를 입히는 행위

2의2. 장애인을 폭행, 협박, 감금, 그 밖에 정신상 또는 신체상의 자유를 부당하게 구속하는 수단으로써 장애인의 자유의사에 어긋나는 노동을 강요하는 행위

3. 자신의 보호 · 감독을 받는 장애인을 유기하거나 의식주를 포함한 기본적 보호 및 치료를 소홀히 하는 방임행위
4. 장애인에게 구걸을 하게 하거나 장애인을 이용하여 구걸하는 행위
5. 장애인을 체포 또는 감금하는 행위
6. 장애인의 정신건강 및 발달에 해를 끼치는 정서적 학대행위
7. 장애인을 위하여 증여 또는 급여된 금품을 그 목적 외의 용도에 사용하는 행위
8. 공중의 오락 또는 흥행을 목적으로 장애인의 건강 또는 안전에 유해한 곡예를 시키는 행위

[전문개정 2015. 6. 22.]

[제59조의7에서 이동, 종전 제59조의9는 제59조의11로 이동 〈2017. 12. 19.〉]

제59조의10(장애인학대의 예방과 방지 의무) 국가와 지방자치단체는 장애인학대의 예방과 방지를 위하여 다음 각 호의 조치를 취하여야 한다.

1. 장애인학대의 예방과 방지를 위한 각종 정책의 수립 및 시행
2. 장애인학대의 예방과 방지를 위한 연구 · 교육 · 홍보와 장애인학대 현황 조사
3. 장애인학대에 관한 신고체계의 구축 · 운영
4. 장애인학대로 인하여 피해를 입은 장애인(이하 "피해장애인"이라 한다)의 보호 및 치료와 피해장애인의 가정에 대한 지원
5. 장애인학대 예방 관계 기관 · 법인 · 단체 · 시설

등에 대한 지원

6. 그 밖에 대통령령으로 정하는 장애인학대의 예방과 방지를 위한 사항

[본조신설 2015. 6. 22.]

[제59조의8에서 이동, 종전 제59조의10은 제59조의12로 이동 〈2017. 12. 19.〉]

제59조의11(장애인권익옹호기관의 설치 등) ① 국가는 지역 간의 연계체계를 구축하고 장애인학대를 예방하기 위하여 다음 각 호의 업무를 담당하는 중앙장애인권익옹호기관을 설치·운영하여야 한다.

1. 제2항에 따른 지역장애인권익옹호기관에 대한 지원
2. 장애인학대 예방 관련 연구 및 실태조사
3. 장애인학대 예방 관련 프로그램의 개발·보급
4. 장애인학대 예방 관련 교육 및 홍보
5. 장애인학대 예방 관련 전문인력의 양성 및 능력개발
6. 관계 기관·법인·단체·시설 간 협력체계의 구축 및 교류
7. 장애인학대 신고접수와 그 밖에 보건복지부령으로 정하는 장애인학대 예방과 관련된 업무

② 학대받은 장애인을 신속히 발견·보호·치료하고 장애인학대를 예방하기 위하여 다음 각 호의 업무를 담당하는 지역장애인권익옹호기관을 특별시·광역시·특별자치시·도·특별자치도에 둔다.

1. 장애인학대의 신고접수, 현장조사 및 응급보호
2. 피해장애인과 그 가족, 장애인학대행위자에 대한 상담 및 사후관리
3. 장애인학대 예방 관련 교육 및 홍보
4. 장애인학대사례판정위원회 설치·운영
5. 그 밖에 보건복지부령으로 정하는 장애인학대 예방과 관련된 업무

③ 장애인권익옹호기관의 장은 제1항 및 제2항에 따른 업무를 수행하기 위하여 필요한 경우 관계 기관의 장에게 사실 확인이나 관련 자료의 제공을 요청할 수 있다. 이 경우 자료 제공을 요청받은 관계기관의 장은 정당한 사유가 없으면 요청에 따라야 한다. 〈신설 2017. 12. 19.〉

④ 보건복지부장관, 특별시장·광역시장·특별자치시장·도지사·특별자치도지사는 「공공기관의 운영에 관한 법률」 제4조에 따른 공공기관 또는 장애인 학대의 예방 및 방지를 목적으로 하는 비영리법인을 지정하여 장애인권익옹호기관의 운영을 위탁할 수 있다. 이 경우 보건복지부장관, 특별시장·광역시장·특별자치시장·특별자치도지사는 그 운영에 드는 비용을 지원할 수 있다. 〈개정 2017. 12. 19.〉

⑤ 장애인권익옹호기관의 설치기준·운영, 상담원의 자격·배치기준, 운영 수탁기관 등의 지정, 위탁 및 비용지원 등에 필요한 사항은 대통령령으로 정한다. 〈개정 2017. 12. 19.〉

[본조신설 2015. 6. 22.]

[제59조의9에서 이동, 종전 제59조의11은 제59조의13으로 이동 〈2017. 12. 19.〉]

제59조의12(사후관리 등) ① 장애인권익옹호기관의 장은 장애인학대가 종료된 후에도 가정방문, 시설방문, 전화상담 등을 통하여 장애인학대의 재발 여부를 확인하여야 한다.

② 장애인권익옹호기관의 장은 장애인학대가 종료된 후에도 피해장애인의 안전 확보, 장애인학대의 재발 방지, 건전한 가정기능의 유지 등을 위하여 피해장애인, 피해장애인의 보호자(친권자, 「민법」에 따른 후견인, 장애인을 보호·양육·교육하거나 그러한 의무가 있는 사람 또는 업무·고용 등의 관계로 사실상 장애인을 보호·감독하는 사람을 말한다. 이하 이 조에서 같다)·가족에게 상담, 교육 및 의료적·심리적 치료 등의 지원을 하여야 한다.

③ 장애인권익옹호기관의 장은 제2항에 따른 지원을 하기 위하여 관계 기관·법인·단체·시설에 협조를 요청할 수 있다.

④ 장애인권익옹호기관의 장은 제2항에 따른 지원을 할 때에는 피해장애인의 이익을 최우선으로 고려하여야 한다.

⑤ 피해장애인의 보호자·가족은 제2항에 따른 장애인권익옹호기관의 지원에 참여하여야 하고, 제1항 및 제2항에 따른 장애인권익옹호기관의 업무 수행을 정당한 사유 없이 거부하거나 방해하여서는 아니 된다. 〈개정 2017. 12. 19.〉

[본조신설 2015. 6. 22.]

[제59조의10에서 이동 〈2017. 12. 19.〉]

제59조의13(피해장애인 쉼터) ① 특별시장·광역시장·특별자치시장·도지사·특별자치도지사는 피해장애인의 임시 보호 및 사회복귀 지원을 위하여 장애인 쉼터를 설치·운영할 수 있다.

② 제1항에 따른 장애인 쉼터의 설치·운영 등에 필요한 사항은 보건복지부령으로 정한다.

[본조신설 2017. 2. 8.]

[제59조의11에서 이동 〈2017. 12. 19.〉]

제60조(장애인복지시설 운영의 개시 등) ① 제59조 제2항에 따라 신고한 자는 지체 없이 시설 운영을 시작하여야 한다.

② 시설 운영자가 시설 운영을 중단 또는 재개하거나 시설을 폐지하려는 때에는 보건복지부령이 정하는 바에 따라 미리 시장·군수·구청장에게 신고하여야 한다. 〈개정 2008. 2. 29., 2010. 1. 18., 2011. 3. 30.〉

③ 시설 운영자가 제2항에 따라 시설 운영을 중단하거나 시설을 폐지할 때에는 보건복지부령이 정하는 바에 따라 시설 이용자의 권익을 보호하기 위하여 다음 각 호의 조치를 하여야 한다. 이 경우 시장·군수·구청장은 그 조치 내용을 확인하고 제2항에 따른 신고를 수리하여야 한다. 〈개정 2008. 2. 29., 2010. 1. 18., 2011. 3. 30., 2019. 1. 15.〉

1. 시장·군수·구청장의 협조를 받아 시설 이용자가 다른 시설을 선택할 수 있도록 하고 그 이행을 확인하는 조치

2. 시설 이용자가 이용료·사용료 등의 비용을 부담하는 경우 납부한 비용 중 사용하지 아니한 금액을 반환하게 하고 그 이행을 확인하는 조치

3. 보조금·후원금 등의 사용 실태 확인과 이를 재원으로 조성한 재산 중 남은 재산의 회수조치

4. 그 밖에 시설 이용자의 권익 보호를 위하여 필요하다고 인정되는 조치

④ 시설 운영자가 제2항에 따라 시설운영을 재개하려고 할 때에는 보건복지부령으로 정하는 바에 따라 시설 이용자의 권익을 보호하기 위하여 다음 각 호의 조치를 하여야 한다. 이 경우 시장·군수·구청장은 그 조치 내용을 확인하고 제2항에 따른 신고를 수리하여야 한다. 〈신설 2011. 3. 30., 2019. 1. 15.〉

1. 운영 중단 사유의 해소

2. 향후 안정적 운영계획의 수립

3. 그 밖에 시설 이용자의 권익 보호를 위하여 보건복지부장관이 필요하다고 인정하는 조치

⑤ 제1항과 제2항에 따른 시설 운영의 개시·중단·재개 및 시설 폐지의 신고 등에 관하여 필요한 사항은 보건복지부령으로 정한다. 〈개정 2008. 2. 29., 2010. 1. 18., 2011. 3. 30.〉

[제목개정 2011. 3. 30.]

제60조의2(장애인 거주시설 이용절차) ① 장애인 거주시설을 이용하려는 자와 그 친족, 그 밖의 관계인은 보건복지부령으로 정하는 서류를 갖추어 시장·군수·구청장에게 장애인의 시설 이용을 신청하여야 한다.

② 제1항에 따라 시설 이용을 신청받은 시장·군수·구청장은 제32조의4에 따른 서비스 지원 종합조사 결과 등을 활용하여 이용 신청자의 시설 이용 적격성 여부를 심사하고 그 결과에 따라 시설 이용 여부를 결정하여야 한다. 〈개정 2017. 12. 19.〉

③ 시장·군수·구청장은 제2항에 따른 이용 신청자의 시설 이용 적격성 및 제79조 제2항에 따른 본인부담금을 결정하여 이용 신청자와 시설 운영자에게 통보한다.

④ 시설 이용자가 제1항부터 제3항까지의 절차를 거치지 아니하고 시설을 이용하는 경우, 시설 운영자는 보건복지부령으로 정하는 바에 따라 해당 사

례를 시장 · 군수 · 구청장에게 보고하여야 하며, 시장 · 군수 · 구청장은 이용 적격성 여부의 확인 등 필요한 조치를 취하여야 한다.

⑤ 시설 운영자는 이용 신청자와 서비스 이용조건, 본인부담금 등의 사항을 포함하여 계약을 체결하고, 그 결과를 시장 · 군수 · 구청장에게 보고하여야 한다. 〈개정 2017. 12. 19.〉

⑥ 제5항에 따른 계약은 시설을 이용할 장애인 본인이 체결하는 것을 원칙으로 하되, 지적 능력 등의 이유로 장애인 본인이 계약을 체결하기 어려운 경우에 한하여, 대통령령으로 정하는 자가 계약절차의 전부 또는 일부를 대행할 수 있다.

⑦ 시설 이용자가 시설 이용을 중단하려는 경우에는 보건복지부령으로 정하는 기간 전에 시설 이용을 중단할 의사를 시설 운영자에게 밝혀야 한다. 이 경우 시설 운영자는 이용 중단과 관련하여 필요한 조치를 하여야 하고, 이용 중단 희망자에 대하여 이용 중단에 따른 어떠한 불이익한 처분이나 차별도 하여서는 아니 된다.

⑧ 제2항에 따른 서비스 지원 종합조사 결과의 활용방법 등에 필요한 구체적인 사항과 제5항에 따른 계약에 관한 세부적인 사항은 보건복지부령으로 정한다. 〈신설 2017. 12. 19.〉

[본조신설 2011. 3. 30.]

[시행일 : 2019. 7. 1.] 제60조의2

제60조의3(장애인 거주시설의 서비스 최저기준) ① 보건복지부장관은 장애인 거주시설에서 제공하여야 하는 서비스의 최저기준을 마련하여야 하며, 장애인복지실시기관은 그 기준이 충족될 수 있도록 필요한 조치를 취하여야 한다.

② 시설 운영자는 제1항에 따른 서비스의 최저기준 이상으로 서비스의 수준을 유지하여야 한다.

③ 제1항에 따른 서비스 최저기준의 구체적인 내용과 시행에 관하여 필요한 사항은 보건복지부령으로 정한다.

[본조신설 2011. 3. 30.]

제60조의4(장애인 거주시설 운영자의 의무) ① 시설 운영자는 시설 이용자의 인권을 보호하고, 인권이 침해된 경우에는 즉각적인 회복조치를 취하여야 한다.

② 시설 운영자는 시설 이용자의 거주, 요양, 생활지원, 지역사회생활 지원 등을 위하여 필요한 서비스를 제공하여야 한다.

③ 시설 운영자는 시설 이용자의 사생활 및 자기결정권의 보장을 위하여 노력하여야 한다. 〈개정 2017. 2. 8.〉

④ 시설 운영자는 시설 이용자의 인권을 보호하기 위하여 장애인 거주시설에 시설 이용 장애인 인권지킴이단을 두어야 한다. 〈신설 2017. 2. 8.〉

⑤ 제4항에 따른 시설 이용 장애인 인권지킴이단의 구성 · 운영에 관한 구체적인 사항은 보건복지부령으로 정한다. 〈신설 2017. 2. 8.〉

[본조신설 2011. 3. 30.]

제61조(감독) ① 장애인복지실시기관은 장애인복지시설을 설치 · 운영하는 자의 소관업무 및 시설이용자의 인권실태 등을 지도 · 감독하며, 필요한 경우 그 시설에 관한 보고 또는 관련 서류 제출을 명하거나 소속 공무원에게 그 시설의 운영상황 · 장부, 그 밖의 서류를 조사 · 검사하거나 질문하게 할 수 있다.

② 제1항에 따라 관계 공무원이 그 직무를 할 때에는 권한을 표시하는 증표 및 조사기간, 조사범위, 조사담당자, 관계 법령 등 보건복지부령으로 정하는 사항이 기재된 서류를 관계인에게 내보여야 한다. 〈개정 2015. 12. 29.〉

제62조(시설의 개선, 사업의 정지, 폐쇄 등) ① 장애인복지실시기관은 장애인복지시설이 다음 각 호의 어느 하나에 해당하는 때에는 그 시설의 개선, 사업의 정지, 시설의 장의 교체를 명하거나 해당 시설의 폐쇄를 명할 수 있다. 〈개정 2011. 3. 30., 2019. 1. 15.〉

1. 제59조 제6항에 따른 시설기준에 미치지 못한 때
2. 정당한 사유 없이 제61조에 따른 보고를 하지 아니하거나 거짓으로 보고한 때 또는 조사 · 검사 및 질문을 거부 · 방해하거나 기피한 때

3. 사회복지법인이나 비영리법인이 설치·운영하는 시설인 경우 그 사회복지법인이나 비영리법인의 설립 허가가 취소된 때
4. 시설의 회계 부정이나 시설이용자에 대한 인권침해 등 불법행위, 그 밖의 부당행위 등이 발견된 때
5. 설치 목적을 이루었거나 그 밖의 사유로 계속하여 운영할 필요가 없다고 인정되는 때
6. 이 법 또는 이 법에 따른 명령이나 처분을 위반한 경우

② 장애인복지시실시기관은 제58조 제1항 제1호에 따른 장애인 거주시설이 제60조의3에 따른 서비스 최저기준을 유지하지 못할 때에는 그 시설의 개선, 사업의 정지, 시설의 장의 교체를 명하거나 해당 시설의 폐쇄를 명할 수 있다. 〈신설 2011. 3. 30.〉

③ 제1항 및 제2항에 따른 처분 기준은 위반행위의 유형 및 그 사유와 위반의 정도 등을 고려하여 보건복지부령으로 정한다. 〈신설 2017. 2. 8.〉

제63조(단체의 보호·육성) ① 국가와 지방자치단체는 장애인의 복지를 향상하고 자립을 돕기 위하여 장애인복지단체를 보호·육성하도록 노력하여야 한다.

② 국가와 지방자치단체는 예산의 범위 안에서 제1항에 따른 단체의 사업·활동 또는 운영이나 그 시설에 필요한 경비의 전부 또는 일부를 보조할 수 있다. 〈개정 2015. 12. 29.〉

제64조(장애인복지단체협의회) ① 장애인복지단체의 활동을 지원하고 장애인의 복지를 향상하기 위하여 장애인복지단체협의회(이하 "협의회"라 한다)를 설립할 수 있다.

② 협의회는 「사회복지사업법」에 따른 사회복지법인으로 하되, 「사회복지사업법」 제23조 제1항은 적용하지 아니한다.

③ 협의회의 조직과 운영 등에 관하여 필요한 사항은 정관으로 정한다.

제6장 장애인보조기구

제65조(장애인보조기구) ① "장애인보조기구"란 장애인이 장애의 예방·보완과 기능 향상을 위하여 사용하는 의지(義肢)·보조기 및 그 밖에 보건복지부장관이 정하는 보장구와 일상생활의 편의 증진을 위하여 사용하는 생활용품을 말한다. 〈개정 2008. 2. 29., 2010. 1. 18.〉

② 보건복지부장관은 장애인의 일상생활의 편의증진 등을 위하여 다른 법률이 정하는 바에 따라 제1항에 따른 장애인보조기구의 지원 및 활용촉진 등에 관한 사업을 실시할 수 있다. 〈개정 2015. 12. 29.〉

제66조 삭제 〈2015. 12. 29.〉

제67조 삭제 〈2015. 12. 29.〉

제68조 삭제 〈2015. 12. 29.〉

제69조(의지·보조기제조업의 개설사실의 통보 등) ① 의지·보조기를 제조·개조·수리하거나 신체에 장착하는 사업(이하 "의지·보조기제조업"이라 한다)을 하는 자는 그 제조업소를 개설한 후 7일 이내에 보건복지부령이 정하는 바에 따라 시장·군수·구청장에게 제조업소의 개설사실을 알려야 한다. 제조업소의 소재지 변경 등 보건복지부령이 정하는 중요 사항을 변경한 때에도 또한 같다. 〈개정 2008. 2. 29., 2010. 1. 18.〉

② 의지·보조기 제조업자는 제72조에 따른 의지·보조기 기사(補助器 技士)를 1명 이상 두어야 한다. 다만, 의지·보조기 제조업자 자신이 의지·보조기 기사인 경우에는 따로 기사를 두지 아니하여도 된다.

③ 의지·보조기 제조업자가 제70조에 따른 폐쇄명령을 받은 후 6개월이 지나지 아니하면 같은 장소에서 같은 제조업을 하여서는 아니 된다.

④ 의지·보조기 제조업자는 의사의 처방에 따라 의지·보조기를 제조하거나 개조하여야 한다.

제70조(의지·보조기 제조업소의 폐쇄 등) ① 시장·군수·구청장은 의지·보조기 제조업자가 다음 각 호의 어느 하나에 해당하는 경우에는 그 제조업소의 폐쇄를 명할 수 있다.

1. 제69조 제2항을 위반하여 의지·보조기 기사를 두지 아니하고 의지·보조기제조업을 한 경우
2. 영업정지처분 기간에 영업을 하거나 3회 이상 영업정지처분을 받은 경우

② 시장·군수·구청장은 의지·보조기제조업자가 의지·보조기 제조업을 하면서 고의나 중대한 과실로 의지·보조기를 착용하는 사람의 신체에 손상을 입힌 사실이 있는 때에는 6개월의 범위 안에서 보건복지부령으로 정하는 바에 따라 영업정지를 명할 수 있다. 〈개정 2008. 2. 29., 2010. 1. 18.〉

제7장 장애인복지 전문인력

제71조(장애인복지 전문인력 양성 등) ① 국가와 지방자치단체 그 밖의 공공단체는 의지·보조기 기사, 언어재활사, 장애인재활상담사, 한국수어 통역사, 점역(點譯)·교정사 등 장애인복지 전문인력, 그 밖에 장애인복지에 관한 업무에 종사하는 자를 양성·훈련하는 데에 노력해야 한다. 〈개정 2011. 8. 4., 2015. 12. 29., 2016. 2. 3.〉

② 제1항에 따른 장애인복지전문인력의 범위 등에 관한 사항은 보건복지부령으로 정한다. 〈개정 2008. 2. 29., 2010. 1. 18.〉

③ 국가와 지방자치단체는 제1항에 따른 장애인복지전문인력의 양성업무를 관계 전문기관 등에 위탁할 수 있다.

④ 국가와 지방자치단체는 제1항에 따른 장애인복지전문인력의 양성에 소요되는 비용을 예산의 범위 안에서 보조할 수 있다.

제72조(의지·보조기 기사자격증 교부 등) ① 보건복지부장관은 다음 각 호의 어느 하나에 해당하는 자로서 제73조에 따른 국가시험에 합격한 자(이하 "의지·보조기 기사"라 한다)에게 의지·보조기 기사자격증을 내주어야 한다. 〈개정 2008. 2. 29., 2010. 1. 18., 2013. 3. 23., 2018. 12. 11.〉

1. 「고등교육법」에 따른 전문대학이나 교육부장관이 이와 같은 수준 이상의 학력이 있다고 인정하는 학교에서 보건복지부령으로 정하는 의지·보조기 관련 교과목을 이수하고 졸업한 자
2. 보건복지부장관이 인정하는 외국에서 제1호에 해당하는 학교(보건복지부장관이 정하여 고시하는 인정기준에 해당하는 학교를 말한다)와 같은 수준 이상의 교육과정을 마치고 외국의 해당 의지·보조기 기사자격증을 받은 자

② 의지·보조기 기사자격증을 분실하거나 훼손한 자에게는 신청에 따라 자격증을 재교부한다.

③ 의지·보조기 기사자격증은 다른 자에게 대여하지 못한다.

④ 제1항과 제2항에 따른 자격증의 교부·재교부 절차와 그 밖에 그 관리에 관하여 필요한 사항은 보건복지부령으로 정한다. 〈개정 2008. 2. 29., 2010. 1. 18.〉

[시행일 : 2019. 12. 12.] 제72조 제1항 제2호

제72조의2(언어재활사 자격증 교부 등) ① 보건복지부장관은 제2항에 따른 자격요건을 갖춘 사람으로서 제73조에 따른 국가시험에 합격한 사람(이하 "언어재활사"라 한다)에게 언어재활사 자격증을 내주어야 한다.

② 언어재활사의 종류 및 국가시험 응시자격 요건은 다음 각 호의 구분과 같다. 이 경우 외국의 대학원·대학·전문대학(보건복지부장관이 정하여 고시하는 인정기준에 해당하는 학교를 말한다)에서 언어재활 분야의 학위를 취득한 사람으로서 등급별 자격기준과 동등한 학력이 있다고 보건복지부장관이 인정하는 경우에는 해당 등급의 응시자격을 갖춘 것으로 본다. 〈개정 2018. 12. 11.〉

1. 1급 언어재활사: 2급 언어재활사 자격증을 가진 사람으로서 다음 각 목의 어느 하나에 해당하는 사람

가. 「고등교육법」에 따른 대학원에서 언어재활 분야의 박사학위 또는 석사학위를 취득한 사람으로서 언어재활기관에 1년 이상 재직한 사람

나. 「고등교육법」에 따른 대학에서 언어재활 관련

학과의 학사학위를 취득한 사람으로서 언어재활기관에 3년 이상 재직한 사람
2. 2급 언어재활사: 「고등교육법」에 따른 대학원 · 대학 · 전문대학의 언어재활 관련 교과목을 이수하고 관련 학과의 석사학위 · 학사학위 · 전문학사학위를 취득한 사람
③ 언어재활사 자격증을 분실하거나 훼손한 사람에게는 신청에 따라 자격증을 재교부한다.
④ 언어재활사 자격증은 다른 사람에게 대여하지 못한다.
⑤ 제1항과 제3항에 따른 자격증의 교부 · 재교부 절차와 관리 및 제2항에 따른 인어재활기관의 범위, 대학원 · 대학 · 전문대학의 언어재활 관련 학과와 언어재활사로서 이수하여야 하는 관련 교과목의 범위 등에 필요한 사항은 보건복지부령으로 정한다.
[본조신설 2011. 8. 4.]
[시행일 : 2019. 12. 12.] 제72조의2 제2항

제72조의3(장애인재활상담사 자격증 교부 등) ① 보건복지부장관은 장애인의 직업재활 등을 지원하기 위하여 제2항에 따른 자격요건을 갖춘 사람으로서 제73조에 따른 국가시험에 합격한 사람(이하 "장애인재활상담사"라 한다)에게 장애인재활상담사 자격증을 내주어야 한다.
② 장애인재활상담사의 종류 및 국가시험 응시자격 요건은 다음 각 호의 구분과 같다. 이 경우 외국의 대학원 · 대학 · 전문대학(보건복지부장관이 정하여 고시하는 인정기준에 해당하는 학교를 말한다)에서 장애인재활 분야의 학위를 취득한 사람으로서 등급별 자격기준과 동등한 학력이 있다고 보건복지부장관이 인정하는 경우에는 해당 등급의 응시자격을 갖춘 것으로 본다. 〈개정 2018. 12. 11.〉
1. 1급 장애인재활상담사: 다음 각 목의 어느 하나에 해당하는 사람
가. 「고등교육법」에 따른 대학원에서 장애인재활 분야의 박사학위를 취득한 사람
나. 2급 장애인재활상담사 자격증을 가진 사람으로서 「고등교육법」에 따른 대학원에서 장애인재활 분야의 석사학위를 취득한 사람
다. 2급 장애인재활상담사 자격증을 가진 사람으로서 장애인재활 관련 기관에서 3년 이상 재직한 사람
라. 사회복지사 2급 자격증을 가진 사람으로서 장애인재활 관련 기관에서 5년 이상 재직한 사람
2. 2급 장애인재활상담사: 다음 각 목의 어느 하나에 해당하는 사람
가. 「고등교육법」에 따른 대학에서 보건복지부령으로 정하는 장애인재활 관련 교과목을 이수한 사람
나. 3급 장애인재활상담사 자격증을 가진 사람으로서 장애인재활 관련 기관에서 2년 이상 재직한 사람
다. 사회복지사 2급 자격증을 가진 사람으로서 장애인재활 관련 기관에서 3년 이상 재직한 사람
3. 3급 장애인재활상담사: 「고등교육법」에 따른 전문대학에서 보건복지부령으로 정하는 장애인재활 관련 교과목을 이수한 사람
③ 장애인재활상담사 자격증을 분실하거나 훼손한 사람에게는 신청에 따라 자격증을 재교부한다.
④ 장애인재활상담사 자격증은 다른 사람에게 대여하지 못한다.
⑤ 제1항과 제3항에 따른 자격증의 교부 · 재교부 절차와 관리 및 제2항에 따른 장애인재활 분야 · 관련 기관 · 관련 교과목의 범위 등에 필요한 사항은 보건복지부령으로 정한다.
[본조신설 2015. 12. 29.]
[시행일 : 2019. 12. 12.] 제72조의3 제2항

제73조(국가시험의 실시 등) ① 의지 · 보조기 기사, 언어재활사 및 장애인재활상담사(이하 "의지 · 보조기 기사등"이라 한다)의 국가시험은 보건복지부장관이 실시하되, 실시시기 · 실시방법 · 시험과목, 그 밖에 시험 실시에 관하여 필요한 사항은 대통령령으로 정한다. 〈개정 2008. 2. 29., 2010. 1. 18., 2011. 8. 4., 2015. 12. 29.〉
② 보건복지부장관은 제1항에 따른 국가시험의 실시에 관한 업무를 대통령령으로 정하는 바에 따라

「한국보건의료인국가시험원법」에 따른 한국보건의료인국가시험원에 위탁할 수 있다. 〈개정 2008. 2. 29., 2010. 1. 18., 2015. 6. 22.〉

[제목개정 2011. 8. 4.]

제74조(응시자격 제한 등) ① 다음 각 호의 어느 하나에 해당하는 자는 제73조에 따른 국가시험에 응시할 수 없다. 〈개정 2007. 10. 17., 2011. 8. 4., 2017. 2. 8., 2017. 9. 19., 2017. 12. 19.〉

1. 「정신건강증진 및 정신질환자 복지서비스 지원에 관한 법률」 제3조 제1호에 따른 정신질환자. 다만, 전문의가 의지·보조기 기사등으로서 적합하다고 인정하는 사람은 그러하지 아니하다.

2. 마약·대마 또는 향정신성의약품 중독자

3. 피성년후견인

4. 이 법이나 「형법」 제234조·제317조 제1항, 「의료법」, 「국민건강보험법」, 「의료급여법」, 「보건범죄단속에 관한 특별조치법」, 「마약류 관리에 관한 법률」 또는 「후천성면역결핍증 예방법」을 위반하여 금고 이상의 형을 선고받고 그 형의 집행이 끝나지 아니하였거나 집행을 받지 아니하기로 확정되지 아니한 자

② 부정한 방법으로 제73조에 따른 국가시험에 응시한 자나 국가시험에 관하여 부정행위를 한 자는 그 수험을 정지시키거나 합격을 무효로 한다.

③ 제2항에 따라 수험이 정지되거나 합격이 무효가 된 자는 그 후 2회에 한하여 제73조에 따른 국가시험에 응시할 수 없다.

제75조(보수교육) ① 보건복지부장관은 의지·보조기 기사등에 대하여 자질 향상을 위하여 필요한 보수(補修) 교육을 받도록 명할 수 있다. 〈개정 2008. 2. 29., 2010. 1. 18., 2011. 8. 4.〉

② 제1항에 따른 보수교육의 실시 시기와 방법 등 필요한 사항은 보건복지부령으로 정한다. 〈개정 2008. 2. 29., 2010. 1. 18.〉

제76조(자격취소) 보건복지부장관은 의지·보조기 기사등이 다음 각 호의 어느 하나에 해당한 때에는 그 자격을 취소해야 한다. 〈개정 2008. 2. 29., 2010. 1. 18., 2011. 8. 4., 2015. 12. 29.〉

1. 제72조 제3항을 위반해서 타인에게 의지·보조기 기사자격증을 대여한 때

1의2. 제72조의2 제4항을 위반하여 타인에게 언어재활사 자격증을 대여하였을 때

1의3. 제72조의3 제4항을 위반하여 타인에게 장애인재활상담사 자격증을 대여하였을 때

2. 제74조 제1항 각 호의 어느 하나에 해당하게 된 때

3. 제77조에 따른 자격정지처분 기간에 그 업무를 하거나 자격정지 처분을 3회 받은 때

제77조(자격정지) 보건복지부장관은 의지·보조기 기사등이 다음 각 호의 어느 하나에 해당하면 6개월 이내의 범위 안에서 보건복지부령으로 정하는 바에 따라 자격을 정지시킬 수 있다. 〈개정 2008. 2. 29., 2010. 1. 18., 2011. 8. 4., 2015. 12. 29.〉

1. 의지·보조기 기사의 업무를 하면서 고의 또는 중대한 과실로 의지·보조기 착용자의 신체에 손상을 입힌 사실이 있는 때

1의2. 언어재활사의 업무를 하면서 고의 또는 중대한 과실로 언어재활 대상자의 기능에 손상을 입힌 사실이 있을 때

1의3. 장애인재활상담사의 업무를 하면서 고의 또는 중대한 과실로 재활 대상자에게 손해를 입힌 사실이 있을 때

2. 제75조에 따른 보수교육을 연속하여 2회 이상 받지 아니한 때

제78조(수수료) 의지·보조기 기사등의 국가시험에 응시하려고 하거나 의지·보조기 기사등의 자격증을 교부 또는 재교부받으려 하는 자는 보건복지부령으로 정하는 바에 따라 수수료를 내야 한다. 〈개정 2008. 2. 29., 2010. 1. 18., 2011. 8. 4.〉

제8장 보칙

제79조(비용 부담) ① 제38조 제1항, 제43조 제1항,

제49조 제1항, 제50조 제1항 · 제2항 및 제55조 제1항에 따른 조치와 제59조 제1항에 따른 장애인복지시설의 설치 · 운영에 드는 비용은 예산의 범위 안에서 대통령령으로 정하는 바에 따라 장애인복지실시기관이 부담하게 할 수 있다. 〈개정 2011. 3. 30., 2015. 12. 29.〉

② 국가와 지방자치단체는 장애인이 제58조의 장애인복지시설을 이용하는 데 드는 비용의 전부 또는 일부를 부담할 수 있으며, 시설 이용자의 자산과 소득을 고려하여 본인부담금을 부과할 수 있다. 이 경우 본인부담금에 관한 사항은 대통령령으로 정한다. 〈신설 2011. 3. 30.〉

제80조(비용 수납) ① 제34조 제1항 제1호에 따른 조치에 필요한 비용을 부담한 장애인복지실시기관은 해당 장애인 또는 그 부양의무자로부터 대통령령으로 정하는 바에 따라 장애인복지실시기관이 부담한 비용의 전부 또는 일부를 받을 수 있다.

② 삭제 〈2011. 3. 30.〉

제80조의2(한국언어재활사협회) ① 언어재활사는 언어재활에 관한 전문지식과 기술을 개발 · 보급하고 언어재활사의 자질향상을 위한 교육훈련 및 언어재활사의 복지증진을 도모하기 위하여 한국언어재활사협회(이하 "협회"라 한다)를 설립할 수 있다.

② 제1항에 따른 협회는 법인으로 한다.

③ 협회에 관하여 이 법에서 규정한 것을 제외하고는 「민법」 중 사단법인에 관한 규정을 준용한다.

[본조신설 2011. 8. 4.]

제81조(비용 보조) 국가와 지방자치단체는 대통령령으로 정하는 바에 따라 장애인복지시설의 설치 · 운영에 필요한 비용의 전부 또는 일부를 보조할 수 있다.

제82조(압류 금지) ① 이 법에 따라 장애인에게 지급되는 금품은 압류하지 못한다. 〈개정 2016. 5. 29.〉

② 제50조의4 제1항에 따른 장애인복지급여수급계좌의 예금에 관한 채권은 압류할 수 없다. 〈신설 2016. 5. 29.〉

제83조(조세감면) ① 이 법에 따라 지급되는 금품, 제58조에 따른 장애인복지시설 및 제63조에 따른 장애인복지단체에서 장애인이 제작한 물품에는 「조세특례제한법」과 「지방세특례제한법」, 그 밖의 조세 관계법령이 정하는 바에 따라 조세를 감면한다. 〈개정 2010. 3. 31.〉

② 삭제 〈2012. 1. 26.〉

제83조의2(청문) 장애인복지실시기관은 다음 각 호의 어느 하나에 해당하는 조치를 하려면 청문을 하여야 한다. 〈개정 2015. 12. 29., 2017. 2. 8.〉

1. 제30조의2 제3항에 따른 수행기관의 지정 취소
2. 제32조의3 제1항 제2호 및 제3호에 따른 장애인 등록의 취소
3. 제62조에 따른 장애인복지시설의 폐쇄 명령
4. 제70조 제1항에 따른 의지 · 보조기 제조업소의 폐쇄 명령
5. 제76조에 따른 의지 · 보조기 기사등의 자격취소

[본조신설 2012. 1. 26.]

제84조(이의신청) ① 장애인이나 법정대리인등은 이 법에 따른 복지조치에 이의가 있으면 해당 장애인복지실시기관에 이의신청을 할 수 있다. 〈개정 2017. 2. 8., 2017. 12. 19.〉

② 제1항에 따른 이의신청은 복지조치가 있음을 안 날부터 90일 이내에 문서로 하여야 한다. 다만, 정당한 사유로 인하여 그 기간 이내에 이의신청을 할 수 없었음을 증명한 때에는 그 사유가 소멸한 날부터 60일 이내에 이의신청을 할 수 있다. 〈신설 2017. 12. 19.〉

③ 장애인복지실시기관은 제1항에 따른 이의신청을 받은 때에는 30일 이내에 심사 · 결정하여 신청인에게 통보하여야 한다. 〈개정 2017. 12. 19.〉

④ 제3항에 따른 심사 · 결정에 이의가 있는 자는 「행정심판법」에 따라 행정심판을 제기할 수 있다. 〈개정 2017. 12. 19.〉

[제목개정 2017. 12. 19.]

제85조(권한위임 등) ① 이 법에 따른 보건복지부장관 및 특별시장 · 광역시장 · 특별자치시장 · 도지사 ·

특별자치도지사(이하 이 조에서 "시ㆍ도지사"라 한다)의 권한은 대통령령으로 정하는 바에 따라 국립재활원장, 시ㆍ도지사 또는 시장ㆍ군수ㆍ구청장에게 그 일부를 위임할 수 있다. 〈개정 2015. 6. 22.〉

②이 법에 따른 보건복지부장관 및 시ㆍ도지사의 업무는 대통령령으로 정하는 바에 따라 장애인 관련 단체 또는 법인에 그 일부를 위탁할 수 있다.

[전문개정 2012. 1. 26.]

제85조의2(비밀 누설 등의 금지) 보건복지부 및 특별자치시ㆍ특별자치도ㆍ시ㆍ군ㆍ구 소속 공무원과 소속 공무원이었던 사람, 제32조 제6항에 따른 정밀심사 의뢰기관의 종사자와 종사자였던 사람, 제32조의5제1항ㆍ제32조의6제3항ㆍ제59조의11제4항에 따른 수탁기관의 종사자와 종사자였던 사람은 업무 수행 중 알게 된 정보 또는 비밀 등을 이 법에서 정한 목적 외에 다른 용도로 사용하거나 다른 사람 또는 기관에 제공ㆍ누설하여서는 아니 된다.

[본조신설 2017. 12. 19.]

[시행일 : 2019. 7. 1.] 제85조의2

제9장 벌칙

제86조(벌칙) ① 제59조의9제1호의 행위를 한 사람은 10년 이하의 징역 또는 1억 원 이하의 벌금에 처한다. 〈개정 2017. 2. 8., 2017. 12. 19.〉

② 다음 각 호의 어느 하나에 해당하는 사람은 7년 이하의 징역 또는 7천만 원 이하의 벌금에 처한다. 〈개정 2017. 2. 8., 2017. 12. 19.〉

1. 제59조의9제2호(상해에 한정한다)의 행위를 한 사람
2. 제59조의9제2호의2의 행위를 한 사람

③ 다음 각 호의 어느 하나에 해당하는 사람은 5년 이하의 징역 또는 5천만 원 이하의 벌금에 처한다. 〈개정 2017. 2. 8., 2017. 12. 19., 2018. 12. 11.〉

1. 제50조의3 제6항을 위반하여 금융정보등을 이 법에서 정한 목적 외의 용도로 사용하거나 다른 사람 또는 기관에 제공 또는 누설한 사람
2. 제59조의7제3항 또는 제6항에 따른 업무를 수행 중인 장애인권익옹호기관의 직원에 대하여 폭행 또는 협박하거나 위계 또는 위력으로써 그 업무를 방해한 사람
3. 제59조의9제2호(폭행에 한정한다)부터 제6호까지에 해당하는 행위를 한 사람

④ 다음 각 호의 어느 하나에 해당하는 사람은 3년 이하의 징역 또는 3천만 원 이하의 벌금에 처한다. 〈개정 2017. 2. 8., 2017. 12. 19.〉

1. 제59조의6에 따라 준용되는 「특정범죄신고자 등 보호법」 제8조를 위반하여 신고자의 인적사항 또는 신고자임을 미루어 알 수 있는 사실을 다른 사람에게 알려주거나 공개 또는 보도한 사람
2. 제59조의9제7호에 해당하는 행위를 한 사람
3. 제85조의2를 위반하여 업무 수행 중 알게 된 정보 또는 비밀 등을 이 법에서 정한 목적 외에 다른 용도로 사용하거나 다른 사람 또는 기관에 제공 또는 누설한 사람

⑤ 제59조의9제8호의 행위를 한 사람은 1년 이하의 징역 또는 1천만 원 이하의 벌금에 처한다. 〈개정 2017. 2. 8., 2017. 12. 19.〉

[전문개정 2015. 6. 22.]

[시행일 : 2019. 7. 1.] 제86조 제4항 제3호

제86조의2(벌칙) ① 제59조의5제1호에 해당하는 불이익조치를 한 자는 2년 이하의 징역 또는 2천만 원 이하의 벌금에 처한다.

② 제59조의5제2호부터 제7호까지의 어느 하나에 해당하는 불이익조치를 한 자는 1년 이하의 징역 또는 1천만 원 이하의 벌금에 처한다.

[본조신설 2017. 12. 19.]

제87조(벌칙) 다음 각 호의 어느 하나에 해당하는 자는 1년 이하의 징역 또는 1천만 원 이하의 벌금에 처한다. 〈개정 2011. 3. 30., 2013. 7. 30., 2017. 2. 8.〉

1. 제8조 제2항을 위반하여 장애인을 이용하여 부당한 영리행위를 한 자

2. 제32조 제5항을 위반하여 등록증을 양도 또는 대여하거나 양도 또는 대여를 받은 자 및 유사한 명칭 또는 표시를 사용한 자
3. 삭제 〈2017. 12. 19.〉
4. 삭제 〈2017. 12. 19.〉
5. 삭제 〈2017. 12. 19.〉
6. 제59조 제2항에 따른 신고 또는 변경신고를 하지 아니하고 장애인복지시설을 설치·운영한 자
7. 제60조 제3항에 따른 시설 이용자의 권익 보호조치를 위반한 시설 운영자
8. 정당한 사유 없이 제61조 제1항에 따른 보고를 하지 아니하거나 거짓의 보고를 한 자, 자료를 제출하지 아니하거나 거짓 자료를 제출한 자, 조사·검사·질문을 거부·방해 또는 기피한 자
9. 제62조에 따른 명령 등을 받고 이행하지 아니한 자
10. 제69조 제2항을 위반하여 의지·보조기 기사를 두지 아니하고 의지·보조기제조업을 한 자
11. 제69조 제3항을 위반하여 폐쇄 명령을 받은 후 6개월이 지나지 아니하였음에도 불구하고 같은 장소에서 같은 제조업을 한 자
12. 제70조 제1항에 따른 제조업소 폐쇄 명령을 받고도 영업을 한 자
[제86조에서 이동, 종전 제87조는 제88조로 이동 〈2012. 1. 26.〉]
[시행일 : 2019. 7. 1.] 제87조

제88조(벌칙) 다음 각 호의 어느 하나에 해당하는 자는 500만 원 이하의 벌금에 처한다. 〈개정 2017. 2. 8.〉
1. 제20조 제4항을 위반하여 장애인의 입학 지원을 거부하거나 입학시험 합격자의 입학을 거부하는 등 불리한 조치를 한 자
2. 제72조 제3항을 위반하여 타인에게 의지·보조기 기사자격증을 대여한 자
3. 삭제 〈2012. 1. 26.〉
[제87조에서 이동, 종전 제88조는 제89조로 이동 〈2012. 1. 26.〉]

제89조(양벌규정) 법인의 대표자나 법인 또는 개인의 대리인, 사용인, 그 밖의 종업원이 그 법인 또는 개인의 업무에 관하여 제86조부터 제88조까지의 어느 하나에 해당하는 위반행위를 하면 그 행위자를 벌하는 외에 그 법인 또는 개인에게도 해당 조문의 벌금형을 과(科)한다. 다만, 법인 또는 개인이 그 위반행위를 방지하기 위하여 해당 업무에 관하여 상당한 주의와 감독을 게을리하지 아니한 경우에는 그러하지 아니하다. 〈개정 2012. 1. 26.〉
[전문개정 2011. 8. 4.]
[제88조에서 이동, 종전 제89조는 제90조로 이동 〈2012. 1. 26.〉]

제90조(과태료) ① 장애인복지시설의 운영자가 제59조의3 제10항에 따른 해임요구를 정당한 사유 없이 거부하거나 1개월 이내에 이행하지 아니하는 경우에는 1천만 원 이하의 과태료를 부과한다. 〈신설 2012. 1. 26., 2018. 12. 11.〉
② 장애인복지시설의 운영자가 제59조의3 제5항을 위반하여 취업자등에 대하여 성범죄 경력을 확인하지 아니한 경우에는 500만 원 이하의 과태료를 부과한다. 〈신설 2012. 1. 26., 2018. 12. 11.〉
③ 다음 각 호의 어느 하나에 해당하는 자에게는 300만 원 이하의 과태료를 부과한다. 〈개정 2008. 2. 29., 2010. 1. 18., 2012. 1. 26., 2012. 10. 22., 2015. 6. 22., 2015. 12. 29., 2017. 2. 8., 2017. 12. 19.〉
1. 제32조의3 제3항을 위반하여 정당한 사유 없이 등록증 반환 명령을 따르지 아니한 사람
2. 제39조 제3항을 위반하여 장애인사용자동차등표지를 대여하거나 보건복지부령으로 정하는 자 외의 자에게 양도한 자 또는 부당하게 사용하거나 이와 비슷한 표지·명칭 등을 사용한 자
3. 제40조 제3항을 위반하여 보조견표지를 붙인 장애인 보조견을 동반한 장애인, 장애인 보조견 훈련자 또는 장애인 보조견 훈련 관련 자원봉사자의 출입을 정당한 사유 없이 거부한 자
3의2. 삭제 〈2015. 12. 29.〉
3의3. 삭제 〈2015. 12. 29.〉

3의4. 제59조의4 제2항을 위반하여 직무상 장애인 학대 및 장애인 대상 성범죄의 발생사실을 알고도 장애인권익옹호기관 또는 수사기관에 신고하지 아니한 사람
3의5. 제59조의7제6항을 위반하여 현장조사를 거부 · 기피하거나 업무를 방해한 자
4. 제60조 제1항에 따른 시설 운영 개시 의무를 위반한 자
5. 제60조 제2항에 따른 시설의 운영 중단 · 재운영 · 시설폐지 등의 신고의무를 위반한 자
6. 제69조 제1항을 위반하여 의지 · 보조기 제조업소의 개설 또는 변경 사실을 통보하지 아니한 자
7. 제69조 제4항을 위반하여 의사의 처방에 의하지 아니하고 의지 · 보조기를 제조하거나 개조한 의지 · 보조기 제조업자
④ 제1항부터 제3항까지의 과태료는 대통령령으로 정하는 바에 따라 특별자치시장 · 특별자치도지사 또는 시장 · 군수 · 구청장이 부과 · 징수한다. 〈개정 2012. 1. 26., 2015. 6. 22.〉
⑤ 삭제 〈2012. 1. 26.〉
[제89조에서 이동 〈2012. 1. 26.〉]
[시행일 : 2017. 1. 1.] 제90조 제3항 제3호의4 장애인권익옹호기관에 관한 부분
[시행일 : 2019. 6. 12.] 제90조

부칙 〈제16258호, 2019. 1. 15.〉

제1조(시행일) 이 법은 공포한 날부터 시행한다.

제2조(다른 법률의 개정) 제주특별자치도 설치 및 국제자유도시 조성을 위한 특별법 일부를 다음과 같이 개정한다.

제328조 중 "제59조 제5항"을 "제59조 제6항"으로 한다.

부록 2

장애인복지법 시행령

[시행 2019. 7. 1] [대통령령 제29450호, 2018. 12. 31., 일부개정]

보건복지부(장애인권익지원과) 044-202-3302
보건복지부(장애인자립기반과) 044-202-3321
보건복지부(장애인정책과) 044-202-3282

제1조(목적) 이 영은「장애인복지법」에서 위임된 사항과 그 시행에 필요한 사항을 규정함을 목적으로 한다.

제2조(장애의 종류 및 기준) ①「장애인복지법」(이하 "법"이라 한다) 제2조 제2항 각 호 외의 부분에서 "대통령령으로 정하는 장애의 종류 및 기준에 해당하는 자"란 별표 1에서 정한 사람을 말한다. 〈개정 2018. 12. 31.〉

② 장애의 정도는 보건복지부령으로 정한다. 〈개정 2018. 12. 31.〉

[제목개정 2018. 12. 31.]

제2조의2(사업계획의 제출 등) ① 관계 중앙행정기관의 장은 법 제10조의2 제3항에 따라 장애인의 권익과 복지증진을 위하여 관련 업무에 대하여 수립한 해당 연도 사업계획 및 전년도의 사업계획 추진실적을 매년 1월 31일까지 보건복지부장관에게 제출하여야 한다.

② 보건복지부장관은 법 제10조의2 제4항에 따라 장애인정책종합계획을 수립하거나 변경하였을 때에는 관계 중앙행정기관의 장에게 통보하여야 한다.

③ 보건복지부장관은 제1항에 따라 관계 중앙행정기관의 장이 제출한 전년도 사업계획 추진실적을 매년 평가하여 그 결과를 관계 중앙행정기관의 장에게 통보하여야 한다.

[본조신설 2012. 7. 24.]

제3조(장애인정책조정위원회의 구성) ① 법 제11조에 따른 장애인정책조정위원회(이하 "위원회"라 한다)는 위원장 및 부위원장 각 1명을 포함한 30명 이내의 위원으로 구성한다.

② 위원장은 국무총리가 되고, 부위원장은 보건복지부장관이 되며, 위원은 당연직 위원과 위촉위원으로 한다. 〈개정 2008. 2. 29., 2010. 3. 15.〉

③ 당연직 위원은 기획재정부장관, 교육부장관, 행정안전부장관, 문화체육관광부장관, 산업통상자원부장관, 고용노동부장관, 여성가족부장관, 국토교통부장관, 국무조정실장, 국가보훈처장, 법제처장 및 위원회의 심의사항과 관련되어 위원장이 지정하는 중앙행정기관의 장이 된다. 〈개정 2008. 2. 29., 2010. 3. 15., 2010. 7. 12., 2013. 3. 23., 2014. 11. 19., 2017. 7. 26.〉

④ 위촉위원은 장애인 관련 단체의 장이나 장애인 문제에 관한 학식과 경험이 풍부한 자 중에서 위원장이 위촉하되, 위촉위원 중 2분의 1 이상은 장애인으로 한다.

제3조의2(위원회 위촉위원의 해촉) 위원장은 제3조 제4항에 따른 위촉위원이 다음 각 호의 어느 하나에 해당하는 경우에는 해당 위촉위원을 해촉(解囑)할 수 있다.

1. 심신장애로 인하여 직무를 수행할 수 없게 된 경우
2. 직무와 관련된 비위사실이 있는 경우
3. 직무태만, 품위손상이나 그 밖의 사유로 인하여 위원으로 적합하지 아니하다고 인정되는 경우
4. 위원 스스로 직무를 수행하는 것이 곤란하다고

의사를 밝히는 경우

[본조신설 2015. 12. 31.]

제4조(위촉위원의 임기) 위촉위원의 임기는 3년으로 하되, 연임할 수 있다.

제5조(위원장 등의 직무) ① 위원장은 위원회를 대표하며, 위원회의 업무를 총괄한다.

② 부위원장은 위원장을 보좌하며, 위원장이 부득이한 사유로 직무를 수행할 수 없을 때에는 그 직무를 대행한다.

제6조(회의) ① 위원회의 회의는 위원장이 필요하다고 인정할 때 또는 재적위원 3분의 1 이상이 회의 소집을 요청한 때에 위원장이 소집한다.

② 위원회의 회의는 재적위원 과반수의 출석으로 열고, 출석위원 과반수의 찬성으로 의결한다.

제7조(간사) 위원회의 사무를 처리하기 위하여 위원회에 간사 2명을 두되, 국무조정실 사회조정실장과 보건복지부 사회복지정책실장으로 한다. 〈개정 2008. 2. 29., 2008. 12. 31., 2010. 3. 15., 2013. 3. 23.〉

제8조(수당 및 여비) 위원회의 회의에 출석한 위원에게는 예산의 범위에서 수당과 여비를 지급할 수 있다. 다만, 공무원인 위원이 그 소관 업무와 직접 관련되어 출석하는 경우에는 그러하지 아니하다.

제9조(운영세칙) 이 영에서 정한 것 외에 위원회의 운영에 필요한 사항은 위원회의 의결을 거쳐 위원장이 정한다.

제10조(장애인정책조정실무위원회의 구성 등) ① 법 제11조 제4항에 따른 장애인정책조정실무위원회(이하 "실무위원회"라 한다)는 위원장 1명과 부위원장 1명을 포함한 30명 이내의 위원으로 구성한다.

② 실무위원회의 위원장(이하 "실무위원장"이라 한다)은 보건복지부차관이 되고, 부위원장은 보건복지부 소속 장애인 관련 업무를 담당하는 고위공무원단 소속 공무원이 되며, 위원은 당연직 위원과 위촉 위원으로 한다. 〈개정 2008. 2. 29., 2010. 3. 15.〉

③ 당연직 위원은 기획재정부, 교육부, 행정안전부, 문화체육관광부, 산업통상자원부, 고용노동부, 여성가족부, 국토교통부, 국무조정실, 국가보훈처, 법제처의 고위공무원단 소속 공무원 및 위원회의 심의사항과 관련된 중앙행정기관의 고위공무원단 소속 공무원 중에서 실무위원장이 지정하는 자가 된다. 〈개정 2008. 2. 29., 2010. 3. 15., 2010. 7. 12., 2013. 3. 23., 2014. 11. 19., 2017. 7. 26.〉

④ 위촉위원은 장애인 관련 단체의 장이나 장애인 문제에 관한 학식과 경험이 풍부한 자 중에서 실무위원장이 위촉하되, 위촉위원 중 2분의 1 이상은 장애인으로 한다.

⑤실무위원회는 법 제11조 제4항에 따른 업무를 효율적으로 수행하기 위하여 장애인이동편의분과, 장애인고용확대분과 등 분야별 분과위원회를 둘 수 있다.

⑥ 실무위원회의 사무를 처리하기 위하여 실무위원회에 간사 2명을 두되, 국무조정실 및 보건복지부 소속 공무원 중에서 실무위원장이 지정하는 자로 한다. 〈개정 2008. 2. 29., 2010. 3. 15., 2013. 3. 23.〉

⑦ 실무위원회의 운영에 관하여는 제4조부터 제6조까지, 제8조 및 제9조를 준용한다. 이 경우 "위원회"는 "실무위원회"로, "위원장"은 "실무위원장"으로 본다.

제10조의2(실무위원회 위원의 해촉) 실무위원장은 제10조 제3항 또는 제4항에 따른 위원이 다음 각 호의 어느 하나에 해당하는 경우에는 해당 위원을 지정 철회하거나 해촉(解囑)할 수 있다.

1. 심신장애로 인하여 직무를 수행할 수 없게 된 경우
2. 직무와 관련된 비위사실이 있는 경우
3. 직무태만, 품위손상이나 그 밖의 사유로 인하여 위원으로 적합하지 아니하다고 인정되는 경우
4. 위원 스스로 직무를 수행하는 것이 곤란하다고 의사를 밝히는 경우

[본조신설 2015. 12. 31.]

제11조(장애인정책책임관의 지정 등) ① 법 제12조 제2항에 따른 장애인정책책임관은 중앙행정기관의 장이 해당 기관의 장애인 정책수립·시행을 담당하는 고

위공무원단 소속 공무원 또는 이에 상당하는 공무원 중에서 지정한다.

② 제1항에 따라 지정된 장애인정책책임관의 임무는 다음 각 호와 같다.

1. 장애인정책 추진계획의 수립에 관한 사항
2. 장애인정책 추진상황의 점검 및 평가에 관한 사항
3. 장애인정책 추진 관련 대외협력 업무
4. 그 밖에 장애인의 권익증진과 장애인에 대한 사회적 인식 개선을 위한 사항으로서 중앙행정기관의 장이 정하는 업무

제12조(지방장애인복지위원회의 구성) ① 법 제13조에 따른 지방장애인복지위원회(이하 "지방위원회"라 한다)는 위원장 1명을 포함한 30명 이내의 위원으로 구성한다.

② 지방위원회의 위원장은 그 지방자치단체의 장이 되고, 위원은 다음 각 호의 어느 하나에 해당하는 자 중에서 지방자치단체의 장이 위촉하거나 임명하는 자로 하되, 위촉위원 중 2분의 1 이상은 장애인으로 한다.

1. 장애인 관련 단체의 장
2. 장애인 문제에 관한 학식과 경험이 풍부한 자
3. 해당 지방자치단체 소속 공무원으로서 장애인정책 관련 업무를 수행하는 자

제13조(다른 법률과의 관계) ① 법 제2조에 따른 장애인 중 다음 각 호의 어느 하나에 해당하는 사람으로서 「국가유공자 등 예우 및 지원에 관한 법률」 제6조의4에 따른 상이등급을 판정받은 사람에 대해서는 법 제15조에 따라 법 제27조, 제30조, 제34조 제1항 제1호 및 제4호, 제38조, 제39조, 제41조, 제42조, 제46조, 제49조 및 제55조를 적용하지 아니한다. 〈개정 2014. 11. 4., 2018. 6. 19.〉

1. 「국가유공자 등 예우 및 지원에 관한 법률」 제4조에 따른 국가유공자
2. 「국가유공자 등 예우 및 지원에 관한 법률」 제73조 또는 제74조에 따라 국가유공자에 준하여 보상받는 사람

② 법 제2조에 따른 장애인 중 다음 각 호의 어느 하나에 해당하는 사람에 대해서는 법 제15조에 따라 법 제34조 제1항 제1호 및 제4호, 제38조, 제41조, 제46조, 제49조 및 제55조를 적용하지 아니한다. 〈신설 2014. 11. 4., 2018. 6. 19.〉

1. 「국가유공자 등 예우 및 지원에 관한 법률」(법률 제11041호 국가유공자 등 예우 및 지원에 관한 법률 일부개정법률로 개정되기 전의 것을 말한다) 제73조의2에 따른 국가유공자에 준하는 군경 등으로서 같은 법 제6조의4에 따른 상이등급을 판정받은 사람
2. 「보훈보상대상자 지원에 관한 법률」 제2조에 따른 보훈보상대상자로서 같은 법 제6조에 따른 상이등급을 판정받은 사람

③ 법 제2조에 따른 장애인 중 「정신건강증진 및 정신질환자 복지서비스 지원에 관한 법률」의 적용을 받는 장애인에 대하여는 법 제15조에 따라 법 제34조 제1항 제2호 및 제3호를 적용하지 아니한다. 〈개정 2014. 11. 4., 2017. 5. 29.〉

제13조의2(장애인일자리사업 실시) ① 보건복지부장관은 법 제21조 제1항에 따라 장애인의 사회참여 기회를 확대하고 적성과 능력에 맞는 일자리를 발굴하여 소득보장을 지원하는 장애인일자리사업을 실시할 수 있다.

② 보건복지부장관은 제1항에 따른 장애인일자리사업을 관리하기 위하여 전산시스템을 구축·운영할 수 있다.

③ 제1항에 따른 장애인일자리사업의 종류 및 운영, 제2항에 따른 전산시스템의 구축·운영 등에 필요한 사항은 보건복지부령으로 정한다.

[본조신설 2014. 11. 4.]

제14조(한국수어·폐쇄자막 또는 화면해설방영 방송프로그램의 범위) 법 제22조 제2항에서 "대통령령으로 정하는 방송 프로그램"이란 다음 각 호의 어느 하나에 해당하는 방송프로그램을 말한다. 〈개정 2008. 2. 29., 2010. 3. 15.〉

1. 「방송법 시행령」 제50조 제2항에 따른 보도에 관

한 방송프로그램

2. 「공직선거법」 제70조부터 제74조까지, 제82조 및 제82조의2에 따른 선거에 관한 방송프로그램

3. 「국경일에 관한 법률」에 따른 국경일 및 「각종 기념일 등에 관한 규정」에 따른 기념일의 의식과 그에 부수되는 행사의 중계방송

4. 그 밖에 청각장애인이나 시각장애인이 정보에 접근하는 데에 필요하다고 인정하여 보건복지부장관이 정하여 고시하는 방송

[제목개정 2016. 8. 2.]

제15조(한국수어 통역 또는 점자자료 등의 제공) ① 법 제22조 제3항에서 "대통령령으로 정하는 행사"란 다음 각 호의 어느 하나에 해당하는 국경일 또는 기념일의 의식과 그에 부수되는 행사로 한다. 〈개정 2018. 6. 19.〉

1. 「국경일에 관한 법률」에 따른 국경일

2. 「각종 기념일 등에 관한 규정」에 따른 기념일 중 보건의날, 장애인의날, 어린이날, 어버이날, 스승의날, 현충일, 국군의날 및 노인의날

② 법 제22조 제3항에서 "음성변환용 코드 등 대통령령으로 정하는 전자적 표시"란 다음 각 호의 어느 하나에 해당하는 전자적 표시를 말한다. 〈신설 2018. 6. 19.〉

1. 음성변환용 코드

2. 청각, 촉각 등의 감각을 통하여 습득할 수 있도록 인쇄물 정보를 변환시켜주는 전자적 표시

[제목개정 2016. 8. 2.]

제16조(장애 인식개선 교육) ① 법 제25조 제2항에서 "대통령령으로 정하는 교육기관 및 공공단체"란 다음 각 호의 기관 또는 단체를 말한다.

1. 「공공기관의 운영에 관한 법률」에 따른 공공기관

2. 「지방공기업법」에 따른 지방공사 및 지방공단

3. 특별법에 따라 설립된 특수법인

② 법 제25조 제2항에 따른 기관 또는 단체의 장은 소속 직원·학생을 대상으로 장애인에 대한 인식개선을 위한 교육(이하 "장애 인식개선 교육"이라 한다)을 1년에 1회 이상 실시하여야 한다.

③ 장애 인식개선 교육에는 각 호의 사항이 포함되어야 한다.

1. 장애의 정의

2. 장애인의 인권과 관련된 법과 제도

3. 장애인의 행동특성 및 능력

4. 장애인과 의사소통하는 방법

5. 장애인보조기구 및 장애인 편의시설

6. 그 밖에 장애인에 대한 인식을 개선할 수 있는 내용

④ 장애 인식개선 교육은 집합 교육 또는 인터넷 강의 등을 활용한 원격 교육, 체험 교육 등의 방법으로 할 수 있다.

⑤ 법 제25조 제2항에 따른 기관 또는 단체의 장은 장애 인식개선 교육을 실시한 경우 교육 내용, 방법, 참가인원 등의 교육 결과를 보건복지부령으로 정하는 바에 따라 보건복지부장관에게 제출하여야 한다.

[전문개정 2016. 6. 28.]

제17조(감면대상시설의 종류 등) ① 법 제30조에 따라 장애인에게 이용요금을 감면할 수 있는 공공시설과 그 감면율은 별표 2와 같다.

② 제1항에 따라 공공시설의 이용요금을 감면받으려는 자는 법 제32조 제1항에 따라 발급받은 장애인등록증을 이용하려는 시설의 관리자에게 내보여야 한다.

제18조(실태조사의 방법 등) ① 법 제31조에 따른 장애실태조사는 전수조사 또는 표본조사로 실시하되, 전수조사는 보건복지부장관이 정하는 바에 따라 특별시장·광역시장·특별자치시장·도지사·특별자치도지사(이하 "시·도지사"라 한다)가 실시하고, 표본조사는 보건복지부장관이 전문연구기관에 의뢰하여 실시한다. 〈개정 2008. 2. 29., 2010. 3. 15., 2012. 7. 24., 2015. 12. 15.〉

② 제1항에 따른 장애실태조사에서 조사할 사항은 다음 각 호와 같다. 이 경우 제2호부터 제7호까지, 제9호 및 제10호에 따른 사항에 대하여 조사할 때

에는 성별을 고려하여야 한다. 〈개정 2008. 2. 29., 2010. 3. 15., 2012. 7. 24., 2014. 11. 4.〉

1. 성별, 연령, 학력, 가족사항 등 장애인의 일반특성에 관한 사항

2. 장애 유형, 장애 정도 및 장애 발생 원인 등 장애 특성에 관한 사항

3. 취업 · 직업훈련, 소득과 소비, 주거 등 경제 상태에 관한 사항

4. 장애인보조기구의 사용, 복지시설의 이용, 재활서비스 및 편의시설의 설치욕구 등 복지욕구에 관한 사항

5. 장애인연금 · 장애수당 · 장애인보조기구의 지급 및 장애인등록제도 등 복지지원상황에 관한 사항

6. 일상생활과 여가 및 사회활동 등 사회참여상황에 관한 사항

7. 생활만족도와 생활환경에 대한 태도 등 장애인의 의식에 관한 사항

8. 여성장애인의 임신 · 출산 · 육아 등을 위한 복지욕구에 관한 사항

9. 가구유형 · 가구소득 등 장애인과 비장애인의 비교조사를 위하여 필요한 사항

10. 그 밖에 보건복지부장관이 장애인의 복지를 위하여 필요하다고 인정하는 사항

[제목개정 2012. 7. 24.]

제19조(조사연도) ① 제18조에 따른 실태조사는 2005년을 기준연도로 하여 3년마다 1회씩 실시하되, 조사의 일시는 보건복지부장관이 정한다. 〈개정 2008. 2. 29., 2010. 3. 15.〉

② 보건복지부장관은 제1항에 따른 실태조사 외에 임시조사를 실시할 수 있다. 〈개정 2008. 2. 29., 2010. 3. 15.〉

제20조(보호자 범위) 법 제32조 제1항에서 "대통령령으로 정하는 보호자"란 장애인을 보호하고 있는 장애인복지시설의 장, 그 밖에 장애인을 사실상 보호하고 있는 자를 말한다. 〈개정 2016. 6. 28., 2017. 7. 24.〉

제20조의2(정밀심사 의뢰기관) ① 법 제32조 제6항에서 "대통령령으로 정하는 「공공기관의 운영에 관한 법률」 제4조에 따른 공공기관"이란 「국민연금법」 제24조에 따른 국민연금공단(이하 "국민연금공단"이라 한다)을 말한다. 〈개정 2018. 12. 31.〉

② 국민연금공단은 법 제32조 제6항에 따른 장애 정도에 관한 정밀심사를 실시하기 위해 필요한 전산시스템을 구축 · 운영할 수 있다. 〈신설 2018. 12. 31.〉

[본조신설 2016. 6. 28.]

제20조의3(서비스 지원 종합조사) ① 법 제32조의4 제1항 제4호에서 "대통령령으로 정하는 서비스"란 「장애인활동 지원에 관한 법률」 제19조의2 제1항에 따른 활동지원 응급안전서비스를 말한다.

② 보건복지부장관 또는 특별자치시장 · 특별자치도지사 · 시장 · 군수 · 구청장(자치구의 구청장을 말한다. 이하 같다)은 법 제32조의4 제2항 각 호의 사항을 조사하려면 조사의 일시 · 장소 · 목적 · 내용 및 담당자의 인적 사항 등을 미리 신청인에게 서면으로 알려야 한다.

③ 보건복지부장관 또는 특별자치시장 · 특별자치도지사 · 시장 · 군수 · 구청장은 법 제32조의5 제1항에 따라 법 제32조의4에 따른 서비스 지원 종합조사 업무 중 다음 각 호의 업무를 국민연금공단에 위탁한다.

1. 법 제32조의4 제2항 각 호의 사항에 대한 현장조사를 실시하고 그 결과서를 작성하는 업무

2. 법 제32조의4에 따른 서비스 지원 종합조사에 대한 연구 · 개발 업무

④ 국민연금공단은 제3항 각 호의 업무를 수행하기 위해 필요한 전산시스템을 구축 · 운영할 수 있다.

[본조신설 2018. 12. 31.]

제21조(장애인복지상담원 임용) ① 법 제33조에 따른 장애인복지상담원(이하 "상담원"이라 한다)은 다음 각 호의 어느 하나에 해당하는 사람 중에서 특별자치시장 · 특별자치도지사 · 시장 · 군수 · 구청장이 지방공무원으로 임용한다. 〈개정 2016. 12. 30., 2018. 12. 31.〉

1. 「사회복지사업법」 제11조에 따른 사회복지사 자격증의 소지자
2. 「초 · 중등교육법」 제21조에 따른 특수학교의 교사자격증 소지자
3. 장애인복지 관련 직무 분야에서 근무한 경력이 3년 이상인 사람으로서 해당 지방자치단체의 규칙으로 정하는 임용예정 계급에 상당하는 경력기준에 상응하는 사람
4. 임용예정 직급과 같은 직급에서 공무원으로 2년 이상 근무한 사람

② 특별자치시장 · 특별자치도지사 · 시장 · 군수 · 구청장은 제1항에도 불구하고 해당 지방자치단체의 인력 운용상 부득이한 경우에는 소속 공무원 중 「사회보장급여의 이용 · 제공 및 수급권자 발굴에 관한 법률 시행령」 제23조에 따라 임용한 사회복지전담 공무원에게 상담원의 직무를 수행하게 할 수 있다. 〈개정 2016. 12. 30., 2018. 6. 19.〉

제22조(상담원의 직무) 상담원은 다음 각 호의 직무를 수행한다.

1. 장애인과 그 가족 또는 관계인에 대한 상담 및 지도
2. 장애인에 대한 진단 · 진료 또는 보건 등에 관한 지도와 관계 전문기관에 대한 진단 · 진료 또는 보건지도 등의 의뢰
3. 장애인복지시설에 대한 장애인의 입소 · 통원 또는 그 이용의 알선
4. 장애인에 대한 장애인보조기구의 지급과 사용 · 수리 등에 관한 지도
5. 장애인에 대한 직업훈련 · 취업알선과 관계 전문기관에 대한 직업훈련 · 취업알선의 의뢰
6. 장애인을 위한 지역사회자원의 개발 · 조직 · 활용 및 알선
7. 장애인복지시설이나 장애인에 관한 조사 및 지도
8. 그 밖에 장애인의 복지증진에 관한 사항

제23조(산후조리도우미 지원 기준 및 방법) ① 국가와 지방자치단체는 법 제37조 제3항에 따라 다음 각 호의 요건을 고려하여 산후조리도우미 지원대상자(이하 "지원대상자"라 한다)를 선정한다.

1. 임산부인 여성장애인의 장애 정도
2. 배우자의 유무, 자녀 수 등의 가구 구성
3. 소득 · 재산 상태

② 국가와 지방자치단체는 제1항에 따라 선정된 지원대상자에게 임신과 출산에 필요한 건강관리와 신생아의 건강관리에 필요한 서비스를 제공하여야 한다.

제24조(자금 대여의 용도 및 대여한도 등) ① 법 제41조에 따라 자금을 대여할 수 있는 대상 용도는 다음 각 호와 같다. 〈개정 2008. 2. 29., 2009. 12. 31., 2010. 3. 15.〉

1. 생업자금
2. 생업이나 출퇴근을 위한 자동차 구입비
3. 취업에 필요한 지도 및 기술훈련비
4. 기능회복 훈련에 필요한 장애인보조기구 구입비
5. 사무보조기기 구입비
6. 그 밖에 보건복지부장관이 장애인 재활에 필요하다고 인정하는 비용

② 제1항에 따른 자금 대여의 한도, 이율 및 거치기간은 보건복지부장관이 관계 중앙행정기관의 장과 협의하여 정한다. 〈개정 2008. 2. 29., 2010. 3. 15.〉

제25조(자금 대여절차 등) ① 법 제41조에 따른 자금의 대여를 받으려는 자는 보건복지부령으로 정하는 바에 따라 자금대여신청서(전자문서를 포함한다)를 신청인의 주소지를 관할하는 특별자치시장 · 특별자치도지사 · 시장 · 군수 · 구청장에게 제출하여야 한다. 〈개정 2008. 2. 29., 2010. 3. 15., 2015. 12. 15.〉

② 특별자치시장 · 특별자치도지사 · 시장 · 군수 · 구청장은 제1항에 따른 자금 대여신청을 받으면 지체 없이 대여여부를 결정하여 신청인에게 통지하고, 그 내용을 자금 대여를 취급하는 금융기관 또는 우편관서에 통보하여야 한다. 이 경우 자금 대여를 신청한 자가 「국민기초생활 보장법」 및 「한부모

가족지원법」 등 다른 법령에 따라 제24조 제1항 각 호의 자금을 대여받은 경우에는 같은 목적으로 자금을 대여하여서는 아니 된다. 〈개정 2010. 3. 15., 2015. 12. 15.〉

제26조(대여자금 상환방법 등) ① 법 제41조에 따라 자금을 대여받은 자는 보건복지부장관이 정하는 상환기준에 따라 상환하여야 한다. 〈개정 2008. 2. 29., 2010. 3. 15.〉

② 특별자치시장 · 특별자치도지사 · 시장 · 군수 · 구청장은 자금을 대여받은 자에 대한 대여 내용을 보건복지부령으로 정하는 바에 따라 기록 · 관리하여야 한다. 〈개정 2008. 2. 29., 2010. 3. 15., 2015. 12. 15.〉

③ 제1항에 따라 자금을 상환하여야 할 자가 거주지를 다른 특별자치시 · 특별자치도 · 시 · 군 · 구로 이전한 경우에는 전거주지를 관할하는 특별자치시장 · 특별자치도지사 · 시장 · 군수 · 구청장은 제2항에 따른 서류를 지체 없이 신거주지를 관할하는 특별자치시장 · 특별자치도지사 · 시장 · 군수 · 구청장에게 송부하여야 한다. 〈개정 2015. 12. 15.〉

④ 특별자치시장 · 특별자치도지사 · 시장 · 군수 · 구청장은 자금을 대여받은 사람이 대여 신청 당시의 용도대로 자금을 사용하지 아니하는 경우에는 시정을 요구할 수 있으며, 자금을 대여받은 사람이 정당한 사유 없이 시정 요구를 이행하지 아니한 경우에는 대여한 자금을 회수할 수 있다. 〈신설 2012. 7. 24., 2015. 12. 15.〉

제27조(생업 지원) ① 국가와 지방자치단체, 그 밖의 공공단체(이하 "국가등"이라 한다)가 법 제42조 제1항에 따라 소관 공공시설에서 매점이나 자동판매기의 설치 · 운영을 장애인에게 허가하기 위하여 소관 행정재산의 사용 · 수익을 허가하려는 경우에는 「국유재산법 시행령」 제27조 제3항 또는 「공유재산 및 물품관리법 시행령」 제13조 제3항에 따라 수의계약의 방법으로 사용 · 수익자를 결정할 수 있다. 〈개정 2009. 7. 27., 2013. 4. 22.〉

② 제1항에서 "그 밖의 공공단체"란 다음 각 호의 어느 하나에 해당하는 기관을 말한다.

1. 「공공기관의 운영에 관한 법률」 제4조에 따른 공공기관
2. 「지방공기업법」에 따른 지방공사 또는 지방공단
3. 특별법에 따라 설립된 법인

③ 국가등은 제1항에 따라 사용 · 수익의 허가를 하려는 경우에는 다음 각 호의 어느 하나에 해당하는 자에게 우선적으로 허가할 수 있다.

1. 20세 이상으로서 세대주인 장애인
2. 20세 이상으로서 배우자가 세대주인 장애인

제28조(장애인 응시자에 대한 편의제공) 법 제46조의2에 따라 장애인 응시자에 대하여 편의를 제공하여야 하는 기관 · 단체 및 대상 시험은 다음 각 호와 같다.

1. 국가 및 지방자치단체가 실시하는 채용시험
2. 「공공기관의 운영에 관한 법률」에 따른 공공기관이 실시하는 채용시험
3. 특별법에 따라 설립된 특수법인이 실시하는 채용시험
4. 「유아교육법」, 「초 · 중등교육법」 또는 「고등교육법」에 따른 각급 학교가 실시하는 채용시험
5. 국가가 실시하는 「자격기본법」 제2조 제4호에 따른 국가자격 취득을 위한 시험
6. 「자격기본법」 제20조 제3항에 따른 공인자격관리자가 실시하는 같은 법 제2조 제5호의3에 따른 공인자격 취득을 위한 시험

[본조신설 2016. 6. 28.]

[시행일:2016. 6. 30.] 제28조

[시행일:2017. 1. 1.] 제28조 제5호

[시행일:2019. 1. 1.] 제28조 제6호

제29조 삭제 〈2012. 7. 24.〉

제30조(장애수당 등의 지급대상자) ① 법 제49조에 따른 장애수당을 지급받을 수 있는 자는 18세 이상으로서 장애인으로 등록한 자 중 「국민기초생활 보장법」에 따른 수급자 또는 차상위계층으로서 장애로 인한 추가적 비용 보전(補塡)이 필요한 자로 한다.

다만, 제2항에 따라 장애아동수당을 지급받는 자는 제외한다.

② 법 제50조 제1항에 따른 장애아동수당을 지급받을 수 있는 자는 다음 각 호의 요건을 모두 갖춘 자로 한다.

1. 18세 미만(해당 장애인이 「초ㆍ중등교육법」에 따른 고등학교와 이에 준하는 특수학교 또는 각종학교에 재학 중인 경우에는 20세 이하의 경우를 포함한다)일 것
2. 장애인으로 등록하였을 것
3. 「국민기초생활 보장법」에 따른 수급자 또는 차상위계층으로서 장애로 인한 추가적 비용 보전이 필요할 것

③ 법 제50조 제2항에 따른 보호수당을 지급받을 수 있는 자는 다음 각 호의 요건을 모두 갖춘 자로 한다.

1. 「국민기초생활 보장법」에 따른 수급자일 것
2. 중증 장애로 다른 사람의 도움이 없이는 일상생활을 영위하기 어려운 18세 이상(해당 장애인이 20세 이하로서 「초ㆍ중등교육법」에 따른 고등학교와 이에 준하는 특수학교 또는 각종학교에 재학 중인 경우는 제외한다)의 장애인을 보호하거나 부양할 것

제31조(장애 정도의 심사 대상 등) ① 법 제49조 제3항에 따라 특별자치시장ㆍ특별자치도지사ㆍ시장ㆍ군수ㆍ구청장은 법 제50조의2 제1항에 따라 장애수당의 지급을 신청한 사람의 장애 정도에 대하여 심사할 수 있다. 다만, 다음 각 호의 어느 하나에 해당하는 사람은 제외한다. 〈개정 2018. 12. 31.〉

1. 법 제32조 제6항에 따라 장애 정도에 관한 정밀심사를 받아 장애 정도가 정해진 사람. 다만, 법 제32조 제3항에 따라 특별자치시장ㆍ특별자치도지사ㆍ시장ㆍ군수ㆍ구청장이 해당 신청인의 장애 상태의 변화에 따른 장애 정도 조정을 위하여 장애 진단을 받게 하는 등의 조치가 필요하다고 인정하는 사람은 제외한다.
2. 65세 이상인 사람
3. 그 밖에 장애 상태의 변화 가능성이 현저하게 낮아 장애 정도를 심사하지 아니할 타당한 사유가 있는 것으로 보건복지부장관이 인정하는 사람

② 특별자치시장ㆍ특별자치도지사ㆍ시장ㆍ군수ㆍ구청장은 제1항에 따라 심사 대상자의 장애 정도에 대하여 심사를 하는 경우 국민연금공단에 의뢰하여 심사 대상자의 장애 정도가 제2조에 따른 장애의 종류 및 기준 등에 해당하는지를 심사하여야 한다. 〈개정 2018. 12. 31.〉

③ 제1항 및 제2항에서 규정한 사항 외에 장애 정도 심사의 세부적인 방법 및 기준에 관하여 필요한 사항은 보건복지부장관이 정하여 고시하는 장애 정도에 관한 심사 방법 및 기준에 따른다.

[본조신설 2017. 7. 24.]

제32조(장애수당등의 지급 시기 및 방법) ① 제30조에 따른 장애수당ㆍ장애아동수당 및 보호수당(이하 "장애수당등"이라 한다)은 그 신청일이 속한 달부터 지급하되, 장애수당등을 지급하지 아니하기로 결정한 달(해당 월분의 수당은 전부를 지급한다. 다만, 「국민기초생활 보장법」상의 부양의무자가 없는 장애수당등의 수급자가 사망한 경우 특별자치시장ㆍ특별자치도지사ㆍ시장ㆍ군수ㆍ구청장의 급여 결정 전에 이미 사망사실을 확인한 경우에는 지급하지 아니한다)까지 지급한다. 〈개정 2012. 7. 24., 2015. 12. 15.〉

② 장애수당등은 매월 20일(토요일이거나 공휴일인 경우에는 그 전날로 한다)에 금융기관이나 우편관서의 지급대상자 계좌에 입금하는 방법으로 지급한다. 이 경우 지급대상자로 결정된 사람이 다음 각 호의 어느 하나에 해당하는 경우에는 지급대상자의 배우자, 직계혈족 또는 3촌 이내의 방계혈족 명의 계좌에 입금할 수 있다. 〈개정 2009. 12. 31., 2010. 3. 15., 2015. 12. 15.〉

1. 성년후견개시의 심판, 한정후견개시의 심판 또는 특정후견의 심판이 확정된 경우
2. 채무불이행으로 인하여 금전채권이 압류된 경우
3. 치매 또는 보건복지부장관이 정하는 거동불가의

사유로 인하여 본인 명의의 계좌를 개설하기 어려운 경우

③ 제2항 후단에 따른 계좌에 장애수당등을 지급하려는 특별자치시장 · 특별자치도지사 · 시장 · 군수 · 구청장은 보건복지부장관이 정하는 바에 따라 미리 그 사유, 입금한 장애수당등의 사용목적 및 다른 용도 사용금지 등에 관한 사항을 안내하여야 한다. 〈신설 2009. 12. 31., 2010. 3. 15., 2015. 12. 15.〉

④ 제3항의 안내를 받고 제2항 후단에 따른 계좌로 장애수당등을 받으려는 자는 보건복지부령으로 정하는 서류를 특별자치시장 · 특별자치도지사 · 시장 · 군수 · 구청장에게 제출하여야 한다. 〈신설 2009. 12. 31., 2010. 3. 15., 2015. 12. 15.〉

⑤ 제2항에도 불구하고 지급대상자 또는 같은 항 후단에 따른 계좌로 입금받을 자가 금융기관 또는 우편관서가 없는 지역에 거주하는 등 부득이 한 사유가 있는 경우에는 해당 금전을 지급대상자 또는 같은 항 후단에 따른 계좌로 입금받을 자에게 직접 지급할 수 있다. 〈신설 2009. 12. 31.〉

제33조(장애수당등의 지급방법 및 지급기준) ① 장애수당등의 구체적인 지급대상과 지급기준은 장애인의 보호에 드는 비용을 고려하여 매년 예산의 범위에서 보건복지부장관이 정한다. 〈개정 2008. 2. 29., 2010. 3. 15.〉

② 장애수당등은 현금으로 지급한다.

제33조의2(금융정보 등의 범위) ① 법 제50조의2 제2항 제1호에서 "대통령령으로 정하는 자료 또는 정보"란 다음 각 호의 자료 또는 정보를 말한다. 〈개정 2015. 12. 15.〉

1. 보통예금, 저축예금, 자유저축예금 등 요구불예금: 최근 3개월 이내의 평균잔액
2. 정기예금, 정기적금, 정기저축 등 저축성예금: 잔액 또는 총납입금
3. 주식, 수익증권, 출자금, 출자지분: 최종 시세가액. 이 경우 비상장주식의 가액 평가에 관하여는 「상속세 및 증여세법 시행령」 제54조 제1항을 준용한다.
4. 채권, 어음, 수표, 채무증서, 신주인수권 증서: 액면가액
5. 연금저축: 정기적으로 지급된 금액 또는 최종 잔액
6. 제1호부터 제5호까지의 규정에 따른 금융재산에서 발생하는 이자액과 배당액 또는 할인액

② 법 제50조의2 제2항 제2호에서 "대통령령으로 정하는 자료 또는 정보"란 다음 각 호의 자료 또는 정보를 말한다.

1. 대출 현황 및 연체 내용
2. 신용카드 미결제금액

③ 법 제50조의2 제2항 제3호에서 "대통령령으로 정하는 자료 또는 정보"란 다음 각 호의 자료 또는 정보를 말한다.

1. 보험증권: 해약하는 경우 지급받게 될 환급금 또는 최근 1년 이내에 지급된 보험금
2. 연금보험: 해약하는 경우 지급받게 될 환급금 또는 정기적으로 지급되는 금액

[본조신설 2012. 7. 24.]

제33조의3(금융정보 등의 요청 및 제공) ① 특별자치시장 · 특별자치도지사 · 시장 · 군수 · 구청장은 법 제50조의2 제2항에 따라 제출받은 동의 서면을 「사회복지사업법」 제6조의2 제2항에 따른 정보시스템(이하 "정보시스템"이라 한다)을 통하여 보건복지부장관에게 제출하여야 한다. 〈개정 2015. 12. 15.〉

② 제1항에 따른 동의 서면을 제출받은 보건복지부장관은 법 제50조의3 제1항에 따라 「금융실명거래 및 비밀보장에 관한 법률」 제2조 제1호에 따른 금융회사등이나 「신용정보의 이용 및 보호에 관한 법률」 제2조 제6호에 따른 신용정보집중기관(이하 "금융기관등"이라 한다)의 장에게 신청인과 그 가구원에 대한 법 제50조의2 제2항 제1호부터 제3호까지의 금융정보, 신용정보 및 보험정보(이하 "금융정보등"이라 한다)의 제공을 요청하는 경우에는 요청 내용에 다음 각 호의 사항을 포함하여야 한다.

1. 신청인과 그 가구원의 성명과 주민등록번호

2. 제공을 요청하는 금융정보등의 범위와 조회기준일 및 조회기간
③ 제2항에 따라 금융정보등의 제공을 요청받은 금융기관등의 장이 보건복지부장관에게 해당 금융정보등을 제공할 때에는 제공 내용에 다음 각 호의 사항을 포함하여야 한다.
1. 신청인과 그 가구원의 성명과 주민등록번호
2. 금융정보등을 제공하는 금융기관등의 명칭
3. 제공대상 금융상품명과 계좌번호
4. 금융정보등의 내용
④ 보건복지부장관은 금융기관등의 장에게 해당 금융기관등이 가입한 협회, 연합회 또는 중앙회 등의 정보통신망을 이용하여 제2항에 따른 금융정보등을 제공하도록 요청할 수 있다.
⑤ 보건복지부장관은 제3항에 따라 금융기관등의 장으로부터 제공받은 금융정보등을 정보시스템을 통하여 특별자치시장·특별자치도지사·시장·군수·구청장에게 통보하여야 한다. 〈개정 2015. 12. 15.〉
⑥ 법 제50조의3 제2항에 따른 수급자와 그 가구원에 대한 금융정보등의 제공 요청에 관하여는 제2항부터 제4항까지의 규정을 준용한다. 이 경우 "신청인"은 "수급자"로 본다.
[본조신설 2012. 7. 24.]

제33조의4(장애인복지급여수급계좌의 신청 방법 등) ① 법 제50조의4 제1항 본문에 따라 자녀교육비 및 장애수당등을 수급자 명의의 지정된 계좌(이하 "장애인복지급여수급계좌"라 한다)로 받으려는 사람은 보건복지부령으로 정하는 장애인복지급여수급계좌 입금 신청서에 예금통장(계좌번호가 기록되어 있는 면을 말한다) 사본을 첨부하여 관할 특별자치시장·특별자치도지사·시장·군수·구청장에게 제출하여야 한다. 장애인복지급여수급계좌를 변경하는 경우에도 또한 같다.
② 특별자치시장·특별자치도지사·시장·군수·구청장은 법 제50조의4 제1항 단서에 따라 다음 각 호의 어느 하나에 해당하는 경우에는 자녀교육비 및 장애수당등을 직접 현금으로 지급할 수 있다.
1. 장애인복지급여수급계좌가 개설된 금융기관이 폐업, 업무정지 또는 정보통신장애 등으로 인하여 정상영업을 못하는 경우
2. 수급자가 금융기관을 쉽게 이용할 수 없는 지역에 거주하는 경우
3. 그 밖에 이에 준하는 불가피한 사유로 자녀교육비 및 장애수당등을 장애인복지급여수급계좌로 이체할 수 없는 경우
③ 특별자치시장·특별자치도지사·시장·군수·구청장은 법 제50조의2 제1항에 따라 자녀교육비 및 장애수당등의 지급을 신청하는 사람에게 제1항에 따른 장애인복지급여수급계좌의 신청 방법 등을 안내하여야 한다.
[본조신설 2016. 11. 22.]

제34조(자녀교육비 및 장애수당등의 환수) ① 특별자치시장·특별자치도지사·시장·군수·구청장은 법 제51조 제1항에 따라 자녀교육비 및 장애수당등을 환수하려는 경우에는 자녀교육비 및 장애수당등을 받은 사람에게 자녀교육비 및 장애수당등의 환수 사유, 환수금액, 납부기간, 납부기관 및 이의신청방법 등을 구체적으로 밝혀 자녀교육비 및 장애수당등의 환수금을 납부할 것을 보건복지부령으로 정하는 자녀교육비 및 장애수당등의 환수결정 통지서에 따라 통지하여야 한다. 이 경우 납부기한은 통지일부터 30일 이상으로 하여야 한다. 〈개정 2015. 12. 15.〉
② 제1항에 따라 통지를 받은 사람은 해당 납부기관에 자녀교육비 및 장애수당등의 환수금을 납부하여야 하며, 환수금을 납부받은 기관의 장은 자녀교육비 및 장애수당등의 환수금을 납부받았음을 관할 특별자치시장·특별자치도지사·시장·군수·구청장에게 지체 없이 통지하여야 한다. 〈개정 2015. 12. 15.〉
③ 특별자치시장·특별자치도지사·시장·군수·구청장은 제1항에 따라 통지를 받은 사람이 납부기간에 자녀교육비 및 장애수당등의 환수금을 납부하

지 아니한 경우에는 30일 이상의 기간을 정하여 납부를 독촉하여야 한다. 〈개정 2015. 12. 15.〉

[전문개정 2012. 7. 10.]

제35조(결손처분) 특별자치시장 · 특별자치도지사 · 시장 · 군수 · 구청장은 법 제51조 제4항에 따라 결손처분을 하려는 경우에는 관할 세무서 등 관계 행정기관 및 「국민건강보험법」에 따른 국민건강보험공단 등 관련 기관을 통하여 체납자의 행방 또는 재산 유무를 조사 · 확인하여야 한다. 다만, 체납된 금액이 10만 원 미만인 경우에는 그러하지 아니하다. 〈개정 2015. 12. 15.〉

[본조신설 2012. 7. 10.]

제36조(장애인복지시설) 법 제58조 제1항 제5호에서 "그 밖에 대통령령으로 정하는 시설"이란 장애인 생산품판매시설을 말한다.

제36조의2(성범죄의 경력 조회) ① 법 제59조의3 제2항부터 제4항까지의 규정에 따른 성범죄의 경력 조회를 요청하려는 자는 장애인복지시설의 소재지를 관할하는 경찰관서의 장에게 요청하여야 한다. 이 경우 법 제59조의3 제2항 및 제3항에 따른 요청을 할 때에는 다음 각 호의 구분에 따른 동의서를 함께 제출하여야 한다.

1. 시장 · 군수 · 구청장이 요청하는 경우: 장애인복지시설을 운영하려는 자의 동의서
2. 장애인복지시설 운영자가 요청하는 경우: 장애인복지시설에 취업 중이거나 사실상 노무를 제공 중인 사람(이하 "취업자"라 한다) 또는 취업하려 하거나 사실상 노무를 제공하려는 사람(이하 "취업예정자"라 한다)의 동의서

② 제1항에 따라 성범죄의 경력 조회를 요청받은 경찰관서의 장은 장애인복지시설을 운영하려는 자나 취업자 또는 취업예정자가 법 제59조의3 제1항에 따라 장애인복지시설의 운영이나 장애인복지시설에의 취업 또는 사실상의 노무 제공이 제한되는 사람인지를 확인하여 시장 · 군수 · 구청장 또는 장애인복지시설 운영자에게 회신하여야 한다.

③ 제1항 및 제2항에 따른 성범죄의 경력 조회 요청 및 회신에 필요한 서식은 보건복지부령으로 정한다.

[본조신설 2012. 7. 24.]

[종전 제36조의2는 제36조의4로 이동 〈2012. 7. 24.〉]

제36조의3(해임 요구) ① 시장 · 군수 · 구청장은 법 제59조의3 제4항 후단에 따라 장애인복지시설 운영자에게 취업자의 해임을 요구하려면 법 위반사실, 요구내용 및 이행시한 등을 명시한 서면으로 하여야 한다.

② 시장 · 군수 · 구청장은 제1항에 따라 해임을 요구할 때에는 해당 취업자에게도 그 사실을 알려야 한다.

③ 제1항에 따른 해임 요구를 받은 장애인복지시설 운영자와 제2항에 따른 통지를 받은 취업자는 해임 요구 또는 해임 요구의 통지를 받은 날부터 10일 이내에 시장 · 군수 · 구청장에게 이의를 신청할 수 있다.

④ 시장 · 군수 · 구청장은 제3항에 따른 이의신청을 받으면 2주일 이내에 심사하여 그 결과를 해당 장애인복지시설 운영자와 취업자에게 알려야 한다.

[본조신설 2012. 7. 24.]

제36조의4(장애인학대 및 장애인 대상 성범죄의 신고 절차와 방법 등의 안내) 보건복지부장관은 법 제59조의4 제4항에 따른 장애인학대 및 장애인 대상 성범죄의 신고 절차 · 방법 등을 안내하기 위하여 장애인학대 및 장애인 대상 성범죄 예방, 신고 의무, 신고 절차 및 신고 방법에 관한 교육 자료를 작성하여 같은 조 제2항 각 호에 따른 신고의무자에게 배포하여야 한다. 〈개정 2016. 6. 28.〉

[본조신설 2015. 12. 15.]

[제목개정 2016. 6. 28.]

[종전 제36조의4는 제36조의8로 이동 〈2015. 12. 15.〉]

제36조의5(장애인학대 및 장애인 대상 성범죄의 예방 및 신고를 위한 조치) ① 보건복지부장관은 법 제59조의4 제5항에 따라 장애인학대 및 장애인 대상 성범죄를

예방하고 수시로 신고를 받을 수 있도록 하기 위하여 제36조의4에 따른 교육 자료에 장애인학대 및 장애인 대상 성범죄의 예방 및 방지와 관련된 기관이 신고를 위하여 설치한 전화번호(이하 "신고전화번호"라 한다)를 포함시켜야 한다. 〈개정 2016. 6. 28.〉

② 지방자치단체의 장은 법 제59조의4 제5항에 따라 장애인학대 및 장애인 대상 성범죄를 예방하고 수시로 신고를 받을 수 있도록 하기 위하여 신고전화번호를 지방자치단체의 청사 출입구 등 해당 청사 안에서 잘 보이는 곳에 게시하여야 한다. 〈개정 2016. 6. 28.〉

③ 지방자치단체의 장은 법 제59조의4 제5항에 따라 장애인학대 및 장애인 대상 성범죄를 예방하고 수시로 신고를 받을 수 있도록 하기 위하여 법 제58조에 따른 장애인복지시설의 장에게 신고전화번호를 해당 시설의 출입구 등에 게시하도록 안내하여야 한다. 〈개정 2016. 6. 28.〉

[본조신설 2015. 12. 15.]

[제목개정 2016. 6. 28.]

제36조의6(신고의무자에 대한 교육 내용 등) ① 법 제59조의4 제6항에 따른 장애인학대 및 장애인 대상 성범죄의 예방 및 신고의무와 관련된 교육(이하 "장애인학대 및 장애인 대상 성범죄 예방 교육"이라 한다)에는 다음 각 호의 사항이 포함되어야 한다. 〈개정 2016. 6. 28.〉

1. 장애인학대 및 장애인 대상 성범죄의 예방 및 신고의무에 관한 법령
2. 장애인학대 및 장애인 대상 성범죄의 발견 시 신고 방법
3. 피해장애인 보호 절차
4. 장애인학대 및 장애인 대상 성범죄 사례

② 법 제59조의4 제2항 각 호에 따른 소관 중앙행정기관의 장(이하 이 조에서 "소관 중앙행정기관의 장"이라 한다)은 같은 항 각 호의 어느 하나에 해당하는 사람의 자격 취득 과정이나 보수교육 과정에 장애인학대 및 장애인 대상 성범죄 예방 교육을 1시간 이상 포함시켜야 한다. 이 경우 소관 중앙행정기관의 장은 장애인학대 및 장애인 대상 성범죄 예방 교육을 「아동복지법」 제26조 제1항에 따라 아동학대 신고의무자에 대한 자격 취득 과정이나 보수교육 과정에 포함된 아동학대 예방 및 신고의무와 관련된 교육과 함께 실시할 수 있다. 〈개정 2016. 6. 28.〉

③ 장애인학대 및 장애인 대상 성범죄 예방 교육은 집합 교육 또는 인터넷 강의 등을 활용한 원격 교육으로 할 수 있다. 〈개정 2016. 6. 28.〉

④ 제2항에도 불구하고 소관 중앙행정기관의 장은 법 제59조의4 제2항 각 호의 사람 중 해당 자격 취득 과정이나 보수교육 과정이 없는 사람에 대해서는 제1항 각 호의 내용이 포함된 교육 자료를 제공하여야 한다.

[본조신설 2015. 12. 15.]

제36조의7(장애인학대의 예방 및 방지 의무) 법 제59조의10 제6호에서 "대통령령으로 정하는 장애인학대의 예방과 방지를 위한 사항"이란 다음 각 호의 사항을 말한다. 〈개정 2018. 6. 19.〉

1. 장애인학대의 예방과 방지를 위한 관계 기관 간의 협력체계 구축
2. 법 제58조에 따른 장애인복지시설 등 장애인학대 예방 및 방지 관련 기관에 대한 지도 · 감독

[본조신설 2015. 12. 15.]

제36조의8(장애인권익옹호기관의 설치 · 운영기준) ① 법 제59조의11 제1항 및 제2항에 따른 중앙장애인권익옹호기관 및 지역장애인권익옹호기관(이하 "장애인권익옹호기관"이라 한다)은 업무에 필요한 사무실, 상담실, 교육실 및 대기실 등을 갖추어야 한다. 〈개정 2018. 6. 19.〉

② 장애인권익옹호기관의 장은 다음 각 호의 사항이 포함된 운영관리 규정을 마련하여야 한다.

1. 운영방침 및 업무분장
2. 운영시간
3. 상담자 관리 방법
4. 재무 · 회계 등의 장부 작성 및 비치

5. 그 밖에 장애인권익옹호기관의 적정한 운영을 위하여 필요한 사항

③ 제1항 및 제2항에서 규정한 사항 외에 장애인권익옹호기관의 설치 · 운영기준에 관한 세부적인 사항은 보건복지부령으로 정한다.

[본조신설 2016. 12. 30.]

[종전 제36조의8은 제36조의11로 이동 〈2016. 12. 30.〉]

제36조의9(장애인권익옹호기관 상담원의 자격기준 등) 장애인권익옹호기관의 상담원은 다음 각 호의 어느 하나에 해당하는 자격을 가진 사람이어야 한다. 〈개정 2017. 5. 29.〉

1. 「사회복지사업법」 제11조 제1항에 따른 사회복지사
2. 「장애인 등에 대한 특수교육법」 제2조 제4호에 따른 특수교육교원
3. 「국가기술자격법」 제9조 제2호 및 같은 법 시행령 제12조의2 제1항 · 별표 1에 따른 임상심리사
4. 「정신건강증진 및 정신질환자 복지서비스 지원에 관한 법률」 제17조 제1항에 따른 정신건강전문요원
5. 변호사
6. 그 밖에 장애인복지 또는 인권 분야에 종사한 경험이 있는 사람으로서 장애인권익옹호에 필요한 전문성을 가지고 있다고 인정하여 보건복지부장관이 정하는 사람

[본조신설 2016. 12. 30.]

제36조의10(장애인권익옹호기관의 운영 위탁) ① 보건복지부장관 또는 시 · 도지사는 법 제59조의11 제4항에 따라 장애인권익옹호기관의 운영을 위탁하려면 「공공기관의 운영에 관한 법률」 제4조에 따른 공공기관 또는 장애인학대의 예방 및 방지를 목적으로 하는 비영리법인을 대상으로 공개모집을 실시하여야 한다. 이 경우 다음 각 호의 기준을 종합적으로 고려하여 수탁기관을 지정하여야 한다. 〈개정 2018. 6. 19.〉

1. 제36조의8 및 제36조의9에 따른 장애인권익옹호기관의 설치 · 운영기준 및 상담원 자격기준의 충족 여부
2. 장애인권익옹호 관련 업무의 수행실적 및 운영계획

② 보건복지부장관 또는 시 · 도지사는 법 제59조의11제4항에 따라 장애인권익옹호기관의 운영을 위탁하는 경우에는 위탁받는 공공기관이나 비영리법인 및 위탁업무의 내용 등을 고시하여야 한다. 〈개정 2018. 6. 19.〉

③ 제1항 및 제2항에서 규정한 사항 외에 장애인권익옹호기관의 운영 위탁에 필요한 사항은 보건복지부장관이 정하여 고시한다.

[본조신설 2016. 12. 30.]

제36조의11(장애인 거주시설 이용계약절차의 대행자) 법 제60조의2 제6항에서 "대통령령으로 정하는 자"란 다음 각 호의 순서에 따른 자를 말한다. 〈개정 2015. 12. 15.〉

1. 「민법」에 따른 장애인의 후견인
2. 장애인의 배우자 또는 부양의무자인 1촌의 직계혈족
3. 장애인의 주소지(주소지가 없거나 알 수 없는 경우에는 현재지)를 관할하는 특별자치시장 · 특별자치도지사 · 시장 · 군수 · 구청장이 지명하는 사람

[본조신설 2012. 3. 26.]

[제36조의8에서 이동 〈2016. 12. 30.〉]

제37조(국가시험의 시행 및 공고 등) ① 보건복지부장관은 법 제73조 제1항에 따른 의지 · 보조기 기사, 언어재활사 및 장애인재활상담사의 국가시험(이하 "국가시험"이라 한다)을 매년 1회 이상 시행하여야 한다. 〈개정 2008. 2. 29., 2010. 3. 15., 2012. 7. 24., 2017. 10. 31.〉

② 보건복지부장관은 법 제73조 제2항에 따라 국가시험의 실시에 관한 업무를 「한국보건의료인국가시험원법」에 따른 한국보건의료인국가시험원(이하 "국가시험관리기관"이라 한다)에 위탁한다. 〈개정

2015. 12. 22.〉

③ 국가시험관리기관의 장은 국가시험을 실시하려면 미리 보건복지부장관의 승인을 받아 시험일시, 시험장소, 시험과목, 응시수수료 및 응시원서의 제출기간, 그 밖에 시험의 실시에 필요한 사항을 시험 실시 90일전까지 공고하여야 한다. 다만, 시험장소는 지역별 응시인원이 확정된 후 시험 실시 30일 전까지 공고할 수 있다. 〈개정 2008. 2. 29., 2010. 3. 15., 2012. 5. 1.〉

④ 국가시험관리기관의 장은 장애인이 시험에 응시하는 경우 장애의 종류 및 정도에 따라 필요한 편의를 제공하여야 한다. 〈신설 2012. 7. 24.〉

제38조(시험과목 및 합격자 결정방법) ① 국가시험의 방법은 다음 각 호의 구분에 따른다. 〈개정 2012. 7. 24., 2017. 10. 31.〉

1. 의지 · 보조기 기사 국가시험: 필기시험 및 실기시험
2. 언어재활사 국가시험: 필기시험
3. 장애인재활상담사 국가시험: 필기시험

② 제1항에 따른 필기시험 과목은 별표 4와 같다. 〈개정 2012. 7. 24.〉

③ 제1항 제1호에 따른 실기시험에는 필기시험에 합격한 사람만이 응시할 수 있으며, 실기시험은 의지 · 보조기의 제작능력을 측정하는 것을 내용으로 한다. 〈신설 2012. 7. 24.〉

④ 국가시험의 합격자 결정은 필기시험의 경우에는 전 과목 총점의 6할 이상, 각 과목 4할 이상을 득점한 자를 합격자로 하며, 실기시험의 경우에는 총점의 6할 이상을 득점한 자를 합격자로 한다. 〈개정 2012. 7. 24.〉

제39조(시험위원) ① 국가시험관리기관의 장은 국가시험을 시행하려면 시험과목별로 전문지식을 갖춘 자 중에서 시험위원을 위촉한다.

② 제1항에 따른 시험위원에게는 예산의 범위에서 수당과 여비를 지급할 수 있다.

제40조(국가시험의 응시 및 합격자 발표) ① 국가시험에 응시하려는 자는 국가시험관리기관의 장이 정하는 응시원서를 국가시험관리기관의 장에게 제출하여야 한다.

② 국가시험관리기관의 장은 국가시험의 합격자를 결정 · 발표하고, 그 합격자에 대한 다음 각 호의 사항을 보건복지부장관에게 보고하여야 한다. 〈개정 2008. 2. 29., 2010. 3. 15.〉

1. 성명 및 주민등록번호
2. 국가시험 합격번호 및 합격 연월일

제41조(관계 기관 등에의 협조 요청) 국가시험관리기관의 장은 국가시험관리업무를 원활히 수행하기 위하여 필요하면 국가 · 지방자치단체 또는 관계 기관이나 단체에 시험장소 및 시험감독의 지원 등 필요한 사항에 관하여 협조를 요청할 수 있다.

제42조(비용 부담) ① 법 제79조 제1항에 따라 법 제38조 제1항, 제43조 제1항, 제49조 제1항, 제50조 제1항 · 제2항 및 제55조 제1항에 따른 조치에 드는 비용은 국가와 지방자치단체가 부담하되, 그 부담 비율은 「보조금 관리에 관한 법률 시행령」으로 정하는 바에 따른다. 〈개정 2011. 10. 26., 2012. 3. 26., 2018. 6. 19.〉

② 법 제59조 제1항에 따른 장애인복지시설의 설치 · 운영에 드는 비용은 해당 시설을 설치한 국가나 지방자치단체가 부담한다.

③ 법 제79조 제2항에 따른 본인부담금은 「국민기초생활 보장법」 제2조 제11호에 따른 기준 중위소득 및 법 제79조 제1항에 따라 장애인복지실시기관이 매년 지원하는 시설운영비 등을 고려하여 매년 보건복지부장관이 정한다. 〈신설 2012. 3. 26., 2015. 11. 30.〉

④ 제3항에 따른 본인부담금은 시설 이용자의 자산 및 소득 등에 따라 감면할 수 있다. 이 경우 자산 및 소득 등의 산정에 관하여는 「국민기초생활 보장법」 제2조 및 같은 법 시행령 제2조 및 제3조를 준용한다. 〈신설 2012. 3. 26.〉

⑤ 제3항 및 제4항에 따른 본인부담금의 금액, 감면

대상 및 감면 금액 등은 매년 보건복지부장관이 정하여 고시한다. 〈신설 2012. 3. 26.〉

제43조(비용 수납) 보건복지부장관, 시 · 도지사 또는 시장 · 군수 · 구청장은 법 제80조 제1항에 따라 복지조치에 든 비용을 받으려면 해당 장애인 또는 그 부양의무자로부터 실비(實費)에 해당하는 금액을 받아야 한다. 다만, 해당 장애인이나 그 부양의무자가 「국민기초생활 보장법」 제7조 제1항 제1호에 따른 생계급여 수급자 또는 같은 항 제3호에 따른 의료급여 수급자인 경우에는 그 금액을 경감하거나 면제할 수 있다. 〈개정 2008. 2. 29., 2010. 3. 15., 2015. 11. 30.〉

제44조(비용 보조) ① 국가나 지방자치단체는 법 제81조에 따라 장애인복지시설의 설치 · 운영에 필요한 비용의 일부를 매년 예산의 범위에서 보조한다. 이 경우 장애인복지시설의 운영에 필요한 비용의 보조비율은 「보조금 관리에 관한 법률 시행령」으로 정하는 바에 따른다. 〈개정 2011. 10. 26.〉

② 제1항에 따라 국가나 지방자치단체가 장애인복지시설의 운영에 드는 비용을 보조하는 경우에는 「사회복지사업법」 제43조의2에 따른 시설 평가의 결과 등 해당 장애인복지시설의 운영 실적을 고려하여 차등을 두어 보조할 수 있다. 〈개정 2012. 8. 3.〉

제45조 삭제 〈2012. 7. 24.〉

제45조의2(민감정보 및 고유식별정보의 처리) ① 국가, 지방자치단체(해당 권한이 위임 · 위탁된 경우에는 그 권한을 위임 · 위탁받은 자를 포함한다) 또는 국민연금공단(제1호 및 제1호의2의 사무만 해당한다)은 다음 각 호의 사무를 수행하기 위하여 불가피한 경우 「개인정보 보호법」 제23조에 따른 건강에 관한 정보나 같은 법 시행령 제19조에 따른 주민등록번호, 여권번호, 운전면허의 면허번호 또는 외국인등록번호가 포함된 자료를 처리할 수 있다. 〈개정 2012. 7. 24., 2014. 11. 4., 2016. 12. 30., 2017. 3. 27., 2018. 6. 19., 2018. 12. 31.〉

1. 법 제32조에 따른 장애인 등록 등에 관한 사무

1의2. 법 제32조의4에 따른 서비스 지원 종합조사에 관한 사무

1의3. 법 제34조에 따른 재활상담 등의 조치에 관한 사무

1의4. 법 제38조에 따른 자녀교육비 지급에 관한 사무

2. 법 제39조에 따른 장애인사용자동차등표지의 발급에 관한 사무

2의2. 법 제41조에 따른 자금 대여에 관한 사무

3. 법 제49조에 따른 장애수당 지급에 관한 사무

4. 법 제50조에 따른 장애아동수당과 보호수당의 지급에 관한 사무

4의2. 법 제59조의3에 따른 성범죄자의 취업제한 등에 관한 사무

4의3. 법 제59조의10에 따른 장애인학대의 예방과 방지에 관한 사무

5. 삭제 〈2018. 6. 19.〉

6. 제13조의2에 따른 장애인일자리사업에 관한 사무

7. 제17조에 따른 이용요금 감면에 관한 사무

② 보건복지부장관 또는 국가시험관리기관은 다음 각 호의 사무를 수행하기 위하여 불가피한 경우 「개인정보 보호법」 제23조에 따른 건강에 관한 정보, 같은 법 시행령 제18조 제2호에 따른 범죄경력자료에 해당하는 정보, 같은 영 제19조 제1호 또는 제4호에 따른 주민등록번호 또는 외국인등록번호가 포함된 자료를 처리할 수 있다. 〈개정 2012. 7. 24., 2017. 10. 31.〉

1. 법 제72조에 따른 의지 · 보조기 기사자격증, 법 제72조의2에 따른 언어재활사 자격증 및 법 제72조의3에 따른 장애인재활상담사 자격증 교부에 관한 사무

2. 법 제73조에 따른 국가시험의 관리에 관한 사무

3. 법 제74조에 따른 국가시험 응시자격의 확인에 관한 사무

[본조신설 2012. 1. 6.]

제45조의3(규제의 재검토) 보건복지부장관은 다음 각

호의 사항에 대하여 다음 각 호의 기준일을 기준으로 2년마다(매 2년이 되는 해의 기준일과 같은 날 전까지를 말한다) 그 타당성을 검토하여 개선 등의 조치를 하여야 한다. 〈개정 2016. 8. 2.〉

1. 제14조에 따른 한국수어ㆍ폐쇄자막 또는 화면해설방영 방송프로그램의 범위: 2015년 1월 1일
2. 제21조 제1항에 따른 장애인복지상담원의 자격기준: 2015년 1월 1일
3. 삭제 〈2018. 12. 24.〉

[본조신설 2014. 12. 9.]

제46조(과태료의 부과기준) 법 제90조에 따른 과태료의 부과기준은 별표 5와 같다.

[전문개정 2012. 7. 24.]

부칙 〈제29450호, 2018. 12. 31.〉

제1조(시행일) 이 영은 2019년 7월 1일부터 시행한다.

제2조(다른 법령의 개정) ① 개별소비세법 시행령 일부를 다음과 같이 개정한다.

제31조 제1항 제2호 중 "장애등급이 1급부터 3급까지에 해당하는 사람"을 "장애의 정도가 심한 장애인"으로 한다.

② 공무원수당 등에 관한 규정 일부를 다음과 같이 개정한다.

제10조 제3항 제1호 중 "장애등급 제1급부터 제6급까지"를 "장애인"으로 한다.

③ 산림문화ㆍ휴양에 관한 법률 시행령 일부를 다음과 같이 개정한다.

제9조의7제2항 제5호 중 "장애등급이 제1급부터 제3급까지의 장애인"을 "장애의 정도가 심한 장애인"으로 한다.

④ 산림복지 진흥에 관한 법률 시행령 일부를 다음과 같이 개정한다.

제27조 제2항 제2호 중 "장애등급이 제1급부터 제3급까지의 장애인"을 "장애의 정도가 심한 장애인"으로 한다.

⑤ 산업재해보상보험법 시행령 일부를 다음과 같이 개정한다.

제115조 제5호 중 "장애등급 이상"을 "장애 정도"로 한다.

⑥ 장애인 건강권 및 의료접근성 보장에 관한 법률 시행령 일부를 다음과 같이 개정한다.

제5조 제1항 중 "「장애인복지법 시행령」 제2조 제2항에 따라 제1급부터 제3급까지의 장애등급을 받은 사람"을 "「장애인복지법」 제2조에 따른 장애인 중 장애의 정도가 심한 장애인"으로 한다.

⑦ 장애인기업활동 촉진법 시행령 일부를 다음과 같이 개정한다.

제11조의3 제1항 단서 중 "장애등급"을 "장애 정도"로 한다.

⑧ 전기사업법 시행령 일부를 다음과 같이 개정한다.

제42조의4 제1항 제2호 중 "제1급부터 제3급까지의 장애인"을 "장애인 중 장애의 정도가 심한 장애인"으로 한다.

⑨ 지방공무원 수당 등에 관한 규정 일부를 다음과 같이 개정한다.

제10조 제3항 제1호 중 "장애등급 제1급 내지 제6급"을 "장애인"으로 한다.

⑩ 지방세특례제한법 시행령 일부를 다음과 같이 개정한다.

제8조 제1항 중 "장애등급 제1급부터 제3급까지에 해당하는 사람"을 "장애의 정도가 심한 장애인"으로 하고, 제15조 제3항 후단 중 "장애등급 1급부터 3급까지의 장애인"을 "장애의 정도가 심한 장애인"으로 한다.

⑪ 질서위반행위규제법 시행령 일부를 다음과 같이 개정한다.

제2조의2 제1항 제3호 중 "제1급부터 제3급까지의 장애인"을 "장애인 중 장애의 정도가 심한 장애인"으로 한다.

⑫ 환경개선비용 부담법 시행령 일부를 다음과 같이 개정한다.

제6조 제6항 제3호 중 "장애등급이 1급부터 3급까지

에 해당하는 사람"을 "장애의 정도가 심한 장애인"으로 한다.

제3조(다른 법령과의 관계) 이 영 시행 당시 다른 법령에서 종전의 「장애인복지법 시행령」의 규정을 인용하고 있는 경우에는 이 영 중 그에 해당하는 규정이 있으면 종전의 규정을 갈음하여 이 영의 해당 규정을 인용한 것으로 본다.

부록 3

장애인복지법 시행규칙

[시행 2019. 1. 1.] [보건복지부령 제606호, 2018. 12. 28., 타법개정]

보건복지부(장애인정책과) 044-202-3282
보건복지부(장애인권익지원과) 044-202-3302

제1조(목적) 이 규칙은 「장애인복지법」 및 같은 법 시행령에서 위임된 사항과 그 시행에 필요한 사항을 규정함을 목적으로 한다.

제2조(장애인의 장애등급 등) ① 「장애인복지법 시행령」(이하 "영"이라 한다) 제2조 제2항에 따른 장애인의 장애등급은 별표 1과 같다.

② 보건복지부장관은 제1항에 따른 장애등급의 구체적인 판정기준을 정하여 고시할 수 있다. 〈개정 2008. 3. 3., 2010. 3. 19.〉

제2조의2(장애 인식개선 교육) 「장애인복지법」(이하 "법"이라 한다) 제25조 제2항에 따라 장애 인식개선 교육을 실시한 기관 또는 단체의 장은 별지 제1호서식의 장애 인식개선 교육 결과보고를 작성하여 교육이 끝난 후 30일 이내에 보건복지부장관에게 제출하여야 한다.

[본조신설 2016. 6. 30.]

제2조의3(수행기관의 지정 기준) 법 제30조의2 제2항에 따른 장애인 가족 지원 사업 수행기관(이하 "수행기관"이라 한다)의 지정 기준은 별표 1의2와 같다.

[본조신설 2017. 8. 9.]

제2조의4(수행기관의 지정 절차 등) ① 보건복지부장관 또는 지방자치단체의 장은 수행기관을 지정하려면 관보 또는 인터넷 홈페이지에 다음 각 호의 사항을 10일 이상 공고하여야 한다.

1. 지정 요건
2. 수행사업의 종류 및 내용
3. 그 밖에 수행기관 지정 신청에 필요한 사항

② 수행기관으로 지정받으려는 기관 또는 단체는 별지 제11호의2서식의 수행기관 지정신청서에 다음 각 호의 서류를 첨부하여 보건복지부장관 또는 해당 지방자치단체의 장에게 제출하여야 한다. 이 경우 보건복지부장관 또는 지방자치단체의 장은 「전자정부법」 재36조 제1항에 따른 행정정보의 공동이용을 통하여 법인 등기사항증명서(법인의 경우에만 해당한다)를 확인하여야 한다.

1. 기관 또는 단체의 정관이나 이에 준하는 약정
2. 사업계획서
3. 제2조의3에 따른 지정 기준을 충족하였음을 확인할 수 있는 서류

③ 보건복지부장관 또는 지방자치단체의 장은 제2항에 따른 신청을 받으면 현지조사를 실시한 후 다음 각 호의 사항을 종합적으로 고려하여 수행기관을 지정하여야 한다.

1. 사업목적의 비영리성
2. 사업계획(재정 · 시설 · 인력 운용계획서를 포함한다)의 타당성
3. 제1항 제3호에 따른 수행사업의 이행능력

④ 보건복지부장관 또는 지방자치단체의 장은 수행기관을 지정하는 경우에는 별지 제11호의3서식의 수행기관 지정서(전자문서를 포함하다)를 해당 수행기관에게 발급하여야 한다.

⑤ 제3항에 따라 지정을 받은 수행기관은 해당 연도

의 사업운영계획을 매년 1월 31일까지 보건복지부장관 또는 해당 지방자치단체의 장에게 제출하여야 하며, 반기별 사업운영실적을 매 반기 종료 후 1개월 이내에 보건복지부장관 또는 해당 지방자치단체의 장에게 제출하여야 한다.

⑥ 제3항에 따라 지정을 받은 수행기관은 제2항 각 호의 어느 하나에 해당하는 사항이 변경되는 경우에는 보건복지부장관 또는 해당 지방자치단체의 장에게 그 사실을 통지하여야 한다.

[본조신설 2017. 8. 9.]

제3조(장애인의 등록신청 및 장애진단) ① 법 제32조 제1항에 따라 장애인의 등록을 신청하려는 사는 별지 제1호의2서식의 장애인 등록 및 서비스 신청서에 사진(신청 전 6개월 이내에 모자 등을 쓰지 않고 촬영한 천연색 상반신 정면사진으로 가로 3.5센티미터, 세로 4.5센티미터의 사진을 말한다) 1장을 첨부하여 관할 읍 · 면 · 동장을 거쳐 특별자치시장 · 특별자치도지사 · 시장 · 군수 · 구청장(자치구의 구청장을 말하며, 이하 "시장 · 군수 · 구청장"이라 한다)에게 제출하여야 한다. 다만, 시장 · 군수 · 구청장은 법 제32조의2에 따라 장애인 등록을 하려는 사람에 대해서는 「전자정부법」 제36조 제1항에 따른 행정정보의 공동이용을 통하여 재외동포 및 외국인임을 증명하는 서류를 확인하여야 하며, 신청인이 확인에 동의하지 않은 경우에는 이를 첨부하도록 하여야 한다. 〈개정 2011. 2. 1., 2013. 1. 25., 2015. 8. 3., 2016. 6. 30., 2016. 12. 30.〉

② 제1항에 따른 등록신청을 받은 시장 · 군수 · 구청장은 등록대상자와의 상담을 통하여 그 장애상태가 영 제2조에 따른 장애인의 기준에 명백하게 해당되지 아니하는 경우 외에는 지체 없이 별지 제2호서식의 의뢰서에 따라 「의료법」 제3조에 따른 의료기관 또는 「지역보건법」 제10조 및 제13조에 따른 보건소와 보건지소(이하 "의료기관"이라 한다) 중 보건복지부장관이 정하는 장애유형별 해당 전문의가 있는 의료기관에 장애진단을 의뢰하여야 한다. 〈개정 2008. 3. 3., 2010. 3. 19., 2015. 11. 18.〉

③ 제2항에 따라 장애진단을 의뢰받은 의료기관은 장애인의 장애상태를 진단한 후 별지 제3호서식의 진단서를 장애진단을 의뢰한 시장 · 군수 · 구청장에게 통보하여야 한다.

④ 시장 · 군수 · 구청장은 제3항에 따라 통보받은 진단 결과에 대하여 보다 정밀한 심사가 필요하다고 인정되는 경우에는 국민연금공단에 장애정도에 관한 심사를 의뢰할 수 있다. 이 경우 장애정도에 관한 국민연금공단의 심사 방법 및 기준 등에 필요한 사항은 보건복지부장관이 정하여 고시한다. 〈개정 2008. 3. 3., 2010. 3. 12., 2010. 3. 19., 2011. 2. 1.〉

제3조의2(진료기록 열람 등의 동의) ① 법 제32조 제6항에 따라 장애 정도에 관한 정밀심사를 의뢰받은 공공기관이 같은 조 제7항 전단에 따른 동의를 받으려는 경우에는 별지 제1호의2서식의 신청서 또는 별지 제1호의3서식의 진료기록 열람 및 사본 교부 요청 동의서에 따른다.

② 법 제32조 제7항에 따라 열람 또는 사본 교부를 요청할 수 있는 진료에 관한 사항은 진료기록 자료, 검사결과 자료 등 「의료법」에 따른 의료기관의 진료관련 기록으로 한다.

③ 제1항에 따른 공공기관이 법 제32조 제7항에 따라 의료기관으로부터 해당 진료에 관한 사항을 열람하거나 사본을 교부받은 경우에는 심사를 받으려는 본인이나 법정대리인 또는 영 제20조에 따른 보호자(이하 "법정대리인등"이라 한다)에게 우편이나 휴대전화 문자전송 등의 방법으로 그 사실을 통보하여야 한다. 〈개정 2017. 8. 9.〉

[본조신설 2016. 6. 30.]

제4조(장애인등록증 교부 등) ① 시장 · 군수 · 구청장은 제3조에 따라 진단 결과나 장애정도에 관한 심사 결과를 통보받은 경우에는 제2조에 따른 장애등급에 해당하는지를 확인하여 장애인으로 등록하여야 한다. 이 경우 해당 장애인에 대한 장애인등록카드를 작성하고, 장애인등록증(이하 "등록증"이라 한다)을

발급하여야 한다.

② 장애인은 등록증을 잃어버리거나 그 등록증이 훼손되어 못 쓰게 되었을 때 또는 제3항에 따라 「여신전문금융업법」 제2조에 따른 신용카드나 직불카드(이하 "신용카드등"이라 한다)와 통합된 등록증으로 재발급 받으려는 경우에는 별지 제1호의2서식의 신청서에 등록증(등록증을 잃어버린 경우는 제외한다)을 첨부하여 관할 읍·면·동장을 거쳐 시장·군수·구청장에게 재발급을 신청하여야 한다. 〈개정 2009. 12. 31., 2016. 6. 30.〉

③ 시장·군수·구청장은 제2항에 따라 장애인이 신용카드등과 통합된 등록증의 발급을 신청하는 경우에는 이를 발급할 수 있다.

④ 장애인은 등록증의 기재사항을 변경하려면 별지 제5호서식의 신청서에 장애인등록증과 기재사항의 변경내용을 증명할 수 있는 서류를 첨부하여 관할 읍·면·동장을 거쳐 시장·군수·구청장에게 신청하여야 한다. 이 경우 시장·군수·구청장이 「전자정부법」 제36조 제1항에 따른 행정정보의 공동이용을 통하여 기재사항의 변경내용을 증명할 수 있는 서류에 대한 정보를 확인할 수 있는 경우에는 그 확인으로 첨부서류를 갈음하되, 신청인이 확인에 동의하지 않는 경우에는 그 서류를 첨부하여야 한다. 〈개정 2010. 9. 1.〉

제5조(등록증 서식 등) ① 등록증의 재질·규격 및 표기사항은 다음 각 호와 같으며, 표기사항의 위치와 그 밖에 필요한 사항은 보건복지부장관이 따로 정한다. 〈개정 2008. 3. 3., 2010. 3. 19.〉

1. 재질 : 플라스틱
2. 규격 : 가로 8.6센티미터, 세로 5.4센티미터
3. 표기사항 : 장애인의 성명·주소·사진·주민등록번호·장애종류·장애등급·등록일, 보호자 연락처, 기재사항 변경란, 발급일, 발급기관, 발급기관의 직인. 다만, 제4조 제3항에 따라 신용카드등과 통합된 등록증의 경우에는 보건복지부장관이 정하는 바에 따라 표기사항의 일부를 생략할 수 있다.

② 제1항에 따른 등록증 발급기관의 직인은 그 직인의 인영(印影)을 인쇄함으로써 날인을 대신할 수 있다.

제6조(장애등급 조정) ① 장애인은 장애상태가 현저하게 변화되어 장애등급의 조정이 필요한 경우에는 별지 제6호서식의 신청서에 등록증을 첨부하여 시장·군수·구청장에게 장애등급의 조정을 신청할 수 있다.

② 제1항에 따라 장애등급의 조정신청을 받은 시장·군수·구청장은 의료기관에 장애진단을 의뢰하여야 한다.

③ 제2항에 따라 장애진단을 의뢰받은 의료기관은 장애인의 장애상태를 진단한 후 별지 제3호서식의 진단서를 장애진단을 의뢰한 시장·군수·구청장에게 통보하여야 한다.

④ 시장·군수·구청장은 제3항에 따라 통보받은 진단결과에 대하여 보다 정밀한 심사가 필요하다고 인정되는 경우에는 국민연금공단에 장애정도에 관한 심사를 의뢰할 수 있다. 이 경우 장애정도에 관한 국민연금공단의 심사 방법 및 기준 등에 필요한 사항은 보건복지부장관이 정하여 고시한다. 〈개정 2008. 3. 3., 2010. 3. 12., 2010. 3. 19., 2011. 2. 1.〉

⑤ 제3항과 제4항에 따라 진단 결과나 장애정도 심사결과를 통보받은 시장·군수·구청장은 통보받은 내용을 토대로 장애등급을 조정하고, 그 결과를 신청인에게 통지하여야 한다.

제7조(장애상태 확인) ① 시장·군수·구청장은 법 제32조 제3항에 따라 장애인의 장애상태를 확인하여 장애상태에 맞는 장애등급을 유지하여야 한다. 다만, 장애상태에 현저한 변화 가능성이 없다고 판단되는 장애인에 대하여는 그러하지 아니하다.

② 시장·군수·구청장은 제1항에 따라 장애인의 장애상태를 확인하려는 경우에는 별지 제7호서식의 통보서를 해당 장애인에게 송부하여야 한다.

③ 장애상태를 확인하기 위한 장애진단 및 장애등급의 조정에 관하여는 제6조 제2항부터 제5항까지

의 규정을 준용한다. 〈개정 2010. 3. 12.〉

제7조의2(장애인 등록 취소) ① 법 제32조의3 제1항 제1호에 따라 장애인이 사망한 경우에는 사망한 날의 다음 날, 같은 항 제2호부터 제4호까지의 규정에 따라 장애인 등록이 취소되는 경우에는 장애인 등록이 취소된 날의 다음 날에 법 제32조 제1항에 따라 등록된 장애인의 자격이 상실되는 것으로 본다.

② 법 제32조의3 제1항 제3호에 따른 기간은 해당 장애인이 제7조 제2항에 따른 통보서를 송부받은 날부터 90일로 한다.

③ 법 제32조의3 제1항 제4호에 따라 장애인이 장애인 등록 취소를 신청하려면 별지 제7호의2서식의 장애인 등록 취소 신청서에 등록증을 첨부하여 시장·군수·구청장에게 제출하여야 한다.

④ 제3항에 따라 장애인 등록 취소를 신청하려는 사람이 지적장애인, 자폐성장애인, 정신장애인 및 미성년자인 경우에는 법정대리인등의 동의가 있어야 한다. 이 경우 시장·군수·구청장은 「전자정부법」 제36조 제1항에 따른 행정정보의 공동이용을 통하여 법정대리인등임을 증명하는 서류를 확인하여야 하며, 신청인이 확인에 동의하지 아니하는 경우에는 이를 첨부하도록 하여야 한다.

⑤ 시장·군수·구청장은 제3항에 따른 장애인 등록 취소 신청을 받은 경우에는 그 신청일부터 7일 이내에, 제4항에 따른 장애인 등록 취소 신청을 받은 경우에는 그 신청일부터 14일 이내에 해당 신청인의 장애인 등록을 취소하여야 한다.

⑥ 시장·군수·구청장은 부득이한 사유로 제5항에 따른 기간 내에 해당 신청을 처리하기 어렵다고 인정되는 경우에는 7일 이내의 범위에서 한 번만 그 처리기간을 연장할 수 있다. 이 경우 시장·군수·구청장은 처리기간의 연장 사유와 처리 예정 기한을 지체 없이 신청인에게 통지하여야 한다.

[본조신설 2017. 8. 9.]

제8조(등록증 반환통보) 시장·군수·구청장은 법 제32조의3 제2항에 따라 등록증의 반환을 명하는 경우에는 별지 제8호서식의 등록증 반환통보서를 반환기한 2주전까지 해당 처분의 상대방에게 송달하여야 한다. 〈개정 2009. 12. 31., 2017. 8. 9.〉

[제목개정 2009. 12. 31.]

제9조(장애인 증명서 발급) ① 시장·군수·구청장은 신청에 따라 장애인 증명서를 발급할 수 있다. ② 제1항에 따른 장애인 증명서는 별지 제9호서식에 따른다.

제10조(등록현황의 기록 및 관리) ① 시장·군수·구청장은 장애인등록현황을 별지 제10호서식에 따라 기록·관리하여야 한다.

② 시장·군수·구청장은 장애인이 주소를 이전한 경우에는 장애인등록 관계서류를 신주소지를 관할하는 시장·군수·구청장에게 이송하여야 한다.

제11조(장애판정위원회의 심의사항) 법 제32조 제4항에 따른 장애판정위원회(이하 "위원회"라 한다)는 다음 각 호의 사항을 심의한다. 〈개정 2008. 3. 3., 2010. 3. 19.〉

1. 장애인정·장애등급 사정(査定)기준과 장애진단 방법에 관한 사항
2. 그 밖에 장애인정·장애등급 사정과 관련하여 보건복지부장관이 회의에 부치는 사항

제12조(위원회의 구성) ① 위원회의 위원은 위원장 1명을 포함한 10명 이상 20명 이하의 위원으로 구성한다.

② 위원장은 위원 중에서 호선한다.

③ 위원은 다음 각 호의 어느 하나에 해당하는 자 중에서 보건복지부장관이 임명하거나 위촉한다. 〈개정 2008. 3. 3., 2010. 3. 19.〉

1. 장애인에 대한 진단·재활·치료·교육 및 훈련 등에 관한 학식과 경험이 풍부한 자
2. 장애인복지업무에 종사하는 공무원

제13조(위촉위원 임기) 위촉위원의 임기는 3년으로 하되, 연임할 수 있다.

제13조의2(위원의 해임 및 해촉) 보건복지부장관은 위원회의 위원이 다음 각 호의 어느 하나에 해당하는 경우에는 해당 위원을 해임하거나 해촉(解囑)할 수 있다.

1. 심신장애로 인하여 직무를 수행할 수 없게 된 경우
2. 직무와 관련된 비위사실이 있는 경우
3. 직무태만, 품위손상이나 그 밖의 사유로 인하여 위원으로 적합하지 아니하다고 인정되는 경우
4. 위원 스스로 직무를 수행하는 것이 곤란하다고 의사를 밝히는 경우

[본조신설 2016. 6. 30.]

제14조(위원장 직무) 위원장은 위원회를 대표하며, 위원회의 업무를 총괄한다.

제15조(회의) ① 위원회의 회의는 보건복지부장관 또는 재적위원 3분의 1 이상의 회의소집 요청이 있거나 위원장이 필요하다고 인정할 때에 소집한다. 〈개정 2008. 3. 3., 2010. 3. 19.〉

② 위원회의 회의는 재적위원 과반수의 출석으로 열고, 출석위원 과반수의 찬성으로 의결한다.

제16조(간사) 위원회의 사무를 처리하기 위하여 위원회에 간사 1명을 두되, 보건복지부 장애인정책과장으로 한다. 〈개정 2008. 3. 3., 2010. 3. 19.〉

제17조(수당 및 여비) 위원회의 회의에 출석한 위원에게는 예산의 범위에서 수당과 여비를 지급할 수 있다. 다만, 공무원인 위원이 그 소관업무에 직접 관련되어 출석하는 경우에는 그러하지 아니하다.

제18조(운영세칙) 이 규칙에서 정한 것 외에 위원회의 운영에 필요한 사항은 위원회의 의결을 거쳐 위원장이 정한다.

제18조의2(장애등급이 변동 · 상실된 장애인 등에 대한 정보 제공) ① 법 제32조의5제1항에 따른 대상자별 정보제공의 내용은 별표 1의3과 같다. 〈개정 2017. 8. 9.〉

② 제1항에 따른 정보의 제공은 우편, 전화 등의 방법으로 할 수 있다.

③ 제1항에 따른 정보의 제공에 필요한 세부적인 내용, 기준과 방법 등에 관한 사항은 보건복지부장관이 정한다.

[본조신설 2016. 6. 30.]

제19조(장애인복지시설의 이용 등) 시장 · 군수 · 구청장은 법 제34조 제1항 제3호에 따라 장애인을 장애인복지시설에 위탁하여 주거편의 · 상담 · 치료 및 훈련 등의 서비스를 받도록 하려는 경우에는 별지 제11호서식의 의뢰서를 그 시설의 장에게 송부하여야 한다. 〈개정 2012. 4. 10.〉

[제목개정 2012. 4. 10.]

제20조 삭제 〈2018. 6. 20.〉

제21조 삭제 〈2018. 6. 20.〉

제22조(산후조리도우미 지원사업에 대한 모니터링) 국가 및 지방자치단체는 법 제37조 제2항에 따라 산후조리도우미 지원사업의 현황, 지원대상자의 만족도 등에 관한 사항을 매년 점검하여야 한다.

제23조(자녀교육비 지급대상 및 기준) ① 법 제38조에 따른 자녀교육비의 지급대상은 다음 각 호의 어느 하나에 해당하는 자 중 소득과 재산을 고려하여 매년 예산의 범위에서 보건복지부장관이 정한다. 다만, 「국민기초생활 보장법」 등 다른 법령에 따라 교육비를 받는 자에게는 그 받은 금액만큼 감액하여 지급한다. 〈개정 2008. 3. 3., 2010. 3. 19.〉

1. 학교에 입학하거나 재학하는 자녀를 둔 장애인
2. 학교에 입학하거나 재학하는 장애인을 부양하는 자

② 제1항에 따른 교육비는 다음 각 호의 어느 하나에 해당하는 「초 · 중등교육법」에 따른 학교에 입학 또는 재학하는 자의 입학금 · 수업료와 그 밖에 교육에 드는 비용으로 한다. 〈개정 2012. 7. 27.〉

1. 초등학교 · 공민학교
2. 중학교 · 고등공민학교
3. 고등학교 · 고등기술학교
4. 특수학교
5. 각종학교

③ 제1항에 따른 자녀교육비의 지급대상별 지급액 등 지급의 세부기준은 매년 예산의 범위에서 보건복지부장관이 정한다. 〈개정 2008. 3. 3., 2010. 3. 19.〉

제24조(자녀교육비 지급대상자 선정) ① 제23조에 따라 자녀교육비를 지급받으려는 자는 학비지급신청서에 소득 · 재산신고서, 금융정보등의 제공 동의서

와 재학증명서나 입학을 증명할 수 있는 서류를 첨부하여 시장 · 군수 · 구청장에게 제출하여야 한다. 〈개정 2009. 12. 31., 2012. 7. 27.〉

② 제1항에 따라 자녀교육비 지급신청을 받은 시장 · 군수 · 구청장은 제23조 제1항에 따른 자녀교육비 지급대상자의 해당여부를 결정하여 신청인에게 통보하여야 한다.

③ 시장 · 군수 · 구청장은 제2항에 따른 자녀교육비의 지급대상자 결정을 위하여 관계공무원으로 하여금 신청한 장애인가구의 소득과 재산을 확인하게 할 수 있다. 〈개정 2009. 12. 31.〉

제25조(자녀교육비 지급방법 및 시기) 자녀교육비는 다음 각 호의 구분에 따라 제24조 제2항에 따른 자녀교육비 지급대상자에게 전분기(前分期) 말까지 지급한다. 〈개정 2012. 7. 27.〉

1. 제1분기 : 3월 1일부터 5월 31일까지
2. 제2분기 : 6월 1일부터 8월 31일까지
3. 제3분기 : 9월 1일부터 11월 30일까지
4. 제4분기 : 12월 1일부터 그 다음 해의 2월 말일까지

제26조(장애인 사용 자동차 등 표지의 발급대상) 법 제39조에 따라 장애인이 사용하는 자동차 등임을 알아 볼 수 있는 표지(이하 "장애인사용자동차등표지"라 한다)의 발급 대상은 「자동차관리법」에 따른 자동차로서 다음 각 호의 어느 하나에 해당하는 것으로 한다. 〈개정 2009. 12. 31., 2011. 2. 1., 2011. 4. 7., 2011. 5. 20., 2011. 12. 8., 2012. 7. 27.〉

1. 법 제58조에 따른 장애인복지시설(이하 "장애인복지시설"이라 한다)이나 법 제63조에 따른 장애인복지단체(이하 "장애인복지단체"라 한다)의 명의로 등록하여 장애인복지사업에 사용되는 자동차 또는 지방자치단체의 명의로 등록하여 장애인복지시설이나 장애인복지단체가 장애인복지사업에 사용하는 자동차
2. 다음 각 목의 어느 하나에 해당하는 자의 명의로 등록하여 장애인이 사용하는 자동차
가. 법 제32조에 따라 등록한 장애인
나. 가목에 따른 장애인과 주민등록표상의 주소를 같이 하면서 함께 거주하는 장애인의 배우자, 직계존 · 비속, 직계비속의 배우자, 형제 · 자매, 형제 · 자매의 배우자 및 자녀
다. 「재외동포의 출입국과 법적 지위에 관한 법률」에 따라 국내거소신고를 한 재외동포나 「출입국관리법」에 따라 외국인등록을 한 외국인으로서 제28조 제1항 각 호의 어느 하나에 해당하는 장애가 있는 자
3. 제2호 가목에 해당하는 장애인이 1년 이상의 기간을 정하여 시설대여를 받거나 임차하여 사용하는 자동차
4. 「노인복지법」 제34조에 따른 노인의료복지시설의 명의로 등록하여 노인복지사업에 사용되는 자동차
5. 「장애인 등에 대한 특수교육법」 제28조 제5항에 따라 장애인의 통학을 위하여 사용되는 자동차
6. 「영유아보육법」 제26조에 따라 장애아를 전담하는 어린이집의 명의로 등록하여 장애아보육사업에 사용되는 자동차
7. 「교통약자의 이동편의 증진법」 제16조에 따른 특별교통수단으로서 장애인의 이동편의를 위해 사용되는 자동차

[제목개정 2012. 7. 27.]

제27조(장애인사용자동차등표지의 발급 등) ① 제26조 각 호의 어느 하나에 해당하여 장애인사용자동차등표지를 발급받으려는 자는 별지 제1호의2서식의 신청서에 다음 각 호의 서류를 첨부하여 주소지(재외동포와 외국인의 경우에는 각각 국내거소지나 체류지를 말한다) 관할 읍 · 면 · 동장을 거쳐 시장 · 군수 · 구청장에게 제출하여야 한다. 이 경우 시장 · 군수 · 구청장은 「전자정부법」 제36조 제1항에 따른 행정정보의 공동이용을 통하여 국내거소신고 또는 외국인등록 사실증명(신청인이 재외동포나 외국인인 경우에만 해당한다)과 자동차등록증을 확인하여야 하며, 신청인이 동의하지 아니하는 경우에는 각 해당서류의 사본을 첨부하도록 하여야 한다. 〈개정 2009. 12.

31., 2010. 9. 1., 2012. 7. 27., 2016. 6. 30.〉

1. 제28조 제1항 각 호의 어느 하나에 해당하는 장애가 있음을 증명하는 의사의 진단서 1부(재외동포나 외국인의 경우에만 해당한다)

2. 시설대여계약서 또는 임차계약서 사본 1부(자동차를 시설대여 받거나 임차한 경우에만 해당한다)

② 제1항에 따른 장애인사용자동차등표지의 발급신청을 받은 시장·군수·구청장은 해당 사실의 여부를 확인한 후 보건복지부장관이 정하는 장애인사용자동차등표지를 발급하여야 한다. 〈개정 2008. 3. 3., 2010. 3. 19., 2012. 7. 27.〉

③ 사용 중인 장애인사용자동차등표지를 잃어버리거나 그 표지가 훼손되어 못 쓰게 된 경우 또는 장애인사용자동차등표지의 기재사항을 변경하려는 경우에는 별지 제1호의2서식의 신청서에 다음 각 호의 서류를 첨부하여 관할 읍·면·동장을 거쳐 시장·군수·구청장에게 재발급을 신청하여야 한다. 〈개정 2009. 12. 31., 2012. 7. 27., 2016. 6. 30.〉

1. 장애인사용자동차등표지(잃어버린 경우는 제외한다)

2. 변경 사실을 증명할 수 있는 서류 1부(기재사항 변경의 경우에만 해당한다)

④ 장애인사용자동차의 소유자는 그 자동차를 다른 사람에게 양도·증여하거나 폐차 또는 등록말소를 하려는 경우에는 즉시 그 자동차에 사용 중인 장애인사용자동차등표지를 관할 읍·면·동장을 거쳐 시장·군수·구청장에게 반납하여야 한다. 〈개정 2012. 7. 27.〉

⑤ 시장·군수·구청장은 장애인사용자동차등표지 발급현황을 별지 제14호서식에 따라 기록·관리하여야 한다. 〈개정 2012. 7. 27.〉

[제목개정 2012. 7. 27.]

제28조(보행상 장애가 있는 자에 대한 배려) ① 시장·군수·구청장은 법 제39조 제1항에 따른 장애인의 자동차 사용의 편의를 위하여 보행상의 장애가 있는 자로서 다음 각 호의 어느 하나에 해당하는 장애인이 자동차를 이용할 때에 그 장애로 말미암아 부득이하게 관계 법령에 따른 정차 또는 주차의 방법 등을 위반한 경우에는 그 원인과 결과 등을 고려하여 교통소통 및 안전에 지장을 주지 아니하는 범위에서 최대한 계도 위주의 단속이 이루어지도록 배려하여야 한다.

1. 다리 부위나 척추 부위에 장애가 있는 자(팔에만 장애가 있는 경우 또는 기능의 손상이 없이 신체에 변형 등의 장애가 있는 경우는 제외한다)

2. 별표 1 제3호에 따른 제1급부터 제5급까지에 해당하는 시각장애인

3. 평형기능에 장애가 있는 자

4. 그 밖에 중증의 장애로 보행에 현저한 제약을 받는 자

② 제1항에 따른 계도 위주의 단속이 원활하게 이루어지도록 하기 위하여 시장·군수·구청장은 장애인사용자동차등표지를 발급할 때에 제1항 각 호의 어느 하나에 해당하는 장애인에 대하여는 보행상 장애가 있음을 장애인사용자동차등표지에 따로 표시하여야 한다. 〈개정 2012. 7. 27.〉

제29조(장애인 보조견표지 발급대상) 법 제40조에 따른 장애인 보조견표지(이하 "보조견표지"라 한다)의 발급대상은 보건복지부장관이 정하여 고시하는 시설기준에 해당하는 장애인 보조견 전문훈련기관(이하 "전문훈련기관"이라 한다)에서 훈련 중이거나 훈련을 이수한 장애인 보조견으로 한다. 〈개정 2008. 3. 3., 2010. 3. 19.〉

제30조(보조견표지 발급 등) ① 제29조에 따른 전문훈련기관의 장은 해당 훈련기관에서 훈련 중이거나 훈련을 이수한 장애인 보조견에 대하여 보조견표지의 발급을 신청할 수 있다.

② 전문훈련기관의 장이 제1항에 따라 보조견표지의 발급을 신청하려면 별지 제15호서식의 신청서에 다음 각 호의 서류를 첨부하여 보건복지부장관에게 제출하여야 한다. 〈개정 2008. 3. 3., 2010. 3. 19.〉

1. 장애인 보조견의 전신사진 1장

2. 장애인 보조견이 훈련 중이거나 훈련을 이수하였음을 증명하는 서류 1부

③ 보건복지부장관은 제1항에 따라 보조견표지의 발급을 신청받으면 신청내용의 사실 여부를 확인한 후 별표 2에 따른 보조견표지를 발급하여야 한다. 〈개정 2008. 3. 3., 2010. 3. 19.〉

④ 전문훈련기관의 장은 사용 중인 보조견표지를 잃어버리거나 그 표지가 훼손되어 못 쓰게 된 경우에는 별지 제15호서식의 신청서에 다음 각 호의 서류를 첨부하여 보건복지부장관에게 재발급을 신청하여야 한다. 〈개정 2008. 3. 3., 2010. 3. 19.〉

1. 재발급 사유를 증명하는 서류 1부
2. 보조견표지(훼손되어 못 쓰게 된 경우에만 해당한다)

⑤ 전문훈련기관의 장은 장애인 보조견이 사망하거나 장애인 보조견으로서 활동을 계속할 수 없다고 판단되는 경우에는 그 장애인 보조견에 사용 중인 보조견표지를 보건복지부장관에게 반납하여야 한다. 〈개정 2008. 3. 3., 2010. 3. 19.〉

⑥ 보건복지부장관은 보조견표지 발급현황을 별지 제16호서식에 따라 기록 · 관리하여야 한다. 〈개정 2008. 3. 3., 2010. 3. 19.〉

제31조(자금대여 신청) 영 제25조 제1항에 따라 자금을 대여받으려는 자는 자금대여신청서에 다음 각 호의 구분에 따른 서류를 첨부하여 관할 읍 · 면 · 동장을 거쳐 시장 · 군수 · 구청장에게 제출하여야 한다. 〈개정 2012. 4. 10.〉

1. 생업자금 : 사업의 종류, 사업장의 소재지 및 사업의 내용 등을 적은 사업계획서
2. 생업을 위한 자동차 구입비 : 차량매매계약서
3. 취업에 필요한 지도 및 기술훈련비 : 지도 및 기술훈련 시설의 장이 발급하는 훈련증명서
4. 기능회복 훈련에 필요한 장애인보조기구 구입비 : 용도를 명시한 매매계약서
5. 사무보조기기 구입비 : 사용처 · 용도 등을 명시한 매매계약서

제32조(자금대여 관리카드) ① 시장 · 군수 · 구청장은 영 제25조 제2항에 따라 자금대여 대상자를 결정하면 자금대여 결정통지서(전자문서를 포함한다)로 통지하고 자금대여 내용을 자금대여 관리카드에 기록 · 관리하여야 한다. 〈개정 2009. 12. 31., 2012. 4. 10.〉

② 영 제25조 제2항에 따른 금융기관 또는 체신관서는 시장 · 군수 · 구청장의 자금대여 결정통지를 받으면 자금을 대여하고 그 대여내용 및 상환방법 등을 관할 시장 · 군수 · 구청장에게 통보하여야 한다. 〈개정 2012. 4. 10.〉

제33조(자립훈련비 지급 등) ① 법 제43조 제1항에 따른 자립훈련비의 지급대상자는 장애인복지시설에서 자립을 목적으로 훈련을 받는 장애인으로 한다.

② 자립훈련비의 지급대상과 종류별 지급금액 등에 관한 세부기준은 매년 예산의 범위에서 보건복지부장관이 정한다. 〈개정 2008. 3. 3., 2010. 3. 19.〉

제34조 삭제 〈2018. 6. 20.〉

제35조 삭제 〈2018. 6. 20.〉

제36조 삭제 〈2018. 6. 20.〉

제37조 삭제 〈2018. 6. 20.〉

제37조의2(장애인 응시자에 대한 편의제공) ① 법 제46조의2에 따른 편의제공의 내용 및 방법은 다음 각 호와 같다. 다만, 시험의 특성, 장애인 응시자의 장애의 종류 및 장애등급에 따라 편의제공의 내용 및 방법을 달리할 수 있다.

1. 장애인 보조기구 지참 허용
2. 시험시간 연장
3. 확대 문제지 및 확대 답안지 제공
4. 시험실 별도 배정
5. 그 밖에 보건복지부장관이 정하여 고시하는 사항

② 영 제28조 각 호에 따른 시험을 실시하려는 국가, 지방자치단체 및 기관 · 단체의 장은 편의제공의 기준을 마련하여 시험 공고와 함께 게시하여야 한다.

③ 제1항 및 제2항에서 규정한 사항 외에 장애인 응시자에 대한 편의제공에 필요한 사항은 보건복지부장관이 정하여 고시한다.

[본조신설 2016. 6. 30.]

제38조(장애수당 등의 지급신청) ① 법 제50조의2 제1항에 따라 장애수당 · 장애아동수당 및 보호수당(이하 "장애수당등"이라 한다)을 지급받으려는 자는 장애수당등 지급신청서에 소득 · 재산신고서 및 금융정보등의 제공 동의서를 첨부하여 관할 읍 · 면 · 동장을 거쳐 시장 · 군수 · 구청장에게 제출하여야 한다. 〈개정 2009. 12. 31., 2012. 4. 10., 2012. 7. 27.〉

② 시장 · 군수 · 구청장은 제1항에 따른 장애수당등의 지급신청을 받으면 영 제30조에 따른 지급대상인지를 조사 · 확인한 후 그 결과를 신청인에게 통지하여야 한다. 〈개정 2012. 4. 10., 2012. 7. 27.〉

③ 제2항에 따라 조사를 하는 공무원은 그 권한을 표시하는 증표를 지니고 관계인에게 내보여야 한다. 〈신설 2012. 7. 27.〉

④ 영 제32조 제2항 후단에 따라 지급대상자의 배우자 등의 계좌로 장애수당등을 받으려는 자는 별지 제41호서식의 장애수당등 대리수령 신청서(전자문서로 된 신청서를 포함한다)에 다음 각 호의 서류(전자문서를 포함한다)를 첨부하여 시장 · 군수 · 구청장에게 제출하여야 한다. 〈신설 2009. 12. 31., 2012. 4. 10., 2012. 7. 27.〉

1. 지급대상자의 인적 사항을 확인할 수 있는 서류
2. 영 제32조 제2항 각 호의 사유 중 어느 하나에 해당함을 증명할 수 있는 서류 1부
3. 대리수령인이 지급대상자의 배우자, 직계혈족 또는 3촌 이내의 방계혈족임을 확인할 수 있는 서류

제39조 삭제 〈2012. 7. 27.〉

제39조의2(중증장애인자립생활지원센터의 운영기준) ① 법 제54조 제2항에 따른 중증장애인자립생활지원센터(이하 "자립생활센터"라 한다)의 의사결정, 서비스제공 및 운영 등은 장애인 주도로 이루어져야 하며, 그 운영기준은 다음 각 호와 같다.

1. 자립생활센터는 의사결정기구의 과반수를 장애인으로 구성하여야 한다.
2. 자립생활센터는 장애동료 상담전문가 1인 이상의 인력을 갖추어야 하며, 센터의 장 이외의 직원 중 1인 이상은 장애인이어야 한다.
3. 자립생활센터는 법 제54조 제1항의 목적을 실현하기 위하여 다음 업무를 주로 수행하여야 한다.

가. 장애인의 자립생활 역량 강화 및 동료상담 등 장애인 동료에 의한 서비스 지원
나. 모든 유형의 장애인이 지역사회에서 참여적이고 통합적인 생활이 가능하도록 정보제공 및 의뢰 등 다양한 서비스의 제공과 이를 실현할 수 있는 지역사회의 물리적 · 사회적 환경개선 사업
다. 장애인이 지역사회에 참여하고 생활하는 데 있어서의 차별 해소 및 장애인 인권의 옹호 · 증진
라. 중증장애인에게 적합한 서비스의 제공

② 지방자치단체는 보조금을 지원하는 자립생활센터를 정기적으로 평가하여야 하고, 평가 시 제1항의 운영기준에 대한 성과를 중시해야 한다.

③ 자립생활센터는 조직 운영, 사업 수행, 재정 확보, 운용 등에 대해 객관적으로 평가받을 수 있도록 관련 기록 및 자료를 관리하여야 한다.

④ 그 밖에 자립생활센터의 운영에 관하여 필요한 사항은 보건복지부장관이 정한다.

[본조신설 2011. 4. 7.]

제40조 삭제 〈2011. 8. 17.〉

제40조의2(장애동료 간 상담의 제공기관 및 내용) ① 법 제56조에 따른 장애동료 간 상담은 장애인에 의해 장애인에게 제공되는 상담이나 정보제공 활동으로 다음 각 호의 내용을 포함한다.

1. 장애인의 심리적인 고충
2. 가족 및 사회적인 관계에서 발생하는 문제
3. 지역사회 자원의 활용방법
4. 기타 장애인이 처한 곤란한 문제 등의 대처방법

② 국가와 지방자치단체는 자립생활센터로 하여금 장애동료 간 상담사업을 실시하도록 하여야 한다.

③ 국가와 지방자치단체는 제39조의2 제1항 제2호의 장애동료 상담전문가를 양성하기 위하여 일정 요건을 갖춘 기관을 지정하여 운영할 수 있다.

④ 그 밖에 장애동료 간 상담 및 장애동료 상담전문가 양성기관의 지정에 관하여 필요한 사항은 보건복지부장관이 정한다.
[본조신설 2011. 4. 7.]

제41조(장애인복지시설의 종류와 사업) 법 제58조 제2항에 따른 장애인복지시설의 구체적인 종류는 별표 4와 같이 구분하고, 장애인복지시설의 종류별 사업은 별표 5에서 정하는 바에 따른다.

제42조(시설의 설치 · 운영기준) 법 제59조에 따른 장애인복지시설의 설치 · 운영기준은 별표 5와 같다.

제43조(시설의 설치 · 운영신고 등) ① 법 제59조 제2항 본문에 따라 국가 또는 지방자치단체 외의 자가 장애인복지시설을 설치 · 운영하려는 경우에는 별지 제20호서식의 신고서(전자문서로 된 신고서를 포함한다)에 다음 각 호의 서류(전자문서를 포함한다)를 첨부하여 관할 시장 · 군수 · 구청장에게 제출하여야 한다.
1. 정관 1부(법인인 경우에만 해당한다)
2. 시설운영에 필요한 재산목록 1부
3. 사업계획서 및 예산서 각 1부
4. 시설의 운영에 관한 규정 각 1부
5. 시설의 평면도(시설의 층별 및 구조별 면적을 표시하여야 한다)와 설비구조 내역서 각 1부

② 제1항에 따라 신고서를 받은 시장 · 군수 · 구청장은 「소방시설 설치 · 유지 및 안전관리에 관한 법률 시행령」 별표 5에 따라 장애인복지시설이 갖추어야 하는 소방시설에 대하여 「소방시설 설치 · 유지 및 안전관리에 관한 법률」 제7조 제6항 전단에 따라 그 장애인복지시설의 소재지를 관할하는 소방본부장이나 소방서장에게 그 장애인복지시설이 같은 법 또는 같은 법에 따른 명령을 따르고 있는지에 대한 확인을 요청하여야 하고, 「전자정부법」 제36조 제1항에 따른 행정정보의 공동이용을 통하여 다음 각 호의 서류를 확인하여야 한다. 〈개정 2010. 9. 1., 2012. 4. 10., 2015. 8. 3., 2017. 3. 28.〉
1. 법인 등기사항증명서(법인인 경우만 해당한다)
2. 삭제 〈2017. 3. 28.〉
3. 건물등기부 등본
4. 토지등기부 등본

③ 법 제59조 제2항 본문에 따라 장애인복지시설의 설치 · 운영을 신고한 자가 신고한 사항을 변경하려면 다음 각 호에서 정하는 바에 따라 해당하는 서류를 관할 시장 · 군수 · 구청장에게 제출하여야 한다. 〈개정 2012. 4. 10., 2015. 8. 3.〉
1. 시설의 명칭이나 시설의 장을 변경하는 경우 : 별지 제21호서식의 신고서에 장애인복지시설 신고증을 첨부할 것
2. 시설의 종류를 변경하는 경우 : 별지 제21호서식의 신고서에 제1항 각 호의 서류와 장애인복지시설 신고증을 첨부할 것
3. 시설의 소재지나 이용정원을 변경하는 경우 : 별지 제22호서식의 신고서에 다음 각 목의 서류를 첨부할 것
가. 시설의 소재지나 이용정원의 변경 사유서
나. 시설거주자에 대한 조치계획서
다. 시설의 운영에 필요한 재산목록 · 사업계획서 및 예산서
라. 시설의 운영에 필요한 재산의 평가 조서(이용정원이 변경되는 경우에만 해당한다)
마. 시설의 평면도(시설의 층별 및 구조별 면적을 표시하여야 한다)와 설비구조 내역서(시설의 소재지가 변경되는 경우에만 해당한다)
바. 장애인복지시설 신고증

④ 제3항 제2호에 따라 시설 종류의 변경신고서를 받거나 같은 항 제3호에 따라 시설 소재지의 변경신고서를 받은 시장 · 군수 · 구청장은 「소방시설 설치 · 유지 및 안전관리에 관한 법률 시행령」 별표 5에 따라 장애인복지시설이 갖추어야 하는 소방시설에 대하여 「소방시설 설치 · 유지 및 안전관리에 관한 법률」 제7조 제6항 전단에 따라 그 장애인복지시설의 소재지를 관할하는 소방본부장이나 소방서장에게 그 장애인복지시설이 같은 법 또는 같은 법에 따른 명령을 따르고 있는지를 확인하여 줄 것을 요청하여

야 하고, 「전자정부법」 제36조 제1항에 따른 행정정보의 공동이용을 통하여 다음 각 호의 서류를 확인하여야 한다. 〈개정 2010. 9. 1., 2012. 4. 10., 2015. 8. 3.〉

1. 법인 등기사항증명서(법인인 경우만 해당한다)
2. 건물등기부 등본
3. 토지등기부 등본

⑤ 시장 · 군수 · 구청장은 제1항에 따른 신고를 받으면 별지 제23호서식의 장애인복지시설신고증을 발급하여야 하며, 제3항에 따른 변경신고를 받은 경우에는 장애인복지시설 신고증에 그 변경사항을 적어 발급하여야 한다.

⑥ 시장 · 군수 · 구청장은 별지 제24호서식의 장애인복지시설신고관리대장을 작성 · 관리하여야 한다.

제43조의2 삭제 〈2016. 6. 30.〉

제43조의3(성범죄경력 조회 등) ① 영 제36조의2 제1항에 따른 성범죄경력 조회 요청서는 별지 제24호의2서식에 따른다.

② 영 제36조의2 제1항에 따른 성범죄경력 조회 동의서는 별지 제24호의3서식에 따른다.

③ 영 제36조의2 제2항에 따른 성범죄경력 조회 회신서는 별지 제24호의4서식에 따른다.

[본조신설 2012. 7. 27.]

제43조의4(중앙장애인권익옹호기관의 업무) 법 제59조의11제1항 제7호에서 "보건복지부령으로 정하는 장애인학대 예방과 관련된 업무"란 다음 각 호의 업무를 말한다. 〈개정 2018. 6. 20.〉

1. 장애인학대 예방 관련 정책의 개발
2. 장애인학대 신고접수 및 관리를 위한 전산시스템의 구축 및 운영
3. 장애인학대 관련 통계의 생산 및 제공
4. 장애인권익옹호에 관한 국제 교류

[본조신설 2016. 12. 30.]

제43조의5(지역장애인권익옹호기관의 업무) 법 제59조의11제2항 제5호에서 "보건복지부령으로 정하는 장애인학대 예방과 관련된 업무"란 다음 각 호의 업무를 말한다. 〈개정 2018. 6. 20.〉

1. 피해장애인의 보호 및 피해 회복
2. 관계 기관 · 법인 · 단체 · 시설 간 협력체계의 구축 및 교류
3. 장애인학대 사건 조사 현황 및 결과 등에 관한 정보제공 요청 등 중앙장애인권익옹호기관의 요청에 따른 업무

[본조신설 2016. 12. 30.]

제43조의6(장애인권익옹호기관의 세부 설치 · 운영기준) ① 영 제36조의8제3항에 따른 장애인권익옹호기관의 세부 설치기준은 별표 5의2와 같다.

② 영 제36조의8제3항에 따른 장애인권익옹호기관의 세부 운영기준은 별표 5의3과 같다.

[본조신설 2016. 12. 30.]

제43조의7(피해장애인 쉼터의 설치 · 운영 기준) 법 제59조의13에 따른 피해장애인 쉼터의 설치 · 운영기준은 별표 5의4와 같다. 〈개정 2018. 6. 20.〉

[본조신설 2017. 8. 9.]

제44조(시설운영의 중단 · 재개 · 폐지 신고 등) ① 장애인복지시설을 설치 · 운영하는 자는 법 제60조 제2항에 따라 시설 운영을 일시중단또는 재개하거나 시설을 폐지하려는 경우에는 별지 제25호서식의 신고서에 다음 각 호의 서류를 첨부하여 시설 운영을 중단 · 재개 또는 폐지하기 3개월 전까지 관할 시장 · 군수 · 구청장에게 제출하여야 한다. 〈개정 2012. 4. 10.〉

1. 시설 운영의 중단 · 재개 또는 폐지 사유서(법인인 경우에는 중단 · 재개 · 폐지를 결의한 이사회의 회의록 사본) 1부
2. 시설 이용자에 대한 조치계획서 1부(시설 운영 재개의 경우는 제외한다)
3. 시설 이용자가 납부한 시설 이용료 및 사용료의 반환조치계획서 1부(시설 운영 재개의 경우는 제외한다)
4. 보조금 · 후원금의 사용 결과 보고서와 이를 재원으로 조성한 잔여재산 반환조치계획서 1부(시설 운

영 재개의 경우는 제외한다)
5. 시설 재산에 관한 사용 또는 처분계획서 1부(시설 운영 재개의 경우는 제외한다)
6. 운영 중단 사유의 해소조치 결과보고서 1부(시설 운영 재개의 경우에만 해당한다)
7. 향후 안정적 운영을 위한 운영계획서 1부(시설 운영 재개의 경우에만 해당한다)
8. 장애인복지시설 신고증 1부(시설 폐지의 경우에만 해당한다)

② 시장 · 군수 · 구청장은 제1항에 따른 시설 운영의 중단 · 재개 또는 폐지의 신고를 받은 경우에는 제1항 제2호 · 제3호 · 제6호 및 제7호의 조치계획 등에 따라 시설 이용자에 대한 조치가 적절히 이루어지는지를 확인하는 등 시설 이용자의 권익을 보호하기 위한 조치를 하여야 하며, 해당 장애인복지시설을 설치 · 운영하는 자는 법 제60조 제3항 각 호 및 같은 조 제4항 각 호의 사항을 성실히 이행하여 시설 이용자의 권익이 침해받지 아니하도록 하여야 한다. 〈개정 2012. 4. 10.〉

③ 시장 · 군수 · 구청장은 제1항에 따른 시설 운영의 재개 신고를 받은 경우에 「소방시설 설치 · 유지 및 안전관리에 관한 법률 시행령」 별표 5에 따라 장애인복지시설이 갖추어야 하는 소방시설에 대하여 「소방시설 설치 · 유지 및 안전관리에 관한 법률」 제7조 제6항 전단에 따라 그 장애인복지시설의 소재지를 관할하는 소방본부장이나 소방서장에게 그 장애인복지시설이 같은 법 또는 같은 법에 따른 명령을 따르고 있는지를 확인하여 줄 것을 요청하여야 한다. 〈신설 2015. 8. 3.〉

제44조의2(장애인 거주시설 이용 절차 등) ① 법 제60조의2 제1항에서 "보건복지부령으로 정하는 서류"란 장애인 거주시설 이용신청서, 소득 · 재산 신고서, 소득 · 재산 상태 및 부양관계를 확인할 수 있는 서류, 건강진단서 등 건강상태를 확인할 수 있는 서류를 말한다.

② 법 제60조의2 제2항에 따라 시장 · 군수 · 구청장은 법 제32조 제1항에 따른 장애인 등록 여부, 장애 유형 · 정도 · 등급, 장애인 및 그 배우자 또는 부양의무자인 1촌의 직계혈족의 소득 · 재산 및 생활환경 등을 고려하여 장애인 거주시설 이용 적격성을 심사하고, 그 시설 이용 여부를 결정하여야 한다.

③ 법 제60조의2 제3항에 따라 시장 · 군수 · 구청장은 법 제60조의2 제1항에 따른 신청을 받은 날부터 20일 내에 제2항에 따른 시설 이용 여부 결정을 장애인 거주시설 이용 적격성 및 본인부담금 결정 통보서에 따라 이용 신청자와 시설 운영자에게 통보하여야 한다. 다만, 심사에 상당한 시간이 소요되는 등 특별한 사유가 있는 경우에는 그 사유를 명시하여 신청을 받은 날부터 30일 내에 통보하여야 한다.

④ 시설 이용자가 법 제60조의2 제1항부터 제3항까지의 절차를 거치지 아니하고 장애인거주시설을 이용하는 경우 시설 운영자는 법 제60조의2 제4항에 따라 다음 각 호의 사항을 시장 · 군수 · 구청장에게 보고하여야 한다. 이 경우 시설 운영자는 시설 이용자, 그 친족 또는 그 밖의 관계인에게 법 제60조의2 제1항에 따른 신청절차를 안내하여야 한다.
1. 시설 이용자, 그 친족 또는 그 밖의 관계인의 인적사항
2. 시설이용 개시일
3. 법 제60조의2 제1항에 따른 신청절차를 거치지 아니한 이유

⑤ 법 제60조의2 제5항에 따라 시설 운영자는 장애인 거주시설 이용에 관한 계약을 체결한 경우 별지 제26호서식의 장애인거주시설 이용계약 체결 결과보고서에 장애인 거주시설 이용계약서를 첨부하여 시장 · 군수 · 구청장에게 보고하여야 한다.

⑥ 법 제60조의2 제5항에 따른 계약에는 다음 각 호의 사항이 포함되어야 한다. 〈개정 2017. 8. 9.〉
1. 법 제60조의4 제1항부터 제4항까지의 규정에 따른 시설 운영자의 의무에 관한 사항
2. 시설 이용자가 본인 또는 다른 사람의 신체에 위해(危害)를 가하거나 가할 우려가 있는 경우 시설

운영자가 할 수 있는 제한조치의 내용, 절차, 한계 및 이의제기에 관한 사항
3. 시설 이용자의 권리와 의무에 관한 사항
4. 법 제60조의2 제6항에 따른 계약절차의 대행자의 권리와 의무에 관한 사항
5. 시설 이용 중단절차에 관한 사항
6. 시설이용에 따른 비용과 본인부담금에 관한 사항
7. 계약기간
8. 계약 위반에 따른 조치사항
⑦ 시장 · 군수 · 구청장은 관할 지역의 환경 및 시설의 특성 등을 고려하여 제6항에 따른 계약에 관한 계약서 견본을 마련하고, 시설 운영자에게 그 이용을 권장할 수 있다.
⑧ 법 제60조의2 제7항 전단에서 "보건복지부령으로 정하는 기간"이란 20일을 말한다.
[본조신설 2012. 4. 10.]

제44조의3(장애인 거주시설의 서비스 최저기준 등) ① 법 제60조의3 제1항에 따른 장애인 거주시설의 서비스 최저기준(이하 "서비스 최저기준"이라 한다)에 다음 각 호의 사항이 포함되어야 한다.
1. 서비스 안내 및 상담
2. 개인의 욕구와 선택
3. 이용자의 참여와 권리
4. 능력개발
5. 일상생활
6. 개별지원
7. 환경
8. 직원관리
9. 시설운영
10. 그 밖에 서비스 최저기준으로서 필요한 사항
② 보건복지부장관은 법 제60조의3 제1항에 따라 다음 해에 시행할 서비스 최저기준을 정하여 매년 1월 31일까지 고시하여야 한다.
[본조신설 2012. 4. 10.]

제44조의4(인권지킴이단의 구성 · 운영) ① 법 제60조의4 제4항에 따른 시설 이용 장애인 인권지킴이단(이하 "인권지킴이단"이라 한다)은 단장 1명과 간사 1명을 포함하여 5명 이상 11명 이내의 단원으로 구성한다.
② 인권지킴이단은 관할 시장 · 군수 · 구청장이 추천하는 다음 각 호의 어느 하나에 해당하는 사람 중에서 시설 운영자가 성별을 고려하여 위촉한다.
1. 해당 시설을 이용하는 장애인 및 법정대리인등
2. 해당 시설에서 종사하는 사람(시설 운영자 및 해당 시설이 속한 법인의 임직원은 제외한다)
3. 해당 시설의 지역에 거주하는 주민
4. 해당 시설을 후원하는 기관의 대표자 또는 장애인복지 관련 공익단체에서 추천하는 사람
5. 장애인복지 업무 담당 공무원
6. 그 밖에 장애인 인권에 관한 학식과 경험이 풍부한 사람
③ 단장은 단원 중에서 호선하고, 간사는 단원 중에서 단장이 지명하는 자로 한다.
④ 단장은 매 분기 1회 이상 회의를 소집하고, 단원 · 시설 이용 장애인 · 법정대리인등 · 시설 종사자의 요청에 따라 회의를 소집할 수 있다.
⑤ 제1항부터 제4항까지에서 규정한 사항 외에 인권지킴이단의 구성 · 운영에 필요한 사항은 보건복지부장관이 정한다.
[본조신설 2017. 8. 9.]
[종전 제44조의4는 제44조의5로 이동 〈2017. 8. 9.〉]

제44조의5(현장조사서) 법 제61조 제2항에서 "보건복지부령으로 정하는 사항이 기재된 서류"란 다음 각 호의 사항이 기재된 현장조사서를 말한다.
1. 조사기간
2. 조사범위
3. 조사담당자
4. 관계법령
5. 제출자료
6. 그 밖에 해당 현장조사와 관련하여 필요한 사항
[본조신설 2016. 5. 25.]

[제44조의4에서 이동 〈2017. 8. 9.〉]

제44조의6(장애인복지시설 등에 대한 행정처분 기준) 법 제62조 제3항에 따른 행정처분의 기준은 별표 5의5와 같다.

[본조신설 2017. 8. 9.]

제45조 삭제 〈2017. 8. 9.〉

제46조 삭제 〈2017. 8. 9.〉

제47조 삭제 〈2017. 8. 9.〉

제48조 삭제 〈2017. 8. 9.〉

제49조 삭제 〈2017. 8. 9.〉

제50조 삭제 〈2017. 8. 9.〉

제51조 삭제 〈2017. 8. 9.〉

제52조 삭제 〈2017. 8. 9.〉

제53조 삭제 〈2017. 8. 9.〉

제54조(의지 · 보조기 제조업소의 개설사실 통보 등) ① 법 제69조 제1항에 따른 의지 · 보조기제조업소를 개설한 자는 그 제조업소를 개설한 후 7일 이내에 별지 제31호서식의 통보서에 다음 각 호의 서류를 첨부하여 시장 · 군수 · 구청장에게 제출하여야 한다.

1. 시설 및 장비내역서 1부
2. 제조 · 수리를 담당할 의지 · 보조기 기사자격증 사본 1부

② 제1항에 따라 의지 · 보조기 제조업소의 개설사실을 통보한 후 제조하거나 수리하여야 하는 의지 · 보조기는 법 제65조 제2항에 따라 보건복지부장관이 고시하는 의지 · 보조기로 한다. 〈개정 2008. 3. 3., 2010. 3. 19.〉

③ 제1항에 따른 의지 · 보조기 제조업소의 개설 사실 통보 후 다음 각 호의 어느 하나에 해당하는 변경사항이 있으면 그 변경사항을 별지 제31호서식의 통보서에 변경내용을 증명하는 서류를 첨부하여 시장 · 군수 · 구청장에게 통보하여야 한다. 다만, 그 제조업소의 소재지 변경으로 관할 관청이 다르게 되는 경우에는 별지 제31호서식의 통보서를 변경된 소재지를 관할하는 시장 · 군수 · 구청장에게 제출하여야 한다. 〈개정 2014. 8. 6.〉

1. 제조업소의 명칭, 개설자 또는 소재지가 변경된 경우
2. 법 제69조 제2항에 따른 의지 · 보조기 기사가 변경된 경우
3. 휴업, 폐업 또는 재개업을 하는 경우

④ 시장 · 군수 · 구청장은 제1항과 제3항에 따라 의지 · 보조기 제조업소의 개설 사실이나 변경 사실을 통보받은 경우에는 별지 제32호서식의 의지 · 보조기 제조업소 관리대장을 작성 · 관리하여야 한다.

제55조(장애인복지전문인력의 범위) 법 제71조 제2항에 따른 전문인력의 범위는 다음 각 호로 한다. 〈개정 2012. 7. 27., 2017. 11. 23.〉

1. 의지 · 보조기 기사
2. 언어재활사
3. 장애인재활상담사
4. 수화통역사
5. 점역사(點譯士) · 교정사(矯正士)

제56조(의지 · 보조기 관련 교과목) 법 제72조 제1항에 따른 의지 · 보조기 관련 교과목은 별표 6과 같다.

제57조(의지 · 보조기 기사 자격증 발급신청 등) ① 법 제72조 제1항에 따른 의지 · 보조기 기사 자격증을 발급받으려는 자는 별지 제33호서식의 신청서에 다음 각 호의 서류를 첨부하여 보건복지부장관에게 제출하여야 한다. 〈개정 2008. 3. 3., 2010. 3. 19., 2012. 7. 27., 2016. 12. 30.〉

1. 졸업증명서 또는 이수증명서 1부. 다만, 법 제72조 제1항 제2호에 해당하는 자의 경우에는 외국학교의 졸업증명서 또는 이수증명서 1부와 의지 · 보조기 기사자격증 사본 1부
2. 법 제74조 제1항 제1호 및 제2호에 해당되지 아니함을 증명하는 의사의 진단서 1부
3. 응시원서의 사진과 같은 사진(가로 3.5센티미터, 세로 4.5센티미터) 2장

② 보건복지부장관은 제1항에 따라 의지 · 보조기 기사 자격증의 발급신청을 받으면 그 신청일부터 14일 이내에 신청인에게 별지 제34호서식의 의지 · 보조

기 기사 자격증을 발급하여야 한다. 〈개정 2008. 3. 3., 2009. 12. 31., 2010. 3. 19., 2012. 7. 27.〉

[제목개정 2012. 7. 27.]

제57조의2(언어재활사 자격증 발급신청 등) ① 법 제72조의2 제1항에 따른 언어재활사 자격증을 발급받으려는 사람은 별지 제34호의2서식의 신청서에 다음 각 호의 서류를 첨부하여 보건복지부장관에게 제출하여야 한다. 다만, 법률 제11010호 장애인복지법 일부개정법률 부칙 제2조에 따른 특례시험을 거쳐 언어재활사 자격증을 취득하려는 사람은 제1호 및 제2호의 서류를 제출하지 아니한다. 〈개정 2016. 12. 30.〉

1. 다음 각 목의 구분에 따른 서류

가. 1급 언어재활사 자격증을 발급받으려는 경우: 2급 언어재활사 자격증 사본 및 언어재활사 경력증명서 각 1부

나. 2급 언어재활사 자격증을 발급받으려는 경우: 「고등교육법」에 따른 대학원 · 대학 또는 전문대학의 성적증명서 및 언어재활관찰 · 언어진단실습 · 언어재활실습 이수확인서(법 제72조의2 제2항 후단에 해당하는 사람은 제출하지 아니한다) 각 1부

2. 「고등교육법」에 따른 대학원 · 대학 또는 전문대학의 졸업증명서 1부

3. 법 제74조 제1항 제1호 및 제2호에 해당되지 아니함을 증명하는 의사의 진단서 1부

4. 사진(신청 전 6개월 이내에 모자 등을 쓰지 않고 촬영한 천연색 상반신 정면사진으로 가로 3.5센티미터, 세로 4.5센티미터의 사진을 말한다) 2장

② 제1항에 따른 발급 신청을 받은 보건복지부장관은 그 신청일부터 14일 이내에 신청인에게 별지 제34호의3서식의 1급 언어재활사 자격증 또는 별지 제34호의4서식의 2급 언어재활사 자격증을 발급하여야 한다.

[본조신설 2012. 7. 27.]

제57조의3(언어재활기관) 법 제72조의2 제2항 제1호에 따른 언어재활기관은 언어재활기관의 장 1명과 상근(常勤) 언어재활사 1명 이상을 보유하여야 한다. 〈개정 2015. 12. 31.〉

[본조신설 2012. 7. 27.]

제57조의4(언어재활 관련 학과 등) ① 법 제72조의2 제2항 제1호나목 및 제2호에 따른 언어재활 관련 학과는 학과명, 과정명 또는 전공명에 언어치료, 언어병리 또는 언어재활이 포함된 학과와 영 제37조 제2항에 따른 국가시험관리기관이 언어재활 분야에 해당한다고 인정하는 학과를 말한다.

② 법 제72조의2 제2항 제2호에 따른 언어재활 관련 교과목은 별표 6의2와 같다.

[본조신설 2012. 7. 27.]

제57조의5(장애인재활상담사 자격증의 발급 신청 등) ① 법 제72조의3 제1항에 따른 장애인재활상담사 자격증을 발급받으려는 사람은 별지 제34호의5서식의 신청서에 다음 각 호의 서류를 첨부하여 보건복지부장관에게 제출하여야 한다. 다만, 법률 제13663호 장애인복지법 일부개정법률 부칙 제3조 또는 제4조에 따른 특례시험을 거쳐 장애인재활상담사 자격증을 발급받으려는 사람은 제2호의 서류를 제출하지 아니한다.

1. 다음 각 목의 구분에 따른 서류

가. 1급 장애인재활상담사 자격증을 발급받으려는 경우: 2급 장애인재활상담사 자격증 사본 또는 2급 사회복지사 자격증 사본, 별표 6의3에 따른 장애인재활 관련 기관(이하 "장애인재활 관련 기관"이라 한다)에서 재직한 사실을 증명할 수 있는 경력증명서 각 1부

나. 2급 장애인재활상담사 자격증을 발급받으려는 경우 다음의 구분에 따른 서류

1) 「고등교육법」에 따른 대학에서 별표 6의4에 따른 장애인재활 관련 교과목(이하 "장애인재활 관련 교과목"이라 한다)을 이수한 사람은 별지 제43호서식의 이수증명서 1부

2) 3급 장애인재활상담사 자격증 또는 2급 사회복지사 자격증을 가진 사람으로서 장애인재활 관련 기관에서 재직한 사람은 해당 자격증 사본 및 장애인

재활 관련 기관에서 재직한 사실을 증명할 수 있는 경력증명서 각 1부

다. 3급 장애인재활상담사 자격증을 발급받으려는 경우: 「고등교육법」에 따른 전문대학에서 장애인재활 관련 교과목을 이수한 사실을 증명할 수 있는 별지 제43호서식의 이수증명서 1부

라. 법률 제13663호 장애인복지법 일부개정법률 부칙 제3조 또는 제4조에 따른 특례시험을 거쳐 장애인재활상담사 자격증을 발급받으려는 경우 다음의 구분에 따른 서류

1) 보건복지부장관이 인정하는 단체에서 발급한 장애인재활상담사 관련 자격증을 가진 사람은 해당 자격증 사본 1부

2) 사회복지사 자격증을 가진 사람으로서 장애인재활 관련 기관에서 재직한 사람은 해당 자격증 사본 및 장애인재활 관련 기관에서 재직한 사실을 증명할 수 있는 경력증명서 각 1부

2. 「고등교육법」에 따른 대학원·대학 또는 전문대학의 졸업증명서 1부

3. 법 제74조 제1항 제1호 및 제2호에 해당되지 아니함을 증명하는 의사의 진단서 1부

4. 사진(신청 전 6개월 이내에 모자 등을 쓰지 않고 촬영한 천연색 상반신 정면사진으로 가로 3.5센티미터, 세로 4.5센티미터의 사진을 말한다) 2장

② 제1항에 따른 발급 신청을 받은 보건복지부장관은 그 신청일부터 14일 이내에 신청인에게 별지 제34호의6서식의 장애인재활상담사 자격증을 발급하여야 한다. 다만, 법 제72조의3 제2항에 따라 외국의 대학원·대학·전문대학에서 제57조의6 제1호에 따른 장애인재활 분야의 학위를 취득한 사람의 신청에 대해서는 외국에서 학위를 취득한 사실에 대한 조회가 끝난 날부터 14일 이내에 자격증을 발급한다.

[본조신설 2017. 11. 23.]

제57조의6(장애인재활 분야 등) 법 제72조의3 제2항에 따른 장애인재활 분야·관련 기관·관련 교과목의 범위는 다음 각 호와 같다.

1. 장애인재활 분야는 직업재활, 재활상담, 재활복지, 재활학이 포함된 학과·과정·전공 및 영 제37조 제2항에 따른 국가시험관리기관이 인정하는 장애인재활 관련 분야를 말한다.

2. 장애인재활 관련 기관은 별표 6의3과 같다.

3. 장애인재활 관련 교과목은 별표 6의4와 같다.

[본조신설 2017. 11. 23.]

제58조(자격등록대장) 보건복지부장관은 제57조 제2항, 제57조의2 제2항 또는 제57조의5제2항에 따라 의지·보조기 기사 자격증, 언어재활사 자격증 또는 장애인재활상담사 자격증(이하 "자격증"이라 한다)을 발급한 경우에는 별지 제35호서식의 의지·보조기 기사 자격등록대장, 별지 제35호의2서식의 언어재활사 자격등록대장 또는 별지 제35호의3서식의 장애인재활상담사 자격등록대장에 그 자격에 관한 사항을 등록하여야 한다.

[전문개정 2017. 11. 23.]

제59조(자격증 재발급신청 등) ① 의지·보조기 기사, 언어재활사 또는 장애인재활상담사(이하 "의지·보조기 기사등"이라 한다)는 자격증을 잃어버리거나 그 자격증이 헐어 못 쓰게 된 경우 또는 자격증의 기재사항이 변경되어 재발급을 받으려는 경우에는 별지 제33호서식, 별지 제34호의2서식 또는 별지 제34호의5서식의 신청서에 다음 각 호의 서류를 첨부하여 보건복지부장관에게 제출하여야 한다. 〈개정 2008. 3. 3., 2010. 3. 19., 2012. 7. 27., 2016. 12. 30., 2017. 11. 23.〉

1. 자격증(자격증을 잃어버린 경우에는 그 사유 설명서) 1부

2. 사진(신청 전 6개월 이내에 모자 등을 쓰지 않고 촬영한 천연색 상반신 정면사진으로 가로 3.5센티미터, 세로 4.5센티미터의 사진을 말한다) 2장

3. 변경 사실을 증명할 수 있는 서류(자격증의 기재사항이 변경되어 재발급을 신청하는 경우에만 해당한다) 1부

② 보건복지부장관은 제1항에 따른 재발급 신청을

받으면 별지 제35호서식의 의지 · 보조기 기사 자격등록대장, 별지 제35호의2서식의 언어재활사 자격등록대장 또는 별지 제35호의3서식의 장애인재활상담사 자격등록대장에 그 사유를 적고 자격증을 재발급하여야 한다. 〈개정 2017. 11. 23.〉

제60조(자격증의 회수 · 반환 등) ① 보건복지부장관은 의지 · 보조기 기사등에 대한 자격취소 또는 자격정지처분을 한 때에는 지체 없이 그 사실을 해당 의지 · 보조기 기사등의 주소지를 관할하는 시 · 도지사에게 알려 시 · 도지사로 하여금 해당 자격증을 회수하여 보건복지부장관에게 제출하게 하여야 한다. 〈개정 2008. 3. 3., 2010. 3. 19., 2012. 7. 27.〉

② 보건복지부장관은 의지 · 보조기 기사등의 자격정지기간이 끝나면 제1항에 따라 회수된 자격증을 관할 시 · 도지사를 거쳐 그 의지 · 보조기 기사등에게 돌려주어야 한다. 〈개정 2008. 3. 3., 2010. 3. 19., 2012. 7. 27.〉

제61조(보수교육의 대상 및 실시방법 등) ① 법 제75조에 따른 보수교육은 다음 각 호의 어느 하나에 해당하는 자에 대하여 명할 수 있다. 〈개정 2012. 7. 27., 2015. 5. 4., 2017. 11. 23.〉

1. 의지 · 보조기 기사 자격을 취득한 후 의지 · 보조기제조업에 종사하는 자(5년 이상 의지 · 보조기제조업에 종사하지 아니한 사람으로서 다시 의지 · 보조기제조업에 종사하려는 사람을 포함한다)

1의2. 언어재활사 자격을 취득한 후 언어재활 분야에 종사하는 사람(5년 이상 언어재활 분야에 종사하지 아니한 사람으로서 다시 언어재활 분야에 종사하려는 사람을 포함한다)

1의3. 장애인재활상담사 자격을 취득한 후 장애인재활 분야에 종사하는 사람(5년 이상 장애인재활 분야에 종사하지 아니한 사람으로서 다시 장애인재활 분야에 종사하려는 사람을 포함한다)

2. 법 제77조에 따른 자격정지처분을 받은 자

② 제1항에 따른 보수교육은 다음 각 호의 구분에 따라 실시한다. 〈개정 2012. 7. 27., 2014. 12. 16., 2015. 5. 4., 2017. 11. 23.〉

1. 의지 · 보조기 기사: 의지 · 보조기 기사를 회원으로 하여 의지 · 보조기 관련 학문 · 기술의 장려, 연구개발 및 교육을 목적으로 「민법」에 따라 설립된 비영리법인이 실시하고, 교육시간은 2년간 8시간 이상으로 한다.

2. 언어재활사: 법 제80조의2에 따른 한국언어재활사협회(이하 "한국언어재활사협회"라 한다)가 실시하고, 교육시간은 연간 8시간 이상으로 한다.

3. 장애인재활상담사: 장애인재활상담사를 회원으로 하여 장애인재활 관련 교육을 목적으로 「민법」에 따라 설립된 비영리법인이 실시하고, 교육시간은 연간 8시간 이상으로 한다.

③ 보수교육의 실시시기, 교과과정, 실시방법, 그 밖에 보수교육의 실시에 필요한 사항은 제2항 각 호에 따른 보수교육 실시기관의 장(이하 "보수교육실시기관장"이라 한다)이 정한다. 〈개정 2012. 7. 27., 2015. 5. 4.〉

제62조(보수교육계획 및 실적 보고 등) ① 보수교육실시기관장은 매년 1월 31일까지 별지 제37호서식의 해당 연도 의지 · 보조기 기사 보수교육계획서, 별지 제37호의2서식의 해당 연도 언어재활사 보수교육계획서 또는 별지 제37호의3서식의 해당 연도 장애인재활상담사 보수교육계획서를 보건복지부장관에게 제출하고, 매년 3월 31일까지 별지 제38호서식의 전년도 의지 · 보조기 기사 보수교육실적 보고서, 별지 제38호의2서식의 전년도 언어재활사 보수교육실적 보고서 또는 별지 제38호의3서식의 전년도 장애인재활상담사 보수교육실적 보고서를 보건복지부장관에게 제출하여야 한다. 〈개정 2017. 11. 23.〉

② 보건복지부장관은 제61조 제2항 각 호에 따른 보수교육 실시기관의 보수교육 내용 및 운영 등에 대하여 평가할 수 있다. 〈신설 2015. 5. 4.〉

③ 보수교육실시기관장은 보수교육을 받은 자에 대하여 별지 제39호서식의 의지 · 보조기 기사 보수교육 이수증, 별지 제39호의2서식의 언어재활사 보수

교육 이수증 또는 별지 제39호의3서식의 장애인재활상담사 보수교육 이수증을 발급하여야 한다. 〈개정 2017. 11. 23.〉

[제목개정 2015. 5. 4.]

제63조(보수교육 관계서류의 보존) 보수교육실시기관장은 다음 각 호의 서류를 3년간 보존하여야 한다.

1. 보수교육 대상자 명단(대상자의 교육 이수 여부가 명시되어야 한다)
2. 그 밖에 이수자의 교육 이수를 확인할 수 있는 서류

제64조(행정처분기준) 법 제70조 제2항 및 법 제77조에 따른 행정처분의 기준은 별표 7과 같다.

제65조(수수료) ① 의지·보조기 기사등 국가시험에 응시하려는 자는 법 제78조에 따라 영 제37조 제2항에 따른 국가시험관리기관의 장이 보건복지부장관의 승인을 받아 결정한 수수료를 현금으로 내거나 정보통신망을 이용한 전자화폐·전자결제 등의 방법으로 내야 한다. 이 경우 수수료의 금액 및 납부방법 등은 영 제37조 제3항에 따라 국가시험관리기관의 장이 공고한다. 〈개정 2008. 3. 3., 2010. 3. 19., 2012. 7. 27.〉

② 자격증의 발급 또는 재발급을 받으려는 자는 법 제78조에 따라 수수료를 2천원에 해당하는 수입인지로 내거나 정보통신망을 이용하여 전자화폐·전자결제 등의 방법으로 내야 한다.

③ 삭제 〈2012. 7. 27.〉

제66조 삭제 〈2012. 7. 27.〉

제67조(규제의 재검토) 보건복지부장관은 다음 각 호의 사항에 대하여 다음 각 호의 기준일을 기준으로 2년마다(매 2년이 되는 해의 기준일과 같은 날 전까지를 말한다) 그 타당성을 검토하여 개선 등의 조치를 하여야 한다. 〈개정 2018. 12. 28.〉

1. 제41조 및 별표 4에 따른 장애인복지시설의 종류: 2015년 1월 1일
2. 제42조 및 별표 5에 따른 장애인복지시설의 설치·운영기준: 2015년 1월 1일
3. 제44조의2에 따른 장애인 거주시설 이용 절차 등: 2015년 1월 1일
4. 제52조에 따른 우수업체 지정 시 제출서류: 2015년 1월 1일
5. 제57조의2에 따른 언어재활사 자격증 발급신청 시 제출서류: 2015년 1월 1일
6. 제61조에 따른 보수교육의 대상 및 실시방법: 2015년 1월 1일
7. 제64조 및 별표 7에 따른 행정처분기준: 2015년 1월 1일

[본조신설 2015. 1. 5.]

제68조(서식) ① 제4조 제1항에 따른 장애인등록카드, 제24조 제1항에 따른 학비지급신청서, 제24조 제1항 및 제38조 제1항에 따른 소득·재산신고서 및 금융정보등의 제공 동의서, 제31조에 따른 자금대여 신청서, 제32조 제1항에 따른 자금대여 결정통지서 및 자금대여 관리카드, 제38조 제1항에 따른 장애수당등 지급신청서, 영 제34조 제1항에 따른 자녀교육비 및 장애수당등의 환수결정 통지서, 제44조의2의 제1항에 따른 장애인 거주시설 이용신청서 및 소득·재산신고서, 같은 조 제2항에 따른 장애인 거주시설 이용 적격성 및 본인부담금 결정 통보서, 제44조의5에 따른 현장조사서는 사회보장급여와 관련하여 보건복지부장관이 정하여 고시하는 공통 서식에 따른다. 〈개정 2010. 3. 19., 2012. 4. 10., 2012. 7. 27., 2016. 5. 25., 2016. 11. 24., 2017. 8. 9.〉

② 영 제33조의4 제1항에 따른 장애인복지급여수급계좌 입금 신청서는 별지 제42호서식에 따른다. 〈신설 2016. 11. 24.〉

[전문개정 2009. 12. 31.]

[제목개정 2016. 11. 24.]

부칙 〈제606호, 2018. 12. 28.〉 (행정규제기본법에 따른 일몰규제 정비를 위한 31개 법령의 일부개정에 관한 보건복지부령)

이 규칙은 2019년 1월 1일부터 시행한다.

찾아보기

저자 소개

김성태(Seong-Tae Kim) 동신대학교 언어치료학과 voicekim@dsu.ac.kr

권유진(Eugene Kwon) 언어학습연구소 정담 413angel@hanmail.net

김명수(Myoung-Soo Kim) 춘천언어치료센터 logulo@naver.com

김미배(Mibae Kim) 다온언어학습연구소 maria050401@hanmail.net

김선우(Sun Woo Kim) 순천제일대학교 언어치료과 swkim@suncheon.ac.kr

김수련(Soo Ryon Kim) 단국대학교 대학원 언어병리학과 azzigom@naver.com

김영무(Youngmu Kim) 제일언어치료센터 92moo@naver.com

변해원(Haewon Byeon) 호남대학교 언어치료학과 byeon@honam.ac.kr

안종복(Jong Bok Ahn) 가야대학교 언어치료청각학과 antato@hanmail.net

윤지혜(Ji Hye Yoon) 한림대학교 언어청각학부 j.yoon@hallym.ac.kr

이선아(Sun-A Lee) 이선아언어심리상담센터 sunst@hanmail.net

이수정(Soo Jung Lee) 동명대학교 언어치료청각학과 sjslp@tu.ac.kr

이조영(Choyoung Lee) 리엔리언어심리학습센터 speech771@hanmail.net

이지윤(Ji Yun Lee) 제주국제대학교 언어치료학과 jiyuni93@jeju.ac.kr

이현정(Hyun-Joung Lee) 연세대학교 대학원 언어병리학협동과정 neuroslp@hanmail.net

정경희(Kyunghee Jung) 용인대학교 재활복지대학원 언어치료학과 1012jkh@hanmail.net

정 훈(Hun Jeong) 에바다 언어치료연구소 jhuns2019@gmail.com

허명진(Myung-Jin Huh) 부산가톨릭대학교 언어청각치료학과 mjhuh@cup.ac.kr

황하정(Ha Jeong Hwang) 대구보건대학교 언어치료과 islandjeong@hanmail.net

자문위원 소개

김향희(Hyang Hee Kim) 연세대학교 대학원 언어병리학협동과정 h.kim@yonsei.ac.kr

배소영(Soyeong Pae) 한림대학교 언어청각학부 spae@hallym.ac.kr

언어재활 현장실무

Clinical Practices in Speech-Language Pathology

2019년 8월 30일 1판 1쇄 발행
2022년 8월 10일 1판 4쇄 발행

엮은이 • 한국언어재활사협회
지은이 • 김성태 · 권유진 · 김명수 · 김미배 · 김선우 · 김수련 · 김영무
벽해원 · 안종복 · 윤지혜 · 이선아 · 이수정 · 이조영 · 이지윤
이현정 · 정경희 · 정 훈 · 허명진 · 황하정
자 문 • 김향희 · 배소영
펴낸이 • 김 진 환
펴낸곳 • (주) 학지사
04031 서울특별시 마포구 양화로 15길 20 마인드월드빌딩 5층
대표전화 • 02) 330-5114 팩스 • 02) 324-2345
등록번호 • 제313-2006-000265호
홈페이지 • http://www.hakjisa.co.kr
페이스북 • https://www.facebook.com/hakjisabook

ISBN 978-89-997-1891-5 93370

정가 27,000원

저자와의 협약으로 인지는 생략합니다.
파본은 구입처에서 교환하여 드립니다.

이 책을 무단으로 전재하거나 복제할 경우 저작권법에 따라 처벌을 받게 됩니다.

이 도서의 국립중앙도서관 출판시도서목록(CIP)은 서지정보유통지원시스템 홈페이지(http://seoji.nl.go.kr)와 국가자료공동목록시스템(http://www.nl.go.kr/kolisnet)에서 이용하실 수 있습니다.
(CIP제어번호: CIP2019030985)

출판미디어기업 **학지사**

간호보건의학출판 **학지사메디컬** www.hakjisamd.co.kr
심리검사연구소 **인싸이트** www.inpsyt.co.kr
학술논문서비스 **뉴논문** www.newnonmun.com
원격교육연수원 **카운피아** www.counpia.com